Heinrich von Kleists
Nachruhm

Eine Wirkungsgeschichte
in Dokumenten

Neu herausgegeben von
Helmut Sembdner

Deutscher Taschenbuch Verlag

Neuausgabe
März 1997
Deutscher Taschenbuch Verlag GmbH & Co. KG,
München
© 1996 Carl Hanser Verlag, München
Umschlagbild: Kolorierter Lichtdruck
nach einer Miniatur von 1801
(Archiv für Kunst und Geschichte, Berlin)
Satz: Dipl.-Ing. Peter Schießl, München
Gesamtherstellung: Friedrich Pustet, Regensburg
Printed in Germany · ISBN 3-423-02414-3

# INHALT

Einleitung .................................................................. 11
Zur vorliegenden Neuauflage ............................................. 14

Kleists Tod und die Öffentlichkeit
   Zeitungsmeldungen ..................................................... 17
   Privatkorrespondenzen ................................................. 29
   Kommentare aus aller Welt ............................................ 35
   Weissers Schmäh-Artikel .............................................. 48
   Frau von Staëls Essay über den Selbstmord ...................... 59
   Peguilhens ungedruckt gebliebene Apologie ..................... 62
   Nachklänge .............................................................. 67

Im Gedenken der Freunde und Verwandten
   Staegemann und sein Kreis ........................................... 73
   Rahel und Varnhagen .................................................. 75
   Fouqué und sein Kreis ................................................. 78
   Arnim, Brentano und die Brüder Grimm ......................... 95
   Friedrich Christoph Dahlmann ..................................... 102
   Wieland und seine Töchter ........................................... 104
   Wilhelmine von Zenge ................................................ 106
   Marie von Kleist ........................................................ 106
   Die Geschwister ........................................................ 114
   Der Nachlaß ............................................................. 117
   Aus Ulrikes späteren Jahren ......................................... 120

Editoren und Biographen
   Fouqué und Adam Müller ........................................... 127
   Tiecks Edition der »Hinterlassenen Schriften« .................. 130
   Bis zu den »Gesammelten Schriften« .............................. 149
   Die »Gesammelten Schriften« ....................................... 153
   Die »Ausgewählten Schriften« ...................................... 155
   Kleist-Autographen .................................................... 156
   Kleists erster Biograph ................................................ 161
   Der Literarhistoriker und seine Kritiker .......................... 167
   Treitschke über drei Kleist-Editionen ............................. 170
   Wilbrandt schreibt eine Kleist-Monographie ................... 174

## INHALT

Neues biographisches Material.................................... 177
Otto Brahm und seine Kritiker..................................... 179
Zollings historisch-kritische Ausgabe........................... 182
Rosegger über die Würzburg-These............................... 184
Steigs »blonder Märker«............................................ 185
Erich Schmidts Kleist-Ausgabe.................................... 187
Ein Gelehrten-Streit................................................. 190
Brahms neuer Kleist.................................................. 194
Brahm, Bahr und – Karl Kraus..................................... 196
Wilhelm Herzog und seine Kritiker............................... 197
»Schwierigstes Problem der Literaturgeschichte«............. 200
Zwei kleine Bändchen................................................ 202
Fälschungen, Mystifikationen, Fragwürdiges.................. 204
Georg Minde-Pouet und der »Schutthaufen Kleist«......... 208

Kleist und sein Werk im Urteil der Nachwelt
Nekrologe................................................................ 213
Der Sänger der Freiheitskriege..................................... 215
Im Brockhaus von 1815.............................................. 220
Ein Gespräch über Kleists Dichtergabe.......................... 220
Vor Tiecks Edition................................................... 226
Zu Kleists »Hinterlassenen Schriften«........................... 231
Tieck als Dramaturg.................................................. 238
Zu Kleists »Gesammelten Schriften«............................. 241
Das Ausland 1827/30................................................. 247
Kleist als Dramenheld................................................ 251
Literarhistoriker 1836/45............................................ 254
Carl Reinhold und Ludolf Wienbarg............................. 258
Friedrich Hebbel....................................................... 261
Bülows Kleist-Buch in England.................................... 275
Von der Sphinx erwürgt............................................. 276
Peinlicher latenter Wahnsinn...................................... 277
Tragische Seelen....................................................... 278
Kleist und das historische Charakterdrama................... 279
J. Schmidts und R. Gottschalls Literaturgeschichten....... 281
Ein Roman und sein Kritiker...................................... 282
Heinrich Heine........................................................ 283
Heinrich von Treitschke............................................. 285

# INHALT

Otto Ludwig ............................................................. 289
Julian Schmidts Ausgabe · Das Ausland ........................ 290
Spezifisch deutscher Geist ........................................... 293
Wilhelm Dilthey ....................................................... 294
50 Jahre nach Kleists Tod ............................................ 297
Shakespeare oder Mérimée? ........................................ 302
»Prussia's Representative Man« ................................... 304
*Kleists 100. Geburtstag und die Bühne* ........................ 305
Der alte Gutzkow ..................................................... 311
Kleist und Bayreuth .................................................. 311
In der Allgemeinen Deutschen Biographie .................... 312
Erich Schmidt und Wilhelm Scherer ............................ 313
Friedrich Nietzsche ................................................... 315
Keller, Fontane, Bismarck und – Wildenbruch ............... 318
Detlev von Liliencron ................................................ 320
Conrad Ferdinand Meyer ........................................... 326
Kleist und Hans von Marées ....................................... 327
Zwei Jugendgedichte ................................................. 328
H. S. Chamberlain und Cosima Wagner ....................... 329
Der »pathologische« Kleist ........................................ 333
Seelen ohne Arg und Falsch ....................................... 334
Wiege des untragischen Helden .................................. 335
Das Ausland 1893/1903 ............................................ 335
Der preußische Junker ............................................... 337
»Nerv von seinem Nerv« ............................................ 341
Kleists Sprache ......................................................... 343
Georg Heym ............................................................ 344
*Der 100. Todestag* .................................................. 345
Bechers Kleist-Hymne ............................................... 345
Ein Wiener Sonderheft .............................................. 347
Ein Münchner Sonderheft .......................................... 349
Eine Beilage zum »Berliner Tageblatt« ......................... 350
Tageszeitungen und Zeitschriften ............................... 356
Wedekinds Kleist-Rede ............................................. 363
Nachklänge ............................................................. 366
Der Kleist-Preis ....................................................... 368
Franz Kafka ............................................................. 371
Rainer Maria Rilke ................................................... 374

Vor Ausbruch und während des Weltkriegs ............... 376
Drei Philosophen ............................................................ 386
Georg Kaiser vor Gericht ................................................ 388
Die Kleist-Gesellschaft .................................................... 389
Aphoristisches ................................................................. 391
Gundolfs Kleist-Buch ...................................................... 393
Vier Literarhistoriker ...................................................... 395
Die Wandlung des Kleist-Bildes ..................................... 397
Vom Anspruch der Umwelt ............................................ 402
*Zu Kleists 150. Geburtstag* ............................................. 404
Nationalist oder Weltbürger? ......................................... 407
Kleist und die Bühnendichter ........................................ 411
Thomas Manns Kleist-Rede ........................................... 413
Eine Rundfrage ................................................................ 414
Wiener Gedenken ............................................................ 417
Zu Tode interpretiert ...................................................... 418
Frickes Kleist-Buch ......................................................... 419
»Kleist bleiben oder am Leben bleiben« ....................... 420
Das Ausland 1933/40 ....................................................... 421
Deutschland nach 1933 .................................................. 424
Zwei Romane ................................................................... 426
»Hitlersche Ideologie« .................................................... 427
Die andere Seite .............................................................. 431
»Anekdoten von besonderem Charakter« .................... 437
Das gefährliche Rezept ................................................... 438
Nach dem Zusammenbruch .......................................... 439
»Ein fragwürdiges Phänomen« ...................................... 441
Bert Brecht ....................................................................... 444
Das Ausland 1950/58 ....................................................... 445
Überzeitlich und grenzenlos .......................................... 447

Zu einzelnen Werken
*»Das Käthchen von Heilbronn«* ...................................... 449
   »Vom Genius der Poesie eingegeben« 449 / »Proben wahrer
   Verstandeszerrüttungen« 449 / Ludwig Börne 451 / Käthchen
   und Dresden 452 / Ludwig Tieck 454 / Fouqué in Karlsbad
   456 / Berlin feiert Luise v. Holtei 456 / Parodien in Berlin und

INHALT

Wien 461 / Heine in Paris 464 / Grabbe in Düsseldorf 465 / Saphir und Hebbel 466 / Heinrich Laube 469 / Gräßlich zugeschnitten 471 / Kaum mehr verstanden 471 / Vielfältige Stimmen 473 / Ein Festspiel 477.

*»Prinz Friedrich von Homburg«* .................................................... 478
Das Manuskript des »göttlichen Gedichtes« 478 / Tiecks Vorlesungen 480 / Zum erstenmal im Druck 481 / Ein Briefwechsel 489 / Berlin und der »Prinz von Homburg« 491 / Ein männliches Käthchen 500 / »der sonst so liebe Heinrich von Kleist« 501 / Bekenntnis eines Unrechts 501 / Berlin 1848 502 / Das Ausland 1828 503 / Hebbel und Felix Bamberg 504 / Die »abscheuliche Szene« 508 / Grillparzer 509 / Albert Dulk 511 / Die »Lücke« im Stück 512 / Schönheiten und Fehler eng verflochten 513 / Richard Wagner 514 / Eines der besten Lustspiele 515 / Theodor Fontane 516 / In musterhafter Inszenierung 518 / Der Kurfürst als Erzieher? 519 / »nach Cäsarismus stinkendes Kommißknopfstück« 521 / Um den Großen Kurfürsten 523 / Ein Lieblingsstück Wilhelms II. 527 / Die Zitate der Nacht 529 / Das hohe Lied der Subordination 530 / »herrlichste deutsche Komödie« 531 / Sternheim und Kerr 532 / Ein fast wortloses Ringen 534 / »In Staub mit allen Feinden Brandenburgs« 534 / Theaterereignis in Frankreich 536 / Ingeborg Bachmann 538.

*»Penthesilea«* ................................................................. 539
Als pantomimische Darstellung 539 / Zitate 541 / Bizarrer ungeheurer Plan 542 / Ein frühes französisches Urteil 543 / In Hebbels Nähe 543 / »Vielfach ungenießbar« 543 / Ein Bühnenversuch 545 / Friedrich Nietzsche 547 / Hugo Wolf 548 / Psychopathia sexualis 549 / Für oder wider die Frauenemanzipation 550 / Wildenbruchs Penthesilea-Roman 550 / Kein Bild der Antike 552 / Die schauspielerische Aufgabe 552 / Zu groß für das Theater 553 / Mysterium von Rasse und Erde 554 / Ahnstück der dichterischen Hysterie 554 / »Es muß einer gefressen werden ...« 555 / Kleists hohe Sprache 556 / Ödipus spricht mit Penthesilea 558 / Expressionistische Orgie 559 /

INHALT

Konkurs des Verfassers 560 / Trostlos unerlöste Welt 562 / Gipfel jeglicher Dichtung 563.

*»Amphitryon«* ................................................................. 563
Kleist und Molière 563 / Nicht aufführbar 565 / »Göttliche Komödie« 566 / Schändung des heiligen häuslichen Herds 566 / Bedenkliches Zwitterding 567 / Geistreichstes Theaterspielwerk 569 / Diese antiken Kostüme! 571 / Die große Szene 571.

*Erzählungen* ................................................................... 572
Alles Zartgefühl beleidigend 572 / E. T. A. Hoffmann, Rahel, Varnhagen 573 / Jacob und Wilhelm Grimm 574 / Juridischer Dichtung unbegriffene Magie 580 / Für und wider den neuen Prosastil 584 / Die Kunst der Bearbeitung 585 / Ludwig Tieck 587 / Heinrich Heine 589 / Charaktere, scharf und fest gezeichnet 589 / Kleist und Maltitz 591 / Die gräßliche Tiefe des Lebens 592 / In Schuberts und Mörikes Lesekränzchen 592 / Das Ausland 593 / Hinter den Gestalten versteckt 594 / Kohlhaas im Lexikon 596 / Das Ausland 597 / Heyses Novellenschatz 597 / Märtyrer im Kampf ums Recht 598 / Theodor Fontane 599 / Die Kunst des Vortrags 601 / Prachtstücke von Erzählungskunst 603 / Herrentum und Selbstbehauptung 604 / Kleist, der Revolutionär 606 / Welt ohne Licht und Farbe 608 / Vom Zwiespalt der Vernunft 609.

Quellennachweis ............................................................. 611
Nachtrag........................................................................ 641
Register
  Personen..................................................................... 644
  Kleists Werke ............................................................. 659

# EINLEITUNG

Die Wirkungsgeschichte Kleists gehört zu den eigenartigsten Kapiteln der neueren Geistesgeschichte. So begrenzt zu Kleists Lebzeiten die Spanne seiner literarischen Produktivität und die Möglichkeit seines Wirkens waren, so intensiv wuchs von Generation zu Generation die Ausstrahlungskraft seines Werkes. Welche Vielfalt von Urteilen, die sich oft aufs äußerste zu widersprechen scheinen, welche Anstöße und Bekenntnisse, welche Irrtümer und Einsichten hat die Auseinandersetzung mit ihm ausgelöst! Mit dem vorliegenden Band wird der Versuch unternommen, an Hand der überlieferten literarischen Zeugnisse diese Wirkung von Werk und Gestalt auf die Nachwelt darzustellen.

Wenn die vorausgehende Sammlung der »Lebensspuren« mit den Protokollen über Kleists Ende, seiner Todesanzeige und den Berichten über die Grabstätte schließt, so setzt die vorliegende Sammlung des »Nachruhms« mit dem Widerhall ein, den Kleists vielgeschmähtes Ende in der Öffentlichkeit fand, den erregten Diskussionen um die Umstände des Selbstmords und den Angriffen auf die »neueste ästhetische Schule«, der man Kleist zugehörig wähnte.

Der zweite Abschnitt berichtet von der Haltung der Freunde und Verwandten, von denen einige versuchten, den öffentlichen Schmähungen ein Wort der Besinnung und Würdigung entgegenzustellen. In vielen Briefen der Dezembertage des Jahres 1811 wird des Dichters gedacht, und mancher der Freunde trägt die Erinnerung an ihn sein Leben hindurch. Nüchterner ist die Reaktion der Verwandten und der Behörden, die sich um die Regelung seines materiellen Nachlasses zu kümmern hatten. Eine besondere Rolle spielt die skurrile Gestalt der armen Ulrike, auf deren Verhältnis zum Bruder ein neues Licht fällt.

Der dritte Abschnitt dokumentiert die mühsame Arbeit der Editoren und Biographen. Fouqués Versuche, das gerettete

Manuskript des »Prinz von Homburg« zu veröffentlichen, scheitern am Einspruch der hohen Dame, der Kleist das Werk gewidmet hatte. Mehr Geschick bewies Ludwig Tieck. Er gab zehn Jahre nach Kleists Tod den Nachlaß und fünf Jahre später die Gesammelten Schriften heraus; und seiner eigenen Autorität als Schriftsteller und Kritiker gelang es, Kleist eine gewisse Geltung in der Öffentlichkeit zu verschaffen. Durch ihn wurde erstmals das Ausland mit Kleists Werk bekannt, wobei die Franzosen schon früh ein neugieriges Interesse und sympathisierendes Verständnis bewiesen, während die englische Kritik sich schockiert abwandte und auch in späterer Zeit sich lange ablehnend verhielt.

Hatte Tieck den Dichter, wenn auch nur flüchtig, selbst noch gekannt, so hielt sich sein jüngerer Freund Eduard von Bülow für seine Kleist-Biographie ganz an die Berichte der wenigen noch lebenden Freunde und die inzwischen aufgetauchten Briefe des Dichters, wobei er Ulrikes Unerbittlichkeit zu beklagen hatte, mit der sie sich jeder Mitteilung enthielt. Mit dem vielumstrittenen Julian Schmidt trat dann in der zweiten Jahrhunderthälfte die Fachwissenschaft auf den Plan, die später in den Literarhistorikern Erich Schmidt und Georg Minde-Pouet bedeutende Kleist-Editoren stellte. Auffallend aber bleibt der große Anteil der »ungelehrten« Außenseiter an der Kleist-Forschung. So verdanken wir wertvolle Monographien und Editionen dem Romancier Wilbrandt, dem Theaterkritiker Brahm, dem Redakteur Zolling, dem Arzt Rahmer, dem Publizisten Wilhelm Herzog. Dokumente belegen Tiecks, Julian Schmidts, Zollings und der anderen editorische Unternehmungen in ihrem Werden und Wirken; Gelehrten-Zwistigkeiten bleiben nicht aus; gelegentliche Fälschungs-Aktionen bilden einen bedenklichen Kontrast zu den beharrlichen Bemühungen mehrerer Forschergenerationen, Steinchen auf Steinchen zu Kleists Werk und Biographie zusammenzutragen, um damit die Grundlagen zu dem allmählich wachsenden Kleist-Verständnis zu schaffen.

Der nächste und umfangreichste Abschnitt vereinigt in chronologischer Folge die Stimmen, die sich zu diesem Leben und Werk äußern. Ein verwirrend vielfältiges Gespräch, schwankend zwischen Schmähung, Mitleid, Bewunderung und höchster Verehrung, anschwellend in den Zeiten der großen Jubiläen zu beträchtlicher Lautstärke, wach gehalten durch scharfzüngige Diskussionen, persönlichste Bekenntnisse, fast überhörte leise und tiefsinnige Bemerkungen. Wir gewinnen den Eindruck, daß Aneignung und Auseinandersetzung meist in recht persönlicher Weise geschahen, unabhängig von der Partei oder literarischen Richtung, zu der man sich bekannte. Wohl machen sich dabei die Zeitströmungen in ihrer mehr oder weniger großen Affinität zu dem Dichter bemerkbar, mochte diese oft auch auf einem Mißverständnis beruhen: die Zeit der Befreiungskriege, der Reichsgründung, des Expressionismus, der sozialistischen Bewegung, der Hitler-Ideologie, des Existentialismus. Aber viele Äußerungen sind bemerkenswert vor allem durch die Gestalt des Sprechers; kaum eine Persönlichkeit der neueren Zeit, die nicht auf ihre spezifische Weise zu dem Phänomen Kleist Stellung genommen hätte und dabei oft mehr über sich selbst als über Kleist enthüllte. Auch ist es für die von Kleist ausgehende Faszination bezeichnend, daß sich einzelne wie Hebbel, Fontane, Bahr, Thomas Mann und andere wieder und wieder mit ihm auseinandersetzten, auch aus ihrer Abneigung oft keinen Hehl machten, ohne doch zeit ihres Lebens von ihm loszukommen.

Der letzte Abschnitt ist einzelnen Kleistschen Werken und ihrer besonderen Wirkungsgeschichte gewidmet, wobei »Die Familie Schroffenstein«, »Der zerbrochne Krug«, »Robert Guiskard« und »Die Hermannsschlacht« ausgespart wurden, über deren vielfältige Erwähnung das Sachregister Auskunft gibt.

Die in der vorliegenden Sammlung wiedergegebenen Zeugnisse haben oft nur den Charakter eines Zitats. Es galt dabei, aus längeren Ausführungen einige Sätze zur Kennzeichnung von Stil und Bedeutung des Vorgetragenen herauszugreifen oder aber eine wichtige Veröffentlichung im Spiegel der Kritiken und Rezensionen sichtbar werden zu lassen. Die sich innerhalb der Fachwissenschaft abspielenden Untersuchungen und Auseinandersetzungen konnten verständlicherweise nur am Rande berücksichtigt werden, und auch die Bühnengeschichte mußte einer künftigen Darstellung vorbehalten bleiben. Der

Quellennachweis im Anhang kann eine Kleist-Bibliographie nicht ersetzen, wie sie für die Zeit vor 1914 noch immer aussteht; doch wurde auf bisher Unbekanntes oder zu Unrecht Vergessenes besonderer Wert gelegt.

Wichtige Dienste bei der Zusammenstellung leisteten mir die Kleist-Sammlung der Amerika-Gedenkbibliothek in Berlin mit der von Minde-Pouet und später von Eva Rothe beschafften umfangreichen Kleistliteratur, ferner die reichhaltige Sammlung der Kleist-Gedenk- und Forschungsstätte Frankfurt (Oder) sowie das Deutsche Literaturarchiv Marbach mit seinem systematisch erschlossenen Zeitschriftenmaterial seit 1880. Für wertvolle Hinweise und Förderung habe ich wiederum vielen zu danken.

## ZUR VORLIEGENDEN NEUAUFLAGE

Als ein oft zu Rate gezogenes und vielfach zitiertes Standardwerk hat sich dieses Buch mit drei Auflagen (Carl Schünemann Verlag, 1967, Deutscher Taschenbuch Verlag, 1977, Insel Verlag, 1984) beim Leser eingeführt. Mit der Übernahme der Edition in den Carl Hanser Verlag konnte nunmehr weiteres, seit 1984 entdecktes Material eingebracht und dem gründlich revidierten Bestand einverleibt werden. Insbesondere wurde durch die Forschungsarbeit von Hermann F. Weiss (Ann Arbor) manche Quelle neu erschlossen. So konnten unter anderem die zeitgenössischen Reaktionen auf Kleists Selbstmord in überraschender Weise vermehrt werden. Weitere bedeutsame Texte, über deren Herkunft das Quellenverzeichnis Auskunft gibt, standen zur Verfügung und wurden dankbar benutzt. Die etwa sechzig hinzugekommenen Dokumente sind jeweils mit einem Sternchen gekennzeichnet.

Die Begrenzung der postumen Rezeptionsgeschichte auf anderthalb Jahrhunderte (bis zu Kleists 150. Todestag) erwies sich als sinnvoll. Eine jede Zeit schuf sich ihr eigenes Kleist-Bild. Schmähung und Enthusiasmus begleiteten von jeher das Werk dieses Dichters, und noch immer gilt Jakob Minors Wort von 1911: »Heinrich von Kleist ist das schwierigste Problem der

Literaturgeschichte, und je weiter die Forschung fortschreitet, um so schwieriger wird das Problem.« Für Ottokar Fischer (1925) war Kleist die Sphinx, die noch jedesmal geredet hat, wenn ein Wißbegieriger ihr die Frage seines Lebens vortrug; nur habe die Antwort stets anders gelautet. Auch denkt man an das Wort des 1959 verstorbenen Kleist-Forschers Georg Minde-Pouet, das er vor seinem Tode einem Freund gegenüber äußerte: »Der alte Fluch, der über dem Menschen und Dichter Kleist lag und ihn über den Tod verfolgt hat, wirkt auch jetzt noch weiter.« Bei den Bemühungen um Kleist meint man auch heute gelegentlich etwas von diesem Fluch verspüren zu können.

Die Akten über Kleist sind keinesfalls geschlossen, die Wirkung seines Werks ist aktueller denn je. Das vorliegende Buch mag dazu beitragen, das Wissen um ihn zu vertiefen und zu befestigen.

Stuttgart, im Herbst 1996 *Helmut Sembdner*

*Zur Beachtung:* Die Rechtschreibung der Texte wurde dem heutigen Gebrauch angepaßt. Auslassungen sind durch drei Punkte in eckigen Klammern gekennzeichnet, ebenso stehen Zusätze des Herausgebers sowie Hinweise auf Anschlußtexte in eckigen Klammern, wobei ein L vor der Nummer auf die ebenfalls im Carl Hanser Verlag erschienene Edition der ›Lebensspuren‹ verweist. Übersetzungen fremdsprachiger Texte stammen, soweit nicht anders angegeben, vom Herausgeber.

# KLEISTS TOD
## UND DIE ÖFFENTLICHKEIT

*Zeitungsmeldungen*

*1. Der Freimüthige. Berlin, 26. Nov. 1811*

*Aus Berlin.* Gegenwärtig spricht die Stadt von einer in unserer Nähe vorgefallenen schauerlichen Begebenheit. Der Dichter *v. Kleist* und Madame *Vogel* wurden am 21. d. M. drei Meilen von hier (auf dem Wege nach Potsdam, bei dem sogenannten neuen Kruge) tot gefunden. Der allgemeinen Sage nach hat v. K. zuerst jene Frau und dann sich selbst durch Pistolenschüsse getötet; doch waltet ein tiefes Dunkel über dem ganzen Vorfall.

*\*2. Leipziger Fama, 29. Nov. 1811*

*Mannigfaltigkeiten.* In Berlin hat sich folgende tragische Geschichte ereignet. Die junge und geistreiche Frau eines dasigen Beamten, die aber von den schöngeisterischen Grundsätzen der neusten ästhetischen Schule stark angesteckt war, ließ sich mit dem bekannten Dichter und Schriftsteller Heinrich von Kleist, der seit kurzem durch einen alten Schulfreund ihres Mannes [Adam Müller] in die Familie eingeführt worden war, in ein Verhältnis ein, das dem Manne nicht gleichgültig sein, und deshalb manche unangenehme Familienscene herbeiführen mochte. Die Frau und ihr Verführer entschlossen sich also, nach Potsdam zu entfliehen, um daselbst mit einander zu sterben. Sie kamen gegen Mittag zu Wagen in Potsdam an, nahmen in einem Gasthause ihr Mittagessen ein und tranken dann Caffee. Hierauf ruft Kleist den Wirt und bezahlt seine Rechnung. Kaum ist dieser aus dem Zimmer, so fallen in demselben schnell hinter einander zwei Schüsse. Der Wirt eilt hinzu, und findet seine beiden Gäste tot in ihrem Blute. Man weiß nicht, ob jedes sich selbst, oder ob Kleist erst seine Geliebte, dann sich erschossen habe. Wie man glaubt, hat die Überzeugung, daß es ihnen an Mitteln zum gemeinschaftlichen Leben fehle, sie zu dem Entschlusse des gemeinschaftlichen Todes bestimmt.

*593a. 596*

2a. *Zeitung für die elegante Welt. Leipzig, 30. Nov. 1811*
*Aus Berlin, den 23. Nov.* Ich eile, Ihnen, werter Freund, eine höchst tragische Geschichte zu melden, die sich hier vor einigen Tagen zugetragen, und eine große Sensation gemacht hat.

Ein hiesiger Beamter hatte eine hübsche, junge, geistreiche Frau, die aber von der Sucht, den schönen Geist zu machen, angesteckt und hauptsächlich eine erklärte Bewunderin der neusten ästhetischen Schule war.

Ein alter Schulfreund des Mannes [Adam Müller], der oft bei ihm im Hause war, führte auch seine Freunde dort ein, und unter andern auch *Heinrich von Kleist*. Zwischen diesem letztern und der Frau des Beamten entstand bald ein Verhältnis, das der Mann nicht mit gleichgültigen Augen ansehen konnte.

Der Himmel weiß, welche Familienszenen deshalb stattgefunden, genug, die Verführte entschloß sich mit ihrem Verführer davonzuziehen, nicht, um an einem andern Orte mit ihm zu leben, vielleicht, weil beide überzeugt waren, daß es ihnen dazu an den nötigen Mitteln fehle, sondern um gemeinschaftlich zu sterben.

*Heinrich von Kleist* fuhr also mit seiner Geliebten nach Potsdam und kehrte dort bei einem bekannten Wirte, mit Namen *Stimming,* ein. Hier sandte er den Wagen zurück und bestellte bei dem Wirte ein Mittagsessen, mit dem Hinzufügen, daß nach Tische eine andere Gesellschaft aus Berlin kommen, und ihn mit seiner Begleiterin abholen würde. Beide nehmen das Mittagsessen ein, trinken darauf Kaffee und Kleist bezahlt die Rechnung des Wirts, mit der Äußerung, bei der Ankunft der erwarteten Reisenden gleich reisefertig zu sein.

Gleich darauf, als der Wirt das Zimmer wieder verlassen, hörte man schnell hintereinander zwei Schüsse fallen.

Bei der nähern Untersuchung fand man beide erschossen. Es ist nun ungewiß, ob jedes sich selbst den Tod gegeben, oder ob Kleist erst seine Geliebte, dann sich selbst erschossen. Er hat über ihrem Leichnam gelegen.

*554*

*2b. Zeitung für die elegante Welt, 6. Dez. 1811*

*Aus Berlin, den 25. Nov.* Ich schrieb Ihnen in meinem letzten Briefe die merkwürdige Ermordung der Madam *Vogel* und *Heinrichs von Kleist,* so wie sie damals allgemein bekannt war. Das Faktum selbst ist auch ganz wahr, nur mit dem kleinen Unterschiede, daß sie beide nicht das Wirtshaus bei dem Gastwirt *Stemming* [!], ohnweit Potsdam, sondern ein in dessen Nähe belegenes Gehölz zu ihrem Vorhaben gewählt haben.

Aber, was Sie kaum glauben sollten, gleich darauf las man nachstehende beide Ankündigungen in den hiesigen Zeitungen: [L 539, 540]

Das große Publikum, das in der Regel einen richtigen Takt hat, hatte erwartet, daß diejenigen, die bei dieser Sache am meisten interessiert wären, darüber ein bescheidenes Schweigen beobachten würden [...]

Besonders war man über die Anzeige des Kriegsrats Peguilhen indigniert [...]. Man tadelte es laut, daß die Zensur eine solche Ankündigung, die dem Morde und Selbstmorde das Wort rede, den Abdruck noch dazu in den Zeitungen gestattet, die in die Hände aller Volksklassen kämen, und viele äußerten unverhohlen, wie es unverantwortlich sei, zu gestatten, daß Staatsdiener öffentlich dergleichen unmoralische Ideen bekanntmachen dürften. Entsetzlich fand man besonders die Idee, daß die sogenannten höhern Naturen nach einem ganz andern Maßstab als dem gewöhnlichen der Moral gemessen werden müßten. Sind diese höheren Naturen privilegiert, schauderhafte Verbrechen zu begehen, und wegen Ausbrüchen ihrer Raserei gerühmt zu werden, so laßt sie uns fliehen wie die Pest!!! 554

*\*2c. Leipziger Fama, 6. Dezember 1811*

In der Berliner Zeitung findet sich eine Anzeige von dem neulich gemeldeten Selbstmorde Heinrichs v. Kleist und seiner Geliebten, worin mit nicht wenig Selbstgefälligkeit und nicht ohne Mitleid auf die gemeinen Naturen herabgeblickt wird, die nicht das Glück haben, in solchen offenbaren und schändlichen Verbrechen, die nur durch Wahnsinn oder Verrücktheit entschuldigt werden können, etwas Höheres, wohl gar Göttliches zu finden. Auch diese Anzeige enthält den traurigen Beweis, wie so mancher unserer Zeitgenossen sich das Ansehen eines vorzüglichern Geistes, den man nicht mit dem gewöhnlichen Maßstabe messen dürfe, durch das tolle Bestreben zu geben sucht, daß er der Vernunft und der ewigen Ordnung der Dinge öffentlich Hohn spricht, und bald das Heilige in Unheiliges, bald wieder das Unheilige in Heiliges so frech als gewaltsam verdreht und verzerrt. Gedachte Anzeige lautet folgendermaßen: [L 540]

Auch der tiefbetrübte Gatte der Verewigten, die ihm ein Mädchen hinterläßt, hat das Publicum mit einer Todesanzeige behelligt, die ziemlich in dem nämlichen Geiste abgefaßt ist. Übrigens ist noch zu bemerken, daß dieser Selbstmord nicht, wie neulich gesagt ward, in einem Gasthause zu Potsdam, sondern in einem Wäldchen bei Potsdam statt gehabt hat.

*593a. 596*

*Die Berichte Nr. \*2 und \*2c stammen offenbar von demselben Leipziger Korrespondenten, der auch für die »Zeitung für die elegante Welt« (Nr. 2a und 2b) arbeitete.*

\*2d. *Der Zuschauer. Riga, 5. Dez. 1811*

*Vermischte Nachrichten.* Der Dichter Heinrich v. Kleist hat ein sehr tragisches Ende genommen. Er hatte die junge Frau eines Beamten, die eine große Bewunderin der neuesten Ästhetik war, verführt, und da der Ehemann dem zärtlichen Verhältnis ein Ende machen wollte, entführte Kleist die Frau nach Potsdam, und erschoß sie und sich in einem dortigen Wirtshause.

*609. 589*

3. *Allgemeine Moden-Zeitung. Leipzig, 3. Dez. 1811*

*Berlin, den 23. Nov. 1811.* Vor einigen Tagen ereignete sich hier eine höchst sonderbare und schauderhafte Begebenheit, die um so mehr eine allgemeine Sensation gemacht hat, als sie die Besorgnisse derjenigen zu bestätigen scheint, die unzufrieden mit dem Geiste, der in unserer neuesten schönen Literatur vorherrschend zu werden droht, davon nur Unheil prophezeiten.

Ein junger Mann, ein Schöngeist von Profession, ein eifriger Anhänger der neuesten poetischen Schule, war der Hausfreund einer schätzbaren Familie höhern bürgerlichen Standes, wo er mit zuvorkommender Gastfreundlichkeit aufgenommen worden war.

Die junge Frau in dieser Familie war eine große Verehrerin der neuesten Poesie, und fand in ihrer affektierten Kindlichkeit und Natürlichkeit, ihrem vernunftwidrigen Mystizismus, ihren leeren Schwindeleien und gedankenlosen Klängen ein großes Behagen. Ihr war daher der junge Dichter sehr willkommen, und bald entspann sich zwischen beiden ein geheimes Liebesverständnis, und da beide wohl einsahen, daß der Gatte nach seiner gemeinen Natur sich nie zu einer Ehe à trois oder quatre verstehen möchte, so faßten sie den schaudererregenden Entschluß, sich dem Tode zu opfern. [...]

Allem Vermuten nach hat der Liebhaber erst seiner Geliebten den Tod gegeben und sich dann selbst erschossen.

Ich enthalte mich aller Bemerkungen über diese Schrekkensszene, sie ist aber ein neuer Beweis, zu welchen blutigen Katastrophen oft die Verirrung von der Bahn der Tugend führt, und daß ein großer Unterschied zwischen ästhetischer und moralischer Bildung ist. Verbannt man alle moralischen Rücksichten aus dem ästhetischen Urteile, so würdigt man die schönen Künste zu Gaukelspielen herab, die nur zum Zeitvertreib dienen. Wenn aber die Werke der Künste mehr als bloßes Spiel der Einbildungskraft sein sollen, die bloß das wiedergibt, was sie aus den Sinnen geschöpft hat, wenn sie freie Selbsttätigkeit sind, die sich über die sinnliche Welt erhebt, und sie beherrscht, so darf auch das Gefühl der Sittlichkeit nicht vernachlässigt werden. *538*

*4. Anfrage. Zeitung für die elegante Welt. 7. Dez. 1811*

Ist es gegründet, daß Adolphine Vogel, geborne Keber, und der Dichter des Kätchens von Heilbronn, Heinrich von Kleist, die den 21. November sich drei Meilen von Berlin ohnweit Potsdam beim neuen Kruge gemeinschaftlich erschossen, und deren Tat, laut einer der merkwürdigsten Totenanzeigen im 142. Stück der Berliner Vossischen Zeitung, alle *verwandte* Geister aller Jahrhunderte interessiert, deren Katastrophe aber ein Freund dieser zwei Wesen, »die die Reinheit und Liebe selbst waren«, nach dem Wunsche des tiefbetrübten Gatten obbesagter Adolphine, zum Besten einer schon dem Namen nach sehr ehrwürdigen, wohltätigen Anstalt herauszugeben verspricht, kurz vor ihrem Hintritt noch die Wahlverwandtschaften gelesen haben, wie ein Reisender, der aus Berlin kommt, mit allerlei Umständen versichern will?

Es sind Zeichen der Zeit. Aber Vorwitz und böser Wille könnte leicht die Zeiger an diesem Zifferblatte mutwillig verrücken wollen, indem man die Lektüre eines Buches damit in Verbindung setzt, welches, wie der Legationsrat *Falk* vor kurzem in einem gediegenen Aufsatz in der *Urania* [L 390a] gezeigt hat, weit über alles, was *Schiller* oder andere intendiert haben, das innere Getriebe des Schicksals, wie es sein soll, weil es sein muß, uns aufschließt, und, wie es ebenfalls Herr Falk versichert, diesen Dichter Kleist mit sich selbst und seinen erhabenen Schicksalsdichtungen in vollkommnen Einklang setzt. *554*

*4a. Allgemeine Zeitung. Augsburg, 9. Dez. 1811*

*Preußen*. Öffentlichen Blättern zufolge hat sich der bekannte Dichter Heinrich v. Kleist, gemeinschaftlich mit einer jungen geistreichen Frau, Adolphine Vogel geb. Keber, die er ihrem Ehegatten, einem königl. Beamten zu Berlin, entführt hatte, am 21. Nov. in einem Wirtshause zu Potsdam erschossen.

*548. 589*

*Im Nachdruck der »Schweizerischen Nachrichten« wurde aus »der bekannte Dichter«: »der bekannte Doktor«.*

*4b. Münchner Politische Zeitung, 10. Dez. 1811*

Die junge, geistreiche Frau eines Berliner Beamten verliebte sich in den Dichter und Schriftsteller *Heinrich v. Kleist*, der ein Verwandter des berühmten Dichters und bei Kunersdorf gebliebenen königl. preußischen Majors Hrn. *Ewald v. Kleist* war. Dem Ehemann konnte dies Verhältnis nicht gleichgültig bleiben; es mochte zwischen ihm und seiner Frau zu mancher unangenehmen Szene Anlaß gegeben haben. Endlich entschloß sich die Frau, mit ihrem Liebhaber zu fliehen und zu sterben. Sie gingen nach Potsdam, aßen dort zu Mittag, tranken Kaffee, und Kleist zahlte dem Wirt die letzte Zeche. Kaum ist dieser aus dem Zimmer, so fallen in demselben hinter einander zwei Schüsse. Der Wirt eilt zurück und findet seine beiden Gäste tot in ihrem Blute! 605. 589

> Die gleiche Meldung steht einen Tag später wörtlich in der »Großherzogl. Badischen Staatszeitung« vom 11. Dez. 1811, nur fehlt der Hinweis auf Ewald v. Kleist. 584, S. 165

*4c. *Zürcher Zeitung, 17. Dez. 1811*

*Deutschland.* Öffentlichen Blättern zufolge hat sich der bekannte Dichter *Heinrich von Kleist* (gemeinschaftlich mit einer jungen geistreichen Frau, *Adolphine Vogel* geb. *Keber*, die er ihrem Ehegatten, einem Königl. Beamten zu *Berlin*, entführt hatte) am 21. Nov. in einem Wirtshause zu *Potsdam* erschossen.

(Sein Geschlechtsverwandter und – bessere Dichter, *Chr. Fr. von Kleist* starb einst, auf dem Beth [!] der – Ehre, den Tod fürs Vaterland. *) *(In der Schlacht bey *Kunnersdorf* 1759.)

Und nun liest man, auf Veranlassung dieses Vorfalls vollends zum – Ausspeien! in *Berliner*-Zeitungen nachgehende Anzeige: [L 540]

Andre Nachrichten tun indessen hinzu: »Frau *Vogel* war als eine brave Frau allgemein bekannt, litt aber seit Jahren an einem unbekannten Schaden.« 608. 593a

*4d. *Zürcher Zeitung, 24. Dez. 1811*

*Berlin.* Zu Vervollständigung der neuerlich unweit *Berlin* gespielten Farce des H. *von Kleist* und der Madame *Vogel* gehört noch (als wesentliches Dokument) die Anzeige des Todes der letztern, abseits ihres betrübten Gatten, in den *Berliner*-Blättern: [L 539]

Ein deutsches Blatt glaubt seiner Erzählung des ganzen Vorfalls (als in der Tat merkwürdig) noch beifügen zu müssen: Daß die beiden Verstorbnen, eh' sie zum *Heiligen See* gegangen, noch vorher im Wirtshause – die Zeche bezahlt hätten. 608. 593a

4e. *Der Erzähler. St. Gallen, 20. Dez. 1811*

*Preußen.* Der Dichter Kleist ist im *Wirtshause* zu Potsdam, im Blute schwimmend, auf dem Leichnam seiner Geliebten gefunden worden. Die Ufer des *heiligen Sees* und die übrige Zeitungs-Romantik ist zu viel an dieser anstößigen Exaltationsgeschichte. *595. 589*

*5. Allgemeine Zeitung. Augsburg, 18. Dez. 1811*

Der Selbstmord des Dichters Heinrich v. Kleist und der Frau Adolphine Vogel wird nun in verschiedenen öffentlichen Blättern auf folgende, von den bisherigen Nachrichten abweichende Art erzählt: »Frau Vogel war als eine rechtschaffene Frau allgemein bekannt, litt aber seit Jahren an einem unheilbaren Schaden. Die Ärzte überzeugten sie von der Unvermeidlichkeit eines nahen Todes, und sie faßte den Entschluß, ihm freiwillig zuvorzukommen. Ihr Freund, der Dichter Heinrich v. Kleist, faßte eben diesen Entschluß. Beide fuhren nach einem Wirtshause an der Landstraße von Berlin nach Potsdam (Wilhelms-Brück), an den Ufern des heiligen Sees gelegen. Hier bereiteten sie sich eine Nacht und einen Tag zum Tode vor; sie beteten, sangen und exaltierten sich durch einige Flaschen Wein, Rum und 16 Portionen Kaffee; dann meldeten sie in einem Briefe dem Hrn. Vogel ihr Vorhaben, und baten ihn, eiligst zu kommen, um ihre Leichname zu beerdigen. Dieser Brief wurde mittelst eines Boten nach Berlin gesandt. Sie gingen darauf an die Ufer des heiligen Sees, setzten sich gegen einander über, Kleist zog die Pistole und schoß seine Freundin gerade ins Herz, ladete wieder, und schoß sich vor den Kopf. Bald darauf erschien der Mann, und war untröstlich, denn er liebte seine Frau etc.« *548*

*5a. Der Hamburgische Correspondent, 18. Dez. 1811*

*Berlin.* In der Nachbarschaft unsrer Hauptstadt ist eine tragische Begebenheit vorgefallen. Am 21. November haben sich Heinrich von Kleist, bekannt durch seine Poesien, und Madame Vogel, die sich einander sehr heftig liebten, in einem Gehölze bei Potsdam selbst den Tod gegeben. Man fand sie daselbst durch Pistolenschüsse getötet. *525. 589*

*5b. Gemeinnützliche Blätter für das Großherzogtum Frankfurt, 22. Dez. 1811*

*Korrespondenznachricht.* Der Dichter, *Heinrich von Kleist*, welcher mit seiner Geliebten in einem unglücklichen Verhältnis stand, hat erst diese, und hernach sich selbst, am 21. November in Potsdam ermordet.

Man eilte sogleich nach dem zweiten Pistolenschuß ins Zimmer, allein beide waren so tödlich verwundet, daß sie bald darauf *in den Armen ihrer Freunde das Leben aushauchten.*

*594. 589*

*5c. Preßburger Zeitung, 24. Dez. 1811*

Der jüngere Dichter von Kleist hat sich am 21. Nov. in Potsdam gemeinschaftlich mit einer von ihrem Gatten entführten Frau in einem mystisch-romantischen Wahnsinnes-Anfall erschossen.

*606. 589*

*6. [Gubitz.] Morgenblatt für gebildete Stände. Tübingen, 21. Dez. 1811*

Berlin, *26. Nov.* Eine wirklich auffallende, und für Psychologen interessante Erscheinung belebt jetzt das Gespräch. Der als Schriftsteller bekannte Heinrich von *Kleist* und Adolphine *Vogel,* geborne *Keber,* haben sich auf gewaltsame Weise von dieser Erde getrennt, der allgemeinen Sage nach, nur aus Liebe zu einem geistigen Verein in jener bessern Welt. Beide fuhren eines Abends nach einem Gasthofe, nahe bei *Potsdam,* schrieben die ganze Nacht Briefe, wobei sie ruhig Erfrischungen zu sich nahmen. Am Morgen bestellten sie, daß man ihnen den Kaffee nach einem dem Hause naheliegenden Wäldchen bringen möchte; sie gingen dorthin, und bald darauf hörte man zweimal schießen. Die Herbeieilenden fanden beide tot, und aus der Ansicht und der gewählten Lage ergab sich, daß Heinrich von *Kleist* zuerst die Dame erschossen hatte mitten durchs Herz, und dann sich selbst mit tiefem Einlegen der Pistole in den Mund, denn der Gesichtsteil des Kopfes war nicht beschädigt. Bemerkenswert ist es noch, daß er beide Schüsse mit *derselben* Pistole tat, denn eine *zweite* lag *geladen* da; er hatte also so viel Ruhe gehabt, noch einmal zu laden. Die Gattin hinterläßt einen Gatten und eine Tochter. Einen schriftlichen Auftrag der Verstorbenen befolgend, wird ein Freund die düstere Geschichte in einer kleinen Schrift ausführlich erzählen, und die Gründe des Gewalttodes angeben.

*540*

7. *[Gubitz.] Morgenblatt. 26. Dez. 1811*

*Berlin, 3. Dez.* Das Erschießen des Hrn. von *Kleist* und der Mad. *Vogel* ist fortwährend die Seele des Gesprächs, und auch der Einsender muß auf diese Begebenheit zurückkommen, weil eine genaue Untersuchung der Sache sie deutlicher bestimmt und anscheinend die Beweggründe angedeutet hat. Mad. Vogel soll seit langer Zeit an einer unheilbaren Krankheit gelitten, Hr. v. K. mit seinem Schicksal in Fehde gelebt haben; dies erklärt allenfalls das Übereinkommen zu solchem Beginnen. In der Nacht vor dem gewaltsamen Hinscheiden nahmen beide viel geistige Getränke zu sich, und die Tat verschob sich bis zum Nachmittage. Durch Übereilung ist über diesen Vorfall die Anzeige eines Freundes der Unglücklichen in unsern Zeitungen erschienen, welche allgemeine Mißbilligung erregt hat von Seiten der höhern Personen und des ganzen Publikums, da sie in einem Auswurf von poetischer Poesie in unreiner Prosa dem Selbstmorde das Wort der Rechtfertigung sprechen soll.
540

\*7a. *Provinzial-Zeitung. Elberfeld, 24. Dez. 1811*

Authentische Nachrichten über das tragische Ende des Dichters Herrn von Kleist und Madame Vogel, die Frau eines preußischen Beamten. Liebe soll keinen Anteil zu diesem tragischen Ende gegeben haben, es soll platonische Liebe gewesen sein. Madame Vogel litt lange an einem unheilbaren Übel, die Ärzte hatten ihr auch einen frühen Tod vorher gesagt, und sie hatte daher lange in sich den Entschluß genährt, sich zu töten. Hr. von Kleist hatte auch lange diesen Vorsatz sich zu töten gefaßt. Beide entdeckten sich den Entschluß, und führten ihn auch aus. Sie begaben sich in den Gasthof zur Wilhelmsbrücke zwischen Berlin und Potsdam. Eine Nacht und einen Tag bereiteten sie sich durch Beten und Singen zum Tode vor, tranken mehrere Bouteillen Wein, Rum und Caffee. Sie schrieben durch einen Expressen ihren Entschluß Herrn Vogel nach Berlin, mit der Bitte, ihre sterbliche Hülle beerdigen zu lassen. Hierauf begaben sie sich an die Ufer des heil. Sees und setzten sich gegeneinander über. Hr. von Kleist ergriff die geladene Pistole und schoß grade auf das Herz der Mad.

Vogel, die tot zur Erde fiel. Er lud hierauf seine Pistole und schoß sich durch den Kopf. Kurz darauf kam Hr. Vogel, und fand sie beide in Blute schwimmend. Die vom Kriegsrat Peguilhen angekündigte Lobrede dieses Selbstmordes erregte bei Leuten von Grundsätzen und Religion den größten Unwillen, und die Zensur bekam deshalb Verweise. Ebenso unklug handelte Hr. Vogel, daß er den Tod seiner Frau in öffentlichen Blättern ankündigte, über den er den dichtesten Schleier hätte werfen sollen. *601. 589*

*7b. Der Zuschauer. Riga, 26. Dez. 1811*

Aus Berlin. Sie können nicht glauben, wie sehr die karfunkelnde Heldentat des mystischen Dichters H. v. Kleist hier die geselligen Freuden stört. Alle ästhetischen Damen stellen geheime Prüfungen an, ob ihre Auserwählten wohl auch einer so gräßlichen Erhabenheit fähig wären, und die jungen Herren ziehen vor jedem Engagement als Hausfreund, den Arzt der Dame zu Rate, aus Furcht, auch auf einen unheilbaren Schaden zu treffen. Man spricht so gar, daß künftig Verbindungen der Art durch förmliche Contracte geschlossen werden sollen, in denen ausdrücklich bestimmt wird, daß der Hausfreund keine Verbindlichkeit zum Totschießen habe. – Seit der erste Schauder über die unsinnige Tat vorüber ist, wird hier über die Bewunderer derselben viel gespottet. Das scheint fast hartherzig: aber die Geistesverirrung der Neu-Mystiker ist wirklich von der Art, daß man vor Lachen nicht zum Weinen kommen kann. *609. 589*

*7c. Thalia. Wien, 1. Januar 1812*

Berlin. Noch sind die Meinungen über die Ursachen geteilt, welche Hrn. v. Kleist zum doppelten Morde veranlaßten. Die prosaischen und nüchternen Köpfe sind weit entfernt, in die hohen poetischen Ansichten einzugehen, aus denen man jene traurige Katastrophe herleiten will. Sie glauben, daß man eine Begebenheit so lange aus den Sinnen erklären müsse, als keine unbedingte Notwendigkeit vorhanden sei, zum Geistigen seine Zuflucht zu nehmen. Die Menschen sind bekanntlich keine Engel, und sie waren es wohl nie weniger als jetzt. Das Räsonnement, welches einige Blätter über das Lebensende des Dichters liefern, ist so mystisch-erhaben, und dabei so verworren, daß es eher einer Dichtung des Verblichenen, als einer Erzählung der letzten tragischen Begebenheit seines Lebens ähnlich sieht.

602. 593a

*8. Zeitung für die elegante Welt. 7. Jan. 1812*

*Aus Berlin.* Das tragische Ende, das Heinrich von Kleist genommen, ist gewiß in mehr als einer Hinsicht merkwürdig; aber nicht minder merkwürdig ist es, daß in allen den verschiedenen Nachrichten, die in den Miszellen für die Weltkunde, in dem Korrespondenten von und für Deutschland usw. hierüber zu lesen sind, *ein wesentlicher Hauptumstand ganz und gar nicht berührt wird, da dieser doch hier allgemein bekannt ist* – der wichtige Umstand nämlich, daß Mad. Vogel an einem durchaus unheilbaren Krebsschaden seit geraumer Zeit litt. Dies sei denn hier zur Steuer der Wahrheit und zur Berichtigung der übereilten, schiefen und übelwollenden Urteile ausdrücklich bemerkt! –

554

\*8a. *Leipziger Literaturzeitung, Intelligenzblatt, 15. Febr. 1812*

*Todesfälle:* Am 21. Nov. tötete der Dichter *Heinrich von Kleist*, Verfasser des Käthchen von Heilbronn etc. am heiligen See zwischen Berlin und Potsdam erst seine Geliebte, *Madame* Adolphine Vogel, dann sich selbst, durch Pistolenschüsse. Die Rechtfertigung oder Entschuldigung dieser Handlung von einem Freunde dessen in der Berl. Zeit. hat gerechten Unwillen erregt, der am stärksten in einer der letzten Nummern des Morgenblattes von J. 1811 [s. 24] ausgesprochen ist.   599. 584

\*8b. *Allgemeine Moden-Zeitung. Leipzig, 9. Juni 1812*

Der Gatte der Madame Vogel, geb. Kaber [!], die im Monat November mit Heinrich von Kleist freiwillig ihr Leben endete, wird sich mit der Witwe des Kriegskommissarius Eberhardi verheiraten, der hier bei einem Restaurateur vergiftet worden ist.   320. 584

*Die gleiche Nachricht erschien im »Österreichischen Beobachter«, Wien, am 25. Juni 1812.*

*Privatkorrespondenzen*

9. *Friedrich Buchholz an Johann Friedrich Cotta. Berlin, 26. Nov. 1811*

Der Verfasser der *Penthesileia* – wenn ich nicht irre, haben Sie dies Gedicht verlegt – hat sich in diesen Tagen nicht weit von hier erschossen. Sein Tod ist so seltsam gewesen, als seine Poesien es sind. Er kam mit heiler Haut aus dem österreichisch-französischen Kriege hieher zurück, vereinigte sich mit Adam Müller zur Herausgabe eines Abendblatts, gab dies auf, weil es nicht einträglich war, schloß sich an die Weiber an und fixierte sich für eine gewisse Madam *Vogel;* eine Frau, deren Überbildung und Hysterie ihm vorzüglich konveniert zu haben scheint. Beide bereden sich, daß das Leben keinen Wert habe und daß man eilen müsse, es los zu werden. Gemeinschaftlich fahren sie nach einem Gasthof auf dem Wege von hier nach Potsdam, verleben daselbst eine Nacht, der Himmel mag wissen *wie*, schwärmen am folgenden Tage in der Gegend umher, lassen sich den Kaffee in einem Gehölz auftragen, und setzen sich in eine Vertiefung, die kaum hinreicht, beide zu fassen. Und in dieser Stellung expediert H. von Kleist erst seine Geliebte und unmittelbar darauf sich selbst. Übrigens waren die Maßregeln so gut genommen, daß, gleich nach geschehener Tat, der Mann der Dame mit einigen guten Freunden und dem Kreisphysikus ankamen und die beiden Liebenden, nach geschehener Besichtigung, zur Erde bestatten konnten. Ich müßte mich sehr irren, oder von den jungen Männern in Deutschland, welche sich so ungebärdig betragen haben, weil rund um sie her so vieles vorging, was sie nicht begreifen konnten, werden noch mehrere auf diese Weise endigen. *576*

10. *J. C. F. Rellstab an F. J. Bertuch in Weimar. Berlin, 1. Dez. 1811*

Den 21. November erschoß sich der bekannte exzentrische Schriftsteller v. Kleist, Verf. des zerbrochenen Krugs und des Schauspiels Käthchen von Heilbronn, in Gesellschaft seiner Freundin, der Frau eines Rendanten Vogel allhier, einer geborenen Keber. Der Mord und Selbstmord geschah drei Meilen von Berlin auf dem Wege nach Potsdam beim sogenannten Neuen

Kruge in einer romantischen Gegend bei einem großen See. Ganz vorüberdacht ist alles gewesen. Die Vogel, eine schöne, schöngeisterische Frau, hat an ihren Mann ein Schreiben hinterlassen, das derselbe mit einer Art Selbstruhm in der Zeitung bekannt gemacht hat und worin sie ihn bittet, nicht zu trauern, indem sie zu einem bessern Leben überginge. Kleist selbst hat ein Testament hinterlassen und einen Kriegsrat Peguilhen zum Ausrichter desselben bestellt. Letzterer hat mit einem Panegyricus in der Zeitung die Tat bekannt gemacht. Niemand begreift, wie unsere sonst so ängstliche Zensur dergleichen hat durchgehen lassen. Er verspricht dabei, noch eine besondere Broschure über die Sache und deren Beweggründe herauszugeben. Kleist hat seine Freundin zuerst erschossen. Sie hat die Brust dazu entblößt, muß aber doch gezuckt haben, denn der Schuß hat mehr die linke Seite unter dem Herzen getroffen, ist indessen doch sogleich tödlich gewesen, nachher hat er sich die Pistole im Munde gesetzt und sich so das Gehirn zersprengt. – Das was der Verstorbene immer gern wollte und weder durch seine Schauspiele und Gedichte, noch durch sein Abendblatt erreichen konnte: Aufsehn, hat er nunmehr eine kurze Zeit wenigstens bezweckt. *140*

\*10a. *Friedrich Justin Bertuch an K. A. Böttiger. Weimar, 2.Dez.1811*

Daß Kleist sich mit einer Rendantenfrau bei Berlin erschossen hat, werden Sie wissen. So hat er konsequent wenigstens geendet! – *586*

\*10b. *Bertuch an Ludwig Friedrich Froriep. Weimar, 14. Dez. 1811*

Daß der exzentrische Heinrich v. Kleist sich mit einer Rendantenfrau Vogel, der er den Kopf verrückte, in einem Gehölz bei Potsdam erschossen hat, wirst Du in öffentlichen Blättern lesen. Schade um sein Genie! Mad. Vogel hat noch salbungsvolle Zeilen an den lieben Mann hinterlassen, und dieses Schaf läßt diese mit der Todesanzeige seiner Frau in der Berliner Zeitung abdrucken! [s. L 539] – Die Zeit. f. d. elegante Welt hat dieser Tage den Vorfall weitläufig, und mit guten Nutzanwendungen begleitet, drucken lassen. [s. 2b]

*586*

*11. Chr. G. v. Voigt an K. A. Böttiger. Weimar, 8. Dez. 1811*

Wenn doch die zerbrochenen Krüge so etwas [eine Bußpredigt Reinhards] zu Herzen genommen hätten! Keinen eminentern Beweis davon, daß er ein Narr war, konnte der Wahlverwandtschafts-Ausspäher geben. Aber das arme junge Weib ist zu beklagen, daß sie sich einem solchen Irrling (denn jeder Brief muß ein neues Wort haben) hingeben konnte.                        141

*\*11a. Johann Friedrich Rochlitz an Christian Truchseß von Wetzhausen. Leipzig, 17. Dez. 1811*

Was hat da z.B. Mahlmann nicht neulich wieder in der Zeitg. f. d. elegante Welt für eine Wirtschaft gemacht bei Gelegenheit des Todes von *Kleist!* (über den ja doch nichts, als zu schweigen war, weil die Toten *alle* ruhen, und verächtliche Lobredner verachtet werden müssen!) Hat er doch gefragt, obs wahr sei, daß jene Toten vor der Katastrophe erst in Göthes Wahlverwandtschaften gelesen etc. [s. 4] Weg damit!       589

*\*11b. Christian Truchseß an Johann Friedrich Rochlitz. Bettenburg, 3. März 1812*

Fehlten Verstorbene, so rüge man ihre Fehler zur Warnung der Lebenden, und wer tut das mehr als die historischen Schriftsteller. War es mündliches und sehr laufendes Gerücht, daß der exaltierte Kleist, in dem sehr viel war, der aber nur eine falsche Richtung nahm, vor seiner unrechtlichen und unsinnigen Katastrophe Göthens Wahlverwandtschaften gelesen habe? so hatte Mahlmann meines Erachtens nicht ganz unrecht, das zur öffentlichen Sprache zu bringen, um die Wahrheit hervorzuziehen.                589

*12. Chr. G. Körner an seinen Sohn Theodor. Dresden, 29. Nov. 1811*

Von dem Dichter Heinrich Kleist in Berlin erzählt hier ein glaubwürdiger Mann aus einem Briefe, daß er sich mit seiner Geliebten, die die Frau eines andern war, erschossen hätte. Unmöglich scheint es mir nicht, da er zu den modernen starken Geistern gehörte, die jede Leidenschaft für unüberwindlich halten, und die Achtung für Pflicht und Tugend als eine altväterische Pedanterei verachten. Sonst schien er ein edler Mensch zu sein, und sein Tod ist wirklich ein Verlust für die deutsche Literatur. 266

13. *Theodor Körner an seine Eltern. Wien, 4. Dez. 1811*

Kleists Ende hat mich nicht sehr gewundert, wie sich aber eine Frau aus Liebe zu ihm hat erschießen können, das sehe ich noch nicht ein. – In der ganzen Geschichte erkenne ich das überspannte flache Wesen der Preußen deutlich ausgedrückt. Es gibt Fälle, wo jeder Trost niederträchtig, und die Verzweiflung Pflicht ist [nach Goethes »Wahlverwandtschaften« I, 18], das wird niemand leugnen, nur muß es keine Verzweiflung an sich, sondern an das Leben sein. Manches Leben kann nur der Selbstmord würdig enden, und für solch einen hab ich Respekt. Das andre sind Kindereien, wozu weder Mut noch Kraft gehört. 255

14. *Chr. G. Körner an Theodor. Dresden, Dezember 1811*

6. Dez. Über Kleists Tod steht noch eine Anzeige von dem Witwer in den Berliner Zeitungen, die äußerst auffallend ist. Man sieht daraus, daß Kleists Geliebte noch eine Tochter und einen Vater hatte. Der Ehemann aber ist mit allem zufrieden und hofft auch die übrigen Interessenten über diesen Tod, der »so rein war, wie ihr Leben«, beruhigen zu können. Pfuel dauert mich, der von Herzen Kleists Freund war, und sehr bei dieser Geschichte leiden wird. Mir war sie um so auffallender, da man kurz vorher erzählt hatte, daß Kleist von der Hendel [-Schütz] sehr eingenommen wäre. – 266

13. Dez. Von Kleists Tode schreibt die Chodowiecka an die Piattoli, Kleist habe eigentlich nicht die Vogel, sondern eine andere Frau (auch nicht die Hendel) geliebt. Dieser habe er die Erschießenspartie proponiert, aber kein Gehör gefunden. Die Vogel sei erst nachher zu diesem Tanz aufgefordert worden, und da sie ohnedem wegen eines Krebsschadens habe sterben wollen, so sei sie geneigt dazu gewesen. 255

27. Dez. Was Du über Kleists Ende und den Selbstmord überhaupt schreibst, ist mir nicht recht deutlich. Es können wohl Fälle eintreten, wo der höchste Grad der Verzweiflung ein schonendes Urteil verdient, aber ich begreife nicht, wie der

Selbstmord für denjenigen, der nicht bloß in der Welt der
Sinnlichkeit und der Leidenschaft lebt, sondern an eine höhere
Ordnung der Dinge glaubt, jemals eine löbliche Handlung
werden könne! Und selbst wo die Stimme der Religion nicht
gehört wird, bleiben noch Gründe genug übrig, um in dem
freiwilligen Tode nur einen Befehl des Trotzes, der Schwäche
und der Trägheit zu finden. 562

*15. *Alexander v. Einsiedel an Ernst Blümner. Gnandstein, 5. Dez. 1811*

Sie haben in Dresden den Herrn v. Kleist gekannt – einst
meinen Nebenbuhler [s. L *263c]; er hat auf recht tragische
Weise geendet, hat sich in der Umgebung von Berlin mit
einem Pistolenschuß entleibt, mit einer verheirateten Frau, die
er liebte und von der er geliebt wurde, ohne daß man einen
Grund dazu wußte. Emma Körner hat meiner Frau [Julie
Kunze] eine Abschrift der Ankündigung dieser Geschichte in
der Zeitung geschickt, wo gesagt ist: aus reinem Verlangen nach
jener beßren Welt – diese Ankündigung rührt von einem
Freunde der beiden her, der mit der Ausführung ihres letzten
Willens beauftragt war. 590

*16. Gneisenau an seine Frau. Berlin, 2. Dez. 1811*

Du wirst eine Ankündigung eines Mannes über den Tod
seiner Frau, und eine andere über eben diesen Tod von dem
Testaments-Exekutor der Verblichenen gelesen haben, die Dir
dunkel sein werden, wenn Du nicht die Veranlassung bereits
kennst. Bei der Möglichkeit, daß dies nicht der Fall ist, will
ich Dir die Veranlassung zu jenem tragischen Vorfall erzählen.
Die Verstorbene, M[adame] Vogel, hatte ein tödliches Übel, den
Mutterkrebs. Sie war eine sehr gebildete Frau und hatte den
ehemaligen Gardehauptmann Kleist, Dichter wie sein ver-
storbener Bruder [!], den Du kanntest, zum Freunde gewählt.
Beide waren exaltiert (er hat mich einige Male besucht). Bei
dem Gefühl der Unheilbarkeit ihres Übels hatte sie bereits
ihrem Manne den Antrag gemacht, sich zusammen zu töten. Er
aber fühlte noch zu viel Lebenslust, als daß ihm diese Reise
annehmlich gewesen wäre. Mit mehr Bereitwilligkeit nahm
den Antrag der Dichter auf. Sie begeisterten sich wechselweise

zur Reise in jenes Dunkel, fuhren nach einem Wirtshause an der Potsdamer Chaussee, tranken daselbst Kaffee, gingen an dem dasigen See spazieren, sangen von ihm gedichtete geistliche Lieder, dann schoß er ihr mit einer Pistole eine Kugel durchs Herz, und die andere sich durch den Kopf. Man fand noch einen Brief, worin sie ihre unerzogene Tochter einer Freundin übergab. Das Dasein des genannten Übels bewies, daß beider Verhältnisse ganz rein, und der Entschluß zum gemeinschaftlichen Tode aus Dichterphantasie entsprungen war.

*154*

*16a. Caroline v. Humboldt an Friederike Brun in Kopenhagen. Wien, 11. Dez. 1811*

Haben Sie von der unnatürlichen Todes-Geschichte in Berlin gehört? Kleist der Dichter, schießt seine Geliebte Mde. Vogel tot, und gleich darauf sich selber, beide aus höchstem Lebensüberdruß, und doch liebte die Vogel ihren Mann, hatte einen alten Vater, eine siebenjährige Tochter, und war nach dem Zeugnis aller Menschen von unbescholtenen Sitten und Ruf. –

*222a*

*17. Dorothee v. Raumer an Wilhelm v. Gerlach. Potsdam, 24. Dez. 1811*

Hüten Sie sich vor der Liebe, wie sie eine hohe Tragödie gespielt hat im Holze bei Stimming. Wenn Sie die Tagesgeschichte nicht wissen, so lassen Sie sich diese von der Cousine Bassewitz erzählen. Sie ist schauderhaft. *410*

*17a. Maler Friedrich Meier an Wilhelm v. Gerlach. Dresden, 31. Dez. 1811*

Ich bin begierig, Dein Urteil und von Dir die näheren Umstände über Kleists Tod zu erfahren. Ich fürchte fast, Du wirst ihn mit allen anderen verdammen. Du mußt nun aber wieder den Werther lesen, um zu lernen, wie man über dergleichen urteilen soll, nämlich gar nicht, wenn man es nicht so schon weiß. *410*

*17b. Wilhelm v. Gerlach an Friedrich Meier. Berlin, 28. Jan. 1812*

Ich soll Dir von Kleists Tod erzählen. Zuerst: ich urteile wie Du sehr milde über den Unglücklichen; ich habe ihn nur einige

Male gesehen, aber das Unglück und die Gedrücktheit sprach sich in seinem zerrissenen Wesen deutlich aus, ungeachtet er immer viel sprach und lachte. Das Merkwürdigste, was ich über seinen Tod gehört habe, oder vielmehr über den Mord der Frau, ist, daß er schon vor mehreren Jahren, da sein Bruder nach dem Urteil einiger Ärzte eine unheilbare Krankheit haben sollte, erklärt haben soll, er hielt es für seine Pflicht, wenn die Ärzte einig wären, der Bruder sei unheilbar, ihn zu erschießen. Die Frau befand sich in der Lage; sie hatte den Krebs an der Scham [...] Der Mann [Vogel] ist ein sehr lustiger jovialer Mensch, ein Bonvivant. Die Frau war eine empfindsame Närrin, wie ihre letzten Briefe auch noch gezeigt haben.

410

*18. E. T. A. Hoffmann an Hitzig. Bamberg, 28. Apr. 1812*

Noch einmal komme ich auf den herrlichen Kleist zurück, um Sie zu bitten mir einiges über seinen heroischen Untergang zu sagen; das dumme Geschwätz in öffentlichen Blättern von Leuten, die vor einem Strahl von Kleists Genius in die erbärmliche Nußschale, die sie für einen Palast mit sieben Türmen ansehn, sich verkrochen hätten, dieses dumme Geschwätz hat mich überaus angeekelt; und schon damals wollte ich mich an Sie mein lieber Freund! wenden um etwas Rechtes vom Rechten zu hören, doch es unterblieb wie vieles. 204

*Kommentare aus aller Welt*

\*19. *[Garlieb Merkel.] Zeitung f. Literatur u. Kunst. Riga, 9. Dez. 1811*

Das klägliche Schicksal des mystischen Dichters Heinrich v. Kleist, der erst seine Geliebte und dann sich zu Potsdam ermordete, hat sehr lächerliche Dinge veranlaßt. Der *Ehemann* der letztern, Hr. Vogel, hat den Vorgang in den Berliner Zeitungen bekannt gemacht, und versichert zugleich, »der Tod seiner Frau sei rein gewesen, wie ihr Leben,« und der einzige Trost für ihren alten Vater, ihre Tochter und ihn (!!!), sei, daß sie »*von der innigsten Liebe begleitet*, die irdische Glückseligkeit mit der ewigen vertauscht habe«. Zu diesem wohl noch unerreichten Muster eines Ehemanns gesellt sich ein nicht weniger merkwürdiger Freund. Ein Hr. Kriegsrat Peguilhen nämlich hat angezeigt: die Selbstmörder hätten »Freunde und Freundinnen *hinterlassen*, zu denen die verwandten Geister aller Jahrhunderte, der *Vergangenheit*, der Gegenwart und der Zukunft« gehörten. Er werde für diese mit dem Beistande des tiefbetrübten Witwers, einige Bruchstücke über die Catastrophe bekannt machen. Es sei von *einer Tat* die Rede, *wie sie nicht alle Jahrhunderte gesehen haben* usw. Das vernünftige Berliner Publikum ist indeß über die Arroganz höchst indigniert, mit der sich diese Neu-Mystiker unterfangen, schauderhafte Verbrechen, die sich nur durch Wahnsinn entschuldigen lassen, in den Zeitungen als Großtaten auszurufen. Merkwürdig ist der Umstand, daß die beiden beklagenswürdigen Phantasten vor ihrem Selbstmord Göthens »Wahlverwandschaften«, wie ein Erbauungsbuch, mit einander sollen gelesen haben, um Stärkung zu ihrem Vorhaben zu finden. – Kurz vorher hatte der ehemalige Dichter Hr. Falk, in der Urania versichert [s. L 390a], die Aufschlüsse, die Göthe in dem erwähnten Romane über das Schicksal gegeben, hätten den Herrn v. Kleist erst recht mit sich und seinen eignen Dichtungen in Einklang gesetzt. – Das bekannteste Buch des Verstorbenen ist »Käthchen von Heilbronn«. 604. 589

\*19a. [Karl Müchler?] Der Preußische Vaterlandsfreund. Berlin, 14.Dez. 1811

Bemerkungen eines Beobachters der Zeit

Zu allen Zeiten hat es Schwächlinge gegeben, die, dienstbar den Eindrücken einer regellosen Phantasie, sich von der geraden Straße der gesunden Vernunft verirrten und in regellosen Irrgängen herumschwärmten, aber der Geist jedes Zeitalters gibt diesen Schwärmern eine eigentümliche Richtung.

Dieser Zeitgeist hat daher Mystiker aller Art, Zeichendeuter und Wahrsager, religiöse Phantasten, Magnetiseurs, Physiognomen, empfindelnde Werther, Kraft- Sturm- und Drangmänner, und ästhetische Weiber hervorgebracht und für solche verschrobene Köpfe ist die neuste poetische Schule ein vortrefflicher Zufluchtsort.

Wie ausschweifende Bursche sonst unter die Soldaten gingen, so gehn solche junge Herrn und Damen unter die Poeten und loben sich wechselseitig über die Mißgeburten ihrer verschrobenen Phantasie, und so wie sie ihren ästhetischen Maßstab haben, so haben sie auch ihren eigenen moralischen. Es ist ein Glück, daß trotz allen ihren Bemühungen weder der eine noch der andere allgemeine Gültigkeit erhalten wird, denn der gesunde Menschenverstand und das dem Menschen angeborne Gefühl der Sittlichkeit werden ihre unvertilgbare Rechte immer behaupten. [...] *603. 435*

*Der mutmaßliche Verfasser, der Redakteur Karl Müchler, aktualisiert hier einen zehn Monate zuvor bereits veröffentlichten, »-r.« gezeichneten Artikel durch deutliche Anspielungen auf Kleist und Henriette Vogel, deren Namen allerdings ungenannt bleiben.*

*19b. [Saul Ascher.] Miszellen für die Neueste Weltkunde. Aarau, 14. Dez. 1811*
Mannigfaltigkeiten aus Berlin

Einen auffallenden Beweis [von den Wirkungen des Mystizismus] gibt uns ein vor einigen Tagen vorgefallenes Ereignis, das die größte Sensation erregte und erregen mußte. Der als Schriftsteller und Dichter bekannte *Heinrich von Kleist* hat Gelegenheit gefunden, mit der Gattin eines rechtlichen und geachteten Beamten seit kurzem in einem gewissen Verhältnis zu leben, das ihn auch auf den Entschluß gebracht haben mochte, in einem solchen Verhältnisse mit ihr zu sterben. [...] Ein vom weiblichen Opfer hinterlassener Brief beweiset, daß sie *freiwillig diese Welt mit ihrem Freunde verlassen habe.* Wenn Sie diesen aus seinen Schriften kennen, werden Sie abzunehmen haben, daß nicht allein er, sondern auch das Weib zu bedauern ist, *das Opfer einer mystischen Denkart geworden zu sein,* welche sie in den Hallen einer *Schule* einatmeten, die *in dem Mystizismus nur die Quelle alles Heils ahnet.*

Es charakterisiert den *Geist der Zeit* und gibt auch einiges Licht auf die gangbare Denkart gewisser Zirkel unserer Metropole, wenn ich Ihnen diplomatisch hinterbringe, wie der *Gatte* und endlich der *Freund* dem Publikum von jenem tragischen Ereignisse Kunde gibt. *Ar.* *537*

*\*19c. Regensburger polit. Zeitung, 16. Dez. 1811*
An den Lobredner des Herrn von Kleist und der Frau von Vogel
Freund! Schön und edel ist Ihr Unternehmen: gefallene

Seelen vor der unbarmherzigen Welt zu verteidigen [s. L 540], aber verteidigen Sie den Fall statt der Gefallenen nicht. Wenn der Mensch gegen den eisernen Arm des Schicksals kämpft, so zeigen Sie der Welt die großen Momente, wo die starke Brust den schweren Streichen trotzt, und die große Seele siegreich unter des Geschickes Stürmen dahin schreitet. So werden Sie mancher leidenden Seele zum Retter, die mutlos sich dem Schicksale ergeben will; ihr Carmen stählet die zagende Brust, und dankbar bekränzt Sie mit Lorbeern die Menschheit!

Doch bemühen Sie sich nicht, den Leichnam gefallener Helden zur Schau auszustellen, die gähnenden Wunden mit anatomischem Eifer zu betasten und mit ästhetischer Begeisterung ihre Breite, Länge und Tiefe, und ihre Tödlichkeit zu rühmen. [...] Freund, das Schicksal siegt so leicht über die Menschen; Sie brauchen ihm nicht den Sieg zu erleichtern, indem Sie dessen Triumph über die Menschheit in der Hingebung einzelner Menschen besingen wollen! Es gibt Unglück genug in der Welt; Sie brauchen es nicht zu vermehren, indem Sie mit anlockendem Gesange schwächere Herzen zu ähnlichem Falle aufmuntern wollen – Herzen, die nicht groß genug zum Leben alle menschliche Größe ins Sterben setzen. Gibt es denn sonst keine Größe für den Menschen, als im Tode? Und wenn Ihnen auch diese die einzige schwächern Seelen erreichbare Größe dünken sollte, so werfen Sie erst einen Blick auf die unseligen Folgen für die zurückgelassenen mitverketteten, vielleicht auch edlen Seelen. Vielleicht besinnen Sie sich, zur Nachahmung zu reizen, und manchem edlen Gatten die Quelle unheilbarer Leiden, mancher guten Familie der Räuber ihrer Ruhe und ihres Glückes zu werden.

Regensburg, den 14. Dez. 1811 *J. F. W.*
607. 589

*20a. [Albrecht Höpfner.] Gemeinnützige Schweizerische Nachrichten. Bern, 17. Dez. 1811*

Neu-poetisch-romantisch-mystischer Unsinn

Die Nachrichten aus Berlin zeigen an, wie poetischer Mystizismus das sanfte weibliche Geschlecht, wenn es aus seinen

Schranken tritt, auch bei den besten Anlagen und eben nicht ganz verdorbenem Charakter, zu Irrtümern, Fehltritten und nachher in die unglücklichsten Verhältnisse stürzen kann; so wie andere Erfahrungen es leider auch an Tag legen, daß durch den einnehmenden Vortrag und die belebte Darstellung der Taten eines Abällino, eines Rinaldo-Rinaldini usw. (gegen welche in diesen Blättern öfters geeifert wurde) der jugendliche aufbrausende Heroismus zu Verirrungen verleitet wird, an die er wahrscheinlich im ersten Beginnen nie gedacht, und welche erstere er bei etwas nur mehr vorgerückten Alter, als vorübergehende Phantasie belächelt haben würde; wozu auch der Versuch: die Jugend durch eine große Liberalität zu bilden, ohne sie auf jene *größere Disziplin* praktisch vorzubereiten, welcher jeder gebildete oder ungebildete Bürger sich immer mehr, jeder in seinem Fache, bei unsern gesellschaftlichen und politischen Verfassungen sich ohne anders unterziehen muß, wenn er ein ruhiges, durch Gesetze beschütztes Leben genießen will – das seinige beiträgt.

Die Geschichte des gegenseitigen Selbst-Mordes der Frau Vogel, geb. Keber, und des Dichters Heinr. v. Kleist, ihres Entführers, sind der Gegenstand aller öffentlichen Blätter, selbst der französischen, obgleich, wie leicht zu begreifen, in letztern entstellt. Wir wollen suchen, aus den uns zugekommenen Blättern ein Ganzes zusammen zu bringen.

*541*

*20b. Süddeutsche Miszellen. Karlsruhe, 25. März 1812*

Hr. Dr. Höpfner nimmts aber mit seinen Ausdrücken überhaupt so strenge nicht. So sprach er z.B. bei Gelegenheit der vielbesprochenen Berliner Mordgeschichte von einem *gegenseitigen Selbstmorde.* *536*

*\*20c. Gesellschaftsblatt für gebildete Stände. München, 21. Dez. 1811*

Heinrich von Kleist und Adolphine Vogel

Wie viele Unglückliche in unsern Zeiten dahingebracht worden, ihrem Leben durch Selbstmord ein Ende zu machen, haben wir aus Zeitungen leider erfahren. Nichts aber ist vermögender, ein Gemüt rettungsloser zu zerrütten und zu jener unseligen Handlung rascher zu spornen, als Leiden der Liebe. Alle die verschiedenen Opfer, die auf diesem Wege fallen, müssen unser Mitleid schon deswegen in Anspruch nehmen, da wir dasselbe keinem Kranken versagen, der der Natur nicht mehr widerstreben kann. […]

Heinrich von Kleist und Adolphine Vogel haben gemeinschaftlich diese Welt verlassen. Noch hat keine übereinstimmende Nachricht die Gründe bestimmt, die sie zu diesem Schritte veranlaßten. Beide besaßen viel Geist, und gewiß muß es sein, daß ihre Herzen schon seit lange ein Wehgefühl nährten, das, als notwendiges Übel für die lange Dauer des Lebens hienieden anerkannt, sie zu dem letzten Mittel bestimmte, womit die Freiheit sich den Sieg über die Notwendigkeit erwirbt. An den Ufern des heiligen Sees, zwischen Berlin und Potsdam, gossen sie auf die Wunden ihrer Herzen jenen kräftigen Balsam, der alle irdischen Schmerzen verschwinden macht – sie warfen sich in die Arme des Todes. Sie hinterließ einen Brief, worin sie erklärt, daß sie freiwillig diese Welt mit ihrem Freunde verlassen habe.

Adolphine war verheiratet. Ihr Mann war ein rechtlicher und geachteter Beamter in Preussen. Wie sehr er sie liebte, beweiset die Anzeige, die er von ihrem Tode machte: [L 539 …]

Werfet keinen Stein auf sie und laßt sie ruhen im Frieden! der schönste Beweis einer humanen Gesinnung ist der, daß ihr deren nicht spottet, die anders denken und handeln als ihr, und nicht alles verdammt, was ihr nicht begreifet! –

*597. 584, S. 166 f.*

21. *Journal de l'Empire. Paris, 9. Dez. 1811*

*Berlin, 29. Nov.* Die ganze Stadt spricht von einem schrecklichen Ereignis, das sich in der Nähe zugetragen hat. Am 21. dieses Monats fand man den Dichter Kleist und Mad. Vogel zwei Meilen von hier tot auf dem Wege nach Potsdam. Man sagt, daß jener Dichter zunächst eine seiner Pistolen auf die Dame abgefeuert habe und daß er dann mit der anderen sich selbst eine Kugel durch den Kopf jagte. Die Wahrheit ist, daß noch eine dichte Wolke über diesem tragischen Tode hängt. [franz.] *530*

22a. *[franz.:] Journal de l'Empire, 17. Dez., Le Moniteur, 18. Dez., Gazette de France, 19. Dez. 1811; [franz. u. deutsch.:] Hamburgischer Correspondent, 25. Dez. 1811; [englisch.:] The London Times, 28. Dez. 1811.*

Berlin, den 3. Dezember. Das Publikum unterhält sich hier noch fortdauernd über das tragische Ende des Hrn. von Kleist [Times: »M. Kleist, the celebrated Prussian poet«] und der Madame Vogel. Die Gerüchte, die man anfangs verbreitet hatte, sind von der Familie laut widerlegt worden [Journal de l'Empire: »ou du moins on veut faire entendre que c'étoit un amour platonique«]. Man leugnet förmlich, daß die Liebe dazu beigetragen habe. Madame Vogel litt, wie es heißt, lange an einem unheilbaren Übel. Die Ärzte hatten ihr einen unvermeidlichen Tod angekündigt; sie hatte den Entschluß gefaßt, ihrem Leben selbst ein Ende zu machen. Der berühmte Dichter, Hr. von Kleist, ein Freund des Hauses, hatte auch seit langer Zeit den Entschluß gefaßt, sich zu töten. Da sich die beiden Unglücklichen ihren schrecklichen Entschluß mitgeteilt hatten, so beschlossen sie, denselben gemeinschaftlich in Ausführung zu bringen. Sie begaben sich nach dem Wirtshause zu Wilhelmsbrück [Times: »Wilhelmsstadt«], zwischen Berlin und Potsdam, an den Ufern des heiligen Sees.

Während einer Nacht und eines Tages bereiteten sie sich zum Tode vor, indem sie beteten, sangen und mehrere Bouteillen Wein und Rum tranken und indem sie besonders 16 Tassen Coffee zu sich nahmen. Sie schrieben an Hrn. Vogel einen Brief, um ihm ihren gefaßten Entschluß mitzuteilen, und um ihn zu ersuchen, so schleunig als möglich zu kommen, um für die Beerdigung ihrer Leichname zu sorgen. Der Brief ward durch einen Expressen nach Berlin gesandt. Hierauf begaben sie sich nach dem heiligen See und setzten sich einer dem andern gegenüber. Hr. von Kleist nahm die geladene Pistole und schoß der Madame Vogel durchs Herz, die tot niederfiel. Er lud darauf die Pistole wieder und zerschmetterte sich das Gehirn. Bald darauf traf Hr. Vogel ein und fand beide ohne Leben.

Das Publikum ist weit entfernt, diese unsinnige Handlung zu bewundern oder zu billigen. Eine Verteidigung dieses Selbstmordes von dem Kriegsrat, Hrn. Peguilhen, hat einen allgemeinen Unwillen bei allen Personen erregt, welche Grundsätze der Religion und der Moral haben. Man hat eine Anzeige getadelt [»On a blâmé la censure d'avoir laissé passer une annonce«], worin der Selbstmord als eine erhabene Tat dargestellt wird. Auch ist der Gatte sehr getadelt worden, daß er von einer Katastrophe Aufhebens gemacht, die man besser mit einem dicken Schleier bedeckt hätte.

*525. 530. 539. 528. 547*

*Der »Moniteur«-Artikel bildete die Grundlage für die Berichte mancher deutschen Zeitungen.*

*22b. Der französische Offizier Remy an die Redaktion des Journal de l'Empire. Paris, 18. Dez. 1811*

Ein Einwohner dieser Stadt, der das Glück hatte, während einiger Monate die reizvolle Gesellschaft von Madame Vogel zu genießen, fühlt sich bei der Lektüre des Aufsatzes in Ihrer gestrigen Nummer, der vom Tod dieser von ihrem Gatten zärtlich geliebten und bewunderten und von allen Bekannten geschätzten und beklagten Frau handelt, lebhaft gekränkt. Wenn dieses unglückliche Ereignis in Frankreich mehr allgemeinen Tadel erregt als in dem Lande, wo es sich abspielte, so scheint es ihm, daß unser Unwille einzig das Andenken des Dichters Kleist treffen sollte, der unter Mißbrauch der allzu großen Empfindsamkeit eines Wesens, dessen Gedanken alle ins Erhabene strebten, die Grausamkeit zum Äußersten trieb, indem er in den schönsten Jahren ein Geschöpf hinopferte, das der Vollendung nahestand, da es mit allen Tugenden begabt war, auf welchen sich der Glanz seines Geschlechts gründet. [franz. – Die Einsendung blieb unveröffentlicht.]

*365*

*23. [Adam Müller.] Der Österreichische Beobachter. Wien, 24. Dez. 1811*

[Friedr. Schlegel:] Die traurige Begebenheit, welche sich vor ungefähr vier Wochen in der Nähe von Berlin ereignete, beschäftigt seit einiger Zeit die Aufmerksamkeit des Publikums. Dem Grundsatze treu, unseren Lesern mit der strengsten Gewissenhaftigkeit und Wahrheitsliebe, alle Tatsachen zur Geschichte der Zeit zu liefern, schwiegen wir bisher über

diesen Vorfall, wartend, bis wir aus echten Quellen eine
durchaus wahre, unverfälschte Darstellung eines Ereignisses
mitzuteilen imstande wären, welches neuerdings beweist,
auf welche Verirrungen und Abwege der Mensch durch
Vergessenheit und Hintansetzung alles höheren Glaubens
geraten könne! – Nachstehendes ist ein Auszug aus dem
Schreiben eines der vertrautesten Freunde der Verstorbenen
[Adam Müller], der alle hier angeregten Verhältnisse auf das
genaueste kannte.

»Die Nachricht von dem tragischen Ereignis, welches sich am
21. November in der Gegend von Potsdam zugetragen, ist, da
bis jetzt nur einerseits mit unziemlichem Enthusiasmus, andererseits mit empörender Entstellung der Tatsachen, öffentlich
davon gesprochen worden, so unvollkommen zur Kenntnis des
auswärtigen Publikums gekommen, daß eine kurze und wahre
Darstellung der Sache den Lesern Ihres Blattes gewiß nicht
unwillkommen sein wird. – [250]

Er hatte in den letzten Tagen seines Lebens eine Frau kennen
gelernt [L 523b]. Es gab keine Gemeinschaft zwischen ihnen,
als die der herrlichsten Anlagen, der Unwissenheit über ihre
höhere, göttliche Bestimmung, also der Verzweiflung und – in
den letzten Stunden ihres Lebens – eines gewissen tragischen
Interesses aneinander.

In dieser und keiner geringeren, aber auch keiner besseren
Disposition der Gemüter, begaben sie sich am 20. November
nach dem, an der Straße von Berlin nach Potsdam (drei Meilen
von Berlin), gelegenen neuen Krug. Die flache Gegend der
Mark erhebt sich dort sanft, die Havel bildet an beiden Seiten
der Straße beträchtliche Seen; die hohen Ufer sind mit Na-
delholz bedeckt: der Eindruck des Ortes, wenn man sich von
der Straße entfernt, ist trübe; man geht wenige Schritte und
ist sehr einsam. Den Nachmittag des 20., und die darauf
folgende Nacht brachten sie, ohne sich schlafen zu legen,
unter den Wirtsleuten in anscheinender Heiterkeit über die
gleichgültigsten Dinge mit dem Wirte sprechend, und Briefe
schreibend, zu. Sie verlangten einen Fußboten, der das Paket mit
der Nachricht von ihrem Tode, mit Abschiedsbriefen, mancherlei
letzten Aufträgen und Begrüßungen nach Berlin an den zu-

rückgelassenen Ehemann der Frau tragen sollte, und als am 21. der Wirt ihre Frage, ob der Bote wohl schon in Berlin angekommen sein möchte, bejahte, so bestellten sie für den, zu einer schrecklichen Zusammenkunft durch jene Briefe eingeladenen Gatten, und einen seiner Freunde Nachtquartier, ließen sich den Kaffee in eine stille Bucht, welche der See bildete, hintragen, setzten sich dort beide in die, durch Ausrotten eines Baumes entstandene Vertiefung einander gegenüber, und begehrten von der begleitenden Magd, daß sie noch eine Tasse bringen sollte. Als sich die letztere etwa fünfzig Schritte entfernt hatte, hörte sie zwei Schüsse fallen. – Man fand die Frau, die Hände faltend, ohne Zeichen des Lebens, eine Kugel durchs Herz geschossen; den unglücklichen Dichter gleichfalls entseelt, die Kugel durch den Kopf. Beide sind ihrem Verlangen gemäß, nebeneinander, an derselben Stelle, beerdigt worden.

Wie zwei der ausgezeichnetsten Naturen, auf diese Weise alle göttlichen und menschlichen Gesetze verachtend bei Seite setzen, und in frevelhafter Gemeinschaft die Türe erbrechen konnten, welche zu öffnen der Himmel sich selbst vorbehält, bedarf keiner weiteren Erklärung. Wenn sie auch die größte Charakterstärke bewiesen hätten, so ist das neben dem Gesetze, welches sie verletzt, eine Kleinigkeit. Weit davon entfernt, sie zu rechtfertigen, oder auch nur zu entschuldigen, klagen die hinterbliebenen Freunde zuvörderst sie aufs stärkste an. Dann aber ist es ihnen auch erlaubt zu sagen, daß das Leben beider übrigens so rein und fleckenlos war, als es ohne den höheren Glauben, den sie durch ihr Ende verleugneten, überhaupt sein konnte; ferner, daß Kleist wahr, ohne Falsch und ohne Ziererei irgendeiner Art gewesen, und daß also seine Tat wenigstens durchaus frei von dem theatralischen Lichte war, welches falsche Emphase einerseits und Unverstand andererseits darauf hat werfen wollen. Wie er es als tragischer Dichter gemeint hat, und was er geleistet, und was also Teutschland an ihm verloren hat, wird, wie in solchen Fällen gewöhnlich, erst die Zukunft zu würdigen wissen.«     *339*

*Der gleiche Artikel erschien in Friedrich Gottlob Wetzels »Fränkischem Merkur« am 29. Dez. 1811.*     *584, S. 167*

*23a. *Gemeinnützliche Blätter für das Großherzogthum Frankfurt, 29. Dez. 1811*
Nachrichten aus Briefen
*Berlin, 24. Dez. 1811.* Sie wünschen, teurer Freund, eine glaubwürdige Angabe der nähern Umstände, welche das tragische Ende des *Heinrich v. Kleist* und der *Adolphine Vogel* herbeiführten, und wozu jetzt alle Zeitungen, besonders die süddeutschen, kommentierende Varianten liefern? Die kann ich Ihnen freilich nicht geben, denn zur Zeit ist in Berlin selbst noch nichts Näheres darüber bekannt, außer daß ein gewisser *Peguilhen*, als Vollstrecker des letzten Willens der beiden Verewigten, dem Publikum noch in diesem Jahre einige Bruchstücke über jene Katastrophe vorzulegen versprochen hat, wovon ich Ihnen vor der Hand den Akt selbst, und wenn Sie wollen, einige mutmaßliche Beweggründe mitteile, bis ich im Stande sein werde, Sie eines Bessern belehren zu können. Hier ist die Tatsache selbst:

*Heinrich v. Kleist*, einer der achtungswertesten Menschen seiner Zeit und der hoffnungsvollesten Dichter unsers Jahrhunderts, fühlte sich durch Sympathie schon längst zu einem Wesen hingezogen, das nicht nur ähnliche Gefühle, sondern auch gleiche Ansichten über Leben, Tod und Unsterblichkeit mit ihm teilte. *Adolphine Vogel*, geborne *Keber*, eine ebenso liebenswürdige als brave Gattin, war der Gegenstand seines zweiten Ichs. Unglücklicher Weise mußte die Unvorsichtigkeit der Ärzte dazu beitragen, daß beide vortreffliche Menschen in der Blüte ihres Lebens ein schreckliches Opfer des Todes wurden. Madame Vogel, welche schon seit mehreren Jahren an einem unheilbaren Körperschaden litt, befragte dieselben über ihren Gesundheitszustand, und – Gott! – diese ...... überzeugten sie: daß sie nicht mehr lange leben könne. – Welche unglückseligen Begriffe sie über Zeit und Ewigkeit gehabt haben mag, zeigt der Entschluß eines freiwilligen Todes, den sie von dem Augenblick an einem qualvollen Leben vorzog, und diese schwarze Idee sogleich ihrem Freunde mitteilte. Herr v. Kleist nahm mit Freuden daran Anteil, und versprach, alle Wünsche seiner angebeteten Freundin zu erfüllen, ja sie sogar selbst in den letzten Augenblicken nicht zu verlassen, und Hand in Hand mit ihr in jene seligen Gefilde hinüberzueilen, wo weder Tod noch Schicksal ein Band zerreißen kann, das nur für Ewigkeiten, nicht für diese Welt geknüpft wurde. (Dies sind ihre eigenen Ausdrücke.) Völlig einverstanden, fuhren nun beide nach Wilhelmsbrück, einem Wirtshause an der Landstraße von Berlin nach Potsdam und zunächst beim heiligen See gelegen. Hier wollten sie den schwarzen Plan ausführen, und bereiteten sich zu dem Ende einen Tag und eine Nacht durch Gebet und Gesang zum nahen Tode vor. Nur wenige Gläser Wein und einige Tassen Kaffee machten ihre Nahrungsmittel während dieser Krisis aus. Nun meldeten sie Herrn Vogel ihr Vorhaben, und baten ihn, eiligst zu kommen, um ihre Leichname zu beerdigen. Der Brief wurde durch einen besondern Boten und nach allen hervorgegangenen Umständen eiligst nach Berlin überbracht. Jetzt blieb ihnen auf dieser Welt nichts mehr zu wünschen übrig, als der Tod. So vorbereitet und ihrer Sinne völlig bewußt, gingen die Unglücklichen an den heiligen See, verrichteten noch einige Gebete, setzten sich hierauf einander gegenüber, und Hr. v. Kleist zog die Pistole und schoß seiner Freundin gerade durchs Herz – ladete wieder und schmetterte sich selbst eine Kugel vor den Kopf. Bald darauf erschien der Mann und fand die beiden bedaurungswürdigen Geschöpfe, die ihre überspannte Einbildungskraft mit dem Leben gebüßt hatten, in ihrem Blute schwimmend. Ein Tränenstrom benetzte sie, und das Andenken an die seltenen Tugenden, welche die Unglücklichen im Leben so musterhaft ausgeübt hatten, konnte den von Schmerz über einen so unersetzlichen Verlust niedergebeugten Gatten kaum zur Besinnungskraft zurückführen. – Kurz darauf erschien in der Berliner Zeitung eine Todesanzeige, die, wegen ihrer höhern Tendenz und des Zartgefühls, womit der teilnehmende Verfasser die Unglücklichen auch nach ihrem Tode behandelt, echt klassisch genannt werden dürfte. – [L 540]

Aus dieser Todesanzeige haben mehrere süddeutsche Zeitungen, und besonders der »Kameralkorrespondent«, Gift gesogen, und sie in der Rubrik Polizei-Praxis des 19. Jahrhunderts, unter die Apologie der Romanen-Streiche versetzt. In No 151 u. 152 des Kameralkorrespondenten heißt es darüber also: [s. *23b]

*594. 589*

\*23b. *[Johann Paul Harl?] Allgemeiner Kameral-Korrespondent. Erlangen, 18. Dez. 1811*

Dies wäre also die Krone der Polizei-Praxis des neunzehnten Jahrhunderts! – Man weiß kaum, ob man seinen Augen trauen soll, wenn man obigen Aufsatz [s. L 540] in der Berliner Zeitung liest!! Es ist ganz unbegreiflich, wie die Berliner Polizei und Zensur-Behörde diesen auffallenden Artikel passieren lassen, und dulden konnte, daß man Selbstmördern und Romanenhelden eine öffentliche Lobrede in dem allgemeinsten National-Blatte hält und indirekte zu ähnlichen Romanen-Streichen reizt und einladet. – – – Daß doch auf deutschem Boden die Polizei noch immer nicht recht gedeihen will! –
Nihil invita dices faciesve Minerva! – –                598. 589

\*23c. *Gemeinnützliche Blätter für das Großherzogthum Frankfurt, 3. Jan. 1812*

*An die Leser unserer Blätter.* Wir haben unsern Lesern kürzlich in einer Berliner Korrespondenz-Nachricht [s. \*23a] das traurige Ereignis mitgeteilt, welches sich mit *Heinrich v. Kleist* und der *Adolphine Vogel* zutrug, ohne nur im Geringsten *diese Schreckenstat oder den Selbstmord überhaupt verteidigen* zu wollen. – Welcher vernünftige Mann wird wohl dem Leichtsinn der Zeit, der leider zu den überspanntesten Extremen seine Zuflucht nimmt, und oft die heiligsten Bande der Menschheit mit Füßen tritt, eine Lobrede halten können? Unsere Absicht war dabei nur: eine getreue Erzählung dieser ebenso merkwürdigen als schrecklichen Tat. Daß wir unsere eigenen Ansichten darüber nicht *sogleich* mitteilten, ist noch kein Beweis des warmen Anteils, den wir an Selbstmördern nehmen, sondern nur der Achtung, die wir dem Publikum schuldig zu sein glaubten, indem wir weder dem Urteil unserer Leser vorgreifen, noch weniger es bestechen wollten. In einem unserer nächsten Blätter werden wir zeigen, welchen nachteiligen Einfluß eine überspannte Einbildungskraft auf den Menschen habe, und wie die erhitzte Phantasie eines Schwärmers in unsern Tagen bis zum Selbstmord ausarten kann, ohne das scheußlichste aller Laster jemals in Schutz nehmen zu wollen.
*Die Redaktion*                594. 589

## Weissers Schmäh-Artikel

24. *[Friedrich Weisser.] Morgenblatt, 27. Dez. 1811*

Das *Menschenunglück* ist nur *Menschentorheit.*
Da ist kein Rat und beides ist unheilbar.

(Huber)

Öffentliche Seligsprechung und Vergötterung des Mords und Selbstmords in Deutschland. Im Jahr 1811.

Armes Deutschland! Wenn deine wahnsinnigen Schriftsteller ihre Tollheit bis zum Morde treiben, welche Nation wird der Mörder mehr zählen, als du?

Die Geschichte, welche in diesem Augenblicke alle unsere öffentlichen Blätter beschäftigt, wird hoffentlich wenigstens die Folge haben, daß sie uns mehr als bisher auf die Zeichen der Zeit achten lehrt.

*Heinrich von Kleist,* einer der berüchtigsten [1819: eifrigsten] Jünger der berüchtigten romantisch-mystischen Schule, hat im vorigen Monat seine zu sterben entschlossene Freundin, eine gewisse Frau *Adolphine Vogel, geborene Keber,* und sich selbst durch einen Pistolenschuß ermordet.

Man kannte diesen Heinrich von Kleist, der als Schriftsteller einen den Deutschen ewig heiligen Namen mit großer Unehre führte [1819: keine sonderliche Ehre brachte], als den Verfasser einiger poetischen Produkte, durch welche sich zwar erst kürzlich der Herausgeber eines gewissen für Damen geschriebenen Taschenbuchs [J. Falk; s. L 390a] zu einer seinen eigenen Verstand sehr in Anspruch nehmenden Verzückung und zu mehreren, die Schule charakterisierenden göttlichen *Grobheiten* gegen andere Schriftsteller und gegen das Publikum hingerissen fühlte, in welchen aber vernünftige Leute [...] beinahe nichts als Symptome der entschiedensten *Querköpfigkeit* wahrnahmen. Mit einem Worte, der Verfasser des Käthchens von Heilbronn war ein unheilbarer Kranker, der durch die schaudererregende Tat, mit welcher er den Schauplatz des Lebens verließ, weniger Abscheu, als Mitleid einflößt. Doppelt zu bemitleiden aber ist Adolphine Vogel, seine geistige Buhlschwester, die sich einer fremden Hand zum Selbstmorde bediente. Die leiblichen Ärzte hatten sie, wie wir lesen, längst aufgegeben, und daß der beste Seelenarzt durch ihre Kur sich ebensowenig Ehre versprechen durfte, folgt schon aus ihrem Verhältnis zu einem – Heinrich von Kleist, und wer daran nicht genug hat, halte sich an die wenigen Worte, die sie vor ihrem Tode an ihren Gatten schrieb. [...]

Wir lassen also die Toten ruhen, um ein desto ernsteres Wort mit den Lebendigen, und zunächst mit einem unter denselben zu sprechen, der sich bei diesem traurigen Vorfall auf eine Art ausgezeichnet hat, die alles, was man bisher unerhört nannte, weit hinter sich zurückläßt.

Der obskure Name dieses Menschen ist Peguilhen, und das Werk, wodurch er tausend Heroen von einer gewissen Gattung auf einmal ihren ganzen Ruhm hinwegstiehlt, ist folgende, im 142. Stück der Berliner Vossischen Zeitung abgedruckte Todesanzeige: [L 540]

Unsere Literatur ist ein verpesteter Sumpf, der beinahe nichts als Basilisken ausbrütet. Eine Rotte unwissender, selbstsüchtiger und wahnsinniger Knaben, mit und ohne Bart, predigt öffentlich und in allen möglichen Formen den Aberglauben der finstersten Zeiten, und wer nicht mitrast, oder gar gegen das einreißende Verderben eine warnende Stimme erhebt, darf sich auf Pasquille, auf den Namen eines Plattisten, und wie die Modeschimpfwörter des Rabengesindels heißen, und auf alle ersinnlichen Nichtswürdigkeiten gefaßt halten, und wird sogar von Leuten angefeindet, welche die Miene annehmen, als ob die Veredlung der Menschheit ihr einziges Streben wäre. [...] Umsonst halten weisere und bessere Nationen uns täglich einen Spiegel vor. Was hätten wir, um gleich das nächste Beispiel zu wählen, von den ebenso lebhaften als besonnenen Franzosen nicht von jeher lernen können – wenn der Bettelstolz nicht wäre! Doch was kann man von einem Volke erwarten, das seine edelsten Geister, denen es seinen ganzen Ruhm und seine ganze Bildung schuldig ist, das Männer, wie Haller, Klopstock, Lessing, Wieland und andere, den Verunglimpfungen einer rohen Sudler-Bande, die nicht ein einziges erträgliches Werk aufzuweisen vermag, preisgibt? [...]

Es gereicht dem Verfasser dieses Aufsatzes zu keiner geringen Beruhigung, daß der Geist, oder vielmehr das Gespenst der

Zeit auch von andern in demselben Lichte wie von ihm betrachtet wird, und gewiß ist keinem Leser des Morgenblatts der Aufsatz entgangen, welchen man über das literarische gelbe Fieber erst neuerlich in den Miszellen für die neueste Weltkunde [s. 19b] gelesen hat. Möchte der edle und echtpatriotische, leider ungenannte Verfasser desselben [d. i. Saul Ascher], möchte wenigstens er kein Prediger in der Wüste sein! Oder soll man immer und ewig in Deutschland sagen müssen: Tollheit, dein Name ist Poesie? —s—

*486*

*25. August Gottlob Eberhard. Salina, Halle, Febr. 1812*

Appellation an die Ankläger und Richter
Heinrichs von Kleist

Fast alle öffentlichen Blätter sprechen jetzt über den Tod Heinrichs von Kleist und seiner Freundin Adolphine Nagel [!], und über die Art, wie H. Peguilhen, als Vollstrecker ihres letzten Willens, ihren Tod in den Berliner Zeitungen angekündigt hat. Daß ein ernstes, strenges Gericht bei dieser Gelegenheit von mehreren öffentlichen Stimmgebern ergeht, vorzüglich über Hn. Peguilhens Anzeige, ist *recht* und *gut*. [...] Aber ich glaube, daß auch die *Richter* auf dem Wege sind, ihr Ziel zu überspringen, und daß sie endlich, nach Verhältnis, fehlen können, wie H. Peguilhen. [...]

Heinrich v. Kleist ist mir, von mehr als einer Seite her, als *Mensch* gerühmt worden. Ich selbst habe ihn nicht gekannt, und bin auch in keiner Art von Verbindung mit ihm gewesen. Doch ich weiß, daß ihn viele, auch sehr besonnene, achtungswerte Menschen, geachtet und geliebt haben. [...] Um ganz gerecht und verständig über ihn urteilen zu können, müßte man vollkommen vertraut sein mit allen seinen Eigentümlichkeiten, allen seinen Schicksalen und Verhältnissen, und mit den äußeren Veranlassungen zu seiner schaudervollen Tat. Möchte doch einer seiner Freunde — (nur H. Peguilhen wohl nicht!) — etwas Befriedigendes in einem ruhigen verständigen Tone, und ohne dem Urteil der Leser vorgreifen zu wollen, über ihn in allen diesen Beziehungen bekanntmachen! [...]

Wenn aber Heinrich v. Kleist auch als *Mensch* seine Bahn auf eine strafbare Weise beschloß: ist es gerecht, hievon Gelegenheit zu nehmen, ihn auch als *Dichter und Schriftsteller* büßen zu lassen? Wer kann es erweisen, daß sein poetischer Glaube seine letzte unselige Tat hat motivieren helfen? Wer kann behaupten, daß er, *unter den nämlichen übrigen Verhältnissen,* nicht den nämlichen unseligen Schritt getan haben würde, wenn er nicht einer bestimmten poetischen Sekte angehört hätte? [...] Und mag Heinrich v. Kleist einer Schule angehört haben, welcher er will; und mag man noch so gerechten Grund haben, gegen diese Schule im allgemeinen, und vorzüglich gegen eine Menge von aberwitzigen Bekennern derselben, zu Felde zu ziehen: kann man billigerweise hievon einen Grund hernehmen, diesen Kleist, fast im Angesicht seines Leichnams, wie einen verächtlichen Tollhäusler zu behandeln, an dem nichts weiter verloren ist?

Sind wir denn so *überreich* an ausgezeichneten, echtpoetischen Köpfen, daß wir in so wegwerfendem Tone davon sprechen dürfen, wenn in diesem Teile unsrer Literatur einer, wie Heinrich v. Kleist, uns auf die unglücklichste Weise verloren geht? Ist es nicht eine *Versündigung* an diesem Toten, ihm nachzusagen, daß er »einen den Deutschen heiligen Namen *mit großer Unehre«* geführt habe? Läßt sich ihm nichts Besseres nachsagen, als daß vernünftige Leute in seinen poetischen Produkten *»beinahe nichts als Symptome der entschiedensten Querköpfigkeit«* wahrnahmen?

Ich habe von Heinrich v. Kleist noch nichts gelesen, als (auf Veranlassung einer Anzeige in der Zeitung für die elegante Welt [s. L 369]) sein *Käthchen von Heilbronn;* und dies ist mir genug gewesen, in ihm zwar nicht einen schon ganz gereiften, wohl aber einen herrlichen, echt-dichterischen Geist zu erkennen. Ich bin weit davon entfernt, dem Urteil jener Anzeige beizutreten, welche dieses Werk als ein *meisterhaftes,* wie aus *einem* Guß hervorgegangenes preist. Vielmehr möcht' ich demselben, als einen Haupttadel, nachsagen, daß ihm die harmonische Gestaltung der einzelnen Teile zu einem schönen Kunst-Ganzen in einem sehr fühlbaren Grade fehlt, daß der Verfasser zu auffallend und absichtlich shakespearisiert, und über das, was er könnte und sollte, noch nicht mit sich einig und im klaren ist. Aber auch, wo er sich *verirrt*, erscheint er nicht gemein und verächtlich; und mehr als *eine* Partie seines Werkes beurkundet ein *ausgezeichnetes Talent,* das mit Mut und Glück dem Preise der Meisterschaft entgegenringt, und das selbst der Sänger des Frühlings, wenn er noch unter uns lebte, mit Freudigkeit anerkannt haben würde, wenn er es auch in einer künstlerischen Verirrung gesehen hätte. – Habe die Kritik an dem *Ganzen* des Käthchens von Heilbronn und an der *Anlage* und *Ausführung einzelner Teile* noch so viel einzuwenden: so ist doch kaum daran zu verkennen, daß der Verfasser desselben, bei künftiger, reiferer künstlerischer Besonnenheit, unsre Literatur mit Meisterwerken würde haben beschenken können, wie uns von den vielen Nachtretern Schillers noch keiner eins aufgewiesen hat. Ein solcher Kopf konnte sich, auf kürzere oder längere Zeit, *verirren;* aber es war von ihm auch ein früheres oder späteres *Zurechtfinden* zu erwarten; und wenn ihm dieses jetzt auch, durch ein unerwartetes Abtreten von seiner Bahn, unmöglich geworden ist: so berechtigen seine poetischen Verirrungen doch niemanden, ihn wie einen verächtlichen Sudler und gemeinen Tollhäusler zu behandeln; und es ist eine unverdiente Schändung seines Namens und künstlerischen Strebens, mit dem Urteil über ihn die Äußerung in Verbindung zu setzen, daß »unsere Literatur ein verpesteter Sumpf sei, der beinahe nichts als Basilisken ausbrüte« [...]

Dieses und alles obige beherzige, mit ruhiger Besonnenheit, jeder Kläger und Richter in dieser ganzen Angelegenheit, und vorzüglich der Verfasser des Aufsatzes in No. 310 des Morgenblattes. [...] Wenn ich nicht sehr irre: so ist er ein Mann, der es wohl weiß, daß ich ihn aufrichtig achte und ehre, und daß ich mit ihm in seinem *gerechten* Eifer gegen die Torheit der Zeit vollkommen einverstanden bin.

26a. *[Friedrich Weisser.] Morgenblatt. 24. und 25. Febr. 1812*

> *Wahnsinn* nennet es nur und *Feigheit,* oder *Verbrechen,*
> Wenn der belastete Geist trotzig den Kerker zersprengt.
>
> (v. Brinckmann)

Über die Appellation an die Ankläger und Richter
H. v. Kleists
Im zweiten Hefte der Salina der Herrn A. G. Eberhard und
A. Lafontaine

[...] Von der bloßen Vermutung einer Versündigung an den unglücklichen Toten muß mich in den Augen des unbefangenen Publikum schon der Umstand freisprechen, daß mein Aufsatz gar nicht gegen sie, sondern gegen ihren unseligen Seligsprecher und Testamentvollstrecker gerichtet ist. Diese Absicht liegt schon klar in der Überschrift, und es ist nicht eine Stelle im Aufsatze selbst zu finden, die ihr widerspräche. [...] Wenn ich aber, weil es Wahrheit ist, behaupte, daß ich des Hrn. v. Kleist und seiner Todesgefährtin nicht spottete, so gebe ich damit dem Hrn. Eberhard noch keineswegs zu, daß jeder Tor bloß freiwillig oder unfreiwillig zu sterben brauche, um dem Spott seine Waffen aus der Hand zu winden. Nur der eigentlich Wahnsinnige besitzt einen Freiheitsbrief gegen diesen scharfen und um die Menschheit höchst verdienten Zuchtmeister [...]

Hr. Eberhard erklärt es für unerweislich, daß der poetische Glaube des Hrn. von Kleist, oder vielmehr seine romantischmystische Schwärmerei, seine letzte unselige Tat mit habe begründen helfen. Ich streite nicht gegen seine Ansicht. Aber ich habe für die meinige einen sehr gültigen Zeugen, und dieser ist der sattsam berühmte Mann [Peguilhen], den Hr. von Kleist, indem er ihn zu seinem Testamentsvollstrecker ernannte, für sein zweites Ich erklärte, und dessen ewig merkwürdige Todesanzeige auf gar nichts anders hinausläuft, als daß Hr. von Kleist die Lehren der Schule, zu welcher er gehörte, mit seinem Tode besiegelt habe. Wenn übrigens ein Seiltänzer den Hals bricht: so werde ich nie leugnen, daß der nämliche Mensch ihn auch als Schieferdecker hätte brechen können, wenn man nur so billig ist, mir zuzugeben, daß er ihn vorderhand in der ersten, und nicht in der zweiten Eigenschaft gebrochen habe.

Am ungerechtesten beinahe ist Hr. Eberhard gegen mich da, wo er für den *dichtenden* Hrn. v. Kleist appelliert. Ich scheute mich nämlich nicht, zu bekennen, daß ich unter die Nichtbewunderer der Werke desselben gehöre; und namentlich von dem Kätchen von Heilbronn, diesem sogenannten Schauspiele, dessen Titel schon eine platte Geschmacklosigkeit ist, sagte ich, und sage es noch, es sei im ganzen ein aberwitziges Produkt. Dieser Meinung ist aber Hr. Eberhard keineswegs, und dagegen kann ich, ob ich gleich vor dem Gerichtshofe der Kritik mit der meinigen nicht mit Schande zu bestehen hoffe, in der Welt nichts haben, wenn er es dabei bewenden läßt, daß er über meinen Geschmack die Achsel zuckt. Aber was berechtigt ihn, mein Urteil für eine Versündigung, für eine Schändung des kleistischen Namens zu erklären, und es also, statt meinem *Kopf,* meinem *Herzen* zur Last zu legen? [...] Wenn übrigens Hr. v. Kleist wirklich ein so ausgezeichneter, echt-poetischer Kopf war, wie er dem Hrn. Eberhard in dem Kätchen von Heilbronn erscheint: so ist seine Verantwortung doppelt groß, daß er durch eine unselige Bleikugel die Welt der Meisterstükke beraubte, die sie sich noch von ihm zu versprechen hatte, und welcher das liebe Vaterland so sehr bedürftig wäre. [...]

Wie wenig fehlt noch, daß gewisse Leute uns zumuten, nach den Gräbern von Menschen, wie Heinrich von Kleist und Adolphine Vogel, Wallfahrten anzustellen, und soll man also schweigen, wenn jenen Tollhäuslern, deren Name wahrlich Legion ist, durch einen Mann von so entschiednen Verdiensten, wie Hr. Eberhard, ein, wenn gleich völlig unbeabsichtigter, Vorschub geschieht? [...]

Ob Hr. Eberhard für nötig findet, auf diese meine Replik eine Duplik folgen zu lassen, muß ich erwarten. Auf alle Fälle aber erkläre ich, daß man hier das letzte Wort über diese Sache von mir liest, und daß ich es mit Geduld ertragen werde, wenn gewisse Leser durch mein Schweigen sich berechtigt finden, meinen Gegner, von welchem ich hiermit ohne allen Groll scheide, als Sieger auszurufen.

*486*

*26b. Weisser (Zusatz. Sämtliche Werke, 1819)*

Wahrlich, wären diese Anklagen der Salina auch nur halb wahr, statt daß sie es gar nicht sind, dürfte man sich wundern, wenn Leute mit halben Köpfen und mit gar keinen [...] sich lieber zu dem Albernsten, was es gibt, zu ihren eigenen Schriften bekennen, als den Verdacht auf sich liegen lassen wollten, der leider von mir nicht abzuleugnende verdammenswürdige Aufsatz [im Morgenblatt] sei aus *ihrer* Feder hervorgegangen, und wenn sie eben daher, wie es bereits von einem gewissen, oft verlachten armen Stümper in Prosa und Versen, namens Saul Ascher geschehen ist, die Welt sogar gegen Einrückungsgebühren versichern, daß sie gegen die neuesten Messiasse, unter welche die Freunde des Herrn Heinrich von Kleist diesen und sich selbst zählen, wenigstens keine *schnaubenden* Saule wären? 485

27. *A. G. Eberhard. Salina, April 1812*
Nachtrag zu meiner Appellation

Die kräftige Gewandtheit, mit welcher der Ungenannte gegen mich kämpft, könnte mir wahres Vergnügen machen, da man in unsern öffentlichen Blättern selten einen Streit mit Verstand und Anstand führen sieht, wenn sich nicht ein unseliges *Mißverständnis* eingemischt hätte. [...] Hätte ich in jener Stelle meiner Appellation, wo ich von *Roheit* sprach, wo ich *Bubenhände* andeutete, meinen *Ungenannten im Morgenblatte* gemeint: so würde ich ihm auf der letzten Seite wahrlich keine Versicherung meiner aufrichtigen Achtung gegeben haben [...] *Unverkennbar* ist es also, daß ich nicht bloß den Ungenannten im Morgenblatte, sondern auch *noch andere Berichterstatter* vor Augen hatte [...]

Das Beispiel vom Seiltänzer und Schieferdecker ist bloß witzig; aber hier nicht anwendbar. Die äußere Veranlassung, durch welche ein Seiltänzer den Hals bricht, liegt offen vor jedermanns Augen; aber die Motive, welche Heinrich v. Kleist zum Selbstmord bestimmten, sind zur Zeit noch nicht enthüllt, und werden auch wohl nie befriedigend enthüllt werden können.

Was unsre Urteile über Kleist als *Dichter* betrifft: so mögen sie auch fernerhin einander gegenüberstehen. Wer sie gegeneinander abwägt, übersehe nicht, daß *ich* ihm künstlerische Verirrung, zu auffallende Nachahmung des Shakespeare, und mehrere andere Unvollkommenheiten, *selbst schuld gebe,* aber sein vorzügliches dichterisches Talent anerkenne, um dessen

Verlust es mir leid tut; dagegen der *Ungenannte* ihm nachsagt, daß er seinen Namen mit großer Unehre geführt habe, und daß sein Käthchen von Heilbronn beinahe nichts als Symptome der entschiedensten Querköpfigkeit wahrnehmen lasse. Parteilose, urteilsfähige Richter mögen entscheiden, wer von uns beiden mit seinem Urteile der Wahrheit und Gerechtigkeit am nächsten trifft [...]

Mein Gegner will in dieser Angelegenheit nichts weiter schreiben. Dieser Entschluß ist ihm nicht zu verdenken. – Möge er dafür seine gewandte, scharfgespitzte Feder bald wieder auf eine andere, ihm selbst und der Leserwelt erfreulichere Weise in Tätigkeit setzen. Das ist der aufrichtige Wunsch, mit dem ich von unserm Kampfplatz abtrete. *94*

*28. Wilhelm Grimm. Heidelbergische Jahrbücher, Nov. 1812*

Der Enthusiasmus eines Volks, seine Liebe zu einem großen Dichter ist das Herrlichste, was wir erblicken können. [...] Der Enthusiasmus aber hat niemals Unrecht; dürfte er angegriffen werden, so hätte der nicht frech gehandelt, der, als vor noch nicht langer Zeit ein Mann dahin ging, der seinem Volk etwas gewesen, und den es mit Dankbarkeit und Verehrung nannte, über ihn richten und alle Blößen aufdecken wollte. *158*

*29. Adolf Wagner, Über Mystizismus und Schwärmerei. Die Musen, 2. Heft, Berlin 1812*

Auch den echten Genius des edlen Unglücklichen, Heinrich Kleist, als er im Käthchen von Heilbronn die unergründliche Tiefe der Liebe, des Gehorsams und der Treue in kecker, tiefer, freudeglühender Dichtung darstellte, nannten sie einen unsinnigen Schwärmer, über Falk, der ihn würdigte, sprachen sie schamlos das Anathem aus, ja als der biedere Kleist in Verwirrung seiner Kraft ihr eignes Opfer ward, da sandten sie ihm, und der Mitgenossin seines Unglücks – einer Frau die Männer! – empörende Flüche, und rohe frevliche Sarkasmen in die Erde nach, als ob nicht auch die irrende Kraft weit heiliger wäre, als ein schwächlicher Irrtum! Einsender kennt die Umstände jener Tat zu wenig (so wenig als wahrscheinlich auch jener selbst), ist auch zu altgläubig, um Willkür hierin, wie irgendwo, zu vertreten, oder zu rechtfertigen; aber immer war Kleist ein edles Gefäß deutschen Sinnes, und Jammer und Schade war es, daß er so übermütig es zerschlug. Darum sollen aber die Hunde unter dem Tisch nicht bellen. Doch noch sind sie nie anders mit Geistern, wie Ritter, Friedrich und den genannten, verfahren, gegen welche es eben keine Waffe gibt, als Liebe, wie der Dichter sagt. 466

*30a. [Adolf Wagner.] Conversations-Lexikon. Brockhaus, Leipzig 1815*

In Hinsicht aber auf seine letzte unglückliche Tat, welche, den Umständen nach, eher beklagt und bemitleidet, als lieblos gerichtet zu werden verlangt, haben die Flugblättler des Tages leider einen ebenso unfrommen, als unzarten Sinn an den Tag gelegt, indem sie die beiden Toten lästerlich verdammten. [...] Indes ist ein solches Benehmen nicht befremdend, da gerade die Schar der Kunstschwätzer und Klätscher ihn als Dichter zu würdigen nicht verstand. Unbefangen aber von diesem Geschnatter der literarischen Capitoliumsgänse, darf man ihm den Dichterberuf allerdings zuerkennen, und bedauren, daß er nicht länger unter uns geweilt, um sich mehr und mehr auszubilden.

58

*30b. Fr. Weisser, H. v. Kleist im Conversations Lexikon. 1817 (Stuttgart 1819)*

Das Brockhausische Conversations-Lexikon, welches in sehr vielen seiner die deutsche Dichtkunst betreffenden Abschnitte eine weder belehrende, noch ergetzliche Conversation liefert, hat in dem Abschnitt über Heinrich von Kleist ebenfalls nicht vergessen, sich über die letzte Tat desselben vernehmen zu lassen, und seine Äußerungen sind zu merkwürdig, um nicht eine kleine Erwähnung zu fordern. [...]
Diese Leute heißen Kunstschwätzer und Klätscher, die den Mörder und Selbstmörder, Heinrich von Kleist, als Dichter zu würdigen nicht verständen, und zum Beschluß wird ihnen das ehrenvolle Zeugnis erteilt, daß sie schnatternde Capitoliumsgänse wären [...] Sind die zahlreichen Ehrenmänner, welche in dem auch im schriftstellerischen Sinne toten Herrn Heinrich von Kleist nichts weniger als einen vorzüglichen Dichter erkennen, sind diese literarische Capitoliumsgänse, so nenne man

mir das Geschöpf, dessen Verstandlosigkeit groß genug ist, um von den Gegnern des Conversationslexikonssöldners gebraucht zu werden, wenn sie ihm seine Artigkeit vergelten wollen. Ein Mensch, der in seinem ganzen langen Aufsatze kein vernünftiges Wort zu sagen weiß, und nichts als abgedroschene Schulphrasen, die nur bei Blödsinnigen für tief gedachte Urteile gelten können, herauslallt, wahrlich, ein solcher Mensch sollte vor dem mittelmäßigsten Stümper, der niemals nach der Feder gegriffen hat, nicht anders als mit entblößtem Haupte vorübergehen. [...] Doch weg von einem Sudler, der nichtswürdig genug ist, sich zum Verteidiger des Mords und Selbstmords aufzuwerfen! Ihm gebührt die tiefste Verachtung, und statt des strafenden *Kiels* die *Rute,* welcher er vermutlich kaum entwachsen ist.

*Schluß-Anmerkung* (geschrieben Juli 1819). Wie entschieden der Unwert des hier gerügten Conversationslexikons-Abschnitts sein muß, läßt sich am sichersten aus dem Umstand abnehmen, daß das Lexikon selbst ihn ausgestoßen hat. Er mußte in der fünften Auflage seine Stelle einem andern überlassen, dem wenigstens keine Verteidigung des von seinem Helden begangenen Mords und Selbstmords zur Last fällt. *485*

*31. Franz Horn, Umrisse zur Geschichte und Kritik der schönen Literatur Deutschlands. Berlin 1819*

Bei seinem Tode vergaßen leider einige das alte Wort »Feiert in heiliger Stille«, ja es fand sich einer, der mit grenzenlos widerlicher Geistesroheit und nie erhörter Frechheit ein Hohngelächter über dem Grabe des teuren Dichters öffentlich anstimmte. Es gibt tausend Verkehrtheiten und Unarten in unsrer Literatur, die, wenn das Tageblatt den Lesekreis durchlaufen, vergessen werden können und sollen; *diese* aber soll nicht vergessen werden, damit dem Urheber *bleibe,* was ihm gebührt.

Ich selbst wage über Kleists Tod nichts weiter zu sagen, als daß er, wenn ich mich so ausdrücken darf, *am* Leben gestorben sei [...] *218*

## Frau von Staëls Essay über den Selbstmord

*32. Jos. v. Eichendorff, Tagebücher. Wien, 8. Dez. 1811*

Ging ich nachmittags gleich von den Egerschen zu Schlegels, die eben vom Tisch aufgestanden. Schreckliche Geschichte von Kleist, der sich und eine Frau erschossen. [Friedr.] Schlegels große Gesinnung über dieses Unsittliche und über das Ehrenvolle der Preußen, wenn sie mit Rußland halten.

97

*33. Friedrich Schlegel an August Wilhelm Schlegel. Wien, 4. Jan. 1812*

Die seltsame Mordgeschichte von Kleist wirst Du in den Zeitungen gelesen haben. Er hat also nicht bloß in Werken, sondern auch im Leben *Tollheit* für Genie genommen und beide verwechselt.

265

*34. Mad. de Staël an Benjamin Constant. Coppet, Januar 1812*

Ich schreibe anläßlich des unglaublichen Berliner Selbstmordes Betrachtungen gegen den Selbstmord. [franz.]

74

*35. Aug. Wilh. Schlegel an Mad. de Staël. Bern, 10. Jan. 1812*

Friedrich wiederholt nachdrücklich seine Bitte, ob Sie ihm nicht irgend etwas [für sein »Deutsches Museum«] geben wollten, was ich übersetzen würde oder er selbst. Wenn Sie das geschrieben hätten, was Sie sich über Kleists Selbstmord vornahmen, wäre das ausgezeichnet. Friedrich sagt, daß dieser Mensch im Leben wie in seinen Dichtungen Tollheit mit Genie verwechselt habe. [franz.]

353

*36a. Adalb. v. Chamisso an J. E. Hitzig. Coppet, Jan. 1812*

Noch etwas Literarisches, worüber Du mir zu antworten hast, und mir hinzuzusetzen, was Dir dabei einfallen könnte. Meine Wirtin schreibt jetzt, veranlaßt durch das Ereignis, wovon bei Euch so viel Lärm gemacht worden, über und zwar gegen den Selbstmord; eine in politischer Rücksicht ganz unschuldige Schrift von wenigen Bogen, es wird [...] gefragt, ob Eure Zensur den Druck (unter ihrem Namen) erlauben würde.

71

*36b. Chamisso an Hitzig. Coppet, Frühjahr 1812*

Deine Worte »um Deutschland wiederum an den Namen der heldenmütigen Verfechterin seines Wertes zu erinnern« haben unserer Herrin äußerst geschmeichelt, ihr geschmeichelt, wo sie eben empfindlich ist. In Ansehung ihrer Schrift, die nun etwas über das Maß, das ich Dir angegeben habe, gewachsen ist, will sie noch einige Wochen die Weltbegebenheiten abwarten: soll aber das Werk in Eurer Welt erscheinen, so ist es Dir hiemit bestimmt versprochen. – Ich hörte es vorlesen, ich muß Dir gestehen, daß ich nicht ohne Furcht bin, da es rücksichtslos geschrieben, daß es rücksichtsvoll bei der Zensur erscheinen könnte und anstoßen.

*24. Mai 1812.* Das Werkchen, von dem ich Dir einmal gesprochen, soll nicht in Deutschland, wenigstens nicht in Berlin gedruckt werden.

71

*37. Anna Germaine Baronin von Staël-Holstein, Betrachtungen über den Selbstmord. Stralsund 1813*

[Der Übersetzer Friedrich Gleich: »Durch das traurige Ende Heinrich von Kleists und seiner Begleiterin, ist neuerdings die Frage über den Selbstmord sehr wieder zur Sprache gekommen und mit großer Verschiedenheit darüber geurteilt worden. – Auch die geistreiche Verfasserin gibt ihre Stimme hier ab, und mir bleibt der Wunsch: daß auch im deutschen Gewande diese Schrift den Beifall erhalten möge, den sie in ihrem ursprünglichen fand.«]

Eine kürzlich sich zu Berlin zugetragene Begebenheit kann einen Begriff von der sonderbaren Exaltation geben, der die Deutschen sich schuldig machen; die besondern Beweggründe, die zwei Menschen so weit verirren konnten, welche sie auch seien, sind von geringer Wichtigkeit, aber der Enthusiasmus, mit dem man über eine Sache gesprochen hat, die höchstens nur unsere Nachsicht in Anspruch nehmen kann, verdient die ernsteste Aufmerksamkeit. [... L 529]

Und hatte dieser Mann, der sterben wollte, kein Vaterland, für das er kämpfen konnte? Gab es keine edle und gefahrvolle Unternehmung in der er ein großes Beispiel aufstellen konnte? Welches hat er dagegen gegeben? Er rechnete nicht darauf, wie ich glaube, daß das Menschengeschlecht sich einst vereinigt, um freiwillig das Geschenk des Lebens im Glanz der Sonne niederzulegen; und dennoch, welche andere Folge kann man aus dem Selbstmord dieser Beiden ziehen, von denen man kein weiteres Unglück kennt, als das, zu leben? [...]

Der Mann, der bereit ist, seine Freundin zu töten, feiert ein Fest mit ihr und begeistert sich durch Gesang und Getränke, als fürchte er die Zurückkehr wahrer und vernünftiger Gesinnungen! Gleicht dieser Mensch nicht einem geistlosen Schriftsteller, der durch eine wahre Katastrophe den Eindruck hervorbringen will, den er nicht in der Dichtung erreichen kann? [...]

Es würde nicht der Mühe lohnen, bei einer Handlung des Wahnsinns — die durch persönliche Umstände, deren Detail bis auf einen gewissen Punkt uns unbekannt ist, entschuldigt werden kann — uns aufzuhalten, wenn diese Begebenheit nicht ihre Verteidiger in Deutschland gefunden hätte. [...] Die Deutschen sind mit den herrlichsten Eigenschaften und mit dem umfassendsten Verstande begabt; aber die Mehrsten unter ihnen sind durch Bücher gebildet, woraus eine Gewohnheit von Zergliederung und Scheingrund, ein gewisses Nachsuchen des Sinnreichen, entsteht, die der männlichen Bestimmung des Betragens schadet. Die Kraft, die sich nicht anzuwenden weiß, bringt zu den ausschweifendsten Entschlüssen; aber wenn man seine Kräfte der Unabhängigkeit seines Vaterlandes widmen kann, wenn man kann wieder aufblühen lassen als Nation das Herz von Europa, gelähmt durch Knechtschaft, dann darf nicht mehr die Rede von einer kränklichen Empfindsamkeit sein, von literarischen Selbstmorden, von abstrakten Erklärungen über das was die Seele empört; sondern jenen starken und gesunden Völkern des Altertums muß man nachahmen, deren fester, gerader, unerschütterlicher Sinn nichts anfing ohne es zu vollenden; die betrachteten als ebenso feige den Bürger der zurückbebte von einem patriotischen Entschluß, als den Krieger der am Tage der Schlacht entfloh. –

*431*

*Peguilhens ungedruckt gebliebene Apologie*

38a. Carl Adolf Keber an Peguilhen. Berlin, 30. Dez. 1811

[Keber bittet den Kriegsrat Peguilhen »inständigst«, da er bereits dem Publikum Mitteilungen über seine Tochter gemacht, doch auch noch zu veröffentlichen, daß diese mit ihrem Gatten stets in glücklicher Ehe gelebt, und daß »nichts anderes in der Welt, als die meiner Tochter bevorstehende Krankheit sie vermocht hat, ihrem Leben ein schnelles Ende zu machen«.]

*563*

38b. Fouqué an Peguilhen. Nennhausen, 2. Febr. 1812

In Ihrem Aufsatze finde ich für dessen gegenwärtigen Zweck nur dasjenige als anwendbar herauszuheben, was Sie über Ihr eignes Verfahren und dessen Motive sagen, wie auch zum Teil die Ansicht von Heinrichs Verpflichtung als Mann und Soldat, sein Leben einem geheiligteren Kampfe aufzubewahren. Wie wär es, wenn Sie jenes zum Gegenstand eines eignen Aufsatzes machten, nur das unumgänglich Nötige von Heinrich und Adolphinen höchst sparsam hinein verflechtend, und so das Ganze durch Prinz Radzivill dem Könige vorlegen ließen? Vorzüglich aber müßten Sie sich dabei jeglicher Äußerung über das schonende oder gar ehrende Urteil des Berliner Publikums von jenem Vorfalle enthalten. Sie und ich kennen beide den König; hieße das nicht Öl ins Feuer gießen? Wenn Sie mir fortwährend ein so bedeutendes Vertrauen schenken, bin ich gern bereit, auch über den zweiten Aufsatz Ihnen meine Ansicht mitzuteilen. Die geringe Verzögerung, welche dabei durch das Hin- und Hergehen der Post entstände, scheint mir von keinem Belang. Vielmehr – wenn von Wirkung der Zeit die Rede ist – können hier einige Tage später eher Vorteilhaftes befördern, als einige Tage früher. *286*

39. Aus Peguilhens Niederschrift (1812/13)

Eine Frau in der Blütenzeit ihres Lebens, in einer anständigen Wohlhabenheit, in den glücklichsten ehelichen Verhältnissen von einem allgemein geschätzten Manne auf Händen getragen, durch das einzige Pfand ihrer Zärtlichkeit, durch einen weiblichen Engel von 9 Jahren innigst mit ihm verbunden, von einem würdigen Greis als einzige Tochter fast angebetet, selbst vom Publiko und von auserlesenen Freunden und Freundinnen geliebt und verehrt, entsagt freiwillig einem so glücklichen Leben!

Ein Mann aus einem Geschlecht entsprossen, das Preußens Ruhm begründen half, ebenfalls in der Blüte der Jahre und der Gesundheit, geachtet, als Schriftsteller geliebt, als Mensch durch sein Talent für Nahrungssorgen gesichert, gibt ihr den Tod und begleitet sie im Tode!

Das ist kein alltägliches Ereignis, sondern ein Rätsel, dessen Lösung sich nur in der eigentümlichen Richtung der Charaktere finden kann, da der Leitfaden der Äußerlichkeiten und sogenannten Verhältnisse aus diesem Labyrinthe keinen Ausweg zeigt.

Bevor ich die Lösung dieses Rätsels versuche, muß daher eine kurze Characteristik der Verstorbenen vorangeschickt werden.

Madame Vogel war von der Natur bestimmt, die Zierde ihres Geschlechts zu sein [L 523a] Ohnerachtet ihres tiefen Sinnes für Poesie, Musik und Kunst überhaupt, ohnerachtet ihres reichen Talents und ihres vielseitig gebildeten Geschmacks, der ihr einen hohen Rang unter Deutschland Frauen anwies, gehörte sie doch keinesweges zu den sogenannten gelehrten Frauen [...] Es ist in der Tat ein komischer Einfall, wenn einige Journalisten ihr unglückliches Ende auf Rechnung der verschollenen poetischen Poesie schieben wollen, und ein Beweis, wie wenig sie von dieser Frau wissen. Sie war viel zu selbständig, und hatte einen zu sicheren Takt, um irgendeiner Schule oder Sekte anzugehören, und wußte sehr wohl einen Alarcos [von Friedr. Schlegel] von einem Egmont zu unterscheiden. [...]

Schwerlich gibt es einen vollgültigeren Beweis von ihrem Werte, als wenn derselbe sogar von Franzosen anerkannt wird, die wahrlich von der Bildung teutscher Frauen nicht voreingenommen zu sein pflegen, und gewöhnlich nur Äußerlichkeiten an ihnen ihrer Aufmerksamkeit wert finden. Ein junger Franzose war während des Krieges lange genug in ihrem Hause einquartiert, um von ihren Vollkommenheiten einen unvertilgbaren Eindruck mit nach Paris zu nehmen. Durch die in französische Blätter überkommene Ankündigung von ihrem Tode wird er so lebendig ergriffen, daß er öffentlich als ihr Verteidiger gegen seine eigne Nation auftreten zu müssen glaubt, beigehende Annonce [s. 22b] an die Redaktion des Journals de l'Empire schickt, und als die Aufnahme verweigert wird, sie jetzt dem Rendanten Vogel mit einem äußerst teilnehmenden Schreiben als Unterpfand seiner Achtung für die Verstorbene übersendet. Diese Annonce ist ein Beweis von dem unwiderstehlichen Zauber, den echte Weiblichkeit, selbst wenn sie nicht mit vollendeter Schönheit gepaart ist, über gebildete Männer von allen Nationen und Ständen ausübt.

Von Kleist kann ich noch weniger sagen, weil ich ihm nicht so nahe stand als der Madame Vogel, und Verschiedenheit mancher Ansichten ein inniges Freundschaftsband nicht verstattete, so sehr wir uns wechselseitig achteten. Überdies hat er der Welt in seinem Amphitruon und in der Penthesilea, in seinen schönen Erzählungen, und im Käthchen von Heilbronn sowie in einzelnen Journal-Aufsätzen und mehreren noch in Manuskript bei seinen Freunden umlaufenden dramatischen Arbeiten, seinen Geist zur Genüge dargelegt, und das Publikum selbst zu urteilen in den Stand gesetzt. Er hinterläßt Freunde, die ihm näherstanden, und von denen in jeder Hinsicht etwas Vollendeteres über ihn zu erwarten ist. Ich beschränke mich auf die Bemerkung, daß ihm das wichtige Talent fehlte, sein Talent geltend zu machen, und daß er vermöge einer ihm eigentümlichen tiefen Verschlossenheit des Gemüts, die sich fast in allen seinen Schriften ausspricht, den Reichtum seines Innern nur selten enthüllte, immer nur ahnden ließ.

Die beigefügten gerichtlichen Akten über den traurigen Vorfall geben über alle Äußerlichkeiten den vollständigsten Aufschluß, und der schöne Abschiedsbrief an ihren Gatten [s. L 528], von Madame Vogel in einer Stunde geschrieben, wo sie dem ewigen Richter so nahe stand, sowie das spätere von ihrem eignen Vater an mich gerichtete Schreiben [s. 38a] wird hinreichend dartun, daß nichts weniger als unglückliche eheliche Verhältnisse sie zu einem Schritt vermochten, welcher die sie kannten, betrübte, die sie nicht kannten, empörte.

Und hiemit liegt der Nachlaß der Verstorbenen dem Leser so vollständig und offen da, als mir selbst, einige kurze Abschiedsbillets ausgenommen. Als ich meine Annonce schrieb, über welche ich mir nachher noch einige Worte erlauben werde, wußte ich noch nicht, daß die Verstorbenen kurz vor ihrem Tode alle Manuskripte usw. gemeinschaftlich verbrannt hatten, und glaubte etwas Vollständigeres vorlegen zu können. Zur Ergänzung des Historischen und noch mehrerer Berichtigung des Journalgeschwätzes, als in den gerichtlichen Akten schon enthalten ist, bemerke ich noch, daß sie keine Bücher bei sich hatten, als die Tieksche Übersetzung von Don Quixote, und Klopstocks Oden.

Unter diesen waren besonders eingeschlagen: Rothschilds Gräber, und Die tote Clarissa.

Letztere hat wirklich so viele Beziehungen auf ihren Zustand, daß ich die ersten 6 Strophen ganz hersetzen muß, indem sie über die Ursachen ihres Todes mehr Aufschluß geben, als ihr eigner Nachlaß.

> Blume, du stehst verpflanzet, wo du blühest,
> Wert, in dieser Beschattung nicht zu wachsen,
> Wert schnell wegzublühen, der Blumen Edens
> Bessre Gespielin!
>
> Lüfte, wie diese, so die Erd' umatmen,
> Sind, die leiseren selbst, dir rauhe Weste.
> Doch ein Sturmwind wird (o er kömmt! entfliehe du,
> Ehe er daherrauscht,)
>
> Grausam, indem du nun am hellsten glänzest,
> Dich hinabstürzen*, allein auch hingestürzet,
> Wirst du schön sein, werden wir dich bewundern,
> Aber durch Tränen!
>
> Reizend noch stets, noch immer liebenswürdig,
> Lag Clarissa, da sie uns weggeblüht war,
> Und noch stille Röte die hingesunkene
> Wange bedeckte**.

Freudiger war entronnen ihre Seele,
War zu Seelen gekommen, welch' ihr glichen,
Schönen, ihr verwandten, geliebten Seelen,
Die sie empfingen,

Daß in dem Himmel sanft die liedervollen
Frohen Hügel umher zugleich ertönten:
Ruhe dir, und Kronen des Siegs, o Seele,
Weil du so schön warst.

---

\* Daß dieses ganz ihre Lage war, und ihr unabwendbar der grausamste Tod bevorstand, zeigen die gerichtlichen Akten.
\*\* Diese Strophe ist so wahr, als wenn der Dichter sie an Adolphinens Grab geschrieben hätte. Wirklich ist es nicht möglich, den Tod in einer herrlicheren Gestalt zu sehn. Halb sitzend, halb liegend, die Hände gefalten, den freundlichen Blick wie im Leben zum Himmel gerichtet, lag sie da. Weiß vom Kopf bis zu den Füßen wie frisch gefallener Schnee, geschmückt in der Gegend des Herzens mit einer einfachen Rose wie eine himmlische Braut, sonst keine Spur der Verletzung; und das an einem Tage, wo die ganze Natur in düsteren Nebel gehüllt trauerte, gleichsam ahndend den unersetzlichen Verlust.

Der Leser ist nun in den Stand gesetzt, über die Begebenheit so vollständig zu urteilen wie ich selbst. Er sieht, daß beide über die Bewegungsgründe zu ihrer Tat sich nicht deutlich ausgesprochen haben. Indeß in Ansehung der Madame Vogel scheint die Lösung des Rätsels nicht schwierig zu sein.

Sie litt an einem unheilbaren Übel. [L 523a] Das Gefühl einer furchtbar drohenden Zukunft wurde so überwältigend, daß sie nach ihrem eignen Ausdruck das Leben nicht mehr ertragen konnte. Sie vergaß frevelhaft ihre Pflicht als Tochter, als Gattin, als Mutter! und – verdient Entschuldigung. Wenigstens empört sich mein Gefühl gegen die Verdammung ihres Andenkens, aber – sie zu rechtfertigen ist mir nie in den Sinn gekommen.

Für Kleist aber weiß ich in der Tat keine Entschuldigung, als – Wahnsinn. Denn früherhin war sein Streben auf ein weit würdigeres Ziel gerichtet. Sein höchster Gedanke war: den Makel zu löschen, den ein Mann seines Namens [Franz Kasimir v. K., Kommandant von Magdeburg] in der neueren Zeit seinem

Vaterlande bereiten half. Er versprach dieses seinem Monarchen und – hat nicht Wort gehalten. [...] Aber hätte irgendein Freund die Tat ahnden können, wäre er, bevor der Todesbund geschlossen war, vor ihn hingetreten wie Ubaldo vor Rinald in Armidens Garten [in Tassos »Befreitem Jerusalem«] und hätte ihm das Wort: Vaterland ins Ohr gerufen – er wäre zurückgetreten, und hätte seinem Leben ein höheres Ziel gesteckt. Sein Tod zeigt von der gewaltigen Kraft des Willens, die in ihm lag, und darum müssen seine Waffengenossen trauern, daß er nicht in ihrer Mitte fiel, und zu seinem Grabe wallfahren, um einen männlicheren Tod sterben zu lernen. [...]

Überhaupt habe ich bei dem ganzen Vorfalle außer einem anfangs vernichtenden Schmerzes kein anderes Gefühl gehabt, als das Gefühl des Bedauerns, von dem Vorhaben der Verstorbenen nichts geahndet zu haben. Vielleicht würde alsdann das befreite Europa, das jetzt Kleists Andenken lästert und bespöttelt, ihn als seinen Schutzengel verehren, und die Palme der Unsterblichkeit, die ihm nicht gleichgültig war, wäre ihm unverwelklich geworden. *365. 582c*

## Nachklänge

*40. Ferdinand Eßlair an Frhr. v. Venningen. Berlin, 5. Aug. 1812*

Die Mordszene von Kleist wird Ihnen bekannt sein, die sich vor einigen Monaten ereignete, er hatte eine Liebschaft mit einer sehr schönen Frau aus Berlin, eines Tages machten sie eine Lustpartie nach Potsdam und nach froh durchlebten Tagen stimmten sie überein, zusammen zu sterben; sie machte ihr Testament, und sagte beim Schluß, ich werde meinem Geliebten den rechten Weg zum Herzen für seine Kugel zeigen. Darauf schoß Kleist die Frau durchs Herz, und dann sich selbst. Es wurden hier viele Gedichte auf beider Heldenmütigen Tod gemacht – bis der König es aufs strengste verboten, und hinzufügte, daß Selbstmörder ihm immer verächtlich bleiben werden. Indessen hat diese Schwärmerei schon Nachahmer gefunden, denn vorgestern, als ich eben bei Iffland war, fielen im Tiergarten 2 Schüsse, ich lief mit vielen Menschen hin, und fand einen jungen Mann, in den Mund geschossen, ebenso das Mädchen, das bei ihm war, diese beiden glaubten, das Pulver allein sei hinreichend, sie zu töten, und hatten keine Kugeln geladen. *261*

*40a. Johann Jacob Hertel, Die neuesten vermischten Gedichte. Augsburg 1812*

>Gedanken bei dem bekannten Selbstmord
>zweier Verliebten in B****n.
>
>[...] Die schleierlose Leidenschaft
>Hat ihn auf ihren kühnen Wogen
>Im wilden Strudel aufgerafft,
>Und zu dem Selbstmord dann bewogen.
>Vor allen Augen dieser Welt
>Hat ihn sein frecher Schritt entstellt.
>[...] Kein and'rer Umstand – als die Liebe
>Von einer *sträflich* fremden Art
>Hat die verachtungsvollen Triebe
>Im *Wertherischen Wahn* gepaart.
>*Vernunftlos* war die Zärtlichkeit,
>*Gesetzlos* selbsten das Bestreben –
>Nur frevelhafte Sinnlichkeit
>Kann dieser Tat den Anstrich geben.
>Hier singt kein unparteiisch Chor
>Ein sanftes Lied der Schonung vor. *190a*

*40b. Hamburgischer Correspondent, 3. Febr. 1829*

Berlin, *31. Januar.* Auf derselben Stelle, wo der Dichter H. v. Kleist vor mehreren Jahren in Gemeinschaft mit seiner Geliebten sein und ihr Leben auf tragische Weise endete, hat vor einigen Tagen der hier ansässige italienische Kaufmann Fiocati mit einem jungen Frauenzimmer sein und ihr Leben beschlossen. Beide fand man durch Kohlendampf in dem Schlafzimmer eines Wirtshauses auf halbem Wege zwischen Potsdam und Berlin erstickt. *525*

\*40c. *Zeitung für die elegante Welt, 7. Nov. 1820*

*Aus Berlin.* [Ein Berliner Bürger ertränkt sich mit einem Freudenmädchen.] Vor mehrern Jahren hatten wir einen ähnlichen Fall hier, wo ein noch als Dichter in rühmlichen Andenken lebender junger Mann die Gattin eines achtbaren Mannes, indem er mit ihr nach *Potsdam* fuhr, dort vor dem Tore bei einem Gastmal erschoß, und sich selbst dann eine Kugel durch das Gehirn jagte. Damals fand dieser doppelte Mord – zu großem Befremden vieler – manchen Apologeten. Dieses Seitenstück dazu wird deren wohl nicht erhalten. Vor dem Richterstuhl der Sittlichkeit und der kalten Vernunft besteht aber der Unterschied nur in unbedeutenden Nebenumständen. Es ist vielmehr problematisch, was weniger strafbar ist, die Gattin eines braven Mannes zu einem freiwilligen Tod zu überreden, oder ein Freudenmädchen? – Keinem Urteil anderer vorgreifend, würde ich mich für das letztere unbedenklich erklären. *554*

*41. Johann George Scheffner, Mein Leben. Königsberg 1821*

Tiefsinn und Begeisterung, sich allein überlassen, bringen ihre Entwürfe oft nicht zur Vollendung. Dieses beweisen die vielen hochgenialen Stellen in den Kleistischen Schriften, und aus seiner zu sorglosen Hingebung an jene treffliche Eigenschaft läßt sich vielleicht die wunderlich tragischromantische Lebensbeendigung erklären, zu der sich dieser junge edle Mann, der ein Meisterschriftsteller Deutschlands hätte werden können, entschloß. *392*

*41a. Ludwig Tieck, Vorrede zu Kleists Hinterlassenen Schriften. Berlin 1821*

Sein plötzlicher freiwilliger Tod erschütterte alle seine Freunde, sowie alle diejenigen, die sein großes Talent und seinen edlen Charakter achteten; indessen aus dem gemeinen Haufen mancher schadenfroh Märchen glaubte und höhnend verbreitete, weil der Unverstand nur allzu gern das Hohe des Menschen beschmutzt, und in jedem Einzelnen das zu bekämpfen wähnt, was ihn in manchen dunkeln Stunden ängstigt. Einige mehr wohlwollende als vorsichtige, zu parteiische Freunde wollten diese seltsame erschreckende Tat mit Lobpreisungen verherrlichen, und schadeten dadurch dem Abgeschiedenen, den sie zu erheben suchten. Eine Tat wie diese steigt, wenn wir sie vernehmen, mit einem heiligen Erschrecken in unsre Seele; ein tiefes Mitleid läßt kein Urteil zu, ebensowenig ein bewunderndes, wie ein schnöde verhöhnendes.

[...] Und wenn es den Abgeschiedenen vergönnt ist, von den hiesigen Dingen noch zu wissen, mit welcher Wehmut und Reue muß sein Geist sich herabgesehnt haben, als seine Freunde und Brüder für König und Vaterland im edelsten Streit der neuern Tage auf der Ebne von Lützen standen, für die Sache siegend, der sein irdisches Herz fast zu ungestüm geschlagen hatte. Daß er in diesem Kriege nicht mit siegen oder in ihm fallen konnte, ist für ihn Strafe genug gewesen, wog sein Vergehen auf, wenn es nach den Begriffen der meisten ein solches ist, auf das Leben zu früh zu verzichten. 250

42. *Friedrich v. Luck. Aufzeichnung, 1837 (Sammlung Varnhagen)*

Nota [zu Peguilhens Zeitungsanzeige von 1811]. An dieser – zuoberst mit drei kleinen Sternen gezeichneten – Todesanzeige fehlt das Datum, doch ist unzweifelhaft die Begebenheit erfolgt im Kometen-Jahre 1811.

*Daß* öffentlich bekanntgemacht worden der Doppel-Todesfall, war gut. Abzuwenden war nach der Begebenheit der natürliche Gedanke an ein Paar Liebesleute, und notwendig den Leuten ans Herz zu legen das »Richtet nicht!«.

*Wie* solches aber geschehen in Vorstehendem, bleibt es unter der Kritik. – Dabei denkt sich zuerst an den Bibelspruch: »Wehe dem Menschen, durch den Ärgernis kommt!« hauptsächlich; und beiläufig zuletzt an ein Diktum von Napoleon Bonaparte: »Un sôt ami est un grand malheur!«

\*

Allerneueste Tragödie in einer Nuß
»Quand on a tout perdu, et qu'il n'est plus d'espoir,
Sa vie est un opprobre, et la mort un devoir.«
        Voltaire: Mérope, Tragédie.

Frei übersetzt:
*Er:*   Mein Dichtergeist verschmäht die Notdurft zu erwerben.
*Sie:*  Mir will den keuschen Leib ein böser Krebs verderben.
*Beide:* So ist das Leben Schmach – so ist es Pflicht zu sterben.
    (Er tötet sie auf Verlangen und gleich danach sich selbst.
    – Ende der Handlung.)

Der Chor, in Schlußrede:
Das ist ein Trauerspiel und nicht erdichtet: –
Er hat sie wirklich hin-, sich selber nachgerichtet. –
Die beiden waren keine Liebesleute. – –
Das Ungeheure jeder also deute:
Den Krebsgang geht die Zeit in diesen beiden. –
Es will der Mann nichts tun, das Weib nicht leiden. –
Wer Beifall klatscht, tu's in des Teufels Namen. –
Gott sei den armen Seelen gnädig!!! – Amen.   *573*

*43. Ernst Frhr. v. Feuchtersleben, Zur Diätetik der Seele. Wien 1838*

Ist nicht der Selbstmord, mag auch Werther immerhin die Teilnahme, die man unglücklichen Kranken schuldig ist, fordern, die traurige Erbschaft allzuzarter Naturen, weicher Gemüter, die in den Kreisen des Lebens, gegen die Härte und Rauhen des Realen, sich nicht zu behaupten imstande sind? (Man denke an Heinrich von Kleist)

Lange würde die traurige Katastrophe über Naturelle, wie das eines Novalis, eines Heinr. v. Kleist, nicht hereingebrochen sein, wenn nicht dieselbe Phantasie, welche tätig war, sie abzuwehren, durch die verderbliche Richtung, die sie annahm, vielmehr selbst die Lähmung aller frohen Kräfte herbeigeführt hätte.   *109*

*44. Wilh. Traugott Krug, Meine Lebensreise. Leipzig 1842*

[Professor Krug, der Gatte Wilhelmine v. Zenges, schrieb seine Autobiographie mit der Fiktion, daß er bereits gestorben und im Himmel sei, wo er u. a. auch Kleist wiedertrifft:]

Hier oben aber ist er ganz heiter, gleich allen andern Himmelsbewohnern. Ja er kann es selbst nicht begreifen, warum er auf der Unterwelt so ein Narr gewesen und sich immer mit so düstern Vorstellungen gequält habe. Ein anderer Himmelsbewohner meinte zwar, der Grund möchte wohl darin gelegen haben, daß er ein Poet gewesen; denn die wären stets mit der Welt unzufrieden, weil ihre Werke nicht genug gepriesen wurden. Ich erwiderte aber, daß ich doch auch manchen heiteren Poeten gekannt hätte, mithin der Grund wohl nur in einem unglücklichen Organismus gelegen haben könnte.   *44*

*45. Willibald Alexis. Morgenblatt, 10. April 1859*

Es sind noch manche andere Ursachen ermittelt worden, weshalb der zerrissene geniale Dichter sich getötet hat, die uns hier nicht beschäftigen; aber ein Teil des Publikums, welcher sich von der Politik fern hielt, erblickte darin nur die Verirrungen der neuen Poesie und Ästhetik. Man kannte ihn kaum, denn seine besten Dramen wurden erst nach seinem Tode bekannt; aber seine Romantik mußte ihn verführt haben. Natürlich schlug eine so herbe Kritik und der schonungslose Nachruf auf den Dichter und Menschen nachher zu seinem Vorteil aus, und Heinrich v. Kleist ward weit über seinen Wert gepriesen; aber die Gebildeten, die Masse der Konservativen verdammte ihn nicht nur als eine persönliche Erscheinung, sondern hoben ihn als Exempel heraus, um ad hominem darzutun, wie das wüste, wirre Treiben der jüngeren Poesie die Jugend verführe und in unzeitig frühen Tod treibe. *3*

*46. Jacob u. Wilhelm Grimm, Deutsches Wörterbuch. Bd. 3, 1862*

Erschießen [...] »das ist zum erschießen schön.« Kleist [nach Julian Schmidts Einleitung zu Kleists Schriften, 1859, S. 118].

*420*

# IM GEDENKEN DER FREUNDE
# UND VERWANDTEN

*Staegemann und sein Kreis*

*47. Friedrich August v. Staegemann für seine Frau (Aus dem Nachlaß Marie v. Kleists)*

Bei dem Tode Heinrichs von Kleist
Im Novbr. 1811
Elisabeth, aus Deinem Abend-Kreis
Ist einer ernst und stumm hinweggeschieden.
Die Wogen hörten auf, in ihm zu sieden;
Er sank hinunter in das Bett von Eis.

Der innern Saiten stillen Sieges-Preis
Errang er nicht, nicht seines Herzens Frieden,
Obwohl der Blütenkranz der Pieriden
Um seine Locken wehte, rot und weiß.

Wir weinen beid'; er war der Tränen wert.
Ach, konnte nicht auch ihm ein Stern erglimmen?
Konnt' ihm ein Engel nicht die Saiten stimmen?

O Du, mein Stern, mein Engel, mein Gefährt'!
An Deiner Brust laß meine Tränen fließen!
Um ihn die bittern, ach! um mich die süßen!

*48. L. Wissmann an F. A. v. Staegemann. Marienwerder, 27. Nov. 1811*

Grüßen Sie doch [Friedr.] Schulz, dem ich heute nicht mehr schreiben kann; mir graust es bei der schrecklichen Geschichte von Kleist, die er mir erzählt; ich habe immer kein rechtes Herz zu diesem wunderlichen Menschen gehabt. Daß man sich selbst erschießen kann, ist sehr vortrefflich eingerichtet für die äußersten Umstände, aber der Mörder eines andern könnte ich doch niemals werden.

*49. J. Fr. Reichardt an Elisabeth v. Staegemann. Giebichenstein, 10. Dez. 1811*

Sie haben den braven Heinrich von Kleist geschätzt wie ich, und an seinen geistvollen Schriften Vergnügen gefunden; sagen Sie mir doch, wie ist die Nachricht von seinem sonderbaren Ende zu verstehen, und wer ist die Person, mit der er gemeinschaftlich sein Leben freiwillig geendet haben soll? Oder ist es vielleicht ein andrer als der Dichter jener interessanten Erzählungen, deren angenehme Lektüre ich Ihnen verdankte, und mit dem ich selbst so manchen frohen Abend in Ihrem Hause zubrachte? Sie verbinden mich sehr, wenn Sie mir darüber mit der nächsten Sonnabend-Post ein beruhigendes oder wenigstens belehrendes Wort sagen. *430*

*50. Adam Müller an Friedrich Schulz. Wien, 10. Dez. 1811*

Die nächste Wirkung einer solchen Nachricht, wie die von dem schrecklichen Ende unsers Kleist, ist wohl daß man die übriggebliebenen Freunde zusammenzählt, und überhaupt den zerrissenen Kreis enger zusammenzieht. Aus Judenhänden unter vielen andern berlinischen Klatschereien haben wir diese Nachricht empfangen, die uns in unzähligen Rücksichten so nahe anging; und zuletzt auch die schriftlichen Beweise erhalten, daß beide Verstorbene das Andenken an uns in das frevelhafte Spiel ihrer letzten Gedanken verwickelt haben. Durch die Entfernung wird nun das ganze schreckliche Bild wie in einen Rahmen gefaßt, während an Ort und Stelle Umstände und Urteile zu- und abströmen und die ganze Tat eigentlich nie die Ruhe und kalte Abgeschlossenheit erreicht, in der wir sie zu sehen verurteilt sind. Kurz, wir müssen uns an die uns hinterbliebenen Freunde fest anschließen, um eine Erholung zu finden. Wenige Menschen stehen uns näher als das Stägmannsche Haus und Sie, und so finden Sie es begreiflich, daß ich ein Bedürfnis habe, wenn auch nur wenige Zeilen, Ihnen zu schreiben. […]

Also besorgen Sie gewissenhaft den Auftrag meines Herzens [die Empfehlung an Geh. Staatsrat Staegemann], um so mehr, da der einzige, den ich außer Ihnen solcher Kommissionen für wert hielt, leider nicht mehr ist. *28*

*Rahel und Varnhagen*

*51. Rahel an Alex. v. d. Marwitz. Berlin, 23. Nov. 1811*

Sonnabend Vormittag halb 12 Uhr.
Gestern aber hätte ich Ihnen doch geschrieben, wenn mich nicht Heinrich Kleists Tod so sehr eingenommen hätte. Es läßt sich, wo das Leben aus ist, niemals etwas darüber sagen; von Kleist befremdete mich die Tat nicht; es ging streng in ihm her, er war wahrhaft, und litt viel. Wir haben nie über Tod und Selbstmord gesprochen, – Sie wissen, wie ich über Mord an uns selbst denke: wie Sie! Und niemals hör' ich dergleichen, ohne mich der Tat zu freuen. Ich *mag* es nicht, daß die Unglückseligen, die Menschen, bis auf den Hefen leiden. Dem wahrhaft Großen, Unendlichen, wenn man es konzipiert, kann man sich auf allen Wegen nähern; begreifen können wir keinen; wir müssen hoffen auf die göttliche Güte; und die sollte grade nach einem Pistolenschuß ihr Ende erreicht haben? Unglück aller Art dürfte mich berühren? Jedem elenden Fieber, jedem Klotz, jedem Dachstein, jeder Ungeschicklichkeit sollte es erlaubt sein, nur mir nicht? Siechen auf Krankheits- und Unglückslagern sollt' ich müssen, und wenn es hoch und schön kommt, zu achtzig Jahren ein glücklicher Imbécile werden, und von dreißig an schon mich ekelhaft deteriorieren? Ich freue mich, daß mein edler Freund – denn Freund ruf' ich ihm bitter und mit Tränen nach – das Unwürdige nicht duldete: gelitten hat er genug. Sehen Sie mich! Keiner von denen, die ihn etwa tadeln, hätte ihm zehn Taler gereicht, Nächte gewidmet, Nachsicht mit ihm gehabt, hätt' er sich nur zerstört zeigen können. Den ewigen Calcul hätten sie nie unterbrochen, ob er wohl recht, ob er wohl unrecht, ob er wohl Recht, ob er wohl nicht Recht zu dieser Tasse Kaffee habe! Ich weiß von seinem Tode nichts, als daß er eine Frau und dann sich erschossen hat. Es ist und bleibt ein Mut. Wer verließe nicht das abgetragene, inkorrigible Leben, wenn er die dunklen Möglichkeiten nicht noch mehr fürchtete? Uns loslösen vom Wünschenswerten, das tut der Weltgang schon. Dies von denen, die sich nichts zu erfreuen haben; forsche ein jeder selbst, ob es viele oder wenige sind ... *363. 363a*

*52a. Rahel an Varnhagen. Berlin, 1. Dez. 1811*

Leb wohl! Verein uns Gott vor dem Tod; Du weißt doch, daß sich Heinrich Kleist erschossen hat: er sich in den Mund, und einer Mad. Vogel ins Herz; bei Stimming: wenn man von Potsdam hierher fährt. Der Tod ist so schwarz, und das Leben will doch nicht gehen!

460

*52b. Varnhagen an Rahel. Prag, 8. Dezember 1811*

Wie erschrak ich über die Nachricht von Kleists Tod! Brentano brachte sie mir zuerst, ihm hatte es Savigny geschrieben. Kurz vorher hatte ich den zweiten Teil seiner herrlichen Erzählungen gelesen, und mich seines blühenden Talents mit inniger Neigung gefreut! Das ist nun zerstört. Ich war erschüttert: seine Seele schwebte mir vor, und ich hatte Einsicht darein! Der Arme! welch ein ungeheurer Schmerz muß in ihm gewütet haben, eh er sein Talent aufgab, das er in seinem verwüsteten Leben wie den unzerstörbaren Talisman eines verheißenen Glücks betrachtete! [...] Ich baue auf das Leben, man stirbt nicht so leicht, wenn man nicht will.

460

*52c. Henri Campan an Rahel. Toulouse, 3. Jan. 1812*

Unsere Zeitungen sprechen einzig von dieser Dame und diesem Dichter aus Ihrer Stadt, die sich aus Liebe gegenseitig getötet haben; und da ist noch ein dritter Narr, der ihre Aufführung in so barocken und überspannten Ausdrücken verteidigt hat, daß ich fürchte, er hat Lust, sich auch zu töten. Das ist wirklich ein Land zum Auswandern. Sagen Sie mir, wenn Sie sie kennen oder wenn der Dichter irgendein geschätztes Werk gemacht hat? [franz.]

459a

*52d. Rahel an Varnhagen. Berlin, 27. Febr. 1812*

Ich kenne nichts Elenderes, als so bis Sechzig hinan zu *warten;* mit Hoffnung. [...] Freunde lassen es geschehen. Erschöss' ich mich: wunderten sie sich, wie über Kleist. Diese Begräbnisfeier, mich nicht zu wundern, habe ich ihm wenigstens gehalten! –

460

*53. Varnhagen an Uhland. 1811–1818*

*Prag, 23. Dez. 1811.* Wie sehr werdet auch Ihr erschrocken sein über Heinrich von Kleists Tod! Noch weiß ich die nähern Umstände eben nicht; die Frau aber, der er durchs Herz schoß (Mad. Vogel), hab' ich wohl gekannt, sie war früher mit Adam Müller, dann mit Theremin in Verhältnissen, bis jeder dieser beiden ihr zu Mad. Sander desertierte, und Adam Müller hat gewiß die Bekanntschaft seinem Freunde Kleist zugewiesen. Das Beste, was er geschrieben hat, lyrische Gedichte, meist politischen Inhalts, ist noch gar nicht bekannt geworden.

*Prag, 12. Mai 1812.* Die Nichterkennung höherer Gaben ist ein Fluch, an welchem unser unglücklicher Heinrich von Kleist sein Leben verloren hat, der mehr oder minder unsre Besten drückt.

*Karlsruhe, 5. März 1818.* Hätte Heinrich von Kleist nur eine Weile noch mutig ausgedauert, er hätte längst die Früchte geerntet, deren Ausbleiben ihn verzweifelte. 456

*54a. Varnhagen, Tagebücher. Berlin, 28. Sept. 1844*

Die Genies, die aus preußischen Offizieren hervorgehen, haben einen eigentümlichen Charakter, in welchem sich Strenge und Bitterkeit, Mut und Scherzlaune vereinigen, so Heinrich von Kleist, Heinrich von Bülow, Gaudy, Chamisso, und jetzt auch Sallet; in früherer Zeit auch Fouqué, doch dieser am wenigsten.
459

*54b. George Eliot, Journals. Berlin 1854/55*

Varnhagen zeigte uns ein Bild von Kleist, der sich gemeinsam mit Frau Vogel nahe bei einem Wirtshaus auf dem Weg nach Potsdam erschoß. Das war keine Liebesaffaire zwischen ihnen: sie waren beide restlos unglücklich – er arm und ohne Hoffnung auf die Zukunft, und sie an einer unheilbaren Krankheit leidend. Am Abend schrieben sie beide, auf einem einzigen Bogen Papier, Briefe an ihre Freunde und teilten ihnen ihr Vorhaben mit (diesen Bogen besitzt Varnhagen). Früh am Morgen erhoben sie sich, tranken eine Tasse Kaffee, gingen an den Rand eines Wasserstreifens in der Nähe des Wirtshauses und erschossen sich dort. [engl.] 99

*54c. Aufzeichnung Varnhagens, April 1858*

Boeckh meinte, Kleist und Mad. Vogel hätten sich nicht erlaubt, einander zu lieben, es nicht gedurft, und deshalb den Tod erwählt. Ich half ihm aus diesem Traume. Hofrat Foerster behauptete, außer Adam Müller und Theremin sei auch Beguelin der Liebhaber der Mad. Vogel gewesen, was ich entschieden bestritt. Endlich ging mir ein Licht auf, er meinte nicht Beguelin, sondern Peguilhen, den er aber für jenen hielt. [L 546]

*365*

## Fouqué und sein Kreis

*55a. Hitzig an Fouqué. Berlin, 23./25. Nov. 1811*

Heinrich Kleist hat sich vorgestern, mit einer Frau, der er die Cour gemacht, erschossen\*, erst ihr durchs Herz, dann sich in den Mund. Eine Begebenheit, die einen gräßlichen Eindruck auf mich gemacht hat. [...]

Ich habe heut die Briefe gelesen, die Madame Vogel, so heißt die Miterschossene, und Kleist an den Vollstrecker ihres letzten Willens, meinen Freund, den Kriegsrat Peguilhen, geschrieben. Sie sind in einem scherzhaften Tone geschrieben. [...] Der Aufschluß über die Tat ist, daß sie an einer unheilbaren, ekelhaften Krankheit, carcinoma uteri, litt, die ihr das Leben unerträglich machte, er sie aber so liebte, daß er ohne sie nicht weiterleben mochte. Friede der Asche des unglücklichen, geist- und gemütreichen Mannes! –

\* bei Stimming im neuen Krug auf der nämlichen Stelle, wo wir so froh waren.

*378*

*55b. Fouqué an Hitzig. Nennhausen, 28. Nov. 1811*

Der edle Geist, welcher unsre Erde auf eine so furchtbare Weise verlassen hat, regt mein ganzes Innerstes auf. Ich sehne mich mehr als je, von Dir zu hören. Der gestrige Posttag, die durch Gerüchte schon früher aufgeregte Ahnung von Heinrich Kleists Tode – mir bebt das Herz, wie das Wort so hingeschrieben vor mir steht – bestätigend, brachte mir nichts von Dir. Um so zuversichtlicher sehe ich nun nach der heutigen

Gelegenheit aus, und lasse meinen Brief bis zum Abend offen. Oder kämst Du gar selbst? Oder irgendeiner der Freunde? – Es wäre jetzt vielfache Wohltat für mich. – Die beiliegenden Zeilen [s. 252] entströmten mir gestern unter heißen Tränen. Lasse sie in eine Zeitung – wenn es angeht, in beiden Berlinern – abdrucken, und hebe mir ein Exemplar auf. Man kann ja wohl nachher das Gedicht noch, damit eine Erinnerung an den edlen Toten weiter durch Deutschland gehe, an die »Erholungen« oder in Eberhards Salina geben, allenfalls mit der Bemerkung, daß es schon in der Berliner Zeitung abgedruckt gewesen sei. Vergiß nicht, mir darüber Bescheid zu sagen. Mein Roman [Der Zauberring] nähert sich seinem Ziel. Er wäre beinahe mit Kleists Leben zugleich zu Ende gegangen. Nun brauche ich zwei Exemplare weniger davon: für Kleist und Dippolt! – Damit das Trio der für uns Verlornen voll werde, tritt auch noch Wilhelm Schneider hinzu. – Weißt Du nichts über Kleists Nachlaß? Ich meine natürlich den dichterischen.

Vielleicht heute abend noch einige Worte. Meine ganze Seele ist betrübt. Empfiehl mich Deiner lieben Frau. Serena [Caroline Fouqué] grüßt. Auch sie ist unbeschreiblich ergriffen von Heinrichs Geschick. Seltsam ist es doch mit den drei Dichtern aus dem Kleistschen Hause. Alle so früh im Grabe, und jeder gewissermaßen durch die Todesart sein Zeitalter ausdrückend. Der erste [Ewald] gefallen im glorreichsten preußischen Kriege, fromm und pflichtgetreu bis auf das letzte, der zweite [Franz] in wüster Ausschweifung untergegangen noch vor dem Sterben, der dritte [Heinrich] in philosophischer Kraft, mit edler Besonnenheit, verirrt hinabgestiegen, einer der herrlichsten Selbstmörder, die es je gegeben hat, nicht ohne Ahnung von Religion. –

[Abends:] Deine innigen Worte habe ich erhalten und mit tröstlichem Gefühle gelesen. *378*

*56a. Caroline de la Motte Fouqué an Adam Müller in Wien. Nennhausen [28. Nov. 1811]*

Ich möchte jetzt alle näher zu mir heranziehn, die Heinrich gekannt und geliebt haben, die ihn auch in dieser letzten furchtbar großen und doch so entsetzlichen Tat verstehn! Deshalb dulden Sie es, daß ich Ihnen meine Hand aus der Ferne reiche, und erwidern Sie den stummen Druck derselben, in welchem alles, die innige Liebe zu dem Verstorbenen wie zu dem Edelsten und Besten und ein unsäglicher Schmerz über seinen Verlust liegt!

Heute vor acht Tagen leuchtete die freundliche Erdensonne zum letzten Mal auf sein edles stolzes Haupt, das eine Welt schaffen, aber nicht tragen konnte. Umsonst spielte ihr Strahl um seine Schläfe, umsonst rührt' er lind an sein Herz, und sagte ihm verheißend, daß die Ordnung der Dinge ewig sei, und keinen Eingriff dulde, er griff hinein, aber ob er zerrissen hat, was er zu binden glaubte? Es liegt an Gott. Wir mögen schweigend um seine ewige Versöhnung zum Himmel flehn!

Mir ist nie das Glück seines persönlich vertrauenden Umganges geworden! Aber ich habe seit einem Jahre in einem ununterbrochenen Verkehr mit seinem himmlisch milden und doch so gewaltigen Geist gestanden! Mit Entzücken sah ich die hohe Natur sich immer reiner, notwendiger und bestehender in den neuern Schöpfungen entfalten, und – heiliger Gott! dieselbe Hand, welche in einzelnen kräftigen Zügen Leben und Welten schuf, mußte mit gleicher Sicherheit das herrlichste Dasein zerstören! Mir ist sehr viel mit Kleist verlorengegangen, er war mir nicht Führer, nicht Wegweiser, aber Reisegefährte, und eine starke Stütze auf der gemeinsamen Grubenfahrt, durch die geheimnisvollen Schachten und verschlungenen Metalladern des innren Menschenlebens! Ich hatte vertrauend das Grubenlichtchen in seine Hand gegeben! Nun ist der edle Bergmann vor mir hinuntergefahren, das Licht hat er mitgenommen! Jetzt leuchtet es aus der Tiefe herauf, wie es sonst hineinwies, und wirft einen hellen Glanz auf die blaue Himmelsflut und die tausend silbernen Schiffe, die von selbst leuchten, und die unendlich freie, ungebundene Geisterfahrt! Wer von uns allen muß nicht um ihn weinen! [...]

Kleist gehört durch Leben und Tod der Zukunft wie der Gegenwart an. Hat die letztere über ihn abgesprochen, so legt sie solch ein Bannwort drückend auf die ganze Herrlichkeit der Erscheinung, oder pflanzt ihr doch einen Stachel ein, der giftig durch ihre Blüten durchdringt. Dürfen Sie, darf das einer von allen, die ihn lieben, dulden? Die Welt hat Kleist nur sträubend, gleichsam vor dem Übergewicht zurückweichend, anerkannt; lassen Sie den flüchtigen Reiz kränklicher Rührung verwischt sein, wieviel Hände und Zungen werden sich dann gegen ihn rühren. Deshalb eilen Sie, geehrter Freund, vereinigen Sie sich mit Ernst [von Pfuel], stellen Sie den ganzen Menschen in einzelnen Zügen eines ungekannten, dunklen und doch so reichen Lebens hin, das Leben spricht das innerste Sein am klarsten aus, stellen Sie den Streit einer wunderbaren Zeit im Kampf mit jener hohen Natur dar, und zeigen Sie, wie beide in Konflikt geratend den Heros bildeten, der lieber untergehn als dulden wollte! Denn wer fühlt es denn nicht, daß der Schmerz so lange an uns reißt und zerrt und bröckelt, bis der leise Ruf dunkler Liebesoffenbarung uns über Schmerz und ohnmächtigem Erwarten hinaushebt! Sie beide haben alles, was dazu gehört, das Wahre wahrhaft, das Hohe erhaben, so groß hinzustellen, daß die hochmütige Klugheit nicht hinanreicht. Eilen Sie aber, ehe sich die schwache Gutmütigkeit oder überfeine Unverständlichkeit daran wagt, die Welt zu belehren.

Vergeben wieder Sie mir die Zudringlichkeit um der Liebe willen die Fouqué und ich für Kleist fühlen. Sie haben ihn so ganz, so innig gekannt, lassen Sie die Frechheit verstummen, wo sie nicht versteht, sich zu demütigen! [118] Paßt sich aber das, was Sie sagen wollen, mehr zu einem für sich bestehenden Aufsatz, so werden Sie über dessen Erscheinen zum besten bestimmen. Vorschlagen möchte ich Ihnen aber wohl eine Zeitschrift zu diesem Zwecke, welche die Erholungen heißt, und in Erfurt herauskommen wird.

Noch einmal entschuldigen Sie mein heißes, ungeduldiges Eindringen, auch die leidenschaftliche Bewegung und daraus entstandene Unordnung meines Briefes. Meine ganze Seele aber ist bewegt! Gott schütze Sie, Ihre Frau, die Kleist so herzlich zugetan war, und Ihr liebes Kind! Wären Sie in Berlin, wir kämen nun wohl statt in Ihrem kleinen, heimlichen Zimmer an Heinrichs Grabe zusammen. *28. 494*

*56b. Joseph v. Eichendorff, Tagebücher. Wien, 19. Jan. 1812*
Er [Adam Müller] liest uns einen Brief von der Frau von Fouqué über Kleists Tod vor. Pretiös. – Heißes Eindrängen, leidenschaftliche Bewegung und dadurch entstandene Unordnung etc. 97


*56c. Caroline Pichler, Denkwürdigkeiten (1844)*
[Wien, Frühjahr 1812: Adam Müller] erzählte uns in einer Gesellschaft die Geschichte des gräßlichen Kleistschen Wechselmordes auf eine Art, welche mir genugsam zu zeigen schien, daß ihm das Verbrecherische, Verkehrte, ja Widersinnige einer solchen Handlung vor dem sogenannten Grandiosen der Gesinnung, welche sich über alle bisher gewohnten und anerkannten Schranken hinauszusetzen wagt, verschwand.

357


*57. Franz Horn an Fouqué. Berlin, 28. Nov. 1811*
Der Tod Heinrichs von Kleist hat mich so überaus bewegt und bis in das Innerste ergriffen, daß ich seit letztem Sonntag auch nicht das mindeste zu arbeiten, selbst nicht einmal diese wenigen Worte zu diktieren imstande war. Jener Tod ist fast fortwährend in meinen Träumen, und ich muß mich oft mit Gewalt zurückhalten, der tiefen allegorischen Bedeutung desselben nicht zu tief und das eigene Herz verletzend nachzudenken. Einen edeln kräftigen Menschen und herrlichen Dichter hat die Zeit und die Sehnsucht nach einer besseren getötet. Die Empfindung, die ein solcher Gedanke gibt, ist unendlich herber, als die bei der Erinnerung an Hussens und anderer Märtyrer Tod. Selig sind die Sanftmütigen usw.

130


*58. Fouqué an August Gottlob Eberhard. 1. Dez. 1811*
Vielleicht hat Ihnen, lieber Eberhard, das Gerücht oder ein öffentliches Blatt bereits die traurige Ursache verkündet, um derentwillen ich genötigt bin, Ihnen Ihren einliegenden Brief wieder zurückzusenden. Auf den Fall aber, daß Sie noch nicht davon unterrichtet sind, lassen Sie es mich Ihnen mit kurzen

Worten sagen – denn mein ganzes verwundetes Herz zuckt dabei zusammen – daß sich Heinrich Kleist und eine Frau, die er liebte, erschossen haben, mit der größten Überlegung, Besonnenheit und Stille. Sie liegen nun mitsammen am Ufer eines Gewässers begraben, auf der Stelle, wo sie fielen. Eben dorten ward im Herbst des vorigen Jahres meine und Kleists Dichterverbündung durch sein liebevoll kräftiges Entgegenkommen auf das innigste zusammengezogen! Nun schläft der herrliche Mensch da seinen tiefen Schlaf. Friede mit seiner Asche! – Ich sah seinem Besuch und der Freude über ein neu von ihm begonnenes Werk entgegen, – nun kommt solch ein Abschied und die Botschaft solch eines Werkes! – Genug davon. Meine Erweichung nimmt überhand, und doch heischen unsre Geschäfte diese Stunde für sich. –

*255*

*59a. Hitzig an Fouqué. Berlin, Dezember 1811*

3. Dez. Du weißt, Kleist ist nicht als mein Freund aus der Welt gegangen, doch kann ich sein Ende nicht verwinden – wie Du es erst fühlst, das konnte ich denken und fühle es mit. Sit illi terra levis! Wie er zuletzt mit der Welt zerfallen war, ohne Frieden in der eignen Brust, muß ihm jetzt wohl sein. […]

Kleists literar. Nachlaß existiert nicht. Er hat, vereint mit der Vogel, alle seine Papiere vor der Katastrophe verbrannt. Deinen herrlichen Abschied [s. 252] kann ich nicht in die Zeitung bringen. Der König ist wütend über Peguilhens Anzeige, und es darf darum nichts, was diese Sache betrifft, mehr in öffentliche Blätter. –

8. Dez. Zur Beantwortung Deiner lieben Briefe vom 2. und 5.: […] statt des Auszugs aus Kleists letztem Briefe schicke ich Dir ihn selbst, nebst dem der Vogel und dem diesfälligen Billet des Peguilhen an mich, das ich kein Bedenken finde, Dir im Original mitzuteilen. Du tätest wohl gut, ihm ein paar Zeilen (im Einschluß an mich) für seine Gefälligkeit zu danken, da er dies als der letzte Vertraute seines Freundes wohl schon verdient. Mich erfüllen diese Zeilen, wie oft ich sie auch nun schon gesehen, ihrer Trockenheit wegen mit dem herzzerreißendsten Gefühle.

*378*

*59b. Friedrich und Caroline de la Motte Fouqué an Hitzig. Nennhausen, 12. Dez. 1811*

*Friedrich:* Kleists Abschiedsworte geben mir denselben Eindruck als Dir. Ich staune ihre starre Kraft an, aber sie zerrüttet mich. Auf eine ähnliche Art ergeht es auch Serenen […]

*Caroline:* Ich habe die fürchterlichen Briefe gelesen! Fürchterlich durch die Eiseskälte die daraus dem zitternden beträn̲ten Blick des Lesers schneidend entgegenfährt! Wie zwei Bekannte die eine Mietkutsche zufällig eine gemeinschaftliche, schnell beschlossene Reise tun läßt, räumen beide die zu verlassenden Stuben der Ordnung wegen ein wenig auf, der Staub umdämmert ihr Auge, sie sehen nicht die Tränen der Zurückbleibenden, deshalb achten sie nicht darauf! Keine Spur von Liebe, von Teilnahme, nicht gegen andere, nicht gegen einander! War es Lebensüberdruß von seiner, Furcht vor großem unabwendbarem Leid von ihrer Seite und Erleichterung des schweren Schrittes durch *irdischen Beistand*, was beide zusammenführte? – Gott richte sie und verzeihe ihnen!

378

*60. Fouqué an Peguilhen. Nennhausen, 12. Dez. 1811*

Das edle Vertrauen, mit welchem Sie mich ehren, mir unsres seligen Freundes letzte Worte anvertrauend, hebt mich über alle Schwierigkeiten weg in Ihre Bekanntschaft, und ich rede Sie auch demzufolge ohne weiteres aus vollem dankbaren Herzen an, um so mehr, da mir Hitzig Ihre Antwort an ihn mitgeteilt hat, und die Gabe durch die Art des Gebens noch erhöhet ward. Ich bin innig erschüttert vor der furchtbar sichern Kraft, mit welcher unser Heinrich einem Leben Fahrewohl sagen konnte, in welchem noch so viele Kränze auf ihn warteten, so viele liebevolle Herzen ihm entgegenschlugen. Gebieten Sie über mich, wenn ich imstande bin, Ihnen auf irgendeine Weise für das Andenken des edlen Gefallenen behülflich zu sein. Ungemein würden Sie mich verpflichten, wenn Sie mir etwas Näheres über das Trauerspiel, der Prinz von Hessen-Homburg, mitteilen könnten, eine Dichtung, von welcher mir Heinrich in seinem letzten Briefe sehr anregende und begeisternde Worte schrieb. Haben

wir Hoffnung, diesen teuren Nachlaß gedruckt zu sehen? –
Der Brief folgt mit innigstem Danke anbei zurück.   *286*

*61. Fouqué an August Gottlob Eberhard. Nennhausen, 19. Dez. 1811*
Die freundschaftlichen Bande kennend, welche Kleist und
mich als Dichter und als Menschen umschlangen, fordern Sie
mich auf, Ihnen nähere Nachrichten hierüber zuzusenden,
womöglich solche, die sich zur Mitteilung an das Publikum
Ihrer Zeitschrift [Salina] eigneten, und dazu beitragen könnten,
dessen Urteil über den edlen Toten in einen richtigen Gesichtspunkt zu stellen. Dazu jedoch fühle ich mich unfähig. Von
der Begebenheit selbst weiß ich nicht mehr, oder doch nicht
viel mehr, als bereits öffentlich bekanntgeworden ist, und so
auch von jeder möglichen Veranlassung dazu. Dennoch ergreife
ich diese Gelegenheit, um allen, die Heinrich von Kleist geliebt
und geachtet haben, die Bitte recht innig ans Herz zu legen,
sich jegliches Urteils über ihn und andre in sein schmerzliches
Schicksal Verflochtne zu enthalten, bis näher unterrichtete
Freunde es für möglich und ratsam halten, den Schleier wegzuheben, welcher das Ende seines irdischen Lebens birgt. Soviel
hat ja wohl der Dichter von seinen Lesern gewonnen, daß sie
dem, welcher sie in mancher begeisterten Stunde entzückte
und über das Unwürdige des äußern Lebens erhob, nur das
Edle zutrauen und auch da, wo ihn das Himmelsfeuer in seiner Brust über die Bahn des Gesetzlichen in eine dunkle
Welt hinausriß, ihm – wie er selbst in einer seiner Dichtungen
[Zerbr. Krug, 9. Auftritt] sagt – »in seiner Tat vertrauen«, ohne
weder entschuldigend noch tadelnd früher an ihr meistern und
rütteln zu wollen, bis jene oben erwähnte Enthüllung sie vor
den Augen der Nation, welche auf Kleist als einen ihrer edelsten Dichter allerdings die Augen zu richten befugt ist, aus der
Dunkelheit zieht.
Bis hierher, mein geliebter Freund, habe ich für Ihre Zeitschrift mit geschrieben, und vergönne es gern, daß alles obige
mit meiner Namensunterschrift abgedruckt werde. Ihnen
insbesondere füge ich hinzu, daß ich die Unglücksgefährtin
meines Freundes nicht gekannt habe, von andern aber einstimmig hörte, sie sei eine höchst geistreiche, und anmutige

Frau gewesen. Ein fast allgemeines Gerücht schreibt ihr eine heilungslose, mit schmerzhaftem Ende drohende Krankheit zu; desfalls, will man, habe sie den Tod gewählt, und Heinrich, unfähig, sie zu überleben, sei ihr nachgezogen worden. Doch macht mich wieder darin der Bericht eines anderen Freundes irre. Kurz, im ganzen muß ich wiederholen, was ich zu Anfang dieses Blattes auch dem größeren Publikum sage: der Schleier liegt noch fest über der Tat, und kann nur von wenigen, ihm zu allernächst gestandenen Freunden gelöst werden. Soviel ist gewiß, daß nicht leicht irgendein Selbstmord mit so klarer Besonnenheit, mit so, ich möchte sagen, starrer Tapferkeit, als dieser, vollführt worden ist. – Er ist hin, mein armer, oft in seinem Leben gestörter und von falschen Hoffnungen getäuschter Freund, er ist viel zu frühe aus seinem tatenblühenden Leben abgegangen, und ich stehe noch immer wie schwindelnd an dem Abgrunde, der ihn in so jäher Überraschung verschlungen hat. [...]

Lassen Sie mich bald wieder von sich hören. Wo ein edler Krieger gefallen ist, müssen sich die Rotten desto enger zusammenschließen. –                                                                255

*Fouqués Mitteilungen erschienen nicht.*

*62a. Varnhagen an Fouqué. Prag, 19. Dez. 1811*

Du warst wohl nicht weniger als ich bestürzt über Kleists traurigen Ausgang, mein innig geliebter Freund! Eine so herrliche Dichterseele, ein so schönes Talent missen wir nun, Freunde des Mannes und seiner Kunst! Zwei Tage, bevor mir Brentano, denn dieser erfuhr es zuerst, die Nachricht brachte, hatte ich mit steigendem Vergnügen den zweiten Teil der liebevollen Erzählungen durchgelesen, und indem ich mit Liebe bei seiner Dichtung verweilte, ging ich unmerklich in das Gefühl des Wohlgefallens über, das ich mir für unser Wiedersehen dachte, ein Ereignis, das mit vielen andern ich seit langer Zeit gewohnt war, mir nahe zu denken, so lange nämlich, als mein Verlangen schon dauert, nach Berlin zu kommen [...]. Noch weiß ich keine näheren Umstände von Kleists sonderbarem Ende, allein nach allem, was mir Pfuel, was mir Brentano von seinen Eigenheiten und seinen letzten

Schicksalen erzählt haben, bedarf ich eben keiner Erklärung; die
Wege sind mir nicht fremd, deren Ziel so aussieht. Der Körper
muß sich gefallen lassen, von dem Leid der Seele fortgerafft zu
werden, während er selbst noch frisch könnte weiterleben, und
er macht es mit der Seele oft nicht besser. Aber wie sehr am
äußersten Rande muß der Arme noch gelitten haben, ehe er
mit sich auch sein Talent, das er vergötterte, zu vernichten sich
entschließen konnte. Pfuel war überaus getroffen, aber ihm war
es nicht unvorhergesehen gewesen, und nur unerwartet, daß es
schon jetzt geschehen sei. Laß mich hinwegblicken von dem in
tausendfältiger Verwirrung Abgeschiedenen auf Dein freundliches, einfaches, liebevolles Leben und Dichten! *365*

*62b. Fouqué an Varnhagen. Nennhausen, 1. Jan. 1812*

In tiefer Wehmut dagegen schauen wir [Wilh. Neumann,
Loeben, Georg Saegemund, Fouqué] nach unsrem versunkenen
Heinrich Kleist zurück. Ich bin mehr als erschüttert durch
diesen Fall; ich bin so verwirrt, als ein Mensch werden kann,
der den Glauben an Gott, Christus und Seligkeit festhält; also,
dem Himmel sei Dank, ich bin nicht irre, aber mit einem
ordentlich stöhnenden Schmerze muß ich nach Heinrichs
Grabe schauen. Es ist nicht so, wie ich es anfangs dachte, mit
jeder Nachricht über ihn legt sich mir ein dichterer Schleier
über seine Tat. Ich habe kein Urteil mehr in Beziehung darauf;
nur den Schmerz fühle ich um den verlornen Genossen, und
die Gewißheit, er könnte nichts Unwürdiges getan haben, oder
auch nur gedacht. Daran halte ich mich und bete öfters für
ihn. – Furchtbar ist es, daß er alle seine Papiere verbrannt hat,
also gewiß auch viele Manuskripte mit. Zum Glück ist ein
Trauerspiel, davon er mir in seinem letzten Briefe bedeutende
Worte schrieb, der Prinz von Homburg, durch Verleihen an
Freunde gerettet. *365*

*63. Ernst v. Pfuel an Caroline de la Motte Fouqué. Wien, Winter 1811/12*

30. *Dez. 1811.* Was hast Du denn zu Kleists Ende gesagt, mich
hat es weniger entsetzt, als unangenehm berührt; so wie ich
Kleist kenne, war hier eine falsch erkünstelte Exaltation, und
das tut mir leid; und nun gar die Art, wie darüber in öffentli-

chen Blättern gesprochen worden, so einfältig und dann später so unwürdig, so hat der arme Heinrich stets seinen Zweck verfehlt und sich immer in der Wirkung verrechnet, die er hervorbringen wollte; immer vermengte er seine Freunde mit dem großen Haufen, was er von jenen erwarten durfte, verlangte er auch von diesem; und so tief er ins menschliche Gemüt zu schauen verstand, so blieben ihm die Menschen in Masse doch fremd und unverständlich; dieser Irrtum brachte ihm Schwermut und endlich den Tod.

*7. Febr. 1812.* Dein Wunsch, liebe Fouqué, den Du in Deinem Briefe an Müller [s. 56a] äußerst, ist bereits zum Teil früher schon erfüllt worden, indem eine Ankündigung über Kleists Tod im hiesigen Beobachter [S. 23] erschienen ist, welche die Tat auf eine würdigere Art behandelt, und sich allen Plattheiten und Schmähungen, welche über diesen Gegenstand gesagt worden sind, dreist entgegenstellt. Ich für meinen Teil würde es noch anders aufgefaßt haben, doch auch so ist es gut, und wenigstens seinen Freunden verständlich; denen, die Heinrich nicht kannten, bleibt die Tat ewig ein tiefes Rätsel trotz allem, was darüber gesagt werden kann; am besten ist's, es werde fürs erste gar nichts mehr öffentlich darüber gesprochen, später wird die Wirkung größer und gewisser sein. – Da wir Christen sind, so ist die öffentliche Verteidigung eines Selbstmörders immer eine kitzliche Sache, ja selbst viele seiner Freunde sind zuerst Christen und dann erst Heinrichs Freunde, und darum finden auch die Bessern etwas entsetzlich Verdammungswürdiges in seiner Tat, die als ein doppelter Mord und doppelte Verantwortlichkeit noch entsetzlicher erscheint. Ich für meinen Teil bin zuerst Kleists Freund und dann erst ein Christ, und deswegen weicht meine Ansicht von der der meisten weithin ab, und ich bin nicht imstande, mich ihnen so über meinen Freund verständlich zu machen, wie ich es wünsche, und wie ich einsehe, daß es nötig ist, um ihn zu rechtfertigen. Dagegen, daß Kleist sich überhaupt den Tod gab, habe ich nichts, gar nichts, er war so gequält und zerrüttet, daß er den Tod mehr lieben mußte als das Leben, das ihm von allen Seiten so sauer gemacht wurde; nur so mußte er nicht sterben, so in unechter Exaltation versunken, oder doch versunken scheinend; er konnte

würdiger, schöner enden; er hat es mir schwer gemacht, und das
ist's, was mich schmerzt, Gefallen im Tode an ihm zu finden, so
wie ich es im Leben an ihm gefunden hatte; und aus dieser
Ursache hat mich seine Tat weniger erschüttert, als vielmehr
mir wehe getan. – Ich teile Dir hier eine Abschrift des Briefes
mit, den er den Tag vor seinem Tode an die Müller geschrieben; die Endzeilen aus Lillis Park [s. L 527] sind von der Vogel.
Du wirst in diesem Briefe nichts Leidenschaftliches finden,
sondern mehr eine gewisse Behaglichkeit, dem Ziele nahe zu
sein, es nicht *allein* auf so dunkeln Wegen zu gehn. Ihre Worte
sind dagegen affektiert und höchst widerlich; sie zeigen, daß
Heinrich nicht in so guter Gesellschaft war, wie er dachte. – Der
liebe gute Heinrich! Mit ihm ist die Seele untergegangen, die
mich am besten verstand; und dennoch wars gut, daß er starb,
das Herz war ihm schon lange gebrochen. Die Vogel steht
daneben wie eine dumme Zufälligkeit; sie war nicht gemacht,
weder durch ihr Leben noch durch ihren Tod das gebrochene
Herz aufzurichten, seine ältesten Freunde hätten das nicht
vermocht, geschweige denn sie, die Bekannte von gestern,
mit dem Gepräge des Unechten an der Stirn. Doch genug
von dem teuren Toten, Friede und Segen über seine Asche.
Über den ersten Eindruck weg habe ich ihm völlig verziehen;
sein Andenken wird mich schmerzlich und tröstend zugleich
durchs Leben begleiten. – Cara Carolina, ich habe nicht gedacht, daß Du Kleists Tod so tief empfinden würdest, darum
berührte ich das alles in meinem vorigen Brief nur sehr flüchtig; Du bist mir dadurch nur lieber geworden. Fouqué danke
für sein Gedicht, wodurch er sich und den Toten zugleich ehrt.

*365*

*64. Jung Stilling an Fouqué. Karlsruhe, 2. Jan. 1812*

In meinem ehemaligen Wirkungskreis als Lehrer der Staatswirtschaft, und nun in dem jetzigen, hab ich so viel zu tun, daß
ich keine Dichter mehr lesen kann; ich wußte auch nicht, daß
es jetzt noch einen Kleist gäbe, der dichtete. Die traurige Geschichte des Heinrich von Kleist und der Mad. Vogel las ich in
den Zeitungen. Ich enthalte mich alles Urteils über diesen
Vorfall; denn unser Herr sagt: *richtet nicht;* aber das empört

mich, daß man heutzutage den Selbstmord *mit vollkommenem Bewußtsein*, ohne verrückt zu sein, entschuldigt. Wie feige und elend muß ein Mensch sein, und wie wenig religiösen Sinn muß ein Mensch haben, der dem himmlischen Vater nicht zutraut, er werde unsre Leiden lindern und uns nicht mehr auflegen, als wir tragen können! Für solche bedauernswürdige Menschen wie Herr v. Kleist und Mad. Vogel ist meine Lehre vom Hades gewiß sehr tröstlich, ich bin von ihrer Wahrheit fest überzeugt.

Was dem so edlen Kleist gefehlt haben mag, scheint mir folgendes zu sein: Die ganz abscheuliche Lehre, wodurch der menschgewordene Herr Himmels und der Erden zum *bloßen* Menschen herabgewürdiget wird, gründet sich auf so feine vernünftige Prämissen, die sich in die besten Gemüter einschleichen, daß sie sich, bei aller Hochachtung gegen den Erlöser, doch nicht erwehren können, an seiner Gottheit zu zweifeln; wer aber an Ihm zweifelt, der glaubt nicht an Ihn, und wer nicht an Ihn glaubt, der bekommt keine erhöhte moralische Kräfte; kommt nun ein solcher Mensch in Lagen, wo seine Kräfte nicht zureichen, da wird er überwunden, er mag auch noch so tapfer kämpfen. Sie, mein Teuerster! haben in Ihrem Schreiben vom 5. Dez. sehr richtig über diesen traurigen Vorfall geurteilt. *130*

*65. Adolf Wagner an Fouqué. Leipzig, 7. Jan. 1812*

Ihr männlicher Abschied von dem kühnen Kleist [s. 252] hat mich um so mehr gefreut, da ich gleich vorher in dem Morgenblatte ein empörendes gottlos bübisches Geschwätz über seinen Hintritt fand. Ich kenne die Umstände zu wenig, bin auch zu altgläubig, um Willkür hierin zu rechtfertigen; aber auch die irrende Kraft ist heilig, ein schwächlicher Irrtum dagegen widrig. Er war immer ein edles Gefäß deutschen Sinnes. Jammer und Schade, daß er es übermütig zerschlug! Aber die Hunde unter dem Tisch sollten nicht bellen. *130*

*66a. Hitzig an Fouqué. Berlin, 7./9. Febr. 1812*

Dein Brief an Peguilhen [s. 38b], mit dem ich vollkommen einverstanden bin, und in dem ich auch Deine *Schonung* anerkene (nicht?), ist mit dem Pakete besorgt [...] Endlich zeige ich Dir durch das einliegende Fragment von einem Gubitz-Billette, daß ich ihn gewählt, Deine von mir rektifizierten Worte über Kleist an das Morgenblatt zu befördern, wohl nicht ohne Grund fürchtend, daß ohne seine Aegide die Aufnahme von dem gröbsten –s– [s. 24] verweigert werden würde.

*378*

*Gubitz war Berliner Korrespondent des »Morgenblatts«.*

### 66b. Fouqué an Gubitz. Nennhausen, 23. Febr. 1812

Unser gemeinschaftlicher Freund Hitzig sagt mir, daß Sie die Einsendung meines Aufsatzes über Heinrich Kleist an das Morgenblatt übernommen, und selbigen mit einigen, für die Aufnahme stimmenden Worten begleitet haben. Auch dafür meinen besten Dank. So wenig ich eine öffentliche Mißbilligung der Tat meines unglücklichen Freundes tadeln kann, so strenge meine eigne Mißbilligung ihn dafür treffen muß, so wenig kann ich es dulden, daß ein solcher Angriff, und zwar ein anonymer, gänzlich unbeantwortet bleibe, ob ich gleich nie in den Kreis von Kleists nächsten Freunden gehört habe. Nennt sich der Angreifer, so ist vielleicht sein Name der Art, daß dem Publikum schon dadurch kund wird, wie einzeln seine Stimme sei, und dann ist mein vorgehabter Zweck erreicht.

*573a*

### 66c. Hitzig an Fouqué. 23. März 1812

Im Morgenblatt habe ich Deine Aufforderung *noch nicht* gesehen.

*378*

### 67. Fouqué an Varnhagen. Nennhausen, 2. April 1812

Du hast auch ganz recht, daß Du in dieser Hinsicht trachtest, Geld zu erschreiben, aber, lieber Bruder, muß es denn grade im Morgenblatt sein? Es verletzt mich, wenn ich Deinesgleichen unter jenem Gesindel weiß, und das vorzüglich, seitdem der empörende Aufsatz über Heinrich Kleist dorten Raum gefunden hat. Ich habe eine Erklärung darüber eingesandt, weiß aber nicht, ob sie die Rechtlichkeit haben werden, sie abzudrucken.

*365*

*Fouqués Einsendung erschien nicht.*

*68a. Adolf Wagner an Fouqué. Leipzig, 12. März 1812*

Ich konnte also Ihrer ehrenvollen Einladung [zur Mitarbeit an den »Musen«] nicht eher danken, als jetzt, und ob ich ihr würdig danke, überlasse ich Ihnen durch Aufnahme oder Verwerfung beigehenden Aufsatzes [s. 29] zu entscheiden, wozu mich Ihre Äußerungen über Kleist veranlaßten. Was dort von ihm, zum Teil Ihrem Wunsche gemäß, gesagt wird, streichen Sie, wenn Sie es tunlich finden, kurz, schalten Sie damit nach Gefallen. Als einzelne Äußerung kann ich es nicht einrücken lassen, schon darum, weil ich selbst mit dem Morgenblatte [...] außer Verbindung bin, und das Ganze gegen die dort hausende philosophie du jour gar zu sehr verstößt. *130*

*68b. Fouqué an Adolf Wagner. Nennhausen, 15. April 1812*

Ihr Aufsatz über Mystizismus und Schwärmerei hat Neumann und mir große Freude gemacht und wir danken Ihnen auf das lebhafteste dafür. Sie würden ihn gleich im ersten Hefte unsrer Zeitschrift finden, wenn der Druck desselben nicht schon so weit vorgerückt wäre [...] Das zweite Heft aber soll sich gewiß damit schmücken. – Wie hätt' ich die herrlichen Worte über Kleist auslassen sollen! – Sie mögen überdem um so passender in einer von mir redigierten Zeitschrift stehen, da das Morgenblatt meine Aufforderung wegen des darin abgedruckten Schmähangriffs auf den edlen Toten nicht bekannt machen zu wollen scheint, und es mir unnötig vorkommt, darauf zu dringen, denn der Gegner zieht sich bereits, vor einer Erklärung A. G. Eberhards in Halle, mit trotziger Scheu zurück, auf eine ebenso gemeine Weise, als er den Anfall begonnen hatte. *129*

*\*68c. Adolf Wagner an J. D. Falk. Leipzig, 29. Nov. 1812*

Wenn nur überhaupt erst die Seng- und Flugblätter und Schriften aufhörten, die den Geist so zerstücken, wie sie aus dem zerstückten hervorgehen, dann wären die besten Hoffnungen. Ihren Anonymus errate ich nicht, wie ich auch herumsinne. Wundern soll michs, ob das Gezücht nicht auch gegen mich losbrechen wird, weil ich sein gottloses Gerede über den herrlichen Kleist gezüchtigt habe. [s. 29] *589*

*69. Fouqué an Frau von Chézy. Nennhausen, 11. Mai 1812*

Noch über die lieblich gütigen Worte, womit mich Ihr letzter Brief erfreute, teilte mir Hitzig durch die vorgestrige Post einen holden Gruß von Ihnen mit und die Botschaft, daß sich Ihr ehrwürdiger Großherzog an meinem Abschied von Heinrich Kleist [s. 252] erfreut habe. Dies Gedicht ist die Frucht einer schmerzenreichen, tränenheißen Stunde, derselben, in welcher ich die Bestätigung jenes bereits geahnten Schrecknisses erfuhr. Nie aber hat mich auch die tröstende Kraft der Poesie lebendiger durchdrungen, als grade damals. In liebevoller Wehmut verschwamm alles Dumpfe, alles Stechende meines Leides, und ich durfte zu Gott hinaufblicken mit dem Vertrauen, er werde dem edlen getrübten Geiste recht bald jenseits auftun das rechte Licht, den beseligenden Himmelsstrom, der aus der wahrhaft christlichen Anschauung ausströmt in Erbarmung und Klarheit. – Die Angriffe, welche bald darauf gegen den Toten erfolgten, schmerzten mich, ohne mich zu einer Widerlegung aufzufordern, denn teils hatten die Leute von ihrem Standpunkte aus gewissermaßen recht, teils war ich von dem näheren Historischen der Tat zu wenig unterrichtet, teils auch – legen Sie mir es nicht als Hochmut aus – hielt ich die mehrsten Angreifer unter Kleists und meiner Würde. Da kam das ruchlose Gebelle im Morgenblatt, und ob es gleich niedriger war als alles übrige, konnte ich dennoch so wenig dazu schweigen, als hätte jemand die Ruhe des edlen Leichnams mit frechem Hohn gestört. Ich setzte eine Aufforderung an den Ungenannten auf, sich mir persönlich zu nennen, damit ich wisse, wie ich eigentlich mit ihm umzugehen habe, und begehrte, daß sie im Morgenblatt abgedruckt würde. Das geschah nicht, aber man verweigerte es auch nicht, und hielt die Sache so hin. Darüber bekam der Schmähschreiber einen andern viel zu milden Gegner [Eberhard], zog sich vor ihm mit feigem Trotze zurück, wickelte sich dicht in eine durchsichtige Anonymität und erklärte, nie wieder ein Wort über diesen Gegenstand zu schreiben. Was soll ich nun mit ihm anfangen? Noch fortfahren, an einem sichtlich Erlegenen zu rupfen, geht nicht. Zudem hat er ohne Zweifel meine Aufforderung gelesen, und das Publikum hat gesprochen. Er mag

denn also laufen und seine auf sich selbst herabgeschmähte
Schmach mitnehmen. *365*

70. *Fouqué an Carl v. Miltitz. Nennhausen, 9. Sept. 1812*
Vergiß doch ja nicht die Geschichte der beiden Ritterbrüder
für die Musen, und ebensowenig Heinrich Kleists Gedicht und
Deine Komposition dazu. *406*

In Fouqués »Musen« erschien 1814 Kleists Gedicht »Jünglingsklage«, von dem
sich schon früher bei einem Besuch auf Schloß Miltitz Graf Loeben eine Abschrift
genommen hatte. Die Miltitzsche Komposition ist nicht bekannt.

\*70a. *Fouqué an Karl Friedrich Graf Brühl. Nennhausen 1815/16.*
25. Okt. 1815. Ich melde Ihnen, geehrter Freund, daß ich die
Bearbeitung des Käthchens nach reiflicher Überlegung in
Gottes Namen unternommen habe. Nicht wenig hülfreich war
mir zu einem recht bestimmten Entschlusse die Gegenwart des
Obrist Pfuel – Sie wissen, er war Heinrich Kleists nächster und
vertrautester Freund. Dieser meinte, es sei gewiß auf diese Art
dem Willen des verewigten Dichters gemäß verfahren, und
war mit der Behandlungsweise des ersten Akts, den ich gestern vorläufig zustande brachte, vollkommen zufrieden, nur
daß ich mir noch einiges Wegstreichen mehr verstatten dürfe.
Also frisch weiter, und bald hoffe ich Ihnen das Ganze zu
senden. Leicht ist zwar die Arbeit nicht, denn es geht
hier nicht, wie bei unserm Dimitri Donski [Tragödie von
W. A. Oserov, aufgeführt am 14. Nov. 1815 in Berlin], wo man
dem Twerer im Hui ein dreißig schlechte Verse aus dem
Munde reißen durfte. Da indessen Lust und Liebe zum
Dinge alle Mühe geringer macht, hoffe ich bald zustande zu
kommen.
3. Jan. 1816. Das Käthchen erfolgt anbei, mit möglichster
Strenge und möglichster Liebe für die Darstellung vorbereitet.
Freilich hätte ich nach meiner eigentümlichsten Überzeugung noch mancherlei ändern oder streichen mögen, aber so
wäre allzuviel von der ursprünglichen Zeichnung und Farbe
verloren gegangen. Mögen Sie mit meiner Arbeit zufrieden
sein, und mir immerdar Ihre Freundschaft erhalten.
*584, S. 180 f.*

*70b. *Graf Brühl an Karl August Böttiger, Berlin, 1. März 1816*

Käthchen von Heilbronn ist wirklich schon ausgeteilt, und
wird einstudiert.   586

*Fouqués »Käthchen«-Bearbeitung kam aus unbekannten Gründen nicht zur
Aufführung, aber bereits damals hatte Karl Friedrich Schinkel seine Dekorationen
dafür entworfen, die dann 1824 für die Inszenierung des Stückes in Franz Holbeins
Bearbeitung Verwendung fanden.*   581a

*71. Fouqué an Joh. Friedr. Cotta. Nennhausen, 1815/16*

*28. Dez. 1815.* Gern würde ich zum Morgenblatt Beiträge
liefern, wenn mir nicht bis jetzt ein persönliches Verhältnis entgegenstände. Ich gehörte zwar nicht zu Heinrich Kleists nächsten
und vertrautesten Freunden, aber ich war ihm doch nahe und
innig befreundet. Ich muß daher – in Hinsicht auf frühere Ereignisse – bitten, daß mein erster Beitrag ein Aufsatz über den
Dichtercharakter des edlen Unglücklichen sein dürfe. Alle Rück-
und Seitenblicke würde ich dabei gern weglassen. Es genügt,
daß in einer Zeitschrift, wo sein Grab durch einen schlimmen
Angriff verunruhigt wurde, auch eine Stimme zu seinem Preise
laut werde. Können Sie mir dieses verstatten, so wird es mir
eine Freude sein, mich so vielen geehrten Mitarbeitern des
Morgenblattes anzuschließen. Können Sie es aus irgendeinem
Grunde nicht – nun, so bin ich überzeugt: wir verargen einander gegenseitig unsre Weigerung nicht und beharren in dem
gewohnten Vertrauen, und jeder erkennt, daß auch hierin der
andre tat, was er als recht und gut einsah.   75

*28. Jan. 1816.* Der Aufsatz über Heinrich Kleist erfolgt bald.
Meinen herzlichen Dank, daß Sie so entschieden und wacker
in diese meine Ansicht eingehen.

*15. Febr. 1816.* Ew. Wohlgeboren sende ich hierbei den schon
früher besprochnen Aufsatz über Heinrich von Kleist [s. 261a].

576

## *Arnim, Brentano und die Brüder Grimm*

*71a. Savigny an Achim v. Arnim. Berlin, 26. Nov. 1811*

Kleist hat die Frau des Rendanten Vogel (mit ihrem Willen)

und dann sich selbst zwischen hier und Potsdam erschossen. Lebe wohl. Wir grüßen Dich und Bettine herzlich. *270a*

*71aa. *Savigny an Clemens Brentano. Berlin, 26. Nov. 1811*

Euer Freund Kleist ist vor 4 Tagen mit der Frau des Rendanten Vogel in ein Wirtshaus zwischen hier und Potsdam gekommen, sie haben zusammen gefrühstückt, er hat darauf sie und endlich sich selbst erschossen, alles wie es scheint mit dem ruhigsten besonnensten Entschluß von beiden Seiten. *581*

*71b. Arnim an Savigny. Frankfurt a. M., Anfang Dez. 1811*

Bis so weit hatte ich geschrieben, als mich Dein Brief überraschte, der arme, arme Kleist! Die verfluchte Hexe, ich habe das Weib nie ausstehen können, wie ist der gute blinde Kerl an den Besen gekommen? Ich kann Dir nicht sagen, wie ich die Übereilung so recht durchschmecke ohne etwas von den Umständen zu wissen, es ist doch ein wahres Unwesen, daß gerade alle nähern Bekannte Kleists von Berlin entfernt waren, jetzt werden die Bestien, die ihn damals um den ärmlichen Verdienst mit dem Abendblatte prellten, freilich das letzte Wort behalten, er tauge zu nichts. Sonderbar ists, daß er mir das letztemal, als ich ihn sprach, sagte, er habe Lust ein Buch in der Art wie die Manon Lecoult [»Manon Lescaut« von Prévost] zu schreiben, wahrscheinlich, daß er schon damals von dem verfluchten Weibe angezogen war. Vielleicht mögen aber ihre Freunde ebenso auf ihn schimpfen, wie ich auf sie, wir wollen bis zu näherer Auskunft warten mit dem Totengericht. (Wir erwarten sie von Dir.) Adam Müller war auch einmal Verehrer dieser alten Gevatterin, denn leider ist sie das von mir und Deiner Frau bei Müllers Kinde gewesen [s. L 427b]. – Nun genug davon †††. *169a*

*72a. Achim v. Arnim an Jacob und Wilhelm Grimm. Frankfurt am Main, 6. Dez. 1811*

Sage mir doch, aus welchem Gesange der Edda ist folgende Stelle, die sich die verstorbene Günterode auf ihr Grab setzen ließ und die jetzt schon vom Regen verlöscht ist, Schlosser sagte mir, sie wäre aus der Edda: »Erde, du meine Mutter, und du mein Ernährer, der Lufthauch, heiliges Feuer, mir Freund, und du, o Bruder, der Bergstrom, und mein Vater, der Äther, ich sage euch allen mit Ehrfurcht freundlichen Dank, mit euch hab ich hienieden gelebet, und ich gehe zur andern Welt, euch gerne verlassend, lebt wohl denn, Bruder und Freund, Vater und Mutter, lebt wohl.« [nach Herders »Lieder der Völker«]

Die Stelle klang mir in diesen Tagen wieder an, wo ich von Savigny, Du kennst seine Briefkürze, die immer das Beste vergißt um das Notwendigste zu sagen, die traurige Nachricht erhielt, daß sich Kleist, nachdem er eine Frau Vogel, die ziemlich alt und häßlich, mit ihrem Willen erschossen, sich selbst mit der Pistole umgebracht hat. Der arme Kerl, so wenig Freude mir seine störrische Eigentümlichkeit gemacht hat, er tut mir doch leid, er meinte es mit seiner Arbeit so ehrlich wie wenige, seine Erzählungen sind gewiß sehr brav, und seinem dramatischen Talente fehlte eigentlich nur ein Theater, das er geachtet hätte, indem es sich für ihn interessiert hätte. Goethes unglückliche Wahl des zerbrochenen Kruges zur Aufführung, als er aus Deutschland abwesend, der schlechte Erfolg dieser Aufführung hatten etwas Herbes in ihm zurückgelassen, ebenso der schlechte Erfolg des Phöbus, der sich doch offenbar vor den meisten Journalen auszeichnete, zuletzt, wie ihm das Abendblatt durch den Minister, der es fürchtete, vernichtet wurde, Mangel mag auch mitgewirkt haben, genug, ursprünglich hat vielleicht keine Natur so weit gehabt, so viel Stufen bis zu dieser Gewaltsamkeit übersteigen müssen. Im letzten Bande seiner Erzählungen soll eine ähnliche Geschichte stehen wie sein Tod [Verlobung in St. Domingo], es ist ein Tod wie Wolfdieterich, als ihn die Gerippe aller derer totschlagen, die er einst umgebracht hatte. *436*

*72b. Wilhelm Grimm an Arnim. Kassel, 10. Dez. 1811*

Kleists Tod hatte ich ein paar Tage vor Deinem Brief in der Berlinischen Zeitung gelesen und eine Anzeige desselben von Peguilhen als dem Vollstrecker des letzten Willens der beiden Toten: wenn ich nicht gewiß glaubte, Du würdest dasselbe dort auch haben, so könnt ich das Blatt mitschicken. Es hatte uns

beiden recht leid getan, weil uns seine Arbeiten wert und lieb
sind, ich hatte etwa vierzehn Tage vorher eine Anzeige von
seinen Erzählungen nach Heidelberg [für die Heidelberger
Jahrbücher] geschickt, weil ich sie sehr schätzte und weil ich
dachte, meine Anerkennung sei doch besser als gar keine, da
sie wahrscheinlich von der Redaktion übersehen würden. Ich
hatte sie darin gelobt, so gut ich konnte, und meine Meinung
darüber gesagt; weil mir eben die vielen niederträchtigen Urteile über seine Dichtungen einfielen, sind auch ein paar Sätze
gegen diese darin, so ist die Rezension ziemlich ausführlich
geworden. Mir fällt nun ein, daß Du jetzt etwas über ihn sagen
möchtest; da es Dir gewiß besser gelingen wird, als mir, so sei
nur in dem Fall so gut, sie von Wilken zurückzufordern, und
sage, daß ich Dich dazu berechtigt; ohnehin habe ich ihm
freigestellt, ob er sie behalten will oder nicht, da sie mir nicht
aufgetragen war. Hast Du Lust daran bloß zu ändern oder Zusätze zu machen, so steht es Dir frei vom größten bis zum
kleinsten. 436

*Die Besprechung erschien anonym in der »Leipziger Literaturzeitung«
(s. 652a).*

73a. *Brentano an Arnim. Prag, 10. Dez. 1811*

Gestern erhielt ich von Savigny die Nachricht, daß Heinrich
von Kleist sich vor 14 Tagen nebst der Frau Rendant Vogel
(Adam Müllers und Theremins Buhlschaft vor der Sander) auf
einem Dorfe zwischen Berlin und Potsdam nach eingenom-
menem Frühstück scheinbar mit gegenseitigem Verständnis
erschossen. Diese Nachricht hat mich wenigstens wie ein
Pistolenknall erschreckt. Der arme gute Kerl, seine poetische
Decke war ihm zu kurz, und er hat sein Leben lang ernsthafter,
als vielleicht irgend ein neuer Dichter, daran gereckt und gespannt. Er ist allein so weit gekommen, weil er keine recht
herrlichen Menschen gekannt und geliebt, und grenzenlos eitel
war. Ich habe hier seinem vertrauten Freund, dem Hauptmann
von Pfuel, dem herrlichsten, unterrichtetsten, pädagogischsten,
mildesten, und nach allen Seiten tiefsten und geistreichsten
Soldaten, dem ich jemals begegnet, die Nachricht mitgeteilt; er
hat Kleist immer aufrichtig geliebt, und die politische Zeit wie

die ganzen poetischen Lehrjahre desselben mit ihm verlebt. Es hat ihn bestürzt, aber nicht verwundert, er sagt mir, er habe nie etwas andres von ihm erwartet, er habe ihn einst acht Tage in Dresden wegen einer in der Liebe gekränkten Eitelkeit wahnsinnig und rasend in seiner Stube gehabt. Was wir nie erfahren, Kleist war einer der größten Virtuosen auf der Flöte und dem Klarinet. Wir haben ihn überhaupt nur ganz zerrüttet gekannt. Bei allem dem, was ich durch viele Züge aus Pfuels Mund weiß, ist nie einem Dichter seine persönliche Bizarrerie, und alle sein Tollfieber, und alle sein Werk und Unwerk von liebenden Freunden so nachgesehen und geschont worden. Überhaupt werden seine Arbeiten oft über die Maßen geehrt, seine Erzählungen verschlungen, aber dies war ihm nicht genug, ja Pfuel sagt mir, daß sich vom Drama zur Erzählung herablassen zu müssen, ihn grenzenlos gedemütigt hat. Ich glaube, wer Adam Müllern, der jetzt in Wien den vornehmen Fuchsschwanz trotz in Berlin streicht, je so toll anbeten konnte, wohl zu dergleichen Totschüssen in dessen ausgetretenen Liebespantoffeln kommen kann. [...]

[Marmontels »Selbstleben«] ist ordentlich rührend, wie es aus der Idille in das tollste Pariser Schriftstellerleben überspringt, welchem Deutschen war solch Leben gewährt, armer Kleist! Unser Vaterland ist verflucht rauh und gerecht, und tut keinem zu viel, über Verhätschelung ist nicht zu klagen. [...]

Das Theater hier ist recht gut, besser wie das Berliner, der Direktor Liebich ein Kerl so in der Art wie Lafontaine ist sehr reich und gastfrei, und ehrlich und gut, ich glaube man könnte ihn zu viel Gutem bewegen, über Kleists Tod hat er beinahe geweint. *242. 581*

*73h. Arnim an Brentano. Berlin, 28. Dez. 1811*

Wenn Du dem armen Kleist vorwirfst, seine poetische Decke sei ihm zu kurz gewesen, so ist Dir Deine vielmehr zu lang, oder Du hast sie in der Eile verschoben und über die Augen geworfen. Du machst Dir Bedingungen des Glücks, die Dir niemals wesentlich waren, und vergißt, daß Dich gerade diese Freiheit von täglichem Lebenszwange immerdar gereizt hat.

*74. Arnim an Cotta. Anfang 1812 (Entwurf)*

Ich wende mich in der Angelegenheit eines unglücklichen Verstorbenen an Ew. Wohlgeboren als Herausgeber des Morgenblattes mit dem Zutrauen, daß eins der natürlichsten menschlichen Gefühle, Achtung und Wahrheit in dem Gerichte über die Toten, auch in Ihrem Herzen lebe und daß der unsägliche Schimpf, der in Ihrem Blatte über den armen Heinrich von Kleist ausgesprochen, nicht von Ihnen komme, sondern wahrscheinlich – aus einer jüdischen Feder, die schon oft ihr Blatt mißbraucht hat [s. 24; Saul Ascher war nicht der Verfasser!]. – Zuerst erkläre ich Ihnen feierlich, um meine Glaubwürdigkeit zu bewähren, daß ich die Anzeige des H. Geheimerat Peguilhen nur aus seiner Freundschaft für die beiden Verstorbenen entschuldigen kann und daß ich daher eine Rüge derselben, insofern er vor der Bekanntmachung der Geschichte das Urteil der Welt bestimmen wollte, gebilligt hätte, doch würde ich, ungeachtet ich mit ihm verfeindet bin, unendlich glimpflicher verfahren sein. – Zweitens muß ich in Hinsicht meiner Gesinnung über den Selbstmord auf meine Geschichte der Gräfin Dolores mich berufen, um den möglichen Verdacht von mir zu wälzen, als ob ich mit Kleist gleiche Überzeugung hege, vielmehr ist es mein Bestreben gewesen, diese Art Verzweiflung in dem Menschen zu bekämpfen und in ihrer Leerheit zu vernichten, die in unsrer Zeit so manche schöne Kraft in sich selbst entzweite und so manches edle Leben zerstörte. – Nach diesen beiden Erklärungen fordre ich Sie als braven Mann, wie Sie mir von vielen meiner Bekannten gerühmt sind, auf, die folgenden Zeugnisse für meinen verstorbenen Kleist nicht als Äußerungen von Parteigeist, Schule oder freundschaftlicher Verblendung von sich zu weisen. [251]      *255*

*75. Brentano an Arnim. Bukowan, 24. Juni 1812*

Neulich fiel mir in Prag Kleists Penthesilea in die Hände. Es ist doch in allen Arbeiten dieses unglücklichen, talentvollen Menschen eine ganz merkwürdige scharfe Rundung, eine so ängstliche Vollendung und wieder Armut, und es wird mir immer äußerst peinlich und doch macht es mir Freude, etwas von ihm zu lesen.      *433*

*76. Brentano an Arnim. Berlin , 3. Febr. 1816*

Zur [Marie v.] Kleist gehe ich alle Freitag, Pfuel und [Wilhelm v.] Schütz-Lacrimas sind immer da. Das ist ein recht guter Mensch, und wenn er gleich stark nach der Tieckischen Clausur spricht, so hat er doch einen seltenen Enthusiasmus für Poesie, was einem heutzutage beinahe altfränkisch vorkömmt. [...] Wir haben Kleists »Hermann« dort gelesen. Bei vieler Bizarrheit finde ich es in Haltung groß und in der Bizarrität ungemein lustig. Was den Kleist besonders kurios macht, ist sein Rezept zum Dialog. Er denkt sich alle Personen halb taub und dämlich, so kömmt dann durch Fragen und Repetieren der Dialog heraus. Es dürfte ein Schauspieler nur einmal recht laut schreien, so käme gleich die größte Unwahrheit ins Gespräch. Übrigens ist es recht schön und ehrlich bei der guten Kleist. *433*

*Zu Marie v. Kleists Lesegesellschaft vgl. 261a.*

*77. Arnim an Wilhelm Grimm. Wiepersdorf, 16. Jan. 1825*

Auf der Brühlschen Bühne [Schauspielhaus Berlin] sah ich das Käthchen von Heilbronn, schrecklich verdreht von einem gewissen Henkersknecht Holbein. Zum Glück war ich, weil mein Bruder Interimsdirektor war, in der versteckten Direktionsloge ganz allein, und so konnte ich mich ungehemmt der Rührung überlassen, wieviele edle Kräfte ich so wie Kleist unbegriffen in der Zeit ihrer Wirksamkeit, kalt abkritisiert, habe untergehen sehen. Hätte er auch nur eine so verdrehte Aufführung des Stücks in Berlin erlangen können, ich glaube, er lebte noch. Schon gingen mir einige Verse zu seiner Ehre im Kopf herum, da fand ich aber zu meinem Glücke wieder abends beim Restaurator so einige neuntöterische Blätter und so wars glücklich überwunden. *436*

*77a. Arnim an Bettina. Aachen, 27. Aug. 1828*

Kleists Prinz von Homburg wurde recht gut gegeben, das Stück hat unleugbar eine herrliche Seite, es tritt kühn der angenommenen Heldenmaske entgegen, reißt sie ab und zeigt, daß unter der Maske doch noch ein wirklicher Held leben kann. *8a*

*78. Arnim, Fragmente aus dem Nachlaß*

Was er [Goethe] in seinem Kreise für junge Dichter vermochte, setzte er gegen viele Widersprüche durch, er gab den zerbrochenen Krug Heinrichs von Kleist, während Iffland dessen viel anziehenderes Käthchen von Heilbronn mit der Bemerkung zurückschickte, es eigne sich nicht für das Theater. Wie viele Jahre blieb es nachher verborgen, als es schon die andern Bühnen mit Beifall gaben. Gewiß lebte der ausgezeichnete Dichter noch unter uns, wenn seine Werke die Anerkennung bei seinem Leben gefunden hätten, die ihnen nach seinem Tode nicht mehr versagt wird. Der wahre Dichter steht dem Weltgeist in allen seinen Strahlungen am nächsten, und das Feuer, welches er verbreiten soll, zerstört ihn selbst. *565*

[Notizen zu Heinrich von Kleist:] Lord Biron [Byron]. Logenoden. Tieck, Politik. Arbeitsmanier. Handschrift. Verhältnis mit Hardenberg. Zu Müller. Zu Clemens. Abendblatt. Polizeiblatt.

*169a*

*79. Arnim an Tieck. Berlin, 13. Febr. 1827*

Was ich weiß und habe [zu einer Biographie J. Fr. Reichardts] steht Ihnen gern zu Dienst. Nur quält mich hier wie bei Heinrich Kleist, über den ich gern schriebe, die Nähe lebender Personen, die unsanft berührt würden, und daß mein Papier schon endet. *564. 585*

## Friedrich Christoph Dahlmann

*80. Anton Springer über Dahlmann (1870)*

Wie Dahlmann im Gespräch stets gern auf die mit Kleist gemeinsam verlebte Zeit zurückkam, so ließ er überhaupt keine Gelegenheit vorübergehen, auf den viel zu wenig anerkannten, oft verkannten und geschmähten Freund aufmerksam zu machen, Vorurteile zu berichtigen, zu einer gerechteren Würdigung des Dichters und Menschen anzueifern. [...] Dahlmann war keineswegs blind gegen die Fehler seines Freundes, er übersah nicht die krankhafte, überreizte, unstete, zur unrechten Zeit und am unrechten Ort unmutige und dann wieder kleinmütige

Natur Kleists. Was uns Nachgebornen aber gegen die Schwächen des Dichters und seinen pathologischen Charakter duldsam, was uns den letzteren begreiflich macht, das übte auf Dahlmanns Urteil einen noch größeren Einfluß. *428*

*81. Dahlmann an G. G. Gervinus. Jena, 26. Okt. 1840*
Wenn Sie in dem Schlußbande [der Literaturgeschichte; s. 291] einen Blick auf Heinrich von Kleist werfen sollten, so möchte ich zum voraus für ihn um Gnade bitten. Das heißt: seinen Magnetismus und Wandeln im Schlafe gebe ich Ihnen preis und seinen oft zu sehr zerhackten Stil; im ganzen aber lasse ich es mir nicht nehmen, daß er die größeste und wahrste dramatische Ausstattung als ein Geschenk der Natur besaß. Einen glühenderen Freund des deutschen Vaterlandes hat es nie gegeben als ihn, und er ist an gebrochenem Herzen über die Leiden der Zeit gestorben, wenn gleich äußerlich er als ein Opfer einer phantastischen Grille fiel [L 319]. Hätte er die Befreiung von der Franzosenherrschaft erlebt, ich bin gewiß, er hätte Werke aufgestellt, die das Vaterland mit seinem Lobe erfüllt hätten. Mancher Theorie, die ihn zerrte, hatte er den Abschied gegeben. *160*

*82. Emil Palleske an Hermann Hettner. Oldenburg, 8. Jan. 1850*
Dahlmann, der ihn persönlich kannte, weiß viel über seinen männlich patriotischen Charakter, seine vielseitige Bildung, seine gewinnende Liebenswürdigkeit zu sagen, die, obgleich nicht jedem erkennbar, den Erkennenden unwiderstehlich fesselte. Sollten Sie Dahlmann noch nicht darüber gesprochen haben, so erinnern Sie sich bei Gelegenheit meiner Worte, er spricht mit Rührung und gern von Kleist und hat vor seinem Genie die größte Achtung. *145*

*83. C. Varrentrapp, Zur Erinnerung an Friedrich Christoph Dahlmann (1885)*
Es ist bezeichnend, daß Dahlmann für Kleists »bestes Werk die am wenigsten besprochene Hermannsschlacht« erklärte; am Prinzen von Homburg hat ihn wohl »das Wandeln im Schlaf« gestört; doch hat er [nach Mitteilung seines Sohnes] noch im Alter gern mit den Seinen auch dieses Stück gelesen. *461*

*84. Dahlmanns Erzählung, Herbst 1855 (nach Klaus Groth)*

Heute habe ich etwas Merkwürdiges erlebt. Ich ging die Coblenzer Straße [in Bonn] hinauf, als ich in der Nähe von Arndts Gartenpforte einen alten Herrn traf, der offenbar ein Fremder war und sich suchend umsah. Ich redete ihn daraufhin an und fragte: Sie suchen gewiß Arndts Haus? Nein, erwiderte der Fremde, dort komme ich her, ich suche den General Tuckermann. Dabei blickte er auf, sah mich an und rief: Dahlmann! und ich sogleich: Pfuel! Der war es, General Pfuel. Fünfundvierzig Jahre! rief Pfuel aus. Nein, sagte ich, ich bin Historiker, 46 Jahre. So lange hatten wir uns nicht gesehen. Denken Sie noch an Dresden, an Kleist, an das Kriegsspiel? Ob ich! Ich ging dann mit ihm bis an Tuckermanns Haus.

*428*

## Wieland und seine Töchter

*85a. C. M. Wieland an Georg Christian Frhr. v. Wedekind in Darmstadt. Weimar, 27. Dez. 1811*

Es ist leider nur allzu gewiß, daß Heinrich von Kleist, der Ihnen und mir vor mehreren Jahren durch seine Liebenswürdigkeit das Herz abgewann, zugleich aber von seiner übermäßigen Exaltation, mich wenigstens, alles für ihn fürchten ließ, und der Heinrich von Kleist, dessen tragischromantischer Ausgang aus der Welt mehrere öffentliche Blätter angekündigt haben, ein und ebendasselbe Individuum ist. Bis izt ist mir von den nähern Umständen dieses fatalen Ereignisses nichts Zuverlässiges bekannt worden: aber eben derselbe Freund des beklagenswürdigen Sonderlings, der von ihm und Madame Vogel, seiner Geliebten, als von Engelreinen Wesen, und von ihrem freiwillig gewaltsamen Tod als von der bewundernswürdigsten und erhabensten Handlung spricht, hat sich anheischig gemacht, in kurzem eine Schrift ausgehen zu lassen, welche diese seine Ansicht der Sache und der Person rechtfertigen werde; und bittet alle guten Menschen, ihr Urteil von beiden bis dahin zurückzuhalten. Natürlicher Weise ist die allgemeine Aufmerksamkeit hiedurch gespannt und ein ungeduldigen Erwarten erregt worden, quid dignum tanto ferat hic promissor hiatu [was den Mund so weit aufzureißen rechtfertigte].

Wie nichts so Unerfreuliches zu geschehen pflegt, das nicht mit irgend etwas Gutem verbunden wäre, so hat diese gar zu traurige Geistesverirrung eines der genievollsten und edelsten Sterblichen für mich das Gute gehabt, mich wieder in Dero Andenken zu rufen [...]. *392a*

*Zu Wielands Abkehr von Kleist vgl. L *264!*

*85b. Charlotte Geßner an C. M. Wieland. Zürich, Ende 1811*

Sehr frappiert und geschmerzt hat mich der Tod des bedaurungswürdigen Heinrich von Kleist – Auch Ihnen, bester Vater, wird es nahe gegangen sein – Sie würdigten diesen talentvollen und guten Jüngling einst Ihrer Zuneigung. – Ein trauriges Opfer dieses unseligen Hanges zu Überspannung und Schwärmerei, vor die man die Jugend nicht genug bewahren kann. *392a*

*85c. Luise Wieland an ihre Schwester Charlotte Geßner. Weimar, 30. Jan. 1812*

Was Du an Vater von Kleist schreibst, hat mir wohl getan, meine Teuerste! – jeder Unglückliche hat Ansprüche an unsere Teilnahme und an unser Mitleid, und diese wollen wir uns wie die bessere Erinnerung, die wir von ihm haben, mit seinem Andenken erhalten, was auch engherzige kalte Menschen über sein unglückliches Ende philosophieren oder räsonnieren! – *80*

*86. Luise Wieland an ihren Verlobten Gustav Emminghaus. Weimar, 26. März 1813*

Als ich seinen Tod erfuhr, den die große Welt so streng richtete, empfand ich nichts als Mitleid, welches ich aber auch für jeden anderen Unglücklichen gefühlt haben würde. *80*

## Wilhelmine von Zenge

87. *Wilhelmine Krug geh. v. Zenge an Frau Henriette Solger. Leipzig, 15. April 1822*

Wunderbare Fügungen des Himmels haben mich von Kleist getrennt, doch wird er meinem Herzen immer wert bleiben. Mein größter Wunsch war es, daß er an der Seite eines andren weiblichen Wesens glücklich werden möchte, doch auch dieser Wunsch ist unerfüllt geblieben. Von den letzten Jahren seines Lebens weiß ich wenig, einmal hat er uns in Leipzig besucht. Er soll die letzte Zeit körperlich und geistig krank gewesen sein, sogar mit Mangel hat er zu kämpfen gehabt, das habe ich erst nach seinem Tode erfahren. *256. 582c*

*Siehe auch 165, 167.*

## Marie von Kleist

88. *Marie v. Kleist an ihren Sohn. Groß-Gievitz, 10. Dez. 1811*

Heinrich war ein vortrefflicher Mensch, in den meisten Dingen der Vortrefflichste, den ich je gesehn habe. Diese angeborne Güte, Liebe, Sanftmut habe ich bei keinem Menschen noch nie so eingefleischt gefunden, kein Engel vom Himmel kann sie in einem höheren Grad besitzen. Auch war er von Natur gottesfürchtig und fromm. Französische Literatur, Umgang mit Freigeistern hatten leider Zweifel in ihm gebracht. Er rang, um sie los zu werden, er kämpfte nach Überzeugung. Das griff seinen schwachen Körper an, dem er in seiner Jugend gewiß geschadet hatte durch Genuß mancher Art. Übrigens war er ein Dichter. Und wenn er kein einziges Gedicht erzeugt hätte, so war er doch seiner Natur nach ein Dichter. Er war der poetischste, der romantischste Mensch, den ich je gesehn, und so war vieles in ihm, was wir nicht erklären können, noch begreifen. Es war würklich ein genialischer Mensch, und in einem solchen gibt es viele Dinge, die sich nicht erklären lassen. Aber er war von einer Rechtlichkeit, Biederkeit, Echtheit des Charakters, die mir eigentlich einen so großen Abscheu für allen Schein, für alles Prahlen, für alles

Absichtliche im Lebensschein gegeben. Ach! er ist nicht mehr! Ich habe einen Freund verloren, wie wenige Frauen sich rühmen können einen zu haben. Sein Verlust wäre mir immer schmerzhaft gewesen, aber die Umstände, die ihn begleiten, machen das Gefühl zerstörend in mir. *190*

*89. Marie v. Kleist an Peguilhen. 12. Dez. 1811*

Der Mensch im Herbste seines Lebens ist wie der Baum in dieser Jahreszeit, ein Blatt fällt nach dem andern von ihm ab, und der schönste, belaubteste Baum steht trauernd, einsam und verlassen da, bis ein anderes Frühjahr ihn zu einem neuen Leben erweckt. – Die Verluste, die ich seit anderthalb Jahren erlitten, haben mich mehr als entlaubt, sie haben mir die Krone gebrochen. Hier auf Erden kann sie nie wieder grünen. – An Heinrich Kleist, habe ich den Teilnehmer, an allen meinen Freuden, an allen meinen Leiden verloren. Er war die sanfteste, wohltuendste Gesellschaft für mein Herz. [...]

Beiträge zu meines geliebten Vetters unglücklichen Katastrophe, kann ich Ew. Wohlgeboren nicht mitteilen, so vertraut auch meine Verbindung mit ihm war, so muß ich gestehn, daß eine nähere Bekanntschaft mit der Frau Rendantin Vogel nie zu meines Wissens gelangt ist. Zuweilen, wenn er mich verließ, sagte er, er ginge in diesem Hause oder mit dieser Gesellschaft spazieren, ohne sich je über eine engere Verbindung mit Madam Vogel auszulassen – Sowie meine Gesundheit mir erlaubt, nach Berlin zu reisen, muß ich mir von Ew. Wohlgeboren die Gefälligkeit eines Besuchs erbitten, um die Veranlassung zu dieser traurigen Begebenheit von Ew. Wohlgeboren zu erfahren. Mein Vetter hat mir den Auftrag gegeben, der mir sehr heilig ist, die Kosten seiner Beerdigung dem Herrn Kassenrendant Vogel zu erstatten. Wollen Ew. Wohlgeboren so gütig sein, und demselben sagen, daß der Major von Below Gouverneur des Prinzen von Hessen diese Sache in meiner Abwesenheit übernimmt. [...]

Entschuldigen Dieselben dieses Geschmier, welches aber im Bette geschieht – Meine Freunde haben mir erst gestern die Briefe meines Vetters eingehändigt – aus Schonung für meine Gesundheit; auch habe ich erst vor acht Tagen meinen Verlust

erfahren. Sonst hätte ich nicht ermangelt, meine Dankbarkeit
Ew. Wohlgeboren eher zu bezeigen. *286*

*90. Marie v. Kleist an ihren Sohn. 18. Dez. 1811*

Heinrichs Tod zerreißt mein Herz. Ein Mensch mit diesen
umfassenden Anlagen, mit diesen Talenten, mit diesem Gemüte,
so nichtsnutzig endigen, wie ein Lafontainischer Romanenheld. – Mit einer ganz gemeinen Frau, wie man sagt, daß diese
gewesen ist, in der er nicht einmal verliebt war, die häßlich, alt,
eitel und ruhmsüchtig, und sich eine Célébrität hat geben
wollen auf diese Weise. Nein, Du hast kein Begriff von dem,
was ich empfinde bei dem Gedanken. Für mich ist der Verlust
dieses Menschen, der mir so ergeben war, unersetzlich. –
adieu. *190*

*91. Marie v. Kleist an König Friedrich Wilhelm III. Groß-Gievitz, 26. Dez. 1811*

Schon sehr lange liegt in mir das Verlangen, meinem Könige
meine Empfindung einmal wieder mitzuteilen – eine sechs-
wöchentliche Nervenkrankheit, die durch den furchtbaren Tod
des unglücklichen Heinrich Kleist verlängert und vermehrt
worden ist, hat mich verhindert, dies wahre Bedürfnis meines
Herzens Genüge zu leisten. Wie wehe, wie zerreißend meinem
Gemüte diese schauderhafte Begebenheit ist, und immer sein
wird, kann ich in diesem Leben nicht sagen. Diese Frau, die
ich nie gesehn, muß der lebendige Teufel gewesen sein. – Er
gewiß ist unschuldig auch vor Gottes Richterstuhl – Selbstmord war seinem ganzen Sein, seiner ganzen Natur zuwider –
Schlotheim, Karl Lecoq erwähnte er nie ohne eine Art von
Widerwillen. – Auch war er noch kurz vor seinem schrecklichen
Ende bei Gneisenau, um ihm militärische Aufsätze einzuhändi-
gen, worunter einige sehr gute sein sollen, hat Gneisenau der
Bergen [Frau v. Berg] gesagt. – Er war so voller Pläne, voll Eifer,
als ich ihn Ende September verließ. – Anfangs Augusts war er
so wenig in dieser Frau verliebt, daß er mir nach Gievitz schrieb,
er wäre so allein, so verlassen in Berlin, er hätte dort keine einzige Verbindung, die einiges Interesse für ihn hätte; und lügen,
und mich belügen, war gewiß fern von ihm, es gab nichts
Echteres, nichts Wahreres, nichts Edelmütigeres als dieser

Mensch, voller Talente für allen Fächern, verbunden mit einer Gutmütigkeit – wie sie beinahe mit solchem Verstande nicht möglich scheint; alle Tugenden, wie alle Talente waren ihm natürlich, er war so von Gott gekommen – Und ein solcher Mensch muß auf solch eine nichtsnutzige Art endigen, wie ein Lafontainischer Romanenheld, mit einer Heldin aus dieser Klasse und von diesem Kaliber – [L 523d] Ob man sich nun etwas Sündhafteres, etwas Unweiblicheres denken kann als das Treiben dieses weiblichen Teufels? – Als wenn nicht stilles religiöses Dulden die ersten Eigenschaften unsers Geschlechts sein müßten. – Nein es ist schrecklich – einen jungen, enthusiastischen Mann, in einem Augenblick von Mißmut, Hypochondrie, Trauer über das politische Unglück, in einem Augenblick von sehr gedrückter Lage etc. etc., zu einem solchen unchristlichen, unbürgerlichen, unmännlichen Schritt zu exaltieren. Und so ist es geschehn, mein König, das sehe ich durch seine Briefe. Sie hat zuerst diesen Gedanken geäußert, das schreibt er mir positiv. Auch nie hätte er sie dazu beredet, das war bestimmt gegen seine Grundsätze. –

Ew. Majestät entschuldigen diesen Ausbruch meines Unmuts. – Aber außerdem, daß dieser weibliche Teufel mir den einzigen Freund geraubt hat, der mir in seiner ganzen Integrität geblieben, nach meiner veränderten Lage geblieben war, so hat auch der Staat einen echt patriotisch gesinnten Mitbürger verloren – ich wäre ganz zufrieden wenn er für sein Vaterland gestorben wäre, aber wie ein Narr sein Leben verlieren, das tut mir sehr wehe – Auch sehe ich noch die Sache an als ein Übelstand, und eine Folge der Verschrobenheit des Zeitalters – es muß diesen Sophismen, diesem Unwesen, eine Grenze gezogen werden, es muß wieder bestimmt werden, was recht und unrecht ist. Wenn nicht mehr zu unserm Wohl, zu unserm Vorteil, zum wenigsten zur Richtschnur unserer Kinder – O! der Feind ist uns nicht so gefährlich als diese einheimische lasterhafte Verschrobenheit, die wirklich aufs Höchste gestiegen ist. Mein inneres Gefühl war schon immer dagegen empört. Diese Schreckenszene macht, daß es sich laut äußert. – Es gibt nur eine Sittlichkeit, nur eine Moralität, etwas davon verändern ist vom Bösen.  577

*92. Marie v. Kleist an Prinzessin Wilhelm von Preußen. Berlin, 14. Mai 1812*

Ich danke Ew. Hoheit, warm, und innig, für die Wohltat, welche Allerhöchstdieselben, diesem unglücklichen, lieben Verwandten, noch nach seinem Tode erzeigen: Diese Schwester [Ulrike] hatte sich seintethalben aufgeopfert, ihr Schicksal machte ihm oft Sorgen, freudig lächeln würde er, wenn er sähe, daß ihre Tugend durch Ew. Hoheit, als Werkzeug Gottes, hier auf Erden gelohnt würde. Nach dem Verluste, den ich ewig beweinen werde, scheinen mir Ew. Hoheit würklich auserkoren zu unser aller Trost. Die *seelenvolle Ruhe*, in Ew. Hoheit Äußern, soll uns wohltun, und Zutraun einflößen, ich halte das wahrlich für Ew. Hoheit Bestimmung, die recht menschlich, weiblich, und göttlich ist – eine Fürstin kann leicht, für die geängstigten armen Sterblichen, wie ein Madonnenbild sein, und wen hätte Gott schöner dazu ausgezeignet, ausgerüstet als Allerhöchstdieselben. – Ich ergebe mich in Ew. Hoheit Schutz, und bitte Allerhöchstdieselben meinen Dank, dem Prinzen, mit den gerührtsten Ausdrücken, vorzutragen... *574. 582a*

*93. Marie v. Kleist an Tieck. Berlin, 3. März 1817*

Ganz wunderbar ist mir zu Mute, indem ich heute die Feder ergreife, um an Tieck zu schreiben, an Tieck mit dem ich seit so vielen Jahren gelebt und geliebt. [...] Ohnmöglich kann ich Ihnen wie einem Fremden schreiben. Sie sind ja mein alter Freund Tieck, mit dem ich ganz intim bin, mit dem ich froh, traurig, fromm, heilig war. Daß eine solche Intimität stattfinden kann, so ganz von einer Seite, ohne daß der andere sie ahnet, ist wunderbar. Noch wunderbarer, daß ein Buch den Menschen lebendiger ergreift, als alle Sterbliche die ihn umringen; mehr *zu* seinem *Innern, aus* seinem *Innern* spricht, als alle die er genau kennt, und die ihn genau kennen; daß manches Buch den Menschen, der es lieset, deutlicher ausspricht, als er sich selbst auszusprechen vermag!

Ach, wenn dem armen einsamen Sterblichen dieses begegnet, soll er sich gleich aufmachen, Pferde bestellen, und mit Extrapost den Schriftsteller aufsuchen, um durch seinen Anblick die Fäden, die sie so unbewußt aneinander binden, fester und fester zu verweben. Solche Reise zu Ihnen hätte ich schon

lange unternehmen müssen! Außerdem sind Sie noch der Geistes-Verwandte meines Vetters Heinrich Kleist, den er oft selbst für seiner Nächsten einen erklärte. Jetzt wollen Sie noch seine Werke herausgeben: wie viele Fäden zu einem Seelenbündnis! – Werde ich Sie denn einmal sehen? sprechen? – – –
[138]                                                                                    448

*94. Widmung für W. A. Joukowski in einem Exemplar von Kleists »Hinterlassenen Schriften«, Berlin 1821*

Souvenir de plusieures Soirées paßez avec notre ami Joukowski –

Berlin le 10 Decembre 1821     Marie de Kleist
                                                      née de Gualtieri     578. 582a

*Der berühmte russische Dichter, bekannt vor allem durch seine Nachdichtungen der deutschen Romantiker, war der Lehrer der Großfürstin und späteren Zarengattin Alexandra, einer Tochter Friedrich Wilhelms III. von Preußen. Er begleitete damals den russischen Hof auf einer Deutschlandreise, bei der er Tieck und Goethe kennenlernte. Von einem Besuch bei Marie v. Kleist, die ihn für Kleist zu interessieren suchte, war bisher nichts bekannt.*

*95a. Marie v. Kleists Aufzeichnung. Manze, 17. Febr. 1830*

Ich las den Fernow in Gievitz anno 1811, als die furchtbare Katastrophe mich abzog von jeder geistigen Beschäftigung, mir sogar eine Art Schauder einflößte, die mich in Jugend und poetischen Zeiten versetzten, denen ein so grausames Ziel gesetzt war [...] Gewaltsam war ich aus meinem Geleise gerissen, mit blutigem Herzen suchte ich die Spur meines verlornen Lebens, strebte nach Haltung. Der Verlust des einzigen Freundes, der mich durch und durch kannte, wäre schon hinreichend gewesen, ein Gemüt wie das meine gänzlich zu zerreißen. Welchen Eindruck mußte ein so *bizarres* tragisches Ende auf meinen Geist, auf mein Herz, auf meine Individualität machen. Ich war verloren ohne meine Kinder und sehr liebe Freunde, bei denen mir dieses unglaubliche Schicksal traf. Ich lebte still und eingezogen in meinem Zimmer. Das Lesen und Wiederlesen der letzten Briefe, geschrieben in den letzten Augenblicken seines Daseins, war eine Art Trost durch den heftigen Schmerz, den sie in mir verursachten. Ich hoffte, kein Sterblicher könnte den überleben, und so nährte ich mich von diesen Briefen. Je m'abreuvois de douleurs! je me nourissois de douleurs. Oh! jamais tant que le monde existe, il n'a existé des lettres de ce genre, jamais une douleur comme la mienne. Elle étoit si gigantesque, si fort hors de la vie vulgaire que cet excès servoit quelque fois à me tranquilliser. Alle große Schicksale der Alten, alle Dichtungen der Alten waren mir begreiflich. Ich sah deutlich eine höhere Macht. Hätte er diese Frau geliebt, so war es nichts. Daß er aber mit der selben glühenden Leidenschaft für mich zu den Füßen einer andern sich erschoß, davon hat die Menschheit noch kein Beispiel. Daß seine letzten Worte, seine letzten Gedanken nur mir waren, mit der selbigen Glut, wie in der ersten Zeit seiner Liebe, das geht über allen menschlichen Begriff, diese Glut, die *er* nur fühlen und ausdrücken konnte. Was ist alle Liebe der Sterblichen hier auf Erden, was sind alle Romane, alle Gedichte in Vergleich mit seiner Liebe und seinen Briefen. Solch ein Feuer konnte nur in seiner Seele, in seinem Herzen, in seinem Busen lodern. Aber eben daher mußte ich sie verbrennen. Solche Briefe können nur für *einen* Gegenstand geschrieben sein, die sind das Heiligste im Menschen. So spricht er sich nicht zweimal im Leben aus, und so kann sich auch keiner wieder aussprechen, weil keiner so empfinden, so fühlen kann, wie dieser unbegreifliche Sterbliche!! Eine Poesie wie die in seinem Brief hat noch nie existiert, so wie nie eine solche Art Liebe, geschöpft aus allen Dichtern und Dichtungen der Vorwelt.

*190*

*[Zeile 19 ff.: Ich badete mich in Schmerzen! ich nährte mich von Schmerzen. Oh! niemals, seit die Welt besteht, hat es Briefe von dieser Art gegeben, niemals einen Schmerz wie meinen. Er war so riesenhaft, so stark außerhalb des gewöhnlichen Lebens, daß dieses Übermaß mir mehrmals half, mich zu beruhigen.]*

95b. *Mitteilung von Frhr. v. Massenbach in Posen (an Georg Minde-Pouet)*
Kleists Briefe an Marie v. Kleist sind durch testamentarische Verfügung ihres Sohnes, des Präsidenten Adolf v. Kleist, nach dessen Tode ungelesen verbrannt worden.

*256*

*In Maries Abschriften sind sie zum Teil erhalten geblieben.*

*96. Marie v. Kleists Aufzeichnung, undatiert*

Das Studium der Kunst versetzt mich in schöner lebendiger Jugendzeit und wieder in sehr schmerzlich ergreifende Momente meines Lebens. Die intimste und beste Freundin Heinrichs kann nicht leichtsinnig durchs Leben wallen. Jedes Studium beinahe muß sie zerreißend berühren!!! – Fernown las ich, anno 11, in der Zeit der furchtbaren Katastrophe!! –   *190*

*97. Luise v. Radziwill über Marie v. Kleist (an Prinzessin Wilhelm)*

*13. Nov. 1823.* Elisa [Radziwill] war in Tränen um Lulu Kleist – die Mutter hat sich brouilliert mit den Eltern des Bräutigams und die Kleist, mit 1000 guten Eigenschaften begabt, ist aber so exageriert in Liebe und Abneigung, daß man in ihren Augen nur überirdisch oder unterirdisch sein kann.

*18. Mai 1825.* Solche Art von Diskretion kennt die gute Kleist nicht. Von Herzen ist sie *vortrefflich* und hat einen recht originellen Verstand, aber oft par le sens commun.

*1. Aug. 1826.* Ich erkenne ihre Teilnahme dankbar […] aber dieses Weinen, Agitieren, Fragen und Seufzen ist mir fatal.

*4. Dez. 1826.* Die Kleist mit manchem Abstoßenden und Taktlosen hat ein vortreffliches Herz, das muß man ihr lassen.

*12. Juli 1827.* Die gute Kleist ist nach ihrer Weise wie der Dieb in der Nacht und grade in meinen Posttag hineingekommen.

*16. Jan. 1828.* Die Kleist ist hier. Ich muß an ihre guten Seiten und an ihr vortreffliches Herz denken, um nicht aus aller Fassung zu kommen über ihre taktlosen Fragen und ihr unvernünftiges Seufzen und Klagen über alles, was sie in ihrem Leben Trauriges erlebt, und über die sonderbaren Trostgründe, die sie aufbringt.

*574*

*98. Jacob Grimm an Arnim. Kassel, 10. Febr. 1824*

Vorigen Herbst waren zwei Frauen Deiner Bekanntschaft hier, Mutter und Tochter von Kleist, die nicht wankten und wichen, endlich aber doch unbedauert weiter gezogen sind.

*436*

*Die Geschwister*

*99. Leopold v. Kleist an Peguilhen. Stolp i. Pomm., 5. Dez. 1811*

Mit unendlichem Schmerz habe ich den unerwarteten Tod meines geliebten Bruders erfahren; einige Tage später las ich in den Zeitungen die von Ew. Wohlgeboren gemachte Anzeige. [...] So weit entfernt von dem Orte der schrecklichen Katastrophe, habe ich hier so viel Unsinniges und Widersprechendes über diesen Unglücksfall gehört, daß ich den Wunsch nicht unterdrücken kann, einmal die nackte ungeschminkte Wahrheit zu vernehmen, die in der Tat nicht so niederdrückend sein kann, als die täglich erneuerten Gerüchte. Haben Ew. Wohlgeboren daher die Güte, mir, wenn die von Denenselben angekündigte Schrift die Presse noch nicht verlassen hat, nur in wenigen Zeilen die Art seines Todes gefälligst mitzuteilen. Auch bitte ich Ew. Wohlgeboren ganz ergebenst, wenn der Verstorbene über seinen Nachlaß, vorzüglich seine Papiere, nicht selbst disponiert haben sollte, solche gefälligst in Beschluß zu nehmen, und mir hochgeneigtst zu überschicken.

Ew. Wohlgeboren nennen Sich der Freund meines Bruders, dieses gibt mir ein Recht, in dieser Angelegenheit, zwar unbekannterweise, dennoch unmittelbar an Dieselben mich zu wenden, da diese außerordentliche Begebenheit auch außerordentliche Maßregeln erlaubt. *286*

*100. Familienüberlieferung (Zolling 1885)*

Leopold von Kleist hatte gerade zur Zeit der Katastrophe eine lebensgefährliche Operation durch den berühmten Hufeland überstanden und sprach schon um deswillen und auch seinem tiefreligiösen Sinne gemäß wohl absichtlich niemals über seinen einzigen Bruder und dessen Ende. *255*

*101. Julie v. Weiher, geb. v. Kleist, an Peguilhen. Felstow i. Hinterpom., 10. Dez. 1811*

Es ist die trostlose Schwester des unglücklichen Kleist, die es wagt, Ihnen mit diesen Zeilen beschwerlich zu fallen. Nach Ihrer Anzeige im 142. Stück der Berliner Zeitungen hoffe ich auch dies ganz dreist wagen zu dürfen; denn was Sie dort sagen, zeigt sehr deutlich, wie herzlich Sie meinen teuern Bruder liebten und schätzten, selbst auch nach dem unglücklichen Schritt, zu dessen Ausführung er nur durch eine falsche Ansicht verleitet werden konnte, und der gewiß in seiner Lage und Gemütszustand zu entschuldigen, aber nie zu rechtfertigen ist.

Mit vollem Vertrauen also wende ich mich an den würdigen Freund meines verewigten Bruders, ihn herzlich bittend, mir nicht allein die angekündigten Bruchstücke über die Katastrophe, die seinem Leben ein Ende machte, sogleich zu senden; sondern auch die nähern und genaueren Umstände, die dabei obwalteten, und die vielleicht bloß für das Ohr einer liebenden Schwester taugen, gütigst mitzuteilen.

Ganz unendlich würden Sie mich verbinden, wenn ich recht bald einem Antwortschreiben entgegensehen dürfte; – wenn mein redlicher Heinrich Ihrem Herzen teuer war, wieviel mehr muß er es dem Herzen einer Schwester sein, die in ihm den Freund, den Bruder und ehemaligen Lehrer verlor! –

*286*

*102a. Adolfine v. Werdeck-Klitzing an Peguilhen. Berlin, Dez. 1811*

Eine Schwester des verstorbenen Kleists – mit dessen Familie ich seit meiner frühesten Jugend in Verbindung war – wünscht durch mich die nähere Veranlassung des Todes ihres Bruders zu erfahren. Wie das tausendzüngige Gerücht eine solche Begebenheit verunstaltet, dies lehrt die tägliche Erfahrung, und daher bleibt mir nichts übrig, als mich grade zu Ew. Wohlgeb. bittend zu nahen, Sie um einige bestimmte Nachrichten ergebenst zu ersuchen.

Sie werden mir manches zur Beruhigung einer Schwester sagen können, die jetzt doppelt leidet, da ihr am 7. November auch eine Schwester [Friederike] starb, und sie täglich ihrer Niederkunft entgegen sieht.

Daß ich von Ihrem Vertrauen keinen Mißbrauch machen werde, dies bitte ich fest überzeugt zu sein, da nicht weibische Neugier sondern innige Teilnahme mich zu Ihnen führt.

Die Post geht morgen nach dem Wohnorte der Fr. [Auguste] von Pannwitz, Schwester des Heinrichs v. K. ab – könnte ich ihr mit dieser einiges *Wahre* und *Bestimmte* über jene traurige

Katastrophe wissen lassen, so würde Ew. Wohlgeb. mich sehr verbinden.

Kleists hinterlassene Schriften sind auch wohl in Ihren Händen?

[Nachschrift:] Bei der Hofrätin Müller und im Tiergarten hatte ich die Ehre mit Ihrer Frau Gemahlin in Gesellschaft zu sein. Dürfte ich Sie bitten, mich in ihr Andenken zurückzurufen? *286*

*102b. Peguilhen an Frau v. Werdeck. Berlin, Dez. 1811*

Ew. Hochwohlgeb. werde ich mir die Ehre geben, persönlich meine Hochachtung zu bezeugen, nur ist mir dieses heute ohnmöglich, und erst morgen Vormittag. Da Sie aber mit der Post schreiben wollen, so will ich in größter Eil wenigstens folgendes vorläufig bemerken: Über den eigentlichen Grund von Kleists Tod bin ich selbst nicht im reinen, wenn man nicht mit den allgemeinen Andeutungen: Schwärmerei und eine nicht zu befriedigende Liebe sich begnügen will. Wahrscheinlich geben seine zwei an Fr. v. Kleist geb. v. Gualtieri zurückgelassenen Briefe darüber die sicherste Auskunft, die ich zwar befördert aber nicht gelesen habe. Kleists hinterlassene Schriften sind nicht in meinen Händen, sondern – bis auf den Prinzen von Hessen-Homburg, den, wie ich glaube, Fr. v. Kleist hat – von ihm und Madame Vogel gemeinschaftlich verbrannt, wenigstens habe ich bis jetzt noch kein Blatt entdecken können, und weiß auch, daß beide sich mehrere Abende hindurch beschäftigt haben, den Ofen mit Manuskript zu heizen. *256*

*103. Familienüberlieferung (Zolling 1885)*

Ulrike erfuhr die Schreckenstat auf einer Fahrt von Frankfurt a. O. nach Gulben zu ihren Verwandten von Schönfeldt. Als sie in Körlin übernachtete, hörte sie, wie in einem benachbarten Zimmer zwei Fremde über den Selbstmord des Lieutenants von Kleist plauderten; von bösen Ahnungen erfaßt, fragte sie atemlos, von welchem Kleist die Rede sei, und fiel, als sie die Wahrheit erfuhr, in Ohnmacht. In Gulben wurde ihr der letzte Brief des Bruders eingehändigt. *255*

*Siehe auch 109–117.*

*Der Nachlaß*

*104a. Christoph Adalbert v. Ehrenberg an Peguilhen. Kyritz, 4. Dez. 1811*

[Bittet, dafür zu sorgen,] daß die in Frankfurt verheiratete Frau Schwester des H. von Kleist, da sie doch die Begräbniskosten bezahlt, auch meine Forderung um so mehr berichtigen werde, als ich ihrem Bruder mit dieser Anleihe in seiner Gefangenschaft aus der größten Not geholfen habe.    *566*

*104b. Wilhelm v. Pannwitz an Chr. A. v. Ehrenberg. Gulben, 8. März 1812*

Auf Ew. Hochwohlgeb. geehrten Schreiben vom 20. Febr. [...] habe ich die Ehre ergebenst zu erwidern, daß der Nachlaß meines verstorbenen Schwagers noch gar nicht reguliert ist und ich ebensowenig von seinen Geschwistern zu irgendeinem Geschäft dieser Art bevollmächtigt bin, dies auch nicht zu erwarten ist, da der Verstorbene nichts hinterlassen hat, und wir außerdem insgesamt auch beträchtliche Forderungen an ihn haben.    *206*

*105a. Chr. W. v. Werdeck an Peguilhen, 13. Dez. 1811*

[Werdeck empfiehlt Peguilhens gütiger Fürsorge seine Forderung von 105 Talern 16 Groschen, eine Summe, womit er einen von Kleist einem Juden ausgestellten Wechsel eingelöst habe und die er nun schon seit beinah vier Jahren zurückerwarten würde.]    *324*

*105b. Wilhelm v. Pannwitz an Chr. W. v. Werdeck. Gulben, 15. Nov. 1812*

So gern ich, Ihrem sehr werten Schreiben gemäß, Ihnen zu den 100 Rthl. von meinem verstorbenen Schwager behülflich wäre, so muß ich doch mit der Vorklage kommen, daß ich nicht imstande bin, dafür was zu tun. Auf eine Anfrage vom Kammergericht haben wir [...] uns der Erbschaft entsagt, und damals (d. 18. Juni) hatte sich bei demselben nur der Rittmeister Ehrenberg aus Kyritz wegen einer Forderung von 3 Fr.dor und 2 Rthl. 12 Gr. gemeldet. Sein aktiv Vermögen hat bei seinem Tode zwar noch in seinem Anteil an dem uns gemeinschaftlich zugehörigen Hause in Frankfurt bestanden, ich weiß aber, daß er schon vorher denselben teilweise cediert hatte, wieviel ist mir nicht bekannt, da wir seit Jahren uns nicht gesehen hatten, und er überhaupt uns fremder geworden war als seine andern Geschwister. [...] Meiner Meinung nach würden Sie sich an das Kammergericht zu wenden haben, welches doch was tun muß, damit es klar wird, wieviel von diesem Anteil noch zur Distribution übrig ist. Überzeugen Sie sich, mein teuerster Vetter, daß es mir recht herzlich leid tut, so wenig zur Befriedigung Ihrer Forderung beitragen zu können, indessen hat er auch von uns sehr beträchtliche Forderungen ins Grab genommen, die aber, da sie schon längst verrechnet sind, von uns nicht weiter in Anregung kommen werden. *206*

*106. Wilhelm v. Pannwitz an Stadtrat Dames. 1812–1815*

30. Okt. 1812. Was indessen den Überschuß von 22 Rthl. 7 Gr. 10 Pf. [aus den Hauseinkünften] für meinen verstorbenen Schwager anbetrifft, so kann ich darüber nicht disponieren, indem wir bei dem Kammergericht uns die Erbschaft entsagt haben, und dies wahrscheinlich auch von den andern Interessenten geschehen sein wird. [...] Wenn Sie ihn indessen nicht selbst verwahren wollen, so können Sie ihn an meine Schwägerin Ullricke, die Ansprüche an seine Verlassenschaft hat, gegen Quittung übergeben.

27. Jan. 1815. Was die 51 Rthl. 12 Gr. Kosten und 9 Rthl. 14 Gr. Zinsen für Rechnung meines Schwagers Heinrich betrifft, so ersuche ich Sie, dies an seine Dividende, soweit sie reicht, zu berichtigen, indem meine Frau sowohl als ihre übrigen Geschwister der Erbschaft entsagt haben, und wir zu den Forderungen, die ihn betreffen, keinen Pfennig hergeben werden.

16. Apr. 1815. Was anders ist es mit dem Anteil des verstorbenen Heinrich. Da seine Nachlaßsache beim Kammergericht liegt: werden wir dieserhalb wohl so unbedingt das Haus aus freier Hand verkaufen können? *206*

*107. Wilhelm v. Pannwitz an Leopold v. Kleist. Mai 1815*

6. Mai 1815. Was mich anbetrifft, so gebe ich dem Gebot von Ullricken [auf das Haus] durchaus den Vorzug [...] Nur müßte meiner Beurteilung sie sich in betreff des Anteils von Heinrich bestimmter erklären, und von uns mit Generalvollmacht ver-

sehen werden, damit wir, solange sie und die Löschbrandtin leben, keine Umstände mit dem Hause haben.

*31. Mai 1815.* In betreff des [Haus-]Anteils vom verstorbenen Heinrich, so habe ich in der Überzeugung, daß allein Ullricke mehr an ihn zu fordern hat, als derselbe betrifft, mich der Erbschaft entsagt, ich hoffe aber daß bei den veränderten Umständen, da Ullricke mir 500 Rthl. als Schuld auf dem Hause eintragen lassen will, Ihr von meiner Erklärung zu meinem Nachteil keinen Gebrauch machen werdet, da die übrigen 500 Rthl., die unter dessen Geschwister nach ihrem und der Löschbrandtin Tode distribuiert werden müßten, wohl mehr als eine Erbschaft von Ullricken als von Heinrich anzusehen sind.

*206*

*108a. Vossische Zeitung. Berlin, 15. Nov. 1817*

Gerichtliche Vorladung

Da über den Nachlaß des im Jahre 1811 allhier verstorbenen Lieutenants *Heinrich von Kleist* jetzt der erbschaftliche Liquidationsprozeß eröffnet ist, so werden sämtliche Gläubiger hierdurch vorgeladen, sich in dem angesetzten Liquidations-Termin am 25. März 1818, vormittags um 10 Uhr, vor dem Kammergerichtsrat von Beyer zu gestellen, den Betrag und die Art ihrer Forderungen anzugeben, die vorhandenen Dokumente urschriftlich vorzulegen, und demnächst die weiter rechtliche Verhandlung zu erwarten. [...]

Berlin, den 23. Oktober 1817.

Königl. Preuß. Kammergericht

*206*

*108b. Preuß. Kammergericht. Berlin, 15. Nov. 1819*

Von dem Königlichen Kammergericht wird hierdurch attestiert, daß dem Fräulein Ulrike v. Kleist die zu den Akten legitimierten einzigen Erben des verstorbenen Heinrich von Kleist, die Geschwister von Kleist, namentlich

1. der Postmeister Major Leopold Friedrich v. Kleist zu Stolpe,
2. der Gutsbesitzer von Stojentin aus Schorin als natürlicher Vormund seiner in der Ehe mit Friedericke Juliane Christiane von Kleist erzeugten Kinder und

3. die Juliane Caroline Hedwig von Weiher geborene v. Kleist, nachdem sich die Miterbin Auguste Catharina Maximiliane v. Pannewitz geborene v. Kleist ihres Anteils daran rechtsgültig begeben hat, den gesamten Nachlaß des Heinrich v. Kleist rechtsgültig zum Eigentum abgetreten haben, und sich dieselbe auch zur Erbin in demselben erklärt hat.  206

*Aus Ulrikes späteren Jahren*

*109. Auguste v. Pannwitz, Reisetagebuch 1834/35*
24. Aug. 1834 (Gulben). Nie hätte ich geträumt, daß aus dem Luftschlosse, was wir uns mit Tanten [Ulrike] in Frankfurt aufgebaut haben, zu dem ein Artikel aus den Berliner Zeitungen, eine Beschreibung von dem reizenden Aufenthalte in Nièces die erste Veranlassung gegeben hat, jemals Ernst werden könnte. Aber wie Tante in allem originell ist, so zeigt sie sich auch hier, glücklich nur, daß sie uns diesmal mit ihrer Originalität so viel Freude bereitet.

6. Sept. 1834 (Bern). Wir gingen nach dem Essen an den Ufern des Thuner Sees spazieren, mieteten einen von den Kähnen, die dort immer für die Fremden bereit stehen, und wollten nach der Insel hinüber fahren, auf der Onkel Heinrich so lange Zeit gelebt hat. Eine alte Bauerfrau und ihr kleiner Sohn, ein Junge von ungefähr acht Jahren, waren unsere Ruderer. Wir suchten es ihnen verständlich zu machen, wohin wir wollten, und wie Tante immer möglichst klar und deutlich sein will, so sagte sie es ihnen mehremal hintereinander laut und deutlich vor, daß sie auf die *kleine* Insel wolle. [Sie werden falsch gefahren und geraten in ein Unwetter.] Tante ängstigte sich ganz entsetzlich und war wirklich mehr tot als lebendig, und wenn sie in Gefahr schwebt, so wird sie immer so entsetzlich unruhig. Sie fing an, auf die alte Frau so fürchterlich zu schreien, daß diese am ganzen Körper zitterte und weinte. Tante machte ihr begreiflich, daß wir nur aussteigen wollten [... L 85a]

30. Jan. 1835 (Nizza). Wir ließen uns aus dem cabinet de litérature den Catalogue der Bücher bringen und fanden darin

die Werke von Onkel Heinrich aufgeführt, ins Französische übersetzt von Cherbuliez [s. 285]. Tante war neugierig zu wissen, wie seine Schriften in der fremden Sprache möchten aufgefaßt sein, ließ sie kommen und den Nachmittag und Abend lasen wir seine Biographie und den Michel Kohlhaas, der recht gut und fließend wiedergegeben ist, bis auf einige Kleinigkeiten, für die der französischen Sprache die Wörter fehlen, so zum Beispiel ist der Titel »Junker« beim Junker Wenzel von Tronka mit gentilhomme übersetzt, und zwischen Junker und gentilhomme ist ein großer Unterschied der Begriffe. Die Biographie steckt voller Fehler, sowohl in den Jahreszahlen wie in den Tatsachen selbst. Der Übersetzer sagt, daß er in Paris Unterricht in der deutschen Sprache hätte geben wollen, und die Kantsche Philosophie lehren und verbreiten, an was er nie gedacht hat. Dann heißt es: sa sœur l'accompagna dans ce voyage, pour lequel il acheta une voiture, un cheval et prit un domestique qui pût en même temps lui servir de cocher, was nicht Onkel sondern Tante [war], die auch nicht ein sondern zwei Pferde gekauft hat. – In einer andern Stelle, über die Tante sehr lachte, heißt es: ce fut dans l'automne de cette même année que, malgré les représentations *plus sensées de sa sœur*, il resolut de se rendre en Suisse avec la reste de sa fortune, d'y acheter une maison, un champ, et d'y vivre et mourir comme laboureur. *Il renvoya* d'abord sa sœur à Francfort sur Mein, et partit pour Bern afin de chercher dans les environs de cette ville le séjour qu'il désiroit. – Klingt das nicht gerade, als wäre Tante wie ein überflüssiges Kraut bei ihm gewesen, die er nach seinem Gefallen bald mitgenommen, bald zurückgeschickt hat? 573

*110. Ada Pinelli geb. v. Treskow (Über Land und Meer, 1883)*

Ich spreche von unserem deutschen Dramatiker Heinrich v. Kleist, in dessen Geburtshaus zu Frankfurt a. O. ich als Kind ein und auslief. Heutigen Tages schmückt eine Gedenktafel die Fassade des in einen Gasthof (»Zum Prinzen von Preußen«) verwandelten Gebäudes, damals jedoch – in der Mitte der vierziger Jahre – war davon noch keine Rede, und dürftiglich lebte in einem Zimmer des »Prinzen« Ulrike v. Kleist, die einzige Schwester Heinrichs. Gab es doch keine Schillerstiftung oder ähnliche Institutionen zum Besten der Hinterbliebenen deutscher Schriftsteller! Zwar hatten sich die letzten Getreuen des Frühverblichenen, Tieck, von Pfuel, öfters für die wunderliche alte Jungfer verwendet; aber Ulrike war schroff, stolz, schwer zu behandeln, wodurch es dann wohl zu manchen Reibungen gekommen ist.

Mir war es entsetzlich, wenn ich von meiner guten Großmutter mit Aprikosenplinsen oder Maitrank zum »gnädigen Fräulein« geschickt wurde. [...] Denn ich fürchtete mich vor Fräulein Ulrike, sie trug eine so sonderbare Haube, die mich befremdete und an Mother Hubbard aus den englischen Märchenbüchern mahnte; außerdem hatte sie etwas Rasches, offenbar sehr Energisches in ihrem Wesen, was mich einschüchterte. Geradezu Entsetzen flößte mir der Gedanke ein, von Kleists Schwester im Französischen unterrichtet zu werden, wie es im großmütterlichen Rat beschlossen war, aber späterhin nicht zur Ausführung kam. [...]

Wie gern und ausgiebig sie über ihren tragisch geendeten Bruder sprach, dessen entsinne ich mich genau aus ihren langen Unterhaltungen mit meiner Mutter; letztere besuchte die »Kleistsche Einsiedlerin« mit Vorliebe, trotzdem sie (die Mutter) außer Goethe eigentlich keinen deutschen Poeten gelten ließ, – und gerade der Name dieses Zeus durfte vor Ulriken nicht genannt werden. [...]

Lange Zeit nachher erzählte mir dann die Mutter [...] von Ulrikes interessanten Mitteilungen, von ihren Reisen (1801) mit dem geliebten, hoffnungsreichen Bruder, den das junge Mädchen in Männerkleidern begleitete: »Rieke« fand sich nämlich zu häßlich, zu sehr aller weiblichen Anmut bar, um die Tracht ihres Geschlechts in der Fremde zu tragen; außerdem war es bequemer und ökonomischer, für Heinrichs Bruder zu gelten, – ihr kühner, männlicher Geist gefiel sich in einer solchen Metamorphose – kleideten doch die Romantiker ihre Heldinnen alle in Pagentracht! [L 60b]

Etwas unbeschreiblich Trostloses liegt in der Vorstellung, daß die letzte Begegnung der Geschwister (1811) gewissermaßen einen Bruch herbeiführte.

Erst die Tragödie am Wannsee bei Potsdam gab dem armen Heinrich in Ulrikes Augen die volle Glorie zurück, – hatte sie doch außer ihm kein menschliches Wesen so aufopfernd und gewissermaßen mütterlich geliebt, wie den Sänger der »Hermannsschlacht«.

Und sie war auch von niemand als von dem großen Romantiker geliebt und verstanden worden.

Dies gab sie einst meiner Mutter in eigenartig brüsker Weise zu verstehen:

Am Oderstrande begegneten sich beide Frauen [...]; meine Mutter, damals wunderhübsch, aber traurig aus irgendwelchen Gründen, weinte in ihr lavendelduftendes Taschentuch hinein ... Da gab ihr Ulrike einen (wohlgemeinten) Puff in die Seite, daß die ätherisch in Weiß Gekleidete beinah den steilen Damm hinabgestürzt wäre, und dazu polterte eine scheltende Stimme: »Dumme Trine, flennen Sie nicht! Sie haben das glatteste Lockengesicht wie Heinrichen seine Käthe, und alle Welt betet Sie an! Ich bin reizlos und nie angebetet worden, aber deshalb klage und pinsele ich doch nicht.« *134*

*111a. Familienüberlieferung (Zolling 1885)*

In ihrer Gegenwart durfte auch Goethes Namen nicht ausgesprochen werden; sie zürnte ihm, weil er, wie sie meinte, ihrem Bruder, dem er so leicht hätte helfen können, jede Anerkennung versagt habe. Auch auf Theodor Körner war sie sehr übel zu sprechen und immer protestierte sie bei ihren Verwandten gegen die Aufführungen von »Toni«, der »unbefugten« Dramatisierung von Kleists Erzählung »Die Verlobung von St. Domingo«. *255*

*Zollings Nachricht von den angeblichen Protesten Ulrikes gegen Körners »Toni« beruht vermutlich auf folgendem mißverstandenen Beitrag Holteis, in dem der Plagiatsprozeß Berthold Auerbachs gegen Charlotte Birch-Pfeiffer durch eine Reihe von Analogien persifliert worden war. Der Beitrag war auch in Öttingers »Charivari« vom 11.3.1848 im Nachdruck erschienen.*

*111b. Karl v. Holtei. Breslauer Zeitung, 28. Febr. 1848*

Herr Auerbach ist nicht der Einzige, welcher gegen Madame Birch-Pfeiffer klagbar geworden. [...] Die Schwester des edlen Heinrich von Kleist berichtete aus Frankfurt an der Oder, daß sie nicht gesonnen sei, zu jenem Plagiate still zu schweigen, welches Theodor Körner in seiner »Tony« an des verstorbenen Bruders »Aufstand [!] in St. Domingo« begangen, und forscht dringend nach Körners Verwandten. [...] Ein Ur-ur-ur-ur-ur-ur-ur-Enkel Plutarchs, gegenwärtig als Nachtwächter in Athen angestellt, macht den meisten Lärm. Er beschwert sich, und wie uns dünken will mit vollem Rechte, über einen gewissen William Shakespeare zu London [...]. Verwickelte Prozesse, auf deren Ausgang man in Athen, London, Paris, Edinburg, Frankfurt an der Oder, Berlin, Wien und Schirrmeisel sehr gespannt ist [...] 215

*112. Überlieferung (Wilbrandt 1863)*

Ulrike überlebte ihn lange, manches Jahrzehnt lang; in ihrem Hause in der Oderstraße blieb sie, unvermählt, ihr Alter mit der Erziehung junger Mädchen erheiternd, bis an ihren Tod – den Frankfurtern das einzige wandelnde Gedächtnis seines Lebens. Aber sie trauerte stumm und verschlossen um ihn. Auch ihren nächsten Freunden hat sie zu keiner Zeit von den Schicksalen des Bruders erzählen wollen; und so oft selbst ihr vertrautester Berater diese Saite anschlug, unterbrach sie ihn und bat: »Sprechen wir nicht von ihm, es tut meinem Herzen zu weh.« In ihren letzten Jahren verwirrte sich ihr Geist; die Wunderlichkeiten, mit denen sich schon ihre exzentrische Jugend getragen hatte, wurden im Alter starr und peinlich, und entrückten sie zuletzt völlig in eine andere Welt. 492

*113. Superintendent Christian Wilhelm Spieker an Eduard v. Bülow. Frankfurt a. O., 11. Nov. 1847*

Fräulein Ulrike v. Kleist lebt noch und befindet sich ganz wohl. Ich habe indes Ihre Bitte um Aushändigung der Briefe ihres Bruders zum diskreten Gebrauch bei der Biographie desselben persönlich sehr dringend wiederholt. Sie erklärte aber, daß sie schon einen Teil der Briefe vernichtet hätte und die noch vorhandenen vor ihrem Tode verbrennen werde, weil sie Sachen enthielten, die nur für sie, für einen dritten aber durchaus kein Interesse hätten. Dies sprach sie so fest und bestimmt aus, daß ich alle weiteren Versuche, sie Ihrem Wunsche geneigt zu machen, einstellen mußte. 575

*114. E. v. Bülow, Vorwort zu »Kleists Leben und Briefe«. 1848*

Daß meine Nachrichten nicht noch vollständiger geworden sind, verschuldet leider! die Unerbittlichkeit, mit welcher sich die natürlichste und wichtigste Quelle, jeder Mitteilung an Fremde enthält. *64*

*115. Amtsärztliches Gutachten über Ulrike v. Kleist. 1848*

Fräulein von Kleist zeigt schon bei dem ersten Anblick und einer mehr oberflächlichen Beschauung unverkennbare Spuren eines Seelenleidens. Die eigentümliche Röte des Gesichts, der außergewöhnliche stechende Blick und widernatürliche Glanz der unstet umherspringenden Augen und der krampfhaft verzogenen Gesichtszüge, die ununterbrochene Unruhe in ihren Gesten, die heftige Sprache, große Leidenschaftlichkeit und das Außersichsein bei den geringsten Veranlassungen, und die widersinnigsten Antworten, Äußerungen und Handlungen sind sprechende Beweise für obige Behauptung. Noch hervorstehender charakterisiert sich aber die momentane geistige Tätigkeit des Frl. v. Kleist, wenn man sorgfältig und tiefer auf das Gefüge und den Zusammenhang ihrer Vorstellungen und Urteile eingeht. Es findet sich dann, wenn auch nicht ein vollständiger Mangel an Empfänglichkeit und Empfindung für die Außenwelt, so doch ein falsches Auffassen dieser durch die Sinne statt, welches sie zu dem Wahne führt, die bloßen Bilder ihrer aufgeregten Einbildungskraft für Realitäten zu halten. Nach diesen Erörterungen leidet aber Frl. v. Kleist unzweifelhaft im Sinne des allg. Landrechts an Blödsinn, indem sie nicht die Fähigkeit besitzt, die Folgen ihrer Handlungen zu überlegen, und ist nicht im Stande, sich physisch selbst bestimmen zu können. *189*

*116. Superintendent Christian Wilhelm Spieker an Varnhagen, Frankfurt a. O., 14. Febr. 1849*

Die in Frankfurt an der Oder [am 5. Febr. 1849] verstorbene Ulrike von Kleist besaß ein Paket Briefe von ihrem Bruder, deren Einsehen sie den Bitten Ludwig Tiecks und Eduard von Bülows beharrlich verweigerte. Der Inhalt soll sich fast ganz auf Familienverhältnisse, Vermögensumstände und dergleichen Äußerlichkeiten beziehen. Aus seinen letzten Lebensjahren hatte das Fräulein gar keine Briefe von ihrem Bruder; sie war mit ihm entzweit. Diese Briefe sind versiegelt an ihre Universalerbin, die Tochter ihrer ältesten Schwester, Friedericke von Pannewitz zu Gulben bei Cottbus, mit dem ausdrücklichen Befehl gelangt, sie nicht mitzuteilen, sondern im Familienarchiv zu hinterlegen. *365*

### 117. *Familienüberlieferung (Zolling 1885)*

Ihr Nachlaß ging in den Besitz ihrer Universalerbin Frau von Schönfeldt, geb. von Pannwitz, über, einer rechten Nichte Heinrichs, welche nebst vielen anderen Nichten von Ulrike erzogen worden war und dieselbe in ihrer letzten Krankheit treulich gepflegt hatte. So kamen auch die später [1860] von Koberstein veröffentlichten Briefe in ihren Besitz. Mit diesem war sie damals in langer, eingehender Korrespondenz und hat im Sinne ihrer Tante *selbst genau bestimmt, was gedruckt, was verschwiegen* werden sollte. *255*

# EDITOREN UND BIOGRAPHEN

*Fouqué und Adam Müller*

*118. Caroline de la Motte Fouqué an Adam Müller in Wien. Nennhausen, 28. Nov. 1811*

Vielleicht hat Hr. Kriegsrat Beckendorf [Ludolph Beckedorff] den Plan, Kleists hinterlassene Schriften herauszugeben; wollen Sie und Ernst [v. Pfuel] dann nicht den Eingang oder das Vorwort dazu schreiben? *28. 494*

*119. Hitzig an Fouqué. Berlin, 18. Juni 1812*

Am Abend [des 16. Juni] kömmt ein junger Mensch zu mir, zieht ein Manuskript aus der Tasche und sagt mir, daß er den Auftrag habe, es mir anzubieten. Ich, ohne zu fragen, was es ist, entschuldige mich mit den schlechten Zeiten, die keine neue Unternehmung gestatten, und sehe es darum gar nicht an – als er mich bittet, es doch wenigstens in die Hand zu nehmen. Ich erfülle seinen Wunsch – und wie staune ich, als ich finde – daß das Manuskript nichts anders ist – als Heinrich Kleists verloren oder gar nicht existent geglaubter – nun vollendet vor mir liegender, *Prinz von Homburg.* Der junge Mann (ein H. von Puttkammer) erzählte mir dabei, daß Kleist dies Manuskript einer Verwandtin und Freundin (der Baronin von Kleist, hier im Hause der Frau von Berg wohnend – weiter weiß ich nichts von ihr, aber vielleicht kennst Du sie) legiert habe, um sich daran für einen Vorschuß von 200 Th., den sie ihm gemacht, zu erholen, und daß sie darum auch diese Summe als Honorar dafür begehre. Ich stellte ihm hierauf vor, wie kein Buchhändler in der Welt jetzt für ein Manuskript, das höchstens 10 Bogen füllen wird, dies geben könne – am wenigsten ich –, bat ihn aber, es mir auf einige Stunden zum Lesen zu leihen, und fand das göttlichste Gedicht, was je aus Kleists Feder hervorgegangen. Vaterländisch, kräftig, rein, ohne seine Bizarrerie, der Kurfürst, Dörfling, der Prinz, Zeichnungen von der höchsten Wahrheit – kurz, ein Werk, von dem es für Kleists Nachruhm unverantwortlich wäre, wenn es die Zeitgenossen untergehn ließen.

Dessen ungeachtet bleibt es ebenso wahr, daß bei der überspannten Honorarforderung – wenn sie auch auf die Hälfte ermäßigt wird – das Stück keinen Verleger finden kann.

Ich habe an einen Ausweg aus diesen Zweifeln gedacht, und mir ist folgendes eingefallen. Niemand in ganz Deutschland ist würdiger und berechtigter, möchte ich sagen, Kleists literar. Nachlaß den Deutschen vorzulegen als Du. Eine Skizze seines Lebens, und eine Darstellung des Wesentlichsten von seinem Ende (aus Peguilhens vortrefflicher Sammlung von Aktenstükken leicht zu liefern) würde als Einleitung zu seinem opere posthumo vortrefflich passen, die Wünsche unzähliger Menschen befriedigen, und durchaus keinen Skandal erregen, wie jeder einzeln abgedruckte Bericht über diesen Vorgang – um so weniger, da jetzt die Gemüter kühl worden und auch die Schreier auf den richtigen Standpunkt gestellt worden sind (der Beller im Morgenblatt könnte hier seine Abfertigung finden, die Cotta aufzunehmen zu feig war). Ebensowenig zweifle ich daran, daß, wenn Kleists Nachlaß, herausgegeben und mit einer Skizze seines Lebens und seines Endes *von Dir* versehen, auf Pränumeration, mit dem Bemerken angekündigt wird, »daß der Ertrag zu einem dem Dichter besonders am Herzen gelegenen Zwecke verwandt werden solle«, – sich schon aus Neugierde – bei einiger Aufmerksamkeit der Pränumerantensammler (das Stück ist übrigens in einer allerliebsten Dedikation der Prinzessin Wilhelm zugeeignet, so daß vielleicht auch bei Hofe etwas dafür geschehn könnte) sich wohl 100–200 Pränumeranten, die ein Th[aler] gäben, finden würden, wogegen man ihnen feines Papier, Vordrucke der Namen etc. zusichern könnte.

Meine Idee ist daher, daß, wenn Dir, wie mir, das Vorstehende einleuchtet, Du Dich, unter weiterer Ausführung dessen und mit Bezugnahme auf mich (da ich manches davon schon H. von Puttkammer mündlich geäußert) direkt an Frau Baronin von Kleist umgehend adressieren und sie vorläufig einmal um Kommunikation des Manuskriptes ersuchen sollest. Du kannst ihr dabei sagen, daß wenn sie damit zufrieden ist, den Ertrag der Pränumeration als Honorar anzunehmen, ich davon nichts begehrte als die Auslagen für das Papier für die Pränumerations-Exemplare, und die Kosten des Drucks *allein* tragen wollte, gegen die Vergünstigung, für mich einige 100 Exemplare auf meinem eigenen Papier abdrucken zu lassen. So könnte vielleicht ein Monument zu Ehren des Verewigten errichtet werden, ohne Schaden eines Verlegers, mit Erreichung seines Hauptzwecks, der Entschädigung seiner Verwandtin, und zur Freude aller, die an ihm und seinem Schicksal teilnehmen. Ich lege darum diese Angelegenheit freudig gerade *in Deine Hände.*

Den Brief an Frau von Kleist kannst Du, wenn Serena oder Du nicht in besonderem Verhältnisse mit ihr stehen, *mir* zur Einlage schicken.

*120. Louis Vogel an Fouqué. Undatiert*

Euer Hochwohlgeboren gebe ich mir die Ehre in den Anlagen die Verhandlungen über die beiden herrlichen Toten [gerichtlich beglaubigte Abschriften vom 12. Jan. 1812] nebst 3 darin nicht befindlichen Briefen meiner unvergeßlichen Adolphine zu überschicken. Sie werden davon den Gebrauch machen, welchen Ihnen Ihre Gefühle für Delikatesse und Achtung für die beiden Seligen gestatten. Sobald ich zurückkomme, gebe ich mir die Ehre, Sie um Zurückgabe derselben zu ersuchen.

*121. Fouqué an Hitzig. Nennhausen, 29. Juni 1812*

Verschaffe mir doch die Familie Schroffenstein, Penthesilea und Käthchen zum Lesen. Ich muß zum Behuf der Herausgabe von Heinrichs Nachlaß – die Frau von Kleist wohl ungezweifelt auf diese Bedingungen annimmt – ein ernstes Studium seiner Werke anstellen. Auf Prinzeß Wilhelm dürfen wir gewiß rechnen. Frau von Kleist ist ihr als sehr nahe Freundin unsrer verklärten Herrin [Königin Luise] bekannt, und auf Heinrichs und meine Poetenschaft gibt sie viel. Sie [Marie v. Kleist] hat sich geäußert, zu ihr zu kommen, aber nur gefürchtet, mich zu sehr zu stören. Es trifft also alles hier gut zusammen.

*122a. Hitzig an Fouqué. Berlin 1812*

*7. Juli.* Wegen der Kleistiana habe ich das Nötige bei Kralowsky bestellt; hat Dir Fr. von Kleist geantwortet?

*13. Juli.* Heute Cervantes Novellen II (mehr ist nicht zuhause in der Bibliothek) und Schroffenstein, eine reiche Dichtung. *378*

*122b. Fouqué an Hitzig. 13. Aug. 1812*

Ich schicke Dir anbei die Familie Schroffenstein zurück. Es ist doch ein gewaltiger Genius, der darinnen weht. *378*

*Die Herausgabe von Kleists Nachlaß durch Fouqué scheiterte offenbar am Einspruch der Prinzessin Wilhelm (Marianne von Hessen-Homburg).*

*123. Hitzig an Fouqué. Berlin, 13. Juli 1812*

Der Kleist-Dam [Adam Müller] ist verrückt mit Wien. Mein Gott! Wo soll da den Leuten der Sinn herkommen! *378*

*124. Überlieferung (Rahmer 1909)*

Adam Müller soll wohl Material für eine Kleistbiographie gesammelt haben (nach einer brieflichen Angabe seiner Tochter), aber nie ist ein Wort von ihm an die Öffentlichkeit gelangt [s. dagegen 23]. *365*

*125. Überlieferung (Bülow 1848)*

Es ist ebensowenig aus dem Denkmal geworden, welches Adam Müller, der noch 1812 Nachrichten dazu sammelte, den beiden Toten setzen wollte. In einem seiner Briefe spricht er davon, daß unter allen europäischen Blättern, die sich mit ihrem Tode befaßt, die Times [s. 22a] den ruhigsten und besten Originalartikel darüber gebracht haben. *64*

### *Tiecks Edition der »Hinterlassenen Schriften«*

*126. E. v. Bülow (1846, im Buch unterdrückt)*

Tieck hat übrigens das große noch nicht anerkannte Verdienst, daß er den Prinzen von Homburg vor wahrscheinlicher Vernichtung oder Vergessenheit rettete. Er wußte sich das

Manuskript, welches da, wo es sich befand, gering geschätzt wurde, im Jahr 1814 zu verschaffen, las es oft in seinen Kreisen vor, gewann ihm so Freunde, und ließ es endlich sogar drucken.

*63*

*127a. Tiecks Biographie (Köpke 1855)*
Von dem hohen Talente H. v. Kleists überzeugt, von seinem tragischen Geschicke tief erschüttert, sah er in der Erhaltung des Andenkens des halbvergessenen Dichters eine unerläßliche Pflicht. Er wollte die Nachwelt zu der Anerkennung nötigen, welche die Mitwelt verweigert hatte. Ihm verdankt man die Erhaltung von Kleists bestem Werke, des »Prinzen von Homburg«. Er erinnerte an das einzige noch vorhandene Manuskript, welches unter den Papieren einer hohen Person, die sich einst dafür interessiert hatte [Prinzessin Wilhelm], vergessen worden war. Schon 1821 gab er Kleists hinterlassene Schriften, 1826 die gesammelten Werke heraus.

*263*

*127b. Nach Tiecks Erzählung (Köpkes Aufzeichnung)*
Kleist hatte das Stück der Prinzessin Wilhelm von Preußen überreichen lassen im Manuskript. Diese läßt es liegen, eine Hofdame gibt es an Tieck ohne Wissen der Prinzessin, der es auf diese Weise rettet.

*241a*

*128. Tieck, Kritische Schriften (1848)*
Ich schmeichle mir, daß meine Bemühungen dazu beigetragen haben, ihn bekannter zu machen und seinen Ruhm mehr auszubreiten. Am meisten ist dies dadurch geschehen, daß es mir gelang, den »Prinz von Homburg« herauszugeben, der sonst vielleicht (ein sehr großer Verlust) verlorengegangen wäre.

*445*

*129. Tieck an Georg Reimer. Ziebingen, 18. März 1816*
Schon früher hört' ich, Sie hätten mit H. v. Kleists Novellen kein Glück gemacht; dieser edle und unglückliche Autor, der nach meiner Überzeugung, unter allen jungen Dichtern bei weitem der vorzüglichste ist, ist in unserer Zeit nichts weniger als erkannt, vielleicht, ja wahrscheinlich geschieht es noch. Ich

hörte, es wären noch nachgelassene Dramen von ihm, ich habe mich deshalb an seine Verwandten [?] adressiert, diese sind so gütig gewesen, mir 2 Schauspiele zur Heraugabe anzuvertrauen, die mich entzückt haben. Herrmann, ein Schauspiel, das ganz für die damalige unglückliche Lage Preußens gedichtet ist; und Prinz von Homburg, echt vaterländisch und groß. Diesem will ich nun die Fragmente aus dem Phöbus beidrukken lassen, und in einer Vorrede das Leben des Dichters (wozu mir seine Freunde und Verwandten die Materialien versprochen haben) erzählen, und kritisch seine Werke anzeigen, und ihm die Stelle anzuweisen suchen, die er nach meiner Einsicht verdient. Das Ganze wird einen Band, vielleicht 2 kleine Bändchen füllen. Ich halte es für meine Pflicht, bei Ihnen zuerst nachzufragen, ob Sie dieses Werk verlegen wollen, unter dem Titel: Nachgelassene Werke von H. v. Kleist, herausgegeben und mit einer Vorrede begleitet von L. Tieck. –

Ich selbst verlange für meine Bemühungen keine andre Belohnung, als die Freude, etwas Gutes befördert zu haben: aber die Verwandten, die nicht reich sind, die Forderungen an den Verstorbenen hatten, können wohl etwas erwarten. Möchten Sie nun für 1 Ld. [Louisdor] oder 10 Th. p. Bogen diese Schriften drucken? Antworten Sie mir hierauf bald, und im Fall Sie es wollen, ob Sie einen reinlichen, gewissenhaften Abschreiber an der Hand haben, dem man die Mscp. anvertrauen kann, wovon das eine der Prinzeß Wilhelm gehört; denn unter der Last meiner jetzigen Arbeiten möchte ich nicht selbst wieder der Abschreiber werden, wie damals mit dem größten Teil der Werke des Mahler Müller. *386a. 582a*

*130a. Ferdinand Grimm an seine Brüder Jacob und Wilhelm. Berlin, 1. Mai 1816*

Ein neues und herrliches Buch, welches noch im Sommer erscheint, nenne ich Euch in: Heinrich Kleists Nachlaß. Er besteht aus zwei Schauspielen: Die Herrmanns-Schlacht und Der Prinz von Hessen-Homburg, letzterer aus dem 7jährigen Krieg [!]. Tieck gibt das Buch mit einer Lebensbeschreibung des Verfassers heraus. Ich lese eben den ganzen Prinzen in Kleists Handschrift [?!]. Das Schauspiel ist köstlich, weiter mag ich nichts sagen, aber man findet sogleich den herrlichen Verfasser in allem, einzelnen und ganzen. Es ist lächerlich, zu glauben, Kleist habe Schiller auf irgendeine Weise nachgeahmt, wieviel größer ist er und vollkommner gegen diesen, wie allein steht er nur Goethe zur Seite, der ihn wohl mitunter ernährt, dem er aber auch nie nachgegangen ist. Nur Shakespeare hat ihn geboren, denn Käthchen und besonders die köstliche Familie Schroffenstein stehen vor uns da, wie Shakespeare selber.

Ich hoffe, daß auch ein Roman von Kleist in zwei Bänden vollendet, dem Druck bald übergeben wird, von dem ich zwar bis heute noch nichts erblickt habe, der aber auch sehr gut sein soll. *435*

*Ferdinand Grimm arbeitete im Verlag von Georg Reimer.*

*130b. Jacob Grimm an Ferdinand. Kassel, 12. Mai 1816*

Auf das angekündigte Buch aus Kleists Nachlaß freue ich mich. *435*

*130c. Jacob Grimm an Paul Wigand. 16. Mai 1816*

Diesen Sommer erscheint Heinrich *Kleists Nachlaß*, herausgegeben von *Tieck*, nebst einer Lebensbeschreibung. Ich lese sonst nur wenige Sachen aus der neuern schönen Literatur gern. *159*

*131a. Tieck an K. W. F. Solger. Ziebingen, 5. Juli 1816*

Sie vergessen doch nicht, Liebster, daß Sie mir über Kleist etwas versprochen haben? 1. den Lebenslauf, wohl von anderer Hand, 2. was mir noch wichtiger ist, etwas von Ihnen selbst, wenn es auch nur Rhapsodieen sind, über seine Schriften, seine Art zu dichten, kurz, was Ihnen einfällt und was Sie bekannt werden wünschen; ich weiß, daß Sie mir dann erlauben, es auf meine Art zu bearbeiten, es müßte denn sein, daß es Ihnen gefiele, etwas Zusammenhängendes, eine Abhandlung selbst auszuarbeiten. [...] Meine Arbeit über Kleist werde ich auf jeden Fall erst Ihrer Kritik unterwerfen, ehe ich sie drucken lasse. [...] Können Sie nicht Kleists einzelne Gedichte, die ich noch gar nicht kenne, in Berlin auftreiben? *446*

*131b. Solger an Tieck. Berlin, Juli 1816*

*6. Juli.* Sie glauben vielleicht, teuerster Freund, daß ich einen von Ihren Aufträgen, Kleist betreffend, noch nicht besorgt habe. Ich ging aber gleich in den ersten Tagen nach meiner Rückkehr von Ihnen zu Zengens, wo ich jedoch sehr ungenügende Nachricht erhielt, und zur Vervollständigung derselben an die eine Tochter, die sich in Leipzig aufhält [Wilhelmine], gewiesen wurde. Auf meine Bitte schrieben sie an diese; die Antwort war aber auch nicht viel besser, doch wurde mir darin der bekannte Obrist Rühle von Lilienstern als der bezeichnet, welcher die vollständigste Auskunft geben könnte. Dies war mir nicht unwillkommen, da ich längst die Bekanntschaft dieses Mannes gewünscht hatte, der ein Freund und Kenner der Kunst und Sammler von Kunstwerken ist. Ich bin bei ihm gewesen, und er hat mir versprochen, die Hauptsachen aus Kleists Leben kurz aufzusetzen. Außerdem hat er mir aber noch einiges gesagt, was Sie vielleicht bestimmt, mit der Herausgabe von Kleists Reliquien nicht so sehr zu eilen. Der Maler Hartmann in Dresden habe nämlich eine Abschrift von Kleists Herrmann, welche vielleicht von der andern abweiche; so besitze er, der Obrist Rühle selbst, Kleists eigentliche Originalhandschrift von der Familie Schroffenstein. [L 101a] Ich stelle nun anheim, ob Sie an Hartmann schreiben wollen, welchen Sie ja wohl kennen. Auch wäre es schön, wenn bei dieser Gelegenheit die Familie Schroffenstein, wofern sie es verdiente, in ihrer ursprünglichen Gestalt erscheinen könnte.

*28. Juli.* Was haben Sie über den Kleist beschlossen? 446

*132. Tieck an Ferdinand Hartmann. Ziebingen, 20. Sept. 1816*

Immer habe ich mit Sehnsucht nach einem freundlichen Wort von Ihnen, sowie nach den Papieren unseres Freundes Kleist ausgesehn, aber vergeblich. Sie waren so gütig gewesen, mir auf meine Bitte ein Exemplar des Herrmann, den Phöbus, nebst Bezeichnungen, welche Sachen von unserm Freunde herrühren, auch, worauf ich mich vorzüglich freue, noch einige ungedruckte Sachen dieses Verfassers zu versprechen. Die Zeit drängt jetzt, sollten Sie noch nichts abgeschickt haben, so bitte ich Sie inständigst, es jetzt durch meine Frau und Kinder zu tun, die auf ihrer Rückreise aus Böhmen binnen kurzem sich wieder ein paar Tage in Dresden aufhalten werden. Sind Sie in der Laune, vielleicht [etwas] über Kleist, Ihre Bekanntschaft mit ihm, oder dgl. aufsetzen zu wollen, so werden Sie mich um so mehr verbinden. *507*

*133a. Tieck an Solger. 7. Okt. 1816*
Noch, Bester, erinnere ich Sie auch an Kleist! Recht bald Ihre Beiträge! – Fragen Sie doch beim Obristen Ruhl [Rühle] nach, wegen der Familie Schroffenstein. Hartmann in Dresden besitzt den Herrmann nicht mehr, Kleist hatte ihm denselben geschenkt, ihm aber wieder abgeliehen, und nicht wiedergegeben. Er hat mir aber kleine Gedichte und einige prosaische patriotische Beiträge vom Jahr 1809 geschickt. Auch in allen seinen Schwächen ist der Kleist ein herrliches Gemüt. *446*

*133b. Solger an Tieck. 16. Okt. 1816*
Die Kleistsche Sache verzögre ich nicht mit meiner Schuld. Es kommt auf den Obristen Rühle an. Er soll nicht hier sein; ich gehe aber doch zu ihm, um ihn zu erinnern, und ferner bei ihm nachzufragen. *446*

*\*133c. Georg Andreas Reimer an Tieck, 24. Nov. 1816*
Den Druck der *Kleist*schen Werke kann ich nicht anfangen, bevor nicht die ganze *Sammlung* beisammen ist. Überhaupt muß ich Ihnen offen sagen, daß ich nie gern wieder etwas von Ihrer Hand zu drucken anfangen werde, bevor ich nicht im Besitz der ganzen Handschrift bin. Ich habe zu bittere Erfahrung – gewiß gegen Ihre Absicht – zu meinem größten Schaden und Verdruß hierin gehabt. Sie verlieren bei dieser Maßregel nichts, und würden daher gewiß nichts dagegen haben, noch weniger meinen Vorschlag übel deuten können. *581f*

*134. Johanna v. Haza an Tieck. 26. Nov. 1816*
Ew. Wohlgeboren bin ich von meiner Mutter [Sophie v. Haza, Gattin Adam Müllers] beauftragt, alles zu senden, was ich noch aus dem poetischen Nachlaß Heinrich von Kleists besitze. Leider besteht mein ganzer Reichtum in einer Ab-

schrift seiner Penthesilea, die ich Ihnen hiebei mit Vergnügen überschicke, da, als sie geschrieben wurde, nur einige wenige Abschriften in den Händen vertrauter Freunde davon existierten und ich, schon seit Jahren aus jedem literarischen Kreis herausgerückt, nicht weiß, ob sie schon einmal gedruckt worden ist. Ich will sie daher lieber Ew. Wohlgeboren *umsonst* schicken, als mir den Vorwurf machen, die Gelegenheit versäumt zu haben, zur Verherrlichung eines der edelsten Menschen und genialsten Dichter unsrer Zeit etwas beizutragen, der in beiden Eigenschaften so vielfältig verkannt worden, mir aber in beiden ein Hauptlehrer gewesen ist, zu der Zeit, als ich in dem interessanten Kreise aufwuchs, dessen Hauptzierde er mit war. Leider vermutet meine Mutter auch »die Geschichte seiner Seele« bei mir; bei unsrer Trennung behielt *sie* aber dieselbe und macht mir durch ihre Nachfrage sehr bange um die Wiederauffindung dieses unschätzbaren Werkes, welches wahrscheinlich in dem Getümmel der letzten Zeit verloren gegangen ist, ohne welches aber Kleists ganze Schriften nur ein Fragment bleiben dürften, wenigstens für die, welche ihn gern *ganz* kennen und würdigen, vorzüglich seinen letzten Schritt gern entschuldigen möchten. […] Sollte sich »die Geschichte seiner Seele« noch finden lassen, so wäre sie wohl am sichersten bei Herrn Obrist Rühle von Lilienstern zu suchen, für den sie ursprünglich geschrieben war. Noch hatte meine Mutter mehrere Hefte von seiner eignen Hand, »Fragmente« überschrieben. Es waren wirklich nur solche; außer der Novelle Josephe und Jeronimo und der Erzählung vom Roßkamm – (den Namen habe ich vergessen) enthielten sie nur einzelne hingeworfne Ideen und Bemerkungen, die aber größtenteils voll tiefen Sinns waren und die gleichfalls mehr zur Anschauung »seiner Seele« dienen, als seine eigentlichen Dichtungen. Auch von diesen weiß ich nicht, wo sie hingekommen, noch ob sie im Druck erschienen sind; daher *nenne* ich sie Ihnen wenigstens. Hat Ihnen meine Mutter ein Gedicht »An die Kamille« und das »An den König« geschickt, das für seinen im Frühjahr 1809 in Berlin erwarteten Einzug bestimmt war? Beides waren nur Gelegenheitsgedichte, aber wie alles von ihm doch von Bedeutung; er dichtete das erste für meine

Mutter, die sich einst über die Dichter beklagte, welche alle Blumen, nur die Kamille nicht besängen, die doch denen so heilsam sei, die, wie sie, an Krämpfen litten. Ihr und meiner kleinen Person zu Ehren wurden sie denn nebst den Vergißmeinnicht und Veilchen im Traum des Käthchens erwähnt. Das Gedicht »An den König« wäre *jetzt* als erfüllte Prophezeiung doppelt interessant. Die Sünde, die er an seinem herrlichen Robert Guiscard begangen hat, möge ihm Gott, wie die an sich selbst begangene, verzeihn! Wohl dem jüngern Dichter, dem ein alter Meistersänger ein Denkmal setzt, wie Sie ihm!

*448*

*135. Tieck an Ferdinand Hartmann. Ziebingen, 29. Nov. 1816*

Für die Mitteilung der Papiere unseres Kleist, sowie für die Bücher, sage ich Ihnen, geehrtester Mann, meinen herzlichen Dank. Haben Sie sonst etwas Neues mitzuteilen? Entschuldigen Sie meine Eil, und erhalten Sie mir ihre Freundschaft. Erfreuen Sie mich mit einem Briefe, je länger, je lieber, ich weiß die Briefe solcher Freunde zu schätzen.

*507*

*136a. Tieck an Solger. Januar 1817*

*2. Jan.:* Jetzt, Liebster, muß ich Sie auch an Ihr Versprechen wegen unsres Kleists mahnen, denn es ist nun bald die höchste Zeit, die Sache fertig zu machen: Wenn Sie doch die Güte hätten, auch bei dem H. v. Rühl[e] noch einmal nachzufragen.

*7. Jan.: Kleist! Kleist!* – Sie erinnern sich doch noch Ihres Versprechens.

*30. Jan.: Kleist,* mein Liebster! helfen Sie mir […]

*446*

*136b. Solger an Tieck. 4. Febr. 1817*

Die Sache Kleist habe ich nicht vernachlässigt, aber ich weiß nun nicht mehr, was ich mit Rühle machen soll. Er scheint nicht recht zu wollen, und da ist es mir zuwider, ihn nochmals anzugehn. Ich muß ihn also aufgeben, und meinen ganzen Anteil an der Sache, was mir sehr leid tut. Dagegen hat [Wilhelm v.] Schütz Wege gefunden, authentische Nachrichten über Kleist zu erhalten, und er wird Ihnen gewiß etwas Brauchbares verschaffen.

*446*

*137a. Tieck an Solger. 10. Febr. 1817*

Und helfen Sie mir etwas mit dem Kleist, es ist jetzt fast schon die höchste Zeit. Ich habe überhaupt in diesem Jahr viele Vorreden zu machen [...] 446

*137b. Solger an Tieck. 15. Febr. 1817*

Ich war mit Schütz in Gesellschaft, bei Frau [Marie] von Kleist, in der Kochstraße [...] Von dieser Frau von Kleist, bei der mich Schütz eingeführt, soll er Ihnen auch Nachrichten über Heinrich Kleist verschaffen, und vom Obristen Pfuel. Ich treibe ihn dazu an, und er wird Ihnen gewiß etwas mitbringen. Rechnen Sie mir es nicht zu, daß meine eignen Versuche deshalb nicht geglückt sind. Ich bin böse auf Rühle, und sage ihm aus Verdruß nichts mehr darüber. Ich würde sein Benehmen noch weniger entschuldigen, wenn ich nicht hörte, er sei so unordentlich, daß man auch in Geschäftssachen nicht mit ihm von der Stelle komme. 446

*138. Marie v. Kleist an Tieck. Berlin, 3. März 1817*

Über die Details der Herausgabe habe ich mit Schützen geredet; ohnmöglich kann ich diese Sachen gegen Sie berühren. Das wäre mir eine unleidliche Störung. Auch abschreiben kann ich diesen Brief nicht; auch das würde mich Ihnen entfremden. Ach, und leider fühle ich mich so fremd, daß es mir recht wohl tut, mich Ihnen ganz unzierlich und bequem darzustellen. 448

*139a. Tiecks Vermerk in dem von ihm benutzten Manuskript*

Vorstehende Notizen über Heinrich v. Kleists Leben sind von Wilhelm v. Schütz' Hand. 412

*139b. Ed. v. Bülow, Eintrag in seinem Handexemplar (1848)*

Alle vorstehenden Auszüge besitze ich von Wilh. v. Schütz Hand, an wen die Briefe gerichtet? an Schütz nicht, sagt Tieck.
  *Es handelt sich um Abschriften der Briefe an Marie v. Kleist.* 573

*140. Clemens Brentano an Tieck. Berlin 1816*

Herr [Friedrich] Förster [...] bat mich um meinen Rat bei einem Taschenbuch auf 1817, dessen Herausgabe die Maurersche Buchhandlung ihm anvertraut. Ich habe ihn aufgefordert, Sie um einige Beiträge zu ersuchen, und ihm mein Vorwort versprochen. [...] Frau von Kleist hat Ihnen die kleistischen Papiere übermacht, daraus ließe sich vielleicht, um das Publikum aufmerksam zu machen, schon etwas mitteilen. Kurz, sein Sie gütig, geben Sie, was Sie haben und wollen. 448

*Försters Almanach, der zu Neujahr 1818 unter dem Titel »Sängerfahrt« erschien, enthält keine Kleistschen Beiträge.*

*141. Tieck an Reimer. Frühjahr 1817*

28. Febr. 1817. Wenn Sie mir doch durch Schütz die Originale von Herrmann und dem Prinzen von Homburg von Kleist wieder könnten zukommen lassen, denn Ihre Kopien werden Sie behalten wollen, um sogleich, wie Sie meine Vorrede haben, den Druck anzufangen, und ich lese gern die Gedichte noch einmal, weil ich meinem Gedächtnis, so gut es sonst ist, nicht ganz vertraue. Auch bitte ich Schütz die Abendblätter, und die sichere Nachweisung, was darin von Kleist ist, ja mitzubringen. Keiner von allen neueren Autoren verdiente so wie dieser eine vollständig neue Ausgabe aller seiner Schriften.

14. April 1817. Meine Abreise nach England übereilt mich, und ich habe nichts als dieses [»Deutsches Theater«], und den Aufsatz als Vorrede für die Werke des Kleist fertig machen können. 447

*142. Tieck an Solger. 26. Juli 1817*

Ich werde aber bei meiner Rückkehr nur acht Tage in Berlin bleiben können, und wünsche wohl, daß Sie in dieser Zeit recht frei von Arbeiten sein möchten; auch wünsche ich, die beiden Stücke von Kleist [Prinz von Homburg und Hermannsschlacht] dann noch mit Ihnen zu [lesen]. 446

*143a. Solger an Tieck. 4. Okt. 1817*

Auch bitte ich Sie, die Vorrede zum Kleist zu beschleunigen. Dazu sollte ich nun freilich mein Scherflein geben, und doch fühle ich mich jetzt nicht recht aufgelegt dazu, und besonders deshalb, weil ich nicht recht weiß, in welcher Form ich es tun soll. Es wird mir schwer, mich hinzusetzen, um ein Urteil zu elaborieren. [263a]

Ist Ihnen dies genug, oder soll ich mich ausführlicher und bestimmter ausdrücken? Ich kann nicht ohne Wehmut Kleists Sachen lesen. *446*

*143b. Tieck an Solger. 22. Okt. 1817*
Für den Beitrag zum Kleist danke ich Ihnen von Herzen; da Ihre Laune nicht vergönnt, mehr niederzuschreiben, so sind mir diese Worte auf jeden Fall sehr erwünscht, auch erinnre ich mich noch deutlich unsers Gespräches, als ich Sie nach Frankfurt begleitete. Nur bitte ich Sie noch, was ich in Berlin, wie so manches in der Verwirrung der vielen Besuche, vergaß, mir den Kleistschen Prinzen Homburg und Herrmann recht bald zu senden, um beide noch einmal aufmerksam zu lesen. *446*

*143c. Solger an Tieck. 13. Nov. 1817*
Ich wollte [...] die Sendung, welche die Reimerschen Leute besorgen, nicht gern länger aufschieben. Sie erhalten also die Kleistschen Sachen, den Scott und meine Arbeit [...] *446*

*144a. Solger an Tieck. 7. Dez. 1817*
Wieweit sind Sie mit dem Kleist? Wissen Sie, daß Huber zuerst Kleists poetisches Talent erkannt und davon nicht unwürdig gesprochen hat? Ist es ihnen gelegen, so zitiere ich Ihnen die Stelle [s. L 98a] genauer und ziehe sie für Sie aus. *446*

*144b. Tieck an Solger. 18. Dez. 1817*
Senden Sie mir das von Huber über Kleist. *446*

*145. Tieck an Reimer. 18. Dez. 1817*
Den Aufsatz über Kleist erhalten Sie bald nach Neujahr. *447*

*146. Solger an Tieck. 4. Jan. 1818*
Kleist kommt doch zu Ostern heraus? In den kleinen Gedichten ist viel zu korrigieren. Kann ich meine Abschrift von dem Liede »Zottelbär und Pantertier« auffinden, so lege ich sie Ihnen bei. Vorzüglich wünsche ich am Schluß: »Brüder, nehmt die Büchse hoch«, die Büchse statt der Keule wiederhergestellt.
*446*

*147. Tieck an Solger. 27. April 1818*

Auf jeden Fall bringe ich Ihnen die Vorrede zum Kleist. –

446

*148a. Friedr. Heinrich v. d. Hagen an Tieck. Breslau 1818*

20. *Jan.* Auch hatte [der Breslauer Verleger] Max von einem Freunde *Kleists* vor etlichen Jahren schon das Versprechen seines Nachlasses: wollen Sie ihm denselben überlassen, so würde er ihn auch gern nehmen.

17. *März.* Besprechen Sie doch auch mit Solger die Ausgabe der *Kleistschen Werke*, weshalb ich schon an Sie beide auch für Max geschrieben. Es ist endlich Zeit, daß dieser Edelstein erkannt werde. 448

*148b. Tieck an F. H. v. d. Hagen. 24. März 1818*

In Ansehung des Kleist bin ich schon seit dritthalb [= 2½] Jahren mit der Familie des Verstorbenen und *Reimer* einig gewesen, ich such bei dieser Herausgabe für mich keinen Vorteil. Kleist hat Schulden hinterlassen, die davon bezahlt werden.

567

*149. [J. B. Pfeilschifter.] Zeitschwingen, Jena, 22. April 1818*

Marbod und Herrmann.
Eine Scene aus der *Herrmannsschlacht,*
einer Reliquie von *Heinrich von Kleist.*

Wer kennt nicht das liebliche *Käthchen von Heilbronn* und das unglückliche Ende des Dichters derselben, des gemütsreichen *Heinrich von Kleist*? Wie wir vernehmen, ist Tieck beschäftigt, des frühhingegangenen Freundes Nachlaß endlich dem Publikum mitzuteilen. Eine der herrlichsten Reliquien ist unstreitig die *Herrmannsschlacht,* die Kleist vor dem Ausbruche des Krieges 1809 bei seinem Aufenthalte in *Prag,* Deutschlands Befreiung, die er nicht mehr erlebte, schon damals hoffend, in edler Begeisterung zur Beflügelung des Volkes schrieb, die aber nie auf die Bühne gekommen ist. Wir besitzen eine von des Verblichenen Hand selbst durchkorrigierte Abschrift, und glauben, den Dank unserer Leser zu verdienen, wenn wir eine der herrlichen (wir wissen kaum zu wählen) Scenen, an

denen das ganze Schauspiel so reich ist, hier mitteilen.
[5. Akt, 20.–24. Auftritt]                  D. Herausgeber.

*386*

*150. Solger an Tieck. Berlin, 1818/19*

22. *Nov. 1818.* Freund, machen Sie doch ja, daß der Kleist bald erscheint!

12. *Mai 1819.* Wieweit ist der Kleist? O, tausend und abertausend Fragen habe ich Ihnen immer zu tun [...]    *446*

*Solger starb am 20. Oktober 1819*

*151. Tieck (Abendzeitung, 19. Dez. 1821)*

Manche Härten und Anstöße [im »Prinz von Homburg«] wären auch wohl ausgeglichen worden, wenn unser Freund Solger nicht gestorben wäre, der in der Korrektur dem Verse hie und da hätte nachhelfen können. Doch kann es nicht jeder sich unterfangen, diese männliche, edle Sprache zu korrigieren [...]    *444*

*152a. Ferdinand Grimm an seine Brüder. Berlin, 21. Jan. 1820*

Neues nicht viel: Kleist (es ist mir, als ob Dir der Prinz nicht gefallen) ist wieder liegen geblieben, und wird dagegen die Genoveva [von Tieck], wonach kein Mensch begehrt, wenig verändert, viel gestrichen, groß Oktav gedruckt.    *435*

*Ferdinand hatte seinen Brüdern die Druckbogen des »Prinz von Homburg« zugesandt.*

*152b. Wilhelm und Jacob Grimm an Ferdinand. Kassel, 27. Febr. 1820*

*Wilhelm:* Ich danke Dir für den Prinz von Homburg, das Stück hat mir viel Vergnügen gemacht, es ist sehr trefflich, aber die darauf verwendete Arbeit und Mühe fühlt man doch.

*Jacob:* Der Prinz von Homburg hat mir gefallen, doch ist es von einem Verfasser, dessen Sachen alle gut sind, nicht das wichtigste Werk. Das folgende Stück aus der Hermannischen Zeit wird mir vielleicht weniger zusagen.    *435*

*152c. Ferdinand Grimm an seine Brüder, 6. März 1820*

Ich schicke die Fortsetzung von Kleist.    *435*

*153. Tieck an seinen Bruder Friedrich. Dresden 1820*

2. *Juni*. Bei Reimer bin ich sehr in Schuld; er erhält aber gewiß in acht Tagen alles zum Kleist; sage ihm das doch, Du tust mir einen Gefallen; wir sind umgezogen, da habe ich alle Papiere, alle Briefschaften durcheinander gekramt, das hat mich aufgehalten, erst es zu verwirren, nachher noch mehr, es wieder zu ordnen. [...] Das erste, was ich fertig mache, ist die Vorrede zum Kleist, und was dazu gehört, wovon nur noch wenig fehlt.

*14. Dez.* Reimer hat mir doch die gedruckten Sachen, Herrmann und Homburg, von Kleist nicht gesandt. 447

*154. Nach Reimers Kontobuch. 1821*

|  |  | von Kleist |  |
|---|---|---|---|
| 15. Sept. | zahlte als Honorar seiner Schriften | 150 Tlr. |  |
|  | an Tieck für die Vorrede | 50 Tlr. |  |
|  | Honorar |  | 200 Tlr. |
| 3. Dez. | 1 Kleist, Schriften, Druckpapier. | – |  |
|  | ab zur Saldierung der Rechnung |  | 8 Tlr. 20 |

*Für den Saldo von 8 Tlr. 20 Gr. hatte Kleist 1810 und 1811 seine eigenen Bücher von Reimer bezogen.* 365

*\*154a. Nach Reimers Kontobuch 1814, 1816, 1821*

Kto. Tieck, in Ziebingen

| 1. Okt. 1814 | 1 Kleist Erzählungen, 2 Teile geheftet, 3 Tlr. 3 Gr. |  |
|---|---|---|
| 16. Aug. 1816 | 1 Kleist Amphytrion 20 Gr. |  |
|  | 1 Penthesilea 1 Tlr. 1 ½ Gr. |  |
| 6. Juni 1821 | 2 Kleist, Schriften, Velinpapier |  |
|  | 1 Kleist, Schriften (an F[rau] v. Kleist) | 587 |

*155. Tieck, Vorrede zu Kleists Hinterlassenen Schriften. Berlin 1821*

Von dem Verfasser, dessen Nachlaß ich dem Publikum übergebe, kann ich nur wenige Nachrichten mitteilen, da ich ihn selbst nicht viel gekannt habe und es mir nicht hat gelingen wollen, etwas Genaueres von den Umständen seines Lebens zu erfahren. [...]

Folgende Bruchstücke aus einer Korrespondenz mit einer geistreichen Verwandtin [Marie v. Kleist] sind dem Herausgeber erlaubt mitzuteilen: diese, so wenig bedeutend sie an für sich selbst sein mögen, veranlassen vielleicht andere Freunde, merkwürdige Briefe oder Aufsätze, welche sie noch in Händen haben mögen, in Zukunft bekanntzumachen, so wie auch die obige kurze und ungenügende Nachricht von seinem Leben nur ein Aufruf an seine Freunde sein kann, dem zu früh Abgeschiedenen ein würdigeres Denkmal zu setzen [...]

Kurz vor seinem Tode hat er alle seine Papiere vernichtet. Ein langer Aufsatz, der die Geschichte seines Innern enthielt, soll vorzüglich interessant gewesen sein. Vielleicht besitzt einer seiner vertrauteren Freunde noch eine Abschrift, und macht in Zukunft einiges davon bekannt. [...]

Meine große Achtung, meine Vorliebe für die poetischen Hervorbringungen dieses edlen Charakters haben mich bewogen, diesen Nachlaß herauszugeben. Ich hoffe, man soll mich keiner zu großen Parteilichkeit für ihn beschuldigen, so wie die Freunde seiner Muse mich nicht anklagen werden, seinen Wert nicht anerkannt zu haben. Vielleicht gewinnt er jetzt die Teilnahme für seine Arbeiten, die er bei seinem Leben nicht finden konnte.

Wäre ich mehr unterstützt worden, so hätte ich gern umständlicher das Leben dieses trefflichen und unglücklichen Mannes erzählt, jetzt muß ich fürchten, daß selbst in dem Wenigen, das ich gegeben habe, sich manche Unrichtigkeiten finden. So wird mein Versuch hoffentlich doch die Veranlassung sein, diese zu berichtigen.

Zum Schluß füge ich noch aus einem Briefe vom 4. Oktober 1817 das Urteil eines Mannes über diese Schriften hinzu, dessen Einsicht ich immer weit über die meinige setzte; es rührt von meinem, der Literatur und der Philosophie zu früh verstorbenen *Solger* her. Er sagt in seinem Briefe: [263a]   *250*

*156. Ferdinand Grimm an seine Brüder. Undatiert*

Den Schluß werdet Ihr gern lesen, wie auch die Vorrede, doch könnte sie reicher sein und weniger flüchtig die Kritik; hübsch noch ist Solgers Brief.   *435*

*157. Ernst v. d. Malsburg an Tieck. Escheberg 1821*

7. *Juni.* und wie vergnügt werden Sie sein, daß der Kleist fertig ist, schenken Sie mir ihn nur je eher je lieber und geben Sie ihn an Hilscher zum Mitschicken.

2. *Okt.* Im letzteren Betracht gereicht es mir jedoch zum wahren Verdruß, daß ich noch immer nicht Ihren Kleist habe erlangen können, indem [Buchhändler] Krieger sein herkömmlich einziges Exemplar sofort abgesetzt und noch ein neues nicht beschafft hat. Nun weiß ich zwar, daß Sie mir das Buch, sobald ich nach Dresden komme, schenken, es fällt mir aber unmöglich, so lang zu warten, eh' ich die gewiß herrliche Vorrede kennenlerne. *448*

*158. Graf Loeben an Tieck. Laußke b. Bautzen, 4. Juli 1821*

Daß Sie die herrlichen Gedichte und die Schriften unseres Kleist sogar mit einigen Zeilen begleiteten, setzte Ihrer Freundlichkeit in meinen Augen die Krone auf. Ich habe [...] in voriger Woche selbst an Tiedge geschrieben, um Ihre Aufträge auszurichten und ihm die Übergabe des Exemplars von Kleist an Frau v. der Recke anzuempfehlen. Was ich, vorkostend, von der Fortsetzung der Vorrede zu Kleists Schriften gelesen, hat mich sehr durchdrungen, ich rechne darunter auch die Mitteilung aus Solgers Briefe. Erst kürzlich hatte ich den Kohlhaas gelesen und mehrere Bemerkungen gemacht, die ich in Ihrer Beurteilung der Kleistischen Erzählungen bestätigt fand. *448*

*159. Karl Otfried Müller an Tieck. Göttingen, 26. Nov. 1821*

Auch den von Ihnen herausgegebenen Nachlaß von Heinr. v. Kleist haben wir mit Eifer gelesen und die Libation dunkler Wehmut wie Blutstropfen auf sein Grab gesprengt. Daß sich nicht wenigstens ein Plan seines Guiscard erhalten hat! – *448*

*159a. Ludwig Robert an Rahel. Mannheim, 4. Juli 1821*

Ich habe bis jetzt nur die Vorrede von Tieck gelesen, die mir genügt, so daß ich ihm schreiben und für die Herausgabe des Werkes und Hinweisung auf das vergessene Genie herzlich

danken werde. Vom »Prinzen von Homburg« kenne ich Fragmente, die mir Kleist selbst vorgelesen; vom »Hermann und Marbod« nichts. –
*72a*

*159b. Ludwig Robert an Tieck. Karlsruhe, 22. Mai 1822*

Die Vorrede zu Kleists hinterl. Werken ist ein Meisterstück und war mir unendlich belehrend. Der arme, nicht genug zu bedauernde geniale Mensch! Ich kann mich des Gedankens nie erwehren, daß er noch leben würde, wenn er nicht ein paar Monate vor seinem Tode, um eine Kleinigkeit, aber mir großes Unrecht tuend, sich unversöhnlich von mir gewendet hätte. [L 518a] Er ist an Entmutigung und Liebebedürfnis gestorben. –
*593*

*160a. Tieck an Jean Paul. Dresden, 25. Mai 1822*

Auch Kleist lege ich bei. Ich freue mich, Sie zu umarmen.
*415a*

*160b. Chr. Sigmund Krause an Jean Paul. Bayreuth, 7. Apr. 1823*

[Krause sendet den Kleist zurück; die Hermannsschlacht hat ihm besser gefallen als der Prinz von Homburg.]
*233*

*161a. Matthäus v. Collin an Tieck. Wien, 12. Febr. 1823*

Ich bin so frei, Ihnen in der Anlage einen Abdruck meiner Rezension über die neuere dramatische Literatur zuzusenden, und bitte Sie diese Zusendung als ein Zeichen meiner Hochachtung zu betrachten. Wenn ich mich in Hinsicht des Wertes neuerer dramatischer Dichtung mit Ihnen in Opposition befinde, so ist dies infolge einer von den Aussagen der Vorrede zu Kleist verschiedenen Ansicht, die ich Sie mir zugute zu halten bitte.
*448*

*161b. Matthäus v. Collin. Jahrbücher der Literatur, Wien, Okt./Dez. 1822*

Selbst Dichter im edelsten Sinne des Wortes, erfaßt Tieck die Eigentümlichkeiten des Beurteilten in ihrer tiefsten Wesenheit mit einem Scharfblicke, wie die Kritik neuester Zeit selten aufweist. Diese zugleich mit der Lebensschilderung des zu früh hinübergegangenen Dichters verbundene beurteilende

Übersicht seiner Schriften verbreitet sich nicht nur über die hinterlassenen, sondern vorzüglich über die noch während der Lebenszeit des Dichters herausgekommenen Schriften. [...]

Zu wünschen wäre es, daß bei einer so parteilosen Würdigung der Vorzüge wie der Mängel, die sich aus Kleists Werken kund geben, und bei den wiederholten Hinweisungen auf das historische Schauspiel, als eine Gattung der dramatischen Kunst, für welche der Deutsche vorzüglich berufen scheint, die zeitgenössischen Dichter Heinrichs von Kleist und auch unserer nächsten Zeit nicht in allgemeinen Ausdrücken überhaupt zurückgewiesen, oder durch das Stillschweigen, das über sie beobachtet wird, als nicht vorhanden gleichsam verleugnet worden wären. 73

*162a. [Wilhelm v. Schütz.] Literarisches Conversations-Blatt, Leipzig, 15. Dez. 1821*

Dem angenehmen Geschäft, Schriften anzuzeigen, mit denen man einverstanden ist, konnte nicht leicht eine erfreulichere Gelegenheit geboten werden, sich zu äußern, als durch die Bekanntmachung des poetischen Nachlasses von Heinrich von Kleist und durch die Art seiner Herausgabe von L. Tieck geschehen ist. [...]

Die Lebensumstände des Dichters sind mit derjenigen Liebe zu ihm erzählt worden, welche der Darstellung derselben ein ebenso würdiges wie treffendes Gepräge geben mußten. Dies Geschäft war nicht ohne Schwierigkeiten. Denn eigensinnig, wie seine Poesie, ist auch oft das Leben des Dichters gewesen. Die Eigentümlichkeiten des einen und der andern waren miteinander verschwistert und verwebt. Sie ergänzten sich in der Beurteilung gegenseitig, und dasjenige Auge, dem Kleists poetischer Charakter sich wahrhaft enthüllt, hat hier auch einen richtigen Blick in sein Leben getan. Über den Schluß desselben zu sprechen war nicht leicht. 421b

*162b. [Wilhelm v. Schütz.] Hermes, Leipzig, Januar 1822*

Heinrich von Kleists Nachlaß konnte nicht schöner und würdiger mitgeteilt werden, als durch den Herausgeber, den er gefunden hat. Wir erhalten des verstorbenen Dichters noch ungedruckte Werke; und diese nicht nur, sondern auch, was die

Welt schon Schriftstellerisches von dem genannten Verf. besaß, ausgestattet mit einer kritischen Charakteristik von der Hand eines Autor, über dessen Blick in das Wesen der Poesie und namentlich in die dramatische längst entschieden ist. [...] Seine Vorrede, 78 Seiten stark, indem sie uns das Leben des verstorbenen Dichters erzählt, vollbringt dies auf eine solche Weise, daß durch diese Erzählung schon wir in die Eigentümlichkeit jenes Geistes eingeführt werden. Dieser Lebensbericht gibt einen Schlüssel zum vorläufigen Verständnis der Intentionen, welche Kleist sich setzte, wenn er Dramen oder Erzählungen komponierte. *421b*

*162c. Allgemeine Literatur-Zeitung. Halle, Januar 1822*

Vor allem also unseren Dank dem selbst als Dichter nach Verdienst unter uns gefeierten Herausgeber, der sich nicht damit begnügt hat, diesen Nachlaß bekannt zu machen, sondern durch seine gehaltreiche Vorrede zur richtigen Würdigung des Charakters und der Werke des Dichters einen sehr schätzenswerten Beitrag geliefert hat. [...] Auf die kritischen Urteile des Herausgebers, welche die Übersicht der einzelnen Kleistischen Werke begleiten, kann Rez. hier nur im allgemeinen aufmerksam machen. Sie sind, wie sich erwarten läßt, durchgängig mit Geist und Einsicht geschrieben, und gewähren helle Blicke in die Eigentümlichkeit des Dichters. [...]

Der Druck des Buches ist anständig, nur durch zu viele Fehler entstellt. *533*

*162d. J. H. Schnitzler. Revue encyclopédique, Paris, Okt. 1824*

Von M. Körte besitzen wir schon eine schöne Ausgabe der Werke des berühmten [Ewald!] Kleist, eines ebenso fähigen Dichters wie unerschrockenen Kriegers. Sein *Frühling* und einige andere Gedichte sind zu bekannt, um Lobreden nötig zu haben. Aber Kleist ist außerdem Verfasser zweier weniger bekannter Dramen, und der Bewunderung wert. Das eine ist *der Prinz Friedrich von Homburg*, und das andere *der Sieg des Arminius* [la Victoire d'Arminius]. Beide bieten glänzende Passagen und erweisen den Verfasser als vollkommenen Kenner des Menschen und der Kunstregeln. M. Louis Tieck, einer der fähigsten

Kritiker Deutschlands, veröffentlicht zum erstenmal diese zwei Dichtungen, denen er alle früheren des gleichen Verfassers angeschlossen hat. An den Beginn dieser schönen Huldigung zum Gedenken an den preußischen Dichter stellte er eine Vorrede von 78 Seiten, die sein Leben und eine scharfsinnige und kenntnisreiche Kritik seiner Werke enthält. [franz.]  544a

## Bis zu den »Gesammelten Schriften«

*163. Fouqué, Die drei Kleiste. Zeitung für die elegante Welt, 20.–28. Dez. 1821*

Wirklich ist es ein eignes, meines Wissens noch nicht dagewesenes Phänomenon im Garten der Poesie, daß *drei* Männer *eines* Stammes und Namens einander nicht nur fast unmittelbar als ausgezeichnete und anerkannte Dichter folgen, sondern daß auch jeder in rasch wechselnder Zeit als ein edler Repräsentant der sittlichen und ästhetischen Bildung seiner Periode angeschaut werden kann. Es sei vergönnt, diese Betrachtungen zu unternehmen, soweit die Zartheit persönlicher Verhältnisse deren Ausführung gestatten will. Ein kurzer Lebensumriß der drei Dichter möge dazu mithelfen [...]

Leichter für jetzt noch wäre Heinrichs Nachlaß zu sammeln. Doch müßte dabei mit strengerer Auswahl verfahren werden, als bei den Gedichten Ewalds und Franzens. Denn die Schwingen dieser beiden sind rein, wie Schwanengefieder, wenn Heinrichs Fittige leider manchen entstellenden Fleck der vordringenden, wohl oft als Kraft gepriesenen Sinnlichkeit seines Zeitalters tragen. Und *diese* Repräsentantenschaft soll mit Gottes Hülfe dem edlen, nun geläuterten – oder vielmehr enttäuschten Geiste nicht mit auf die Nachwelt hinübergegeben werden.

Eine interessante Zugabe dieser Kleistischen Werke würden die Abbildungen der drei Dichter geben: des männlichen ernsten Ewald, des idealschönen Franz, des kräftigen, aber nur im treuherzigen Lächeln seiner Augen anmutigen Heinrich.  124

*Fouqué, der diesen Beitrag »in den Oktobertagen vom 16. bis 20.« niederschrieb, scheint nichts von der gerade erschienenen Tieckschen Ausgabe gewußt zu haben.*

*163a. Carl v. Jariges an Stephan Schütze. Berlin, 20. Jan. 1822*

Sehr interessant ist Tiecks Vorwort zu *Kleists hinterlassenen Schriften*. Er teilt das Wenige mit das man von seinem Leben weiß, und beurteilt dann sehr treffend alle seine Stücke und Erzählungen. Er ist auch sehr für ihn und spricht mit der größten Achtung von seinem Genie. Den *Prinz von Homburg* erklärt er für sein vollendetstes Werk; wird denn der nun doch gegeben? [...] Das Stück hab ich noch nicht gelesen; ich konnte das Buch nicht mehr behalten. Du solltest Dir es anschaffen. Mit dieser Vorrede Tiecks, die Kleist so treffend charakterisiert und seine Stücke so richtig würdigt, ohne ihre Fehler zu rechtfertigen, macht einen kläglichen Kontrast Fouqués Aufsatz in der Eleganten: *die 3 Kleiste*. Wie kann nur ein Dichter, wie Fouqué doch sein will, so oberflächlich schwafeln, so in leerer Schönrednerei und immer sich wiederholenden Floskeln sich preisgeben! Er muß Tiecks Vorrede nicht gekannt haben, er erwähnt dergleichen auch nicht; sonst würde er sich gewiß geschämt haben, so altweibisch zu plappern. Tieck stichelt übrigens, wenngleich sehr dunkel, öfters auf ihn und seinesgleichen. – *574a*

*164a. Luise v. Zenge an ihre Angehörigen. Dresden, Sept. 1821*

*11. Sept.* Die Finkenstein sagte ihm [Tieck], daß ich Heinrich Kleist sehr gut gekannt hätte, da bat er mich, was ich von ihm wüßte und sagen könnte, mal in einer müßigen Stunde für ihn aufzuschreiben.

*13. Sept.* Da haben wir 1½ ganz allerliebste interessante Stunden gehabt, auch von Kleist habe ich ihm [Tieck] viel erzählen müssen. *205*

*164b. Luise v. Zenge an ihre Angehörigen. Neapel, 28. Febr. 1822*

In der Adresse an die Solger sind Nachrichten, die ich Tieck über Heinrich Kleist versprochen habe. Nun hat mich Minette gebeten, ich soll es sie erst lesen lassen, das wäre aber nun freilich weitläufig, erst nach Leipzig und dann nach Berlin zurückzuschicken. Tut was Ihr wollt. *6*

*165. Wilhelmine Krug geb. v. Zenge an Frau Henriette Solger. Leipzig, 15. April 1822*

Liebe Frau Professorin. Sie waren so gütig mir den Brief von meiner Schwester mitzuteilen, welchen ich Ihnen mit vielem Danke wieder zustelle. Ich habe diese Schilderung von meinem unglücklichen Jugendfreunde mit großem Interesse gelesen, doch finde ich, daß Luise von dem Gange seines inneren Lebens zu wenig, und von mir, zu viel gesagt hat, und, wenn man sein schreckliches Ende entschuldigen will, muß man sein unglückliches Gemüt genau gekannt haben. Meine Schwester hat mich schon längst gebeten, H. D. Tiek einige von Kleists Briefen mitzuteilen, ich konnte mich nicht dazu entschließen, da von mir so viel die Rede darin ist, doch sind diese Briefe der treueste Spiegel seiner Seele, und da ich wünsche, daß die schrecklichen Urteile, welche man nach seinem Tode über ihn fällte, durch einen Blick in sein Inneres möchten gemildert werden, so will ich mich selbst vergessen, und Ihnen einige Briefe zuschicken, welche mir die interessantesten zu sein schienen. Ich habe nicht das Glück, Sie näher zu kennen, doch habe ich durch meine Schwestern so viel Gutes von Ihnen gehört, daß ich voll Vertrauen es ihrem Zartgefühl überlasse, was Sie H. Tiek davon mitteilen wollen. [87] Haben Sie H. Tiek die Briefe mitgeteilt (aber auch *nur ihm* der das menschliche Herz versteht), so bitte ich, sie mir wieder zuzuschicken. Ich brauche wohl nicht erst zu erinnern, daß im Fall noch etwas über Kleist öffentlich gesagt würde, ich nicht wünsche genannt zu werden. Wie soll ich mich aber bei Ihnen entschuldigen daß ich Ihnen mit einem so langen Briefe und mit solchen Aufträgen beschwerlich falle, doch ich hoffe Sie nehmen meinen Brief freundlich auf, und werden meine Wünsche erfüllen. Wie sehr würde ich mich freuen wenn ich einmal das Glück hätte Sie näher kennen zu lernen, und Ihnen mündlich sagen könnte, wie sehr ich Sie hochschätze.    *256. 582a*

*166a. Amadeus Wendt an Tieck. Leipzig 1822*

25. Nov. 1822. Dann habe ich noch einen Gegenstand, über welchen Sie mir zugleich Antwort geben können. Nämlich Frau Prof. Krug hat mich gebeten, Ihnen zu schreiben, daß

unter den zurückempfangenen Papieren ein Gedicht fehle, das sie der Frau Prof. Solger mitgeteilt habe; sie bitte Sie, ihr dies womöglich gütigst zurückzuverschaffen. *447a*
29. Dez. 1822. Das Gedicht von Kleist für die Prof. Krug muß ich mir nun durch Briefpost leider ausbitten. *448*

*166b. Varnhagen. Jahrbücher f. wissensch. Kritik, Berlin, Okt. 1829*
Heinrich von Kleist erfreut uns [in A. Wendts Leipziger »Musenalmanach« für das Jahr 1830] durch herrliche Sprüche, welche mit der ihm eignen Nachhaltigkeit ein und dasselbe Thema unermüdet wiederholen. *256*
*Kleists Autorschaft für die Verse (»Nicht aus des Herzens bloßem Wunsche ...«) ist umstritten.*

*167. Wilhelmine Krug an eine Freundin in Dresden. Leipzig, 26. Aug. 1823*
Es ist eine Schwäche der weiblichen Natur, und besonders der meinigen, niemals selbständig zu werden, ich kann den Schutz, und noch weniger die Liebe anderer Menschen entbehren, ja: lachen Sie mich nicht aus, wenn ich Ihnen versichere, daß ich die erste Zeit in dem schönen Dresden recht wehmütig gestimmt war, weil alles so fremd, und gleichgültig bei mir vorüber ging, erst in Ihrem traulichen Stübchen ist mir wohl geworden und der interessante Abend bei der G[räfin] Fink[enstein] und bei Tiecks war mir eine wahre Herzstärkung! schade, daß er so kurz war, und dieser Genuß auch nicht wiederkehrte. [L 147] Wie gern möchte ich Tiecks Wunsch erfüllen und ihm noch etwas von dem Kleistschen Nachlaß mitteilen, doch, ich muß es nur bekennen, daß ich so töricht war, viele von seinen Briefen zu verbrennen. Als ich mich verheiratete, nahm ich mir vor, diese Briefe nicht wieder zu lesen, weil sie alle in der höchsten Leidenschaft geschrieben, und da ich mir selbst nicht so viel Kraft zutraute, meinem Vorsatze treu zu bleiben, verbrannte ich die Briefe, zum Glück kam meine Schwester Luise dazu, und rettete, was ich noch besitze. Einen seiner ersten poetischen Versuche *Ariadne auf Naxos* habe ich noch gefunden, und um dem H. D. Tieck zu zeigen, wie gern ich ihm gefällig sein möchte, überschicke ich dieses. Vielleicht eignet es sich in das Wendtsche Taschenbuch aufgenommen zu

werden, doch will ich darüber gar nichts entscheiden, und überlasse das ganz seinem Dafürhalten. *407. 582c*

*168. [C. Weichselbaumer.] Orpheus, Nürnberg 1824*
Zwei Rücksichten bestimmten die Redaktion, diesen freundschaftlich mitgeteilten Brief [s. L 125a] der Öffentlichkeit zu übergeben: der aus ihm ersichtliche Scharfsinn Wielands, ein Talent zu erkennen, wie sein schöner Eifer, es mit Wärme zu ermuntern [...] Zugleich verweisen wir den Leser auf *H. v. Kleists hinterlassene Schriften,* herausgegeben von L. Tieck, worin, nebst vielen interessanten Nachrichten in der Vorrede, auch ein Fragment des Guiscard befindlich ist, das ein Maßstab sein kann, ob Wieland zu viel angekündigt habe. *478*

*169. [Willibald Alexis.] Literarisches Conversations-Blatt, 6. Juli 1825*
Berlin, Mai 1825. Im literarischen Felde so wissen Sie, daß unter der Reihe von Taschenausgaben deutscher Klassiker endlich auch der alte Kleist (H. Ewald) an die Reihe gekommen ist. [...] Möchte doch, ad vocem Kleist, Reimer daran denken, uns von Heinrich von Kleist auch bald eine vollständige Ausgabe zu schenken! *3*

## Die »Gesammelten Schriften«

*\*170. Tieck an Reimer, Dresden, 20. Nov. 1826*
Ist der Kleist nun fertig? Senden Sie doch, auf bestem Papier, sogleich ein Exempl. an meinen Bruder? *591*
*Lt. Kontobuch schickt Reimer am 18. Dez. 1826 1 Exemplar »Kleists Werke Velinpapier« an Tiecks Bruder Professor (Friedrich) Tieck. 587*

*170a. Tieck, Vorrede zu Kleists Gesammelten Schriften. Berlin 1826*
Nachdem ich vor einigen Jahren den merkwürdigen Nachlaß des zu früh abgeschiedenen Dichters herausgegeben, sehe ich mich jetzt veranlaßt, indem alle seine Schriften in einer Sammlung neu abgedruckt erscheinen, auch diese mit einer Einleitung und einigen Nachrichten über sie, sowie über den Verfasser zu begleiten.

Ich kann fast nur jene Worte, die ich damals über ihn und sein Verdienst als Schriftsteller auszusprechen suchte, wiederholen. –   *251*

*170b. Jos. Frhr. v. Hormayr an Tieck. Wien, 20. Nov. 1826*
Hier [in Tiecks »Dichterleben«] und in der Vorrede zu Heinrichs von Kleist dramaturgischem Nachlaß fand ich meine eigenen Ansichten und Wünsche hinsichtlich der Nationalität der Tragödie und des historischen Drama siegend ausgesprochen.   *448*

*171. C. Eduard Albanus an Tieck. Chemnitz, 12. April 1832*
Ich glaube annehmen zu dürfen, daß Ihnen Reliquien eines Schriftstellers wie Kleist, und besonders eines Mannes, der in so naher literarischer Beziehung zu Ihnen stand, nicht ganz unangenehm, vielleicht sogar interessant sein dürften, zumal da die angefügten brieflichen Mitteilungen in eine Periode fallen, welche, indem der Dichter seinen Stand änderte und die Gelehrtenlaufbahn betrat, vielleicht die Folie zu Kleists späterem literarischen Ruhme war, – Mitteilungen, welche einen tiefen Blick in die Fühl- und Denkweise des Dichters gewähren und die Ihnen wenigstens als eine Privatergänzung zu den biographischen Umrissen, welche Sie den Schriften Kleists vorangeschickt haben, dienen können.

Die Mitteilung dieser Briefe (deren Originalia mir vor kurzem, beim Durchsehen unterschiedlicher Manuskripte, wieder aufstießen, und bei welcher Gelegenheit mir der Gedanke einkam, Ihnen Abschrift davon einzusenden) verdanke ich einem preußischen Geistlichen [Christian Ernst Martini] (jetzt Konsistorialrat), der drei Jahre lang auch mein Erzieher war. Derselbe hatte in der letzten Hälfte der 80er Jahre vorigen Jahrhunderts in Frankfurt a. O. studiert, war der Familie Kleists befreundet und wurde, nach beendeten Studien (er erhielt eine interimistische Anstellung alldort), von derselben zum Hauslehrer Heinrichs und eines Vetters desselben, eines von Pannwitz, bestimmt.

Der Lehrer genoß der Liebe und des Vertrauens seiner Zöglinge in hohem Grade, die ihm auch von seiten Kleists, wie aus beifolgenden Briefen erhellet, für spätere Zeit verblieben.

Da Sie Kleist nahe befreundet waren und mit den früheren Verhältnissen desselben ebensowohl, wie mit den späteren, gewißlich genau bekannt sind und genauer, als ich nach den – obgleich sehr ausführlichen – mündlichen Mitteilungen des vorgedachten Geistlichen: so enthalte ich mich zwar des Weitern, bitte Sie jedoch bescheidentlichst, nachfolgender Notiz – welche ich einfließen lasse, da Ihnen deren Inhalt vielleicht nicht bekannt sein dürfte – einige Aufmerksamkeit zu schenken. [L 5 a]  448. 573

*Die »Ausgewählten Schriften«*

172a. *Tieck an Reimer. Berlin 1845/46*

*21. Nov. 1845.* Wie steht es mit der besprochenen Ausgabe des Kleist? H. v. Bülow hat von mir und auswärts sehr bedeutende Beiträge zur Biographie des Dichters erhalten. Er wird sie hoffentlich bald ausarbeiten.

*Undatiert.* Über Kleist muß ich noch einmal (vielleicht morgen) eine Anfrage tun, um die Vorrede danach einzurichten.

*23. Juni 1846.* Hundert Taler habe ich vom Buchhändler Herrn Georg Reimer als Hälfte des Honorars für die Ausgabe der Kleistischen Schriften empfangen.

*23. Juni 1846.* Ich sende Ihnen hier die etwas geänderte und sehr abgekürzte Vorrede. – Senden Sie mir doch ein Exemplar des Prinzen Homburg, in welchem ein einziger Vers [*] zu ändern ist, den der brave Kleist damals wegen der Franzosen verfälschen mußte.

*9. Sept. 1846.* Wieweit ist Kleist vorgeschritten? Ich vergaß anzumerken, daß die Variante zum Zerbrochenen Krug wohl nicht brauchte wieder abgedruckt zu werden, weil sie ganz überflüssig ist. Senden Sie mir doch einige Exemplare, sobald der Druck vollendet ist. Sie boten mir an, den Rest von 100 Talern mir im Herbst zu geben? Ist es Ihnen jetzt vielleicht gelegner, so ersuche ich Sie darum.  447

* *Vers 594:* »*Gedrängt von Spaniens Tyrannenheeren*«; *Tiecks Ausgabe von 1846:* »*Gedrängt von den Tyrannenheeren Frankreichs*«!

*172b. Tieck, Vorrede zu Kleists »Ausgewählten Schriften«. Berlin 1846.*

Es ist wohl an der Zeit, die vorzüglichsten Werke unsers längst anerkannten Dichters wieder herauszugeben. Man zweifelte, ob eine neue vollständige Sammlung aller Schriften, welche 1826 erschien, sich des allgemeinen Beifalls erfreuen würde, und darum erscheinen hier die Gedichte, welche anerkannt sind, und die niemals veralten können [Käthchen, Zerbr. Krug, Homburg, Erzählungen], weil sie so sehr dem echten deutschen Sinne entsprechen, und das, was man tadeln möchte, ein Erzeugnis jener Tage ist, die den Dichter bildeten und oft verstimmten.

*173. Friedrich Hebbel. Tagebücher, 8. Jan. 1847*

Da eben eine neue Ausgabe der Werke Heinrichs von Kleist erscheint, so will ich zu allernächst durch eine Kritik derselben die Ehrenschuld jedes Deutschen gegen dieses außerordentliche, zu Tode gemarterte Genie für meine Person abtragen. – [s. auch 302a]              *181*


## Kleist-Autographen

*\*174. Rudolf v. Lützow an Graf Metternich. Kopenhagen, 15. Febr. 1813*

Bei Übernahme der Effecten und Papiere des hier verstorbenen k. k. Legationsrat und Geschäftsträgers v. Buol war ich am ersten beschäftigt, letztere zu durchsuchen und in einige Ordnung zu bringen. Ich fand bestätigt, was ich durch frühere genaue Bekanntschaft mit dem Verstorbenen schon bestimmt wußte, daß nämlich die Masse derselben nicht unbeträchtlich sein würde.

Nebst einer zahlreichen Correspondenz mit Staatsbeamten, Gesandten, Gelehrten, seinen Verwandten und Freunden fand sich auch eine Menge von Auszügen und Übersetzungen aus verschiedenen teutschen, französischen und englischen Werken, Journalen und Zeitungen; dann auch einige Manuskripte jenes durch sein tragisches Ende berühmt gewordenen *Heinrich v. Kleist*; meistens Gelegenheitsschriften, geschrieben im J. 1809 [darunter das erst 1984 von H. F. Weiss veröffentlichte Manuskript »Über die Abreise des Königs von Sachsen aus Dresden«], ohne hohen poetischen Wert und die herannahende Geisteszerrüttung des Verfassers ziemlich deutlich aussprechend.

*Lützow wird von Metternich angewiesen, Buols Effekten in Kopenhagen öffentlich versteigern zu lassen. Dabei gelangte auch das Buol gewidmete Exemplar der »Penthesilea« zum Verkauf, das später, in Kopenhagen »von der Karre« erworben, in die Hände Theodor Storms gelangte, der es dem Professor Erich Schmidt vermachte.*     *584. S. 240 ff.*

*174a. Tieck an F. A. Brockhaus. Dresden, 1. Febr. 1838*
[Tieck möchte einige Projekte mit ihm besprechen, u. a. eine Sammlung ungedruckter Briefe:] Dann noch Erläuterungen über Mahler Müller, neue Beiträge und Schriften über Heinrich Kleist.     *445a*

*174aa. Tieck an Antiquar Gräffer in Wien. Dresden, 15. Mai 1839*
[Tieck bietet in einem unveröffentlichten Schreiben Autographen von Novalis, Heinrich v. Kleist und Maler Müller an.]     *569*

*174b. Rudolf Köpke. Berlin 1862*
Unter den zahlreich angesammelten Handschriften Tiecks fand sich in der Tat eine, die aus dem Nachlasse Kleists herstammte, eine Abschrift der Penthesilea, vom Dichter durchgesehen und nicht ohne bedeutende Veränderungen einzelner Verse und Worte von seiner Hand [...] Dagegen schien sich die naheliegende Vermutung, der Herausgeber der Kleistschen Schriften werde von seinen Sammlungen mehr als dieses eine Erinnerungszeichen bewahrt haben, nicht zu bestätigen, als sich später, bei der Durchsicht eines Restes ungeordneter Papiere, noch eine Anzahl Blätter nach und nach unerwartet zusammenfanden. [...] Nur freilich waren es nicht Kleists Schriftzüge, sondern die altmodisch steife Hand eines sächsischen Schreibers [...]     *254*

*Rudolf Köpke war als Tiecks Biograph der Erbe seines literarischen Nachlasses geworden.*

*174c. Emil Kuh an Köpke. Währing bei Wien, 1. Aug. 1862*

Wird es Ihnen wirklich möglich sein, mir ungedruckte Briefe Kleists, die Sie mir in Aussicht stellten, zuzuwenden?

*264*

*174d. Karl v. Holtei (Hrg.), Briefe an Ludwig Tieck. Breslau 1864*

Vergeblich war das Suchen nach einem Blättchen von Heinrich Kleists Handschrift [in Tiecks Nachlaß]. Damit der teure *Name*, für dessen lebendigen und vollen Nachklang unser Tieck so viel getan, in diesem Buche wenigstens nicht fehle, geben wir ein Briefchen seiner Anverwandten [s. 138], welches der Schreiberin nicht weniger zur Ehre gereicht wie dem Empfänger. Von dem unglücklichsten aller *großen deutschen Dichter* kann nie zuviel geredet, sein Gedächtnis kann nicht oft genug gefeiert werden.

*448*

\**174e. Moritz Mandl. Neue freie Presse, Wien 1867*

Man darf eben jetzt noch einer äußerst interessanten Enthüllung bezüglich der Kleistschen Dichtung Penthesilea entgegensehen. Der Dichter hat einen sehr ausführlichen Verteidigungsbrief der Penthesilea an Gentz geschrieben, und vielleicht in dem nächsten Bande der von Prokesch-Osten eben besorgten Veröffentlichung des Nachlasses wird der jedenfalls von Gentz bewahrte Brief zum Vorschein kommen. Man darf demselben mit der größten Spannung entgegensehen; es wird die einzige Kundgebung eines Dichters ersten Ranges sein, welcher über seine ästhetischen Gründe für das poetische Schaffen Rechenschaft gibt. Gentz erklärte das Schreiben für so packend, und bedeutend [s. L 265b], daß dessen Erhaltung ganz unbezweifelt, die Veröffentlichung bei der sachlichen Beziehung desselben wohl gewiß ist.

*365, S. 381*

Kleists Brief an Gentz ist nicht überliefert.

*175. Autographenhändler Anton Baer an Eduard v. Simson. Frankfurt a. M., 18. Jan. 1849*

Euer Wohlgeboren habe ich die Ehre in Betreff Ihrer Anfrage wegen der Unvollständigkeit der Ihnen überschickten Manuskripte von Heinrich v. Kleist [Katechismus der Deutschen] zu erwidern, daß ich dasselbe, so wie Sie es besitzen, von Herrn Ed. v. Bülow erhalten, welcher mir auf meine derfallsige Erkundigung bemerkte, er habe den Schluß desselben, aus mehreren Blättern bestehend, noch bevor er im Besitz dieser Ihnen überschickten Blätter war, an Herrn Dr. Hauff, Bibliothekar in Stuttgart, verehrt. Da dieser Herr, wie ich zugleich vernommen, ebenfalls Autographensammler ist, so wird er auch gewiß die denselben eigene Pietät besitzen und gerne zur Herstellung der Vollständigkeit der mehrerwähnten Manuskripte beitragen.

576

*176. Bernhard Erdmannsdörffer. Preuß. Jahrbücher 1874*

In meinem Besitz befindet sich eine gleichzeitige Handschrift von Kleists »Prinz Friedrich von Homburg«, von welcher es den Freunden des Dichters vielleicht erwünscht ist, hier eine kurze Notiz zu erhalten.

Ein sauber geschriebenes Oktavbändchen von 210 Seiten. Nicht von des Dichters eigener Hand; hin und wieder finden sich einzelne Rasuren und kleine Korrekturen, die eine sorgfältige Durchsicht des Manuskriptes verraten; doch sind die Korrekturen nicht bedeutend genug, um an ihnen [...] die eigene Hand Kleists konstatieren zu können. Der rote Pappband mit goldverziertem Rücken mochte sich wohl seiner Zeit leidlich elegant ausnehmen; man vermutet sogleich ein Dedikationsexemplar. Ich fand die Handschrift vor einiger Zeit auf einer Bücherauktion in Greifswald. Über ihre Provenienz war nichts weiter festzustellen, als daß sie einem in einer preußischen Provinzialstadt kürzlich verstorbenen Gymnasiallehrer [R. Köpke?] angehört hatte, dessen Bibliothek in Greifswald zur Versteigerung kam.

103

*Das Widmungsexemplar ist heute im Besitz der Heidelberger Universitätsbibliothek.*

582a

*177. Georg Minde-Pouet (Hrsg.), H. v. Kleists Briefe. 1905*

Die auf zahlreichen an Reimer gerichteten Briefen zu findenden Rasuren haben eine recht bedenkliche Veranlassung: als vor mehreren Jahrzehnten der Autographenhandel in Aufschwung kam, entwendete ein Angestellter der Firma eine große Zahl von Geschäftsbriefen, darunter sämtliche Briefe Kleists, und radierte, um die Spur der Herkunft zu verwischen, die Adressen oder den Namen in der Anrede aus.   *256*

*178. [Monty Jacobs.] Berliner Tageblatt, 29. Okt. 1905*
[Über die Autographen-Auktion von J. A. Stargardt in Berlin, Okt. 1905:] So kam es, daß die köstlichsten Besitztümer der Meyer Cohnschen Sammlung, daß Kleists Briefe in alle Winde zerstreut wurden. Weder unsere königliche noch unsere Stadtbibliothek waren unter den Bietern. Wäre Kleist ein Württemberger oder ein Österreicher gewesen, so würden diese 48 Schreiben, darunter die Briefe an die Braut und die Abschiedszeilen aus Wannsee, irgendwo in einer Museumsvitrine vereinigt werden. Er war aber nur ein Brandenburger. Eine Tatsache, an der gestern allein die von unbequemer Konkurrenz erlösten Privathändler ihre Freude haben konnten.
*229*

*178a. Wolfgang Goetz. Deutsche Zukunft, 30. Juni 1934*
Rühmlichst ist auch der Dichter Stefan Zweig zu nennen. In der Handschrift des Zerbrochenen Krugs waren die später verworfenen Verse: »Hier in der Mitte mit der heiligen Mütze ...« von Kleist mit Siegellack angeklebt worden. Der Siegellack war noch da, aber die Verse waren, nachdem ältere Forscher, wie Brahm und Zolling, sie noch benutzt haben, plötzlich verschwunden. Ein sonderbarer Liebhaber hatte sich unzweifelhaft ihrer angenommen. Im Jubiläumsjahr 1927 tauchten denn die Verse auch in einem Antiquariatskatalog auf. Dort erwarb sie Zweig. Da nun der frühere Besitzer sein älteres Recht betonte – die Sache war unterdes ganz unnötigerweise verjährt – und Zweig die Kaufsumme anbot, schenkte der Dichter das wunderschöne Stück dem früheren Besitzer, ohne Entgelt zu nehmen. Was es für einen Autographensammler bedeutet, sich eine solche Kostbarkeit wieder vom Herzen zu reißen, vermag nur zu ermessen, wer selbst Handschriften sammelt.   *148*

*Kleists erster Biograph*

*179. Tieck, Nachschrift zu Kleists »Ausgewählten Schriften«. Berlin 1846*
Mein Freund Ed. v. Bülow wird in einer Lebensbeschreibung des Dichters ein ziemlich vollständiges Bild von Kleist entwerfen. Viele vertrauliche merkwürdige Briefe, die man mir schon vor Jahren freundlichst mitgeteilt hatte, habe ich ihm zu diesem Behuf gegeben; er selber hat noch manches aufgefunden und Schriften, mündliche Erzählungen von Freunden, Traditionen, alles zu einem Gemälde vereinigt, welches mir die Gestalt des merkwürdigen und wahrhaft unglücklichen Mannes erst deutlich vorgeführt hat. Es ist zu hoffen, daß der begabte Freund recht bald diese höchst interessante Biographie dem Drucke übergeben wird. *252*

*179a. Tieck an Eduard v. Bülow. Berlin u. Potsdam 1846*
*3. Febr.* Daß Sie von Kleist noch so manches erhalten haben, ist sehr schön, Sie haben nun zu der Biographie viele Materialien, die Sie auch hoffentlich alle gebrauchen werden.
*23. März.* Ihr Fleiß ergötzt mich. Ja, so konnte ich auch vor mehreren Jahren arbeiten. Beim Kleist haben Sie hoffentlich fast alles brauchen können, was ich Ihnen mitgeteilt habe, sonst hätte ich in meiner Sammlung diese Briefe gar gerne aufgenommen: sollten Sie manche zurückgelegt haben, so könnten Sie mir diese wohl noch übersenden.
*15. Juni.* Haben Sie Ihre Arbeit über Kleist ganz fertig?
*29. Okt.* Von Kleist hat die [Friederike] Serre gar nichts, einen ganz unbedeutenden Brief. *417*

*180. Bülow an Rühle v. Lilienstern. Stuttgart, 11. Aug. 1846*
Ihre Exzellenz waren schon wiederholt so gnädig, mir aus dem reichen Schatze Ihrer Erinnerungen und Erlebnisse Mitteilungen über Heinrich von Kleist zu machen, daß ich es hiermit noch einmal wage, Ihre Güte mit einer derartigen Frage in Anspruch zu nehmen.
Es ist mir nämlich für gewiß versichert worden, daß noch Briefe von Kleist an seine Todesgefährtin Madam Vogel vorhanden sind und ein Herr von Peguelhin dieselben mit Kleists

Biographie hat einige Jahre nach der Katastrophe herausgeben wollen; wiewohl kurz vor dem Drucke S. M. Friedrich Wilhelm III. davon gehört und die Bekanntmachung untersagt habe.

Ist es nun wohl Ihrer Exzellenz bekanntgeworden, ob dies Gerücht Wahrheit ist? Existiert ein Herr v. Peguelhin und wer, wo ist er? Gibt es noch Briefe Kleists an die Vogel und würde es möglich sein, sie zur Ansicht geliehen zu erhalten, und sie zur richtigen Darstellung des Verhältnisses diskret zu benutzen?

Ihre Exzellenz würden mich außerordentlich verpflichten, wenn es Ihre Zeit erlaubte, mir diese Fragen mit zwei Worten bald zu beantworten. Ich habe Kleists Biographie beendigt und gedenke sie mit 22 vertrauten wichtigen Briefen von ihm noch im Laufe dieses Jahres herauszugeben. *330*

*181. Bülow an Rühle. Stuttgart, 2. Dez. 1846*

Ich wage es, Ihrer Exzellenz heute abermals zu schreiben und anbei meine Lebensskizze des edeln Dichters zu überreichen. Möchten Sie die Zeit finden, dieselbe nachsichtig durchzulesen und mir vielleicht über diesen oder jenen Irrtum, der sich dabei eingeschlichen, einen Wink zu geben. Ich habe eben zu dem Ende von Berichtigungen vorgezogen, meine Arbeit vorerst in dieser Zeitschrift [Monatsblätter zur Allgemeinen Zeitung, Nov. 1846] abdrucken zu lassen; damit sie späterhin, wenn ich sie mit dem Briefwechsel zusammen als ein selbständiges Buch über Kleist veröffentliche, desto vollständiger werde.

Würde es Ihrer Exzellenz passend erscheinen, meinen Aufsatz zu geneigter Prüfung dem Herrn General von Pfuel Exzellenz vorzulegen, so verpflichten Sie mich zu dem verbindlichsten Danke. Ich würde mich sehr glücklich schätzen, von Ihrer Exzellenz einige Worte über diese Biographie zu vernehmen. *330*

*182. Eduard v. Bülow, Über H. v. Kleists Leben. Allgem. Zeitung, Nov. 1846*

Als ich diese Lebensskizze meinem verehrten Freunde Ludwig Tieck vorlas, hatte ich die Freude, ihn erklären zu hören, daß er daraus zum erstenmal eine klare, vollständige Anschauung von Kleists Leben und Seelenzuständen erhalte. *63*

*183. Bülow an Varnhagen. Stuttgart, 9. Febr. 1847*
Kleist war ein Freund Rahels, vielleicht auch der Ihrige. In Rahels Briefen fand ich leider nur eine ihn betreffende Stelle, über seinen Tod. Sollten Ew. Hochwohlgeboren aber nicht in Rahels Nachlasse oder unter Ihren Papieren noch manche literarische Reliquie des Dichters oder Angabe über ihn besitzen, die Sie geneigt oder imstande wären, mir zur Vervollständigung meiner Nachlese mitzuteilen?

Ihr außerordentliches Auffassungs- und Vorstellungstalent von Personen und Zuständen, welchem Kleists mitlebende Erscheinung notwendigerweise um so vieles klarer und fester als anderen vor Augen getreten sein muß, um eine kurze Skizze Ihrer Ansicht von dem Leben und Tode des Unglücklichen zu ersuchen, würde eine übergroße Unbescheidenheit sein.

Aber sollte es Ihnen nicht als poetische Pflicht aufzuerlegen sein, daß Sie diesem Gegenstande in einem Zeitblatte einen besonderen Aufsatz widmeten? Herrn General von Rühle habe ich bereits um gelegentliche Berichtigung etwaniger Ungenauigkeiten meiner Lebensskizze Kleists gebeten, und ich würde dergleichen auch von Ihnen mit dem verbindlichsten Danke annehmen.

Einer meiner Freunde will für bestimmt wissen, daß einige Zeit nach Kleists Tode ein Herr von Peguilhen drauf und dran gewesen sei, eine genaue Biographie des Dichters zusamt dessen Briefwechsel mit Adolfine Vogel drucken zu lassen und diese Veröffentlichung nur auf Befehl S. M. des Königs unterdrückt worden sei. Ist Ihnen etwa von dieser Sache, von dem Schicksale der fraglichen Papiere Kunde geworden? Sind die gewiß merkwürdigsten Briefe an die V[ogel] ganz zugrunde gegangen oder noch irgendwo aufbewahrt? Haben Sie keine Vermutung, wo noch eine Abschrift der »Geschichte meiner Seele« vorhanden sein könnte, unstreitig eine der wichtigsten Arbeiten und Denkmale des Kleistschen Geistes?

Ich bezweifle nicht, daß der H. General von Pfuel noch die meisten Andenken und Erinnerungen an Kleist besitzt; allein sein deshalb gegen mich ausgesprochenes *Nein* heißt jedenfalls, daß er sie nicht mitteilen will. Möchte sich sein Mund und Nachlaß in der Hinsicht wenigstens einmal der Nachwelt erschließen, die an solche Geister und Lebensläufe doch gewiß das gerechteste Verlangen nach Denkwürdigkeiten stellen darf.

*355*

*184. Varnhagen an Bülow. Berlin, 20. Febr. 1847*
Leider sind es nur wenige Angaben, die ich darbringen kann. Als ich Ihren Aufsatz in den Monatsblättern las, wollte ich mir durch Randbemerkungen einiges Unbestimmte näher feststellen, einige Lücken ausfüllen; aber ich fand bald meine Hülfsmittel zu gering, meine Erinnerung zu schwankend. Ich war zwar mit Kleist innig befreundet, aber unser Zusammensein von kurzer Dauer, und seine Lebensumstände habe ich nicht durch ihn selbst, sondern nach seinem Tode durch seine Freunde Adam Müller, Rühle von Lilienstern und Pfuel erfahren. Der erstere ist tot, und nicht bei ihm allein beklag ich, die früheren Gelegenheiten persönlicher Mitteilung nicht besser benutzt zu haben. Mit Rühle stehen Sie in Verbindung, und sind gewiß schon im Besitze der Berichtigungen und Zusätze, die er zu geben vermag; daß ein großer Teil seiner Papiere, und darunter vieles Kleistische, ihm zugrunde gegangen, wissen Sie auch. Wenn Pfuel Ihnen schreibt, daß er nichts für Ihren Zweck habe, so ist das gewiß richtig; sogar mündlich ihm jetzt etwas abzufragen, möchte schwierig sein. Was noch von Kleists Handschriften und Briefen irgendwo bewahrt liegen mag, wird gewiß nicht an den Tag zu bringen sein, da hinsichtlich solcher Mitteilungen eine scheue Stimmung herrscht, und die Personen, auf welche hiebei die nächste Vermutung zu richten wäre, gar nicht zugänglich sind. In Rahels Nachlaß fand ich nur ein paar Blättchen, die der Zufall erhalten hat, das eine [vom 24. Okt. 1811] steht im Bd. 1, S. 577 [Rahel. Buch des Andenkens. 1834], gedruckt, und ist wohl aufbewahrenswert. Aus meinem Verkehr mit Kleist ist nur ein Stammbuchblatt und ein Billet übrig, jenes steht in meinen Denkwürdigkeiten, und ist vom 11. August 1804 [s. L 132], wodurch ein festes Datum für den damaligen Aufenthalt in Berlin gegeben ist, der in Ihrem Aufsatze gar nicht erwähnt ist. Ich reiste bald darauf nach Hamburg, und verlor Kleist aus dem Gesicht. Erst im Herbst 1808 fand ich ihn zu Dresden wieder, damals mit Adam Müller verbündet zur Herausgabe des Phöbus.

Daß Ihnen Ihr Aufsatz nur als ein vorläufiger gilt und er zum Buch erweitert wiedererscheinen soll, freut mich ungemein. Beleben Sie ihn zuvörderst durch Nennung aller Namen, die ja ohnehin alle nur in ehrenhafter Weise vorkommen werden; das Zurückhalten und Verstecken hinter Anfangsbuchstaben ist ungemein mißbehaglich für den Leser. Sodann geben Sie mehr Bild und Gestalt der Nebenpersonen. Ich begreife, daß über die noch Lebenden nicht gut gesprochen werden kann, aber von Adam Müller sollte ausführlicher geredet werden, vom Grafen zur Lippe wenigstens das gesagt werden, was ich über ihn mitgeteilt, auch darf Brockes nicht mehr »ein gewisser« heißen. [L 43]

Hrn. von Peguilhen habe ich noch im Jahre 1815 gesehen, dann aber nichts mehr gehört. Er war sehr begeistert und tateifrig für alles, was er verehren zu müssen glaubte.

Adam Müller hat meines Erachtens nur schlimm auf Kleist eingewirkt [L 446d]. Mad. Vogel aber war eine alte Liebschaft Müllers, die er für Mad. Sander aufgegeben hatte, und die, nachdem sein Freund und Nachfolger Franz Theremin dieselben Wege gegangen war, nun doch wieder mit Müller anknüpfen wollte, der jedoch lieber Kleist vorschob! – Von diesen Dingen darf indes nicht öffentlich gesprochen werden, die noch lebende Tochter der Mad. Vogel und die Kinder Theremins würden von solcher Erwähnung zu sehr verletzt sein –

Ich weiß von dem Arzte der Mad. Vogel, dem berühmten Joh. Benj. Erhard, daß sie nicht – wie man gesagt hatte – am Mutterkrebs litt, wohl aber durch andre Leiden weiblicher Art heimgesucht war, so daß der Mann sich ihr schon längere Zeit entzogen hatte, und schon aus diesem Grunde überzeugt war, daß ihr Verhältnis mit Kleist kein sinnliches gewesen. Ich glaube dies schon deshalb, weil ein sinnliches den Selbstmord unter den vorhandenen Umständen unmöglich gemacht hätte. –

Die beiden anliegenden Blättchen, die ich mir gelegentlich zurückerbitte, geben Zeugnis, in welche Überspannung das unerwartete Ereignis des Doppeltodes den Hrn. von Peguilhen versetzt und wunderbar auch den verwaisten Gatten fortgerissen hatte. Sie sehen daraus auch, daß keine eigentliche Biographie, sondern nur eine kurze Denkschrift beabsichtigt war, die schon binnen wenigen Wochen erscheinen sollte. –

Dies ist alles, was ich für den Augenblick mitteilen kann. Ich werde mich aber möglichst umtun nach mehrerem, und würde eine wahre Befriedigung empfinden, Ihrem Vorhaben nützlich zu werden. — Ich darf nicht daran denken, selber noch etwas über Kleist zu schreiben, am wenigsten jetzt, da die Sache schon in guten Händen ist. *355*

*185. Bülow an Varnhagen. 15. März 1847*
Ich sage Ihnen meinen aufrichtigsten Dank für alles, was Sie mir über Kleist mitzuteilen die Güte haben, und fühle mich Ihnen noch mehr durch die Zusicherung verpflichtet, sich gelegentlich nach weiterer Auskunft über meine Ungewißheiten bemühen zu wollen! Die beiden Blätter lege ich zu Ihrer Bedienung wieder hier bei.

Besonders wichtig und erfreulich ist es mir, daß Sie als Augenzeuge meinem Urteil über Müllers ungünstigen Einfluß auf Kleist so sehr beistimmen. Meine schwachen Umrisse werden durch Ihre Nachhülfe und Drucker also erst zur Zeichnung; ja, die Zeichnung erhält durch Ihre Anmerkungen eine Spur von Färbung, nach welcher sich in der Folge vielleicht sogar ein Gemälde komponieren ließe. Von Brockes würde ich sehr gern mehr sagen; allein wer weiß hier von ihm! Lippe höre ich in Bezug auf Kleist von Ihnen zum erstenmale nennen. Ihre Rüge, der Namen halb, ist auch in meinem Gefühl begründet; nur gebietet mir selbst die Schonung des Egoismus, annoch manches zu verschweigen, was späterhin keinen Anstoß mehr gibt. Herr von Rühle hat mir leider noch nicht auf meine Fragen geantwortet; ich vermute ihn leidend. Können Sie, wenn es nicht mehr der Fall ist, da was für mich tun, so bin ich Ihnen sehr dankbar! Ich bin überzeugt, seine Randglossen würden an meinem Aufsatz mancherlei berichtigen. *355*

*Weiter schreibt Bülow, daß er nach den »Berliner Abendblättern« vergeblich auf allen Bibliotheken geforscht habe.*

*186. Varnhagen. Tagebücher, Berlin, 16. Juli 1848*
Abends bei *, wo Eduard von Bülow; er sprach ungemein freisinnig, geht gutes Mutes auf alles Revolutionäre ein, macht sich keine Täuschung, verficht nichts Vorgefaßtes. Er sprach

von Ludwig Tieck, der in Sanssouci viel beim König ist, von Heinrich von Kleist etc. *459*

*187. E. v. Bülow, Vorwort zu Kleists Leben und Briefe«. Berlin 1848*

Meine Liebe und Teilnahme für Kleist, als Mensch und Dichter, hatten mir auch schon lange das Bedürfnis an das Herz gelegt, nach den genaueren Umständen seines unglücklichen Lebens zu forschen. Ich war, nach und nach, so glücklich, von mehreren Seiten her dasjenige mitgeteilt zu erhalten, was ich hiermit dem Publikum vorlege, nachdem es die Monatsblätter der Augsburger Allgemeinen Zeitung schon gegen Ende des Jahres 1846 im Auszuge abgedruckt hatten. [114]

Die Hauptquellen meiner Nachrichten waren zunächst der General-Lieutenant Rühle von Lilienstern und dessen Gemahlin – beide im vergangenen Jahre vom Tode ereilt –, welche mit dem Herrn von Pfuel, kommandierendem Generale in Westphalen, zu Kleists vertrautesten Freunden gehört hatten. Dann die beiden verehrungswürdigen Frauen, deren die Briefe vorzugsweise gedenken [Wilhelmine und Luise v. Zenge], und endlich, in betreff der näheren Umstände vom Tode Kleists, Henriettens Familie. […]

Sein Freund Rühle besaß zwar manche [von Kleists ungedruckten Papieren] in Doppelmanuskripten; während seiner Abwesenheit in den Freiheitskriegen verschwanden sie jedoch aus seiner Wohnung in Berlin, um, wahrscheinlich zufolge eines Mißverständnisses, ebenfalls verbrannt zu werden. *64*

## Der Literarhistoriker und seine Kritiker

*188. Julian Schmidt, Einleitung zu H. v. Kleists »Gesammelten Schriften«. Berlin 1859*

Es ist für die ästhetische Bildung der zunächst folgenden Generation kein günstiges Zeugnis, daß es dreiunddreißig Jahre gedauert hat, bevor diese Dramen eines deutschen Dichters, die an künstlerischer Vollendung nur hinter Schiller und Goethe zurückbleiben, der dramatischen Anlage nach aber wenigstens ihnen ebenbürtig sind, eine zweite Auflage erleben. […]

Dem gegenwärtigen Herausgeber kam es darauf an, aus dem vorhandenen Material, durch einige wertvolle Beiträge namentlich für die spätere Periode des Dichters vermehrt, ein soweit als möglich organisch zusammenhängendes Lebensbild zustande zu bringen. Er hofft den ursprünglichen Entwurf aus den »Grenzboten« von 1849, dessen letzte Redaktion in der »Geschichte der deutschen Literatur seit Lessings Tod«, vierte Auflage 1858, zu finden ist, in dem ihm hier verstatteten Raum nicht bloß gründlicher und zusammenhängender, sondern auch anschaulicher ausgeführt zu haben. *253*

*189. Nietzsche. Tagebuch, Pforta, 7. Aug. 1859*
Mein [fünfzehnter] Geburtstag ist nun in wenigen Monaten; ich bin noch nicht einig, was ich mir wünschen werde. Entweder Gaudys, Kleists Werke oder Tristram Shandi von Sterne.
*351*

*190. Johannes Brahms an Clara Schumann. Hamburg, 14. April 1860*
Beifolgender »Kleist« liegt hier lange für Dich, ich hatte gehofft, ihn mitzugeben oder mitzunehmen. Nimm ihn nach England mit, wenn er Dir nicht bekannt ist, er wird Dich deutsche Luft atmen lassen. *414*

*191a. [Emil Kuh.] Stimmen der Zeit. Sept. 1859*
Julian Schmidt, der Apostel Boz Dickens, der Bewunderer G. Freytags, der Nicolai unserer Tage, der große Kritiker, der Goethe den subjektiven und Schiller den objektiven Dichter nannte, derselbe Mann wurde dazu auserkoren, Heinrich von Kleists gesammelte Schriften, die eben in einer neuen Auflage erscheinen, zu revidieren, zu ergänzen und mit einer biographischen Einleitung zu versehen. Eine unzartere Hand hätte Kleist kaum anfassen und ein gerade zur Charakterisierung solcher Dichternaturen weniger geeigneter Ästhetiker sich kaum einfinden können. Ich will diese herbe Behauptung zu beweisen suchen. [...]
Julian Schmidt war am wenigsten dazu berufen, einen Dichter wie Kleist dem größeren Publikum näher zu bringen, denn es gebricht ihm an innerstem Verständnis der Poesie und an

Pietät. Welche Roheit, vom übrigen abgesehen, mit Ausdrücken wie »katholischer Hautgout«, »Geheimnisse eines Irrenhauses«, »Mißgeburt« u. dergl. um sich zu werfen, wenn man für eine merkwürdige, ungewöhnlich bedeutende und ungewöhnlich gemischte Dichternatur in weiteren Kreisen Teilnahme erwekken will! *273*

*191b. Hieronymus Lorm. Österr. Wochenschrift 1863*
Da fiel es einmal dem oft zitierten Bücherschicksal ein, die Ironie der Romantiker nachzuahmen. Es begab sich nämlich, daß eine neue Ausgabe der von Tieck herausgegebenen Schriften Kleists, des Dichters von eminentem Individualismus, gerade von Julian Schmidt, dem Scharfrichter des Individualismus, dem Fanatiker des gesunden Menschenverstandes, veranstaltet wurde. Es schien, das schauerliche Verhängnis, welches Kleist von Stufe zu Stufe in dir Gruft hinabgedrängt hatte, wäre noch fünfzig Jahre nach seinem Tode nicht versöhnt gewesen, sondern hätte sich jetzt abermals der Werke des Unglücklichen bemächtigt, um auch diese dem sicheren Untergang zu weihen.

Denn die bisherige Nichtbeachtung im großen und ganzen konnte ihnen nicht so verderblich werden, wie eine falsche und schiefe Aufstellung, wie eine Beleuchtung von Seite des moralisierenden Rationalismus. Der Prophet des gesunden Menschenverstandes beginnt natürlich mit der Hervorhebung des »ungesunden« Elementes in Kleist und endet damit, dem Tod des Unglücklichen eine widerwärtige Phrase zu spenden. Was er an dem Dichter preist, ist das, was Schmidt von jeher das »Realistische« nannte, also das Plastische, ohne daß er für den Zusammenhang desselben mit den subjektiven Prozessen Kleists das umfassende Verständnis hätte [...]

Indessen blieb der direkte Widerspruch gegen Julian Schmidts einseitige und rechthaberische Auffassung auch nicht länger ein wortloses Geheimnis der Gebildeten. In den »Stimmen der Zeit« deckte Emil Kuh die Blößen auf, die sich »der Nicolai unserer Tage« [...] mit der Einleitung zu Kleists Werken gegeben hatte. [...] Mit Tatsachen rückte gegen Julian Schmidt die Schrift von Reinhold Köhler vor, welche die Lesarten der

Kleistschen Originalausgaben verteidigt, und die Beschuldigungen, welche dabei auf Julian Schmidt gehäuft werden, dessen »Verbesserungen« aus Dünkel und Mißverstand hervorgegangene Verunstaltungen sind, sollten wohl eine neue und korrekte Ausgabe der Werke von Heinrich v. Kleist veranlassen können.

*294*

*192. Reinhold Köhler, Zu H. v. Kleists Werken. Weimar 1862*

Für einen neuen, die Tiecksche Ausgabe »revidierenden« Herausgeber, der natürlich durch genaue Vergleichung das Verhältnis derselben zu den Originalausgaben, wie ich es eben dargestellt habe, kennen mußte, war es die Hauptaufgabe, alle die unnötigen Änderungen zu beseitigen und zu den ursprünglichen Lesarten zurückzukehren. Julian Schmidt aber, der neuste Herausgeber Kleists, hat sich jene allerdings mühevolle durchgängige Vergleichung erspart. [...] Außerdem hat er selbst eine Menge eigenmächtiger Änderungen vorgenommen, die teils überflüssig, teils entschieden falsch sind und den Text entstellen.

*262*

### Treitschke über drei Kleist-Editionen

*193. Heinrich v. Treitschke. Literar. Zentralblatt, 26. Jan. 1860*

Kleist, H. v., Briefe an seine Schwester Ulrike, Hrsg. von Dr. A. Koberstein. Berlin 1860.

Diese Briefe werfen auf vieles, was die lückenhaften Publikationen von Tieck und Bülow im Dunkeln gelassen, helles Licht und gewähren einen erschütternden Einblick in die Kämpfe einer reichbegabten, schwer geprüften Menschenseele. [...] Und wie in seinen Gedichten einzelne Metaphern und Redewendungen immer wiederkehren, so wiederholen sich in diesen Briefen einzelne Gedanken, die er mit denselben Worten jahrelang vorher oder nachher an seine Braut geschrieben. Dazwischen überkommen ihn offenbare Anfälle von Geistesstörung; von einem solchen gibt der furchtbare Brief [vom 26. Okt. 1803] Kunde, welcher der Sammlung im Faksimile beiliegt.

*449*

*194. H. v. Treitschke. Literar. Zentralblatt, 4. Jan. 1862*

Raumer, Friedrich v., Lebenserinnerungen und Briefwechsel. 2 Tle. Leipzig 1861.

Trotz seiner Gutmütigkeit läßt der Erzähler hier einige berühmte Namen in ein grelles, keineswegs vorteilhaftes Licht treten [...] So Adam Müller, der hier wie überall als der erbärmlichste der Intriganten erscheint. So leider auch Heinrich Kleist, dessen vielbesprochener Streit mit Raumer durch die Briefe beider erläutert wird; sie offenbaren nur zu klar des Dichters unbeständigen, unselbständigen Charakter. *449*

*195. H. v. Treitschke. Literar. Zentralblatt, 10. Mai 1862*

Kleist, H. v., Politische Schriften und andere Nachträge zu seinen Werken. M. e. Einleitung z. erst. Mal hrsg. v. Rud. Köpke, Berlin 1862.

Bei dem Dunkel, das Kleists Leben noch immer umhüllt, müssen wir auch die Herausgabe dieser seiner kleinen, längst vergessenen und nie lebhaft beachteten Aufsätze (zumeist aus den Zeitschriften »Phöbus«, Dresden 1808, und »Berliner Abendblätter« 1810) dankbar hinnehmen. In den politischen Aufsätzen finden wir den Geist der Hermannsschlacht und der patriotischen Gedichte getreulich wieder, oft sogar die Worte. Wohl durfte Kleist seinen dialogischen Katechismus der Deutschen »nach dem Spanischen abgefaßt« nennen; denn nicht mehr deutsch, sondern spanisch ist die Wildheit des Hasses wider die fremden Dränger, den er hier in den naiven Reden eines Kindes sich aussprechen läßt. Am meisten bezeichnend für den Mann sind die politischen Satiren, die Briefe eines rheinbündischen Offiziers und eines märkischen Landfräuleins, voll schneidenden Hohns und entsetzlicher Bitterkeit. Unter den Anekdoten und Erzählungen verraten einige durch rohen Zynismus und packende dramatische Kraft den Verfasser sogleich; daneben stehen fremd und unerfreulich krasse Trivialitäten und Wachtstubengeschichten, welche nur darum einiges Interesse erregen, weil sie deutlich zeigen, daß Kleist im Herzen sein Lebtag preußischer Offizier der alten Schule blieb. Im Ganzen hinterläßt das Buch einen traurigen, fast unheimlichen Eindruck. Auf eine Stelle in der Literatur haben die flüchtigen Aufsätze keinen Anspruch; der Charakter des Dichters aber enthüllt sich uns hier noch nackter sogar als in den von Koberstein herausgegebenen Briefen Kleists an seine Schwester; eine unvergleichliche Energie des Vorstellungsvermögens, ein antiker Ernst der patriotischen Empfindung neben sehr mangelhafter politischer Einsicht, haltungsloser Leidenschaft und unseliger Verbitterung. –   *449*

*196. H. v. Treitschke an seinen Vater. Leipzig, 17. Febr. 1862*

Zur Lektüre weiß ich Euch nichts zu empfehlen, denn ich lese augenblicklich nur Pflichtsachen – darunter neulich auch die vergessenen jetzt neu gedruckten Politischen Schriften von H. v. Kleist. Ein unheimliches Buch, die bare Verrücktheit neben dem Größten und Erhabensten. Ich ärgere mich doch daß ich Johanna [Treitschkes Schwester] seine Werke geschenkt: eine Frau kann diesen wilden Menschen nimmermehr lieben.

*451*

*197. Rudolf Köpke, H. v. Kleists Politische Schriften. 1862*

  Friedrich von Raumer [...] in aufrichtiger Verehrung
    gewidmet von dem Herausgeber.

Für diesen Zweck [als Zeichen der Verehrung für Raumer] schienen mir diese Blätter vornehmlich geeignet. Denn sie sind ein Erbstück aus dem Nachlasse des Dichters, in dessen Verehrung und Liebe wir, wie verschieden an Lebensalter und Stellung, einander zuerst freundschaftlich begegnet sind [...] Es irrt mich nicht, daß die Berührungen zwischen Ihnen, dem Staatsmanne, und dem Dichter nicht freundlicher Art gewesen sind. Persönlich unangenehme Erfahrungen haben Sie niemals gehindert gerecht zu sein, und Sie haben darum weder dem Menschen Ihre Teilnahme noch dem Dichter Ihre Anerkennung versagt.   *254*

*198a. Friedrich v. Üchtritz an R. Köpke. Görlitz, 27. Dez. 1865*

Ich habe mich nämlich selten von einer Lektüre in solchem Grade in Anspruch genommen, ergriffen und bewältigt wie von dieser gefunden. Zunächst war es, nachdem ich Ihre einleitenden kritischen Erörterungen mit Interesse und hoher Anerkennung

Ihres gründlich eindringenden Studiums des Kleistschen Stils gelesen, Ihre ergreifende Schilderung der in Kleist durcheinander gährenden, sich gegenseitig aufreibenden und zur Zerstörung ihres Besitzers hinwirkenden Mächte, der innern Spaltungen, des wechselnden erfolglosen Ringens nach Befriedigung, der Tantalusqualen des so reich und doch so unheilsvoll ausgestatteten Mannes, was mich tiefer und tiefer anzog und fesselte. Und darauf der Eindruck der Aufsätze selber, bei denen es nach der Wirkung, die sie auf mich gehabt, kaum eines andern Zeugnisses, als des aus dem Stile und dem innern Charakter zu entnehmenden bedarf, um sie über allen Zweifel hinaus für von Kleist herrührend zu halten. Ebenso wenig scheint mir ihr hoher Wert an sich dem geringsten Zweifel unterliegen zu können. Vor allem gehören die politischen Aufsätze zu dem Markigsten, was wohl die Literatur irgend eines Volkes an nachdrücklichen Zeugnissen eines schroffen heroischen Todesmutes im gerechten Hasse eines des Hasses würdigen Joches und in unbedingter Hingebung an das Vaterland zu dessen Rettung aus Not und Knechtschaft aufweisen kann. Unter den sonst mitgeteilten Nachträgen ist allerdings manches unerfreulich, mißtönig und grell; aber auch hier fehlt es nicht an Vortrefflichem und Bedeutendem, und auch die Grellheit trägt den unverkennbaren Stempel des Kleistschen Geistes. *455*

*198b. R. Köpke an Fr. v. Üchtritz. Berlin, 27. März 1866*

Unter diesen Umständen werden Sie ermessen, wie sehr erfreulich Ihre teilnehmenden Worte über meine Kleistblätter mir auch jetzt noch gewesen sind, besonders da ich hier dieselbe Erfahrung gemacht habe. Julian Schmidt, der ja zugleich der buchhändlerische Herausgeber der Kleistschen Werke ist, fertigte damals in seiner Zeitung mein Buch in drei Zeilen mit der Bemerkung ab, es sei eine Nachlese aus den Abendblättern, und wieviel davon Kleist in der Tat gehöre, sei sehr zweifelhaft; daß die Hauptsache aus bisher unbekannten Papieren Kleists entlehnt sei, verschwieg er. Der neuste geistvolle Biograph Kleists, Wilbrandt, den ich persönlich nicht kannte, kommt zu mir, liest mir allerlei ab, was er sonst nicht mit Augen gesehen hatte, um mich hinterher in seinem Buche unnützer Weise zu korrigieren. Mein trefflicher Kollege Gosche in Halle endlich, der kein Literat sondern Professor der Orientalia ist, erklärt in seinem Literarhistorischen Taschenbuch für 66 die Schmidtsche Ausgabe für vollständig, und dreht und wendet sich hin und her, um mein Buch nicht erwähnen zu müssen, während er es in Händen hat! Ich will nicht in Abrede stellen, daß solche Erfahrungen, an denen es mir auch im Kreise der Fachwissenschaft leider nicht fehlt, und deren Quelle mir immer noch nicht ganz klar ist, mich allgemach in eine Stimmung des heimlichen Ingrimms versetzt haben, die sich dann gelegentlich auch in solchen Philippiken Luft macht, wie Sie eine haben anhören müssen und mit besänftigender Nachsicht aufgenommen haben. Doch um bei Kleist zunächst stehen zu bleiben, noch ein Wort über Ihre so höchst interessante und überraschende Anfrage wegen der von ihm beabsichtigten oder schon begonnenen Tragödie Titus vor Jerusalem. [L. 503c] *455*

## *Wilbrandt schreibt eine Kleist-Monographie*

*199. Adolf Wilbrandt, Aus der Werdezeit (Stuttgart 1907)*

Als ich die Süddeutsche Zeitung und München verließ, erschien mir gleichsam als die nächste Pflicht, ein Kleist-Herold zu werden und die bei Sybel gelernte historisch kritische Methode an einer Biographie dieses vernachlässigten Dichters zu bewähren. Nach ausruhendem Aufenthalt in der Heimat ging ich [1862] nach Berlin, in des preußischen Dichters Luft und Land, und stürzte mich in die Vorarbeiten, die ich zu durchschreiten hatte, um mein Kleistbuch zu schreiben [...], verbrachte ein paar Tage in Kleists Geburtsstadt, Frankfurt an der Oder, suchte seine Todes- und Ruhestätte am Wannsee auf und den einzigen noch lebenden Freund des Dichters, den dreiundachtzigjährigen General Ernst von Pfuel, der in Berlin einsam hauste und vier Jahre später starb. Der alte Herr empfing den wißbegierigen jungen Schriftsteller mit beinahe herzlicher Freundlichkeit, in junggesellenhafter Verwahrlosung, ohne Rock, in einer Art von Kamisol und ungefähr wie eben aus dem Bett gestiegen. Sein verwitterter Kopf lebte aber bei meinen Fragen warm und wärmer auf; er verjüngte sich an den Erinnerungen aus so ferner Zeit, die er mit erstaunlich frischem Gedächtnis und zum Teil mit Feuer erzählte. Ich sah, wie klar und unvermischt ihm das alles vor den Augen stand. In meinem Buch konnte ich manches verwenden aus der sofort entstandenen Niederschrift; die alte Exzellenz habe ich nur dies eine Mal gesehn. *493*

*200. Adolf Wilbrandt, Heinrich von Kleist. Nördlingen 1863*

Heinrich von Kleist in seiner geschichtlichen Bedeutung aufzufassen, seine Ideen und seine Schicksale aus denen der Zeit zu begreifen und diesen vornehmsten und unglücklichsten der deutschen Romantiker in seiner tragischen Größe darzustellen, ist die Tendenz dieses Buches. Daß wir dem lange vernachlässigten Dichter eine Würdigung in diesem Sinne schuldig sind, wird der Kundige zugeben und der Unkundige sich hoffentlich nicht ungern erweisen lassen. [...]

Von dem Tode Kleists bis zum Beginn einer *wissenschaftlichen* Beschäftigung mit seiner Erscheinung und Kunst ist fast ein halbes Jahrhundert vergangen; und Jahrzehnte lang war es der einzige Tieck, der es sich dauernd angelegen sein ließ, die Ehre und den Namen seines Freundes zu retten. Diese Bemühungen werden dem Andenken Tiecks allezeit schön zu Gesichte stehen, obwohl ihr Erfolg sich darauf beschränkte, Kleists Nachlaß vor dem Untergang zu schützen, vereinzelte Freunde seines Genies zu wecken und ihm eine respektvolle Erwähnung in den Literaturgeschichten zu sichern. Erst das 1848 erschienene Buch [...] von Eduard von Bülow (einem Freunde Tiecks) begann uns an die *Quellen* dieses geheimnisvollen Lebenslaufes zu führen. Aber Bülow schrieb noch ganz als Dilettant, warm für seinen Stoff, oberflächlich in der Auffassung, flüchtig in der Kritik; abgesehen davon, daß ihm die wichtigsten Materialien noch verschlossen blieben. *492*

*201. Hieronymus Lorm. Österr. Wochenschrift 1863*

Was man gegen Wilbrandts Buch einwenden könnte, wäre vorerst das, was er sich gerade zumeist als Verdienst anzurechnen scheint: eine allzu systematische Behandlung. Sie verführt zuweilen in dem Entwicklungsgange Kleists Absichten und bewußtvolle Bestrebungen vorauszusetzen, die nicht vorhanden waren, die aber der deutsche Gelehrte braucht, wenn er um jeden Preis *wissenschaftlich* zu Werke gehen und den Dichter mit der Literatur und den übrigen Erscheinungen seiner Zeit in geschichtlichen Zusammenhang bringen will. [...] Kleists Leben und Schriften bieten ein Material, das nur von einem *kongenialen* Geist völlig bewältigt werden kann. Die Analyse der einzelnen Dichtungen läßt manches zu wünschen übrig; es sei hier nur erwähnt, daß die innere Notwendigkeit ganz verkannt wird, welche den keuschen und reinen Kleist zur Darstellung sexueller Verhältnisse trieb, worüber schon Julian Schmidt das Unverständigste vorbrachte.

Allein man muß im Interesse der Sache diese Mängel übersehen. Die eigentlichen Biographen und Kommentatoren Kleists werden erst erstehen, wenn er nur annähernd eine Verbreitung gleich der unserer anderen großen Dichter gefunden haben wird.                                                                294

*202a. Rudolf Haym an Treitschke, 2. April 1863*

Haben Sie Wilbrandts Heinrich von Kleist gelesen oder angesehen? Es ist eine sehr mittelmäßige Arbeit.                                    179

*202b. Treitschke an Haym. Leipzig, 30. April 1863*

Wilbrandts Kleist hab ich auch gelesen, und ich muß zu meinem Erstaunen gestehn, daß ich von Wilbrandt etwas Beßres erwartet hätte. Mein alter Essay über Kleist [s. 324] enthält zwar einige arge Dummheiten und ist, als der erste, schrecklich ungeschickt geschrieben; aber komme ich je dazu einige dieser Sachen zu überarbeiten, so brauche ich mich durch Wilbrandts Buch nicht abhalten zu lassen. Ich sage dies Urteil ungern, denn ich halte von Wilbrandts Tüchtigkeit *sehr* viel.                     451

*203. Hebbel an Adolph Stern. Wien, 25. Sept. 1863*

Haben Sie Wilbrandts »Heinrich von Kleist« gelesen? Ein vortreffliches Buch, was mich wohl um so tiefer berühren mußte, als ich ganze Stellen, verzweiflungsvollsten Inhalts, darin finde, wie ich sie selbst, fast mit den nämlichen Worten, aus der

Seele ins Tagebuch oder in Briefe hinübertrug. Aber, Gott Lob, vor zwanzig Jahren! Auch Schreckliches schlimmerer Art ist mir aufgestoßen, so z. B. der Wunsch, Goethe den Lorbeer von der Stirne zu reißen, Goethe! So tief sank ich nie, daß ich mich so weit erhob. *182*

### Neues biographisches Material

*204. Paul Lindau, Über die letzten Lebenstage H. v. Kleists. Die Gegenwart, Aug. 1873*

Das hauptsächliche, fast das gesamte Material, welches Peguilhen zu der beanstandeten Schrift gesammelt hatte, ist sorgfältig aufbewahrt und durch den jetzigen Besitzer dieser wertvollen Dokumente, einen Freund der »Gegenwart«, dem Herausgeber dieser Blätter zur Sichtung und Bearbeitung mit nicht genug anzuerkennender Bereitwilligkeit zur Verfügung gestellt worden. [...] Wenn es unsrer Darstellung an der Wärme fehlt, mit welcher der tief ergriffene Freund Henriettens seine Schilderung durchglüht haben würde, so wird sie dafür um so wahrer sein und sich keine jener leicht begreiflichen Entstellungen zuschulden kommen lassen, welche – wie wir aus den Fragmenten Peguilhens ersehen – sich wider Willen in die Verteidigungsschrift des enthusiastischen Freundes eingeschlichen haben würden. *286*

*205. Oskar Blumenthal. Deutsche Dichterhalle, 1873*

Über Heinrich von Kleists letzte Lebenstage bringen die jüngsten Nummern der »Gegenwart« einige sehr interessante Artikel von Paul Lindau. Aus bisher unveröffentlichten Aktenstücken wird hier über das düstere Ende des genialen Dramatikers manche aufklärungsreiche Erörterung dargeboten. Und da Lindau das krause Material mit Geschmack und Geschicklichkeit geordnet, auch manche feinfühlende Bemerkung hinzugefügt hat, so ist hier der literaturgeschichtlichen Quellenforschung ein entschiedener Dienst geleistet. Nur hätte Lindau unseres Erachtens manche von den ihm vorliegenden Schriftstücken lieber zurückbehalten sollen – vor allem einen Brief von Kleist, worin sich dieser in den kindisch überschwenglichsten Interjektionen ergeht, und durch welchen nach Lindaus eigenem Geständnis mehr der Seelenarzt als der Kritiker herausgefordert wird. *365*

*206. O. Wenzel, Ein Beitrag zur Lebensgeschichte Heinrichs v. Kleist. Voss. Zeitung, Sept. 1880*

Die nachstehenden Mitteilungen, die unmittelbar teils aus den Papieren Hardenbergs, teils aus den Akten der Berliner Zensurbehörden geschöpft sind, werden an dem Bilde des Dichters, wie es nach dem bisher Bekannten namentlich von Wilbrandt meisterhaft gezeichnet ist, nichts Wesentliches ändern, sondern nur einzelne kleine Züge ergänzen und aufklären; immerhin aber dürfen sie ein hervorragend psychologisches Interesse in Anspruch nehmen, weil sie sich ausschließlich auf jenen letzten Lebensabschnitt beziehen, in welchem der Unglückliche […] die Trümmer seiner gebrochenen Kraft nur noch zu einem verzweifelten Kampfe um das nackte Leben zusammenzuraffen vermochte. *488*

*207. Otto Brahm. Dt. Literaturzeitung, Berlin, 21. Juni 1884*

H. v. Kleists Briefe an seine Braut. Zum ersten Male vollständig nach den Originalhandschriften hrsg. von Karl Biedermann. Breslau 1884.

Überblicken wir die Briefe im ganzen und vergleichen sie mit denen an Ulrike, so werden wir den letzteren ohne Frage den Vorzug geben; sie übertreffen jene an zeitlicher Ausdehnung nicht nur, sondern durch die Tiefe und Schönheit des Inhalts weitaus. Aber ein höchst wertvolles Dokument für die wilde Werdezeit des Dichters besitzen wir auch in diesen Briefen an Wilhelmine; und aus aller egoistischen Pedanterie und der peinlichen Schwerfälligkeit dieses schulmeisternden Liebhabers schlägt doch erquickend hervor sein treues Herz und sein menschlich reiner Sinn. *49*

## Otto Brahm und seine Kritiker

*208. Otto Brahm, Heinrich von Kleist. Berlin 1884*
An Erich Schmidt
Lieber Freund, indem ich Ihnen dieses Buch zuschreibe, möchte ich [...] auch einen Wunsch aussprechen, der an meine Arbeit unmittelbar anknüpft: den Wunsch, daß Sie Ernst machen mit dem Plane, den Sie mir noch jüngst in Wien entwickelt haben, und uns eine kritische Ausgabe der Kleistschen Dichtungen schenken. Für solches Werk sind Sie vor vielen berufen; und es steht Ihnen in Ihren getreuen Seminaristen eine allzeit hülfreiche Schar zur Seite, mit der sich auch schwere Arbeit guten Mutes verrichten läßt. – Frischauf also! Hier haben Sie meinen Kleist; geben Sie uns den Ihren. *50*

*Otto Brahm erhielt für seine Kleist-Biographie den ersten Preis des Allgemeinen Vereins für deutsche Literatur. Der zweite Preis wurde dem Professor Egelhaaf für eine historische Untersuchung zuerkannt.*

*209. Theodor Fontane an Otto Brahm. Berlin, 2. Januar 1884*
Lassen Sie mich Ihnen aussprechen, wie sehr wir uns über Ihren Sieg gefreut haben. Viertausend Mark sind kein Pappenstiel, und wenn schon das Geld was bedeutet, so die Ehre noch mehr. Es zählt dies zu den im Leben nicht allzu oft vorkommenden Ereignissen, gegen deren Wucht sich auch der Übelwollendste nicht verschließen kann. Als Kollege habe ich – und mit mir gewiß viele – noch die Spezialfreude gehabt, daß ein Schriftsteller den ersten und ein Professor den zweiten Preis errungen hat. Es ist recht gut, daß wir Professoren und Geheimräte haben, aber ihre Alleinherrschaft dann und wann gebrochen zu sehn, ist doch eine Wonne, weil ein gelegentlicher Triumph von Gerechtigkeit und bon sens. *118*

*210. Fontane. Vossische Zeitung, Berlin, 14. Okt. 1884*
Brahm ist ein kritischer Kopf von besonderer Schärfe. Hier aber ist mehr. [...] So lesen sich denn die letzten Kapitel fesselnd wie Romankapitel aus dem Tale von Roncesvalles, und man hört das um Hilfe rufende Horn des von Unglück Umdrängten. Aber die Hilfe kommt nicht, und einsam stirbt er

unter Feinden, einem Schicksal unterliegend, das eher da war
als seine Schuld, das seine Schuld erst zeitigte. Das Buch rührt
und ergreift, und wenn es auch, bei dem Düstern, das es hat
und seinem Stoffe nach haben mußte, nicht eigentlich erheben
kann, so versöhnt es doch. Nichts ist beschönigt, allem sein
Maß gegeben. Eine schöne Biographie, die lehrt und fördert
und klärt. *115*

*211. Franz Mehring, Die Lessing-Legende. Berlin 1893*

Man glaube übrigens nicht, daß derartige Byzantinismen in
der bürgerlichen Literargeschichte vereinzelt dastehen. So feiert
Herr Otto Brahm, »Heinrich v. Kleist«, irgendein beiläufiges
Prinzeßchen, »die Prinzessin Wilhelm, eine geborene Prinzessin von Hessen-Homburg«, wie er preislich sagt, als »hohe
Gönnerin«, weil der verzweifelte Dichter des »Prinzen von
Homburg«, der einzigen, wirklich dichterischen, aber ebendes-
halb unverstandenen Verherrlichung des Hohenzollernhauses,
wenigstens von dieser Dame ein Wort der Zustimmung – etwa
erhielt? Oh, Gott bewahre! sondern – zu erhalten hoffte, aber
nicht erhielt. Mit dieser alleruntertänigsten Gesinnung steht es
nicht im Widerspruche, sondern gerade im Einklange, wenn
Herr Otto Brahm seine Kleist-Biographie dem Herrn Erich
Schmidt mit den donnernden Worten widmet: »Frisch auf also!
Hier haben Sie meinen Kleist; geben Sie uns den Ihren!« La-
kaienstolz ist immer der grotesteste. *315*

*Den Passus von der »hohen Gönnerin« tilgte Brahm später.*

*212. [J. Rodenberg.] Deutsche Rundschau, Nov. 1884*

In der ganzen Verkettung liegt Kleists Leben und Dichten
vor uns, ohne ebenes Maß und schöne Harmonie, vielmehr
chaotisch und unvollendet, eine Mischung aus Ruhmsucht und
Verzagtheit, Konsequenz und Wechsel, Träumerei und Klarheit,
Mannesstolz und Kindlichkeit, Egoismus und Hingebung,
Rücksichtslosigkeit und Weichheit, Trotz und Milde, Härte
und Wohlklang, Tragödie und Idylle, Verstiegenheit und
Schlichtheit, Fülle und Dürre, Manier und Stil. Seine Werke
haben spät, aber für immer den Zugang zur Nation gefunden.
Den Kommentar bietet Brahms schönes Buch. *376*

*213. Theodor Storm. Briefe, Hademarschen 1884/85*

An Erich Schmidt, *13. Dez. 1884.* Ich stecke jetzt in Brahms Kleist. Ein gescheutes Jüdchen! Mitunter übers Ziel hinaus. (Penthesilea) *439a*

An Paul Heyse, *4. März 1885.* Ich habe in der Teestunde – nachdem ich das gute Brahmbuch über Kleist gelesen – den Frauen die »Hermannsschlacht« vorgelesen, mit großem Erfolg, und sie verziehen auch die schlechte Behandlung der deutschen Frauen in ihrer Repräsentantin »Thuschen«, die man aus Kleists Leben und der Zeit der Dichtung wohl begreifen kann. *199*

*214. Conrad Ferdinand Meyer an Otto Brahm in Berlin. Kilchberg 1884/85*

*13. Juli 1884.* Ihr »Kleist« hat mich schon durch sein schmukkes Äußere aufs angenehmste berührt. Ich danke herzlich. Eigentlich dachte ich, das Buch erst später zu lesen, nur das über Penthesilea suchte ich, um mir die Fabel klar zu machen, griff dann aber vorwärts und rückwärts und werde zu dem Buch viel zurückkehren.

Auch wer mit dem zu *wissenschaftlichen* Verfahren nicht einverstanden wäre und die Intuition Vischers vorzöge, wird sagen müssen: Hier lernt man etwas, man trägt etwas heim.

Der – Leben und Kunstrichtung – unendlich interessante Gegenstand ist vollständig ergriffen, im ganzen gewiß richtig gesehen und im einzelnen oft geistreich behandelt.

*5. Dez. 1884.* Daß Sie jetzt Kleiststraße 1 wohnen, ist hübsch und auch leicht zu behalten – und das Gute, welches Ihnen über Ihren Kleist gesagt wird, nur recht und billig. *321*

*31. Okt. 1885.* Einen »Schiller« in der Art und mit dem Verfahren Ihres »Kleist« möchte ich wohl besitzen. *561*

*215. Adolf Frey, C. F. Meyer (Stuttgart 1900)*

Über die Literarhistoriker hatte er [C. F. Meyer] seine ganz bestimmten Ansichten, die er allerdings in Erwägung unseres einigermaßen alexandrinischen Zeitalters klüglich bei sich behielt. »Poesie und Literarhistoriker«, sagte er zu mir, »haben absolut nichts miteinander zu tun.« [...] Seiner Gepflogenheit gemäß befragte er mich eines Tages nach meinen schriftstellerischen Plänen. Ich teilte ihm unter anderem den Gedanken an eine literarhistorische Untersuchung über Heinrich von Kleist mit. Darauf sagte er: »Hören Sie – aber nicht wahr, Sie nehmen es mir nicht übel? – wissen Sie wirklich nichts Besseres zu tun? Überdenken Sie doch lieber in Ihrer freien Zeit ein Gedichtmotiv!« *135*

## Zollings historisch-kritische Ausgabe

216. *Theophil Zolling, Neues über H. v. Kleist. Die Gegenwart, 12. Sept. 1885*

Durch die Übernahme einer historisch-kritischen Ausgabe von Kleists Sämtlichen Werken, deren vier Bände demnächst vollständig vorliegen (Kürschners Deutsche National-Literatur), fiel uns die schwere Aufgabe zu, die Schriften des großen Dichters zum überhaupt ersten Male kritisch durchzuarbeiten. Dabei war es uns vergönnt, die Werke Kleists durch einige bisher unbekannte Gedichte und Aufsätze zu vermehren, die uns von den Nachkommen des Dichters und Autographensammlern zur Verfügung gestellt wurden, sowie aus verschollenen Zeitschriften ans Tageslicht traten. Auch die biographische Einleitung enthält manche neue Anhaltspunkte, die aus noch unveröffentlichten Briefen von, an und über Kleist geschöpft werden konnten. Leider verbot der beschränkte Raum eine gleichmäßige Durchführung der Lebensbeschreibung; wir mußten uns damit begnügen, bloß das neue Material eingehender zu verarbeiten und diejenigen Partien, über welche sich schon Wilbrandt verbreitet, in Kürze zu behandeln. Hätte Otto Brahm in seiner Monographie über Kleist nach denselben Prinzipien gearbeitet, so wäre von seiner Schrift herzlich wenig übrig geblieben. Der Hauptwert derselben liegt in den ästhetischen Analysen, worin Brahm in mehrfacher Beziehung über Wilbrandt hinaus gelangt. Der biographische Wert ist gleich Null. Brahm begnügt sich, Kleists Leben frei nach Wilbrandt nachzuerzählen. Im eilfertigen Bestreben, sich an der von seinem Lehrer Prof. Wilhelm Scherer präsidierten Preisausschreibung des Allgemeinen Vereins für Literatur zu beteiligen, hat er auf jede eigene Forschung verzichtet und von neueren Quellen nur notdürftig Kenntnis genommen. *511*

*217a. Paul Schlenther: Brahm und Zolling über H. v. Kleist oder Wie man Bücher schreibt und ausschreibt. Frankfurter Zeitung, 21. Okt. 1885*

Brahms Resultate wären wahrscheinlich noch sicherer, reichhaltiger und überzeugender gewesen, wenn seine Darstellung auf einer durchaus zuverlässigen philologisch genauen Kleistausgabe basiert hätte. Er selbst deutet diesen fundamentalen Mangel aller heutigen Kleist-Forschungen an, indem er in der Widmung an Erich Schmidt diesen ermutigt, mit seinen »getreuen Wiener Seminaristen« einen lang gehegten Plan zu realisieren und die schwere Arbeit zu unternehmen. Nicht sehr geschmackvoll ruft er dem befreundeten Mitforscher zu: »Hier haben Sie meinen Kleist; geben Sie uns den Ihren.« Inzwischen ist der Wiener Literaturprofessor zum Weimarer Goethedirektor emporgeschritten, und wiederum scheint es, als ob Goethes größere Macht dem armen Kleist Eintrag tun werde, denn Erich Schmidt wird jetzt an Goethe und nicht an Kleist zu denken haben.

Um so freudiger hätte man die »historisch-kritische« Ausgabe willkommen heißen dürfen, welche Kürschner-Spemanns verdienstliche »Deutsche Nationalliteratur« veranstaltet, und welche in mehreren Bänden erschienen ist. Man hatte Grund, diese Aufgabe den Händen eines Mannes anzuvertrauen, welcher schon seit geraumer Zeit sich durch emsiges Suchen nach neuem, ungedrucktem und unentdecktem Material in der Kleistforschung bemerkbar gemacht hat. Dieser Mann ist der Herausgeber der bekannten Wochenschrift »Die Gegenwart«, Herr Theophil Zolling. Entsprechend der Einrichtung der ganzen Sammlung hat Herr Zolling nicht bloß die einzelnen Dichtungen mit kommentierenden Anmerkungen versorgt, sondern er hat auch ausführliche Einleitungen vorangesetzt, in welchen er den unbezweifelbaren Nachweis führt, daß er nicht nur im Kleist selbst, sondern auch in der Kleistforschung älteren wie neueren Datums sehr bewandert und zu Hause ist. Wenn er auch das Buch von Brahm nur gelegentlich an einer einzigen Stelle zitiert, so können wir doch für die Sorgfalt, mit welcher er daraus Nutzen gezogen, eine stattliche Reihe von Beispielen anführen. [...] Wer an dieser Art von wissenschaftlicher Quellenforschung, welche im eigentlichen Sinne des Worts eine *Nach*forschung ist, nicht bloß vorübergehend Vergnügen, sondern auch für die Dauer Geschmack finden sollte, der wird auch zu den kommentierenden Randbemerkungen und der ganzen Kleist-Ausgabe des Herrn Zolling das Zutrauen nicht verlieren. Wem aber die Sache verdächtig vorkommen sollte, wird gut tun, sich an die alte Tieck-Julian Schmidtsche oder an die Wilbrandt-Hempelsche solange noch zu halten, bis Erich Schmidt oder ein anderer berufener Forscher den von Otto Brahm in jener Widmung ausgesprochenen Wunsch erfüllt.

*395*

*217b. Theophil Zolling, In eigener Sache. Die Gegenwart, 31. Okt. 1885*

Ein gewisser Herr Paul Schlenther, Reporter der »Frankfurter Zeitung«, mißbraucht dieses Blatt zu einer Verteidigung seines Stubengenossen Otto Brahm. Indem er eine von Brahms Praktiken, welche in hiesigen Gelehrtenkreisen allgemein übel vermerkt worden war und die ich in Nr. 37 der »Gegenwart« festnagelte, mit Stillschweigen übergeht, gönnt er sich das billigere Vergnügen, aus den drei bisher vorliegenden Bänden meiner Kleist-Ausgabe acht Stellen herauszuschreiben, die mit Brahmschen Ausführungen mehr oder minder übereinstimmen. [...] Übrigens wundert mich die Hast, womit diese Wortklauber über mein noch nicht einmal vollständiges Werk, das allerdings so manche geplante Büchermacherei vereiteln muß, in Aufregung geraten, Sie mögen doch anstandshalber das Erscheinen des längst gedruckten letzten Bandes abwarten, das wegen eines neuen Porträts von Kleist sich verzögert. Dort werden sie meine Quellen (auch Brahms Schrift) hübsch beisammen finden und noch manche Belehrung schöpfen, von der sich Herrn Brahms Schulweisheit und die Naivität seines Klopffechters nichts träumen lassen.

*512*

### Rosegger über die Würzburg-These

*218. Peter Rosegger. Heimgarten, Graz 1899*

Im Jahre 1800 hat Kleist von Berlin aus eine Reise nach Würzburg gemacht und sich einige Monate dort aufgehalten, ohne daß man weiß warum. Die Literaturforscher konnten darob natürlich nicht schlafen und sind auf allerlei Mutmaßungen gekommen, was denn um des Himmelswillen der Mann in Würzburg zu tun gehabt hat? Eine politische Mission? Eine Schuld einkassieren? Eine Vergnügungsreise? Den Andeutungen nach, die sich in Kleists Briefen an seine Braut finden, wäre es etwas sehr Sonderbares und Geheimnisvolles gewesen, etwas, das sie selber nicht wissen, nicht verstehen durfte. Man riet denn auf die wunderlichsten Dinge, es stimmte aber nicht, und die Not der Gelehrten war groß. Und nun kommt Max Morris aus Berlin daher, schreibt ein Büchlein: Heinrich von Kleists Reise nach Würzburg, und dadrin steht's haarscharf, was Kleist 1800 in Würzburg gemacht hat. Wer das notwendig wissen muß, soll sich das Schriftchen sofort kommen lassen. Ist es nicht unbedingt notwendig, so soll er's lieber nicht tun. *379*

## Steigs »blonder Märker«

*219. Reinhold Steig, H. v. Kleists Berliner Kämpfe. Berlin 1901*

Wir aber wollen Kleist, wie er fest an seiner Stelle stand und wirkte, wieder haben. Keine Empfindelei, wie die der Verse auf seinem Grabstein, soll uns den kräftigen Widerhall der Schritte verdrängen, mit denen er durch die Straßen der preußischen Hauptstadt schritt. […] An der Seite gleichgesinnter Freunde trat er in die Berliner Kämpfe jener Tage ein. Sie verteidigten das historische Prinzip gegen den ungeschichtlichen Geist der Revolution. Sie bekämpften die alte Berliner Aufklärung, die sich den neufranzösischen Ideen ergab. Sie stellten christliche Frömmigkeit und christlichen Glauben als die Mächte hin, ohne die kein Heil möglich sei. Sie forderten den Krieg wider Napoleon als Nationalangelegenheit, um der geschichtlichen Bestimmung der preußischen Monarchie freie Bahn zu schaffen. Die christlich-deutsche Tischgesellschaft, zu welcher Adel und höheres Bürgertum die Mitglieder lieferte, wurde die Vereinigung der neuen Patriotengruppe. Als publizistisches Kampforgan setzten sich gegen alle Widerstände die Berliner Abendblätter durch. *434*

*220a. Erich Schmidt. Dt. Literaturzeitung, 30. Nov. 1901*

Der letzte Sommer hat uns überraschend ein Porträt Kleists [die anonyme Kreidezeichnung] beschert, das, frei von der faden Kleinlichkeit der landläufigen Miniatur, den helläugigen blonden Märker zum ersten Male frisch vergegenwärtigt. Es schwebt mir vor, wenn ich Steigs nicht minder überraschendes inhaltschweres Buch dankbar studiere. Eine große biographisch und literarisch gleich wichtige Zeit wird hier mit einer im Titel nur angedeuteten Fülle halbbekannter oder ganz unbekannter Urkunden und erschöpfender, hie und da umständlicher, im ganzen jedoch sehr energischer und klarer Untersuchungen vorzüglich dargestellt. *399*

*220b. Herman Grimm. Deutsche Rundschau, Juli 1901*

Professor Steig hat als deutscher Literarhistoriker für sein Buch dagegen den besonderen Vorteil noch, Märker zu sein und für Kleist als Märker (Provincia Magdeburgensis) einzutreten. Wichtig, weil die deutsche Literaturgeschichte unserer Zeit mit geringen Ausnahmen in der Mainzer und Bremischen Kirchenprovinz emporgewachsen ist. Heinrich von Kleist hat in seinem miteingeborenen Biographen den rechten Vertreter seines Ruhmes gefunden. *157*

*221. H. H. Houben. Ein Brief aus der Unterwelt. 1912*

Saul Ascher (gest. am 8. Dez. 1822) an
Professor Dr. Reinhold Steig, Literarhistoriker in Berlin:
Sie sehen, verehrter Herr Professor, nicht ich war es, der jene beiden »ruchlosen« Artikel ins »Morgenblatt« geschrieben hat [s. 24, 26a]. Der Attentäter war vielmehr mein Zeitgenosse *Weißer*, der, wenigstens zu meiner Zeit, zwar als ein etwas verschrobener Kopf, aber im Grunde doch als ein höchst anständiger Mensch galt, dem nur die Galle überlief, wenn er das Wort Romantik hörte, und der es zu seinen Lebzeiten Ihnen gewiß, vielleicht im Stil seiner obigen Artikel, recht übel vermerkt hätte, wenn ihm das Pech widerfahren wäre, mit mir armem, »Schmuhl« verwechselt zu werden. [... vgl. 26b] Jawohl, derselbe Mann, aus dessen Artikeln Sie »nach Stil und Denkart« den *Juden* nachweisen, ist der begeistertste Christ und fana-

tischste *Antisemit,* den es damals gegeben hat. Ich gönne in der Tat meiner Nachwelt das herzerhebende Schauspiel, wie der eine Antisemit in seinem Gesinnungsgenossen den – Juden wittert.

Ja ja, Herr Professor, mit dem Stilgefühl ist das so eine eigene Sache, und es wird noch mancher damit übel anlaufen. Bei Ihnen allerdings ist es ein ganz besonders »schwerer Fall«. Denn Sie werden selbst mir nicht bestreiten: die Hauptresultate Ihrer ganzen Kleistforschung basieren auf Ihrem »Stilgefühl«; überall wo sonstige Beweise fehlen, stellt bei Ihnen das Stilgefühl zur rechten Zeit sich ein, und da es nun meinen dürftigen Stilkünsten gegenüber so verblüffend versagt hat, so sägten Sie sich selbst den Ast ab, auf dem Sie saßen! 220

## Erich Schmidts Kleist-Ausgabe

*222a. Franz Servaes, H. v. Kleist. Leipzig 1902*

Eine neue, monumentale Ausgabe, die Erich Schmidt seit langem vorbereitet, wird kaum Zolling ganz verdrängen können, aber um so mehr ein Fest werden für die engeren Kleist-Verehrer; sie wird voraussichtlich über Kleists letzte Berliner Zeit neues Licht verbreiten und hoffentlich eine nach Möglichkeit vollständige Sammlung der Briefe darbieten. Ganz besonders aber wird sie auch die Resultate der seit Brahm und Zolling so lebhaft gewordenen Kleist-Forschung berücksichtigen können, die zur Zeit fast ausschließlich aufs Literarhistorische gerichtet ist. Fast über jedes einzelne Werk von Kleist haben wir im Laufe der Zeit die eine oder andere Abhandlung erhalten, die unsere Kenntnis fruchtbar erweiterte. [...] Was die literarhistorischen Arbeiten über Kleist bis jetzt auszeichnet, ist ihre Energie und Eindringlichkeit und die Schärfe der Problemfassung. Von den Verirrungen, denen die Goethe-Philologie nicht immer hat entgehen können, hielt sie sich fast gänzlich frei, selbst wo sie, wie nicht zu vermeiden war, sich zur Kleist-Philologie auswuchs. 422

*222b. Gotthilf Weisstein, Kleine Inedita von H. v. Kleist. National-Zeitung, Berlin, 14. April 1904*

Während Prof. Schmidt die dichterischen Werke bearbeitet,

zu deren Erklärung und textlichen Verbesserung er bereits mehrfach feines Material veröffentlicht hat, übernahm Dr. Minde-Pouet die möglichst vollständige Sammlung der Briefe von Kleist, denen in einem Anhang Briefe an Kleist und über ihn folgen sollen. Ein weiterer Band, zeitgenössische kritische Stimmen über Kleist, ist gleichfalls in Aussicht genommen. Unterstützt in ihren Arbeiten wurden die Forscher mit liberalster Uneigennützigkeit durch den bekannten hiesigen Sammler, Bankier Alexander Meyer Cohn, der bei weitem die Mehrzahl der auf uns gekommenen Kleistschen Briefe in den Originalen besitzt. Dies ganz umfassende Kleist-Werk, von dem im Herbst der erste Band erscheinen wird, soll binnen Jahresfrist vollständig vorliegen. Besonders die Sammlung der Briefe wird viel Neues bringen, auch viel Besserungen der bei Zolling nicht immer korrekt gedruckten Korrespondenz. *487*

*222c. Karl Strecker. Tägl. Rundschau, Berlin, 7. Nov. 1904*

In den letzten Jahren namentlich wurde neben Berufenen (Steig, Minde-Pouet, Rahmer, u.a.) auch von Unberufenen unaufhörlich an dem »Kleist-Problem« gelöst. Und bei der Diskussion über so schwierige Fragen ist es beinahe wie bei Auktionen: wer zuletzt gesprochen, hat damit alles früher Gesagte für ungültig erklärt. In diese Verwirrung eines großen literarischen Charakterbildes durch der Parteien Haß und Gunst mitten hinein einmal den ruhigen Pol einer großen kritischen Gesamtausgabe der umfehdeten Werke zu stellen, von fachkundigster Hand geordnet mit treuem Fleiß, vom besten Geist geleitet, mit allen Ergebnissen der Kleistforschung in sorgfältigster Sichtung und klarstem Urteil fundamentiert – es war hohe Zeit! So liegt denn viel Freude, viel Dank in jenem »Endlich«! –

Erich Schmidt legt uns hier in schmuckem Gewande die Arbeit vieler Jahre vor. Der soeben ausgegebene erste Band enthält textlich eine biographische Einleitung des Herausgebers, die in gedrängter Fülle alles Wissenswerte über das Leben und Schaffen des märkischen Dichters zusammenfaßt [...] Kaum drei oder vier der zahlreichen Anmerkungen erscheinen mir anfechtbar oder überflüssig. So das kurze Etikettieren mancher

Stellen mit Urteilen, wie »Überladene Rede« oder »Ekler Vergleich«. Mancher Kleistleser sieht diese Stellen in anderem Licht, sie sind ihm jenseits von einem ästhetischen Gut und Böse, wertvolle Beiträge zum Verständnis der Eigenart und des Wachstums im dichterischen Organismus unseres Kleist. Aber diese kleinen Einwände bedeuten dem Ganzen gegenüber nicht mehr als ein einziges Stäubchen auf einer goldenen Tafel. Wenn die übrigen Bände dieser Kleist-Ausgabe das halten, was dieser verspricht, so darf man sagen, die deutsche Literatur wird hier durch das vollendete Meisterwerk einer kritischen Klassikerausgabe bereichert [...]  592

*222d. *Verlagshaus Bong, Erwiderung auf das Rundschreiben der Firma Philipp Reclam jun. vom 17. Dez. 1910*

Wie ein guter Scherz wirkt es, wenn wir im Vorwort der [Reclam'schen] Kleist-Ausgabe, unterzeichnet »St. Petersburg, im Oktober 1883«, lesen: »Die vorliegende Gesamtausgabe der Werke Heinrich von Kleists ist *die erste*, welche einen Text gewährt, der durchweg auf die Originalausgaben der einzelnen Schriften gegründet ist.« Sollte Herr Reclam jun. nichts davon gehört haben, daß inzwischen von Erich Schmidt, Reinhold Steig und Georg Minde-Pouet eine historisch-kritische Ausgabe von Kleists Werken erschienen ist, auf die sich alle Ausgaben dieses Dichters stützen müssen, die einen Anspruch auf korrekte Textgestaltung erheben?  592

223. *Richard Weißenfels, Die neue Kleist-Ausgabe. Das literarische Echo, 1. April 1906*

Der Hauptteil unseres Dankes gebührt Erich *Schmidt,* dem Herausgeber der Dramen, Erzählungen und Gedichte. Ungewöhnlich mühsam war seine bis ins kleinste, bis in die Interpunktion exakte philologische Arbeit [...] In den Anmerkungen ist ein erklärendes Material aufgehäuft, dessen Sammlung durch Jahrzehnte zurückreicht. Zum eigenen kommt fremdes; nicht die kleinste Arbeit, die Kleist betrifft, ist übersehen. [...]

Zu erwarten war nach *Steigs* früheren Arbeiten, daß er den Bestand der »Kleineren Schriften« gegen die alten Ausgaben bedeutend vergrößern würde. Doch hat der Herausgeber sich in diesem Punkt Zurückhaltung aufgelegt, manches nicht aufgenommen, das er für seine Person als Kleists Eigentum ansieht. Das war gewiß wohlgetan [...]

Die Briefe Kleists sind durch die sorgsame und geschickte Behandlung, die *Minde-Pouet* ihnen hat zuteil werden lassen, in noch höherem Grade die »notwendige Ergänzung« seiner Werke und Dokumente seiner Entwicklung, »ein Ersatz für die verlorene Geschichte seiner Seele« geworden, als sie es schon immer waren. Bisher zerstreut in drei Sonderausgaben und allerhand Einzelpublikationen, zum Teil an nicht leicht zugänglichen Stellen, sind sie jetzt in chronologischer Folge, die vielfach erst festgestellt werden mußte, zusammengereiht [...] Zehn bisher ungedruckte Briefe bereichern den alten Bestand. [...]

Die Kleistforschung wird auf dem neu gelegten Fundament ihrem Gebäude größere Höhe und Breite und Mannigfaltigkeit als bisher geben. *484*

*Ein Gelehrten-Streit*

*224a. Georg Minde-Pouet. Dt. Literaturzeitung, 24. Dez. 1904*

H. v. Kleist, Briefe an seine Schwester Ulrike, hrsg. von S. Rahmer. Berlin 1905.

Wenn Rahmer sich entschloß, die für immer als verloren betrachteten, durch ein glückliches Geschick aber wieder aufgefundenen Originalbriefe Kleists an seine Schwester, die der Besitzer mit rühmenswerter Liberalität bedingungslos der wissenschaftlichen Forschung zugänglich gemacht hat, *gesondert* noch vor der bevorstehenden *Gesamtausgabe* der Briefe des Dichters neu herauszugeben, so durfte man wohl mit Recht mindestens einen ganz getreuen, kritischen Anforderungen gerecht werdenden Abdruck der Originale verlangen. [...] Rahmer hat der Kleistforschung manche Förderung gebracht, für die wir ihm dankbar sein müssen. Für philologische Fein-Arbeit aber ist er, wie diese verfehlte Ausgabe bezeugt, nicht geschult. *325*

*224b. S. Rahmer. Deutschland, Berlin, Februar 1907*
Dieser Band [Briefe, hrsg. von Minde-Pouet] hat eine kleine Geschichte, welche uns lehrt, daß der Herausgeber selbständig, trotz langjähriger Bemühungen, den Kleist-Briefen nichts hinzuzufügen imstande war. Vergeblich war in allen Weltteilen nach den Briefen an Kleists Schwester, die nach Kobersteins Veröffentlichung verschollen waren, gesucht worden. Ich hatte sie ohne besondere Schwierigkeiten in systematischer Forschung aufgefunden, und in seiner Notlage hatte sich der Herausgeber persönlich an mich gewandt, hatte mit mir die Bearbeitung dieses Teiles der Briefsammlung in allen Einzelheiten verabredet, und ich hatte nicht Anstand genommen, aufgrund dieser Verabredung ihm die Briefquelle anzugeben. Der Herausgeber entzog sich jeder Verpflichtung, als – ich will nicht annehmen – meine Angabe, sondern ein günstiger Zufall im letzten Augenblick ihm die Brieforiginale in die Hand spielte.

Noch eigenartiger war sein Verfahren bei den Briefen Kleists an Ernst von Pfuel, die er zu den »glücklichen Funden« rechnet, welche »die Zahl der bekannten Briefe um einige höchst wertvolle und ergiebige ungedruckte Stücke« vermehrte. Die Briefe waren schon seit Jahren, wie der Herausgeber wußte, in meinem Besitze [...]

Ich würde nicht die Öffentlichkeit mit persönlichen Auseinandersetzungen behelligen – schließlich kann es ja der Forschung gleichgültig sein, von welcher Seite Kleist-Briefe veröffentlicht werden –, wenn es nicht bedauerlich wäre, daß dieser ganze Aufwand von Energie nur dazu benutzt wurde, fremden Besitzstand sich anzueignen, nicht aber neues Material ans Licht zu fördern. Denn kein Zweifel, mit dem Hinweis auf das neue monumentale Unternehmen hätten sich auch andere Archive dem Forschungseifer des Herausgebers geöffnet. [...] Wir stehen nicht am Ende, sondern am Anfange der Kleist-Forschung, und wir müssen es bedauern, daß die Mittel, welche sich als wirksam erwiesen, um anderen die Früchte ihrer Arbeit zu entziehen, nicht benutzt wurden, neue Bahnen zu wandeln und neue Schätze der Kleist-Forschung zuzuführen.

*224c. S. Rahmer, H. v. Kleist als Mensch und Dichter. Berlin 1909*

Meine Forschungen sind nicht abgeschlossen. Wenn ich sie dennoch vorzeitig abbreche und mit lückenhaften Ergebnissen an die Öffentlichkeit trete, so bestimmen mich Gründe mannigfacher Art.

Zunächst haben mich verschiedene Kleist-Forscher ersucht, die Resultate meiner Forschung nicht länger vorzuenthalten. In der Tat glaube ich, daß meine Ergebnisse manche Aufklärung und manche Anknüpfungspunkte bieten. Sodann leitet mich bei der verfrühten Veröffentlichung ein persönliches Interesse. Manches wertvolle und in mühsamer Arbeit gewonnene Resultat ist mir hinterrücks aus den Händen gewunden worden. Hierzu rechne ich vor allem die drei an Pfuel gerichteten Briefe Kleists, die für dieses Buch bestimmt waren, und die in dem Briefband der neuen Kleist-Ausgabe bereits Aufnahme gefunden haben. Ich habe dieses in der wissenschaftlichen Welt einzigartige Verfahren geistiger Entwendung gekennzeichnet in einem Aufsatze der Zeitschrift »Deutschland« (1907 Februar). In der langen Zwischenzeit ist von der angeklagten Seite eine Entgegnung nicht erfolgt. Sie hat sich mit ihrer Vogel-Strauß-Politik selbst gerichtet. *365*

*225a. Georg Minde-Pouet und Erich Schmidt, Abwehr. Euphorion 1909 (und in sechs anderen Zeitschriften)*

Im Vorwort seines Buches »Heinrich von Kleist als Mensch und Dichter« wagt Herr. Dr. Sigismund Rahmer die Behauptung, durch unsere Kleistausgabe sei ihm manches wertvolle und in mühsamer Arbeit gewonnene Resultat »hinterrücks aus den Händen gewunden worden«. [...]

Herr Dr. Rahmer hat allerdings das Glück gehabt, die Besitzer der Originale der Briefe Kleists an seine Schwester und an Pfuel vor uns ausfindig zu machen. [...] Er stellte aber die anmaßende Forderung, für seinen verhältnismäßig ganz geringen Anteil Herausgeberrechte für alle 5 Bände unserer Ausgabe zu erhalten. Daraufhin wurden die Verhandlungen mit ihm abgebrochen, nachdem ihm selbst jetzt noch das Vorrecht der Veröffentlichung der Briefe an Ulrike zugesichert worden war, das auch gewahrt worden ist. Dieses Verhalten des Herrn Dr.

Rahmer hatte auch den Herrn Besitzer der Briefe an Ulrike, der über die gesamte Korrespondenz unterrichtet war, zu dem Urteil geführt, daß Herr Dr. Rahmer nicht im Interesse der Ausgabe gehandelt habe, und er sandte uns daher selbständig und unaufgefordert die Originalbriefe ins Haus.

Nun mußten wir auch die Spur der Briefe an Pfuel von neuem selbständig verfolgen, und wir hatten jetzt auch hier Erfolg. Wir konnten den Besitzer, allerdings zu unserer großen Genugtuung, leicht davon überzeugen, das Interesse einer vollständigen Edition sei größer als der selbstische Anspruch des Herrn Dr. Rahmer. Auch diesmal wurden uns die Originale aus freiem Entschluß zur Abschrift und Veröffentlichung nach Berlin gesandt. Wie darf Herr Dr. Rahmer da wagen, von »geistiger Entwendung« zu sprechen! *326*

*225b. S. Rahmer, Antwort. Das Literarische Echo, Okt. 1909 (und in drei anderen Zeitschriften)*

Die Unterzeichner der »Abwehr« geben an, daß sie mich vor Gericht ziehen könnten, daß sie sich aber *vorläufig* (die angeblichen Beleidigungen liegen 31 Monate, neuerdings wieder 4 Monate zurück!) mit einer Erklärung begnügen. Ich bin ihren Absichten entgegengekommen, und da mir an einer Klarlegung vor aller Öffentlichkeit liegt, so habe ich den Fall sofort zur Entscheidung den Gerichten übergeben. *526*

*225c. Tägliche Rundschau, 18. Nov. 1910*

Vor dem Schöffengericht Berlin-Mitte wurde heute ein literarischer Beleidigungsprozeß verhandelt. Dr. Siegfried [Sigismund] Rahmer hat gegen Geheimrat Prof. Erich Schmidt und Dr. Minde-Pouet, den Archivar der Stadt Bromberg, Klage wegen Beleidigung erhoben. Die Beklagten ihrerseits haben Widerklage angestrengt. Der Klage liegt die Veröffentlichung von unbekannten Kleist-Briefen zugrunde, die Dr. Rahmer ausfindig gemacht hat. [...] Als Zeugen sind erschienen Herr Hauptmann v. Schönfeld, bei dem Herr Dr. Rahmer seinerzeit die Ulrike-Briefe entdeckt hat, sowie Herr v. Pfuel, ein Nachkomme des Freundes Heinrich v. Kleists, an den die drei neuaufgefundenen Briefe gerichtet waren. Ein Sühneversuch, der zunächst gemacht wird, bleibt erfolglos. Sowohl Dr. Minde-Pouet, sowie Prof. Erich Schmidt werden vom Vorsitzenden vernommen, um darüber Aufklärung zu geben, in welchem Verhältnis sie zu dem Kläger Dr. Rahmer stehen. Es stellte sich dabei heraus, daß die Widerklage, die sie erhoben haben, ganz gegenstandslos geworden ist, weil die Beleidigungen, die sich Dr. Rahmer hat zuschulden kommen lassen, nach dem Preßgesetz bereits *verjährt* sind.

In später Nachmittagsstunde wurde folgender Vergleich beschlossen: Beide Teile erklären, daß bei den den Gegenstand der Klage und der Widerklage bildenden Angriffen Mißverständnisse im Spiele waren. Beide Teile bedauern diese Mißverständnisse. Demzufolge nehmen beide Teile ihre gegenseitigen Angriffe vollinhaltlich zurück. *545*

## Brahms neuer Kleist

*226. Otto Brahm, Das Leben H. v. Kleists. Vorwort zur neuen Ausgabe. Berlin 1911*

Als ich das Buch zum ersten Mal schrieb, kam ich eben aus der Scherer-Schule her, an die ich mit warmem Dank mich stets erinnere; aber neue Ideale, als der Schüler Geselle ward, entstanden ihm, und die Literaturrevolution von 1889 machte dumpf Empfundenes frei, das kein Germanist hätte lehren können. Die festen Maßstäbe, mit denen eine ältere Zeit an das Kunstwerk herantrat, zerbrachen, das Urrecht geschlossener Persönlichkeiten ward wiederentdeckt; und gerade das Schicksal Kleists enthüllte sich der neuen Erkenntnis, die den unendlichen Streit aufdeckte zwischen dem Genie und dem Bann seines Milieus. [...]

Unterstützung nach vielen Seiten bot der mit unendlichem Fleiß, mit Spürsinn (und oft auch mit Kritik) gewonnene Zuwachs der Kleistliteratur. Erich Schmidts kritische Gesamtausgabe steht obenan [...] Leider lassen zwei andere nennenswerte Forscher, Reinhold Steig und S. Rahmer, solche Verläßlichkeit vermissen. Dieser möchte ein Düntzer der Kleistforschung genannt werden, jener zielt höher hinauf, bis zu Herman Grimms geistreicher Willkür; beide haben unser Wissen um

Kleist beträchtlich gemehrt; aber nur, wer durch die Wälder ihrer Hypothesen und Präokkupationen unbefangen durchspaziert, wird von ihnen, wie ich es mir erhoffe, Nutzen haben.

Einer großen Anzahl tüchtiger Arbeiten zu Kleist wäre noch zu gedenken [...] Der hingebende Eifer, mit dem diese Forscher, nach Neuem suchend, Neues fanden, bezeugt an seinem Teile gleichfalls: wie sehr, in einer Zeit, die mit Vergangenem eher aufräumt, als daß sie es konserviert, der Sinn für Kleists Wesen und Sein gewachsen ist – weil er selber, der Dichter und sein Werk, ins Licht des heutigen Tages hineinwuchs, und nun dasteht, ein Jahrhundert nach seinem Tode, lebendig wie je.

51

*227. Jakob Wassermann. Neue Freie Presse, Wien, 21. Nov. 1911*

So wie das Problematische und Geheimnisvolle in Kleists Persönlichkeit den Seelenforscher, mag die Gewalt und Tiefe der Dichtungen den Literaturkritiker zur Darstellung und Analyse reizen. In vortrefflicher Art geschieht beides in Otto Brahms vor einem Vierteljahrhundert erschienenem, damals preisgekröntem und jetzt in neuer Fassung herausgegebenem »Leben Heinrich von Kleists«. Schon eine oberflächliche Vergleichung der neuen Form mit jener älteren läßt keinen Zweifel darüber, daß der Autor sein Thema bedeutend tiefer gefaßt hat; seine eigene Entwicklung dokumentiert sich in der Art, wie er den gemütischen Gehalt des Buches bereichert hat. Akademische Gelassenheit und die Präzision einer bewährten Methode verbergen seinen herzlichen Anteil keineswegs, und der Enthusiasmus, den der Gegenstand wie kein anderer fordert, glüht unter der Decke einer kühlen Objektivität, wodurch eine vertrauensvolle Spannung hervorgebracht ist, die sich schließlich in Ergriffenheit löst. [...] Indem Brahm alle Umstände, Verwicklungen und Kämpfe der Kleistschen Existenz mit wohlmotivierter Gründlichkeit enthüllt, scheint er gleichsam beweisen zu wollen, daß die Perle die Krankheit der Muschel sei, wenn inmitten der beispiellosen Leiden jene Dichtungen entstehen, die die Stempel der Originalität und der unbedingten Notwendigkeit tragen.

474

## Brahm, Bahr und – Karl Kraus

*228a. Hermann Bahr. Neue Freie Presse, Wien, 9. Nov. 1911*

Indem Brahm Kleists Leben erzählt, vertuscht er nichts und beschönigt nichts. Kleist war nicht ein Mensch, an dem man eine Freude haben kann. Er wäre so gern ein rechter Preuße gewesen, aber die besten Eigenschaften des Preußen fehlten ihm. Er war voll Verlangen nach sittlicher Größe, aber ohne die Kraft dazu. Er mutete sich fortwährend eine Lebenshaltung zu, der er innerlich nicht gewachsen war. Er entwarf gleichsam immer wieder einen Kleist, kam aber dann seinem eigenen Entwurf selbst niemals nach. Wie seinen Werken stets mittendrin streckenweise der Atem ausging, so daß keins, an sich selbst gemessen, eigentlich künstlerisch fertig erscheint und keins ganz vom Dichter abgelöst, keins völlig eine Welt für sich, blieb auch er selbst im Sittlichen immer auf halbem Wege liegen. Brahm vertuscht das nicht und beschönigt nichts, er tadelt es auch nicht, er stellt es dar, aber indem er dann immer gleich daneben setzt, Jahr für Jahr, was dieses Irren und ratlose Schweifen dem gepeinigten Menschen doch künstlerisch eintrug, rechtfertigt er es. Er will das vielleicht gar nicht, er will gewiß seinen Kleist nicht bürgerlich entschuldigen, er will. nur zeigen, wie das alles in ihm mit Notwendigkeit zusammenhing, so daß auch der Widerstrebende (ich vermute, daß Süddeutsche fast immer der Kleistischen Art widerstreben) es am Ende doch begreifen lernt und zugeben muß: er hatte, wie er nun einmal war, von sich selbst aus recht. [405] *18*

*228b. Karl Kraus: Brahm, Kleist, Bahr und ich. Die Fackel, 23. Nov. 1911*

Bahr – ein echter Linzer, an dem man eine Freude haben kann. Ohne Verlangen nach sittlicher Größe, aber dafür ohne Kraft [...] Er wäre so gern ein rechter Bayreuther gewesen, aber die besten Eigenschaften des Bayreuther fehlten ihm ... denn es kommt bei solchen moralischen Amphibien weniger darauf an, etwas zu erleben als etwas zu behalten ... Ich vertusche nichts und beschönige nichts, ich tadle es auch nicht, ich stelle es dar. *269*

## Wilhelm Herzog und seine Kritiker

*229. Frank Wedekind, Gedenkrede. München, 20. Nov. 1911*

Das schönste Denkmal, das Heinrich v. Kleist zu seinem hundertjährigen Todestag erhalten hat, ist meines Wissens die über 500 Seiten starke Kleist-Biographie des jungen Literarhistorikers Wilhelm Herzog. Im allgemeinen teile ich die Literarhistoriker in zwei große Klassen ein. Die einen sind Literarhistoriker, für die die gesamte Literatur immer hundert Jahre vor der Gegenwart aufhört. Die anderen haben den genialen Blick, die Literatur der Gegenwart mit der vergangener Jahrhunderte zu vergleichen und an ihr zu messen. Die einen sind die geborenen Erfolgsanbeter und unterscheiden sich im Kern ihres Wesens nicht sehr von Autographensammlern. Die anderen sind die Mitkämpfer, die Mitschaffenden, die oft auf gleicher geistiger Höhe stehen wie die Dichter, mit denen sie sich beschäftigen, ihnen oft auch geistig weit überlegen sind. Die einen sind die Pharisäer und Schriftgelehrten. Die anderen sind die Apostel und Feuerköpfe. Zu der zweiten Art von Literarhistorikern gehört Wilhelm Herzog. Seine Kleist-Biographie, die alle Resultate der bisherigen Kleist-Forschung umfaßt und der er sechs Jahre seines Lebens widmete, hat ihn nicht gehindert, der Literatur der Gegenwart seine ganze Seelenglut und eine überlegene souveräne Auffassungsgabe entgegenzubringen. Die erste Art von Literarhistorikern dagegen, die Erfolgsanbeter, Autographensammler, Pharisäer und Schriftgelehrten, hat vor hundert Jahren, genauso wie sie es heute tun würde, alles versäumt, was Heinrich v. Kleist vor seinem unseligen Geschick hätte bewahren können. *475*

*230. Paul Schlenther, H. v. Kleist. Berliner Tageblatt, 19. Nov. 1911*

Schier dreißig Jahre sind es her, daß *Otto Brahm,* damals noch ein Neuling, ans Kleiststudium ging. Die Folge davon war ein nicht nur preisgekröntes, sondern auch preiswertes Werk, das 1884 zuerst und bald darauf noch ein paar Male erschien. […] Leider hat er als Dramaturg nicht nachgeholfen. Und doch stände sein Lessingtheater heute noch größer da, wenn es jetzt mit schauspielerischen Kräften, die aus Ibsens Tiefe und aus

Hauptmanns Lebensfülle kommen, den Kleistzyklus bringen könnte, den uns die Berliner schuldig bleiben.

Zur Vorbereitung für eine solche Kleistschau wäre nach Brahms überlegenem Buch auch das sehr viel breiter angelegte Werk eines jungen Schriftstellers zu empfehlen, das soeben erst erschienen ist. Der Verfasser heißt *Wilhelm Herzog* und wurde erst geboren, als Brahm für sein Kleistbuch schon den Preis erhielt. Im Vorwort dankt er Brahm etwas herablassend für dessen »vortreffliche Monographie«. Das Wort »vortrefflich« ist für Brahm nicht charakteristisch, denn man kann es im ganzen zur Not sogar auf Herzog selbst anwenden. Stellt man die beiden Bücher nebeneinander und denkt sich dahinter die beiden Verfasser, so schwebt die Szene zwischen Mephisto und Baccalaureus im zweiten Faust vor, bei der es auch ungewiß bleibt, nach welcher Seite die Sympathie hin schwankt.

*396*

*231. Thomas Mann an Wilhelm Herzog. München, 8. Dez. 1911*

Der Becksche Verlag hat mir in Ihrem Auftrage Ihren »Kleist« geschickt, – ich muß Ihnen endlich danken und Sie beglückwünschen zu Ihrem großen, guten Werk, bei dem ich schon manche schöne Stunde verbracht habe und noch verbringen werde, denn ich halte erst bei der Analyse des »Amphitryon«. Ich hatte eigentlich einen längeren Brief geplant, finde aber keine Ruhe dazu [...]. Nehmen Sie vorlieb. Eine Dichter-Biographie wie die Ihre gab es, glaube ich, bei uns noch nicht. Alles, was ich auf diesem Gebiete kenne, wirkt akademisch und unradikal im Vergleich damit.

*193*

*232. Herbert Ihering, Die 698 Seiten des Wilhelm Herzog. Die Schaubühne, 14. Dez. 1911*

Heute, wo jeder Reporter Tränen um Heinrich von Kleist vergießt, wo die scheinheiligsten eine Sühnewallfahrt zu seinem Grabe predigen, mußte Deutschland in der Ferne und in der Nähe, um sich des einundzwanzigsten Novembers würdig zu zeigen, auf ein Buch hereinfallen, das an seine sentimentalsten Gefühle appelliert [...] Denn Herzog ist nach keiner Seite etwas wert. Er ist philologisch oberflächlich. Über strittige Punkte gleitet er mit Sätzen hinweg, die entweder mit guter Meinung und sentimentaler Psychologie begründet oder mit zu geringen Unterlagen entschuldigt werden. Worin aber die Dürftigkeit dieser Unterlagen besteht, erfahren wir nicht. [...]

In endlosen Wiederholungen wälzen sich die kraftlosen Sätze dieser Biographie fort. Und Herzogs groteske Unfähigkeit, zu charakterisieren, hat es fertig gebracht, daß wir von Kleist, dem persönlichsten deutschen Dichter nur das typische Bild eines abseitigen Menschen erhalten. Weil Herzog nicht steigern, nicht gliedern, nicht konzentrieren kann, zieht das katastrophalste Leben an uns wie ein gemächliches Bürgerschicksal vorbei. Weil Herzog über keine einzige Dichtung Kleists etwas zu sagen weiß, das nicht mindestens im Keim schon bei Brahm, Schmidt und Eloesser gesagt wäre, erschöpfen sich seine ästhetischen Analysen in billigen Antithesen, pedantischen Motivverfolgungen und lyrisch-kitschigen Umschreibungen. Sie sind eine Fundgrube für Oberlehrer, die um Aufsatzthemen verlegen sind. *225*

*233. Heinrich Eduard Jacob, Ein Kleist fürs Haus. Deutsche Montags-Zeitung, Berlin, 15. Jan. 1912*

Wir haben, durch Herzog, die Geschichte Kleists; wir warten auf den, der, sie kennend, uns in Worten aus Felstrümmern und Seegischt den Mythos von Kleist bringen wird. Wie mag er ihn formen? Als Alexandreïs von Pella bis Babylon, aber mit weniger Gastmählern und mehr Schlachten? Als Argonautenfahrt, nach Kolchis hin und zurück, nur ohne goldenes Vließ? Als trojanischen Krieg mit einer für alle zerschmetterten Heimkehr? Für das Buch, das heute, fast dreivierteltausend Seiten stark, von Kleist spricht, ist es kein geringes Lob, wenn man von ihm sagen muß, daß es keine Perfidie, Idiotie, Faulheit enthält. Aber, o Wilhelm Herzog, was nützen Geradheit, Klugheit und Fleiß, wenn man, statt einen Stern zu bilden, eine Hauslampe schafft? So wenig Licht von einer oberen Glanzmasse erborgend, kann man ein Zimmer angenehm erhellen; die Aufgänge und Zertrümmerungen aber der Gestirne geschehen noch immer droben, in der silbernen Luft. *228*

*234. Franz Mehring. Die Neue Zeit, 18. Okt. 1912*

Im Kleinen wie im Großen stößt man in Kleists Leben auf den feindlichen Gegensatz zu der preußischen Reformpartei, den Herzog nur ganz beiläufig behandelt. Bei allen lobenswerten Eigenschaften seines Buches hat auch er sich noch nicht völlig frei gemacht von dem Grundfehler der bürgerlichen Literaturgeschichte, die Dichter in einem Wolkenlande wandeln zu lassen, wo sie die Pfeil' und Schleudern eines wütenden Geschicks zu tragen haben, statt sie als ringende Schwimmer im Strome ihrer Zeit zu schildern. *315*

*»Schwierigstes Problem der Literaturgeschichte«*

*235. Heinrich Meyer-Benfey, Das Drama H. v. Kleists. Göttingen 1911/1913*

Nicht als Bahnbrecher des modernen, sondern als *Vollender des klassizistischen Dramas* hat Kleist seine Stellung in der Weltgeschichte der Literatur, eine Stellung und Geltung, die von allen wechselnden Zeitströmungen unabhängig ist. Diesen seinen zeitlosen Wert beginnen wir heute, so scheint es, zu begreifen. Und so stehen wir ein Jahrhundert nach dem Ende seines sterblichen Daseins eben erst an der Schwelle seines unsterblichen Lebens. *322*

*236. Georg Witkowski. Zeitschrift f. Bücherfreunde, Juli 1911*

Um das Phänomen Heinrich von Kleist haben sich seit langem so manche unter den besten unserer Literarhistoriker gemüht. Aber mit den üblichen Mitteln der Biographie, der Stoff- und Stilgeschichte ist hier, wie der Augenschein lehrt, wenig auszurichten. Und deshalb sind alle auf diesen Wegen gewonnenen Einzelerkenntnisse für die eigentliche Lösung des Problems unzureichend geblieben. Weit mehr haben in diesem Falle die Outsider geleistet, nach Tieck besonders Hebbel und Treitschke. Es liegt in der besonderen Subjektivität der Kunst Kleists begründet, daß an ihr die Unzulänglichkeiten unserer literarhistorischen Methoden scharf beleuchtet zutage treten, jeder Sachkundige kann das bestätigen. Mir selbst ist es längst zur Gewißheit geworden, daß Kleist nur in verhältnismäßig untergeordneten Bedingtheiten seiner Gesamterscheinung auf philologisch-historischem Wege erfaßbar ist. *498*

*237. Ottokar Fischer. Euphorion 1911*

In der modernen Kleistforschung tut sich ein klaffender Riß auf, der die Parteien in zwei Lager scheidet: es handelt sich um eine Differenz, die tiefer reicht als die Frage nach Kleists historischer Stellung zur romantischen Schule, darum wird es gut sein, die entgegengesetzten Meinungen mit aller Schärfe zu konfrontieren. Es ist, als gäb es zwei Dichter mit dem Namen Heinrich von Kleist. Der eine ist derjenige, den Meyer-Benfey zeichnet; für diesen Kleist hat Rousseau umsonst gelebt; dieser Kleist ist ein klarer, zielbewußter Kopf mit klassisch großen und einfachen Plänen; kein Philosoph, sondern ein Bildner; einer, der das schafft, was er sich vorgenommen hat zu schaffen, nach einer vorgefaßten Idee, deren Einzelheiten ihm mit bewundernswerter Klarheit vor dem Bewußtsein stehen. Der andere Kleist ist jener herbe und süße, wilde und keusche, gestaltungsstarke und doch von Unbeschreiblichem stammelnde Dichter, der der Stimme seines dämonischen Gefühls nachtappend sich in unbewußter Freiheit und Lieblichkeit herrlich entfaltet und ein ahnungsvolles Dunkel über die komplizierten Gestalten und Probleme wirft, die er darstellt. Vielleicht wird die Zukunft lehren, welcher von diesen Namenskindern dem anderen zu weichen hat; vielleicht. *112*

*238. Jakob Minor. Berliner Tageblatt, 20. Nov. 1911*

Heinrich v. Kleist ist das schwierigste Problem der Literaturgeschichte, und je weiter die Forschung fortschreitet, um so schwieriger wird das Problem.

Wien, den 28. Oktober 1911 *506*

*239. Julius Hart, Das Kleist-Buch. Berlin 1912*

Auf dem äußersten linken Flügel der Kleistforschung steht heute der Mediziner-Ästhetiker, der die Tiecksche Frage, ob nicht vielleicht eine Krankheit im Geist des Dichters anzunehmen wäre, sehr radikal und entschlossen mit einem »Ja«

beantwortet, die unlösliche Zusammengehörigkeit von Genie und Irrsinn betont und die Kleistsche Natur als eine pathologisch durch und durch belastete nachweist. Die Seele dieses Künstlers ist ein Nest voll übler und böser Perversitäten. Auf dem äußersten rechten Flügel hört man nur bewundernde und preisende Stimmen, Stimmen einer mehr gefühlvoll-sentimentalischen als kritischen Betrachtung, die im Grund ahnungslos an den Problemen und dem so komplizierten Wesen dieser Kunst vorübergeht […] Hier ist Kleist eben zum »klassischen« Dichter geworden, und als ein deutsch-patriotischer Sänger, als Verherrlicher brandenburgisch-preußischen Ruhmes ein Poet, recht nach dem Herzen der Schule, des Hauses und der Familie, wird er gefeiert.

[…] Ich sehe in Kleist den Erwecker einer durchaus neuen Kunst, die im neunzehnten Jahrhundert sich in Keimen und Knospen überall durchbricht, über deren eigentlichstes Wesen aber noch große Unklarheit herrscht. *173*

*240. Robert Petsch, Die Kleistliteratur des Jubiläumsjahres 1911 (13)*
Kleist *lebt* – er ist mehr als ein höchst interessantes Forschungsobjekt; er lebt unter uns als einer der besten unseres Volkes, um dessen Verständnis und Erklärung sich Forschung, Schule und Bühne eifrig und allem Anschein nach mit schönen Erfolgen bemühen. *356*

### Zwei kleine Bändchen

*241a. Julius Bab. Die Schaubühne, 30. Nov. 1911*
Auf den gewaltigen Berg von Drucksachen, der zu Kleists hundertstem Todestage aufgehäuft worden ist, habe auch ich ein Steinchen getragen – ein sehr kleines Buch, das der Leipziger Verlag von Ernst Rowohlt herausbringt, und das betitelt ist: »Kleists Anekdoten«. In diesem Bändchen steht nichts von mir, stehen nur in sorgfältigem Abdruck fünfundzwanzig kleine Erzählerstücke, epische Miniaturen aus den »Berliner Abendblättern«. Diese Dinge stehen alle auch in der großen Ausgabe des Bibliographischen Instituts. Ich maße mir also keine Ent-

deckerehren an; es handelt sich nur um einen Versuch, Betonungen zu verlegen. Indem ich diese Stücke aus der größeren Masse, in der sie sich sonst verlieren, heraushebe, möchte ich den künstlerischen Wert und das menschliche Interesse betonen, das diesen wenig beachteten Kleinigkeiten innewohnt.

II

*241b. Franz Kafka. Entwurf einer Buchkritik*

Das ist ein Anblick, wenn die großen Werke, selbst bei willkürlicher Zerteilung, aus ihrem unzerteilbaren Innern immer wieder leben, dann vielleicht ganz besonders in unsere trüben Augen schlagend. Darum hat jede Einzelausgabe, welche die Aufmerksamkeit ein für allemal an ein Begrenztes hält, ihr tatsächliches Verdienst, gar wenn sie, wie diese Sammlung Kleistscher Anekdoten, eine neue Einheit respektiert und so den Umfang des Kleistschen Werkes förmlich vergrößert. Sie vergrößert ihn selbst dann, wenn wir alle diese Anekdoten schon kennen sollten, was aber zur Freude vieler durchaus nicht der Fall sein muß. Der Kenner wird es natürlich erklären können, warum manche dieser Anekdoten in verschiedenen Gesamtausgaben, selbst in der Tempel-Ausgabe [1910], fehlen; der Nichtkenner wird das nicht verstehn, dafür sich aber desto fester an diesen neuen Text halten, den ihm der Verlag Rowohlt in klarem Druck und ernsthafter Ausstattung (besonders das etwas getönte Papier scheint uns passend) für die Kleinigkeit von zwei Mark liefert. *239*

*241c. Julius Bab. Die Gegenwart, 8. März 1913*

Unter dem Titel »Heinrich von Kleists Gespräche« hat der Freiherr von Biedermann ein kleines Buch herausgegeben im Verlage von Hesse & Becker, das für jeden Liebhaber des größten deutschen Dramatikers von ungemeinem Wert ist. An diesem Buch ist nichts tadelnswert – als der Titel [...]

Dieser Band enthält nämlich für den, der mit Kleists Werken und Briefen vertraut ist, das gesamte Material, das die Wissenschaft bisher sonst noch zur Kenntnis Kleists besitzt. Alles was seine ersten Biographien nach mündlichen Berichten von Zeitgenossen notiert haben, alles was an Briefen und Tagebuchaufzeichnungen der Zeitgenossen selber zutage gekommen ist, was Familienarchive oder zeitgenössische Journale herausgegeben haben, all das ist in diesem Bande vereint. Wer dieses Buch gelesen hat, besitzt die Quellen zur Erkenntnis Heinrich von Kleists so vollständig, wie sie eben sonst nur der Gelehrte besaß, der sie mit dem Fleiß des Herrn von Biedermann von dreihundertsechzig verschiedenen Stellen zusammenholt.

12

*241d. *Flodoard Frh. v. Biedermann, Vorwort*. Leipzig 1912

Neues Material bringe ich nicht bei, dennoch dürfte die Zusammentragung des verstreut Gedruckten auch den intimeren Kennern des Gebietes willkommen sein. [...] Die nun doch ziemlich zahlreichen Urteile näher oder ferner stehenden Freunde und Zeitgenossen über Kleists Wesen geben jedoch kein einheitliches Bild und lassen in vielen Einzelheiten verschiedene Deutungen zu.

Der Leser wird also selbst kritisch zu prüfen haben, was er von den einzelnen Berichten zu denken hat, und sie je nach der Bewertung auf sein Gesamturteil wirken lassen. [...]     579

*Fälschungen, Mystifikationen, Fragwürdiges*

242a. *E. M. Öttinger, Ein Traum Heinrich von Kleists.* Charivari, *8. Jan. 1849*

Ich kenne eine geistreiche Dame, die das Glück hatte, Herrn von Kleist persönlich zu kennen. Sie war viel mit ihm in Gesellschaft und besitzt noch einige Reliquien von ihm. Sie sagt mir, Herr von Kleist sei ein stiller Gesellschafter gewesen, und oft habe er zwei Stunden lang in einem fort geschwiegen [...]

Dieselbe geistreiche Dame, welcher ich interessante Notizen über den großen Dichter verdanke, erzählte mir einst an einem schönen Juniusabende [in Potsdam] einen seltsamen Traum von dem Dichter des Käthchens, welcher ihn dieser Dame ebenfalls in Potsdam, acht Tage vorher, ehe er sich totschoß, erzählt hatte.

[In der ausgeführlich wiedergegebenen Traumerzählung befindet sich Kleist nachts auf dem Marktplatz einer ihm unbekannten großen Stadt. An einem dunklen Gebäude, in dem nur im 7. Stock ein trübes Lämpchen brennt, liest er ein Schild: »Hier gelangt man zum Magister Dunkelklar.« Vergeblich sucht Kleist, nachdem er sich u.a. durch Klopfen des Freimaurer-Akkords den Eintritt erbat, in der engen, dürftig möblierten Stube (auf dem Tisch liegt Byrons »Manfred«, 1818 erschienen!) nach dem Besitzer. Ihm ist, als ob eine Stimme aus dem Innern des Gemachs ihm zuriefe, er selbst sei der Magister Dunkelklar. In dieser von unaussprechlicher Angst begleiteten Gewißheit tritt er ans Fenster und sieht statt auf die Straße auf einen weiten Kirchhof, und ein Gefühl des Vergehens, der Auflösung bewältigt sich seiner; die Gräber samt den Leichensteinen verschwinden vor seinen Augen, ein verklärtes Himmelslicht mit dämmernden Gestalten umschwebt ihn; er hört Glockentöne und erblickt noch im Verschweben ein Mädchenbild, das ihm mit einem Sternenkranz naht: »ich versuchte noch, einen süßen Namen zu rufen, aber ich vermochte es nicht, denn alles versank plötzlich auf einen Zauberschlag und – ich erwachte.«]

352c

*Der Schriftsteller Eduard Maria Öttinger (1808–1872) war ein eifriger Sammler biographischer Daten, die er für eine Reihe bibliographischer Arbeiten (»Moniteur des dates« u. a.) verwendete. So mag ihm auch der obige, von ihm feuilletonistisch aufgeputzte Bericht zugekommen sein, dessen Authentizität allerdings höchst fragwürdig ist.*

243. *Karl Gustav Herwig, Neue Dokumente von und über Kleist. Die Weltbühne, Okt. 1921*

Die große Korrespondenz, die der gefangen gehaltene Dichter geführt hat, ist nur zum geringsten Teil in die Hände der Adressaten gelangt. Ein Teil wurde später an seinen Freund Geßner nach Bern gesandt, und mit Berner Kirchenakten kamen die Dokumente über Yverdon in das waadtländische Städtchen Orbe. Dort habe ich auf der Munizipalität unter Kirchenakten, die ich veröffentlichen wollte, den unverhofften Fund gemacht: ein Buch des französischen Dichters Rotrou: »Die zwei Sosias«, das Kleist mit handschriftlichen Bemerkungen und Übersetzungen versah und für seinen »Amphitryon« benutzte; eine Reihe von Briefen; und das Tagebuch eines literarisch dilettierenden Offiziers namens Meunier, der Kleist zu bewachen und zu verhören hatte und ihn möglichst der Spionage überführen sollte. *191*

*Herwigs an verschiedenen Orten auszugsweise mitgeteilte »Funde« haben sich eindeutig als Fälschungen und Mystifikationen erwiesen.* *228a*

243a. *Oskar Wald, Wahrheitsgetreue Berichte über okkulte Erlebnisse. Pfullingen 1926*

*Aus dem Tagebuch der Theresia M....* : Mitternacht ist schon vorüber, aber ich kann noch nicht an Ruhe denken. Bin so bewegt und erregt durch die heutige [spiritistische] Sitzung, die ziemlich lange dauerte, aufregend und anstrengend wirkte. [...] Also Kleist! Heinrich Kleist ist der neue hohe Geist, der sich herabläßt mit uns aus dem Jenseits zu verkehren. Und das Band, das ihn herzieht, stammt aus dem 15. Jahrhundert, wo er als Rosenplüt mir so eng verbunden gewesen ist. – –

*Oskar Wald an Hans Fischer. H....., den 15. Aug. 192..:* Wir hatten indessen wieder zwei Sitzungen mit dem Geiste Kleists. Ich gebe sie Dir im Wortlaut wieder. [...] Er führt sich meist mit, wie Reime klingenden, Sätzen ein, die gewiß Zitate aus seinen Werken sind. Zu unserer Schande muß ich gestehen, daß weder wir, noch Theresia, seine Werke besitzen. Wir haben aber sofort eine Gesamtausgabe bestellt, um nachschlagen zu können.

So führte er sich zum Beispiel bei der zweiten Sitzung am 1. August folgendermaßen ein: »Nun steht mir bei ihr Götter, ich bin doppelt, ein Geist bin ich und wandle zur Nacht!« Marie fragte, ob das ein Zitat aus seinen Werken sei, worauf er antwortete: »Ja! Schäme Dich! Hast kein Buch von mir. – Oskar hüte Dich vor meinen Fehlern! Wurde als Rosenplüt wegen Adelsstolz Demokrat und mußte darum als Kleist Junker werden. Strafe.« Ich fragte, ob seine Warnung meine politische Ansicht beträfe. Er schrieb: »Ja! Zu einseitig. Führer anerkennen, die es besser konnten. Regieren ist Tradition. Wegen eines Trottels nicht alle verdammen. In Staub mit allen Feinden Brandenburgs! Das paßte heute wieder. Von innen muß die Besserung kommen.« *469a*

*244a. Emil Schering, H. v. Kleists verschollener Roman. Berliner Tageblatt, 7. Aug. 1926*

Nach meiner Forschung bin ich überzeugt: erstens, *daß Tieck Kleists Roman erhalten hat;* zweitens, *daß dieser Roman kein anderer ist als* [Tiecks] *»Vittoria Accorombona«.* – Mein Material ist noch lange nicht erschöpft, doch glaube ich Beweise genug vorgebracht, Zeugen genug zitiert zu haben; ich will deshalb vorläufig schließen. Aber ich habe die Absicht, den Roman selbst neu herauszugeben, bei einem mutigen Verleger, als ein Werk *Kleists*, »bearbeitet von L. Tieck«, mit einer Fülle von Fußnoten. 394

*244b. Eduard Berend, Die Rechtfertigung des Toten. Berliner Tageblatt, 7. Aug. 1926*

Die kühne Hypothese Emil Scherings ist, wie mehrere ähnliche in jüngster Zeit aufgetauchte, dem sehr begreiflichen Wunsche entsprungen, ein verloren geglaubtes Literaturwerk wieder zutage zu fördern. Indessen bedürfen Gedanken, deren Vater der Wunsch war, ganz besonders sorgfältiger kritischer Nachprüfung; und einer solchen hält der Scheringsche meines Erachtens nicht stand. [...]

Angesichts dieses Fehlens aller äußeren Anhaltspunkte könnte nur eine ganz ausgesprochene *innere* Übereinstimmung des Romans mit Kleists Wesen überzeugen. Niemand, der das Werk unbefangen liest, wird eine solche entdecken; wohl aber wird er vieles gewahr werden, das stark gegen Kleists Autorschaft spricht. 394

*245a. [Alfred Jaffé.] Die Woche im Bild, Olten, 2.–23. Juni 1929*

*Vorbemerkung der Redaktion.* Wir beginnen heute mit der Veröffentlichung einer ganzen Reihe von kleineren, unbekannten Werken Heinrichs von Kleist. Schon das erste Stück »Die Reliquie« klärt den Leser auf über das Wesen dieser Dichtungen: Es sind Versuche eines Protestanten, in die katholische Geisterwelt des Mittelalters einzudringen, aber auch Versuche eines Romantikers, den Menschen seines aufgeklärten Zeitalters durch die Zauberkraft der Sprache jenes Grauen und jene Ehrfurcht vor unerklärlichen Dingen beizubringen, die Kinder beim Anhören eines gruseligen Märchens verspüren. [...] Dem

Leser wird es genügen, an Hand der hier erstmals veröffentlichten Dokumente zu erfahren, daß Kleist ein Mensch war, der mit einer seltenen Ehrlichkeit seiner Sympathie zum Katholizismus Ausdruck zu geben wagte. 230

*245b. Richard Alewyn, Klassiker in Pfaffendorf. Vossische Zeitung, 2. Aug. 1929*
Vor einigen Wochen wurde die literarische Öffentlichkeit alarmiert durch die Nachricht, daß mitten in der Schweiz, in Olten, wo man nach Bern umsteigt, in einer katholischen Familienzeitschrift unbekannte Novellen von Heinrich von Kleist aufgetaucht seien. Wir haben uns die Novellen kommen lassen. Sie zeichnen sich durch dreierlei aus: erstens durch eine unbeschreibliche Banalität, zweitens durch eine dick aufgetragene katholische Tendenz und drittens dadurch, daß sie nicht von Kleist sind. [...]
Wer ist wohl der glückliche »Finder«? Wir sind in der Lage darüber erschöpfende Auskunft geben zu können. Die Oltner »Woche im Bild« verwies uns an den evangelischen Geistlichen Alfred Petrus in Pfaffendorf bei Königstein an der Elbe. Wir haben aus Neugier an diese Adresse geschrieben und damit eine Lawine über unser Haupt beschworen. [...]
Postskriptum: Wir wie zuverlässig erfahren, ist der Klassiker von Pfaffendorf kein protestantischer Geistlicher, sondern ein Privatmann, und der Name Petrus ist sein Pseudonym. Im bürgerlichen Leben heißt er Jaffé, und er ist von Geburt weder protestantisch noch katholisch.
Nur einen teuflischen Verdacht wolle man gefälligst unterdrücken: Pfaffendorf ist kein Pseudonym, sondern heißt wirklich so. Und das ist wohl das einzige an der Sache, das wirklich echt ist. 1

## *Georg Minde-Pouet und der »Schutthaufen Kleist«*

*246. Wolfgang Goetz, Schutthaufen Kleist. Deutsche Zukunft, 30. Juni 1934*
Auf einem Abend der Berliner Germanisten-Kneipe sprach der unermüdliche *Georg Minde-Pouet* über neue Kleistfunde [...] Will man den reichen und bunten Inhalt dieses Berichts auf

eine Formel bringen, so wäre zu sagen: hier wurde angeklagt.
Angeklagt wurde die unbeschreibliche, die himmelschreiende
Trägheit, mit der das Andenken Kleists behandelt wird. Minde-
Pouet sagte klipp und klar: wir wissen ganz genau, hier, da und
dort liegen wichtigste Dokumente, aber man läßt uns nicht
darankommen. […] So wissen wir vom Nachlaß eines der
besten Freunde Kleists [Ernst v. Pfuel]. Es kann, so führte
Minde-Pouet aus, gar keinem Zweifel unterliegen, daß hier
eine große Anzahl allerwichtigster Kleistbriefe verborgen ist.
Wir kennen nur drei, deren Inhalt dazu noch ganz abseitig ist,
und es bedarf keiner gelehrten Spitzfindigkeit, um zu vermuten,
daß zwei intime Freunde sich nicht nur über einen ausgefallenen
Gegenstand unterhalten haben. Dort liegt auch die Selbstbio-
graphie des Mannes [Friedrich v. Pfuel], der mit Kleist die Reise
nach Österreich unternahm; die Dunkelheit, die bisher über dem
Zweck dieser Fahrt lagerte, lichtet sich jetzt: es ist mit ziemlicher
Gewißheit anzunehmen, daß er *in geheimer diplomatischer Mission*
reiste. Hier ist eine Fundgrube allerersten Ranges, deren her-
aufgeförderte Schätze viele weiße Flecken auf der Landkarte
des Kleistschen Lebens verschwinden lassen würden. Aber all
dies liegt brach. So ungern wir verzichten, wir könnten ja noch
ein paar Jährchen warten, allein es besteht die Gefahr, daß un-
verständige Erben eines Tages den ganzen Schatz als Altpapier
veräußern oder gar verbrennen. […]

Die Eltern jener vortrefflichen Greifswalderin [welche Minde-
Pouet ein unbekanntes Bild Brockes' gebracht hatte] besaßen
auch den Nachlaß von Brockes, der wertvolles Material enthalten
haben muß. Ein guter Freund nahm sich seiner an. Und verschwand. Minde-Pouet hat nach großen, abenteuerlichen Mühen
den Wackeren festgestellt. Aber er läßt sich nicht sprechen.

Man muß erwägen, ob der neue Staat nicht sich Rechts-
handhaben schnitzen soll, derartige Leute zur Veröffentlichung
ihres Besitzes, der ja ideell dem ganzen Volke gehört, zu
zwingen, ohne daß die materiellen Belange dieser Menschen
unbillig gefährdet werden. […]

Damit diese Zeilen nicht völlig in Moll verklingen, sei mit
der höchst erfreulichen Nachricht geschlossen, daß die große
Kleistausgabe, die Minde-Pouet nach dem Hingang seiner

Mitarbeiter Erich Schmidt und Reinhold Steig allein verwaltet, in großzügiger Weise vom Bibliographischen Institut um drei Bände vermehrt werden soll. Der gelehrte Apparat wird zusammengefaßt [...] Auch schweben noch Erwägungen, der Ausgabe einen Bilderatlas anzugliedern. Es braucht nicht gesagt zu werden, mit welchem Jubelgeschrei dieser Sonderband von uns begrüßt würde. *148*

247. *Kleists Werke. Illustrierte Ausgabe in 8 Bänden. Bibliographisches Institut, Leipzig 1938 (Prospekt)*

Er ist der große deutsche Dichter, in dem zugleich der national-politische Wille mächtig war. Deshalb ist sein Werk auch erst in unserer Zeit wieder lebendiger geworden, weil jeder empfindet, daß er heißeste Gegenwart gedichtet hat.

Die vorliegende neue Ausgabe trägt dieser Tatsache in allen Teilen Rechnung. Nicht in der prunkvoll überladenen Ausstattung oder in der mit Fußnoten und Zeilennumerierung bezeugten Wissenschaftlichkeit sucht sie ihre Bestimmung. Sie will dem *ganzen Volke* dienen: dem Wissenschaftler wie dem einfachen Volksgenossen. [...]. Da die Ausgabe neben sämtlichen Werken Kleists auch alle um zahlreiche neue Funde vermehrten Briefe enthält, stellt sie zugleich die vollständigste Kleist-Ausgabe dar.

Der Herausgeber, Professor Dr. Georg Minde-Pouet, ist einer der besten Kleistkenner und der Vorsitzende der Kleist-Gesellschaft. Durch ihn ist die wissenschaftliche Zuverlässigkeit und Vollständigkeit dieser Ausgabe gewährleistet. Er hat die Herausgabe der »Kleinen Schriften« in Band 7 einem jungen Kleistforscher Dr. Helmut Sembdner übertragen, damit die Ergebnisse seiner von der Universität Berlin preisgekrönten und von der Kleist-Gesellschaft zur Veröffentlichung übernommenen neuesten Untersuchung über Kleists »Berliner Abendblätter« bereits dieser Ausgabe zugute kommen konnten. Die ertragreiche Arbeit gestaltet das Bild der »Kleinen Schriften« wesentlich um. Der seit Jahrzehnten unverändert gebliebene Bestand wird nun zum ersten Male grundlegend neu geordnet und um zahlreiche neuerschlossene Beiträge Kleists vermehrt dargeboten. *257*

*248. John C. Blankenagel, In memoriam Georg Minde-Pouet. Monatshefte, Madison/Wisconsin, Okt. 1950*

Professor Georg Minde-Pouet, Bibliothekar, Gelehrter und Bibliograph, starb am 20. Januar 1950 in Berlin im Alter von 78 Jahren. [...] Trotz seines Alters, der schwierigen Lebensbedingungen und schweren Entbehrungen zeichneten sich seine letzten Jahre durch einen ganz besonderen Fleiß aus. Sie wurden getrübt durch die Zerstörung des Kleisthauses in Frankfurt an der Oder während des Krieges mit all seinen Sammlungen und der Bibliothek und durch den Abbruch des Kleisthauses in Thun. Betrübt schrieb er an den Unterzeichneten: »Der alte Fluch, der über dem Menschen und Dichter Kleist lag und ihn über den Tod verfolgt hat, wirkt auch jetzt noch weiter.« 40

# KLEIST UND SEIN WERK IM URTEIL
## DER NACHWELT

*Nekrologe*

*249. Jenaische Allgemeine Literatur-Zeitung, 7. März 1812*
Literarische Nachrichten: Nekrologe
Am 21. Nov. erschoß sich am heil. See zwischen Berlin und Potsdam der Dichter *Heinr. v. Kleist*.

*250. [Adam Müller.] Der Österreichische Beobachter, Wien, 24. Dez. 1811*
Heinrich von Kleist, durch großartige und originelle Versuche im Felde der *tragischen Dichtkunst* in Teutschland bekannt, und durch eine wahre Schönheit der Seele, wie durch aufopferndes Hingeben an alles Gute, Große und Gerechte, seinen wenigen Freunden unvergeßlich, hatte längst eine Art von Unbehaglichkeit unter den Umständen seiner Zeit empfunden. Seine teutschen Zeitgenossen waren ihres eigenen Urteils vielleicht nie weniger mächtig gewesen, als da seine Werke erschienen: man strebte nach Ruhe, nach gewissen bequemen Empfindungen, nach leichten schmeichelnden Berührungen des Herzens. Wie konnte *ein Dichter* gefallen, der selbst keines oberflächlichen Gefühls fähig, die Zukunft zu ergreifen, die Nation für den Schmerz zu erziehen, und für großmütiges Hingeben an das Vaterland und an die Freunde zu begeistern, also alle Wunden noch tiefer aufzureißen, mit jugendlicher Überschwenglichkeit unternommen hatte. Sein Publikum ließ das gut sein, der Dichter ward an die Seite gestellt, und wie alles Unbequeme, leicht vergessen. Dies hat ihm das Herz gebrochen, seine Kraft gelähmt, ihn getötet lange vorher, ehe er den verbrecherischen Entschluß faßte, den er zuletzt, nicht ohne Widerstreben seiner Natur, ausführte. –

*Siehe auch 23*

*251. Achim v. Arnim. Entwurf für Cottas »Morgenblatt«*

Kleist hat in seinen früheren Jahren die Achtung und Liebe seiner Regimentskameraden genossen, ebenso hat er in späterer Zeit, wo er einige Zeit unter dem nachmaligen Minister von Altenstein in Zivilgeschäften diente, das Lob und den Beifall desselben erworben, aus beiden Verhältnissen hat ihn nur der eigne Wunsch, seinen Dichtungen leben zu können, entfernt. Wenige Dichter mögen sich eines gleichen Ernstes, einer ähnlichen Strenge in ihren Arbeiten rühmen dürfen wie der Verstorbene; statt ihm vorzuwerfen, daß er der neueren Schule angehangen, wozu wohl kein Mensch so wenig Veranlassung gegeben wie Kleist, hätte man eher bedauern müssen, daß er keine Schule anerkannt, das heißt, nur in seltnen Fällen dem Hergebrachten und dem Urteile seiner Kunstfreunde nachgab, vielmehr seinem Eigensinne sich in dem Zufälligen ergab, was oft das Schöne und Tiefe seiner Erfindungen entstellt; die Festigkeit, mit der er das Schicksal seines Lebens lenkte, erklärt diesen Eigensinn sehr leicht, der sich in den Widerwärtigkeiten seines Lebens durch das Gefühl der inneren Kraft, mit der er sie ertrug, noch vermehrte. *255*

*252. Fouqué. Erholungen, Thüring. Unterhaltungsblatt. Januar 1812*

Abschied von Heinrich von Kleist
Zu gleicher Zeit der ersten Waffen froh
An Rheines Ufern, zwischen Kriegsgewittern
Und blüh'nder Rebenlauben Herrlichkeit, –
In gleichen Tanzgewinden jünglingshell, –
Aufglüh'nd in gleicher Dichterlust, mein Heinrich,
So standen wir, nun fest im Männerbund
Die treue Hand uns drückend, unsre Lieder
Einander, goldnen Wechselpfeilen gleich,
Entgegensendend in die freud'ge Brust.
Nun kommt – nach neuen Klängen sah ich aus –
Nun kommt von Dir herüber Todesklang!
Und wie Du oft belebend süße Zähren
Ins Auge mir gelockt, rufst Du den Quell,
Den bittern, schmerzlichen des Scheidens auf.
Gut' Nacht! Und Gottes treue Huld mit Dir!

Die Sängerkrone muß Dir Deutschland flechten,
Die Deinem Hügel ziemt. Den Kriegergruß,
Der sonst mit dreimal ernstem Waffendonner
Versuchter Kämpfer edle Ruhstatt ehrt,
Den nimm von mir. Ich trockne mir das Auge,
Mit Männerernst hintret' ich an die Gruft,
Und rufe dreimal: Feuer! wie ein Kriegsmann,
Wo Du, mit Deinen kühnen Heldenbildern,
Du edles Feuer, in die Erde sankst.
Fahr wohl, Du mein Genoß in Kampf und Lied!

Es sei für diejenigen hier bemerkt, die noch *keine* Kunde davon haben: *Heinrich von Kleist,* dieser originell-kühne, feurige, deutsche Genius, hat am 21. November 1811 diese Welt verlassen. Indem wir die Motive zu seinem Tode, wie die Art desselben, als noch nicht genugsam erörterten Gegenstand übergehen, weisen wir auf die ausgezeichneten Produktionen seines Geistes hin; wozu wir (als uns bekannt) seinen *Zerbrochenen Krug, Käthchen von Heilbronn* und die *Erzählungen* in 2 Bänden zählen.

Die Redakt. 121

## Der Sänger der Freiheitskriege

*253a. Ernst v. Pfuel. Spenersche Zeitung, 13. März 1813*

Ich habe durch den Herrn Buchhändler Hitzig die Herausgabe der Ode: Germania an ihre Kinder, veranlaßt, die von Heinrich von Kleist im Jahre 1809 gedichtet, bis daher noch nicht im Druck erschienen war. Ein hoher Moment von Begeisterung erzeugte diese schöne Ode, und darum wird Begeisterung von ihr ausgehen. E. v. Pfuel. 523

*In der Folgezeit fand Kleists Ode und sein »Kriegslied der Deutschen« durch eine Anzahl voneinander unabhängiger Drucke in Flugblättern, Liederbüchern und Zeitschriften weite Verbreitung.* 582b

*253b. Überlieferung (Th. Mehring 1895)*

[Germania an ihre Kinder:] Dieses verkleinerte Seitenstück zur »Hermannsschlacht« ist aber, was wohl auch der Erinnerung wert sein dürfte, nach der Schlacht bei Leipzig tatsächlich zum öffentlichen Vortrage auf der Bühne gelangt, nämlich in *Bremen*, nach dem Abzuge der Franzosen, Sonntag den 15. November 1813 (angekündigt als »Ode von H. v. Kleist, vorgetragen von Madame Kupfer«). 522

*253c. Franz Passow u.a. [Hrsg.], Vaterländische Gedichte vom Jahr 1813. Königsberg 1813*

Die beiden, in lichten Flammen auflodernden Gedichte [Germania-Ode, Kriegslied] des nie genug zu preisenden, in der unergründlichen Tiefe eines heilig glühenden Herzens zu früh untergegangenen *Heinrich von Kleist*, sowie den Vaterlandsgesang des mannhaften *Arndt*, die noch keine ähnliche Sammlung zieren, haben wir in die unsrige wieder aufzunehmen um so weniger Bedenken getragen, je inniger sie in Zwecke und Gesinnung mit unsern eigenen Versuchen zusammenstimmen.

584, S. 302

*254. Friedrich von Gentz an Metternich. Freiburg, 16. Jan. 1814*

In jedem andern Kriege und gegen jeden andern Feind wäre der Widerspruch in unserm Verfahren durchaus nicht zu entschuldigen. Wir haben es zum Glück mit einem Feinde zu tun, gegen welchen man in der jetzigen Meinung der Welt *nie im Unrecht sein kann*. Die Welt denkt und sagt wie *Kleist* im Jahr 1809:

Schlagt ihn tot! – das Weltgericht
Fragt euch nach den Gründen nicht. 142

*255a. [Adam Müller?] Zu Kleists »Letztem Lied«. Friedensblätter, Wien, 8. Juli 1815*

Wenn auch der Klageton des nachstehenden Liedes fremd in dem Jubel unser triumphierenden Zeit klingt, so mahnt es doch an etwas, das nie vergessen werden soll, an das Gedenken der Schmach und Schmerzen, durch die der Sieg geboren werden mußte! – Die Erinnerung an jene Zeit wird den Dank des wieder erstandenen Vaterlandes immer neu entflammen, die Freude und die Schätzung seiner jugendlich reichen Kräfte steigern, dem unglücklichen Sänger aber, der nicht den Sieg

erleben sollte, der in den Tagen der Heimsuchung, als eines der teuersten Opfer, verzagend fiel, indem er ungeduldig – davon ging, ihm wird die Erinnerung an jene Zeit ein billiges Bedauern zollen. –
*340*

*255b. Fouqué. Zu Kleists »Letztem Lied«. Frauentaschenbuch für das Jahr 1818*
Ein ernster Nachklang aus einem früh von der Erde geschiedenen Leben! Mögen wir dabei abermal bedenken, was Gott seitdem an uns getan hat (es kann nie oft genug geschehen!), und mögen die edlen deutschen Frauen des edlen unglücklichen Sängers Grab mit neuen Blumen der Erinnerung bekränzen.
*123*

*256. Goethe. Tagebücher 1813/1817*
*3. Juni 1813*. Mit Dr. Schütz [Stephan Schütze] spazieren gefahren. Persönlichkeiten der deutschen Literatur. Kind, Langbein, Kuhn, Kleist. Rhetorische Technologie.
*15. Febr. 1817*. Abends John; am Schutzgeist [dramatische Legende von Kotzebue] gearbeitet. Käthchen von Heilbronn.
*147*

*258. Jean Paul, Vorrede zum »Museum«. 1813*
Was die poetischen *Un-* oder *Mißformer* im guten Sinne betrifft, so wissen diese recht gut, daß ein Musenpferd durch einige Auswüchse und Bastardglieder ein geniales werde, und sorgen daher für letzte zuerst [...] Daher nennen sie sich, wie z. B. der dramatische Kleist, mit noch mehr Recht Shakespearens Jünger, als sich in London die jungen Shakespeare's boys hießen, welche damals, als noch der große Dichter vor dem Schauspielhause den vornehmen Zuschauern die Pferde hielt, als dessen Unterdiener im Pferdehalten von ihm angestellt und besoldet wurden.
*233*

\**258a. Franz Passow an Johanna Victoria v. Voigt. Jenkau, 9. Jan. 1813*
In so bewegten Zeiten sind mir besonders Kleists und Fouqués Dichtungen wahre Bücher der Erbauung und der religiösen Verehrung geworden. Über Kleists Erzählungen bin ich nichts weniger als Ihrer Meinung, indem mich die

sittliche Gründlichkeit und Klarheit in jeder derselben wahrhaft entzückt hat; einen so tiefen Blick in die verworrensten Abgründe, die dem Herzen wie dem Geschick des Menschen drohn, habe ich in so kunstlos schönem Gewande noch nie gefunden; die Marquise von O., die heil. Cäcilia und Kohlhaas scheinen mir besonders groß und herrlich gedacht, das Erdbeben in Chili, der Zweikampf, die Hochzeit auf Domanze [!] und einzelne Stellen im Findling sind von unwiderstehlichem und würdigem Effekt. Körners Toni mag ich gar nicht nennen hören: so viel Scheu haben die Berliner denn doch vor Kleists Namen gehabt, um dies Produkt genugsam auszupfeifen; Kleists Käthchen von Heilbronn scheint mir tief unter der Erzählung zu stehen, der Ausführung nach ist es vollends nur Brouillon, aber ein mächtiger Geist regt sich unverkennbar auch darin. Sein zerbrochener Krug hat auch gedruckt ebenso sehr erfreut, wie gespielt, aber freilich mich auch an die bodenlose Gemeinheit des Weimarschen Parterres neu erinnert [Passow war am 2.3.1808 in der Uraufführung gewesen, s. L 239c]. Über die Katastrophe dieses edlen Geistes ist mir nichts Näheres bekannt geworden (glücklicherweise auch die Schändlichkeiten des Stuttgardter Pasquinos [s. 24] nicht), aber ich möchte recht viel davon wissen; denn denkwürdig und belehrend muß ein solches Ende eines solchen Mannes gewiß sein; eine Erzählung in seinem eignen strengen und schonungslos gerechten Stil.

*583*

*259a. [O. H. v. Loeben.] Deutsche Worte über die Ansichten der Frau v. Staël. Heidelberg 1814*

Fouqué ist aber nicht der einzige Dichter von Bedeutung, den Frau v. Staël hier [in ihrem Buch »De l'Allemagne«] übergangen hat. Eine Natur von großem praktischem Talent für das gegenwärtige Theater war der zu früh und zu unglücklich untergegangene Heinrich von Kleist. Der sinnlichen Naturkraft und dem gestalteten Irdischen mehr, als dem inneren Leben zugewendet, erfreuten sich seine Dramen einer großen historischen Wahrheit, einer kecken Bemächtigung des Lebens und einer freien Darstellung, die ihn, bei einem tieferem Studium, mehr, als irgendeinen der deutschen Dramatiker, zu einem

Nachfolger Shakespeares geeignet haben würde. Seine Stärke war mehr das Gewordene, als das Werdende, mehr die Erscheinung, als die Bedeutung; mehr keck und fleißig zugleich war er in Umrissen und Zeichnung, bedeutend im Gruppieren, als seelenvoll im Ausdrucke; entwickelnd und groß, aber nicht weiblich wie die Natur; mehr schien er dem antiken, als dem romantischen Stile verwandt, fast zu los von beiden ergriff er wohl oft das Moderne. Er war ein Kenner und Freund der französischen Literatur, und hätte schon als Verfasser des Amphitryon nach Molière die Aufmerksamkeit der Frau v. Staël auf sich ziehen müssen. Die ästhetischen Gründe ihres Stillschweigens sind um so rätselhafter, da sie an dem von ihm und Ad. Müller gemeinsam herausgegebenen Phöbus teilnahm, und schon von daher diesen ausgezeichneten Dichter kennen mußte, wie sie ihn ja auch, soviel wir wissen, persönlich gekannt. Es ist liebevoller, seinen Tod, als sein Leben zu verschweigen! Im folgenden Kapitel, das von den *Komödien* handelt, ist ebensowenig von einem seiner Stücke die Rede. Der zerbrochene Krug, das Käthchen von Heilbronn, das Fragment von Robert Guiscard usw. gehören doch zu dem Besten, was wir haben. [...]

Da Heinrich von Kleist, de la Motte Fouqué, L. A. v. Arnim, Clemens Brentano unter den Dramatikern nicht genannt worden, so war es doch wohl der poetischen Gerechtigkeit gemäß, sie hier als Verfasser ausgezeichneter Romane und Novellen zu nennen. [...] Die vorzüglichen Werke der Deutschen in ihrer Verschiedenheit sind ebenso viele Zeugen des vielseitigen Strebens unserer Literatur, und Werke, wie die von Arnim, Fouqué, W. v. Schütz, Rostorf, Heinrich v. Kleist, Maler Müller und so *vieler* andern unerwähnt lassen, heißt ganze Seiten derselben vernachlässigen. *292*

*259 b. Graf Loeben an Helmina v. Chézy, 30. Juli 1814*

Sie erinnern sich einer Stelle des Werkes, wo ich über Heinrich von Kleist gesprochen habe. Ich hoffe, daß ich das Wort *und faltenwerfend* (wie die Natur) ausstrich; vielleicht hab' ich es auch vergessen, dann tun Sie es noch. *365*

## Im Brockhaus von 1815

*260. [Adolf Wagner.] Conversations-Lexikon. Brockhaus, Leipzig 1815*

Kleist (Heinrich von). Von dieses Dichters äußerm Leben ist außer seinen Kriegsdiensten am Rhein, mit seinem vortrefflichen Freunde Fouqué, seinem Aufenthalt in Dresden, und endlich seinem, im Verein mit seiner Freundin Adolphine Sophie Henriette Vogel, geb. Keber, am 21. Nov. 1811 in einem nahe bei Potsdam gelegenen Gehölze vollzogenen Selbstmorde, in der Blüte der Jahre, der Dichtkunst und der Liebe, nichts Erhebliches bekannt. Dies nun ist bei Männern dieser Art eben nicht zu beklagen, da sie mit ihrem innern Sein zahlen. [30a] Denn eine Eigentümlichkeit der Erfindung, ein ungemeiner Schwung und Flug der Phantasie, ein tiefes zartes Gefühl, das mit holder Gemütlichkeit sich den Gegenständen hingibt, und liebend auf ihnen verweilt, eine seltene Kraft und Gesundheit der Charakteristik, die des Plastischen sich erfreut, ja eine nicht gemeine Ironie, und überhaupt eine sprudelnde Lebensfülle verraten seine Werke. *58*

## Ein Gespräch über Kleists Dichtergabe

*261a. Fouqué, Ein Gespräch über die Dichtergabe Heinrichs v. Kleist. Morgenblatt, 1./2. März 1816*

Der Abend, welcher von einer Gesellschaft geistreicher Männer und Frauen wöchentlich einmal für den engern dichterliebenden Kreis, den sie untereinander bildeten, ganz ausschließlich, bestimmt war, dämmerte wieder vertraulich herein, und alle Teilhaber sammelten sich in Amaliens Zimmern. Die Wirtin leuchtete heute in erhöheter Liebenswürdigkeit; man hatte sie kaum je so klar und heiter gesehen [...] Nicht lange währte es, so hatte der junge Künstler [Adelphus] sein altes Recht behauptet, und durch freundlich neckende Worte Amalien dahin gebracht, daß sie mit einiger Heftigkeit gestand, es sei keinesweges eben die Gesellschaft, welche sie so heiter stimme, sondern vielmehr ein kurz vorher gelesenes Buch. [...]

»Gebt Euch nicht damit ab, ihr ein Geheimnis entlocken zu wollen«, sagte Elise, »sondern hört lieber auf eine Klage, die ich Euch ganz offenbar und ungefragt über ein Buch vorbringen will, das mich heute ordentlich recht in Ärger gesetzt hat, ja ich möchte behaupten, in Zorn. [...] Ich habe nämlich das Käthchen von Heilbronn gelesen.«

Auch Friedebert ward ernst. Er sahe eine Zeitlang wehmütig vor sich hin. Endlich entgegnete er mit leiser Stimme: »Soviel ich weiß, habe ich niemals das Käthchen von Heilbronn bei Ihnen eingeführt.«

»Nicht?« sagte Elise. »Das heißt wohl nicht ein Gedicht einführen, wenn man der Freundin immer davon vorredet, wie es ein edler Dichter als Schoßkind im Herzen getragen habe, als die Erscheinung der himmlischen und dennoch im wahrhaften Leben vollkommen begründeten Liebe, die er in unendlicher Sehnsucht vergeblich auf Erden suchte, und nur in seiner glühenden Phantasie, und vorzüglich in diesem, diesem *einen* Bilde fand, – und dann –«

Elise hielt unwillig inne. Amaliens schönes Auge perlte von milden Tränen, die sie aber schnell und unbemerkt zu verbergen wußte, und das um so leichter, da alle mit ernster Aufmerksamkeit auf Friedeberts Antwort acht gaben.

»Was ich Ihnen gesagt habe«, erwiderte dieser, nach einigem Schweigen, »ist und bleibt meine heilige Überzeugung; aber ich redete von dem Bilde, das Heinrich Kleist im Herzen trug, nicht von dem, welches er mangelhaft auf das Papier brachte. [...] Aber keine noch so hochweise Kritik, die da sehr wohl weiß, das Kunstwerk dürfe nie durch die Individualität des Künstlers entschuldigt werden, soll uns Dichterfreunden das Recht und die Gaben rauben, aus der verfehlten Zeichnung den göttlichen Gedanken herauszuahnen, welcher dem sehnenden Gemüte des Künstlers vorschwebte, und diesen Gedanken festzuhalten und zu lieben, mit aller Innigkeit eines Herzens, das überhaupt die Liebe kennt. [...] Daß ein feuriger Künstlergeist das Gute noch immer zum Bessern, das Beste zum Überbesten treiben will, und so, sich selbst überflügelnd, die reine angeborne Schönheit seines Schwunges entstellt, – ist denn das eine so unerhörte Erscheinung? Heinrich Kleist erinnert mich oft an

Vater Klopstocks Ode, wo ein Jüngling die nordische Grazie Nossa gegen seines Gefährten allzuraschen Eislauf in Schutz nimmt.

> Töne nicht vor! Ich dulde das nicht!
> Mit zu schnellem Flug
> Scheuchest du Nossa weg! [...]

»Oh, daß ein kunstverwandter Freund unsern Heinrich so hätte warnen dürfen! Sein liebes Käthchen von Heilbronn wäre der Liebling aller deutschen Frauen und Jungfrauen geworden!«

»Ich habe Sie diesmal nicht ganz so klar verstanden, als sonst, lieber Friedebert«, sagte die kleine Ludmille, »aber es wehte durch ihre ernsten Worte dennoch etwas hin, das mir viele Freude machte, und mir vielen Mut gab. Ja, nun will ich es nur ganz offenherzig gestehen: als Elise während dem Lesen und nach dem Lesen so sehr über das arme Käthchen schalt, ist es mir recht ans Herz gegangen. Es kommen zwar ordentlich häßliche Reden und Taten in dem Gedichte vor, aber da kann ja das Käthchen nicht dafür, sondern nur die häßlichen Leute, mit denen es allzumal umgeben ist. Schenkt es ja doch alles, was sonst den Menschen auf Erden teuer und wert ist, in reiner unschuldiger Liebe weg, und wer das arme Kind nicht in seine Burg aufnehmen will, mag es doch draußen wohnen lassen, wo der zwitschernde Zeisig in den süßduftenden Hollunderbüschen sich sein Nest gebaut hat. Das mußte ja selbst der eitle, mattherzige, grobe Graf Wetter vom Strahl verstatten [...] und lange, bevor er wußte, daß es eine Kaisertochter war. Aber mochten die Menschen das Käthchen schelten und bedrohen und es gar schlagen wollen, – ein Engel Gottes waltete über dem armen Kinde, und alles ging dennoch herrlich hinaus, und das dumpfe Volk ringsumher, Kaiser und Bräutigam mit eingerechnet, wird gewiß am Ende nicht gewußt haben, wo es mit seinen blöden Augen hin sollte vor der frommen Herrlichkeit der Prinzessin Katharina von Schwaben.« Ludmille schwieg erschöpft, und trocknete sich die lieben blauen Augen.

»Ich hatte mir vorgenommen«, sagte Ferdinand nach einer Weile, »noch etwas ausnehmend Kluges zu Markte zu bringen über die wundersame Gründlichkeit, mit welcher Heinrich Kleist in alle Einzelheiten der kühn ersonnenen Fabel eingegangen ist, aber wahrhaftig: eine Kritik des Käthchens nach Ludmillen anheben, hieße eine Ilias nach dem Homer schreiben.« [...]

»Wenn du, lieber Ferdinand«, hub Willibald an, »die strenge Tiefe und Gründlichkeit unsers Dichters preisen willst, brauchst du eben nicht bei dem Käthchen von Heilbronn stehen zu bleiben; vielmehr, ob sich gleich dieser Charakterzug Heinrichs von Kleist auch hier, wie in allen seinen Werken, wiederfindet, offenbart er sich dennoch unendlich herrlicher und klarer in einer Dichtung von scheinbar ganz entgegengesetztem Streben, in einer Dichtung, der man zur Vollkommenheit fast nichts wünschen dürfte, als einen andern Gattungsnamen.«

»Und als das Weglassen eines einzigen Verses«, setzte Friedebert sehr ernst, beinahe strenge, hinzu.

»Ganz recht«, sagte Willibald. »Und ich sehe daraus, wie wir ganz und gar über dieses kühnste und launigste und glücklichste aller niederländischen Gemälde einig sind, über diesen *zerbrochnen Krug*, der als komisches Idyll nach meiner Überzeugung nie genug zu loben steht, obgleich er als Lustspiel schon einmal auf der Bühne große Fatalitäten auszustehen hatte, und vielleicht nicht ganz mit Unrecht.«

»Das käme noch darauf an«, sprach Friedebert. »Was mich betrifft, ich fasse es nicht, wie ein gut dargestellter Richter Adam irgendein Herz kalt lassen könnte mit seinem komischen Selbstbewußtsein böser Dinge, und dennoch mit der wahrhaft heroischen Standhaftigkeit, die ihm gleich nach jeder verlornen Position unmittelbar zu einer andern verhilft, schlecht oder gut, das gilt ihm gleichviel, aber er wehrt sich darin bis auf den letzten Mann, und macht dabei zum schlechtesten Spiel die allerlustigste Miene, ja, seine angeborne Lustigkeit wallt oftmalen im ganzen Ernste auf, und macht die Anschläge seiner Verfolger zunichte, bis er denn wirklich am Ende in rettungslose Flucht gedrängt wird; aber auch die ergreift er mit einer Art von Entschlossenheit, mit der klaren Erkenntnis, hier sei nun nichts andres mehr zu tun, und wer denn doch einmal laufen müsse, laufe besser gleich, als zu spät, – o man könnte Kriegsregeln aus diesem Adam ziehen!«

Und alsbald fing er an, mit großer Lust und Fertigkeit Stellen aus diesem trefflichen Adam herzusagen, und Adelphus fiel so mimisch gewandt, jetzt als Schreiber List [!], jetzt als die zürnende Frau Marthe, oder als der gesetzte, besonnene Gerichtsrat ein, daß beide Deklamierende samt allen Zuhörern eine lange Zeit von dem Ergetzen an diesem Spiele gar nicht loskommen konnten. [...]

»In der Tat«, sagte er [Willibald], »ich finde es jetzt unbegreiflich, daß der vortreffliche Richter Adam auf der Bühne kein Glück machte. Sollte es an dem Schauspieler gelegen haben? Und nur an dem Schauspieler ganz allein? Oder wo liegt der Fehler in der Dichtung?«

»In einer großen Vortrefflichkeit derselben, welche du, lieber Freund, noch vor kurzem verdientermaßen gerühmt hast«, entgegnete Ferdinand. »Die strenge, liebevolle Gründlichkeit, womit Heinrich Kleist seinen Gegenstand durch und durch erschöpft, und keinen einzigen Standpunkt der möglichen Beleuchtung unausgesprochen lassen kann, – eben diese seltne Tugend, welche unsern Dichter nie und am wenigsten bei dem zerbrochnen Krug verlassen hat, gehört weniger auf die Bühne als ins Lesegemach, und in diesem Sinne meine ich auch, daß du schon vorhin unsern vielgeliebten Richter Adam lieber in einem komischen Idyll sehen wolltest, als in einem Lustspiel.«

Friedebert nickte beifällig, meinte aber doch, er könne deshalb an einer gelungnen Aufführung dieser Dichtung nicht verzweifeln.

»Seltsam, sehr seltsam!« sagte Willibald nachdenklich. »Derselbe Dichter, welcher vorhin des sich selbst Überfliegens angeklagt wurde, muß nun den Tadel einer allzubesonnenen Gründlichkeit erleiden; und was noch seltsamer ist: in beidem geschieht ihm vollkommen recht. – Aber gerade hierin spricht sich die wunderbare Mischung oder vielmehr Vereinigung scheinbar entgegengesetzter Gemütskräfte aus, vermöge welcher Heinrich Kleist zu einem Dichter von ganz eigentümlicher Größe berufen war. Wie man mit vielem Grund die Maler neuerdings nach ihren verschiednen Strebungen als musikalische, plastische, ja sogar pittoreske bezeichnet hat, so können wir Heinrich Kleist um jener unermeßlichen Gründlichkeit und Verständigkeit willen einen juridischen Dichter nennen, und doch mögt ihr ihn billig auch einen Dichter der glühendsten Liebe heißen. Und eben darum gährte es so lange in ihm, und gährte gewaltig, bis das edle Gefäß zersprang, ehe noch der begeisternde Wein, den es enthielt, zu seiner vollen Kraft und Klarheit gelangen konnte. Denkt euch, was sein ›Michael Kohlhans‹ [!] für eine Dichtung hätte werden müssen! Denkt euch, wenn es wäre ausgeführt worden, nicht nur in den Kurfürstlichen, sondern auch in durch Heinrich gedichteten Kohlhansschen Aktenstücken, dies wunderbarlichste Ringen, wo von einer Seite die gesetzlichste Form die ungerechteste Sache, von der andern Seite die außergesetzlichste Form die gerechteste Sache verficht!«

»Oder lieber noch«, fiel Friedebert ein, »lieber noch denkt euch, welch ein Ganzes sein *Robert Guiskard* gewesen sein muß, dieser Kampf des gesunden Heldengeistes wider den totkranken Leib, und dennoch der Heerführer immer die Seele des ermatteten, murrenden, sterbenden, aber begeisterten Heeres! – Und denkt, daß dieses Gedicht vollendet dastand, und nur dem Zorn, vielleicht *einer* unmutigen Stunde, von der Hand des edlen Unglücklichen selbst geopfert ward, und wir nun unter den Trümmern umhergehen, wie unter den Ruinen edler Burgen, welche die Überkraft des deutschen Volkes selbst zerstörte, und nur ahnen können und erraten, wieviel der Herrlichkeit und Kraft hier gewohnt hat und wieviel der süßen Liebe –«

»Ja, nun kommen Sie auf die alten Burgen«, unterbrach ihn Amalie. »Nun wissen wir schon, wo es hingeht. Oder vielmehr: weder Sie noch wir wissen es eigentlich mehr.« – Friedebert schwieg plötzlich, und sah etwas unzufrieden vor sich nieder. Ein erinnernder Blick Elisens, ein bittender aus den Augen der kleinen Ludmille flog der schönen, launischen Wirtin entgegen.

»Nein«, sagte Amalie lächelnd, »Ihr braucht mich heute gar nicht zu hofmeistern; mir tut es schon ganz von selbst im Herzen leid, daß ich unsern guten Friedebert vielleicht gekränkt habe. Es war in der Tat nicht böse gemeint, lieber Minnesinger.«

Leicht versöhnt, drückte Friedebert einen Kuß auf die dargebotene schöne Hand, und sagte: »Sie meinen es niemals und mit niemandem böse, liebe Amalie.«

»Freilich nicht«, entgegnete sie, »aber heute ist es doch viel anders und besser mit mir bestellt, als gewöhnlich. Das Wesen, welches einige von Euch meinen argen Dämon zu nennen pflegen, hat sich für diesen Abend seiner Macht ganz und gar begeben, und zwar vor dem Friedensgruß eines Dichters, und dieser Dichter ist der eben jetzt so vielfach besprochne Heinrich von Kleist. Weil ihr aber alle mit inniger Liebe von ihm geredet habt, seid ihr es auch wert, daß ich euch die Bilder erneue, welche so heilbringend in meinen Geist hineinlächeln.«

Und sie nahm Heinrich Kleists Erzählungen zur Hand und las die Legende von der heiligen *Cäcilia,* und las das *Bettelweib von Locarno,* und zum Schluß das *Erdbeben* von Chili, und in den edlen Kometenwein, welchen man, das Andenken des Dichters feiernd, aus hellen Gläsern trank, fiel manch eine heiße, aus dem Herzen entquillende, Träne. *122*

*Fouqué schildert hier den Freitag-Lesekreis bei Marie von Kleist (=Amalia) mit seinen Teilhabern: sich selbst als den »Minnesinger« Friedebert, Ernst v. Pfuel als Adelphus, Wilhelm v. Schütz als Ferdinand usw. (Vgl. 76.)* *419*

261b. *Fouqué. Zeitung für den Deutschen Adel, 9. Juni 1841*

»– – – – In Euerm Kopf liegt Wissen
und Irrtum wunderlich gemengt beisammen.
Mit jedem Schnitte gebt Ihr uns von Beiden.«

Diese Worte, die der verewigte Heinrich von Kleist in seinem humoristischen Lustspiele: »Der zerbrochene Krug« den Gerichtsrat zu dem verwunderlichen Dorfrichter Adam sprechen läßt, passen, gleich jedem echten Dichterwort, auf mannigfache Erscheinungen in der Welt. […] *128a*

## Vor Tiecks Edition

262. *K. W. F. Solger an seine Gattin. 30. März 1817*

Tieck las uns beim Tee einen nachgelassenen Anfang einer Tragödie von Heinrich Kleist, betitelt Robert Guiskard, vor.

Ich hörte das Fragment mit tiefer Bewunderung und ebenso tiefer Trauer um den Verlust des Ganzen und des Dichters, und wir waren einig, daß es, in gleicher Schönheit vollendet, nicht allein Kleists Meisterstück, sondern eins der größten Werke deutscher Kunst geworden sein würde. *425*

*263a. Solger an Tieck. 4. Okt. 1817 (gedruckt 1821)*

Ich gestehe, daß ich anfänglich gegen Kleist das Mißtrauen hatte, welches uns jetzt wohl gegen jeden angehenden, und die Töne der Zeit stark anschlagenden Dichter natürlich ist. In der Penthesilea, in Käthchen von Heilbronn fand ich immer ein sehr hervorstechendes poetisches, aber wenig eigentlich dramatisches Talent. Was ihn mir den Dichtern der Zeit gleichstellte, war der große Wert, den er auf gesuchte Situationen und Effekte, und besonders auf den Gehalt einzelner Charaktere legte, wie auch ein absichtliches Streben, über das Gegebene und Wirkliche hinwegzugehen, und die eigentliche Handlung in eine fremde, geistige oder wunderbare Welt zu versetzen, kurz, ein gewisser Hang zu dem willkürlichen Mystizismus, der am Ende mehr interessant als wahr und tief sein will. Was ihn mir dagegen weit über unsere Dichterlinge erhob, das war sein tiefes und oft erschütterndes Eindringen in das Innerste des menschlichen Gefühls, das er mit nur oft zu hart und fast roh an das Licht riß, und die außerordentliche energische und plastische Kraft der äußeren Darstellung, wovon wir in den Schattenspielen unsrer Fouqués [Name im Druck durch Sternchen ersetzt] bei allem Bombast so wenig finden. Diese Eigenschaften äußerte er vorzüglich in seinen Erzählungen, welches Fach ich daher für seinen eigentlichen Beruf hielt. Auch zeigte sich hier seine Behandlung der Charaktere bedeutender; es schien seine Hauptrichtung, diese ganz aus den Begebenheiten zu entwickeln, welches auch der Erzählung angemessen war; und dieser Hang begünstigte auch seine Neigung zu trüben, tragischen, ja bitteren, zerreißenden Ausgängen. Die Bekanntschaft mit den beiden noch ungedruckten Dramen hat mich nun erst über ihn auf den wahren Standpunkt gesetzt, und meine Achtung für sein Genie unendlich erhöht. Alles, was mir in seinen Anlagen vorher einzeln und abgerissen erschien, vereinigt sich hier, vorzüglich im

Prinzen von Homburg, zum schönsten Ganzen, und sein Beruf erscheint mir nun um so entschiedener, je mehr er dem Charakter der Zeit angehört, und nur diesen in seiner edelsten und höchsten Bedeutung darstellt. [542] Was den Hermann betrifft, so ist das Charakteristische da noch überwiegender, und außerdem die politische Richtung sehr vorherrschend. Dennoch hat das Stück eine sehr dramatische Wirkung, und weil es so sehr aus der Wirklichkeit geschöpft ist, deren Abbild es sein soll, so wirkt es beinah wie ein historisches. Im Hermann sieht man fast am meisten, wie es dem wahren Genie des Dichters gegeben war, auch das Kühne und scheinbar Ungeschickte mit Glück zu wagen, eine Gabe, die sich beinah in allen seinen Werken zeigt, und oft glänzend bewährt. *446*

*263b. Solger an Tieck. 26. April 1818 (gedruckt 1826)*

Man will nicht leben, sondern vom Leben schwatzen; man will nicht schauen, sondern Weisheit pflegen und sich selbst Stück vor Stück betrachten und bewundern. Hat doch keiner, der in unserer Zeit etwas recht Lebendiges leisten wollte, wie Novalis, Kleist usw., durchkommen können! Rückert wird sie schon mit sich versöhnen. Möge es denn Gott anheimgestellt sein. *446*

*263c. Adam Oehlenschläger, Meine Lebenserinnerungen (Leipzig 1850)*

[Nach einem Besuch mit Tieck bei Solger in Berlin, Herbst 1817:] Er und Tieck lobten unablässig den verstorbenen Heinrich Kleist als einen großen Dichter, dessen Tod eine empfindliche Lücke in der deutschen Literatur zurückgelassen hätte. Darin war ich auch einig mit ihnen, denn ich achtete selbst dieses Talent sehr hoch. Dagegen konnte ich nicht ihren Enthusiasmus für die Tragödie »Der Prinz von Homburg« teilen, die mir zu preußisch ist, als daß sie recht poetisch sein könnte, und in der das Motiv »augenblickliche Feigheit« eines sonst braven Offiziers etwas Peinliches und Kleinliches hat. *352b*

*264. Franz Horn, Umrisse z. Geschichte u. Kritik d. schönen Literatur. Berlin 1819*

Heinrich von *Kleist*, geboren (wann?), endete freiwillig am 21. November 1811. [...] Schon im Jahr 1803 hatte sich der

Dichter durch sein Schauspiel »Die Familie Schroffenstein« angekündigt als einen Jüngling, der in der Tat etwas zu geben hat, und der hier sogar wagte, an Romeo zu erinnern, ohne daß dadurch sein Werk, obwohl freilich tief unter jenem, zu befürchten braucht untergehen zu müssen. [...] Wir nennen ferner unter seinen dramatischen Werken den Amphitryon, zwar in einzelnen Situationen zu breit, und den sonst angenehmen Witz müde jagend, dennoch weit erhaben über Molieres Werk, in welchem ein gänzliches Mißverstehen der ohnehin schon fast überheidnischen Fabel, und ein bloßer lustiger Frevel, doch auch deshalb kaum für einen halben Augenblick lustig, zu schauen ist. – Den »zerbrochenen Krug«, ein herrlich niederländisches Gemälde, voll der klarsten Ansicht des rein Komischen; leider aber mitunter die Linie des *Schönen*, das sich selbst in der *Parodie des Schönen* offenbaren *soll*, überspringend. – Penthesilea, ein Trauerspiel, in welchem die zum zerreißenden Wahnsinn werdende, bald halb bekämpfte, bald wild auflodernde Liebe der Amazonenkönigin, trotz allen Kraftaufwandes von Seiten des Dichters, kein erfreuliches Gemälde geben kann, wobei vielleicht sogar mitunter uns ein Lächeln anwandeln mag, das der Dichter gewiß nicht bezweckte. [658]    *218*

*265a. F. G. Zimmermann. Dramaturgische Blätter für Hamburg, Februar 1821*

Heinrich von Kleist besaß eine lebendige, glühende Phantasie, heißes Gefühl für die edelsten Beziehungen des Lebens, brennende Vaterlandsliebe – wer kennt nicht seinen lyrischen Auferweckungsruf: *Germania, erwache!?* – außerdem höchst empfänglichen Kunstsinn, reges, unaufhaltsames Streben in wissenschaftlicher Tätigkeit, und eine Kraft der poetischen Darstellung, die ihn den größten Genien, Shakespeare, Goethe, Aristophanes etc. verwandt zeigte. Beweise dieser seltenen, obschon noch nicht gereiften Kraft sind seine noch in Zürich gedichtete *Familie Schroffenstein* (wohl aufführbar, wenn jemand das Ganze sichten und insbesondere den *Schluß* umarbeiten wollte), und sein, wem unter uns wohl nicht bekanntes, *Käthchen von Heilbronn*, das zu solchem Rufe nicht gelangt sein würde, spräche nicht, auch nach der vernüchterten Zubereitung, die Holbein damit vorgenommen hat, ein inneres, vollkräftiges Gemüt, eine Zartheit der Empfindung, welcher nichts widerstehen kann, eine rüstige, dem Voralter eigentümliche Derbheit und Kernfestigkeit zu aller Herzen. Selbst seine zu gleicher Zeit erschienenen Erzählungen, insbesondere der Michael Kohlhaas, angeblich aus einer alten Chronik geschöpft, tragen das Gepräge dieser urväterlichen Biederherzigkeit und Kräftigkeit. Mehrere Schätze dieses Geistes sind aufbewahrt in der fast, leider, schon wieder vergessenen Zeitschrift *Phöbus*, die von ihm und Adam Müller im Jahr 1808 in Dresden herausgegeben wurde, in welcher besonders die Fragmente des *Amphitryon* [Guiskard] die größte Aufmerksamkeit verdienen, sowie auch der Altvater der deutschen Dichtkunst, Goethe, diesem aufblühenden Dichtergeiste ehrende Aufmunterung und Zusprache angedeihen ließ. Ein wildes Feuer, das im Innern dieses außerordentlichen Gemütes loderte, gewann zu bald die Macht über die zügelnde Besonnenheit und riß alle übrigen Kräfte in ihren wirbelnden Strudel mit hinein. Der brennende Vulkan zerstörte sich selbst und stürzte in sich zusammen. [...]

Es war die unklare, zügellose, in bodenloser Mystik sich verlierende Romantik, in welcher dieser Geist den Untergang gefunden, eine furchtbare Warnungstafel allen, die in sorglosem Taumel auf diesem Wege weitergehen, ohne die höheren, leitenden Kräfte zum Selbstbewußtsein und in gleichmäßige Harmonie mit den übrigen gelangen zu lassen. Kleist würde sich, hätten nicht spätere Verirrungen einen unheilbaren Rückfall herbeigezogen, aus diesem nebelumzogenen Helldunkel zum reinen Anschauen des Idealen hindurch gearbeitet haben, davon lieferte er den Beweis in dem kleinen Lustspiel, von dem wir reden: *Der zerbrochene Krug* (erschienen Berlin 1811), das unbedenklich den geistreichsten Lustspielen unserer Literatur beigezählt zu werden verdient. Es ist schwer zu begreifen, daß dasselbe auf unseren Bühnen so wenig Beachtung und Eingang gefunden hat, da wir an ähnlichen Erzeugnissen nicht eben reich sind; und die Zweifel, die gegen die Darstellbarkeit desselben erregt werden könnten, sind durch den Erfolg, welchen die Aufführung auf der hiesigen Bühne gehabt hat, vollgenügend hinweggeräumt.

*265b. K. A. Böttiger. Abend-Zeitung, Dresden, 18. Apr. 1821*

[Zu Zimmermanns »Dramaturg. Blättern«:] Über Kleists zerbrochenen Krug ist ein vielfach motiviertes *mildes* Urteil darin zu lesen. Dann muß in der Vorstellung wenigstens *viel* gemildert und veredelt worden sein. Sehr richtig bemerkt aber Zimmermann, daß selbst seine Familie Schroffenstein, womit er zuerst von Zürich aus als dramatischer Dichter auftrat, mit einer Abänderung des Schlusses aufführbar sei. (Sein letztes handschriftliches, nachgelassenes Stück, der Prinz von Homburg, wird in bevorstehender Ostermesse mit einer lesenswerten Vorrede von Ludwig *Tieck* in den Buchhandel kommen, und, wenn wir nicht sehr irren, auf allen besseren Bühnen noch weit mehr gefallen, als das Käthchen von Heilbronn.) 45


## *Zu Kleists »Hinterlassenen Schriften«*

*266a. Tieck, Vorrede zu Kleists Hinterlassenen Schriften. 1821*

Sehn wir nun auf die ganze Laufbahn des Dichters zurück, so können wir sagen, daß er sich zum größten Vorteil vor den meisten seiner Zeitgenossen auszeichnet, daß er, wenn er auch den Stoff, den er erwählt, nach der Art beugte und ummodelte, die ihm und seiner Gesinnung zusagte, dennoch fast nie Wahrheit und Natur seinen Gewohnheiten und Gelüsten aufopferte; was er zu seinen Dichtungen ergriff, stellte sich freilich sogleich in seiner Lieblingsform vor ihn, aber innerhalb dieses gegebenen Umkreises machte er dann sehr ernste und mühsame Studien nach der Natur, und schob nicht Nebelgebilde statt der Wirklichkeit unter. Wenn er also auch nicht von der freiesten Höhe die Kunst übersah und beherrschte (was nur den Auserwähltesten vergönnt ist), so war er auf eine Weise, die zu loben ist, ein großartiger Manierist, wenn man diesen Ausdruck, nach den obigen Erklärungen, richtig versteht. Seine Bahn war noch nicht zuende, und sein letztes Werk, welches zugleich sein bestes ist, berechtigt zu der Erwartung, daß er noch weit mehr hätte leisten können. 250

*266b. F. G. Zimmermann. Dramaturgische Blätter für Hamburg, März 1822*

Es ist dieses Schauspiel [Prinz von Homburg] die letzte und achtungswerteste Hinterlassenschaft eines Dichters, welcher unserer deutschen Literatur viel zu früh entrissen worden ist, und dessen herben Verlust wir auch in diesen Blättern bei einer früheren Veranlassung betrauert haben, des genialen von Kleist, dessen Käthchen von Heilbronn sich bereits zum eigentlichen Nationalstück unserer deutschen Bühnen erhoben hat. [...]

Aber das gehört eben zu den Eigentümlichkeiten dieses reizbaren Geistes, daß er, wie streng, kräftig und sich über alle kleinlichen Schwächen erhebend, sonst auch die Gesetze der Vernunft anerkannte und ehrte, er hinwiederum zu anderer Zeit mit seltsamer Willkür und einer fast kindischen Spielerei in das Reich des Aberglaubens, übernatürlicher Erscheinungen hinüberspringt, und mit einer Konsequenz, welcher Überlegung und Hartnäckigkeit vorgefaßter Grundsätze zum Grunde liegen, uns das Leere und Nichtige jener phantastischen Träumereien als Wirklichkeit darstellt, und mit der sinnlichen Wirklichkeit auf das engste zusammenschmilzt. Die klaren Kennzeichen dieser Geisteskrankheit, denn dafür wird sie mit Recht gehalten, sind schon in der Jugenddichtung, der Familie Schroffenstein, enthalten, und wir empfehlen die dahin gehörenden Bemerkungen Tiecks zur Vergleichung; wir finden sie wieder in den Visionen des Nervenfiebers und des Bleigießens im Käthchen von Heilbronn, und wie tief die Vorliebe für eine solche Betrachtung der Natur in der Seele des Dichters gesessen haben müsse, lehrt der Prinz von Homburg, sein spätestes und reifstes Werk, in welchem er diese Stimmung der Seele abermals nicht überwinden, nicht verleugnen konnte. *510*

*267a. Elise v. Hohenhausen an Adolf Müllner, 2. Jan. 1822*

Schade, ewig schade, daß Heinrich von Kleist starb, er wäre ein tüchtiger dramatischer Dichter geworden, hätte er, bei reiferer Vernunft, den Extravaganzen, verzeihen Sie mir dies fremde Wort, entsagt. *352*

*267b. [Elise v. Hohenhausen.] Literatur-Blatt zum Morgenblatt, 22. März 1822*

Dieser unglückliche Dichter, der sein Leben durch einen

schrecklichen Entschluß endete, hatte viel Talent, einen tiefen Blick in das Innere des Menschenherzens, auch den rohe Elemente einigenden und beseelenden Dichtergenius; doch war in ihm noch keine klare Würdigung des Menschen und seiner Verhältnisse zur Reife gediehen – dies bezeugen seine Werke.

540

*267c. [Adolf Müllner.] Literatur-Blatt zum Morgenblatt, 7. Juni 1822*

Heinrich von Kleist klagt in einem vertraulichen Briefe, welchen L. Tieck in der Vorrede zu dessen hinterlassenen Werken (s. Lit. Bl. Nr. 24) bekannt gemacht hat, bitterlich darüber, daß die *Frauen* der modernen Welt durch ihr Eindringen in das Schauspielhaus und auf die Bühne das *Drama* verdorben, und neben dem der Griechen schier zunichte gemacht haben. Diese, dem weichen Geschlechte gemachte, harte Beschuldigung sind wir geneigt zu überbieten: denn wir fühlen, dem Vossischen deutschen Aristofanes gegenüber, daß die Frauen auch das Rezensieren verdorben haben.

540

*268. Allgemeine Theaterzeitung. Wien, 30. Sept. 1823*

So oft mir Kleists Name zu Gesichte kommt, kann ich mich des wehmütigen Ausrufes nicht erwehren: »Mann, was wär' aus dir geworden, wenn sich die Flamme deines Inneren geläutert und der Cherub deiner Poesie den letzten Staubrest fremdartiger Zufälligkeit von den Flügeln geschüttelt hätte! Warum mußtest du dich (wie sich der Teufel einst in das Rad von St. Bernhards Wagen flocht, um denselben auf seiner Fahrt nach Rom aufzuhalten) als ein Engel in das Rad der Zeit flechten, um es von seinem vorschnellen Absturze zurückzubannen?« – Ein reiner Geist, ein Lichtstrahl aus den Empyräen wandelt wie eine Milchstraße durch einen hellen Nachthimmel, wie ein goldseidner Erinnerungsfaden durch ein Trauerkleid, durch alle Dichtungen dieses Dichters. Dieser Lichtpfad (der durch alle Dunkelheiten des Alltagslebens, gleich einer Ritze, durch die ein ewiger Himmel schaut, durchleuchtet) war es auch, welchem Kleist nachspürte, welchen er wandelte, welchen er in einem Cyklus von Dramen abspiegelte. Der Anfang dieses Pfades, seine Wurzel gleichsam, liegt im Herzen des *Lebens:* – sein

Ausgang, die Mündung all seiner Verzweigungen und Arme, im Reiche der *Idee*. Kleist, wie Shakespeare, ging aus dem *Leben* in die *Idee*, aus dem rein Menschlichen in das harmonisch Geläuterte über. [...] S. *546*

*269a. Ludwig Robert an Tieck. [Berlin, Frühjahr 1824]*

Es ist, wenn ich so sagen darf, ein französisches Element in mir, nämlich die Furcht und der Abscheu vor Geschmacklosigkeit in der wirklich plebejen Bedeutung des Wortes [...] und so werde ich mich z. B. an Kleists »Thuschen« wohl erfreuen können, dabei aber immer das Gefühl haben: *du* hättest es nicht hingeschrieben. Mit *Käthchen* ist es ganz ein ander Ding. Käthchen ist eben Käthchen; es liegt so etwas Identisches in Namen und Person, eine solche innere Notwendigkeit, daß beide nicht mehr voneinander zu trennen sind, und Katharine wäre ein ganz anderes und fremdes Wesen in diesem Stücke. Thusnelda aber ist eine uns bekannte geschichtliche Frau, und obgleich ein Dichter, der das deutsche Familienleben durch sein Werk will durchklingen lassen, mehr Recht hat, seine Thusnelda Thuschen zu nennen, als es Schiller gehabt hätte, seine Maria Rikchen, oder seine Elisabeth Betty rufen zu lassen, so schlägt das Thuschen dennoch nicht recht mit dem Bilde zusammen, das uns die Geschichte (freilich eben nur die römische und nicht die deutsche) von der Thusnelda gibt. – Überdies aber spielt mir, schon vor einer solchen kritischen Reflexion, mein bon gout den Streich, daß mir Käthchen lieblicher klingt als Thuschen. – Denke ich mir nun aber wieder den lieben Kleist in seiner Eigentümlichkeit, so ist alles wieder gut, und ich bin überzeugt, daß ich ihn mit eiferndem Zorn gegen alle Philisterei, selbst gegen meine eigne verteidige. So bin ich zum Beispiel ein leidenschaftlicher Verehrer von dem hetz! hetz! in der Kleistischen Penthesilea, in welchem Bruchstück mir überhaupt die derbe Auffassung des Antiken unendlich gefällt. [...] Es ist unendlich traurig, wenn man denkt, was mit diesem gewaltigen Menschen Schönes und Großes für die deutsche Kunst untergegangen ist, was er hervorgebracht, wenn er jenen Moment der schönen Erhebung erlebt hätte. Und kein Mensch gedenkt seiner; und alle Welt spricht von dem untergeordneten Körner, weil er der Glückliche war. 448

*Nach Dirk Grathoffs Feststellung muß der undatiert überlieferte Brief bereits 1816 geschrieben worden sein, so daß Robert die »Hermannsschlacht« sowie Tiecks Vorschläge bezüglich des »Käthchens von Heilbronn« (s. 519b) schon vor ihrem Druck von Tieck erhalten hätte. — Immerhin wäre auch denkbar, daß der Brief von seinem Herausgeber Karl v. Holtei aus mehreren undatierten Briefen (von 1816 und 1824) zusammengefügt wurde.* 152a

*269b. [L. Robert.] Morgenblatt, 26. April 1824*

Aber nur Geduld! In unsern nach ausländischen Mustern zugeschnittenen deutschen Original-Lustspielen sind wir schon bis zum *letzten Mittel* gekommen, wir kommen auch wohl über die Vaudevilles hinaus, und dann dürfte sich ein heut noch nicht vorhandenes Publikum für den *zerbrochenen Krug* finden. Länger dürfte es währen, bevor man Sinn für wahrhaftigen selbsterzeugten Mut, bevor man ein Auge bekommt, um die hohle Nichtigkeit der großtuenden Heldenspielerei einzusehen, die nur aus Furcht vor der Konvention und ihren Folgen es nicht wagt, feige zu sein, und ihre prahlerische Aufgeblasenheit für Erhabenheit ausgibt. Dann aber wird der *Prinz von Homburg* ein geliebtes brandenburgisches Nationalstück werden und man wird dem so innig und wahr schildernden Dichter auch hier ein wenig Phantasterei zugute halten. Da ich einmal im Prophezeien bin, so will ich auch das Nächste voraussagen: Das *Käthchen von Heilbronn* wird sich jener naiven Hingebung, die es im südlichen Deutschland fand, hier [in Berlin] nicht erfreuen und daher die Gemüter nicht so wie dort ergreifen und bewältigen. 540

*270. August Graf v. Platen, Tagebücher. Erlangen, 20. Juli 1824*

Abends war ich bei Schelling. Als vom Theater die Rede war, und Frau von Schelling sich wunderte, daß ich nichts von Kleist gelesen hätte, sagte Schelling: »Ein Dichter muß nie den anderen lesen.« 359

*271. Wilhelm Grimm an Pfarrer Bang. Kassel, 20. Dez. 1824*

Aus dem Meinigen habe ich zugelegt H. Kleists Werke und möchte doch wissen, wie Ihnen dieser kühne, eckige, aber reichhaltige Geist, dessen traurigen Untergang man schon in seinen Dichtungen ahnt, gefällt. Wollen Sie dann auch seine prosaische Erzählungen, so sollen sie nachfolgen. Alles ist bei ihm scharf und fest, wie von Eisen gegossen. Tieck hat in der Einleitung sehr gut über ihn gesprochen, und es ist das richtige Wort, wenn er ihn einen edlen Manieristen oder so etwas nennt, denn man muß sich an ihn gewöhnen, wie etwa an eine Adlernase oder ungewöhnlich große Augen in dem Gesicht eines neuen Bekannten. Ausgezeichnet ist die Ruhe und Sicherheit, mit welcher er das Kühnste vorstellt und handhabt.

*435*

*272. Johanna Frommann an Karl Friedrich Meyer. Jena, 30. April 1826*

Heinrich von Kleist hat mich unwiderstehlich angezogen und ebenso abgestoßen. Not loving first but loving wrong is shame – uns allen schien im Prinz von Homburg die zarte Grenze überschritten, als er sein Leben zu erhalten sich sehnt. Egmont liebte das Leben so innig wie er. Wenn Heinrich von Kleist die Grazien nicht zuweilen verließen, wieviel mehr wäre er! Die Hermannsschlacht ist mir am wenigsten lieb. Ich lese sie aber doch mal wieder und fange mit dem Käthchen von Heilbronn an, was ich lange nicht las. Kennen Sie Michael Kohlhaas? Es soll das Beste von Kleist sein.

*287*

*272a. [Wilh. Ernst Weber.] Kleine Schwärmer. Frankfurt a. M. 1826*

Heinrich von Kleist
Deine gigantische Kraft, dein genialisches Feuer
 Haben zur Klassizität Ruh' nur entbehret und Maß.
Wer mit zerrissener Seel' und mit ziellos schwankendem
 Nahet der Musen Altar, halb nur erhören sie den. [Geiste
Aber ein Denkmal ist dein *Prinz von Homburg* der edlen
 Vaterländischen Glut, die dich unsterblich erhält.

*474a*

\**272b. Eduard Gehe. Zeitung für die elegante Welt, 9. Okt. 1826*

[...] Hier noch der Brief eines nüchternen Freundes. Er schreibt:

»Unter die Sonderbarkeiten unseres Zeitalters gehört die Überschätzung Heinrich von Kleists. Er hatte entzündbare

Phantasie und poetisches Talent, was vielen seiner Darstellungen ein lebensvolles Kolorit gibt. So würde er bei seiner Originalität, seinem Humore, seinem Tiefblicke in die Welt der Romantik haben sehr bedeutend werden können, hätten nicht eine gewisse Überspanntheit, ein Hang zu Sonderbarkeiten, ein Zynismus seines ganzen Strebens und Lebens ihn gar oft auf Abwege verleitet. So kam es, daß man zu einer Zeit, wo noch durch Wieland Sinn für schöne Form, durch Schiller Gefühl für den Adel der Gedanken im Publikum verbreitet war, Kleists Werke wenig achtete, sie von der Bühne ganz entfernte. Man betrachtete sie als vulkanische Ausbrüche eines Geistes, der im Kampfe mit sich selbst lag und, zwischen Überspanntheit und Erschlaffung taumelnd, sich nur selten zur klaren Anschauung des Schönen erhob. Jetzt, wo Herder schweigt, Wielands Amoretten die Köpfchen trauernd senken, Schillers Lyra fern und ferner tönt – jetzt, wo das Einfache dem Übertriebenen, das Schöne dem Barocken, das Natürliche dem Sonderbaren weicht, jetzt in Hyperkultur und fieberhafter Aufregung holt man hervor, was man früher nicht mochte, und tanzt darum, wie einst die Abtrünnigen um das goldene Kalb. Ich habe nichts dagegen, daß man Kleists Gold von Kleists Schlacken sondere, daß man überhaupt anerkenne, was nur anzuerkennen ist, und das Publikum an den romantischen Situationen des Käthchens von Heilbronn sich ergetze, aber man übertreibe das Lob nicht, wäge in gesunder Kritik Fehler und Vorzüge des Dichters und reiße nicht von den Gräbern der hingeschiedenen Heroen unserer Literatur die Blumen, um damit die Stätte zu schmücken, wo ein literarischer Abenteurer sank durch eigne Hand. – « *592*

\*272c. *Johann Baptist Rousseau. Iris, Frankf. a. M., 31. Dez. 1828*

Es gibt nicht viele Dichter, über die das Urteil so geteilt und uneins wäre, wie über den frühverstorbenen, verkannten, durch Selbstmord untergegangenen Heinrich von Kleist. Während einige, bei aller Anerkennung seines Talents, ihm Roheit, Bizarrerie und Ungeschmack vorwerfen, erheben andere seine Leistungen über Gebühr, und Ludwig Tieck hat, aus besonderer Vorliebe für diesen Dichter, selbst seine augenscheinlichen

Verirrungen in Schutz genommen. Es ist nicht zu leugnen, daß Kleist eine große dichterische Natur besaß, daß er dramatische Charaktere von Innen heraus zu entwickeln verstand; daß er, bedacht mit einer kräftigen und kernigen Sprache, sich in die bewegtesten Situationen des menschlichen Lebens zu versetzen, und sie auf der Bühne wiederzugeben wußte; – bei allen diesen Tugenden klebt aber fast jedem seiner Stücke etwas an, was sie uns entfremdet: eine gewisse Schroffheit und Eckigkeit der Darstellung, plumpe und unedle Ausdrücke, ein Sichselbstvergessen und Gehenlassen. Deshalb bedürfen auch die meisten dieser Dramen, um auf dem Theater erscheinen zu können, einer Überarbeitung. Seine dramatischen Jugendversuche sind in ihrer ursprünglichen Gestalt für die Bühne vollends ungenießbar; und wenn sie auch beim Lesen durch teilweise Schönheiten sehr ansprechen, so sind dies doch mitunter Schönheiten, denen die Grazie fehlt, und die vom Geschmacklosen, selbst Häßlichen, zuweilen verdrängt werden. [...]

593a

## Tieck als Dramaturg

*273a. Tieck, Dramaturgische Blätter. Breslau 1826*

*Über die bevorstehende Aufführung des Prinzen von Homburg:* [...] Den Freunden des verstorbenen Dichters und den Liebhabern des Schauspiels muß es erfreulich sein, daß ein Theater wie das Dresdener, das so vieles Treffliche und Schwierige befriedigend darstellt, sich auch diese nicht leichte Aufgabe vorgesetzt hat. Auch hier, von gebildeten Künstlern dargestellt und von Zuschauern beurteilt, die des Guten gewohnt sind, wird dieses Gedicht erfreuen, und nach seinem Tode wird ein ausgezeichneter Schriftsteller immer mehr gewürdigt werden, der, solange er lebte, verkannt, und selbst in seinem Vaterlande nicht so beachtet wurde, wie er es verdiente.

*Brief an einen Freund in Berlin:* Der Ausdruck des Dichters ist nicht immer ein glücklicher, die Inversionen, die Zerstückelungen, die gewagten Übergänge sind häufig, und dadurch hat der Schauspieler manches zu überwinden, was auch auf die befriedigendste Weise geschah. [...] Doch kann es nicht jeder sich unterfangen, diese männliche, edle Sprache zu korrigieren, die so schön mit so manchen neueren Stücken kontrastiert, wo alles so mit Blümeleien und ausgesponnenen Metaphern überschüttet wird (was viele schöne Diktion nennen wollen), daß für Handlung und Charakter kaum Raum übrig bleibt.

*Anna Boleyn von Ed. Gehe:* Hat doch Heinrich Kleist gezeigt, wie tiefsinnig man eine historische Anekdote nehmen, und auf ein hingeworfenes Wort ein edles Werk gründen könne.

*Käthchen von Heilbronn:* Ein echtes Volksschauspiel, von einer Kraft und Innigkeit, wie wir noch kein anderes besitzen. Die Fehler, die man an ihm rügen muß, sind auch dem blödesten Auge sichtbar [...] Zu sehr hat sich der entzückte Dichter von den Hauptfiguren hinreißen lassen, und so zum Schluß, ehe dieser vorbereitet ist, etwas zu gewaltsam hingearbeitet, so daß das eigentliche Ende mehr einem glücklichen Zufall, als seinem Studium überlassen blieb. [...]

Das Drama Kleists ist an vielen Stellen gar zu schwach, auch springt es zuweilen sonderbar, überläßt zu viel unserm Erraten, und malt in andern Szenen alles bis in die geringste Kleinigkeit aus.

*Tony von Th. Körner:* Dieses Drama ist nach einer Erzählung Heinrichs von Kleist, welche man, wenn auch die Sprache hie und da vernachlässigt ist, ein Meisterwerk nennen darf. [...]

*Burgtheater. Die Schroffensteiner:* Abgesehn vom poetischen Wert oder Unwert der Kleistischen Gedichte, bieten sie dem Schauspieler große Veranlassungen, seine Kunst zu zeigen, aber zugleich gehört es zu den allerschwierigsten Aufgaben, sie befriedigend, oder auch nur so aufzuführen, daß die Absichten des Dichters nicht ganz verloren gehn. Alle diese Charaktere müssen sehr scharf umrissen werden, das Kolorit ist grell, und beides, Umriß wie Farbe, verschwindet zu Zeiten beinahe wieder ganz [...] Dann ist die Sprache und der Dialog dieses Autors oft so sonderbar gespitzt und gesucht, die Konstruktion so wenig mundgerecht, auch für den nicht verwöhnten Sprecher, daß die sonderbaren Vorstellungen und Gedanken dadurch noch seltsamer erscheinen. Aus dieser Gesuchtheit blitzt dann wieder so klare Vernunft in so klaren Worten und Bildern hervor, ein so tiefes und inniges Gefühl, daß unmittelbar unsre Liebe und Bewunderung in Anspruch genommen wird. Am eigentümlichsten hat Kleist die Gestalten seiner Liebenden genommen, er ist hier der Theaterkonvenienz und den hergebrachten süßen Phrasen oder gewöhnlichen kalt-leidenschaftlichen Aufwallungen am meisten ungetreu geworden. Diese Figuren haben alle eine herbe Frische, und in ihrer scheinbaren Alltäglichkeit spricht das tiefste Herz.                                    444

*273b. Tieck, Goethe und seine Zeit. Kritische Schriften, Leipzig 1848*

Wenn Goethes Muse und Grazie in seiner Iphigenia, Clärchen, Marianne, Gretchen und fast allen Gedichten in ihrer nackten Schöne triumphieren, so hat Kleists Käthchen von Heilbronn, wenn sie auch unschuldig auftritt, doch schon lange und schwere Ohrgehänge einer Wilden über Hals und Schultern hängen, die sie, wenn auch nicht eigentlich entstellen, doch ihr Ohr beschweren, und uns, wie alles Wilde, einen kleinen Schrecken machen.                                     445

*274. Goethe, Ludwig Tiecks Dramaturgische Blätter. 1826 (gedruckt 1833)*

Der Verfasser [Tieck], als dramatischer Dichter und umsichtiger Kenner das vaterländische Theater beurteilend, [...] hat eine gar schöne Stellung zum deutschen Publikum, die sich hier besonders offenbart. Bei ihm ruht das Urteil auf dem Genuß, der Genuß auf der Kenntnis, und was sich sonst aufzuheben pflegt, vereinigt sich hier zu einem erfreulichen Ganzen.

Seine Pietät gegen Kleist zeigt sich höchst liebenswürdig. Mir erregte dieser Dichter, bei dem reinsten Vorsatz einer aufrichtigen Teilnahme, immer Schauder und Abscheu, wie ein von der Natur schön intentionierter Körper, der von einer unheilbaren Krankheit ergriffen wäre. Tieck wendet es um: er betrachtet das Treffliche, was von dem Natürlichen noch übrig blieb; die Entstellung läßt er beiseite, entschuldigt mehr, als daß er tadelte; denn eigentlich ist jener talentvolle Mann auch nur zu bedauern, und darin kommen wir denn beide zuletzt überein. [...]

Die meisten Stellen, an welchen Tieck [in Schillers Dramen] etwas auszusetzen hat, finde ich Ursache als pathologische zu betrachten. Hätte nicht Schiller an einer langsam tötenden Krankheit gelitten, so sähe das alles ganz anders aus. Unsere Korrespondenz […] wird hierüber den wahrhaft Denkenden zu den würdigsten Betrachtungen veranlassen und unsre Ästhetik immer inniger mit Physiologie, Pathologie und Physik vereinigen, um die Bedingungen zu erkennen, welchen einzelne Menschen sowohl als ganze Nationen, die allgemeinsten Weltepochen so gut als der heutige Tag, unterworfen sind.

147

*275. [Georg Bernhard Depping.] Revue encyclopédique, Paris, Okt. 1826*

Als Verfasser der Dramaturgischen Blätter hat Tieck seine Vorlieben und seine Vorurteile; im übrigen sind die Stücke, die er analysiert, auf dem linken Ufer des Rheins völlig unbekannt; aber gerade weil der Verfasser vom heutigen Theater der Deutschen spricht, könnten seine Blätter einiges Interesse außerhalb Deutschlands finden. […] Die analysierten Stücke sind von großer Zahl; es genügt, einige davon anzuführen: Der *Prinz von Homburg oder die Schlacht von Fehrbellin,* von Heinrich v. Kleist, ein Stück, in dem ein General entgegen der Order eine Schlacht liefert, zum Tode verurteilt wird, auf den Knien um Gnade fleht, und mattherzig auf die Hand der Nichte des Kurfürsten verzichtet, um nur ganz sicher Verzeihung zu erlangen. Dieses bizarre Stück findet die volle Billigung von Herrn Tieck. [franz.]

84

## Zu Kleists »Gesammelten Schriften«

*276. H. G. Hotho. Jahrbücher f. wissenschaftliche Kritik. Berlin, Mai 1827*

Wenn es vielleicht von manchem könnte als ein unnötiges Unternehmen angesehen werden, die Kleistschen Schriften von neuem wieder zu beleuchten, nachdem sie Tieck schon in der Vorrede zur vorliegenden Ausgabe nochmals einer weitläufigen Beurteilung gewürdigt hat, so möchte Referent im Gegenteil behaupten, daß eben diese neueste Beurteilung eine neuere nötig mache, und in diesem Sinne wird die Tiecksche Vorrede, da sie außerdem schon der in der Rede stehenden Ausgabe einverleibt ist, mit in die Kritik des Werkes hineinfallen müssen. Steht doch Tieck auch überhaupt noch von manchen andern Seiten her in näherem Zusammenhange mit der Gesinnung, aus welcher jene Kleistschen Werke entsprungen sind. Und sollten wir sogleich damit anfangen, eine Hauptseite dieses Zusammenhanges herauszuheben, so müßte es die sein, daß bei Tieck die ganze Basis der natürlichen und geistigen Welt in die Spitze des Ich verschwebt, das nun aus dem Belieben seiner Gesinnung und Meinung bestimmen soll, was es als das Rechte und Wahre anerkennen wolle. [...] Dadurch ist aber das Gemüt, statt mit der Wirklichkeit und Wahrheit der Gegenstände innig vereint zu sein, nur aufs Härteste mit ihnen und dadurch mit sich selber zerfallen; es lebt, wenn es diese Erfahrung nun wirklich macht, heimatlos in zweien Welten, und kann den Schmerz dieser Zerrissenheit nur mit dem Tode enden. Als ein solches Gemüt tritt uns Heinrich von Kleist entgegen. [Es folgen Werkinterpretationen; s. 556, 663]

Wenn nun Ref. auszuführen suchte, daß sich in den *ersten* Kleistschen Dramen und Erzählungen (in den Schroffenstein, dem Findling, der Verlobung auf St. Domingo, der Gräfin O, und im zerbrochenen Kruge) teils ein falsches Handeln nach innern Gemüts-Stimmungen, Charakter-Eigenheiten und äußerer Wahrscheinlichkeit bei mangelnder Ausmittlung verborgener Umstände darstelle, teils dies Ausmitteln selbst sich zum alleinigen Interesse mache, während sich später in einem *zweiten Kreise* zeigte, ein göttlicher Wille gebe sich in der äußeren zufälligen Wirklichkeit kund (der Zweikampf, das Bettelweib von Locarno, die heilige Caecilia) und offenbare sich dem Gemüte (Amphitryon), welches nun aber auch dieser Offenbarung unbewußt, und ohne ihr seine eigenen Wünsche (Penthesilea) oder sein waches, verständiges Bewußtsein (Käthchen) entgegenzusetzen, folgen müsse, so scheint es, als sei es das Bedürfnis unseres Dichters gewesen, jetzt in einem *dritten* Kreise auch dem wachen Bewußtsein wiederum Gültigkeit zu erstreiten, und die wirklich vorhandene Welt überhaupt mit der nur in seiner Brust lebenden in Übereinstimmung zu bringen.

Dieser dritte Kreis zeichnet sich daher sogleich dadurch aus, daß seinem Inhalte sowohl in der Hermannsschlacht als auch im Kohlhaas und im Prinzen von Homburg geschichtliche Tatsachen zugrunde liegen; doch dies Geschehen tritt dann niemals auf, ohne nicht zugleich als innere Seele die Weltansichten durchblicken zu lassen, aus welchen die ersten Kreise hervorgegangen waren, und es ist merkwürdig, daß Kleist jedesmal die geschichtlichen Facta gerade dann hat ganz und gar verkehren müssen, wenn er die vorhandene Wirklichkeit mit seiner gespenstigen Geisterwelt und seinem gottbegeisterten Hellsehn ausgleichen will. Denn der Widerspruch des Kleistschen Lebens besteht überhaupt darin, einerseits mit ganzer Kraft des Gemütes und Verstandes sich der umgebenden Welt und ihren natürlichen und sittlichen Zuständen hinzugeben, mit tiefem Herzen das Wohl und Wehe des deutschen Vaterlandes zu empfinden, ein treuer Bürger des preußischen Staates, ja mit Vorliebe sogar für die heimatliche Provinz ein Brandenburger zu sein, und anderseits sich dennoch aus allen diesen wesentlichen Verhältnissen in den verborgensten Schacht des innersten Gemütes zurückzuziehen, und dort sich eine andere fremde Welt in dem Glauben zu bilden, daß diese eigene Welt die bessere und wahrhafte Wirklichkeit sei. [...]

Je mehr nun auf solche Weise die Gegensätze aller früheren Darstellungen, wie wir schon erwähnten, in diesem letzten Werke [Prinz von Homburg] ihren Kampf friedlich und versöhnt beenden, desto auffallender könnte es scheinen, daß weder unser Dichter sich lebend mit der vorhandenen Welt in Einklang zu setzen, noch von seiner Mitwelt, wie er es wünschte und forderte, Anerkennung zu finden vermochte. Nennt ihn doch Tieck immer den verkannten Dichter, und bemüht sich vergebens, das Publikum für die Werke seines Freundes zu begeistern. Doch diese Werke können und dürfen ihrer Natur nach nur einem kleinen Kreise zur Freude und Erholung dienen. Die inneren Stimmungen und Verstimmungen des Gemütes, das Widerstreben der äußeren Zufälligkeit, ihr gespenstiges Verkünden einer höheren Welt, jene tiefste, lautlose, verschlossene Innerlichkeit, welche in sich webend und vorschwebend unmittelbar aus dem Vergessen aller sonst gültigen, menschlichen und göttlichen Wirklichkeit das höhere Wissen von einer göttlichen Welt schöpfen soll, und dann doch keine weitere Kunde erhält, als die von erfüllten Liebesträumen, – die ganze Darstellung überhaupt der mehr oder minder *inhaltslosen* Verhältnisse des inneren Selbstbewußtseins und des Wissens von der äußeren Welt, diese dramatische Psychologie, wie vollendet sie auch ausgeführt sein mag, kann niemals auf allgemeinere Anerkennung Anspruch machen. Denn man müßte diese Verstimmungen und Krankheiten des Geistes nicht nur in sich erfahren haben, sondern sie auch für die Gesundheit selber halten, um mit unserem Dichter ganz übereinzustimmen. Da die Richtung seiner Zeit, welche er darstellt, nur eine Nebenrichtung ist, kann es nur als unbillig erscheinen, zu verlangen, jeder solle diesen einsamen Fußsteig entlang wandern und alle seine Krümmen und Irrgewinde voll Befriedigung verfolgen. Aus der Unbilligkeit dieser Forderung hat unser Dichter selber seinen Mißmut und Lebensüberdruß geschöpft. Denn ihm kam es nicht nur darauf an, seine innere Welt überhaupt nur zu äußern: dann hätte er in wohlgefälliger Selbstgenügsamkeit sich in sich zurückziehen können, sondern es drängte ihn, sein ganzes Inneres in die äußere Wirklichkeit hinauszusetzen und in ihr gegenwärtig zu sehn. *219*

*277. F. A. v. Staegemann an I. v. Olfers. 26. Juni 1827*

Des jungen Hotho Kritik über H. v. Kleist [s. 276] ist noch sehr grün und unverdaulich. *381*

*278a. Goethe. Tagebücher, 11. Juli 1827*

Mittag Dr. Eckermann. Las derselbe Immermanns [Hothos] Rezensionen in der Berliner Literaturschrift. Unterhaltungen über diesen philosophisch-phantastischen Unfug. Fuhr mit mir spazieren. Wollte nachher weiterlesen, ward aber ungeduldig über den breiten hohen Wortschwall. […] In von der Hagen Tausend und einen Tag, das Märchen von Turandot; tröstend über den Kleistischen Unfug, und alles verwandte Unheil. Wie wohltätig ist die Erscheinung einer gesunden Natur nach den Gespenstern dieser Kranken. *147*

*278b. Kanzler v. Müller an Goethe. Weimar, 15. Juli 1827*

Euer Exzellenz empfangen hier zwei abermalige Hefte der

Berliner Jahrbücher, wogegen ich diejenigen 2 Hefte, worin die
Kritik der Kleistischen Werke befindlich, seinerzeit zurück
erbitte, da ich sie noch nicht gelesen. *341*

*278c. Kanzler v. Müller. Tagebuch, 16. Juli 1827*
  Noch später mit Goethe allein oben im Zimmer bis gegen
10 Uhr. [...] Immermanns [Hothos] Rezension der fraglichen
Kleistischen Schriften ward sehr getadelt. »Die Herrn schaffen
und künsteln sich neue Theorien, um ihre Mittelmäßigkeit für
bedeutend ausgeben zu können. Wir wollen sie gewähren lassen,
unsern Weg still fortgehen und nach einigen Jahrhunderten
noch von uns reden lassen.« *341*

*279. Hegel. Jahrbücher f. wissenschaftl. Kritik, März 1828*
  Der Charakter der kleistischen Werke ist ebenso gründlich
als geistreich in diesen Jahrbüchern früher [von Hotho, s. 276]
auseinandergesetzt und nachgewiesen worden. So sehr Solger
[s. 263a] Kleists Talent achtet, und insbesondere auch die energische und plastische Kraft der äußern Darstellung anerkennt,
welche vorzüglich sich in dessen Erzählungen dokumentiert; so
frappiert ihn dennoch der große Wert, den dieser Dichter auf
*gesuchte* Situationen und Effekte legte, – das *absichtliche* Streben,
über das *Gegebene* und *Wirkliche* hinweg zu gehen, und die
eigentliche Handlung in eine *fremde geistige* und *wunderbare*
Welt zu versetzen, kurz ein gewisser Hang zu einem willkürlichen Mystizismus. Die Selbstfälschung, welche das dichterische
Talent gegen sich ausübte, ist hier treffend angegeben. Kleist
leidet an der gemeinsamen, unglücklichen Unfähigkeit, in
Natur und Wahrheit das Haupt-Interesse zu legen, und an
dem Triebe, es in Verzerrungen zu suchen. Der *willkürliche
Mystizismus* verdrängt die Wahrheit des menschlichen Gemüts
durch Wunder des Gemüts, durch die Märchen eines höher
sein sollenden inneren Geisteslebens. – Solger hebt den *Prinzen
von Homburg* desselben Verfassers mit Recht über seine anderen
Stücke, weil hier alles im Charakter liege und sich daraus ent-
wickele. Bei diesem verdienten Lobe wird indes nicht berücksichtigt, daß der Prinz zu einem somnambulen Kranken gleich
dem Käthchen von Heilbronn gemacht, und dieses Motiv nicht

nur mit seinem Verliebtsein, sondern auch mit seiner Stellung als General und in einer geschichtlichen Schlacht verschmolzen ist; wodurch das Prinzip des Charakters, wie der ganzen Situation und Verwickelung, etwas Abgeschmacktes, wenn man will, gespenstig-Abgeschmacktes wird.

—

Der Zusammenhang von *Denken, Leben, Kunst* ist [von Solger, s. 263b] so gedacht: »Ich möchte gern das *Denken* wieder ganz ins *Leben* aufgehen lassen; – daher kam es, daß ich mir die *künstlerische dialogische* Form gleich als mein Ziel hinstellte, – fast glaube ich nun, daß ich etwas unternommen habe, was die Zeit nicht will und mag. Man will *nicht leben,* sondern vom Leben *schwatzen;* – hat doch keiner, der in unserer Zeit *etwas recht Lebendiges* leisten wollte, wie Novalis, Kleist usw., *durchkommen* können!« [...] Wenn aber von dem künstlerischen Bewußtsein des »recht Lebendigen« die Rede sein, und ein Moderner und Deutscher als Exempel angeführt werden sollte, und nicht *Goethe* etwa, der wohl das »recht Lebendige« geleistet, und auch hat »*durchkommen*« können, angeführt ist, sondern *Novalis!* sondern *Kleist!* – so wird man hieraus inne, daß nur ein durch reflektierendes Denken vielmehr in sich entzweit bleibendes, sich selbst störendes Leben gemeint ist [...] Die in der Entzweiung bleibende Reflexion der kleistischen Produktionen ist oben berührt worden; bei aller Lebendigkeit der Gestaltungen, der Charaktere und Situationen, mangelt es an dem substantiellen Gehalt, der in letzter Instanz entscheidet, und die Lebendigkeit wird eine Energie der Zerrissenheit, und zwar einer absichtlich sich hervorbringenden, der das Leben zerstörenden und zerstören wollenden Ironie. *183*

280. *Hegel, Vorlesungen über die Ästhetik. Berlin, Winter 1828/29 (nach H. G. Hotho, 1835)*

Aus dem Bereiche der Kunst aber sind die dunklen Mächte grade zu verbannen, denn in ihr ist nichts dunkel, sondern alles klar und durchsichtig, und mit jenen Übersichtigkeiten ist nichts als der Krankheit des Geistes das Wort geredet, und die Poesie in das Nebulose, Eitle und Leere hinübergespielt, wovon [E. T. A.] Hoffmann und Heinrich von Kleist in seinem

Prinzen von Homburg Beispiele liefern. Der wahrhaft ideale Charakter hat nichts Jenseitiges und Gespensterhaftes, sondern wirkliche Interessen, in welchen er bei sich selbst ist, zu seinem Gehalte und Pathos. [...]

In anderer Beziehung nicht besser haben es Spätere gemacht, welche doch Kotzebue höchlich verachteten. Wie z.B. Heinrich von Kleist in seinem Käthchen und Prinzen von Homburg; Charaktere, in denen dem wachen Zustande fester Konsequenz gegenüber, das Magnetische, der Somnambulismus, das Schlafwandeln als das Höchste und Vortrefflichste dargestellt ist. Der Prinz von Homburg ist der erbärmlichste General; beim Austeilen der Dispositionen zerstreut, schreibt er die Ordre schlecht auf, treibt in der Nacht vorher krankhaftes Zeug, und am Tage in der Schlacht ungeschickte Dinge. Bei solcher Zweiheit, Zerrissenheit und inneren Dissonanz des Charakters meinen sie dem Shakespeare nachgefolgt zu sein. Aber sie sind weit davon entfernt, denn Shakespeares Charaktere sind in sich konsequent [...] *183*

## Das Ausland 1827/30

*281. Thomas Carlyle, German Romance. Edinburgh 1827*

Einer der Offizierskameraden und Freunde Friedrich de la Motte Fouqués war Heinrich von Kleist, ein edel gesinnter und vom Unheil verfolgter genialer Mensch, den das Gebaren seines zu ungestümen und gefühlvollen Herzens später zum Selbstmord trieb, bevor noch die Welt sich das glänzende Versprechen seiner Jugendjahre ganz eingelöst hatte. [engl.] *67*

*282. Baron d'Eckstein. Le Catholique, Paris, Mai 1828*

Die pastorale und beschreibende Muse Ewald v. Kleists hatte nur sehr schwache Klänge gehabt. Das ist kaum der flüchtige, aus dem hohen Grase widerhallende Ruf der Grille. Kleists verwegene Muse vereinigt dagegen Ungestüm und Kühnheit; ihr Aufflug ist der des Adlers; manchmal stürzt sie herab und läßt sich fallen; wenn sie aber sie selbst ist, dann ist ihr Thron in der Tiefe des Himmels. [...]

Kleist könnte als ein deutscher Otway gelten, wenn er nicht etwas besser als dieser gefeierte englische Dichter wäre. Ebenso erschütternd wie der Dichter des »Orphan«, hat er doch nie sein Genie gezwungen, sich mit Kot zu besudeln. [...] Man könnte bei Kleist auch etwas von dem Schwung, der Kühnheit, dem fast wahnsinnigen Genie des englischen Dichters Nathaniel Lee erkennen, der im Londoner Irrenhaus starb. Aber Kleist hat eine Weite des Geistes und eine Kraft der Überzeugung, die dem unglücklichen Autor des Brutus und des Alexanders ganz fremd sind. [...]

Kleist fiel einem Ekel an der Existenz zum Opfer und jener Philosophie ohne Grund, Boden und Grenzen, bestehend aus einem Chaos übersteigerter Einbildungskraft und leerer Spekulationen, denen sich gewisse Denker seines Vaterlandes ergeben hatten. [...]

Die Werke Kleists bestehen aus tragischen und komischen Theaterstücken, Novellen oder Erzählungen in der Art des Cervantes und Boccaccio; sowie ziemlich unbedeutenden Gelegenheitsgedichten. Den Rest seiner Arbeiten verurteilte er selbst zum Feuer. Tieck hat in drei Bänden die Trümmer dieses edlen Schiffbruchs gesammelt. [franz.]   *95*

*283a. Le Globe. Paris, 6. Sept. 1828*

Heinrich von Kleist, dessen Werke gerade eben der gelehrte Kritiker Tieck herausgab, gehört fast ganz zu dieser Schule: in seinen Arbeiten, die von besonderer Schönheit erfüllt sind, in denen aber die kostbarsten Stoffe von der Hand eines Wahnsinnigen bearbeitet wurden, herrscht das Schwankende und Unbestimmte vor. Stets von ausschweifender Phantasie, Ehrgeiz und unsteten Hoffnungen getrieben, drängte er aus einem Zustand in den anderen, ohne irgendwo seinen Platz zu finden, und machte einem unglücklichen Leben durch eine schreckliche Katastrophe ein Ende. [franz.]   *529*

*283b. [W. Alexis.] Berliner Conversations-Blatt, 22. Sept. 1828*

Die deutsche Schule im Auge der Franzosen

Eine Kritik über Kleists »Gesammelte Schriften« in einem der unserer Literatur günstiger gesinnten französischen Journale

[Le Globe; s. 283a] enthält folgende seltsame Ansicht: »Die Dichter der sogenannten deutschen Schule scheinen sich weder die einfache Nachahmung der Natur vorgesetzt zu haben, noch die der Dichter, welche vor ihnen gesungen haben; kein fester Gedanke, kein geordneter Plan dient zur Grundlage solchem Werke, wo das Genie durch den Nebel hindurchleuchtet auf unvollständige Gedanken, auf halb ausgebildete Gefühle. Man glaubt im Lesen umherzuirren im Gebärungsprozeß des Lebens, wie in einem Haufen Froschlaich. Man fühlt sich umschlängelt, gepreßt von Seelen, die noch nach dem Leibe verlangen. Es ist das Reich des Unbestimmten, die Schule des Zweifels, und diese Qual der menschlichen Seele tritt dort heraus und wird unter tausend verschiedenen Formen gemalt.« Es heißt ferner von diesen unsern Dichtern, über das Wirkliche hinausgehend, hätten sie nach Träumen verlangt, und in phantastischen Schmerzen und Freuden schwelgend, wären sie des Lebens überdrüssig geworden, ohne zu verstehen, wie es malen und wie es genießen. *3*

*284. [R. P. Gillies.] The Foreign Quarterly Review. London, Juni 1828*

Der Schimmer der Neuheit, der auf die Person H. v. Kleists durch die kürzliche Veröffentlichung seiner nachgelassenen Werke, durch die günstige Aufnahme seines »Prinzen von Homburg« in verschiedenen Theatern und durch das hohe Lob gefallen ist, das ein bedeutender Kritiker, Mr. L. Tieck, ihm gezollt hat, gibt uns genügend Berechtigung für diese Anzeige eines Schriftstellers, der selbst dem Namen nach, wie wir bei einem vorausgehenden Artikel über das deutsche Trauerspiel beobachten konnten, in England bis heute unbekannt geblieben ist.

Aber während wir völlig mit Mr. Tieck übereinstimmen, daß Kleist, obgleich unglücklich aus einem höchst reizbaren Nervensystem und einer hypochondrischen Veranlagung, dennoch wirklich außergewöhnliche und erinnerungswerte Talente besaß, so müssen wir doch in anderen Beziehungen seine Ansichten ablehnen. Mr. Tieck scheint wirklich glauben zu wollen, daß der Verfasser des »Prinzen von Homburg« etc. nach Goethe und Schiller fast der einzige moderne Dramatiker sei, der besondere Aufmerksamkeit verdiene. [561]

Wir waren in unserer Besprechung des »Prinzen von Homburg« so ausführlich, weil der Autor der »Dramaturgischen Blätter« dieses Werk für so ungewöhnlich rühmenswert hält. Aber was immer dessen Vorzüge sind, Mr. Tieck mag versichert bleiben, daß man Dichtungen dieser Art niemals mit solchen von Müllner, Houwald, Raupach und anderen lebenden Autoren, die er gern verdammen möchte, passieren lassen wird. Daß Kleists Grundideen klar und deutlich sind, geben wir sehr gern zu; aber seine angeborene Ungeduld und Reizbarkeit läßt ihn nicht die Sprachgewalt gewinnen, ohne die sich eine dramatische Dichtung von ihren besten Vorbildern so unterscheidet, wie ein dürftiger Scherenschnitt von einem Porträt des Sir Thomas Lawrence. [...]

Nicht weniger als 14 Oktavseiten hat der freundliche Kritiker der Analyse des Trauerspiels von »Schroffenstein« gewidmet; auch mit bedeutend mehr Raum, als uns hier zur Verfügung steht, lassen sich die Verwicklungen einer solchen Handlung unsern Lesern kaum verständlich machen; wir werden es daher nicht versuchen, sondern nur beiläufig erwähnen, daß das Stück 1824 von Mr. Holbein sehr einsichtig für die Bühne bearbeitet wurde. Im »Käthchen von Heilbronn« liegt der Ursprung des Interesses vor allem in der beharrlichen, starken und reinen Zuneigung der Hauptperson zu dem ritterlichen Helden des Stückes – trotz der recht grausamen Leiden, Beschimpfungen, Unglücksfälle und Verfolgungen, inmitten derer ihre nie versiegende Liebe unwandelbar und siegreich bestehen bleibt. Die Idee ist schön, groß und ergreifend; aber wenn Kleist auch echtes dichterisches Empfinden bewies, so fehlt doch auch hier die »Kunstfertigkeit«, und das Stück ist, obwohl es seinen Platz auf dem Theater gefunden hat, äußerst ungleich und fehlerhaft.

Vielleicht erreichte er sein Bestes in der Novelle »Michael Kohlhaas«, in der die Kämpfe eines rechtschaffenen Pächters geschildert werden, der in einer Zeit, wo sich der Stärkste die Vorteile zu verschaffen pflegte, die ihm die Justiz verweigert hätte, in der Folge eines Streites mit einem gewissen Junker, gegen dessen Bedrückungen er vergeblich Schutz suchte, ohne eigene Schuld allmählich in einen Zustand äußerster Verzweiflung und erbärmlichsten Elends gerät.

Es ist nicht einzusehen, warum diese Erzählung und seine Gespenstergeschichte vom »Bettelweib von Locarno« nicht den Weg in einige jener Sammlungen deutscher Romane finden sollten, die in unserem Lande erschienen sind. [engl.]
544

*285. A. et J. Cherbuliez, Notice sur la vie et les écrits d'Henri de Kleist. Paris 1830*
Das, was die deutschen Schriftsteller vor allem auszeichnet, ist, wenn wir ein neues Wort gebrauchen dürfen, die »sentimentalité«, jener Zustand innerlichen Seins, der das Seelenleben zu sein scheint und so stark ihr Dasein und ihre Schriften beeinflußt. Ein Schriftsteller ist bei ihnen nicht ein Mensch, der schreibt, um ein Buch zu schaffen, und zu diesem Zweck die Feder nimmt; er ist ein Schwärmer, der einer bestimmten, von ihm fast unabhängigen Eingebung und dem gebieterischen Zwang gehorcht, die Vorstellungen auszudrücken, die sich haufenweis in seinem Geiste drängen. [...]
Diese Neigung zu einem Leben in der Idee macht es schwierig, die Biographie solcher Menschen zu schreiben, aber auch besonders interessant, wenn sie uns das echte Bild der Gedanken, Gefühle und Eindrücke desjenigen gibt, den sie behandelt. H. v. Kleist gehört in diese Kategorie. Die Sentimentalität zeigt sich in jedem seiner Werke, und sein Leben, das ohne die schreckliche Katastrophe, die es beendete, arm an Ereignissen wäre, bietet ein durchaus psychologisches Interesse. Wir entnehmen den größten Teil unseres Berichtes der Vorrede, mit der die von L. Tieck herausgegebene Ausgabe seiner Werke eingeleitet wird. [franz.]
72

*Kleist als Dramenheld*

*286a. Friedrich Schulz. Spenersche Zeitung, Febr. 1833*
[Über Karl v. Holteis Drama »Lorbeerbaum und Bettelstab« im Königstädter Theater zu Berlin:]
Es ist das ausgestoßene, kümmerliche, wenn auch mit Lorbeerblättern bekränzte Leben eines Dichters dargestellt, eines

Dichters von ungemeinem Talent, der zartesten Organisation und der tiefsten Weichlichkeit, einer durchaus musikalischen Natur, einer Hoheit des Selbstgefühls, die sich unter die drückenden Verhältnisse des gemeinen Lebens nicht zu fügen, geschweige zu beugen vermag, und einer Reizbarkeit, die dem wahren Dichter nicht fehlen darf [...]. Gleich die erste Szene, wo Heinrich ein Trauerspiel einer zahlreichen Gesellschaft von Frauen und Männern vorliest und die verschiedenartigsten Meinungen darüber hören muß, fade Komplimente und geringschätzende Urteile selbst von seinen Freunden vernimmt, exponiert den Inhalt und Gang des Stücks; es ist gleichsam der Vorgrund, aus dem wir untrüglich in den Hintergrund blicken; den Hintergrund, der den unglücklichen mit der Welt entzweiten Dichter in Wahnsinn stürzt und an den Bettelstab bringt. [...]

Am Schluß der Vorstellung mit einem wahrhaften Taumel des Beifalls hervorgerufen, erklärte er [Holtei] unverhohlen, daß ihm bei dem heut dargestellten Dichter Heinrich von Kleist vorgeschwebt, und dies kann ihm niemand lieber glauben als Referent, der ohne dies Bekenntnis während des Anschauens des Stückes sofort an diesen herrlichen (ihm persönlich bekannt gewesenen) Dichter, an seine überschwengliche poetische Natur und an die ihm fast ganz fremde, ja zuwider seiende Schätzung der Dinge des wirklichen Lebens aufs lebhafteste erinnert wurde. *214a*

*286b. Karl v. Holtei, Vierzig Jahre (Breslau 1859)*

Der König [Friedrich Wilhelm III.] hatte der ersten Vorstellung [von »Lorbeerbaum und Bettelstab«] beigewohnt. Er fand sich auch zu meinem großen Erstaunen (denn die furchtbar düstre Färbung der letzten Akte, dacht ich, würde Ihn gerade, wie ich Seinen Theatergeschmack zu kennen meinte, anwidern!) bei der dritten ein, und zwar mit einer zahlreichen Begleitung fremder hoher Herrschaften. Während ich mich vom dritten zum letzten Akt umkleidete und umschminkte [...], kamen einige Boten, die da atemlos meldeten, Seine Majestät sei auf der Bühne gewesen und habe nach mir gefragt.

*214a*

287. *[Moritz Rapp.] Wolkenzug. Komödie von Jovalis. Stuttgart 1836*

| | |
|---|---|
| *Führerin* | Heute zu grüßen gilt's einen Dichter, |
| *[der Wolken]* | Der die freundlichen deutschen Lande erquickt. |
| | Zeigt ihm die muntern, frischen Gesichter, |
| | Die er so warm sich zum Herzen gedrückt. [...] |
| | Seid ihm zu Willen, |
| | Schlankhüftige Dirnen, |
| | Wenn von den Firnen, |
| | Sein Herzweh zu stillen, |
| | Wenn aus der freien goldenen Luft |
| | Er sich die lachende Freundin ruft. [...] |
| | Er küßt euch zum festen dauernden Bilde, |
| | Er reißt euch an trunkner Männerbrust, |
| | Auf den Schwingen der siegenden Lust, |
| | In der Unsterblichkeit lichte Gefilde. [...] |
| *Chor* | Schiebt sich vor doch die Rote, |
| | Die sich so ängstlich das Röckchen geschürzt; |
| | Seht, wie sie wandelt im schlummernden Tode; |
| | Weckt sie nicht, daß sie nicht niederstürzt. [...] |
| *Kleist* | Himmel, sie ist es, |
| | Mädchen der Mädchen! |
| | Liebchen, du bist es, |
| | Kennst du mich, Käthchen? |
| *Käthchen* | Ei du Schalk, und warum denn nicht? |
| | Glänzest ja ritterlich, recht wie in Glorie. |
| *Kleist* | Ich, Kind? |
| *Käthchen* | Sieh mir nicht so scharf ins Gesicht. |
| | Es sticht. |
| *Kleist* | Ei das ist eine Ammenhistorie, |
| | Die dir die alte Sibylle geschwätzt. [...] |
| *Käthchen* | Ei geh. |
| | Wir heuern doch nicht vor Bartholomä. [...] |
| *Kleist* | O du wonniges Schäfchen! |
| *Käthchen* | Du bist mir ein Hecht; |
| | Trägst mir die heil'ge Passion im Kopf |
| | Und die Sünd' im Herzen. |
| *Kleist* | Ich krieg dich beim Schopf, |

|   |   |
|---|---|
|   | Du Hexe. |
| *Käthchen* | Laß. |
| *Kleist* | Wie? |
| *Käthchen* | Du verstehst noch nicht recht. |

Einstweilen send' ich dein Weib dir her. [...]

\*

|   |   |
|---|---|
| *Kleist* | Mein Thuschen, was willst du? |
| *Thusnelde* | Genossin dir sein |

Im Leben und Tod, wie's die Götter bestimmt.

|   |   |
|---|---|
| *Kleist* | Du denkst –? |
| *Thusnelde* | Wenn die Norne hinüber dich nimmt, |

Auf des Dolches Spitze hol' ich dich ein. [...]

\*

| *Kleist* | Toni, mein Weib, meine Braut, mein Leben, |
|---|---|
|   | Kennst du die liebende Stimme des Freunds? |
|   | Bist du aufs neu mir herüber gegeben? |
|   | Sind wir dem Grabe zu Trotz noch eins? |
| *Toni* | Du bist –? du kennst –? |
| *Kleist* | Diesen heiligen Ort; |

Hier weih' ich ein Kreuzchen am stillen Altar.

(zieht ihr ein Kettchen aus dem Busen)

*Toni*   [...] Ich weiß nicht, was denken. Du gehst
Bei den Lebenden um und dir fällt nicht ein,
Mich zu haben, muß man gestorben sein.   *366*


## Literarhistoriker *1836/45*

288. *Wolfgang Menzel, Die deutsche Literatur. Stuttgart 1836*

Heinrich von Kleist führte aus der katholischen Romantik herüber in die moderne Magie. Sein somnambules »Käthchen von Heilbronn« und sein mondsüchtiger »Prinz von Homburg« sind wunderbare Mittelschöpfungen zwischen der edelsten Einfalt und Treuherzigkeit der mittelalterlichen Vorzeit und dem feinsten Raffinement der Modernität. Von unnachahmlicher Lieblichkeit, so ausgemalt, so durchsichtig klar wie von Homer oder Shakespeare, verbergen diese Dichtungen doch unter ihren Blumen eine Schlange der Modernität, die uns heimlich grauen und es uns begreiflich macht, warum der so liebenswürdige Dichter ein Selbstmörder wurde. Wer die geheimnisvolle Macht der Sympathie erkennt, zerreißt zugleich ihr unsichtbares Band. Hier ist Erkenntnis schon Verzweiflung und Tod. Dies ist der Schleier der Isis, den niemand lüften soll. Von Klängen einer andern Welt gelockt zum Throne des unendlich schönsten Wesens, zur Umarmung des Lieblichsten, wozu uns jemals die geheimste Sehnsucht zog, überfällt uns plötzlich ein Ungeheures, das von jenem Lieblichsten unzertrennlich ist, wie die Drachen von der verzauberten Prinzessin. Mit einem Wort, wer sich zu tief in die Süßigkeit der Sympathie hineindenkt, den überfallen die Antipathien mit zermalmender Übermacht. Wer zu tief über das Rätsel der Liebe nachdenkt, kann den Haß in der Welt nicht mehr aushalten und muß sterben. *319*

*289. Heinrich Laube, Geschichte der deutschen Literatur. Stuttgart 1840*

Armer Kleist! So stark, fest und einfach wie Dein Talent rührt Dein Geschick! Ein feiner Hauch der Romantik weht durch dieses tüchtige Herz – Kleist hat wenig nahe Berührung mit der eigentlichen Schule gehabt –, und in der Gabe dieses Dichters ist die romantische Anregung besonnen, kräftig, gesund zur Tat geworden. Der frühe Tod dieses Mannes ist uns ein wesentlicher Verlust. Die Überschwenglichkeit, der Zauber des Geheimnisses, die unerforschte Naturmacht, der Reiz ferner Vaterlandsgeschichte, all dies Ordensgelübde der Romantiker, wie schön, wie mäßig ist es in ihm. Wie gibt sich das größte Publikum noch heute diesem lieblichen Käthchen von Heilbronn hin, das unter dem Fliederbaume träumt! Das Maß und die echte Empfindung, sie unterscheiden Kleist aufs günstigste von den offiziellen Romantikern. Was er bringt, ist empfunden, nicht anempfunden, oder gar angekränkelt, ein frischer Ernst bewahrt ihn vor aller Manieriertheit, ein kräftig Wesen drängt ihn zu raschem, entschlossenem Gange, und gibt seiner musterhaften

Erzählungsweise, seinem »Hans Kohlhaas« die einfache Nachdrücklichkeit, den angemessenen Schritt, die schmucklose, so wirksame Färbung. Seine dramatische Auffassung kann eintöniger Romantik ein Muster sein, wie jedes Verhältnis andere Bedingung des Vortrages, andere Bedingung des herrschenden Ideals und Sinnes mit sich bringt: wild, unbändig, ein idealer Schatten der reißenden Tiere, die vernichtend eingreifen, ist »Penthesilea«, die von Leidenschaft gehetzte; ein ganz anderer schwererer Himmel hängt über der »Familie Schroffenstein«; die fröhlichste, so recht aus Herzensgrund fröhliche Luft streicht durch die Lustspiele »Amphitryon« und »Der zerbrochene Krug«; »Der Prinz von Homburg« mischt den Traum und die entschiedenste Menschlichkeit kühn und fest. [...] Die Romantiker selbst haben dies vielbesprochene und verklagte [Todesfurcht-]Moment gepriesen. Priesen sie es nicht vielleicht gegen das eigene Herz ihrer Weise? In jenem Momente, er sei nun übertrieben oder nicht, liegt die selbständige Kraft, welche Kleist neben ihnen hat, liegt ein Grundsatz, über den sie hinweghüpften. Dies ist der Grundsatz, daß rein Menschliches, daß Grund und Boden unserer bedingten Existenz erst gewonnen und erledigt sein muß, eh poetischer Aufschwung mit wirklichem Nachdrucke erreichbar ist. *276*

*290. Theodor Mundt, Geschichte der Literatur der Gegenwart. Berlin 1842*

Wenn man an das so innerlich bewegte, subjektive Leben Kleists denkt, wie es uns Tieck in den Nachrichten vor des Dichters gesammelten Schriften erzählt hat, so ist es zum Erschrecken, welche Kälte, welche starre Plastik sich in seinen Dichtungen selbst zeigt, wie alle Linderung des eigenen Innern durch subjektive Reflexion und Mitteilung vermieden oder zurückgedrängt ist, wie sich der Dichter in seinen Darstellungen, besonders in den Novellen – doch auch in den Dramen ist dieses subjektive Kalte – an die äußern Bilder und Formen der Welt hingibt, um sich fast mit Gewalt daran zu zerstreuen und sich selbst in seinen Produktionen zu vergessen. [...] Selbst in den wenigen lyrischen Bruchstücken, die wir hinter der neuen Ausgabe seiner Schriften gesammelt finden, ist das subjektive Gefühl des Dichters nicht aus seiner dunklen Verschlossenheit herausgetreten; seine Gedichte sind einsilbige Laute verhaltener Empfindungen, und das, was uns in jeder Lyrik eines bedeutenden Dichters klar wird, daß in der Mitteilung des Menschen Glück beruhe, hat er, wie es scheint, zu seinem Unglück, niemals verstanden. *344*

*291. G. G. Gervinus, Neuere Geschichte der poetischen National-Literatur. Leipzig 1842*

Unter allen den dramatischen Talenten, die in diesem Jahrhundert bei uns auftauchten, hat Kleist bei weitem die größte Berechtigung, den Dichternamen in Anspruch zu nehmen. Nicht daß wir die gewaltigen Auswüchse auch bei ihm wie so vielen andern Poeten der Zeit übersähen, aber wir sind nicht so eigensinnig, daß uns das Ungeheure, das Phantastische, das Exzentrische überall auf der Schwelle abschreckte [...] Man muß es zugeben, der Härten und Ecken sind in allen Kleistischen Werken gar zu viele; in der Familie Schroffenstein ist im letzten Akte die tragische Dosis unmäßig stark; den Amphitryo des Moliere hat er verzerrt; die Penthesilea, die das Amazonenmärchen und seinen barbarischen Wahn in pathetischer Erhabenheit zum dramatischen Leben ruft, grenzt so sehr an die Tragikomödie, daß man zweifeln würde, wie das Stück gemeint sei, wenn man nicht einen Ausspruch des Verfassers kennte, nach dem er den ganzen Schmerz und Glanz seiner Seele hier niederlegen wollte [...] Was ihn von den vielen Dramatikern dieser nachziehenden Periode so sehr weit unterscheidet, ist das, daß er reich ist und nichts zu borgen, nichts aus zweiter Hand zu kaufen braucht; daß er ganz im Gegensatz zu jenen Passiven, die an jedem Gegenstande nach einem andern Modell das Kostüm wechseln, allen Objekten wie Shakespeare ihr Recht tut und sie doch unter das Gepräge seiner eigentümlichen Natur zwingt; daß wenn man auch hier und da Lessing oder Aristophanes heraushört, dies nicht einen Augenblick Abhängigkeit verrät und daß er an Shakespeare erinnern darf, ohne uns ein Lächeln des Mitleids abzulocken; daß wo er uns auf *einem* Blatte die Karikaturen der Moderomantik zeichnet, er uns auf dem andern mit der Darstellung einer reinen immer gültigen Natur entschädigt; und endlich, daß uns seine tollsten Tollheiten nicht an ihm verzweifeln lassen, nicht unheilbare Verkehrtheit verraten, weil ein durchgehender Humor und die feine Ironie des klarsten Verstandes uns jeden Augenblick für die Gesundheit dieses Geistes bürgt. [...] Zuletzt fiel er als Opfer einer phantastischen Grille, aber doch sagen mir die, die ihn besser kannten [Dahlmann; s. 81], daß er nur am gebrochenen Herzen über die Leiden der Zeit gestorben ist; denn einen glühenderen Freund des deutschen Vaterlandes hatte es nie gegeben. *143*

292. *A. F. C. Vilmar, Vorlesungen über die Geschichte der deutschen Nationalliteratur. Marburg 1845*

Kleists Käthchen von Heilbronn und Prinz von Homburg sind auf unseren Bühnen bekannt – sie zeugen von einem trefflichen, aber auch von einem noch völlig unausgebildeten, seiner selbst noch nicht gewissen Talente. *464*

## *Carl Reinhold und Ludolf Wienbarg*

293a. *C. Reinhold, Die dramatische Literatur und das Theater der Deutschen. Taschenbuch dramat. Originalien, Leipzig 1841*

Allerdings ist bei Kleist von vornherein anzuerkennen, daß er sich aus der objektiven Welt willkürlich hinaus in eine selbstgemachte innerliche versetzt und nur dieser wesentliche Gültigkeit zuschreibt. Und zwar ist dies die Welt eines mit der Objektivität zerfallenen, innerlichst unzufriedenen, darum nach einem veränderten Zustande sich sehnenden, wundersüchtigen Gemüts. Wie nun in dieser der Dichter selbst sich heimisch macht, so soll es auch das Publikum werden, und er spricht daher seinen Zwiespalt und sein Sehnen nicht nur in der subjektiven Form der Lyrik aus, sondern gestaltet es plastisch zu einer Welt heraus, die er absichtlich an die Stelle der Realität setzt. Letztere wird dadurch zu einem bloßen, nichtigen, unedlen Scheine herabgewürdigt, durch welchen das wahre Wesen, die Wunder der Innerlichkeit, sich herausringen und ihr alleiniges Recht betätigen müssen. Dies ist nun nichts anderes als der echte und gerechte Boden der subjektiven Ironie. Und auf diesem spielen gerade die Hauptwerke Kleists, das Käthchen von Heilbronn und der Prinz von Homburg. [...]

Die Spitze dieser Ironie kehrt sich nun aber gegen sich selbst, und hierin liegt ebensowohl eine Schuld als ein Verdienst des Dichters. Sie tut es nämlich vorerst in Beziehung auf die dramatische Totalität seiner Schöpfungen. Denn es zeigt sich, daß im Fortgange der Verwickelung und Entwickelung nun doch jene geheimnisvollen Mächte nicht das Herrschende und Treibende bleiben, sondern an der Gewalt realer Interessen und Verhältnisse sich als unmächtig erweisen. [...] Darin nämlich eben liegt das Verdienst des Dichters, daß die Ironie bei ihm nicht nur im Bewußtsein des Lesers oder Zuschauers sich vernichtet, sondern daß es der Dichter selbst ist, welcher durch seine eigne Tat ihr den Kopf zerdrückt. So fühlen wir schon im Käthchen die Sylvesternacht, den Holunderbusch, Engel etc. als überflüssig, und noch mehr die Traumerscheinung im Prinzen von Homburg. Wir glauben nicht nur nicht an die Realität dieser mystischen Einwirkungen, sondern wir fühlen auch kein Bedürfnis, diesen Glauben als notwendiges Requisit zum Genusse des Gedichtes uns zu eigen zu machen. [...]

Die Charaktere in beiden Stücken sind fast alle von einer energischen plastischen Bestimmtheit, die geradezu an Shakespeare erinnert. Käthchen, ihr Vater und ihr Geliebter – die Übrigen wollen wir preisgeben – sind voll urkräftigen Lebens und stehen in dieser Beziehung z. B. weit über Ferdinand und Luise, Max und Thekla. Hier ist von keiner Abstraktion der bestimmten Leidenschaft, von keiner durchscheinenden Subjektivität des Dichters, von keiner Poesie über die Poesie die Rede. Die Charaktere sind rund, und, so bestimmt sie sich aussprechen, scheinen sie doch nirgends erschöpft, sondern lassen in ihren Seelen noch einen Hintergrund für die Phantasie offen. *367a*

*293b. L. Wienbarg, Die deutsche Bühne und H. v. Kleist. Dt. Literaturblatt der Börsenhalle, Hamburg, 26. März 1842*

[In seiner Abhandlung (s. 293a) sah der Hegelianer Carl Reinhold die »universelle subjektive Weltanschauung« Tiecks, Werners, Müllners usw. »erst in Kleist, dem wir Grabbe anschließen konnten, auf dem Boden der Ironie wieder zur Anerkennung wirklicher sittlicher Mächte und einer selbständigen objektiven Welt sich umbeugen«. Dazu bemerkt Wienbarg:]

Indes wollen wir nur erklären, wie sehr es uns freut, Heinrich Kleist von dem Verfasser so hoch und ehrenvoll gestellt zu sehen. Was wir selbst über diesen Dichter denken, haben wir (in unseren dramatischen Vorlesungen [Hamburg 1839, ungedruckt]) auf folgende Weise ausgesprochen:

Kleist war selbst ein tragischer Charakter und dies allein würde ihn verhindert haben, den höchsten Kranz in der dramatischen Tragik zu erringen, der nur den sonnenbestrahlten, in die Regionen der Freiheit sich erhebenden Stirnen vorbehalten ist. Doch möchte man sagen, daß eben seine tiefe Verstimmung, das, was die düsteren Wolken um seinen Genius türmte, ihn als Menschen um so bedeutender und interessanter macht. Er hatte die Eigenschaften, welche den großen Dichter konstituieren: eine mächtige Herzmuskel, tiefen Sinn, anschauendes Denken, plastisches Darstellen; warum eiferte er nicht seinen großen Zeitgenossen, Goethe und Schiller, in idealen Kunstbildern nach; oder warum fand er nicht, wenn der geheimnisvolle Geist der Romantik sein jugendliches Gemüt stärker an sich zog, den Weg in die romantischen Zaubergärten, wo die Arnim, Tieck, Brentano und ihre Geistgenossen anscheinend selig und vor allen Stürmen der Zeit geborgen umherwandelten? Auf beides lautet meine Antwort, weil sein Bedürfnis nach gefüllter poetischer Gegenwart, seine Liebes- und Lebensbedürftigkeit größer, leidenschaftlicher in ihm war, als daß er in einer vom Leben getrennten Kunst und im Reiche der Phantasie hätte Befriedigung finden können. [...] Das einzige Werk, worin er später in künstlerischer Hinsicht das Höchste, eine gewisse harmonische Vollendung erreichte, der Prinz von Homburg, dies Werk konnte ihm an *Gehalt* nicht genügen, und er wußte wohl am besten, wie weit es hinter den Intentionen eines Werkes von jener Bedeutung zurückstand. Fehlte es ihm für das Höchste in der Kunst an Ruhe, an einem gleichbleibenden heitern Himmel, so waren andrerseits seine Gestalten fast zu scharf und fest gezeichnet für das magische Zwielicht, das die Romantik in ihrem Bereiche herrschen ließ. Ihr christlich mystischer Grundzug fehlt ihm gänzlich, er war mehr ein Heide, in dem Sinn, wie man Goethe und Schiller Heiden genannt hat; und so scheint er auch nur geringe Sympathien für das in dieser Beleuchtung auftretende Teutsche und Volkspoetische gespürt zu haben, er, der sicher ein Volkspoet war und das liebliche und seelentiefe Käthchen dichtete, er, der ein guter, für seine Ruhe nur zu guter Deutscher war [...] Keins seiner Dramen ist aus dem romantischen Geist geboren, der uns aus den Werken der eigentlichen Schule entgegenweht; dennoch tragen sie alle und meist nicht zu ihrem Vorteil die Spuren eines äußeren, die Richtung der Phantasie bestimmenden Einflusses von dieser Seite. Die Romantik, kann man sagen, war seine Schwäche, nicht seine Stärke [...] alles dies, seine Visionen, Träume, Wunder und was sonst auf dem Aberglauben des Volkes beruht, erscheint bei ihm in krasser und kranker Weise, während es die romantische Dichtung in ihren Duft und Schmelz einhüllt und gleichsam aus einem Stück mit dem Übrigen der Handlung mehr der Phantasie als dem Auge vorführt. Dagegen, kann man weiter sagen, würde es nicht so grell in den Kleistschen Dichtungen auftreten, wenn es nicht isoliert stände, wenn es nicht mit der großen inneren Konsequenz dieser Dichtungen, ihrem großen Verstand, ihrer Natur, Wahrheit und Derbheit in so schneidendem Kontraste stände.

*490*

## Friedrich Hebbel

*294. Hebbel, Über Theodor Körner und H. v. Kleist. Dem Hamburger »Wissenschaftl. Verein« vorgelegt am 28. Juli 1835*

Während der erste von beiden, Heinrich von Kleist, alles hat, was den großen Dichter und zugleich den echten Deutschen macht, ist der andere, Theodor Körner, bloß dafür *erglüht*, aber wenn jener über die Interessen der Zeit seine eigene Würde nicht vergißt und sich endlich bestrebt, diese Interessen mit höchster Aufgabe der Kunst zu vereinigen, zieht dieser es vor, sich willenlos in den Strudel hineinzustürzen. Dafür wurde Kleist von seiner Zeit im Leben angefeindet, ignoriert und verkannt, im Tode verhöhnt und von der nächsten Nachwelt vergessen [...] Auch in seiner Brust glühte die Flamme der Begeisterung für Ehre und Freiheit seines Volks, und die Unterdrückung desselben, die äußere und innere Sklaverei, in die er es versinken sah, gaben ihm – ich erwähne dies, weil man dem *Dichter* Körner ein großes Verdienst daraus machte, daß er zugleich Märtyrer war – die Pistole in die Hand. [...] Er schrieb keine Kriegslieder für patriotische Schneidergesellen und hochherzige Ladenschwengel; aber er schilderte die *Hermannsschlacht* und die Schlacht bei *Fehrbellin*; er weckte die *Toten* auf, um die *Lebendigen* zu erwecken. *180*

*295. Hebbel. Aus Briefen und Tagebüchern, 1836–1861*

*An Leihbibliothekar Laeiß, 14. Juni 1836.* Hin und wieder, wenn man nämlich Glück hat [in einer Heidelberger Leihbibliothek], findet man wohl etwas von Scott oder Cooper, ja sogar von Heinrich von Kleist und von Shakespeare.

*An Elise Lensing, 15. Febr. 1837.* Was Du über die Kindesmörderin schriebst, erinnert allerdings stark, mit Heinrich Kleist zu reden – lies doch dessen Schriften! – an die gebrechliche Einrichtung der Welt.

*Mai 1837.* Goethe sagt mit Bezug auf den Michel Kohlhaas, solche Fälle müsse man nicht im Weltlauf geltend machen. Das ist wahr, insofern man daraus keine Schlüsse zum Nachteil des Allgemeinen ziehen darf. Doch scheint mir, der Dichter muß eben auf Ausnahmen der Art seine Aufmerksamkeit richten, um zu zeigen, daß sie so gut aus dem Menschlichsten entspringen, wie die Dutzendexempel.

*An Elise Lensing, 23. Mai 1837.* Die Lektüre der Heinrich von Kleistschen Erzählungen hat mich erfrischt und wahrhaft gefördert. So geht es mit allen echten Werken des Genies, die sind unerschöpflich. Kleist ist, soweit man ein Muster haben kann, mein Muster; in einer einzigen Situation bei ihm drängt sich mehr Leben, als in drei Teilen unserer modernen Roman-Lieferanten. Er zeichnet immer das *Innere* und das *Äußere zugleich, eins* durch das *andere*, und dies ist das allein Rechte.

*An Elise Lensing, 18. Juni 1837.* Wie denn überhaupt niemand bedenkt, daß es immer und ewig *dieselbe* Kraft ist, die den Prinzen von Homburg und den Dorfrichter Adam in die Erscheinung ruft; vielmehr glaubt jeder das Gegenteil.

*An Emil Rousseau, 3. Apr. 1838.* Die höchste Wirkung der Kunst tritt nur dann ein, wenn sie nicht *fertig* wird; ein Geheimnis muß immer übrig bleiben und läge das Geheimnis auch nur in der dunkeln Kraft des *entziffernden* Worts. Im Lyrischen ist das offenbar [...] Aber auch in der Novelle und Erzählung finde ich zu viel Licht bedenklich und gebe darum Kleists Arbeiten und Tiecks eigenen früheren den Vorzug.

*Mai 1838.* Im Prinzen von Homburg ist es ein meisterhafter Zug, daß der Verdacht: der Kurfürst habe den Prinzen nicht sowohl der auf dem Schlachtfeld begangenen Übereilung wegen, sondern aus einem andern Grunde zum Tode verurteilen lassen, nicht von selbst in des Prinzen Seele aufsteigt, sondern erst durch Zollerns Inquirieren erweckt wird.

*Juni 1838.* Die Jungfrau von Orleans wäre als Novelle (à la Kleist) zu behandeln. Ich muß überhaupt Chroniken lesen.

*Juli 1838.* Es frägt sich, ob, wenn Kleist das *Gebrechliche* der Welt-Einrichtung zeigt, er nicht dadurch mehr erhebt, als wenn er sie priese.

*Juli 1838.* In Kleists Familie Schroffenstein, deren Ausgang allerdings schwach ist, ist es bedeutend, und man könnte es als die Hauptidee des Stücks ansehen, daß Rupert alle diejenigen Verbrechen, von denen er glaubt, daß der durchaus unschuldige Sylvester sie begangen habe, begeht, *eben* weil, und *nur*, weil er dies glaubt.

*An Emil Rousseau, 25. Okt. 1838.* Es würde mir daher erwünscht sein, wenn ich die gedachten Bücher noch eine Zeit lang benutzen dürfte, wenigstens den Schiller und den Kleist, über welche beide Schriftsteller ich zu schreiben gedenke [...] Die einstweilen zurückgelassenen Bücher sind folgende: [...] Kleists gesammelte Schriften (3 Teile in 6 Bänden [Nachdruck der Tieckschen Ausgabe, Wien 1827/28]).

*An Elise Lensing, 20. Nov. 1838.* Lest das Käthchen von Heilbronn von dem gewaltigen, herrlichen, unglücklichen Kleist, den niemand lobt, nicht einmal Goethe, was ihm Gott verzeihe. Da ist reine, edle Weiblichkeit dargestellt, und zwar im *Kampf mit sich selbst,* nicht mit einer rohen gemeinen

Bärenseele [wie bei Friedr. Halm]; das ist der Triumph des Weibes.

*März 1839.* Es ist freilich das Höchste, Seelen-Ereignisse und Geistes-Revolutionen ohne Zergliederung und Beschwätzung unmittelbar durch das Tun und Leiden des Menschen zu zeichnen, wie es Goethe in seiner Ottilie, Kleist in seinen Novellen getan haben; doch bei Scott geht innerlich gar nichts vor, seine Personen sind und bleiben, was sie sind [...].

*April 1839.* Kleists Arbeiten *starren* von Leben.

*Febr. 1841.* Bei Gelegenheit von Kleist: ich wüßte nicht, was den Menschen in diesem öden, nichtigen Dasein noch trösten könnte, wäre es nicht eben die Einsicht in die Nichtigkeit dieses Daseins selbst.

*Febr. 1843.* Zum Kleist: Ich will dich töten, ja, aber unter einer Bedingung! (Er will ihr sagen, daß er gleich nachher sich selbst töten muß.) Doch nein, ich tu's ohne eine Bedingung. (Weil das andere unedel wäre.)

*An Charlotte Rousseau, 14. Febr. 1843.* Ich glaube, den Deutschen in meinem Diamant das zweite Lustspiel gegeben zu haben. Kleist, im zerbrochenen Krug, gab das erste.

*Dez. 1843.* Kleist schoß sich weg aus der erbärmlichen Welt, als ob er der allein überflüssige Sperling darin wäre. Er und Körner, der weggeschossen wurde und in dem Jan-Hagel einen zweiten Schiller beklagte, während sich um Kleist keiner bekümmerte!

*Sept. 1844.* Ein großer Dichter ist noch nicht derjenige, der große Kräfte besitzt und Großes damit erschafft; es muß durchaus noch hinzu kommen, daß dies Große auch eine Notwendigkeit für die Welt habe. Kleist z. B. ist ein Maler, der *erfundene* Schlachten malt; Shakespeare einer, der solche darstellt, die wirklich vorgefallen und der Menschheit deshalb ewig teuer sind.

*An Felix Bamberg, 27. Mai 1847.* und ich habe in nachstehendem Epigramm auf Goethe:

Was ich selber vermag, das darf ich an andern verachten;

Darum schelt ich dich nicht, daß du geschwiegen zu Kleist. meine innerste Überzeugung ausgesprochen.

*Sept. 1847.* Die Idee des Käthchens von Heilbronn, daß die

Liebe, die alles opfert, alles gewinnt, wäre wieder aufzunehmen und konsequent durchzuführen. [... Am Rande:] Tragödie.

*An Eduard Janinski [?], 15. Nov. 1847.* Der einzige Trost, der bleibt, ist der, daß man sich durch redliches Kämpfen und Ringen innerlich steigert. Auf den sieht sich auch der Künstler verwiesen. Denn er würde, der stumpfen Welt gegenüber, nicht verzweifeln, wenn er bemerkt, wie wenig er sie zu ergreifen vermag und wie oft sie die Uhr, die er ihr hinreicht, damit sie wisse, wieviel es an der Zeit sei, für eine Kugel hält, womit sie boßeln soll. Auf dieser Stufe der Erkenntnis blieb Kleist stehen und erschoß sich. Man soll aber weiter gehen [...]

*An K. Th. Küstner, 30. Okt. 1849.* Ich will wissen, wo ich meine Feinde und Gegner denn eigentlich zu suchen habe, ob wie Kleist, wie behauptet wird, im Publikum, oder, wie die Erfahrung zu beweisen scheint, in den Bühnen-Vorständen [...]

*An Robert Schumann, 21. Juni 1853.* Ihr »Schön Hedwig« ist außerordentlich schön, weit schöner, als das meinige, das, wie ich jetzt sehe, dem Käthchen von Heilbronn seinen besten Putz abgeborgt hat.

*An Friedr. v. Üchtritz, 19. März 1855.* Es wird [in Zieglers »Leben Grabbes«] erzählt, Sie hätten einmal von Heinrich Kleist gesagt, er sei bis zum Totschießen verkannt worden, und das gefällt mir so außerordentlich [...]

*Okt. 1858.* In Heinrich von Kleists falscher Plastik wird gewissermaßen der Lebensodem auch sichtbar gemacht.

*An Fürstin Marie v. Hohenlohe, 10. April 1860.* Es ist viel Glück auf der Erde möglich, wie Heinrich von Kleist noch eine Stunde vorm Selbstmord an eine Freundin schrieb.

*An Adolph Stern, 6. Sept. 1861.* denn es ist doch [...] etwas ganz anderes, ob ein Kunstwerk in ein mythisches Kolorit getaucht wird, wie z. B. Shakespeares Sturm, oder ob man ihm phantastische Räder und Federn gibt, wie Kleist teilweise seinem Käthchen von Heilbronn. *181. 182*

*296. Hebbel, Gedichte. Hamburg 1842*

Kleist

Er war ein Dichter und ein Mann, wie einer,
    Er brauchte selbst dem Höchsten nicht zu weichen,

An Kraft sind wenige ihm zu vergleichen,
An unerhörtem Unglück, glaub ich, keiner.

Er stieg empor, die Welt ward klein und kleiner,
   Und auf der Höhe, die wir nicht durch Schleichen,
   Die wir nur fliegend, oder nie erreichen,
Ward über ihm der Äther immer reiner.

Doch als er nun die Welt nicht mehr erblickte,
   Da hatte sie ihn längst nicht mehr gesehen
   Und frech ihm selbst das Dasein abgesprochen!

Nun mußt' er darben, wie er einst erstickte,
   Ihm blieb nichts übrig, als zurück zu gehen,
   Doch lieber hat er seine Form zerbrochen.
                          [Hamburg, 6. Sept. 1841]   *180*

*297. Hebbel. Theaterkritiken, Wien 1848–1850*

*5. Okt. 1848.* Wie ich vernehme, steht Shakespeares Julius Cäsar zunächst in Aussicht [zur Darstellung auf dem Hoftheater]. Dann dürfte endlich auch Heinrich von Kleist wohl einmal an die Reihe kommen, und in seiner wahren Gestalt. Nur in Deutschland, und auch in Deutschland nur vor der Revolution, konnte es sich ereignen, daß *das einzige Lustspiel*, das die Literatur aufzuweisen hat, *der zerbrochene Krug* nämlich, für die Bühne fast nicht vorhanden war.

*16. Febr. 1849.* Zum Schluß will ich einen schon einmal [...] ausgesprochenen Wunsch wiederholen. Unsere Literatur besitzt in dem »zerbrochenen Krug« von Heinrich Kleist ein unvergleichliches Meisterstück der komischen Muse, das anderwärts, z. B. in Hamburg, schon seit vielen Jahren entzückt. Wann werden *wir* es einmal auf der Bühne erblicken? Besetzt könnte es bei uns werden, wie in keiner andern Stadt; welch ein Dorfrichter Adam wäre La Roche! [...] Wäre es nicht angemessen, gleich nach dem »Urbild des Tartüffe« [von Gutzkow] damit hervorzutreten? Dem deutschen Witz ist jetzt sein Recht geworden; warum dem deutschen Humor sein noch größeres länger versagen?

*23. Nov. 1849.* Das vortrefflichste Lustspiel, welches wir besitzen, der zerbrochene Krug von Heinrich Kleist, fiel in Weimar durch, als es Goethe auf die Bühne brachte. Eine diesem Lustspiel an Gediegenheit sehr nahe stehende Produktion Grillparzers, das köstliche Stück: Weh dem, der lügt! erlebte in Wien ein ähnliches Schicksal. Warum? Beide Werke suchten ihre Stärke nicht in Anspielungen und Beziehungen auf Zeitverhältnisse, sondern in der Entfaltung echt komischer Charaktere und Situationen [...] Eine unparteiische Kritik hat zu ermitteln, ob und wie weit hier [bei dem tags zuvor durchgefallenen »Rubin« von Hebbel] ein ähnlicher Fall vorliegt oder nicht.

*März 1850.* Der zerbrochene Krug steht so unendlich hoch über den beiden anderen Stücken [»Mirandolina« von Goldoni, »Der verwunschene Prinz« von Plötz], daß ich den Genius, der ihn hervorbrachte, wegen der Zusammenstellung mit ihnen eigentlich auf den Knieen um Verzeihung bitten sollte. Er gehört, um es gleich voranzuschicken, *zu denjenigen Werken, denen gegenüber nur das Publikum durchfallen kann,* denn deren gibt es auch, wie die Erfahrung lehrt. [...] Der Grundgedanke, daß der Richter zugleich der Sünder ist, und daß dieser Richter nun durch die Art und Weise, wie er gerade diesen Prozeß entscheidet, sich vor seinem Oberen über seine Befähigung, seinem Amt noch länger vorzustehen, legitimieren soll, gehört gewiß zu den glücklichsten, die ein mitleidiger Gott jemals in einem menschlichen Gehirn entzündete. Auch nur mittelmäßig durchgeführt, könnte die Wirkung nicht ausbleiben. Aber wie weit übertrifft die Form, die der Dichter dem Gedanken gab, den Fond, der zum Zugreifen für jedermann in ihm liegt. Seit dem Falstaff ist im Komischen keine Figur geschaffen worden, die dem Dorfrichter Adam auch nur die Schuhriemen auflösen dürfte, und auch mit Falstaff ist Adam, dies Gemisch von Gutmütigkeit und Niederträchtigkeit, das Moses und die Propheten so wenig kennt, wie ein diebischer Pudel, und ihnen eben darum mit voller Gemütsruhe den Rücken zuwendet, nur weitläufig verwandt. [...] Dem zerbrochenen Krug fehlt nur ein Moment, ihm fehlt nur die Weiterleitung der Spiegelung bis in die höheren und höchsten Sphären hinauf, und er wäre eine vollendete

Komödie. Aber auch so ragt er über alles, was unsere Literatur in diesem Kreise besitzt, weit hinaus. *180*

**298.** *Hebbel. Aus Zeitschriften-Artikeln, 1848–1863*

*Sept. 1848.* Heinrich Clauren war in seinen Ansichten äußerst faßlich und fand tausende von Lesern; Heinrich Kleist war es nicht und fand deren wenige; dennoch dürfte es nicht lange mehr dauern, und der Verfasser des Kohlhaas hat auch der Zahl nach ein bedeutenderes Publikum, als der Verfasser der Mimili jemals gehabt hat.

*1849.* Dagegen findet sie [die deutsche Kritik] es selten mit ihrer Würde vereinbar, sich nach dem Jüngstvergangenen umzusehen [...] und wenn sie sich wider Gewohnheit einmal auf die Revision eines literärischen Prozesses einläßt, so untersucht sie lieber, ob Sebastian Brand und Fischart Beschwerde über ihre Zeitgenossen zu führen hatten, als ob Heinrich von Kleist oder Immermann sich über die ihrigen beklagen durften [...]

*20. Dez. 1849* (Literärische Weihnachtsgeschenke). Was denn nun machen? Schiller und Goethe sind angeschafft, Uhland ist es ebenfalls; müßte man sich [als Weihnachtsgeschenk] wirklich zu einem Heinrich Kleist, dessen Käthchen von Heilbronn man ja schon vom Theater her kennt, entschließen [...] Nicht doch! So wenig, als man, wenn man den Kindern Kanonen schenken will, sie aus dem Zeughaus zu nehmen braucht!

*1850 (E. v. Bauernfelds »Franz von Sickingen«).* Freilich, es hat auch ehemals an diesen [Dämonen und Halbdämonen] nicht ganz gefehlt. Da war z. B, Heinrich *Kleist,* von dem ich kürzlich erst sprach, da waren später *Grabbe* und Georg *Büchner.* Aber denen waren doch wenigstens die Theater versperrt, oder wenn man sie in einem Schaltjahr einmal herauf ließ, so geschah es aus demselben Grunde, warum die Spartaner ihren Kindern zuweilen Betrunkene vorführten. Das Publikum sollte sie verabscheuen lernen, und dieser vernünftige Zweck wurde auch meistens erreicht; der ruhige Bürger pfiff sie aus und freute sich, daß er kein Genie in seiner Familie hatte.

*4. Mai 1853 (Erinnerungen an L. Tieck).* Und haben seine Gegner auch vergessen, was Tieck für das Verständnis Shakespeares in Deutschland geleistet und welch ein Verdienst er sich um den großen Heinrich von Kleist, durch liebevolles und beharrliches Hinweisen erworben hat, so daß der Schöpfer des »Prinzen von Homburg« und des »Michel Kohlhaas« früher, als es ohne Tieck vielleicht geschehen wäre, der deutschen Nation näher gerückt wurde, die Bildung hat es nicht vergessen und flicht deshalb ein Blättlein mehr noch in seinen Lorbeerkranz.

*3. Sept. 1853.* Sicher aber gehört mehr Geist dazu, einem minder hervorragenden Dichter gerecht zu werden, z. B. einem Zacharias Werner oder einem Heinrich von Kleist, um von den Neueren nicht zu reden, auf ihren verschlungenen Wegen zu folgen und zwischen ihnen und der Nation zu vermitteln, als auf neue Entdeckungen im Shakespeare auszugehen [...]

*180*

Siehe auch *532. 565*

## Hebbel und Julian Schmidt

*299. Julian Schmidt, Friedrich Hebbel. Die Grenzboten, Juni 1847*

Außer Lessing und Kleist kenne ich keinen deutschen Dramatiker, dessen Zeichnung so scharf und bestimmt ausgeführt, mit solcher unerbittlichen Härte festgehalten wäre. Hebbel hat sogar vor jenen den Vorzug, daß seine Dichtungen auch den musikalischen Reiz nicht entbehren, den poetischen Duft, der jene harten Formen dem Gemüt näher führt [...] Aber überall steht er an dem schmalen Rande, welcher genialen Geist vom Unsinn scheidet.

*401*

*300a. Hebbel. Tagebücher, Wien, 10. Juli 1847*

[Ich höre,] daß die Grenzboten einen wunderlichen Aufsatz über mich enthalten, der mich sehr hoch, über Kleist hinaus, stellt, mir aber prognostiziert, daß ich dereinst wahnsinnig werden muß. Seltsame Manier mit einem lebendigen Menschen umzugehen!

*181*

*300b. Hebbel, Abfertigung eines ästhetischen Kannegießers. Vorwort zu »Julia«,*
*Leipzig 1851*

Außer Lessing und Kleist kennt Herr Schmidt keinen deutschen Dramatiker, dessen Zeichnung so scharf und bestimmt ausgeführt, mit solcher unerbittlichen Härte festgehalten wäre […] Aber allerdings stehe ich überall an dem schmalen Rande, welcher genialen Geist vom Unsinn scheidet, und mein Tritt ist nicht sicher genug, Herr Schmidt schwebt in der Furcht, ich werde hinübergleiten. Diese Furcht von 1847 hat ihn getäuscht, ich bin 1850 nach seiner eigenen Versicherung gerettet, aber nun er mir keine Tränen nachweinen kann, reißt er mir meine Helmzier wieder ab. *180*

*301. Hebbel zu Emil Kuh (zweifelhaft)*

In der Halle der Literatur werde ich nie zu finden sein, doch eine Nische neben der Kleists und Grillparzers wird mir nicht versagt werden. *274*

*301a. Überlieferung (W. v. Scholz, 1939)*

Dem Siebenundzwanzigjährigen, der eben die »Judith« vollendet hat, stickt Elise Lensing 1840 eine Brieftasche, die Hebbel lange Jahre benutzt: da stehen zwischen Lampe und Leier hier, Feder dort, drei Bücher mit Namen auf dem Rückenschild. Es sind Kleist, Goethe, Hebbel. *411a*

## *Hebbel und Felix Bamberg*

*302a. Hebbel an Felix Bamberg in Paris. Wien, 27. Mai 1847*

So etwas würde Ihnen nicht begegnen, wenn Sie Ihr kritisches Talent, statt es an problematischen Hervorbringungen, wie die meinigen, zu verschwenden, Werken von entschiedener Bedeutung und abgemachtem historischen Wert zuwendeten, wenn Sie z. B. Kleist einmal vornähmen, über den ich selbst gern alles geschrieben haben möchte, was ich leider nur noch gesprochen habe, und über den sich Unendliches sagen läßt, sowohl im positiven als im negativen Sinne. *182*

*302b. Felix Bamberg. Jahrbücher f. dramatische Kunst u. Literatur, Sept./Okt. 1848*

Von allen hervorragenden Dichtern Deutschlands ist Heinrich von Kleist der Masse der Nation am wenigsten bekannt. Daß er *unpopulär* sei, kann man wohl eben aus diesem Grunde nicht sagen. […] Daß das Ausland Kleists Werke so wenig kennt, nachdem sie bereits seit einem halben Jahrhundert da sind, ist kein geringer Beweis für die Zurücksetzung derselben in ihrem Vaterlande, denn fremde Nationen schöpfen nur aus denjenigen literarischen Quellen, die, nachdem sie durch das Herz des einheimischen Volkes geleitet worden sind, eben dadurch zu ihnen überströmen. [...]

Kleist hat *auch* seinen Platz, aber er blickt sie alle aus dem Winkel, den sie ihm angewiesen haben, wie ein Rembrandtsches Nachtbild, schmerzlich lächelnd an. Kleist war ein Talent, heißt es dann, schade, daß er sich selbst zerstört hat. Einem oder dem anderen fällt dabei wohl auch Goethes trostloses Urteil über Kleist ein, wonach man »diesen jungen Mann nur bedauern kann«. Man gibt kennerstolz zu, daß Kleist schöne Novellen, ein gutes Lustspiel und ein gutes Schauspiel geschrieben hat, und wendet sich dann wieder zu Äschylus, Shakespeare, Calderon, oder auch wohl zu indischen Dramen zurück. [...]

Wenn die hohen Ansprüche der deutschen Kritik an sich schon geeignet sind, Kleist zurückzusetzen, so gibt seine Eigentümlichkeit dazu noch viel größere Veranlassung, denn Kleist ist nicht allein kein Prometheus- und Faust-Schöpfer, sondern auch ein echt *nationaler* Dichter, und, so paradox dies auch klingen mag, es ist doch wahr, daß, so sehr dies bei anderen Nationen ein Titel zum höchsten Ruhme ist, die deutsche Kritik im Gegenteil den vorzugsweise nationalen Dichter von vorneherein für eine sekundäre Erscheinung hält. Da nun im Prinzen von Homburg noch obendrein eine *lokale* Farbe die Dimensionen des Bildes zu verengern scheint, so hat das Urteil sich vollends danach gerichtet. [...]

Das Leben steigerte nun diese natürliche Schranke für ihn ferner noch zu einer wahrhaft tragischen dadurch, daß seine so schöne Tat der Widerspiegelung des heimatlichen Bodens in seinen Hauptwerken von letzterem nur mit blinder Undankbarkeit vergolten wurde. Darum möchte ich, ohne Kleist dem Prometheus und den märkischen Sand dem Kaukasus zu vergleichen, dem Dichter des Prinzen von Homburg und der Hermannsschlacht schließlich doch Quinets gewaltige Chorstrophe [aus »Prométhée«, 1838] zurufen:

Comme toi dévoré par la haine ou l'amour,
Chaque homme a son Caucase et nourrit son vautour.

22

*302c. Hebbel an Felix Bamberg. Wien, 6. März 1849*
Ihre Kritik über den Prinzen von Homburg [s. 564] habe ich gleich, wie sie erschien, gelesen, und ich muß hinzufügen: mit dem freudigsten Erstaunen über Ihren Fortschritt in Handhabung der Sachen wie der Sprache. Leider ist sie mir [...] nicht zur Hand, aber sie schwebt mir deutlich vor, um es als das Charakteristische Ihrer Leistung bezeichnen zu können, daß Sie vom Speziellsten ausgehend, doch den Weg ins Allgemeinste und Allerallgemeinste fanden, während Sie es z. B. in Ihrer Schrift über mich noch umgekehrt machten. Bloß die Wiedererzählung der Fabel [vom »Prinz von Homburg«] hätte wohl noch etwas mehr ins Enge gebracht werden können und hie und da war Ihnen noch eine kleine stilistische Nachlässigkeit entwischt.

182


## Hebbel und Gustav Kühne

*303a. Gustav Kühne. Europa, Leipzig, Nov/Dez. 1848*
Während wir erfaßt und erfüllt sind unsere Gegenwart zu bewältigen und zu ordnen, treten noch unausgesetzt auch Gestalten unserer Vergangenheit zu uns heran und verlangen Gehör. Wir dürfen es ihnen nicht versagen, denn auch die Toten sollen leben, um so mehr, bringen sie uns eine Kunde, die uns für das Werk des Augenblicks fördern kann. Heinrich Kleist, der bleiche Schatten eines großen Dichters, gehört zu denen, die sich zu uns herandrängen. [...] Wir werden die an Deutschland verzweifelte und verunglückte Gestalt Kleists ausführlich ins Auge fassen, denn die Akten sind jetzt endlich über ihn geschlossen.

272

*303b. Hebbel an Gustav Kühne. Wien, 30. Mai 1849*
Dafür wurde ich gleich durch Ihren Artikel über Heinrich

von Kleist belohnt, den ich zu dem Gediegensten rechne, was unsre Literatur in dem Kreise intuitiver Kritik besitzt und für den ich Ihnen persönlich dankbar bin. Ich wollte mich auch in der Allg. Zeitung darüber äußern, aber es wurde nichts daraus […]    *182*


*Hebbel und Feuchtersleben*

*304a. Ernst Frhr. v. Feuchtersleben, Beiträge zur Literatur, Kunst- und Lebenstheorie. Wien 1841*

Um so mehr ist es zu bedauern, daß er [Goethe] seinerseits das außerordentliche Talent Heinrich Kleists, wie es mir scheint, nicht genug würdigte, von dem es mich drängt, hier einige Worte zu sagen. Abgestoßen, wahrscheinlich von dieses Dichters unglücklicher Richtung, bemerkte Goethe nicht deutlich, daß kein Mensch zu erzählen verstand wie dieser. Ruhig, ja kalt, wie Aktenstücke eines Prozesses, kunstreich aneinander gereiht, sich auseinander entfaltend und erklärend, spinnen sich Kleists Erzählungen vor unseren Augen ab; kurz, bestimmt, unabänderlich, mit eiserner Folgerichtigkeit, wie das Schicksal, schreitet er, von tausend Ahnungen umgeben, vorwärts; keine Reflexion unterbricht seine nüchternen Silben, und doch fühlen wir, daß zentnerschwere Betrachtungen in jeder liegen; mit keinem Laute menschlicher Empfindung verrät er ein Herz, das an dem, was er berichtet, teilnimmt, und doch macht er, daß unser Haar sich sträubt, daß unsere Eingeweide sich in uns zu wenden scheinen; alles lebt in seinen Bildern bis auf den kleinsten Zug herab; nirgends Mangel, nirgends Überfluß; das ungeheure Rätsel des Lebens rollt sich, Schlag auf Schlag, wie ein unendliches Gewitter vor uns ab – Licht und Nacht wechseln und verschlingen sich, bis mit dem letzten ferne verhallenden Donner der Tag zurückkehrt, und uns der Rührung, dem Staunen, dem Entzücken überläßt. Noch hat niemand eine Geschichte so erzählt, wie der »Kohlhaas« erzählt ist, – und wer das Wunder dieses Erzählens nur empfindet, dem ist der Geist der Novelle aufgegangen.

*110*

*304b. Hebbel, Nachwort zu Feuchterslebens Sämtlichen Werken. Wien 1853*

Seine [Feuchterslebens] Schriften fielen mir sehr spät in die Hände, aber ein Wort über Heinrich von Kleist, das ich irgendwo fand, gab mir gleich den Beweis, daß ich hier mit echter Bildung zu tun habe, denn für ein so verwickeltes ethisch-ästhetisches Problem, wie der genannte wunderbare Dichter es ist, findet die Halbheit nie den Schlüssel, und das um so weniger, als sie sich auf Goethe berufen zu können glaubt. *180*

## Hebbel und Eduard von Bülow

*305. Eduard v. Bülow, H. v. Kleists Leben und Briefe. Berlin 1848*

Es hatte diese jüngste Königsberger Einsamkeit seine Seele wahrhaft erhoben, und mit neuen Kräften zu der Kunst zurückgeführt; nur gegen die Kritik war er zu allen Zeiten seines Lebens sehr empfindlich, wie ernstlich er auch, in dem erwähnten Briefe [an Rühle 1806], dazu aufzufordern scheint.

*64*

*306a. Hebbel. Tagebücher, 10. Jan. 1849*

»Kleist war gegen Kritik sehr empfindlich.« Bülow. Warum? Weil er mit Notwendigkeit so und nicht anders produzierte.

*181*

*306b. Hebbel an H. Th. Rötscher. Wien, 20. Febr. 1849*

Ich las in diesen Tagen das Bülowsche Buch über Heinrich Kleist. Eine Parallele zwischen den damaligen und den gegenwärtigen Zuständen drängte sich mir fast unwillkürlich auf und ich durfte nicht sagen: lebte er jetzt, es würde ihm anders ergehen! [...] Es liegt in der Natur des Polizeistaats, daß er wohl für die Phrasen-Drechsler, die Geibel und wie die Königl. Preußischen Staats-Nachtigallen sonst heißen mögen, einen Platz hat, aber nicht für den Dichter, den wahren Ergründer und Darsteller der zeitlichen und ewigen Verhältnisse der Welt und des Lebens. *182*

## Bülows Kleist-Buch in England

*307. [John Chorley.] The Athenaeum. London, 1. Sept. 1849*

Heinrich von Kleist's Life and Letters, with an Appendix – Edited by Edward von Bülow. Berlin, Besser; London, William & Norgate.

Etwas spät an der Zeit ist es für den Versuch, das Interesse an des armen Kleists ungebärdigem Leben und leichtsinnigem Sterben zu erneuern. Gerade diejenigen, die das plötzliche Erlöschen dieses flackernden Lichtes am meisten beklagten, maßen den Verlust mehr an der Erwartung dessen, was er erreicht haben würde, wenn er weitergeschrieben hätte, als an einer angeblichen Vollkommenheit seiner tatsächlichen Leistungen. [...] Wer jetzt das von ihm Hinterlassene aufgrund der Hinweise mustert, die der gegenwärtige Herausgeber auf die verkehrten Neigungen und die Widersprüche in seiner geistigen Verfassung gibt, wird kaum annehmen, daß die Dichtkunst bei einer Weiterentwicklung dessen, was seine Natur vermochte, viel gewonnen hätte.

Von seiner unerfreulichen Laufbahn sind die Hauptsachen seit Jahren hinreichend bekannt; und des Herrn von Bülow Lebensbeschreibung verändert in keinem wesentlichen Punkt die Einschätzung von Kleists Veranlagung und literarischer Begabung, wie sie Tieck in seiner Ausgabe von Kleists Werken 1821 vorgenommen hatte. Alle sammelnswerten Einzelheiten seiner Biographie sind wahrscheinlich in dem gegenwärtigen Bande zu finden; und weitere Veröffentlichungen, falls künftig mehr gefunden würde, wird man kaum für wünschenswert halten. Das Bild ist ganz und gar nicht einladend. Wir sehen jetzt anhand von authentischen Berichten aus seiner Kindheit und Jugend und anhand dieser erstmals veröffentlichten Briefe von ihm manches in seinem unsteten Lebenslauf erklärt, was nicht weiter nach einer für vernünftige Menschen geltenden Theorie begründet werden kann – bei aller Nachsicht gegenüber den »Eigenwilligkeiten des Genies«. Die Erklärung ist einfach so, daß wir nicht länger Kleist mit jenen Maßstäben zu messen brauchen, daß vielmehr ein angeborener Fehler in seiner Natur vorhanden war, der ihn, wenn auch nicht zu dauernder und bestimmter Krankheit, so doch immer dicht an die Grenze drängte und ihn bei jeder Erregung alle Herrschaft über sich verlieren ließ. [...]

Wir schließen den Bericht mit dem Ausdruck des Mitleids für einen, der anscheinend kaum irgendwann ein verantwortliches Wesen war, und bedauern, daß ein schönes (wenn nicht überragendes) Genie, mit dem ihn die Natur zweifellos begabt hatte, durch eine gestörte geistige Organisation erdrückt werden mußte, die diesem Genie niemals freien Spielraum gewährte, sondern es höchstens in plötzlichen Flammen ausbrechen ließ – dessen Licht durch abwegige Phantasien verdunkelt und dessen Feuer durch die Windstöße der Leidenschaft zu bloßem Rauch angefacht wurde. [engl.] *521*

## Von der Sphinx erwürgt

308. *Joseph v. Eichendorff, Über die ethische und religiöse Bedeutung der neueren romantischen Poesie. Leipzig 1847*

Und so sehen wir sogleich in einem der besten unter ihnen, in Heinrich von Kleist, ein großes Talent sich zwischen Hochmut und Verzweiflung an den unglücklichen Geschicken seines Vaterlandes krankhaft zu Tode arbeiten, weil er den Glaubensmut nicht mehr hatte, die Welt und ihre Erscheinungen, wie die Romantik allerdings verlangte, nur an dem *Höchsten* zu messen. [...]

So war sein Leben, und so auch seine Poesie. Ihm ward das verhängnisvolle Talent des Unglücks, die unselige Gabe, alle Dissonanzen des irdischen Daseins tiefer und herber als andere herauszufühlen, zu dem gänzlichen Unvermögen, sie harmonisch, d. h. als Ringe einer unsichtbaren, ewigen Gliederung zu begreifen; und diese Sphinx, weil er ihr uraltes Rätsel nicht zu lösen vermochte, hat ihn und seine Poesie erwürgt. Denn so vereinzelt und abgerissen von ihrem religiösen Urgrund konnten die Erscheinungen für ihn keine innere Berechtigung haben, er aber war zu stolz, um sich an einem bloßen Gaukelspiel ästhetisch zu ergötzen, und so hat er in einer in ihrer Wurzel ehrenhaften ethischen Entrüstung, so wie im Leben sich selbst, so in seinen Dichtungen Liebe, Schönheit, Freundschaft, Hohes und Niederes dem Tode geweiht. *96*

## Peinlicher latenter Wahnsinn

*309. Julian Schmidt. Die Grenzboten, Leipzig 1849*

Kleist ist der Anlage nach einer der glänzendsten Dichter unserer Nation; dennoch machen seine Werke im ganzen keinen wohltuenden Eindruck. Mitten im Rausch der herrlichsten Poesie durchbebt uns oft ein unheimlicher Frost; wir werden um so mehr verstimmt, weil wir dennoch gefesselt bleiben. Im »Schroffenstein«, im »Kohlhaas« verläuft sich der verständige und tief angelegte Plan plötzlich in einem wunderlichen Irrgarten der Mystik; im »Käthchen« und der »Penthesilea« wird der schönste Zauber der Darstellung an eine krankhafte Leidenschaft verschwendet: dort erscheint die Liebe hündisch, hier tigerartig bacchantisch. In der »Hermannsschlacht« ahnen wir den zornigen Blick und den nervigen Arm des Helden, aber er ist in schmählichen Fesseln, und aus dem freien Heldenmut wird ein bitterer, verbissener Grimm. Der »Prinz von Homburg« wird mit Recht als das beste seiner dramatischen Werke gerühmt, aber auch hier mischt sich das fremdartige Element einer somnambul unreifen Stimmung in den Ernst des sittlichen Konflikts und trübt seine Reinheit. Und bei Kleist sind die Fehler um so bedenklicher, da sie aus seinem Innersten entspringen und tief in den Organismus seiner Gestalten verwebt sind, man kann nicht schneiden, ohne ihren Lebensnerv tödlich zu verletzen. [...]

Lord Byron ist ein Geistesverwandter Kleists; aber der Brite, inmitten eines großen, bewegten und verständigen Lebens, mußte seine Krankheit lediglich ins Gemüt werfen; er schildert nur die subjektive Verkehrtheit, er weiß, daß sie verkehrt ist, die sittliche Welt ruht ihm in festen Angeln; der deutsche Dichter dagegen hat bei dem tiefsten Gefühl an das lebendige Recht und bei dem innigsten Glauben Augenblicke, wo ihm die Welt verkehrt vorkommt. Der latente Wahnsinn, der sein Leben vergiftete und ihn endlich zum Selbstmord trieb, tritt dann hervor; und das wirkt dann um so peinlicher, da er immer den Anschein der Objektivität beibehält. *402*

*Tragische Seelen*

*310a. Erinnerungen an Fr. Th. Vischer (Ilse Frapan, 1889)*

[Friedrich Theodor Vischer zogen Hebbels Tagebücher ganz besonders an:] War ihm doch auch der seelenverwandte Heinrich Kleist, »der unser deutscher Shakespeare hätte werden sollen«, so tief anziehend und ergreifend. Er konnte sehr böse werden, wenn jemand sich einfallen ließ zu sagen: der hätte den Wahnsinn bekämpfen, klar und plan werden sollen wie andere Leute. Gegen solch einen wohlweisen Moralischen las er uns einmal die folgenden Zeilen vor:

»Wir sprachen von Hamlet, von Tasso
Und ihres Lebens fracasso,
Von Hölderlin, von Heinrich Kleist,
Wie sie der Wahnsinn packt, zerreißt,
Kurzum von tragischen Seelen.
Da begann er gestreng zu schmälen,
Mit Salbung sprach er von Maß und Pflicht,
Vernunft und moralischem Gleichgewicht,
Saß breit auf stattlichem Gesäß
Und aß behaglich ein gut Stück Käs.« 133

*310b. Friedrich Theodor Vischer, Ästhetik. Stuttgart 1847–1858*

Zu den leichteren Konflikten gehört eine Situation wie die in Heinr. v. Kleists Prinzen Friederich von Homburg, es ist der Widerstreit zwischen Subordination im Krieg und jugendlichem Heldenmut; er wird gelöst durch die schlichte Weisheit und Größe des Kurfürsten.

*

Allerdings liegt es der modernen Bildung näher, solche humane Ausgleichung [wie am Schluß der »Antigone«] in den tragischen Gang selbst aufzunehmen, wie im Prinzen Heinrich [!] von Hessen-Homburg, wo der Kurfürst das Todesurteil ankündigt und nicht vollzieht, wodurch das Ganze glücklich schließt.

*

Hoch stehen in der ersteren Gattung [»poetische Erzählungen«] trotz der Bitterkeit, die sie verdüstert, an Kunsttalent die Erzählungen Heinrichs von Kleist.

*

Auch die freie, nicht mythische Phantasie verfährt oft in dieser Weise der Erläuterung; ein interessantes Beispiel davon, die Entstehung von Kleists Zerbrochenem Kruge, gaben wir [nach Zschokkes Bericht]; im Kleinen entsteht noch täglich Mythenartiges auf diesem Wege. *465*

## Kleist und das historische Charakterdrama

*311. Emil Palleske an Hermann Hettner. Oldenburg, 8. Januar 1850*

Jammer genug, daß uns Tieck und der unvergeßliche Kleist nicht jene historischen oder Charaktertragödien geben konnten, von denen Sie [in »Die romantische Schule«, Braunschweig 1850] sprechen. Denn Kleists Novelle »Die Verlobung von St. Domingo« ist z. B. ein historisches Charakterbild von höchster Kraft, sein Kohlhaas in der ersten Hälfte mir ebenso lieb, als der ganze Götz von Berlichingen, ja eine Seite aus diesen Erzählungen wiegt an Schöpfungskraft ganze Akte unsres Schiller auf. Sein Fragment Robert Guiscard, wenn man es so oft gelesen, wie ich, wird Musik im Ohr und gewaltiger Karton dem Auge von unerhörtem Schlachtenheldentum, sein Hermann ist ein wenig mehr wert trotz der Seltsamkeiten als der Grabbesche ganz rohe, ich gestehe geradezu, daß ich Kleists Tugenden und Fehlern seit etwa sechs Jahren eine Reihe von Erfahrungen verdanke, die ich bei Schiller und Goethe nicht hätte machen können. Denn wir fühlen hier bei diesem kernigsten aller Romantiker, wenn man ihn ja dazu zählen darf, wirklich den Atem der Zukunft; behaftet mit Reminiszenzen aus den Antikisierenden wie aus den Romantisierenden arbeitet er sich in einzelnen Stellen und Charakteren, ja in der Verlobung von St. Domingo, wie mir scheint, ganz hindurch zum vollen Leben der Charakterkomposition; mit dem großen geschichtlichen Pulsschlag Shakespeares begabt, sieht er überall das Große, das Bedeutende im scheinbar Untergeordneten, Vereinzelten, das Lebensfähige in dem scheinbar Toten und Entlegnen. Es ist auch der einzige, der so tief mit der Zeit verbunden war, freilich ganz voll Abscheu gegen die Revolution, ganz Germane, daß er über seine unglückliche Stellung im Vaterlande, das kein Vaterland war, seinen Sänger nicht tragen konnte, nicht anerkennen durfte, sein Leben wegwarf. [82]

Doch ich merke, daß ich so sehr in Sachen gehe – ich freute mich, meinen geliebten Kleist auch in Ihrem Buch [S. 181: »der einzig wahrhaft echte Dichter unter ihnen«] zu finden, ich hatte schon gefürchtet, ihn gar nicht anzutreffen, freilich hat er keine Doktrin gehabt, er war aber ohnstreitig der größte Künstler unter allen Romantikern und der reinste Charakter ohne allen Katholizismus im Leben. *145*

*312. H. Hettner, Das moderne Drama. Braunschweig 1852*

Dieses Verlangen der Romantiker [nach historischen Dramen] entspringt naturgemäß aus dem nationalen Zuge, der ihnen eigen ist und der später die Veranlassung wurde zu ihrer widerlichsten Entartung. Leider aber ist dieser fromme Wunsch immer nur frommer Wunsch geblieben! [...] Ist doch auch, wenn wir nämlich einmal vorläufig die Möglichkeit eines solchen Dramenzyklus aus der deutschen Geschichte zugeben wollen, Heinrich von Kleist der einzige Dichter, der dieser gewaltigen Aufgabe gewachsen gewesen wäre. *194*

*313. Julius Mosen an Wolfgang Menzel. Oldenburg, 4. Mai 1855*

Dieses Selbsterlebthaben gehört freilich für den Dichter dazu, um der Geschichte abzusehen, wie sie ihre Ideen in Fleisch und Blut verwandelt, ohne die Idealität einzubüßen. Aber schon Goethe und Schiller ließen sich von fremden Mustern, namentlich von den Griechen, auf den Nebenpfad leiten; die Romantiker irrten gar von einem Muster zu dem andern, von Calderon zu Shakespeare und wieder zurück zu Schiller und Goethe. Nur einer von ihnen ist von Bedeutung in der Darstellung der Selbstherrlichkeit und Verklärung der dunkeln Traumgewalt im Gemütsleben; aber der Traumzustand kann wohl einem dramatischen Gedicht, nicht aber einer Tragödie zum Hebel dienen; ich meine, wie Sie erraten werden, Heinrich von Kleist. *320*

## J. Schmidts und R. Gottschalls Literaturgeschichten

*314. Julian Schmidt, Geschichte der deutschen Nationalliteratur im neunzehnten Jahrhundert. Leipzig 1853*

In seinen Dramen erkennen wir den spezifisch deutschen Dichter; wir haben namentlich an seiner Sprache das Bild eines wahrhaft nationalen Stils, der sich für Deutschland auf eine organische Weise hätte entwickeln können, wenn nicht das Beispiel Goethes und Schillers verwirrend dazwischen getreten wäre. Goethe hat die dramatischen Dichter zur Formlosigkeit und zum einseitigen Hervortreiben subjektiver Stimmungen verleitet. Schillers Beispiel hat seine Schule in das bequeme Pathos der Rhetorik, in die Gemeinplätze der öffentlichen Wünsche und Stimmungen, in die Gemütlichkeit sicherer Effekte gezogen. Daß er mit seiner allgemein gehaltenen Idealität dennoch fein und scharf charakterisiert, sieht nur der schärfer Blickende; das oberflächliche Gefallen hält sich an die Phrase. Kleist hat sich von dem Schillerschen Einfluß frei gehalten; er ist zu der strengen Einfachheit Lessings zurückgekehrt, aber er hat die Sprache veredelt. Sie hat ein sehr individuelles Leben, und ist doch stets ideal und poetisch; sie ist gehalten und doch voll Energie, wenn er auch zuweilen zu absichtlich nach schroff bürgerlichen Ausdrücken greift, um die unbedeutende Sprache der poetischen Konvenienz zu vermeiden. [...]

Heute klingt es fast trivial, wenn man Kleist als den bedeutendsten dramatischen Dichter Deutschlands seit Schillers Tod bezeichnet. Die Stimmung der Zeit hat sich wesentlich geändert; seit Heine ist der Inhalt der romantischen Konvenienz über Bord geworfen, man erfreut sich vorzugsweise an solchen Charakteren, die Kraft der Empfindung mit Zweifel und Ironie paaren. *403*

*315. Rudolph Gottschall, Die deutsche Nationalliteratur in der ersten Hälfte des 19. Jahrhunderts. Breslau 1855*

Kleists Leben ist der Kommentar zu seinen Schriften; denn diese unglaubliche Vermischung von Kraft und Schwäche, Größe und Kleinheit, Gesundheit und Krankhaftigkeit ist nur aus den ganz eigentümlichen individuellen Bedingungen zu begreifen, die auch auf sein Leben bestimmend einwirkten. Sein ursprüngliches Talent ist nicht hoch genug anzuschlagen, denn es hat Kraft und Kühnheit, Tiefe der Empfindung, Innigkeit, Fülle, Weihe der Leidenschaft, gebietet über Naturlaute des Gefühls und schlagende Motive der Charakteristik, treibt seine Gestalten aus einem Naturgrunde mit innerer Notwendigkeit hervor und hat den Trieb der schönen geschlossenen Form, der den anderen Romantikern fehlt. [...] Wir wollen es nicht tadeln, daß er in jener realistischen Manier der Romantiker motivierte, die ebenso oft in Mystik umschlug und durch einen Zwang der Natur in undramatischer Weise die freie Selbstbestimmung aufhob; es lag darin ein heilsames Gegengewicht gegen den abstrakten Heroismus, der das Individuelle in ein allgemein gehaltenes Pathos verflüchtigte. Aber man vergleiche Egmonts Wehmut, wenn er von der schönen Gewohnheit des Daseins und Wirkens scheidet, mit der fieberhaften Ängstlichkeit, mit welcher sich der Prinz von Homburg an das Leben klammert, und man wird eingestehen müssen, daß hier der Dichter aus Opposition gegen kraftstrotzende Phrasenhelden zu weit gegangen ist und seinen menschlich fühlenden Heroen doch jedes Piedestal der Größe unter den Füßen fortzieht.

*149*

## Ein Roman und sein Kritiker

*316a. Willibald Alexis, Ruhe ist die erste Bürgerpflicht oder Vor fünfzig Jahren. Roman. Berlin 1852*

[Ein Berliner Geheimrat vor 1806:] Da ist ein junger Herr v. Kleist, höre ich, der möchte den großen Arminius auf die Bretter bringen. Den Hermann sollten sie doch ruhig auf seiner Bärenhaut schlafen lassen, wo Klopstock ihn eingesungen hat. Wo gehört denn der Deutsche besser hin, als auf die Bärenhaut, um zu meditieren [...]

Verliebt sein, wie – na, wie denn? – wie ein verliebter Maikäfer. Das ist das einzige, was mir aus einer tollen Tragödie kleben blieb, aus der Iffland uns neulich zum Jokus vorlas, von dem verrückten Kleist.

*2*

*316b. K. A. Varnhagen von Ense, Tagebücher. Berlin, 26. März 1852*

Der gute reiche Stoff ist [von Alexis-Häring] nicht nach Gebühr benutzt und verarbeitet; Häring kennt ihn nicht einmal genug, und es kommen Irrtümer und Mißgriffe in Menge vor. Zum Beispiel ist von den Nibelungen die Rede, von denen damals außer ein paar Gelehrten niemand sprach; Adam Müllers Vorlesungen fallen um ein paar Jahre später, an Heinrich von Kleists Hermann war noch gar nicht gedacht. *459*

## Heinrich Heine

*317a. Heinrich Heine an Julius Campe. Paris, 28. Sept. 1850*

Es fehlt mir hier sehr an deutschen Büchern Ich habe z. B. im Augenblick folgende notwendig, die ich hier nicht auftreiben kann: das Buch, welches Bülow über H. von Kleist jüngst herausgegeben [...] *186*

*317b. Georg Weerth an Heine. Hamburg, 10. Juni 1851*

Das Buch Bülows über Heinr. von Kleist legte er [Campe] mit dem Bemerken zurück, daß er es Ihnen persönlich überbringen wolle. *477*

*318. Heine an Julius Campe. Paris, 31. März 1852*

Ich hätte gar zu große Lust, meine Arbeit über deutsche Literatur zu vervollständigen, und ich beschäftige mich mit diesem Gedanken besonders in bezug auf Grabbe, Immermann, Kleist und Oehlenschläger, die vier großen dramatischen Dichter, von denen ich schändlicherweise nicht gesprochen habe, und über die ich doch so viel zu sagen hätte. *186*

*318a. Heine, Vorstudien zur »Romantischen Schule« (Aus dem Nachlaß)*

Indem ich beabsichtige, noch in diesem Bande einen jener großen Dichter vorzuführen, die sich von dem Schlegelschen Dichterkreis fern gehalten, und vielmehr zu jener Kunstschule gehören, die in Goethe wo nicht ihren Chef, doch wenigstens ihren Repräsentanten gefunden: da tritt mir entgegen eine Schar großer Dichter, deren jeder über die Schlegelsche Schule hinausragt, wie ein begeisterter Mann über eine Versammlung betrunkener Zwerge. [...] Hier strahlen in erster Quadrille die Namen: Heinrich von Kleist, Adam Oehlenschläger, Carl Immermann und Grillparzer. Von ersterem rede ich zunächst, und da er unter den Genannten wenn auch eben nicht der größte, doch gewiß der interessanteste Dichter ist, so habe ich beschlossen, ehe ich zur Beurteilung übergehe, dem französischen Publikum die Biographie und ein ganzes Stück von Kleist mitzuteilen. Die Biographie gebe ich nach Herrn Tieck und ich kann damit zugleich von dessen geistreicher Art und Weise ein Muster geben. *270a*

*319a. Heine, De l'Allemagne. Paris 1855*

Was die deutsche Literatur betrifft, so umfaßt mein Buch nur die Geschichte der sogenannten romantischen Schule [...]. Ich habe sogar mehrere große Schriftsteller mit Schweigen übergangen, welche man zuweilen zu den Anhängern dieser Schule zählt, die aber meiner Ansicht nach keineswegs zu ihr gehören, wie z. B. Heinrich von Kleist und meine verstorbenen Freunde Karl Immermann und Christian Grabbe, alle drei Menschen von großem Genie. [franz.] *185*

*319b. Hebbel, Tagebücher. Paris, 14. Okt. 1843*

Heine war bei mir und sprach mir über die Judith. [...] Ich ginge denselben Weg, den Shakespeare, Heinrich Kleist und Grabbe gegangen. *181*

*319c. Hebbel an Friedr. v. Üchtritz. Wien, 19. März 1855*

Ich hatte einen besonderen Grund, das Buch [Karl Zieglers über Grabbe] durchzulesen, denn in einer mir aus Paris zugesandten Vorrede Heines zu seiner neuen Ausgabe der französischen Zustände las ich denselben Tag, wo es mir zukam: »le premier (ich bin gemeint) est de la parenté intellectuelle de Kleist et de Grabbe usw.« und Vettern sieht man sich doch etwas genauer an. Heines Wort ist im besten Sinne gemeint, auch rechne ich mir die Verwandtschaft mit Kleist nur zur Ehre, die zweite aber muß ich ablehnen. Kleist hat sogar direkt auf mich gewirkt, wenn auch nicht auf meine Dramen, sondern auf meine Erzählungen; von Grabbe habe ich in meiner Entwicklungszeit nie etwas gelesen, bis auf die Hundert Tage, die mich wohl nicht verführen konnten. *182*

*320. Heine, Gedanken und Einfälle (Aus dem Nachlaß)*
Eine neue Periode ist in der Kunst angebrochen: man entdeckt in der Natur dieselben Gesetze, die auch in unserem Menschengeiste walten, man vermenschlicht sie (Novalis), man entdeckt in dem Menschengeiste die Gesetze der Natur, Magnetismus, Elektrizität, anziehende und abstoßende Pole (Heinrich von Kleist). *185*

*321. Alfred Meißner, Heinrich Heine. Hamburg 1856*
Zwei Jahre später – im Januar 1849 – kam ich wieder nach Paris. Wahrlich, ich erschrak, das Herz schnürte es mir zusammen, als ich Heine wiedersah und er mir die blasse abgemagerte Hand zum Gruße entgegenstreckte [...] und wahrhaft entsetzlich war es, als er zuletzt mit furchtbarem Ernst in gedämpfter Stimme ausrief: »Denken Sie an Günther, Bürger, Kleist, an Hölderlin und den unglückseligen Lenau! – Es liegt doch ein Fluch auf den deutschen Dichtern!« *187*
*Siehe auch 529a, b.*

## *Heinrich von Treitschke*

*322. Treitschke an seinen Vater. Leipzig 1857/58*
*3. Mai 1857.* Oft und mit großer Freude lese ich in den Schriften Heinrichs von Kleist. Er ist mir unendlich lieb geworden, und doch ists eine traurige Lektüre. Ich glaube bestimmt, der Reichtum und die Gestaltungskraft seiner Phantasie war größer als die Schillers. Aber da kommt es plötzlich über ihn, eine Neigung zum Gräßlichen oder zum Somnambülen oder sonst eine häßliche Schrulle, und der Eindruck seiner edelsten Gedichte wird verdorben. Einen feurigeren Patrioten hat Deutschland nie gehabt: das ist ein glühender Haß gegen die fremden Eroberer, wie er nur unter einer andern Sonne erstarken kann. – Und dieser große Mensch mußte sterben bevor er

die Stunde der Befreiung sah, eines wahnwitzigen verbrecherischen Todes sterben. Es ist grauenhaft, wie nahe das Edle und das Niedrige grade in den besten Köpfen beieinander liegen. Klarer kann man es nicht sehen, daß die Festigkeit und Bestimmtheit des Willens dem Künstler so unentbehrlich ist wie die glückliche Begabung. –

*12. März 1858.* Stattdessen studiere ich für einen neuen Aufsatz in die preußischen Jahrbücher. Diesmal ists gottlob kein staatswissenschaftlicher Stoff, sondern eine Studie über Leben und Schriften Heinrichs von Kleist. Ich habe diesen Dichter, den ich sehr hoch halte, so vielfach gelesen, daß ich mir wohl ein Urteil über ihn zutrauen darf. Lust und Liebe zur Sache bring ich mit; es ist mir eine Freude ein Wort für diesen seltnen Menschen zu sprechen, den seine Nation so wenig ehrt: seine Werke existieren nur in einer abscheulichen Ausgabe, auf den Bühnen erscheinen sie nur bis zur Unkenntlichkeit beschnitten und verunstaltet. [634] *451*

*323. Rudolf Haym an Treitschke. 23. Dez. 1858*

Ihr Kleist – dessen Novellen ich übrigens bei dieser Gelegenheit gelesen habe, wobei ich nicht verhehlen kann, daß mehrere derselben durch ihre Sinnlichkeit sowohl ästhetisch wie moralisch einen sehr niedrigen Eindruck auf mich gemacht haben – steht nun im Dezemberheft unter Weglassung der Stelle gegen den Verleger [d. i. Reimer, der auch die Preuß. Jahrbücher verlegte]. *179*

*324. [Treitschke.] Heinrich v. Kleist. Preußische Jahrbücher, Berlin 1858*

In rätselhaftes Dunkel gehüllt tritt uns der bedeutendste Dichter jener Tage, welche der Blütezeit von Weimar unmittelbar folgten, die einsame Gestalt *Heinrichs von Kleist* entgegen. Fast ratlos stehen wir vor seinem inneren Wesen, gleichwie der Beschauer seines Porträts bald gefesselt wird vor dem seelenlosen Lächeln des Mundes, bald erkältet durch den greisenhaft starren Ausdruck von Stirn und Wangen. Und doch drängt es jeden, der die starke und dennoch selten ungemischte Wirkung seiner Gedichte an sich empfunden hat, in die Tiefe dieses seltsamen Geistes zu blicken. [...]

Wir versuchen den Dichter zu verstehen, der den Mut hatte, in einer Periode, wo der formlosen Verirrungen in unsrer Literatur nur zu viele auftauchten, festzuhalten an der strengen Kunstform des Dramas. Er besaß jene Wärme, welche den Künstler vom Dilettanten unterscheidet, welche bewirkt, daß der Leser auch das Verwickeltste klar vor Augen sieht, sich auch in einer Welt voll Schrecken heimisch fühlt. Nicht immer gelingt es ihm, den versöhnenden Abschluß seiner Fabeln zu finden; aber mit wunderbarer Sicherheit weiß er jederzeit die Stimmung in uns zu erwecken, die sein Stoff verlangt; mit ein paar Worten versetzt er uns in jede fremde Atmosphäre. Er ist Meister in der Charakterzeichnung; in seinen reiferen Stücken sind auch die geringfügigsten Nebenpersonen des Studiums der tüchtigsten Schauspieler würdig: der Knecht Gottschalk im Käthchen war eine der glänzendsten Rollen Ludwig Devrients. Doch verführt ihn die Fertigkeit, sich selbst zu belauschen, die seiner persönlichen Entwicklung so schädlich war, auch in der Zeichnung seiner Charaktere oft zu virtuoser Kleinmalerei. Er wagt es manchmal, jene flüchtigen Gedankenblitze darzustellen, die uns wider Willen durchzucken, die nur durch ihr augenblickliches Verschwinden erträglich werden und darum jeder Darstellung sich entziehen; dann haben wir den Eindruck, als redeten seine Menschen im Traume. Seine frische, lebensvolle Sinnlichkeit berührt oft die zarte Grenze, welche die wärmende Flamme der Leidenschaft von der fliegenden Hitze des Gelüstes trennt, ohne sie indes je zu überschreiten. Die ganze Tonleiter der Empfindung steht ihm zu Gebote; doch liebt er das Schreiende, Gräßliche, und er, der mit seiner reichen schöpferischen Kraft der Natur so nahe steht, kann sich bisweilen bis zu tierischer Wildheit verirren. Er besitzt einen hohen dramatischen Verstand, der sich nur selten in dialektischer Spitzfindigkeit verliert. [...]

Der Unstern, der bei Lebzeiten des Dichters über seinen Schriften waltete, beginnt allmählich von ihnen zu weichen. Das Käthchen von Heilbronn ist eines der populärsten Werke unsrer Literatur geworden, und auch der Prinz von Homburg wird nicht wieder von der deutschen Bühne verschwinden. Ein kleiner Kreis aufrichtiger Bewunderer studiert seine Werke, und es sind nicht die schlechtesten unsrer modernen Dramatiker, welche sichtlich unter der Gewalt seiner Einwirkung stehen. Aber wie weit entfernt ist er noch von der Anerkennung, die er verdient! Die Pyrker und Thümmel und unzählige kleinere Geister gehen in Volksausgaben von Hand zu Hand. Kleists Werke hat Tieck im Jahre 1826, eine Auswahl derselben 1846 erscheinen lassen: die Aufnahme von seiten des Publikums war beide Male wenig ermunternd. Möchten diese Zeilen den Verleger zu einem neuen Versuch und das Publikum an eine alte Schuld mahnen. Kleists Fehler werden heute niemand mehr verlocken; somnambüle Träume sind diesen Tagen des gesunden Menschenverstands sehr wenig gefährlich. Aber lernen können wir von ihm die liebevolle Versenkung in den Reichtum des wirklichen Lebens, wonach die neueste Literatur vollberechtigt drängt. Und ebenso lernen, daß der poetische Realismus nicht notwendig zu haften braucht an dem Staube des Alltagstreibens, daß er vielmehr verpflichtet und befähigt ist, das Drama unter Könige und Helden zu führen, auf jene Höhen des Lebens, wo es seine Heimat hat. – *450*

*325. Treitschke an Gustava v. Haselberg. Leipzig, 29. Jan. 1859*

Vielleicht interessiert es Sie, die beifolgende Studie über H. Kleist zu lesen. Es drängte mich mir ein leibhaftiges Bild dieses seltsamen Menschen zu entwerfen. [...] Ich gestehe, mein Urteil über Kleists verfehltes Leben würde härter lauten, wäre ich nicht überzeugt, daß er von früher Jugend an mit wirklicher Geisteskrankheit gekämpft hat. Und ich meine, vor so gräßlichen Störungen der natürlichen Ordnung soll das Urteil verstummen; einen Kranken will ich lieber beklagen als verdammen – – – *451*

*326. Treitschke an seine Frau. Heidelberg, 12. Sept. 1869*

Dieser arme herrliche Kleist ist der unglücklichste Mensch, von dem ich weiß, und man kann gar nichts an seiner Verzweiflung tadeln; denn in der Kunst gilt nur das Vollkommene, und wer zum Dichter und zu nichts anderem geboren ist und doch das Vollendete nicht schaffen kann, für den hat die Erde keinen Raum. *451*

## Otto Ludwig

*327. Otto Ludwig an Julian Schmidt. Dresden, 3. Juli 1857*

Meines Erachtens hat man zu wenig bei Betrachtung des Kleistschen Wesens und seiner Kunst an den Einfluß seiner musikalischen Studien gedacht. Das Appellieren an das unmittelbare Gefühl, die konsequente Führung der Charaktere, die Entwicklung des Ganzen von einem Hauptthema, das Wiederzurückkehren von den kontrapunktischen Umwendungen desselben (im 2. Teile der Sonatenform) zu seiner einfachen anfänglichen Gestalt (im dritten), in der man den Anfang, doch unendlich reicher durch die erlebte Entwicklung seines Gehaltes, wieder empfindet, Kunstmittel, die keine Kunst so konsequent und bewußt anwendet, als die polyphonische Musik, die durch und durch dramatisch ist, lassen sich in jeder Kleistschen Arbeit leicht erkennen. Vielleicht ist dies auch ein Grund mit, warum Sie Kleist mich so ähnlich finden, und vielleicht, warum Kleist so stark auf mich wirken konnte, wenn er das wirklich getan, da ich noch vor kurzer Zeit nur wenig von ihm kannte, und glaube, von Shakespeare und Lessing am stärksten und nachhaltigsten bestimmt worden zu sein, welche beiden freilich auch auf Kleist stark gewirkt haben, Shakespeare im innern Wesen und Lessing besonders in der Präzision der äußeren Form. *296*

*328. Otto Ludwig. Über ältere und neuere Dramen (a. d. Nachlaß)*

Was H. von Kleists Erfolg bei dem großen Publikum hindert, ist: 1. Daß er alles auf die Spitze treibt, nicht Maß zu halten weiß; dadurch bekommen seine Fabeln etwas Raffiniertes, Überspanntes, Absichtliches, z. B. die grelle Symmetrie in der Katastrophe der Schroffensteiner usw. 2. Daß er seine Probleme mehr mit und für den Verstand einrichtet, den Shakespeare stets bloß kontrollieren und sozusagen negativ zugrunde liegen läßt. Dadurch wirkt Kleist nicht als Totalität und darum auch nicht auf die Totalität. Seine Führung hat etwas Spitzfindiges; er trägt seine Geschichte vor wie ein Kriminalist, bei dem der Scharfsinn der psychologischen Motivierung die Hauptsache, der aber gemütlich an den Geschichten selbst ohne Teilnahme ist. So sucht er auch durch das Rätsel, in welches er seine Fabeln verwandelt, mehr den Verstand zu spannen. Der Gott bleibt bei ihm in den Wolken, und dadurch entsteht sein Tragisches; dies ist bei ihm eben, daß die Menschen leiden und handeln, sie wissen nicht warum und wozu. In der Aufschrift an jenem Hause, die ihm so wohl gefiel, liegt seine tragische Formel: »Ich komme, ich weiß nicht von wo, ich bin, ich weiß nicht was – ich fahre, ich weiß nicht wohin – mich wunderts, daß ich so fröhlich bin.« – 3. In seiner Sprache, die das direkte Gegenteil von Shakespeares, in dessen Leidenschaftsausbrüchen große Gedanken als Glieder des Naturlautes mit dahin fluten, während bei Kleist, was vom Naturlaute darin, als Musik des Gedankens. Wenn uns bei Shakespeare die Leidenschaft geistreich erscheint, so zeigt sich uns bei Kleist der Verstand als Leidenschaft. Alles das läßt sich darin zusammenfassen, daß bei Kleist, wie bei Lessing, der Verstand das Medium der Darstellung, nicht bloß der Disponent; während bei Shakespeare das Medium die Phantasie und unmittelbares Gefühl ist. Daher fehlt es Kleist an der Beredtheit der Leidenschaft. Er ist Goethe und Schiller zu weit ausgewichen. Wie er selbst Verstand sein und Leidenschaft darstellen sollte, wie Shakespeare, ist er Leidenschaft und stellt Verstand dar. – *296*

## *Julian Schmidts Ausgabe · Das Ausland*

*329. Julian Schmidt, Einleitung zu H. v. Kleists Gesammelten Schriften. Berlin 1859*

Aus diesem übertriebenen Realismus erklärt sich die Neigung, auf die letzten Gründe des Geistigen, von der Psychologie auf die Physiologie zurückzugehn, und so jenem dunkeln Naturgebiet anheimzufallen, das keine Kunst zu adeln imstande ist. Das gilt namentlich von dem geschlechtlichen Verhältnis. Fast in jedem seiner Stücke, namentlich in den Novellen, finden sich anstößige Szenen, zuweilen durch gar keinen innern Grund gerechtfertigt, oder mit einer beleidigenden Paradoxie vorgetragen. Zwar wird er nie lüstern, er stellt nicht das Sinnliche dar, sondern nur das Nackte, aber auch in dieser Vorliebe für das Nackte liegt eine gewisse Empörung gegen die sittli-

chen Begriffe des Zeitalters, und die Menge erträgt eher die
Verletzung der Moral als eine Beleidigung der Scham. Diese
Vorliebe für das Nackte zeigt sich auch darin, daß er alle
Empfindungen auf die Spitze treibt; er würde in seiner Auf-
richtigkeit einem Volk wie die Franzosen, die doch in ihren
Romanen wahrlich keine Moralisten sind, in jeder Zeile gleich
unverständlich und ungenießbar sein. *253*

*330. Saint-René Taillandier, Henri de Kleist. Revue des deux Mondes, Paris 1859*
Wahrlich, wenn man diese so verschiedenen Dichtungen stu-
diert, wenn man eine so natürliche Grazie im »Zerbrochenen
Krug« sieht, eine so glühende Leidenschaft in »Penthesilea«,
eine so rührende Poesie in »Käthchen von Heilbronn«, eine so
männliche Begeisterung im »Prinzen von Homburg«; wenn
man seine Novellen liest, wo die Eigentümlichkeit der Erfindung noch durch eine vollendete Kunst verstärkt wird, durch
einen klaren, lebendigen, dramatischen Stil, wie er bis dahin bei
unsern Nachbarn fast unbekannt war, so kann man sich nicht
enthalten, mit den vorzüglichsten heutigen Kritikern zu folgern,
daß H. v. Kleist unter die ersten Künstler Deutschlands gerechnet werden muß. Die Sympathien verdoppeln sich, vermischt mit
schmerzlichem Bedauern, wenn man bedenkt, daß dieser zuweilen so kraftvolle Künstler unaufhörlich gegen Wahnvorstel-
lungen anzukämpfen hatte, daß dieser männliche Schriftsteller
inmitten der Menschen wie ein Schlafwandler umherirrte, daß
er manchmal heftige Anfälle von Wahnsinn hatte, daß er bis zu
seinem fünfundzwanzigsten Jahre seiner Berufung als Dichter
mißtraute und daß ihn zehn Jahre später seine Verrücktheit zu
Mord und Selbstmord trieb. Diese Erzählungen und Dramen,
die von Schönheiten ersten Ranges erglänzen, sind während
einer Zeit der Trostlosigkeit und des Unglücks aus einem
kranken Hirn hervorgegangen. [franz.] *442*

*331. Björnstjerne Björnson an Clemens Petersen. 1860/61*
*Kristiania, 4. März 1860.* In dieser Zeit hat es mir besonderen
Genuß bereitet, sämtliche Werke Heinrich Kleists zu lesen, der
unter den plastisch begabten Dichtern der bedeutendste ist,
den ich nächst Shakespeare kenne. Ich muß dies zuerst erwäh-

nen, weil es bei ihm bloß Produkt ist, oder die willige Form für eine tiefe, starke, leidende Natur, deren Schritt man weithin hört, deren Worte mit der Wucht des Erlebten auf uns niedersausen, deren Bewegung ein Gedanke ist – und deren Bild immer lebendig bleibt, in den Räumen, die er einmal betreten hat. Wie ekelhaft, wenn man Tieck um ihn herum tändeln, scherzen, springen, pfeifen und lobhudeln sieht, mit seinen leichtfertigen Anmerkungen, die Tendenzen, nicht der Ethik dienen; – nach allen Regeln der Kunst um sich hauen möchte man, wenn man sieht, wie dieser griechische Weingott Goethe Kleists Bücher mit einer einzigen Bewegung seines Fingers gelassen über den Tisch hinschiebt, weil sie vielleicht auf etwas zu grobem Papier gedruckt sind. Wie klein ist Goethe gegen Kleists schlechtestes Werk, weil dort alles der wollüstige Traum eines abstrakten Gedankens ist, und hier ein ethischer Charakter, der sich an dem geringfügigsten Rätsel seines Lebens wund stößt. Ich glaube, er war von allen schreibenden Zeitgenossen Goethes der einzige von Verantwortungsgefühl. –

Julian Schmidt, vor dem ich übrigens allen Respekt habe, und der in derselben Art kritisiert wie Du, ist bei Kleist doch insofern auf dem Holzwege, als er mit heißestem Bemühen auf die Krankheit in Kleists Natur fahndet und dabei vergißt, daß es zu gewissen Zeiten gerade der Starke ist, der krank werden muß. Allerdings ist Kleist krank, das sieht ein Kind, – aber wir sollen ihn nicht bedauern oder ihm zu Hilfe kommen, sondern sollen ihn bewundern und ihn nie merken lassen, daß wir Mitwisser sind. […]

Bei Kleist muß man vieles in Abzug bringen, was seine gegen seinen Stoff aufrichtige Natur anstellte – ohne Rücksicht auf die Form, die dem Genre und – dem Publikum am ehesten entspricht. So, sagen sie, lese ich alles. Selbst seinen »Zerbrochenen Krug« lese ich Wort für Wort, ich kenne kaum etwas so durch und durch Amüsantes wie diesen Richter und die Sache, um die die ganze Geschichte sich dreht. Über diese fünfhundert Blätter, die sorglich um eine Nuß gewickelt sind, muß ich so herzhaft lachen, daß ich es noch lange als eine Wohltat empfinde; die derbe Rücksichtslosigkeit dieses Dichters gegen den zeitlichen Charakter, die Gewohnheiten und

Ansprüche der Leute gibt mir Kraft; ja Kleist war ein *Mann*. Krank ist Kleist, der arme Kleist; wer aber eine ganze Kritik nur darauf anlegt, dies nachzuweisen, der schätzt seine eigene Tüchtigkeit als Arzt so hoch, daß er sich eine ordentliche Masse Unglücksfälle herbeiwünscht. Kleist ist krank gewesen, nur damit Julian Schmidt es eines Tages nachweisen könnte, – das ist der Eindruck.

*Rom, 1. April 1861.* Kleists Erzählungen habe ich hier noch einmal gelesen; er verliert in Rom ungeheuer; aber ich muß ihn doch bewundern; er schuf aus einer undankbaren Materie. Es dichtet sich nicht gut mit Reue und Bitterkeit im Herzen, was auch darüber geschrieben und gesagt sein mag. [norweg.]

38

## Spezifisch deutscher Geist

*332. [Emil Kuh.] Stimmen der Zeit. Sept. 1859*

Seine meisten Gestalten verbrauchen ihre Lebensflamme mit einer Hast und Angst, als spürten sie schon den Sturm, der sie ausblasen wird, noch ehe er hereingebrochen, man verweilt auf keinem unbefangenen Antlitz, ohne ihm die Furcht anzumerken, daß bald unheimliche Schatten es umziehen, und keine noch so edle Menschennatur tritt vor uns hin, ohne daß sie uns rasch ihre dämonische Lust verriete: sich auf Leben und Tod mit dem Geschick zu messen. Alle haben sie scheinbar den besten Willen, mit der Welt in Einklang zu bleiben, und selten sind es wilde Triebe und Leidenschaften, sondern am häufigsten ist es das sittliche Selbstbewußtsein, das plötzlich einen Anprall von außen erfährt. Sie empfinden daher das erlittene Unrecht um so tiefer, und während gerade die Einbildung von der sittlichen Vollkommenheit ihrer Natur schon von vornherein ihre Schuld ausmacht, sehen sie den Zwiespalt immer nur außerhalb ihres eigenen Wesens und verfolgen dann darin den Feind, dem sie Tür und Tor geöffnet, als ob sie von ihm überfallen worden wären. Aus diesem Gemisch von persönlicher Sicherheit und Furcht geht im Kohlhaas, in der Familie Schroffenstein, in der Penthesilea das Tragische hervor, nicht aber, wie Julian Schmidt meint, aus Mißverständnissen.

Immer – und hier nehme ich höchstens den Prinzen von Homburg und die Verlobung auf St. Domingo aus – führt bei Kleist zuerst die Welt Schläge auf das Individuum, indes bei allen übrigen großen und bedeutenden Dichtern zuerst die Individuen gegen die Welt anstoßen. Kleist empfindet einen bittern Reiz, diesen »spröden Widerstand der Welt« gegen Individuen zu veranschaulichen, die so viel als möglich sittlich in sich gefestigt waren und die durch den Kampf aus ihrer Bahn geschleudert werden, während die Shakespeareschen, Goetheschen, Schillerschen Individuen durch den Kampf erst den sittlichen Halt gewinnen. Kleist vernichtet ebenfalls die Einzelerscheinung, aber wir fühlen dabei, der Dichter habe ein Kompromiß geschlossen und das zu Boden gerungene Individuum sei mehr wert, als das ganze Kunstwerk, um dessentwillen es geschah. Die Helden sind so stark am Ende wie am Anfang, die Stimmung bleibt auch nach dem Gewitter elektrisch geladen, und wir begegnen einem suchenden, statt einem findenden Dichter. [...]

Es würde zu weit führen, zwischen den Produktionen Goethes, der seiner individuellsten Zustände im Werther, im Götz, im Wilhelm Meister sich entäußert und der dann in der Iphigenie, im Tasso und in Hermann und Dorothea bescheiden untertaucht, und zwischen den Produktionen Kleists der sein Ich überall und doch nirgends wahrhaft los wird, eine Vergleichung zu ziehen, und es muß dieselbe einer ausführlicheren Arbeit über den Dichter vorbehalten bleiben. Ebenso kann ich hier nur die Tatsache hervorheben, daß in Heinrich von Kleist der *spezifisch deutsche Geist zum ersten Male dichterisch auf eigene Faust zu leben anfing,* daß weder antike noch romantische Elemente den geringsten Einfluß auf die entscheidenden Momente in seiner Poesie ausübten.   *273*


## Wilhelm Dilthey

*333a. Wilhelm Dilthey. Tagebücher, 24. März 1860*

Wegen der Beziehungen zu Adam Müller las ich von Heinrich v. Kleist den Prinzen von Homburg. Das gewaltige Spiel mit dem Tode darin – fast der ganze Gegenstand des Stückes – gemahnt sehr an sein schreckliches Schicksal.

Diese Gestalten durchrinnt heiße Leidenschaft; sie sind an Gedanken arm wie der Dichter, von warmblütigen Empfindungen bis zum äußersten wechselnd bewegt: harte, heiße Naturen, die miteinander ringen; das Ganze von einem Übergewicht der Phantasie und Leidenschaft über die eindringende Anschauung der wirklichen Welt, daß es schon darum echt romantisch und Adam Müller sehr verwandt ist. Und doch! Shakespearescher hat niemand in deutscher Sprache ein Stück geschrieben; auch der Götz erreicht diesen großen Stil nicht. Freilich fehlt völlig die Breite der Weltbetrachtung, der spielende, scharfe Verstand, die Tiefe des Gedankens, der ins Unendliche sich verlierende architektonische Hintergrund, der bei Shakespeare mitten in der Leidenschaft beruhigend wirkt. Vor dieser Gestalt vergessen wir die Welt; keine Anmut, kein Edelmut der Natur scheint mehr auf der Erde zu bleiben, wenn dieser Mensch sie verläßt.

Auch dies ist wieder eins der Stücke, welche ganz auf das gemütliche Motiv des Edelmuts gebaut sind, und dieses daher im besonderen Sinne deutsch. So Minna von Barnhelm, die Komödie, und Don Karlos, die Tragödie des Edelmuts. Alle diese Stücke bringen eine *eigentümliche Rührung* hervor.     87a

*333b. Dilthey an Luise Scholz. Berlin, Dezember 1860*

Über den Nolten [von Mörike] würde ich gern einmal mit ihnen und Joachim reden, lieber noch über Kleist, dessen merkwürdige Novellen ich sehr genau kenne. Ich habe öfters über den Charakter und die Geschichte der Novelle nachgedacht und da ist mir Kleist sehr interessant. [...]

Bei Kleist ist der Eindruck in eigentlichem Sinne schmerzlich. Er hat in seinen Novellen das Widersinnige, ja Absurde, welches uns zuweilen in schrecklichen Momenten im Schicksal erscheint, in den verschiedensten Formen ausgedrückt, am wildesten in der Marquise von O. und im Kohlhaas. Dem letzteren kommen wir jetzt dadurch beim Lesen zuhülfe, daß wir den glühenden Haß darin, der dem Schicksal gilt, in die Politik hinüberspielen. Sieht man so in diesen Novellen alles Tollste mit kalter Alltäglichkeit auftreten, schreckliche Begebnisse ohne einen Ton der Mitempfindung, ohne einen Kontrast, als müßte das so sein und wäre überall so, die seltsamsten Charaktere ohne jede leise Ironie des Darstellers, als wäre die Welt ein Tollhaus, vor uns hingestellt: so begreift man kaum, wie dieser Mensch das Leben so lange ertrug. Man muß einige Stellen seines größten Werkes, des Prinzen von Homburg, in welchem seine Phantasie bereits mit den Schrecken des Todes in der Ahnung des Selbstmordes spielt (dieser Punkt ist mir stets ein Indizium gewesen, daß die Tat nichts spät Aufgetauchtes, sondern etwas lang Durchdachtes war), zu diesen Novellen halten, um das Innere recht zu durchschauen, aus dem diese Verzweiflung an der Vernunft in der Welt so hart und kalt und doch so glühend hervorbricht. Auf der Unterlage dieser Gemütsstimmung bildeten sich nun diese Novellen unter dem Einflusse der romantischen Novellisten; in dieser Beziehung ist der Vergleich mit Arnims Novellen interessant, die freilich sehr talentlos sind. Das Straffe und Kurze in seiner Technik – ebenso in der Behandlung der einzelnen Sätze, die kurz und hart ausgeschnitten nebeneinander stehen, als wolle jeder stolz und schroff nur auf sich stehen, als in der Art, wie die Handlung plötzlich eingeleitet und plötzlich abgebrochen an einem einzigen scharf angezogenen Faden abläuft – ist ebensosehr Folge der innren Stimmung seiner Phantasie, als seines Begriffs von der Kunstform der Novelle. Dies ist nun, was einen zuerst in Erstaunen setzt, später zugleich interessiert und abstößt: auch ohne ihn völlig in seiner Intention zu verstehen, muß man schon durchfühlen, daß hier eine Stimmung dauernd herrscht, welche selber durchlebt zu haben jedem eine furchtbare Erinnerung ist. Und so hilft mir wenigstens wenig, daß hier aus jeder Seite ein großer Dichter redet: ich liebe es nicht, mich in dies Labyrinth der verworrensten Gemütsstimmung, in der einem ist, als ob – mit alten Sagen zu reden – die Sterne vom Himmel gefallen und die Sonne von dem furchtbaren Fenriswolf verschlungen wäre und die tückischen und ungeschlachten Riesen herrschten, nun ewig hineinziehen zu lassen. Das Schreckliche soll von dem Menschen mit einem heiligen Vertrauen auf die göttliche Vernunft hingenommen werden: jene

Stimmung aber ihm gegenüber ist heillos, dumpf und entsetzlich – entsetzlich wie der Gedanke von den zufällig kreisenden Atomen in der Wissenschaft – und zugleich wie dieser ohne Größe. Ich denke – durch eine seltsame Gedankenverbindung oder vielmehr einen Gegensatz der Vorstellungen – an jenen betenden Jüngling, der in der Tiber gefunden worden ist, wie er still und groß und frei die Arme zum Äther emporhebt. Da ist wahre Größe in der Stimmung, und das ist mir in aller Kunst das Erste. 88

*333c. Dilthey an seine Eltern. Berlin, März 1863*

So hat Julian Schmidts liebenswürdige Frau, die sich wirklich in dieser Zeit [während Diltheys Augenleiden] schwesterlich gegen mich benommen hat, mir alles über Heinrich v. Kleist zusammengebracht und vorgelesen und wollte auch, daß ich ihr darüber diktieren sollte, was mir nun doch der Güte zu viel ist. Aber im Kopf ist ein Essay über Kleist so gut wie fertig, der sich in den künftigen »kleinen Schriften« ganz gut ausnehmen soll. 87

*333d. Dilthey. Tagebücher, 24. Jan. 1864*

Die Leidenschaften, gleich dem Feuer, verderben den einen Menschen und veredeln den andern.

Es ist mit Arnim beinahe wie mit Kleist: als brauche es nur eines Wortes der Entzauberung, damit sein Genius sich frei erhebe und Schillers und Goethes Thron einnehme. Aber das Wort – wer spricht es aus? Es ist das Rätselwort der modernen Weltansicht. Aufgegeben ist in ihnen mit Bewußtsein die Weltansicht des Klassizismus, ja in manchen ihrer scharfen und kurzen Worte Schwertern gleich zertrümmert. Wie in dem Grau des Morgens stehen wir neben ihnen. 87

## 50 Jahre nach Kleists Tod

*334. Johannes Minckwitz, Der neuhochdeutsche Parnaß. Leipzig 1861*

Aber selbst seine besten Leistungen bringen uns zu dem Schlusse, daß er weder zur rechten Erkenntnis, noch zur völligen Durchbildung seines Talents gelangt ist. Anstatt von den Bahnen eines Schiller auszugehen, hatte er sich in dem Irrgarten der damals in Blüte stehenden Romantik verfangen, ohne die Fessel ganz abschütteln zu können. [...] Das Studium der Kunst und die Ausbildung des Geschmacks war ihm nicht sonderlich ans Herz gewachsen; er hatte meines Erachtens nicht die Absicht, der Dichtkunst ganz sich zu weihen, denn sonst würde er vor allen Dingen in seiner Stimmung und in seiner Lage Lyriker geworden sein: er bediente sich, scheint es, der Dichtkunst lediglich zu dem Zwecke, durch eine möglichst großartige Darstellung seiner Ideen sofort einen praktischen Nutzen zu schaffen, nachdem er durch die Zeitumstände zur Untätigkeit verurteilt war. Andernfalls müßte man annehmen, daß seine Natur von Haus aus an einem ungesunden Element gelitten hätte; eine Annahme, welche freilich nur allzusehr mit dem äußerlichen Verlaufe seiner Geschicke übereinstimmt, welcher nichts Erfreuliches hat. *323*

*335. G. Häbler, Kleist – ein Protest. Leipziger Zeitung, März 1862*

Und nun überhaupt ein Wort der Verwahrung gegen das Jammern über Kleists Märtyrertum. Er soll peinlich vereinsamt gestanden haben; und doch beweist schon der kurze Verkehr mit Dahlmann, daß er mit Ebenbürtigen leicht Verhältnisse anknüpfte, in denen er sein Eigenstes bot, so wie andre Notizen beweisen, daß er von Freunden, die er geistig bewältigte, wohlgefällig Huldigungen entgegennahm. Daß er noch in seinen letzten Tagen anregenden Verkehr nicht verschmähte, beweist das Duettsingen mit der Dame, mit welcher er sich dann erschoß. Wenn es freilich als Beweis grenzenlosen Elends gilt, daß eine junge Dame einige Verse des Dichters nicht kennt; und wenn Kleist, der sich darüber vor den Kopf schlägt, ein bejammernswürdiger Verkannter sein soll in einer Lage, wo er sich eben eine zwar sehr verzeihliche, aber keineswegs männliche Blöße gibt: so scheint man Charakterschwäche als begleitende Eigenheit des Genies zu betrachten, was mir als eine kümmerliche Auffassung gilt. Und die deutsche Nation sogar, welche damals unter Napoleons Gewalt und Ränken stöhnte, soll eine Blutschuld auf sich geladen haben durch ihre Lauheit! *169*

*336. Albert Dulk. Die Deutsche Schaubühne, Juni 1861*

Grade ein halbes Jahrhundert ist verflossen, seit Heinrich von Kleist von den Lebenden schied; und wir dürfen uns fragen: ist nun die Saat, die er in das Geistesfeld deutschen Wesens säete, aufgegangen? sind die Früchte gezeigt, deren Anblick ihm versagt war, ja deren zukunftverspechende Keime selbst sich ihm, wie kaum je einem zweiten Dichter, fast gänzlich entzogen haben? – Unsere verneinende Antwort kann nicht zweifelhaft sein. Mühsam nur [...] erringen seine Schöpfungen, welche einst, wir sind davon überzeugt, neben den besten unserer Nation stehen werden, sich einen Platz im öffentlichen Bewußtsein. Woher denn das auffallende Mißverständnis zwischen einem Werke, von dem jeder tiefere Geist sich ergriffen fühlt, und einer so wenig allgemeinen Geltung? Es ist heute nicht mehr der Bann »höherer Rücksichten«, der ihn erdrückt, wie es bei seinen Lebzeiten geschah. [...] Wenn nun H. v. Kleist trotzdem noch die ganze Liebe der Nation, mit deren Geist sein tiefstes Wesen sich so energisch identifizierte, nicht errungen hat, so liegt der Grund davon, meine ich, zumeist in dem unleugbaren Mangel an Verständnis zwischen Dichter und Publikum, und nicht, wie jene Kritik, welche schnell und glänzend mit allem fertig werden muß, es meint, einseitig in seiner Unverständlichkeit nur, in seiner barocken Art, in seiner Unvollkommenheit. Mehr noch, meine ich, steht er uns fern durch seine Vorzüge, als durch seine Fehler. [...]

Nur drei Lustra noch trennen uns nun von der hundertjährigen Wiederkehr des Tages seiner Geburt; aber wenn ich erwäge, wieviel ferner von seiner Zeit, wieviel fremder in ihr Kleist war als Schiller in der seinigen, wenn ich den Zwiespalt und Abstand sehe, der diesen *Dichter der Tat* noch heute trennt von dem reflektierenden, charakterunreifen Geiste der Nation [...], dann meine ich nicht, daß drei Lustra genügen möchten, um diesen Dichter zum Verständnis der Nation und jener Intimität mit ihr zu bringen, welche die Liebe, mit der er sie geliebt, ihm wiedergeben könnte. Noch weniger aber meine ich natürlich, daß unser Verständnis H. v. Kleists heute schon seine ganze Höhe erreicht habe, daß Volkskritik und Gelehrtenkritik »fertig« mit ihm geworden wären.

93a

*337. Hieronymus Lorm. Österr. Wochenschrift, 1863*

Uns dünkt, daß der unpassenden Einreihung Kleists in die bekannte [romantische] Schule ein leicht aufzudeckendes Mißverständnis zugrunde liegt. Kleist war kein Romantiker, sondern selbst eine romantische Erscheinung, nicht etwa durch seine Schicksale, sondern durch seinen Dämon, durch die Natur seines Denkens und Dichtens. [...] Kleist war ein Charakter, wie ihn die Romantiker gedichtet hätten, aber er dichtete nicht nach ihrem Beispiele.

Kleist als der eminenteste Ausdruck der subjektiven Willkür, der Alleinherrschaft des individuellen Gemütes, wovon die Romantiker nur – schwärmten, mußte verzweifelten *Ernst* machen mit dem Gegensatze, in welchen sich die Romantiker nur spielend und vergnüglich vertieften, mit dem Gegensatze zum Allgemeinherrschenden, zum Wirklichen und Gegenwärtigen. [...] Kleist, mit dem Verhängnis in der Brust, welches nicht erst durch seinen Tod ein tragisches wurde, sondern ihn schon sein ganzes Leben lang zu einem tragischen Charakter machte, war weit davon entfernt, einen Standpunkt oder gar nur einen Schlupfwinkel zu suchen, wo er mit Hilfe eines feigen Kompromisses der Welt hätte versöhnt in die Arme fallen können. Unbeugsam in seiner Eigenheit, was eben sein Verhängnis ausmacht, trachtete er vielmehr mit ungeheurer Anstrengung die soziale und sittliche Verkommenheit, in der ihm die Welt zu seiner Zeit erschien und vielleicht zu jeder Zeit erschienen wäre, durch die schärfste entschiedenste Ausprägung seines Innern von diesem so weit als möglich loszutrennen. Der Gegensatz mußte ihm selbst erst in grellster und schmerzhaftester Deutlichkeit offenbar geworden sein, ehe die Vermittlung ein Wunsch, geschweige denn ein Vorsatz hätte werden können. Dieser energische Drang, sein eigenstes Wesen herauszubilden, sich und anderen objektiv zu machen, war das Uhrwerk seines Lebens und war auch das ethische Motiv seines brennenden Ehrgeizes. Jenem Bestreben Genüge zu tun war ihm im Leben kein Aufopfern irgendeiner vielversprechenden Lage zu schwer, wie in der Dichtung keine Farbe zu grell und kein Ton zu schreiend. Handlungen und Schriften waren in ihm eins, beides hatte in ihm denselben Ursprung und dieselbe Tendenz.

*337a. Peter Cornelius an Reinhold Köhler. Wien, Okt. 1862*

In erster Reihe [der von ihm gelesenen Bücher] steht Kleist, den ich nun im Februar zuerst ganz, in der Tieckschen Ausgabe, gelesen. Wie erfreute und begeisterte mich dies. Ich muß ihn in meiner Schätzung und Liebe zu Goethe und Schiller stellen als dritten, wenn man ihn nicht lieber mit Hebbel den beiden gegenüber denken möchte. Daß ihn mit Hebbel sichtbare Fäden verknüpfen, scheint mir mindestens gewiß. Wenigstens ist Hebbel in Stil und Manier seiner Erzählungsweise sicher durch Kleist bestimmt. Wie dachte ich Deiner, als ich die Erzählungen las. Wie meisterhaft episch ist da fast alles. Wie künstlerisch ist in dem Bild auf das Wesentliche Bedacht genommen! Man vergißt den Autor über das Buch. Die Empörung von St. Domingo ist wohl das Ergreifendste; der erste Teil des Kohlhaas wohl unvergleichlich! Die genaue Beschreibung des Sarges der Frau ist ein unnachahmlicher Zug, bei der Erstürmung der Burg lebt man so ganz mit, daß man wie in einem wilden Rausch der Sache befangen ist, daß man mit Wollust fühlt, wie die Gebeine des Vogts an der Mauer zerschmettern. Sollte man nicht vermuten, daß Prosper Mérimée diese Dinge genau studiert hat? – Das Vollendetste unter den Stücken möchte doch, alles erwogen, der Zerbrochne Krug sein. Das ist *zu* schön; ich wüßte ihm nichts an die Seite zu setzen. Man vergleicht es niederländischen Bildern, *mir* ist es aber weit lieber, steht mir weit höher. Wie freue ich mich nun, es auf dem Theater zu sehen. Den Prinz von Homburg, der hier etwa sechsmal aufgeführt wurde, habe ich leider versäumt. Es ist ein kostbares Stück, nur berührt mich die Subordination als tragisches Motiv ein wenig hart, doch ist das gewiß ein Fehler in meinem Gefühl. Es ist doch im ganzen nichts als der Kampf zwischen Subjektivität und Pflicht, frei sich bestimmender Willkür und Gesetz, und der bleibt ja derselbe, ob der Handelnde dem antiken Fatum, oder dem hl. Gral oder wie hier einem Kriegsgericht gegenübersteht. Im übrigen ist mir das Stück in Herz und Seele lieb, ich lese es, wie fast alles von Kleist, jetzt gleich mit ungeschwächtem, ja erhöhtem Interesse wieder und immer wieder, für mich die Rechenprobe des wahrhaft Dichterischen. [...]

*580a*

*337b. Jakob Mähly, *Wesen und Geschichte des Lustspiels*. Leipzig 1862*

Wer sich dagegen wundert, warum ich das berühmte Lustspiel Kleists, »Der zerbrochene Krug«, nicht einer einläßlicheren Beurteilung unterziehe, dem gestehe ich offen, daß ich nie habe begreifen können, wodurch das Stück jenen Nimbus der Berühmtheit verdient hat. Es spielt in einem so äußerst beschränkten niederen Kreise, in einer so schwülen Atmosphäre, daß man nie frisch aufatmen kann; die ganze Misère deutschen Beamtentums aus dem vorigen Jahrhundert wird zu grell und nackt vor uns ausgebreitet, als daß die eingestreuten komischen Verlegenheitsszenen samt ihren Zutaten von hängen gebliebenen Perrücken usw. uns in eine heitere, wohltuende Stimmung versetzen könnten. *581b*

## Shakespeare oder Mérimée?

*338. Moritz Mandl, Von einem germanischen Shakespeare. Neue Freie Presse, Wien, 23. Mai 1868*

Es gibt eine in unserer Literatur-Geschichte herumflatternde Sage von einem germanischen Shakespeare, der es nicht nur mit dem unsterblichen Vorgänger aufnehmen, sondern ihn übertreffen – einen noch vollkräftigeren Griff in die Riesenharfe der Dichtung schlagen werde. [...] Wir haben uns vor dem Grabe eines deutschen Dramatikers, dessen Leben und Ende eine herzzerreißende Tragödie war, mit feierlichem Ernste zu fragen, ob mit ihm nicht der germanische Shakespeare gelebt und mit ihm zu Grabe gegangen, auf dem wir das fortblühende Märchen bewahren sollten? *302*

*339. Georg Brandes, Die romantische Schule in Deutschland. Berlin 1873*

Die deutsche Romantik hat nach Tieck zwei bedeutende Dramatiker, Zacharias Werner und Heinrich von Kleist, hervorgebracht, und von diesen ist wieder der letzte am hervorragendsten, er ist als Dichter im Besitz so reicher Gaben, daß ich für mein Teil geneigt bin, ihn über alle Poeten der Schule zu stellen. Er besitzt vor allen andern eine bestimmte und plastische Form, er hat ein Pathos, das man nicht bei Goethe findet, alles, was er geschrieben hat, ist seelenvoll, innig und glühend sinnlich, und die Form doch in den besten Werken fest und ohne Ornamente. Kleist ist Deutschlands Mérimée, und ein Studium seiner Eigentümlichkeit wird uns zeigen, was die deutsch-romantische Geistesrichtung aus einem Mérimée machen könnte. Wir werden sehen, wie der romantisch-poetische Wahnwitz die bestimmte, präzise Form in seinem Genius durchbricht. Worauf wir hier besonders achten müssen, das ist die Weise, in welcher dieser innerlich so energische Dichter den dramatischen Charakter darstellt. [...] Was die Charaktere Kleists von den übrigen Charakteren der Romantiker unterscheidet, ist, daß sie nichts von dem Verwischten oder Verschwommenen haben, was diese kennzeichnet; aber was ihnen und den andern gemeinsam ist, das ist das Pathologische in ihrem Grundgepräge. In jeder Leidenschaft ergreift Kleist den Zug, durch welchen sie ihre Familienähnlichkeit mit der fixen Idee oder dem willenlosen Wahnsinne verrät, bei jedem noch so kräftigen Geiste bohrt er seine Sonde in den kranken Punkt hinab, wo der Geist seine Herrschaft über sich selbst verliert: Somnambulismus, tierische Befangenheit, Zerstreutheit, Feigheit aus Todesangst. Nehmen wir eine Leidenschaft wie die Liebe, so ist dieselbe ganz gewiß nicht von rein rationeller Natur, aber sie hat eine Seite, von welcher man sie im Zusammenhange mit Vernunft und Geist betrachten kann. Deshalb eben schildert Kleist sie durchgehends und mit bewundernswerter Energie als rein pathologisch, als Manie. [...] Aber die Mystik war an der Tagesordnung, und es ist seltsam zu sehen, wie das mystische Element, jene absonderliche Trinität von Wollust, Religion und Grausamkeit, überall in den Dramen dieses Dichters auftaucht. *53*

*340. Hippolyte Taine. 1870/73*

*Gespräch mit Cherbuliez, 24. April 1870:* Gestern gelesen: Michel Kohlhaas und die Marquise von O von Kleist; wie man sagt zwei Meisterwerke der Prosa-Erzählung. Das ist zweit- und drittrangig: keinerlei Kunst der Komposition, kein Erzeugen von Wirkungen, keine flüssige Satzbildung; Überfluß an indirekter Rede: so schrieb man ungefähr zu Zeiten Florians.

*An Georg Brandes, 25. Juli 1873:* Ich habe Heinrich von Kleist gelesen und finde Sie sehr nachsichtig. Wenn man Verrückte wie Käthchen und den Prinzen von Homburg macht, muß man sie im Stil von Verrückten reden lassen, was der einzige Shakespeare fertig brachte. Michel Kohlhaas ist gut, ausgenommen der zweite Teil; aber dort wie in der Marquise fehlt völlig das, was wir Stil nennen, das heißt die Kunst des Details und der Wirkung; so erzählt etwa ein drittrangiger Schriftsteller des 18. Jahrhunderts [franz.] 443

## »Prussia's Representative Man«

*341. Francis Lloyd and William Newton, Prussia's Representative Man. London 1875*

Daß Kleist des Ranges nicht unwert ist, den wir ihm zugewiesen haben, wird man bei aufmerksamer Betrachtung seiner Schriften einräumen müssen. Von allen Dichtungen deutscher Sprache enthalten nur sie das wirklich Typische und Unmittelbare; denn sein echter und feuriger Genius machte ihn von dem nachahmenden Vorgehen frei, das zu dieser Zeit üblich war, und ermutigte ihn, die Inspiration aus der Geschichte seines eigenen Stammes und Vaterlandes zu suchen. [...] Zwar führte seine Abneigung gegen die Übertreibungen und grellfarbigen Bilder, die um ihn herum produziert wurden, dazu, seiner Feder alle Farbe zu nehmen, und gab seinen Pinselstrichen eine kühne Härte, die kraftvoll gegenüber ähnlichen Themen aus der Feder z. B. des verehrten Sir Walter [Scott] absticht: und doch hätte er mit dem Maßstab, den er anstrebte, und den Fähigkeiten, aus denen er arbeitete, sicherlich das Versprechen seiner Jugend eingelöst und den Ausspruch Hettners bestätigt, der erklärt hat, daß inmitten des leidenschaftlichen Verlangens nach Errichtung einer eigenständigen, nationalen Form dramatischer Kunst Heinrich von Kleist allein der einzige Dichter sei, von dem man dieses Ideal habe erwarten können. [...]

Was wir dem Leser bieten, ist also ein Bruchstück dessen, was hätte sein können; das Werk eines, der gerade das Alter der Konzentration und Verwirklichung erreicht hatte. Doch sind

»Michael Kohlhaas« und »Prinz von Homburg« so einzigartig in der Literatur, zu der sie gehören, und in dem größeren Feld der europäischen Literatur so vollkommene Vorbilder künstlerischer Wahrheit, daß wir nicht zögern, ihren Autor seines Verdienstes wegen sowohl wie seines Charakters wegen für den repräsentativen Mann jenes Staates zu erklären, der sich in unseren Tagen so besonders hervortut. […] Es ist zweifellos Tatsache, daß die führenden Männer dieses Landes den wirklichen Ursprung ihres Erfolges nicht verstehen; aber, wie es auch sein mag, sowohl Kleist wie Preußen haben großen Ruhm verdient, und beiden erweisen wir unsere aufrichtige Hochachtung, in der Hoffnung, daß diese kleine Arbeit zu einer vernünftigen Einschätzung der großen Epoche in Deutschland beitragen möge, die mit Klopstock begann und die auf geringerer Stufe noch immer die Aufmerksamkeit Europas auf sich zieht. [engl.]
*291*

*Kleists 100. Geburtstag und die Bühne*

342. *Heinrich Laube, Das Wiener Stadttheater. Leipzig 1875*
Von Kleist steht nur noch ein einziges Stück auf der Bühne, das »Käthchen von Heilbronn«. Der »Prinz von Homburg« hat trotz großer poetischer Reize nie volle Verbreitung gefunden, weil der Charakter des Prinzen als eines Soldaten, welcher der Todesfurcht bis zur Kläglichkeit erliegt, einen gar zu peinlichen Eindruck macht, und weil die Krankhaftigkeit, auch wenn sie noch so poetisch behandelt wird, von der Bühne herab ungünstig anmutet. Nur in Berlin, wo das Stück ein vaterländisches und dynastisches Interesse hat, wurde es eine Zeitlang erhalten. Wenigstens aktweise. Man gab da zuletzt mitunter einzelne Akte, namentlich den Schlachtakt. Das Verbot, Hohenzollern-Figuren auf die Hofbühne zu bringen, trat noch dazu in den Weg. In letzter Zeit ist das Stück auch da ganz verschwunden. Selbst der »Zerbrochene Krug«, in der Schmidtschen Verkürzung von Döring meisterhaft dargestellt in der Figur des Richters Adam, ist ganz selten geworden im Repertoire. Anderswo hat er nie festen Fuß fassen können, weil

man seine Komik, die Komik der Voraussetzungen, zu spitz fand für die Bühne. Diese Komik bringt es mit sich, daß man nachträglich lacht, im Theater aber will man auf der Stelle lachen. Und das »Käthchen« selbst – wir müssen's uns eingestehn – ist auch ziemlich alt geworden. Eine verzweifelt reale Zeit sieht mit Befremden ein Ritterstück, dessen Held und Heldin ein Traumleben in die Wirklichkeit verpflanzen, in eine Wirklichkeit, welche grob rittertümlich um sie herum hantiert. Der gute poetische Glaube daran wird heutigen Tags immer seltener, das Theaterpublikum dafür wird also immer kleiner.

279

*343. Ludwig Speidel. Neue Freie Presse, Wien, 15. Febr. 1876*

Doch etwas hätte dem Ganzen [Burgtheater-Jubiläum] gefehlt, wäre der Name des Dichters vergessen gewesen, der neben und nach Schiller und Goethe ganz allein in dramatischen Dingen noch ein Wort zu sagen hatte. Wir meinen natürlich Heinrich von Kleist. Die Mängel dieses außerordentlichen Geistes sind uns nicht unbekannt, und wir sind nicht dreist oder leichtsinnig genug, ihn mit dem in unseren Tagen so wohlfeil gewordenen Titel eines Klassikers anzureden. Er gehört nicht in die Zahl jener auserwählten geistigen Kulturhelden, die dem Denken und Empfinden ihres Volkes neue Bahnen gebrochen, die ihm die Augen geöffnet über eine unverstandene oder mißverstandene Welt, die ihm seine Sprache geschaffen haben. [...] Ihm bleibt aber doch jenen gegenüber seine Eigentümlichkeit, eine Stelle in seiner Seele, von der er sagen kann: Das bin ich. Und diese Eigentümlichkeit bezieht sich auf das Drama, wo Schiller souverän geherrscht und worin Goethe das Genialste geleistet hat. Während Schiller und Goethe in ihrer späteren Zeit hin und wieder in allzu hohem Flug die Fühlung mit der Welt, mit der Wirklichkeit zu verlieren scheinen, schmiegt sich Kleist mit allen Sinnen an die Erde, sprudelt in ihm eine starke volkstümliche Ader, die sich von den besten Säften der Wirklichkeit nährt. [...] Leider konnte sich die Begabung Kleists, die von innen und von außen bedrängt war, nicht rein entwickeln. Es lag wie ein Fluch auf ihm, daß die besten Anläufe ihr Ziel verfehlten, daß ihm die aussichtsvollsten Unternehmungen, als sei ihm ein Dämon entgegen, in der Hand zerronnen oder in ihr Gegenteil umschlugen. Sein starkes Gefühl wurde fast immer von einer phantastischen Marotte durchkreuzt, und die festesten Gebilde, scheinbar so unerschütterlich in der Erde wurzelnd, gingen ihm nicht selten in Rauch und Nebel auf. Das Rätsel seiner Dichtung ist auch das seines Lebens. Er schoß sich eine Kugel vor die Stirn und blieb uns die Gründe schuldig. *427*

*344. Julian Schmidt, H. v. Kleist. Preuß. Jahrbücher, 1876*

Es ist in der Anerkennung Kleists in den letzten Jahren ein entschiedener Fortschritt zum Bessern eingetreten, und wenn auch die Anfechtungen sich vermehren, so hat das vielleicht gerade darin seinen Grund, daß eine freilich kleine Schar leidenschaftlicher Verehrer in seinem Leben und Dichten alles korrekt finden will. Damit werden sie nicht durchkommen: das Gebrochene in seinem Leben tritt bei seinem Ende evident hervor, und je freudiger man sich in die Schönheiten seiner Dichtungen vertieft, desto schmerzlicher empfindet man auch hier in manchen Punkten das Gebrochene. [...]

Freilich hat es Kleist durch eine Eigentümlichkeit seines poetischen Schaffens auch den Schauspielern sehr erschwert. Er ist in Sprache, Gebärdung usw. viel realistischer als einer unserer großen Dichter; er scheint darin sogar, wenn man ihn bloß liest, ins Kleinliche zu gehn: er rechnet eben auf ein schnelles energisches Zusammenspiel, in dem dies Kleinliche sich aufhebt, kurz er erregt im eminenten Grad das Gefühl der Wirklichkeit. Dann aber taucht plötzlich, unvermittelt eine Farbe, Stimmung, Empfindung und Vision auf, die alle Wirklichkeit auszuschließen scheint. Hier nach verschiedenen Seiten abzutönen, den Kontrast festzuhalten und dennoch eine harmonische Wirkung hervorzubringen, ist das Schwierigste bei der Aufführung der Kleistschen Stücke. *405*

*345. Deutsche Zeitung. Wien, 11. Okt. 1876*

*Wien. Stadttheater.* Der heutige Abend galt der Feier des Kleist-Tages. Die Zuhörer, die in hellen Scharen gekommen waren, um Zeugen und Teilnehmer der Gedenkfeier zu werden, waren in schier andachtsvoller Stimmung, als nach der ernsten Ouverture der Vorhang in die Höhe rollte und in mondbeglänzter Waldlichtung der Granitblock sich zeigte, von dem der Name »Heinrich v. Kleist« herüberleuchtet, der Name des Dichters, der an solcher Stelle begraben liegt, im lebendigen grünen Wald unter den rauschenden Zweigen. Die Muse tritt auf lorbeerbekränzt und klagt in glutvollen Worten ihr Leid, daß einem der besten ihrer Söhne so hartes Erdenlos beschieden gewesen. Sie legt den Lorbeer auf seinen Grabstein und preist ihn als einen der Unsterblichen. [...] Mandls Prolog erwies sich so als die würdigste Einleitung zu der Darstellung der poesievollsten von Kleists Dichtungen [Käthchen von Heilbronn]. *549*

*346. Ernst v. Wildenbruch, Zum 10. Oktober 1876. Die Gegenwart, 7. Okt. 1876*

Du zum finstren Reich der Toten
Zürnend hingegangner Geist,
Dieser Gruß sei dir entboten,
Unglücksel'ger, großer Kleist.

Laß ihn dir hinuntertönen
Bis ins selbsterwählte Grab.
Toter, laß dich heut versöhnen,
Wende dich nicht grollend ab. [...]

Denn das Lied, das du gesungen,
Starb nicht mit des Sängers Tod,
Und noch ist er nicht verklungen
Hermanns Kampf für Deutschlands Not.

Und noch jauchzt das Herz der Männer
Und der Knaben Augen sprühn,
Bei dem Lied vom stürmschen Renner
An dem Tag von Fehrbellin.

Und so lang das Wort »ich lieb dich«
Noch von deutschen Lippen rinnt,
Wird es leben, jung und lieblich,
Heilbronns wonneholdes Kind. –

*495*

*347. Rudolf Schwarze, Prorektor, Frankfurt a. O. Die Gegenwart, 28. Okt. 1876*

Sehr geehrte Redaktion! Sie haben in der Nummer der »Gegenwart« vom 7. Oktober zu Heinrich von Kleists 100jährigem Geburtstage ein Gedicht von E. v. Wildenbruch gebracht, welches als Prolog zu der am 10. Oktober im hiesigen [Frankfurter] Stadttheater veranstalteten Aufführung des »Käthchens von Heilbronn« verfaßt, von dem zahlreich versammelten Publikum mit verdientem Beifall aufgenommen wurde. Auch auf einer Anzahl anderer größerer Bühnen Deutschlands wurde jener Tag in entsprechender Weise gefeiert und die öffentlichen Blätter widmeten dem genialen Dichter Zeilen der Erinnerung. Lassen Sie mich heute Ihnen die Mitteilung machen, daß die allgemein verbreitete Ansicht, als sei der 10. Oktober 1776 der Geburtstag des Dichters, eine irrige ist. Der Redakteur des hiesigen Publizisten, Herr Sobel, war auf Veranlassung der Säkularfeier auf den Gedanken gekommen, aus dem Taufregister der Garnisongemeinde den Geburtstag Heinrichs von Kleist urkundlich zu konstatieren und vielleicht noch weitere Familiennachrichten aus jener Quelle zu schöpfen. Doch das Jahr 1776 wies nur eine am 4. November geborene Tochter des Hauptmann v. Kleist auf. Erst den weiteren Nachforschungen des Garnisonküsters Herrn Menneke gelang es, unter den Getauften des folgenden Jahres auch den Namen des Dichters: Bernd Heinrich Wilhelm aufzufinden, nebst dem Vermerk: geboren den 18. Oktober 1777. *415*

*348. Franz Dingelstedt, Eine Scherbe zum Kleist-Jubiläum 1877 (Literar. Bilderbuch, Berlin 1878)*

Armer Kleist, der du zeitlebens wenig Chancen gehabt, dein zerbrochener Krug hat auch nach deinem Tod nicht viel! Während höchstens dein Käthchen als im Kurs gestiegen notiert werden darf, bleiben Hermannsschlacht, Prinz von Homburg selten begehrt, Penthesilea flau, Schroffenstein –.

Und doch, wenn nicht alle Zeichen trügen, bereitet sich im Theater eine allgemeine Wandlung zum Besseren vor [...] Es ist noch gar nicht lange her, daß sein volkstümlichstes Stück, das Käthchen von Heilbronn, überall in einer fremden und – seien wir mild im Urteil – unvorteilhaften Bearbeitung (aus

Holbeins Feder) gegeben worden. Erst in den letzten Jahren wurde, und zwar gleichzeitig auf mehreren Bühnen, das Original in sein Recht wieder eingesetzt; eine Sühne für den Dichter, die dem Stück überall und entschieden genützt hat. Die Hermannsschlacht, der Prinz von Homburg treten unter dem Lichte, welches der jüngste deutsche Befreiungskrieg auf sie wirft, fast wie neue Dichtungen in den Vordergrund. Sogar die Familie Schroffenstein und Penthesilea, zwei für unnahbar gehaltene Stücke, haben sich, jene in Wien, diese in Berlin, auf die Bretter gewagt; allerdings bisher vereinzelt gebliebene Versuche, aber als bahnbrechend, als Stimmungszeichen bemerkenswert. Noch einige tüchtige Schritte weiter in dieser Richtung, und dem deutschen Theater ist ein großer, ein ganzer Dichter wieder erobert worden, der ihm freilich niemals hätte verloren gehen sollen; der ihm auch eigentlich nicht verloren gegangen ist – weil es ihn sich nicht zu eigen zu machen verstand. 89

*349. Eduard v. Bauernfeld, Dramatische Liebespaare. Deutsche Zeitung, 18. März 1877*

In einer Tragödie, die wohl durch die Shakespearesche angeregt worden, in Kleists »Familie Schroffenstein«, benehmen sich die deutschen Liebenden nicht minder rücksichtslos als die italienischen, den äußeren Verhältnissen sowie ihren Eltern gegenüber. Auch dieses Stück bringt Liebe, Leidenschaft und schöne Naturlaute, nur nicht in so reichem Maße als das des Engländers. [...]

Da liebt der Graf Wetter von Strahl, der doch auch ein vornehmer Herr ist, ganz anders. Er droht dem Käthchen wiederholt mit der Hundspeitsche, obschon oder besser: *weil* er sie liebt. [...] Er will das Mädchen nicht unglücklich machen, er will sich selber und seine Neigung bezwingen und so greift er in seinem Herzenskonflikt zur Peitsche, die man auf der realen Bühne ja nicht weglassen sollte. [...]

Heinrich v. Kleist versteht sich weit besser [als Schiller] auf Liebe, in der »Familie Schroffenstein« wie in dem innigen und zärtlichen, nur etwas pathologischen »Käthchen«. Die Szene am Holunderbusch bleibt darum doch ein wahres dramatisches Liebesbijou. Das ist so ein Erguß echt deutscher Liebe. »Penthesilea« wie Shakespeares »Cleopatra« sind Leidenschaftsriesinnen, mehr erschreckend als anmutend.    *26*

## Der alte Gutzkow

*350. Karl Gutzkow, Über den ästhetischen Schwulst. Stuttgart 1878*

Die Modephrase bei den ästhetischen ehemaligen Handlungsdienern knüpft im Dramatischen vornehmlich an Heinrich von Kleist an. Gewiß war das ein talentvoller und zudem beklagenswert unglücklicher Mann. Man weiß nichts so Geringes von ihm, wie das oben Erzählte von Hebbel. Er war arm, bettelte aber nur in Betracht der verdrießlichen Zeitumstände und in Rücksicht auf seine gerechtfertigten militärischen Ansprüche. Ich fühle die volle Kraft, die von diesem Namen ausgehen kann, und werde der Letzte sein, an ihm etwas verkennen zu wollen. Aber ein Muster kann Kleists trockne Wiedergabe der einmal ergriffenen Stoffe nicht sein. Goethe hat über ihn richtig empfunden. Kleist leidet am gänzlichen Mangel der Erweckung von Mitempfindung. Es fehlt bei ihm überall das mächtig schlagende Herz. Die »Hermannsschlacht« schuf der patriotische Zorn. Aber es gibt andere Anknüpfungen der poetischen Kombinationen an den Webstuhl der Zeit, als solche ausdrückliche. Äschylos, Sophokles, Shakespeare hatten sie.    *167*

## Kleist und Bayreuth

*351. Hans v. Wolzogen. Bayreuther Blätter, Nov. 1881*

Neuerdings scheint ja auch draußen in der modernen Welt seiner mit lebhafterer Teilnahme gedacht zu werden; man beginnt seines dürftigen Grabes sich zu schämen, seit die eleganten Villen der Berliner Bankiers, nebst Restaurationen, Dampfschiffen und Dampfwagen, kurz alle muntern Repräsentanten der »Kultur« an die stillen Ufer des Wannsees herangerückt sind, und man sammelt wirklich nach 70 Jahren für ein würdiges Denkmal des Dichters auf seiner Gruft. Die beste deutsche

Schauspielertruppe, die Meininger, hat aus der Mehrzahl der Kleistschen Dramen bewunderte Hauptleistungen ihres klassischen Repertoires gemacht und weiß damit selbst Engländer und Ungarn zu erfreuen oder in Erstaunen zu setzen. Dies alles wollen wir gut heißen; wollen auch gerne selbst, hier in unserer stillen Bayreuther Zentralstelle, der Redaktion dieser Blätter, freiwillige Gaben unserer Freunde für jenes Grabmal annehmen und wollen den Meininger Kleist-Aufführungen fernerhin das reichste Glück aus ehrlichem Herzen wünschen, selbst wenn wir noch bezweifeln müßten, ob auch die beste deutsche Schauspielkunst heute das zu leisten fähig ist, was R. Wagner ihr in seiner Schrift »Über Schauspieler und Sänger« gerade am Beispiele des »Prinzen von Homburg« erst noch zu erweisen aufgegeben hat [s. 573 b]. – Aber bei alledem wollen wir uns dessen freudig bewußt bleiben: daß *wir* in unseren eigensten Festen, den weihevollen Darstellungen des neuen deutschen Kunststiles, am würdigsten und lebendigsten auch *das* mitfeiern, was *»Kleists Unsterbliches«* ist: den deutschen Geist der Wahrhaftigkeit und der edelen Herzenswürde in seinem tragischen Ringen nach einem höchsten *moralisch-künstlerischen Ideale menschlicher Kultur.* 504

351a. *Cosima Wagner. Tagebücher, 18. Dez. 1881*

Ein Aufsatz von Wolzogen über Kleist, den ich zur Lektüre vorschlage, erregt seinen [Wagners] Unwillen. Die Gemüts-Kämpfe Kleists kenne man auswendig und seien die eines Primaners, was heißt dieses Streben nach Wahrheit, man ist wahrhaftig und damit punktum. 466a

## *In der Allgemeinen Deutschen Biographie*

352. *Felix Bamberg. Allg. Dt. Biographie. Leipzig 1882*

An Kleist ist das Eigentümlichste, daß sein Leben mit seinem Schaffen in weit unmittelbarerem Zusammenhange steht als bei irgendeinem anderen deutschen Dichter: seine Fehler sind auf dieses zu ehrliche Dichten seines inneren Lebens zurückzuführen; aber viele seiner Vorzüge würden sicher verloren gegangen sein, wenn er, vorausgesetzt, daß dies überhaupt möglich war, sein Leben mehr beherrscht und seine Kunst, wie ein Priester das Heilige vom Ungeweihten, mehr von ihm geschieden hätte. [...] Ein sprödes, norddeutsches, aber wie mit Düften des Urwaldes getränktes Element geht durch alle seine Dichtungen, von denen die meisten erst nach einer erstaunlichen Arbeit und Feile vollendet worden sind. Sein Idealismus ist stark von Sinnlichkeit durchdrungen, so daß er zuweilen hart, zuweilen anstößig wird, und das Maßlose in manchen seiner Charaktere und Handlungen hängt mit seiner eigenen Maßlosigkeit im Streben nach dem Absoluten zusammen, während das Heranziehen des Übernatürlichen auf den Einfluß der Romantiker zurückzuführen ist. 23

## Erich Schmidt und Wilhelm Scherer

*353. Erich Schmidt, H. v. Kleist. Ein erweiterter Vortrag. Österreichische Rundschau, Febr. 1883*

Alles, was er geschaffen, sagt uns sofort: ich bin Kleistisch. Niemand ist so sehr Eigentümer seiner Werke als er, und wer, literarhistorische Würdigungen nur in einer chemischen Stoffanalyse suchend, fragt: woher hat der Dichter dies? wem dankt er das? – der wird bei dieser schroffen Originalität verhältnismäßig wenig Beschäftigung finden. Kleists Sprache ist ganz sein und auch dem Stumpfsinnigsten sofort kenntlich durch absonderliche Lieblingswendungen, fremdartige Konstruktionen und eine reizvolle Mischung von Süße und Herbheit, Schmeichelei und Rauheit, schlichtester Naivität und gewagtesten Hyperbeln, Vulgarismus und Verstiegenheit, Musik und Härte. [...] Wir entdecken Spuren der Antike, Lessings, Schillers, Shakespeares; im allgemeinen und im einzelnen. Doch hat er es eigensinnig verschmäht, in die Schule Goethes zu gehen, und diese Unterlassungssünde bildet ein nicht zu verschweigendes Gebrechen dieser exklusiven Originalität. Solche selbstwachsene Genies machen nicht Schule. Nur Otto Ludwig und Friedrich Hebbel haben mehrfach an den Dramatiker Kleist angeknüpft, Friedrich Halm aber, der auf den Brettern meistens matte Limonade gazeuse kredenzt hatte, überraschte uns erst nach seinem Tode durch sehr gewagte geniale Erzählungen, die sich mit den Kleistschen wohl messen dürfen.   *398*

*353a. Theodor Storm an Erich Schmidt. Hademarschen, 16. Febr. 1883*
Ihr beim Morgentee empfangener Kleist-Vortrag nimmt mich ganz gefangen [...]; es ist doch höchst seltsam, daß das Leben eines Menschen, fast aus unserer, der Älteren, Generation, von dem, als man es zu schreiben anfing, es noch von direkten Zeitgenossen wimmeln mußte, in betreff großer Partien so von Dunkel und Geheimnis bedeckt ist. Daß er zeitweilig im Irrenhaus gewesen, ist recht glaublich; der Familientag und das Opium neben der der Anerkennung seines Poetentums so ungünstigen Zeit sind mir die besten Schlüssel für sein Ende; die schlimme Lage Deutschlands, Preußen kommt, glaub ich, erst in zweiter Reihe. Ich habe mir schon meinen Kleist zurechtgelegt, um wieder dies und das zu lesen; sogar den Dichter des »Frühlings« drückte Ihr Vortrag mir in die Hand [...].

Ich habe inzwischen weitergelesen und möchte Ihnen gleich einen zweiten Grund angeben, weshalb – beim Lesen wenigstens – trotz der unleugbaren nie nachlassenden Meisterschaft uns der »Zerbrochne Krug« zu lang wird. Der Dichter kann nicht für die Personen, sondern nur für die Situationen, die, da sie nur in einem »Aufdröseln« bestehen, uns mehr nur gespannt als angeregt erhalten, unser Interesse gewinnen.

Ich will es besser sagen: Es fehlt in dem Stück alle Wärme des Gemüts, und daher werden wir innerlich für keine der auftretenden Personen und deren Schicksal interessiert; alles Interesse ruht lediglich auf der Situation und deren Entwicklung [...]   *439a*

*354. Wilhelm Scherer, Geschichte der Deutschen Literatur. Berlin 1883*
Der Dichter leistete auf allen Gebieten Ausgezeichnetes. In seiner Sprache wohnt ein eigentümlicher Zauber, obwohl er die Elemente der deutschen Grammatik nicht sicher beherrschte. Er pflegt die Wirklichkeit mit allen zufälligen Umständen sehr kräftig aufzufassen und weiß uns doch mit *einem* Schlag in eine poetische Welt zu versetzen; er hat eine ausgeprägte Manier,

verfällt aber niemals in die rhetorische Phrase. Er besaß eine wilde Energie, die vor nichts zurückschreckte. Er war eine männliche Natur wie Lessing und Schiller, aber viel schroffer, viel mehr entschlossen, an die Weichheit der Zeit keine Zugeständnisse zu machen. Er will nicht rühren, sondern mit voller tragischer Gewalt erschüttern. [...]
Er reicht näher an Shakespeare als irgendein anderer moderner Dramatiker. Aber er hat grellere Dissonanzen und weichere Harmonien. Er ist nicht so gegenständlich. Er hat nicht so viel gelesen im Buche der Menschheit. Er nimmt seine Gestalten mehr aus seinem eigenen Herzen. Allein sie werden ihm ganz objektiv. Sie stehen vor ihm wie Gespenster, deren Züge sich einer angstvollen Phantasie mit erschreckender Deutlichkeit einprägen und in der Erinnerung wieder aufleben. Er treibt die Objektivität und den Realismus so weit, daß er sich im Drama ganz auf die Darstellung des Gegenwärtigen konzentriert und uns in den engen Gesichtskreis handelnder und empfindender Menschen mehr, als irgendein Dramatiker vor ihm, gebannt hält. *393*

*Friedrich Nietzsche*

355. *Nietzsche, Schopenhauer als Erzieher. Leipzig 1874*
Unsere Hölderlin und Kleist, und wer nicht sonst, verdarben an dieser ihrer Ungewöhnlichkeit und hielten das Klima der sogenannten Bildung nicht aus [...]
Heinrich von Kleist ging an dieser Ungeliebtheit zugrunde, und es ist das schrecklichste Gegenmittel gegen ungewöhnliche Menschen, sie dergestalt tief in sich hinein zu treiben, daß ihr Wiederherauskommen jedesmal ein vulkanischer Ausbruch wird. [...]
Sobald aber Kant anfangen sollte, eine populäre Wirkung auszuüben, so werden wir diese in der Form eines zernagenden und zerbröckelnden Skeptizismus und Relativismus gewahr werden; und nur bei den tätigsten und edelsten Geistern, die es niemals im Zweifel ausgehalten haben, würde an seiner Stelle jene Erschütterung und Verzweiflung an aller Wahrheit eintre-

ten, wie sie zum Beispiel Heinrich von Kleist als Wirkung der Kantischen Philosophie erlebte. […] Ja, wann werden wieder die Menschen dergestalt Kleistisch-natürlich empfinden, wann lernen sie den Sinn einer Philosophie erst wieder an ihrem »heiligsten Innern« messen? *350*

*356. Nietzsche, Jenseits von Gut und Böse. Leipzig 1886*

Je mehr ein Psycholog – ein geborener, ein unvermeidlicher Psycholog und Seelen-Errater – sich den ausgesuchteren Fällen und Menschen zukehrt, um so größer wird seine Gefahr, am Mitleiden zu ersticken. […] Diese großen Dichter zum Beispiel, diese Byron, Musset, Poe, Leopardi, Kleist, Gogol (ich wage es nicht, größere Namen zu nennen, aber ich meine sie), – so wie sie nun einmal sind, vielleicht sein müssen: Menschen des Augenblicks, begeistert, sinnlich, kindsköpfisch, im Mißtrauen und Vertrauen leichtfertig und plötzlich; mit Seelen, an denen gewöhnlich irgendein Bruch verhelt werden soll; oft mit ihren Werken Rache nehmend für eine innere Besudelung, oft mit ihren Aufflügen Vergessenheit suchend vor einem allzutreuen Gedächtnis, oft in den Schlamm verirrt und beinahe verliebt, bis sie den Irrlichtern um die Sümpfe herum gleich werden und sich zu Sternen *verstellen* – das Volk nennt sie dann wohl Idealisten –, oft mit einem langen Ekel kämpfend, mit einem wiederkehrenden Gespenst von Unglauben, der kalt macht und sie zwingt, nach gloria zu schmachten und den »Glauben an sich« aus den Händen berauschter Schmeichler zu fressen: – welche *Marter* sind diese großen Künstler und überhaupt die höheren Menschen für den, der sie einmal erraten hat! *350*

*357. Nietzsche. Aus dem Nachlaß*

Die Szene des Prinzen Homburg, seine Todesfurcht.
Schiller und Kleist: der Mangel an Musik.
Kleist ist viel höher zu stellen: er ist bereits aus der Aufklärungsperiode völlig heraus. Die Kunst hielt ihn fest; aber die politische Wahnvorstellung war noch stärker.

Goethe als musikalischer Lyriker hat auch die einzigen völlig dramatischen Szenen geschrieben […] Kleist war auf dem schönsten Wege. Doch hat er die Lyrik noch nicht überwunden.

Beethoven hat es besser gemacht als Schiller, Bach besser als Klopstock, Mozart besser als Wieland, Wagner besser als Kleist.

Dadurch daß wir alle die höchsten Wirkungen der Tragödie für das musikalische Drama separieren, bekommen wir eine freiere Stellung zum Wortdrama: es darf rhetorisch sein, es darf dialektisch sein, es darf naturalistisch sein, es soll auf die Moralität wirken, es soll schillerisch sein. Der »Prinz von Homburg« ist das Musterdrama. [...]

Heinrich Kleist redet als Dramatiker und Erzähler zu uns, als ob er zugleich einen hohen Berg besteige.
Goethe über Kleist: fürchtet sich.

Was Goethe bei Heinrich von Kleist empfand, war sein Gefühl des *Tragischen*, von dem er sich abwandte: es war die unheilbare Seite der Natur. Er selbst war konziliant und heilbar. Das Tragische hat mit unheilbaren, die Komödie mit heilbaren Leiden zu tun.

Das Wehetun-wollen, die Lust an der Grausamkeit hat eine große Geschichte. [...] Selbst in den Kunstwerken sind solche Züge, welche die Absicht auf die Nebenbuhler eingibt. Oder wie bei Heinrich von Kleist, welcher mit seiner Phantasie dem Leser Gewalt antun will; auch Shakespeare.

Die Nachteile der Vereinsamung, da der soziale Instinkt am besten vererbt ist, [...] der Schrei »Liebe mich«, die cas pathologiques wie Jesus. Heinrich von Kleist und Goethe (Käthchen von Heilbronn).

Der Exzeß des Denkens wirkungslos. Kleist.

Der Seufzer Kleists über die schließliche Unerkennbarkeit –

*Gottfried Keller, Fontane, Bismarck und – Wildenbruch*

*358. Gottfried Keller. Zürich 1883/84*

*An Theodor Storm, 21. Sept. 1883.* Diesen Sommer war der neue Stern Ernst v. Wildenbruch bei mir und hat mir seither 5 Stück Dramen geschickt, die allen Respekt einflößen. Sie machen den Eindruck, als ob sein sel. Mitbürger Heinrich v. Kleist auferstanden wäre und mit gesundem Herzen fortdichtete.

*An Ernst von Wildenbruch, 26. Sept. 1883.* So haben Sie die geistreiche Vergleichung mit Ihrem Mitbürger Heinrich von Kleist gewiß schon oft hören müssen; und trotzdem muß ich auch noch kommen und Ihnen sagen, daß ich nach der ersten Lektüre den Eindruck empfand, als ob jener Mann aus dem Grabe erstanden, vielmehr nie gestorben wäre und mit gesundetem Herzen und geklärter Seele in seinen letzten Jahren unter uns lebte. 244

*An Unbekannt, 9. Aug. 1884.* [Über seine eigenen Werke, die ein »schriftstellerisches Phänomen« nicht besäßen:] Vielleicht fehlt es eben auch an der subjektiven Einrichtung. Als Heinrich von Kleist seine Penthesilea vollendet hatte, rief er schluchzend: nun ist sie tot! Für diese Tragödie aber hegte Goethe kaum mehr als Geringschätzung. 571

*359. Theodor Fontane über Ernst v. Wildenbruch. 1882/85*

*Tagebuch, 9. Dez. 1882.* Armer Stümper, der sich einbildet, in Heinrich von Kleists Sattel weiter reiten zu können. Den Sattel hat er vielleicht, aber nicht das Pferd.

*An Georg Friedländer, 26. Juni 1885.* Wildenbruch hat wieder einen furchtbaren Vers gesündigt, der helle Blödsinn, und dieser Mann behauptet, der wiedererstandene Heinrich v. Kleist zu sein. Wenn Kleist nieste, fiel im Verhältnis zu Wildenbruch ein himmlischer Regen auf die Erde. 116

*360. Otto v. Bismarck zu Wildenbruch. Berlin, 13. Okt. 1889*

Ja, Sie haben recht; und solche [realistisch geschilderten] Stoffe wirken stark. Wie wäre es sonst möglich, daß ein so schwächliches Stück wie das von Kleist, der Prinz von Homburg, so wirken könnte? Nur weil es den Großen Kurfürsten behandelt, wirkt es. Denn dieser Prinz ist doch ein schwaches Rohr – mit seiner Todesfurcht. Ich bin ja ein Laie in diesen Dingen und werde mich hüten, meine Ansicht öffentlich auszusprechen; aber ich finde seine Lustspiele besser – den zerbrochenen Krug – und – und – [»und das Käthchen von Heilbronn«, wirft Wildenbruch ein] ja, – das Käthchen von Heilbronn. *290*

*361. S. Friedmann, Das deutsche Drama des 19. Jahrhunderts. Leipzig 1904*

Wer ihn [Wildenbruch] mit Heinrich von Kleist verglich, der ging nicht über äußerliche Ähnlichkeiten hinaus. Beide waren zwar Norddeutsche, Preußen; beide adliger Herkunft; beide begeistert für alles Deutsche im allgemeinen und das Brandenburgische im besonderen. Allein welch ein Unterschied zwischen der düstern Glut des unglücklichen selbstmörderischen Dichters, dessen Herz bei dem Unglück und der Schmach des geknechteten Vaterlandes blutete [...] und diesem höfischen Dichter, dessen Vaterlandsliebe wohl ohne Zweifel aufrichtig ist, die aber eine so von Selbstbewußtsein strotzende Farbe hat, der so befriedigt ist über das ruhmreiche Land, dem er angehört, über das ruhmreiche Heer, und für den die Weltgeschichte sich mit dem goldenen Abglanz der frischen Siege zu färben scheint! *138*

*362. Albert Fries, Stilistische und vergleichende Forschungen zum H. v. Kleist. Berlin 1906*

Ernst von Wildenbruch, dem »Herzog deutscher Saiten«,
verehrungsvoll geweiht.

Noch eins: Man hat m. E. noch kaum untersucht, ob Kleist Schule gemacht habe. Ich finde, um hier nur einiges anzudeuten, in Droysens Aristophanes-Übersetzung bes. hinsichtlich der Wortstellung, mannigfache Spuren der Beeinflussung; stellenweise etwa auch bei Wilbrandt (Kriemhild). Vor allem aber: *Wildenbruchs* fanfarenartig schmetternder, elektrisch geladener Vers und seine kühne Wortstellung (»Dann mit dem Falken stieg' ich in die Lüfte« u. a.) zeigen, daß Kleist stark auf ihn gewirkt hat. Schon andere haben bei Wildenbruch auf Kleist hingewiesen, aber in stilistischer Beziehung kaum. *139*

*363. Ernst v. Wildenbruch, Lukrezia. Ein Roman. Berlin 1907*

[Konversation auf einer Berliner Gesellschaft:] Heinrich von Kleist – man las ja in den Zeitungen jetzt so häufig von ihm; sein Grab bei Wannsee; außerdem wurden seine Stücke im Theater gespielt. »Das Käthchen von Heilbronn – aber wirklich ein süßes Stück.« Der eine stellte den »Prinzen von Homburg« noch darüber, und ein älterer Professor, der noch die »Hermannsschlacht«, von den Meiningern gesehen hatte, schwärmte davon und entzückte sich dann weiter in der Erinnerung an Theodor Döring als Dorfrichter Adam im »Zerbrochenen Krug«. Nur gerade dieses heutige Stück [das vorgelesen worden war] – dieses – wie hieß es doch gleich? »Penthesilea« – hatte das schon jemand auf der Bühne gesehen? Ob es überhaupt aufführbar war? Sobald das Gespräch darauf kam, flaute der Ton urteilssicherer Begeisterung zur Befangenheit zweifelnder Unsicherheit ab. »Aber merkwürdig auf alle Fälle«, überdonnerte der Brustton des graubärtigen Professors das kleinmütige Geflüster. »Merkwürdig und interessant.«

[Frau Mergentheimer zu Lukrezia:] »Damals, zu meiner Zeit, weißt du, war Kleist nicht so in der Mode, wie heute. Höchstens, daß man hier und da mal das ›Käthchen von Heilbronn‹ zu sehn bekam. Und dann wußte man kaum, von wem das eigentlich war; fragte auch nicht danach. Er war so gut wie vergessen.« – »Wie schrecklich«, seufzte Lukrezia […] »So ausgeblasen und in den Winkel geworfen zu werden, wie ein ausgepustetes Licht.« 496

## Detlev von Liliencron

*364. Detlev v. Liliencron, An H. v. Kleist, 1885 (Gedichte. Leipzig 1889)*

> Du Herrlicher! Nur einen Sommertag,
> Nur einen hellen Sommertag hindurch
> Verlasse deines Himmels goldnen Saal
> Und weil' als hoher Gast in unsrer Mitte
> […]

Das dichteste Gedränge, Kopf an Kopf,
Verengt den Weg, auf dem wir dich erwarten.
Wir alle wollen jenen Dichter schauen,
Der Unvergängliches geschaffen hat.
An Fenstern, Söllern prunkt der Teppichschmuck.
Gewinde, Masten, Wimpel, Ehrenbogen,
Allüberall durch alle Straßen fort,
Sind deines Ruhmes der Willkommengruß.
Ich schwenke vor dir her das Siegesbanner.
Die Hälse recken sich: Er ists, er ists!
Und wo du schreitest, schwirren Lorbeerkränze.

In deinen Wolken zögerst du? – Wie – Lieber –
Die Hände hast du übers Herz geschlagen,
Das einst die kleine graue Kugel traf.
Und nun – die Rechte nimmst du von der Brust
Und zeigst abwehrend ihre Innenfläche
Und wendest langsam dich von uns –

                                            Was solls. –
Ah, nun erkenn' ich deine Schmerzgebärde:
Du möchtest nicht zum zweitenmal verhungern
In deinem Vaterlande.                                *282*

*Die letzten Verse wurden später korrigiert: »Die Hände hast du um die Stirn geschlagen ... die Rechte nimmst du weg vom Haupt ...«*

### 365. Liliencron an Hermann Friedrichs. Kellinghusen 1885

*15. Aug. 1885.* Zugleich gestatte ich mir meinen Artikel über H. Kleist mit zu überreichen mit der Bitte, ihn zum Abdruck bringen zu lassen, wenn er von Ihnen als passend fürs Magazin erachtet werden sollte.

Bitte, Liebster, seien Sie aufrichtig! Ich beuge mich Ihnen so willig wie gerne! Halten Sie ihn für »a Uhnsinn«, so braucht es keiner Wiedersendung natürlich, und ich lache herzlich mit Ihnen darüber. Dieser Artikel ist – wunderbar – aus Zollings Namen entstanden: Es ging mir nämlich durch den Kopf: Wenn Zolling das im »Magazin« lesen würde, d. h. seinen Namen – und mit vollem Recht hat Zolling diesen kolossalen Dank für seine

Kleistforschungen – wäre er geneigter zur Annahme meines Artikels über H[ermann] Fr[iedrichs] in der Gegenwart!

*13. Sept. 1885.* Ich las in der »Gegenwart« eben: »Neues über Heinrich von Kleist« von Zolling! – Nun, *freuen muß sich* Zolling über meinen Kleistartikel: aber er müßte ein kaltes Rindvieh sein, wenn er nicht den Enthusiasmus herauslesen würde!!! – *284*

366. *Liliencron, H. v. Kleist. Magazin für Literatur. Leipzig, 19. Sept. 1885*

Nicht zum wenigsten haben wir es Wilbrandt, Paul Lindau und Zolling zu verdanken, daß wir den größten Dramatiker, den Deutschland je besessen, Heinrich von Kleist, gewissermaßen gefunden haben, daß sich die Kleistgemeinde mit jedem Jahr vergrößert. Die Himmelschönheit seiner Penthesilea wäre – trotz Tieck – vielleicht für immer uns verloren gegangen; das Käthchen von Heilbronn, in der fürchterlichen Verballhornisierung, ein Zugstück der Vorstadttheater geblieben. [...] Würden die Intendanten, Direktoren, Regisseure der großen Bühnen den »Zerbrochenen Krug«, die »Hermannsschlacht«, den »Prinzen von Homburg« zur Aufführung annehmen, wenn sie ihnen heute von einem unbekannten Dichter angeboten würden? Sicher nein! [...]

Als dem völlig gebrochenen Dichter durch seinen gütigen König eine Wiederanstellung in der Armee geboten wurde, und er in dieser Veranlassung nach Frankfurt reiste, um seine Familie zu sehen – welche Gründe zwangen ihn, so schleunig wieder zurückzukehren? Es hat nicht sicher festgestellt werden können, daß ihm von den Seinigen laute, heftige Vorwürfe gemacht worden sind; daß sich selbst seine Lieblingsschwester von ihm abgewandt. Aber tiefer wie der Durchschnittsmensch es hätte empfinden können, fühlte er das Entsetzen heraus, das die Augen der Frankfurter weit öffnete, als sie den gänzlich Heruntergekommenen erblickten.

Und er gab sich den Tod.

Was wäre aus Heinrich Kleist geworden wenn ... *283*

366a. *Theodor Storm an Liliencron. Hademarschen, 2. Okt. 1885*

Ihr »Kleist« ist zwar sehr liliencronisch geschrieben; aber im wesentlichen stimme ich Ihnen zu. Ich habe im vorigen Winter den Meinen und unsrer jungen Freundin Gräfin Agnes Reventlow der Reihe nach »Die Hermannsschlacht«, »Prinz von Homburg« und »Penthesilea« vorgelesen und das letzte auch besonders schön gefunden; ob aber auch dramatisch, ist mir etwas fraglich. – Das gute Buch von Brahm kennen Sie doch?

*439a*

367. *Aus Liliencrons Romanen 1886/89*

*Breide Hummelsbüttel (1886):*
»Denken Sie, liebe Gräfin, was mir gestern begegnen muß. Ich gehe bei der Mehlingschen Buchhandlung vorbei und sehe im Ladenfenster: ›Der zerbrochene Krug‹, Lustspiel von Heinrich von Kleist. Ich gehe in die Handlung, um es meiner Tochter zu kaufen. Heute Morgen durchblättre ich das Drama, und finde – ja ich finde Abscheulichkeiten und Unanständigkeiten darin, daß ich das Buch schleunig verschloß.«
»Ach, selbst der Adel also, liebe Baronin! Ist dieser Kleist aus dem Garziner Hause oder von der Schwißbusser Linie? […] Aber wäre der junge Dichter nicht noch zu retten? Ich *muß* erfahren, wo er wohnt. Vielleicht hat die Familie noch auf ihn Einfluß. […]«

*Der Mäcen (1889):*
Wie niederträchtig und bodenlos gemein hat die Kritik Heinrich von Kleist zu seinen Lebzeiten behandelt. Diese Bengel! Diese Affen! Diese Kanaille! Die niemals überhaupt auch nur die blasseste Spur haben, was wirkliche Poesie heißt, wer ein wirklicher Dichter ist. […]
Heinrich von Kleist, der seinen Prinzen von Homburg der Prinzessin von Oranien überreichte, erhielt von dieser zwei, schreibe zwei, Dukaten. Ein Douceur für einen Kammerdiener. Prinzeß oder Schneiderstochter verstehen allerdings in Deutschland, in den meisten Fällen, gleich wenig, was *echte* Poesie ist. Nicht, daß Deutschland seinen großen Dichter Heinrich von Kleist verhungern ließ, ist zu rügen: denn es geht einmal nicht anders in unserm Vaterlande; aber daß Deutschland ihn so schmählich verkannte, ist empörend.

Fürst Hardenberg behandelt den unglückseligen Dichter wenig schön. Freilich: ein Bürokrat und einen Dichter verstehn! Das ist so ein Unterschied zwischen einer Rechenmaschine und einer Rose.

Nur der gutmütige, wahrhaft väterlich liebevoll denkende König Friedrich Wilhelm III. muß eine Ahnung von der Größe Kleists gehabt haben, als er kurz vor dessen Tode ihm wieder eine Stelle anbot. Das wollen wir Deutschen dem edlen Könige nicht vergessen!

Shakespeare und Kleist gaben uns den Vergleich, das Bild. Daran namentlich ist auch ein wirklicher Dichter zu erkennen. Das »gewöhnliche« Publikum achtet nicht auf die Schönheit des Vergleiches, des Bildes; es *kann* diese Schönheit nicht verstehen, es fehlt ihm der feine Sinn dafür.

Allen deutschen Zeitschriften [...] empfehle ich als *stete* Kopfleiste den »Brief eines Malers an seinen Sohn« des unsterblichen Heinrichs von Kleist. Da würden die Leser merken, welch elender, scheußlicher Kohl ihnen unaufhörlich als Kunst vorgesetzt wird; wie alles auszuarten scheint in der deutschen Literatur als Kinderei und Verkindischtheit und Schablonenkram. Der oben erwähnte Brief Kleistens steht in der Ausgabe Eduard Grisebachs, im zweiten Teil Seite 370.

Du bittest mich, Dir eine Übersicht der Bücher der Weltliteratur zu senden, »in denen ich immer wieder lese«. [...] 12) Heinrich von Kleist. Jedes Komma, jedes Titelchen. Mein Lieblingsdichter. *282*

*368a. Richard Dehmel an Alfred Mombert. Pankow, 8. Mai 1897*
Merkwürdigerweise sind mir gestern (ich war mit Liliencron in Wannsee an Kleistens Grab) aus Ihrer neuen Dichtung, soweit ich sie kenne, immerfort Verse durch den Kopf gegangen.
*82*

*368b. Detlev v. Liliencron, Briefe 1897/1900*
*An C. Gutmann. Berlin, 7. Mai 1897:* Gestern besuchte ich bei Wannsee das einsame Grab Kleists. Es sah *sehr* konventionell

aus. Ein eisernes Gitter zu vielleicht fünfzig Mark (ohne jede künstlerische Arbeit). Ein kleiner weißer Sandstein mit Namen und Datum und einem Vers, den ich nicht lesen konnte. Und um das Grab, innerhalb des Gitters, zahlreiche *blühende* Topfgewächse. Das Ganze war *gut* erhalten. Aber das Grab machte mir den Eindruck als das eines im Leben gut situiert gewesenen Schneiders oder Schusters. Weshalb hat das deutsche Volk nicht für ein würdiges Denkmal an Ort und Stelle gesorgt?

*An Alma Holtorf. Weimar, 1. Apr. 1900:* Dann kam der Schluß [des Kostümfestes]: Man setzte mir auf meinen dicken beschränkten Bierbrauerschädel einen Lorbeerkranz. Ich bringe ihn mit, um ihn um Heinrich von Kleistens Bild zu hängen. Solche Ovationen, Sie wissen es, sind mir unbeschreiblich ekelhaft. *285*

*369a. Theodor Heuß, Detlev v. Liliencron (1944)*
Dann ließ er [Liliencron, bei einem Besuch in Heilbronn »vor etlichen Jahrzehnten«] sich von der alten Reichsstadt erzählen, ihren Sagen und Geschichten, ihrem Zusammenhang mit Kleist. Er begann Stücke aus seiner Kleist-Huldigung zu sprechen – schade, daß Zolling nie breiter über ihn gehandelt habe. Da war ich [der junge Heuß] nun sehr stolz, ihn berichtigen zu können: der habe ja den Kleist herausgegeben und kommentiert. Und am andern Morgen brachte ich ihm die ganze Ausgabe; er bat sie sich aus, und als sie nach einigen Monaten zurückkam, war ich glücklich, dem verehrten Mann eine Gefälligkeit erwiesen zu haben. *196*

*369b. Detlev v. Liliencron an Georg Minde-Pouet. Alt-Rahlstedt, 16. Dez. 1906*
Weshalb sprach ich nicht [in einer Bromberger Lesung] das Gedicht An Heinrich von Kleist. Eine einzige Entschuldigung läge darin: daß ich stets unruhig und besorgt bin: ich läse zu viel dem Publikum vor. [...] Die Kleistausgabe, die Sie mir schenkten, ist mir ein Heiligtum. *572*

## Conrad Ferdinand Meyer

*370. Conrad Ferdinand Meyer. Briefe 1873/91*

*An François Wille, 16. Okt. 1873:* Erlauben Sie mir, verehrter Freund, Ihnen die gestern erwähnte Stelle aus Freytags Technik des Dramas [s. 570] wörtlich auszuziehen und Ihnen noch einmal für Ihre ergreifende Vorlesung, die mir nun freilich das Stück mit allen seinen Entwickelungen unauslöschlich eingeprägt hat, herzlich zu danken. *321*

*An Gustav Vogt, 5. Nov. 1885:* Sempach und was dran hängt, ist kaum ein Novellenstoff, wohl aber ein eminent dramatischer Vorwurf. Kleist, dessen dramatischer Instinkt sich nie betrog, hat sich, wie Sie wissen, damit beschäftigt [s. L 78]. Wäre es so gänzlich außerhalb der Konvenienzen Ihres Feuilleton, ein Volksschauspiel »Sempach« auszuschreiben mit dem Termin Ostern? *223*

*An Hermann Haessel, 21. Juli 1887:* Etwas Mystisches oder Gespenstisches à la Kleist, das sich ich weiß nicht wie [in die »Versuchung des Pescara«] eingeschrieben hatte, wird weggehoben und das Sumpfland in festen Boden verwandelt.

*An Carl Spitteler, 12. Sept. 1891* [Über die Kontinuität des Erzählens:] wiewohl mir scheint, daß diese Kontinuität gut gehandhabt, eine gewisse Schönheit besitzen kann (siehe z. B. Kleistens Kohlhaas und Goethes Wahlverwandtschaften).

*321*

*371. Louise v. François an C. F. Meyer. Weißenfels 1882/84*

*24. Juli 1882.* Seit dem Wallenstein ist – und ich glaube nicht bloß bei uns – kein unsterblich gestempeltes Bühnengebilde hervorgebracht worden. Ich halte den Kleist für in der nachträglichen Schätzung überschraubt. Er hat seine Kraft nie und nirgend zum Schönen gebändigt, und das Krankhafte in dem Dichter schimmert allerorten aus der Dichtung durch.

*11. Okt. 1884.* Den Vergleich Ihrer Grundnatur mit der Kleists [den Julian Schmidt in den »Preußischen Jahrbüchern«

gezogen hatte] kann ich dagegen nicht gelten lassen, schon weil ich diesen Unglücksmenschen nicht leiden kann. In seinem Leben, Dichten und ganz besonders seinem Sterben ist und bleibt er mir ein Halbbarbar, wenn auch ein genialer. An Ihre etwas »wilden« Antecedentien glaube ich nicht; Sie haben gewiß allezeit unter dem Gesetz des Maßes gestanden und sind von der Natur für das Glück bestimmt gewesen, das Sie in Kunst und Leben heute genießen. *131*

## Kleist und Hans von Marées

*372a. Adolf Hildebrand an Conrad Fiedler. Florenz, 7. Juli 1889*

Ich las letzthin die Biographie von Kleist von Brahm, und da ist mir wieder die frappante Ähnlichkeit von Kleist mit Marées aufgefallen. Die ganze Stoffzusammenstellung der beiden Menschen ist so identisch. Auch die äußeren Umstände von Herkunft etc. Das hochgesteckte Ideal, die riesigen Ansprüche an sich selbst, das Lehrhafte, das Bedürfnis nach Ausbildung seines moralisch-künstlerischen Menschen im Sinne einer Lebensaufgabe – die daraus entspringende Unmöglichkeit eines harmlosen, natürlichen Verkehrs mit ihm. Dann die wunderbare, klare Einsicht, der natürliche, tiefe Instinkt für alles, was Kunst ist – der Trieb nach dem »Ganz oder garnicht« etc. Die furchtbaren Kämpfe, dies ewige Steigen und Stürzen. Der Sinn für die Realität in der Kunst und der mangelnde Sinn für alles Reale in der Praxis. Dann wie das Ganze durchzogen ist von einer warmen, sinnlichen Schönheit, von einem weichen Sichhingeben bei aller Kraft. Nur ist der eine Unterschied, daß Kleist zu seinem Ausdruck gekommen ist und Marées nicht. [...] Doch genug, ich dachte nur, daß es nicht schlecht wäre, wenn Du auf diese Ähnlichkeit mit Kleist in Deiner Arbeit [s. 372b] Bezug nehmen würdest. Die Leute würden sich ihn rascher vorstellen können. – *200*

*372b. Conrad Fiedler, Hans v. Marées. München 1889*

Es liegt eine Art von Beruhigung darin, eine Persönlichkeit, die man gekannt, ein Schicksal, das man miterlebt hat, einem großen typischen Beispiel vergleichen zu können. Schon bei Marées' Lebzeiten ist von seinen Freunden auf seine Geistesverwandtschaft mit Heinrich von Kleist hingewiesen worden; die Ähnlichkeit mit diesem Größeren und Unglücklicheren gedenken wir, indem wir unsere Betrachtungen über den Verstorbenen beschließen. [...]

Es ist eine und dieselbe große Tatsache, die, wenn sie auch durch das Schicksal Kleists ihre grellste Beleuchtung gefunden hat, doch das unentrinnbare Verhängnis für viele bildet, die gleich Marées den Besten zugezählt werden müssen. Mit Vernichtung ist gerade das am meisten bedroht, was die seltenste und edelste Auszeichnung der menschlichen Natur bildet; wer nicht mit Riesenkraft ausgestattet ist, um selbst die kostbaren Güter zu schützen und zu verteidigen, die er der Welt entgegenbringt – vom Leben hat er nichts anderes zu erwarten als Widerstand und Vernichtung. *III*

## Zwei Jugendgedichte

373. *Hermann Löns (Aus dem Nachlaß)*

### Heinrich Kleist

Er hungerte, fror und darbte,
Sie lachten den Narren aus,
Er schenkte goldne Geschmeide,
Sie warfen ihn aus dem Haus.

Verzweifelnd an den Menschen
Schoß er sich vor den Kopf,
Das fanden sie unmoralisch
Und schimpften über den Tropf.

Dann setzten sie ihm ein Denkmal,
Und rühmten sich dessen sehr
Und dichteten Lobgesänge –
Heinrich, was willst du mehr?

Er aber liegt im Grabe
Geschützt vor Schande und Ruhm –

Ich wollte, es holte der Teufel
Das ganze Filistertum!
                    (26. Dezember 1890)                293

*374. Rainer Maria Rilke (Aus dem Nachlaß)*

An Heinrich von Kleists
wintereinsamem Waldgrab in Wannsee
Wir sind keiner klarer oder blinder,
wir sind alle Suchende, du weißt —
und so wurdest du vielleicht der Finder,
ungeduldiger und dunkler Kleist.

Eng und ängstlich waren dir die Tage,
bis dein Weh den letzten wild zerriß —
und wir alle klagten deine Klage,
und wir fühlten deine Finsternis.

Und wir standen oft an tiefen Teichen,
denen schon das Nachten nahe war,
und wir nahmen Abschied von den Eichen,
und wir kamen unsern Bräuten reichen
letzte Rosen aus dem letzten Jahr.

Aber zagend an dem Rand der Zeit
lernten wir die leisen Laute lieben,
und wir sind im Leben lauschen blieben
still und tief und wund von jungen Trieben —
und
da wurden uns die Wurzeln breit.
                    (14. Januar 1898)                371


## H. S. Chamberlain und Cosima Wagner

*375a. Cosima Wagner an Houston S. Chamberlain. Wahnfried, 2. Febr. 1894*
Wir lasen »Die Hermannsschlacht«, von Kleist. Die Bitterkeit gegen Deutschland, die sich darin ausspricht, stimmt zu unserer

Empfindung. Und er hat die echte germanische Natur großartig in Hermann gestaltet. 467

*375b. H. S. Chamberlain an Cosimas Tochter Eva. Hinterstoder, 3. Sept. 1895*

Gewiß bemerkten Sie auf dem Ihnen neulich mitgeteilten Bogen, daß ich Kleist das Motto für mein ganzes Buch [»Richard Wagner«, 1896] entnommen habe?

»Prometheus soll von seinem Sitz erstehen
Und dem Geschlecht der Welt verkündigen:
Hier ward ein Mensch; so hab' ich ihn gewollt!«
[Penthesilea, V. 2231–33]

Daraus mögen Sie – wenn Sie sehr findig sind – die Geschichte meiner Kenntnis von – besser, meines Verhältnisses zu Kleist entnehmen. [...]

Als ich die Lektüre von Kleist mit dem »Prinzen von Homburg« begann, zündete das Werk bei mir nicht so, wie ich's erwartet hatte. »Käthchen von Heilbronn« fesselte mich schon viel mehr. In die hellste Begeisterung aber geriet ich erst bei »Penthesilea« – von deren Existenz ich nichts gewußt hatte, und die namentlich im ersten Drittel noch als eine der erstaunlichsten »vertigineux«-sesten Schöpfungen des Menschengeistes mir erscheint. Daß es als Ganzes verfehlt ist, daß es sich selbst als »unaufführbares Theaterstück« das Todesurteil gesprochen hat, das kann einen nach jenem Anfang nicht wundernehmen; es kommt auch gar nicht darauf an. Beides, die dichterische Vision und der Stil sind hier berauschend. Das ist Schillersche Rhetorik, aus den Banden der Dialektik erlöst und zu höchstem poetischen Glanz erhoben. Nun, ich weiß, meine Liebe für »Penthesilea« ist eine blinde; solche Eindrücke gehören zu den wirklichen Erlebnissen des Daseins: ich werde mich hüten, mir so etwas wegargumentieren zu lassen; die Liebe zu einem Werk mit vielen Schwächen ist wie die Liebe zu einem Kinde.

Minder leidenschaftlich, aber voll staunendster Bewunderung war und ist meine Empfindung für die »Hermannsschlacht«. Ich möchte wissen, wo der *Deutsche* so gemalt ist wie da? – Faust ist ebensowenig (als Charakter) spezifisch deutsch, wie Hamlet etwa Engländer [...]. Dagegen ist Kleist etwas einfach

Mirakulöses gelungen: er hat den Deutschen so gemalt, wie er ist; in Hermann erblicke ich gar nichts »Deformiertes« oder Geniales; er ist einfach ein bestimmter, charakteristischer Typus des echten, unverfälschten Deutschen, der durch Leben in der Natur, durch physische Kraft und infolge seines glücklichen Mangels an Bildung in bedeutenderer Gestalt vor uns hintritt als sein Urenkel, der heutige Gymnasiallehrer oder Kapellmeister. Das ist zugleich Realismus und höchste Poesie. Fast dasselbe gilt von Thusnelda, wenngleich das Dämonisch-Außerordentliche wohl mehr bei ihr ausgeprägt ist. Hermann bleibt aber ein Unikum in der deutschen Poesie – vielleicht überhaupt; wer diese Gestalt schaffen konnte, war ein sehr großer Dichter. [...]

Dennoch habe ich nach und nach sehr deutlich einsehen gelernt, daß der »Prinz von Homburg« Kleistens bestes Kunstwerk ist, vielleicht ein vollkommenes und dann jedenfalls und ohne Frage das einzige von ihm, dem dieses Prädikat zukommt. Aber, wissen Sie [...] ich finde, daß ein Mann wie Kleist gar nicht dazu bestimmt ist, vollkommene Werke zu machen! Dazu fehlt ihm doch jene einzige, despotische und souveräne Kraft des vollgültigen, authentischen Genies. Und in dem Gefühl hiervon berührt es mich fast *unharmonisch*, daß solch ein Mensch nun auf einmal ein Meisterwerk wie den »Prinzen von Homburg« hervorbringt. Es ist mir fast unheimlich! Um diese Vollkommenheit zu erreichen, hat er sich auch sehr beschränken müssen: das käme einem bei einem Goethe ganz natürlich vor, nicht aber bei einem Kleist, dessen Geist immerwährend ins Unendliche oder wenigstens in die ganz großen, gigantischen Verhältnisse schweift und dort seine Wonne findet. Für Kleist selber kann ich mich kaum der Empfindung des Schmerzes erwehren, wenn ich ihn auf feste, gegebene, nahe Verhältnisse beschränkt sehe. Wohl weiß ich, daß er aus dieser Enge einen Ausweg gefunden hat, durch den Traum; aber gerade das macht den Prinzen und Käthchen zu solchen tragischen Werken – mir wenigstens schneidet es jedesmal wie ein Messer ins Herz –, es ist das Bekenntnis eines Mannes, der nur und einzig im Traume Glück gekannt hat. Hierin liegt wiederum das Bekenntnis einer angeborenen Schwäche, jenes Mangels an

Gleichgewicht zwischen Wollen und Können, welches Kleists Persönlichkeit so schmerzhaft bezeichnet und zu seinem traurigen Ende schließlich führte. Kurz, mein rein künstlerischer Genuß wird durch die zu lebhafte Suggestion der leidenden Individualität des Autors in etwas gestört.

Ich glaube nicht, daß ich mit dem Gesagten mich so mißverständlich ausgedrückt habe, daß man darin eine Kritik von Kleist und seinem Werke erblicken könnte; ich habe im Gegenteil nur versucht, Ihnen über meine Empfindung in bezug hierauf zu berichten, und zwar weil Sie die Güte hatten, sie gern erfahren zu wollen.

Natürlich gehört der »Prinz von Homburg« trotz alledem zu den schönen Besitztümern meines intellektuellen Lebens. Sein Traum am Eingang, wodurch alles Folgende, wie es sich auch wenden möge, die tragische Weihe empfängt, die Angst vor dem Tode, so wahr bei der Phantasie eines so lebhaft träumenden Mannes, und sei er auch ein Held, und dann jene unvergleichliche Szene, in welcher die Befehle für die kommende Schlacht erteilt werden – kenne ich das Stück auch schlecht, das steht doch alles so lebhaft vor mir, als wäre ich dabeigewesen. 467

*375c. Cosima Wagner an Chamberlain. Brünig, 9. Sept. 1895*

Prinz von Homburg! Mir ist es im Gegenteil, als ob nach jugendlicher Ausschweifung auf allen Gebieten, der Zeit und des Raumes, Kleist nun darin zu sich zurückgekehrt sei, und, aus einer preußischen Soldatenfamilie stammend, das ihm Handgreiflichste gefaßt hätte und unnachahmlich wiedergegeben. Daher auch ein Leben der Gestalten und eine Wahrheit, wie sie in diesem Grade in seinen sonstigen schwungvoll schönen Werken nicht zu finden. Der Große Kurfürst ist einzig und weist dem Prinzen gegenüber völlig Züge auf, wie wir sie von Hans Sachs zu Stolzing gewahren. Dann Kottwitz, Hohenzollern, Derfflinger, solche Leute hat Kleist gekannt. Und die konzise Sprache, die ihm als Dichter so wesentlich zu eigen, sie stimmt zu der Knappheit der Äußerungsweise dieser märkischen Helden, inmitten welcher der romantische Homburg wie ein exotisches Gewächs wirkt. In einem gewissen Sinn kann man dieses Stück als das Meisterwerk des deutschen Schauspiels bezeichnen, eben, weil es auf eigenem Grund und Boden erwachsen ist und auch in der Zeit dem Dichter so nahe, daß er gar nicht irren konnte. *467*

## Der »pathologische« Kleist

*376. Rudolph v. Gottschall, Die deutsche Nationalliteratur. Breslau 1891*

Noch ist indes eine Biographie Kleists von einem andern, sehr berechtigten Standpunkte aus zu schreiben, von dem psychiatrischen. Gerade die neu erforschten Tatsachen beweisen, daß der Zusammenhang zwischen Genie und Wahnsinn sich im Leben unsers Dichters am schlagendsten offenbart. Bei Hölderlin und Lenau erlosch der Genius mit dem Wahnsinn, aber bei Kleist ging beides Hand in Hand, löste sich ab, bestimmte sich gegenseitig. Sonst würde ja sein Wahnsinn nur den alltäglichsten Rubriken der Irrenhäuser angehören. Für die Selbstmordmanie, an welcher Kleist litt und an der er zuletzt zu Grunde ging, gibt es ja dort ständige Abteilungen; auch die geheimen Zwecke seiner Reisen gehören ja der Hauptsache nach in das Gebiet der fixen Ideen. Wenn er seinen Freund Müller eines schönen Tages von der Dresdner Elbbrücke hinunterstoßen wollte, so gehört dies zu den gemeingefährlichen Attentaten des Wahnsinns. Ein Meister der Seelenheilkunde fände reichsten Stoff in Kleists Leben. Deshalb kann nur eine überschätzende Kritik ihn, trotz seiner genialen Veranlagung, neben zwei so große, harmonische Geister wie Goethe und Schiller stellen. *150*

*377. J. Sadger, H. v. Kleist. Eine pathologische Studie. Die Gegenwart 1897*

Und trotz all dieser überreichen Talente, die für zehn Durchschnittsmenschen ausgereicht hätten, dann gleichwohl die blanke Unmöglichkeit, sich einem bestimmten Berufe zu assoziieren. Wenn ihn irgend etwas lockte, so war es, wie so häufig bei Hereditariern [d. i. erblich Belasteten], die akademische Karriere mit ihrer völligen Lehrfreiheit oder die Laufbahn eines Schriftstellers, also beides Berufe, die raschen Wechsel des Gegenstandes ermöglichen.* Denn mächtiger als alle Fähigkeiten, stärker als Genie und Dichterkönnen, war der Widerwille in Kleist entwickelt, sein Ich mit irgend etwas dauernd zu verknüpfen.

---

* Kurz vor seinem Tode taucht noch ein höchst absonderlicher Plan in seinem kranken Geiste auf. Er möchte nämlich die Kunst auf ein Jahr oder länger ruhen lassen und außer einigen Wissenschaften, in denen er noch nachzuholen habe, sich nur noch mit Musik beschäftigen, dieser »Wurzel oder algebraischen Formel aller übrigen Künste«. »Ich glaube«, schreibt er seiner Kusine, »daß im Generalbaß die wichtigsten Aufschlüsse über die Kunst enthalten sind.« *384*

## Seelen ohne Arg und Falsch

*378. Ricarda Huch, Ausbreitung und Verfall der Romantik. Leipzig 1902*

Der Prinz von Homburg und das Käthchen von Heilbronn sind Figuren, deren poetischer Zauber durch das mystische Prinzip, das in ihnen waltet, nicht beeinträchtigt, sondern vollendet wird. Beider Nachtleben scheint nur ein Ausdruck für die Liebe der Natur zu diesen Geschöpfen, Seelen ohne Arg und Falsch, zu sein, denen sie mit ihren innigsten Kräften nah sein will. Dabei ist mit bescheidenem Takt vom Wunderbaren Gebrauch gemacht, so daß es nur wie ein Leuchten aus fernen Tiefen in die Wirklichkeit hineinfällt, und die Atmosphäre des Stückes widerspricht diesen Blitzen nicht. Durchaus angemessen ist Käthchen als gesundes, einfaches, jungfräuliches Kind geschildert, die sich obendrein infolge ihrer Liebe noch in eine Art von natürlichem Magnetismus kleidet; bei dem Grafen vom Strahl ist sein auf Doppelgängerei oder Fernwirkung beruhender Besuch beim Käthchen durch Krankheit glaubwürdig gemacht. Weit schwieriger war es, den nachtwandlerischen Prinzen in das preußische Lager zu stellen, doch ist das Wagnis vollkommen geglückt; nicht macht das Lager den Träumer lächerlich, sondern von ihm fällt ein poetischer Schimmer auf jenes. *221*

*Wiege des untragischen Helden*

379. *Richard Dehmel. Briefe 1903–1906*

*An Julius Bab, 20. Mai 1903:* Alle diese Tragödienmacher ahnen nicht, in welchen Heilandsgeburtswehen die dichtende Menschheit lag, als sie das Leben *Heinrichs von Kleist* hinopferte; im »Prinzen von Homburg« – ich wiederhole ein früheres Wort von mir, ich finde kein besseres – steht die Wiege des *un*tragischen Helden, der da kommen soll.

*An Herbert Eulenberg, 18. Juni 1903:* und ich hoffe, Sie werden dann nicht bloß das »Trauerspiel«, sondern sogar die Tragödie als *abgetane* Weltanschauung behandeln lernen, wie schon Kleist im »Prinzen von Homburg«.

*An Arthur Kutscher, 17. Aug. 1906:* Er [Goethe] hat *sein ganzes Leben lang* die Werther, Weislingen, Egmont, Clavigo, Fernando und Eduard-Stimmungen in sich bekämpft, vom Orest und Tasso gar nicht zu reden; und sein Abscheu vor Kleist stammt wesentlich daher, daß er an diesem Jüngling erleben mußte, wie der sich verwegen dem Dämon hingab, dem er selber immer behutsam auswich.

*An Julius Bab, 2. Nov. 1906:* Sie können sich da übrigens mit Kleist trösten, und sogar mit Hebbel und Schiller; die fühlten sich auch fast niemals, sobald sie lyrisch monologisierten, mit sich und ihrem Gott allein, sondern es war fast immer ein heimlicher Dialog mit irgendeinem Publikum. Daher auch ihre konventionelle Metrik; die Eigentümlichkeit ihrer Gedichte liegt mehr im Ausbau der einzelnen Wirkungsmittel als im Aufbau der Gesamtwirkung. *83*

## Das Ausland 1893/1903

379a. *Sigismondo Friedmann, Il dramma tedesco. Milano 1893*

Kleist steht am Eingange unseres Jahrhunderts der schmerzlichen Ungewißheiten, der Zweifelsucht, der Müdigkeit, des unermeßlichen Strebens und der notwendigerweise zurückbleibenden Wirklichkeit. Auch in seinem Geiste hatte sich, wie in dem Hölderlins, Heines und Hebbels, »der große Riß der

Zeit« vollzogen; auch er fühlte in seiner Seele etwas Zerklüftetes, Krankhaftes. Aus enthusiastischer, fast schwülstiger Freude verfällt er in eine vollständige Entmutigung, in eine finstere Verzweiflung, Zustände, von denen sein Leben zahlreiche Beweise bietet. [...]

Durch das Individuell-Psychologische unterscheiden sich die Personen Kleists von den typischen Idealfiguren der klassischen Schule. Dieses empfanden die Zeitgenossen, und sie fühlten sich eben dadurch von seinen Werken abgestoßen, so daß sie ihnen den verdienten Beifall nie spendeten. Wir aber, die wir immer mehr mit der von ihm eingeschlagenen künstlerischen Richtung vertraut werden durch die Werke Ibsens, Björnsons und überhaupt des heutigen Theaters, wir können ihnen, gerade dieser ihrer neuen Richtung wegen, unsere Bewunderung nicht vorenthalten. [italien.]  *138*

*380. Raymond Bonafous, Henri de Kleist – sa vie et ses œuvres. Paris 1894*

Indessen wurden trotz des Ansehens, dessen sich die Romantiker ziemlich lange erfreuten, die Werke Kleists von seinen Zeitgenossen weder geschätzt noch verstanden. In unseren Tagen hat man ihm in Deutschland ein Piedestal errichtet; die Bewunderung, die er heute erregt, scheint uns berechtigter als die Geringschätzung, die er früher erfuhr. Kleist war mit einer starken Vorstellungskraft und einem lebhaften Geist begabt. Seine Schöpfungen zeichnen sich durch ihre Kraft aus, und niemand kann sich der Wirkung entziehen, die sie ausüben. Das, was Kleist gefehlt hat, war das Leben in einer anderen Zeit, in einer glücklicheren Situation; er hätte nicht seine Kräfte überfordern dürfen. Unter jenen Umständen hätte er einer so großen Seele bedurft, daß sie ihn befähigte, die Welt, sich selbst und seine Werke zu beherrschen. [...] Die Ruhe fehlte seinem Leben; die Ausgeglichenheit fehlt seinem Werk. Ein glänzender Geist, aber ein unruhiges, dunkles Herz, hat er mit dem »Prinz von Homburg« das gelobte Land vor sich gesehen, ohne es betreten zu können. Begabt mit ausgezeichneten Eigenschaften, träumte er, den ersten Platz zu erobern. Diesen ersten Platz besitzt er nur unter den Geistern zweiten Ranges. [franz.]  *46*

*381. Edmond Fazy, Un pélerinage au tombeau de poète H. de Kleist. Mercure de France, Paris, Okt./Dez. 1903*

Im Jahre 1810 veröffentlicht Heinrich von Kleist eine lange Erzählung, *Michael Kohlhaas:* weder Defoe, noch Mérimée, noch Maupassant haben etwas in dieser sehr sachlichen, sehr genauen, sehr erregenden Weise erzählt. Man stellt fest, daß kein Wort zuviel ist, und die kleinsten Details erscheinen mit der größtmöglichen Faßlichkeit. Kohlhaas, der im Kampfe um das ihm verweigerte Recht Räuber wird, ist unsterblich wie Captain Singleton [von Defoe], Matteo Falcone [von Mérimée] und Vater Milon [von Maupassant]. Ich möchte keineswegs darüber das *Käthchen von Heilbronn* vergessen, diese Märchen- und Zauber-Geschichte, in der es wie in der *Familie Schroffenstein* eine unaussprechliche Idylle gibt, die *Hermannsschlacht,* die, nicht so kraftstrotzend wie Grabbes Drama über das gleiche Thema, Klopstocks Stück völlig aussticht, die Kurzgeschichten, welche gleichfalls Juwelen sind, den *Prinz von Homburg,* wo das Kantische Pflichtgefühl die Selbstsucht bezwingt, den *Aufsatz über das Marionettentheater,* würdig eines Villiers de l'Isle-Adam oder gar eines Poe durch die unerbittliche Logik und Präzision des Stils, endlich das *Letzte Lied,* in dessen 48 Versen sich Kleists ganzes verzweifeltes Genie zusammengedrängt ausspricht! Neben einem solchen Dichter verschwinden ein Novalis und ein Tieck wie blutleere Schatten. Einzig Hölderlin, der Autor des *Hyperion* und des *Empedokles,* und Grabbe, der Autor von *Don Juan und Faust,* können brüderlich neben ihm bestehen. Dem Kult der Wirklichkeit, der Wahrheit verbindet Kleist den Kult der harmonischen Schönheit, der Erfindung und des Geheimnisses. Die Füße fest auf der Erde, leiht Kleist – der übrigens Kantianer war – sein Ohr ferner Musik und sucht mit dem Auge dort oben das Paradies unbekannter Blumen, das man das Ideal nennt. [franz.]    *108*


## Der preußische Junker

*382. Herman Grimm. Deutsche Rundschau, Berlin, Juli 1901*

Das beschränkte Heimatsgebiet fällt bei Heinrich von Kleists

Schicksal besonders schwer ins Gewicht, weil seiner geistigen
Ausbildung noch durch Geburt und Erziehung Grenzen gezogen wurden, aus denen auch ein Mensch mit energischem
Triebe nach Selbständigkeit eben so schwer herausbricht. [...]
Die Zeit von 1806–1811 sind die traurigsten Jahre, die Deutschland erlebt hat. Nie ist ein Mensch so verlassen gewesen als
dieser in der Erziehung seines Standes befangene preußische
Offizier, nie hat dieser arme, einsame Mann einen einzigen
rein sonnigen Tag erlebt. Und doch eine freudige, frische,
nach Glück durstende und in den kürzesten Momenten Glück
genießende Welt in sich getragen. Neben Goethe und Schiller
ist er der Dritte heute. Herder und Lessing müssen es eben
leiden. Es werden dem Dichter des »Käthchens von Heilbronn«
und des »Prinzen von Homburg« schon die Statuen einst noch
errichtet werden, die er nicht mehr bedarf, aber die wir bedürfen. *157*

*383. Max Quarck, Ein preußischer Junker als dichterischer Revolutionär. Soziali-
stische Monatshefte, Berlin 1902*

Vor allem wandte sich mein Interesse intensiver als je *Kleists*
Werken zu, die eine Art Probierstein für die Auffassung werden
sollten, ob man mit Hilfe unserer [sozialistischen] Weltanschauung tiefer als andere auch in das Wesen unserer nachklassischen
Dichter einzudringen vermöchte. Eine Stelle in Franz Mehrings
»Lessing-Legende« [Berlin 1893] hatte ihr Übriges zu dem
Interesse gerade für Kleist getan. Mehring spricht im Schluß-
kapitel: »[...] Die romantische Dichtung mußte den Boden, auf
dem sie fußen konnte, in der ›mondbeglänzten Zaubernacht‹
des Mittelalters suchen; für Deutschland ließen sich nur hier
nationale Ideale finden. Aber das Mittelalter war die ausgepräg-
teste Klassenherrschaft der Junker und der Pfaffen; aus diesem
Zwiespalte der nationalen und der sozialen Interessen gab es kein
Entrinnen. Der genialste Dichter der Romantik, Heinrich von
Kleist, ging unter in Irrsinn und Selbstmord. [...]« Und um nun
dem tragischen Zwiespalt so recht aufmerksam nachzuspüren,
an dem Kleist, ein Opfer seiner Zeit, zugrunde ging, las ich in
einsamer Zelle, zu deren Bewohner mich für drei Monate der
preußische Staat gemacht hatte, andächtig die von jugendlicher,

ungebändigter Kraft, frohem Übermut und keckem Schwung strotzenden Dichtungen Kleists, um etwas zu entdecken, was mich für den Hinweis Mehrings doppelt dankbar machte. Heinrich von Kleist ist wohl an dem für ihn unbesieglichen Zwiespalt zwischen erbärmlicher Wirklichkeit und innerlichem Freiheitsdrang, den er, obgleich ein preußischer Junker, mit dem aufsteigenden Bürgertum teilte, elend zugrunde gegangen, aber nicht, ohne sich viel kräftiger und vielseitiger, als es gemeiniglich Romantiker schlechthin tun, gegen jene erbärmliche Wirklichkeit im Sinne realer bürgerlicher Politik aufgelehnt und den Weg zum Fortschritt gewiesen zu haben in fast allen seinen Werken. [...] Wobei vielleicht für die hier versuchte soziale Erklärung der Kleistschen Schicksale und Werke auch die nicht ungewichtige Tatsache spricht, daß sich die deutsche Arbeiterpresse sehr oft schon der Erzählungen Kleists für ihren unterhaltenden Teil erinnert und namentlich den »Michael Kohlhaas« ihren proletarischen Lesern zu Dank vorgesetzt hat in Ermangelung teurerer und seichterer neuerer Romane. Die deutsche Arbeiterklasse hat also mehr oder weniger bewußt bereits mit der Tat der revolutionären Ader in Kleist gehuldigt.

*361*

*384. Fedor Mamroth. Frankfurter Zeitung, 12. Juli 1902.*

Vor einigen Jahren hatten wir an dieser Stelle zu erklären versucht, woher es wohl komme, daß Kleists Nachruhm, so begründet er sei, doch in einem ungleich helleren Lichte erstrahle, als die wärmste bloß vorurteilslose Würdigung des Dichters zu seinen Lebzeiten und selbst noch lange nach seinem Tode hätte erwarten können. Nachdem Preußen, so schien es uns, die politische Vormacht Deutschlands geworden, habe es den Wunsch gehegt, auch an der Blütezeit der deutschen Dichtung beteiligt zu sein, und deshalb sei die königlich preußische Literaturforschung bald nach dem großen Kriege mit Erfolg bemüht gewesen, den einzigen preußischen Poeten, der in Betracht kommen konnte, Heinrich von Kleist, in die Stammrolle der vollwertigen deutschen Klassiker einzutragen. Jetzt stoßen wir auf eine naiv-amüsante Bestätigung unserer Ansicht. Über den »Prinzen von Homburg« schreibt nämlich

Max Koch, der Literaturhistoriker der Universität Breslau, wörtlich folgendes:

»Anfangs verkannt, mußte die Dichtung immer steigende Beachtung finden, je allgemeiner Preußen-Brandenburgs Beruf zur Führung der deutschen Stämme anerkannt wird. Erst seit den nationalen Kriegstaten des preußischen Heeres im Jahre 1870 ist die ganze nationale Bedeutung des Stückes voll hervorgetreten, und ganz natürlich ist es, daß seither auch der Ruhm des lange vernachläßigten preußischen Dichters sich stets vergrößert!« *301*

*385. Hermann Bahr. Österreichische Volkszeitung, Wien, 22. Febr. 1903*

Wenn er [Goethe] gegen Kleist hart gewesen ist, so dürfen wir das nicht auf irgendeine Verstimmung oder Laune schieben, sondern es ist wohl nur aus der Tiefe seines ganzen Wesens zu erklären. Er, der so sehr auf »sinnliche Gegenwart der Darstellung« drang, hat Kleists Talent, seine plastische Kraft, gewiß nicht verkannt. Aber er mochte fühlen, daß, wenn diese trübe Art nicht bei Zeiten abgewiesen wurde, die ganze Kultur, die er und Schiller den Deutschen errungen hatte, gefährdet und bedroht war. Daran sollten wir uns erinnern, gerade jetzt, da es plötzlich Mode wird, besonders bei den Preußen, Kleist unsinnig zu überschätzen. *16*

*387. Arthur Eloesser, Heinrich v. Kleist. Berlin 1905*

Es ist vielleicht noch nicht bemerkt worden, wie sicher der dichtende märkische Junker seinen größten Landsmann und Standesgenossen vorgeahnt hat. Hermann trägt seine Pläne allein in sich wie Bismarck, dem es auch nicht darauf ankam, mißverstanden und selbst verachtet zu werden. Er betölpelt den Varus wie Bismarck Napoleon III., er redigiert die Emser Depesche und nach allen Mitteln der List braucht er als letztes die offene Auslieferung seiner Absichten und seiner Persönlichkeit wie Bismarck. [...] Der frühere Rousseausche Humanitätsschwärmer begreift die Berechtigung der Rasse, er kontrastiert mit wenigen starken Strichen die germanische und die romanische, die keine schlechtere aber eine andere ist und daher bekämpft werden muß: »Ich will die höllische Dämonenbrut nicht lieben.« Ohne alles äußere Pathos ist die Hermannsschlacht ein gut chauvinistisches Werk, in dem der Haß zum Amte und die Rache zur Tugend wird, aber trotz ihrer Flüchtigkeit und trotz ihrem paradigmatischen Charakter ist sie auch noch ein Kunstwerk. 100

## »Nerv von seinem Nerv«

*388. Franz Servaes, Heinrich v. Kleist. Leipzig 1902*

Kleist ist einer der wichtigsten Vorläufer des »modernen Menschen«, und weil er als solcher ein Zufrühgekommener war, hat er in seiner Zeit noch nicht verstanden werden können und untergehen müssen. [...] Uns heute ist der ganze Kleist enthüllt, und stolz dürfen wir sagen: Wir sind Blut von seinem Blut, und Geist von seinem Geist, und Nerv von seinem Nerv. Mit seinem so unendlich gesteigerten Empfindungsvermögen hat er auch unser Empfindungsleben üppig und vielfältig befruchtet. Mit seinem klaren aufrichtigen Auge und mit seiner wahrhaftigen unerschrockenen Sprache hat er auch unser Sehen und Sprechen enger und unzerreißbarer an die Wahrheit des Lebens gebunden. [...] Die Anerkennung, die ihm ehemals verweigert wurde, wird ihm heute reichlich zuteil. Doch nicht eher werden wir uns zufrieden geben, als bis das, wie sich's gebührt, vor der ganzen Welt öffentlich dokumentiert sein wird – durch *ein Denkmal Unter den Linden in Berlin*. 422

*389. Samuel Lublinski. Kleist und das Drama. Die Schaubühne, 19. Okt. 1905*

Kleist ist der Ahnherr des individualistischen Dramas; er als Erster besaß die vielleicht ungeheuerliche Verwegenheit, das ganz und gar Individuelle, ja selbst das Absonderliche und geradezu schon Pathologische als Prinzip und Lebensatem des Dramas zu übernehmen. [...] Dieser Nervöse und Unberechenbare, der den Dämonen seiner Phantasien und Leidenschaften hilflos preisgegeben war, könnte gelegentlich an feminine Verfallsnaturen gemahnen, die in unseren Tagen die Cafés der Literaturhauptstädte unsicher machen. In Wahrheit aber und trotz unzweifelhafter Spuren einer ungeheuren Dekadenz hat Kleist an furchtbar rücksichtsloser Männlichkeit seine Zeitgenossen und die meisten Dichter vor und nach ihm weit hinter sich gelassen. Zugleich bewährte dieser Extremste aller Individualisten einen fast clanhaften Patriotismus, der in seiner wilden Primitivität an Urzeiten gemahnt, die noch nicht die Einzelnen kennen, sondern nur den Stamm, die Horde. So hat die Antithese, die sein Werk durchzieht, vor allem mit unerbittlicher Gewalt in der Seele des Dichters geherrscht. [...]

Es handelt sich nicht um die ästhetische Bedeutsamkeit der Werke und um die Größe des Dichters, die längst über allen Zweifel erhaben ist. Aber hat er das Problem, das er als Erster gesehen hat, auch wirklich gelöst? Diese Vereinigung von Shakespeare und der Antike, wie es in der Sprache des Zeitalters hieß: hat er auf diesem Weg das Drama weitergebracht? Nein; und die reichen Nachwirkungen Kleists liegen in einer ganz andern Richtung. Er darf als Ausgangspunkt des analytisch-psychologischen, des naturalistischen und psychologisch-romantischen Dramas unsrer Tage betrachtet werden. Man brauchte nur seine psychologische Tiefgründigkeit zum Prinzip zu erheben, wie es zum Teil schon Hebbel tat, und der Weg zu Ibsen war freigegeben. Sein überscharfer, niederländischer und präziser Realismus führte über Otto Ludwig hinweg zum Naturalismus und zu Gerhart Hauptmann. Und dann zuguterletzt ist es mit Händen zu greifen, daß die Elektra Hugos von Hofmannsthal ohne den Einfluß und die Werke des Ahnherrn kaum möglich gewesen wäre. Aber gerade dieses Werk ist der Beweis dafür, daß wir uns bereits im Kreis zu drehen und Epigonen zu werden beginnen. Ibsen und der Naturalismus bedeuteten, wenn auch im engen Umkreis, etwas Neues, zum mindesten eine Vertiefung der Technik und Differenzierung ethischer Probleme. Auch Wagner war etwas Neues, ein Fortentwickler von Kleist und der deutschen Romantik. Aber nun kommen Hofmannsthal, Vollmoeller und andre, die höchstens in üppiger Pracht der Sprache und in mancher überfeinen Einzelheit einen Kleist, Hebbel und Wagner zu überbieten vermögen, zu deren Höhe sie trotzdem nicht entfernt heranreichen. Hat

das nun einen Zweck und Sinn, daß man ein Abgeschlossenes
und Überreifes noch übertrumpft? *295*

*Kleists Sprache*

*390. Robert Walser, Was braucht es zu einem Kleist-Darsteller? Die Schaubühne,
Berlin, 14. März 1907*

Einem Menschenmund schlechthin ist es unmöglich, Verse
von Kleist wie Verse von Kleist zu sprechen. Mache zehn Jahre
lang Atemübungen, dann wage es, dich an einen Grafen Strahl
oder an irgendeinen andern Burschen dieser Rasse heranzumachen. Diese Rasse setzt Zucht voraus, das bedenke, Schauspieler
von heutzutage. [...] Diese Männer und diese Frauen sind ein
übernatürliches Geschlecht, sie haben Natur, und wieder, näher
besehen, haben sie keine. Sie sind wild und sanft, beides im
Übermaß. Sie sprechen eine götterhaft-korrekte Sprache,
wogegen die Sprache Friedrich Schillers ein gleichmäßigmenschliches Feuer, vielleicht nur ein Feuerchen bedeutet.
Diese Figuren strotzen von oben bis unten von Empfindung,
und solches will natürlich zur Darstellung gebracht sein.

Da ist zum Beispiel heimlich jetzt ein Mann,

Wie heißt er? Hermann – –

Hermann, der Cherusker, na, sagen wir mal, eine Million
demjenigen, der ihn spielen kann. Eine dunkle, breite Mannesbrust, und dazu ein schmetterndes Geklingel im Mund, wie
wenn einer graziös an silberne Glocken schlägt. Ein Tänzer. Der
Schauspieler muß Tanzunterricht genossen haben, seelischen
oder körperlichen, das gilt gleichviel, er muß zwölf kleine Bälle
mit der Nase in der Luft spielen machen können. [...] Schon
wenn man das Stück liest, hört man die Stimme dieses
geschmeidigen Menschen klingen, diese Stimme der Lust,
Bravheit und Verstellungskünste, diese Stimme schließlich
auch des unsagbaren patriotischen Zorns. Und die Art, wie er
Unsinn schwatzt. Die Aufgabe, die darin für einen Sprecher
und Mimen liegt, ist schrecklich. Und wenn er vom Thron
herabsteigt, schön in jeder Beziehung, wie gesagt, eine Million
demjenigen. Es ist eben einer, der immer, von Knabenbeinen

auf, hat gebieten können, was will man da machen. Und die enorme Herzensbildung, die der Schurke besitzt. Die Bildung, das, Herr Schauspieler, ist auch was zum Darstellen. Lächle mal schnell so, wie Gebildete lächeln, wo stets noch so ein Schatten dunkeln schönen Ernstes dabei sein muß.

Und da ist die Dame Penthesilea. Dieses Weibsbild hat schon etwas. Ich wage es nicht, mich in der heutigen Welt nach einer Darstellerin für sie umzusehen.

Man stopfe lieber dem Herrn Kleist endlich den Mund zu. Wozu sollen Bühnenautoren noch nach hundert Jahren 's Maul auf haben.

Es braucht zuviel Atem, um dem Mann das Wort zu lassen. Was wollen Sie mit Ihrem Grabgestank, Gespenst? Sehen Sie nicht, daß man Sie nicht aufführen kann, so, wie es sich gehörte?

*472*

*391. Gundolf, Shakespeare und der deutsche Geist. Berlin 1911*

In Kleist allein hat vielleicht die durch Schlegel gehobene Verssprache Shakespeares einen produktiven Nachfolger gefunden, aber auch er ging nicht über die von Schlegel schon erreichten Grenzen der dramatischen Ausdrucksfähigkeit des Shakespeare-Verses hinaus. Was er als eigene, unerhörte Nuance, aus eigenem Urerlebnis, hinzubrachte (und was seinen jüngsten Ruhm begründet) ist unshakespearisch, ja antishakespearisch: die vers-gewordene Hysterie, die man so gern heute mit Leidenschaft verwechselt. Kleists echte und großartige Leidenschaft ist durchaus im Bann der Shakespeareschen Ausdrucksmittel geblieben – die Hysterie, für die er neue Ausdrucksmittel geschaffen, ist eine Nuance, eine Talent-Sache, keine geistesgeschichtliche Tat.

*162*

## Georg Heym

*392. Georg Heym, Tagebücher 1907–1911*

21. Okt. 1907. Heinrich von Kleist kommt mir immer näher.

10. Febr. 1908. Vor der Entscheidung. Ich verbringe die Zeit bei Penthesilea und Grabbes Hermannsschlacht.

*20. Juli 1909.* Ich liebe alle, die in sich ein zerrissenes Herz haben, ich liebe Kleist, Grabbe, Hölderlin, Büchner, ich liebe Rimbaud und Marlowe.

*4. Juli 1910.* Was ich vor Nietzsche, Kleist, Grabbe, Hölderlin ... voraus habe? Daß ich viel, viel vitaler bin. Im guten und im schlechten Sinn.

*10. Dez. 1911.* In 300 Jahren werden die Menschen sich an den Kopf fassen, wenn sie unsere Leben sehen. Sie werden sich wahrhaftig fragen, wie die Günther, Lenz, Kleist, Grabbe, Hölderlin, Lenau, die Hoddis, Heym, Frank überhaupt soweit durchgekommen sind. *197*

*392a. Heym an Hildegard Krohn. Charlottenburg, Juni 1911*

Lies diese Leute nicht, diese Narren, George, Rilke, Altenberg. Das sind alles Kranke, die in ein Spital gehören und die auf den Krücken ihrer Verse einen lahmen Veitstanz ausführen. Ich mag sie alle nicht recht. Lies: Grabbe, den erlauchten Grabbe, Büchner, Kleist. Lies Rimbaud, Baudelaire, Samain, Keats. Das sind Kerle, die sich noch sehen lassen können.

*197a*

*Ein halbes Jahr später ertrank Heym beim Schlittschuhlaufen auf dem Wannsee unweit von Kleists Todesstätte.*

## Der hundertste Todestag

### Bechers Kleist-Hymne

*393a. H. F. S. Bachmair, Bericht des Verlegers (1960)*

Es war am 20. Oktober 1911. Becher war bei mir. Die Zeitung lesend, sagte ich, daß am 21. November, zu Kleists hundertstem Todestag, Feiern stattfinden sollten. Darauf Becher: »Ich habe eine Kleist-Hymne geschrieben.« Ich: »Die drucken wir!« [...] Rechtzeitig zum Gedenktag erschien: »Johannes R. Becher / Der Ringende / Kleist-Hymne«, versehen mit einer Bauchbinde: »Zu Kleists 100. Todestag. Preis 75 Pfennig.« (Heute zählt der nur zwölf Seiten umfassende Druck zu den großen Seltenheiten im Antiquariat!) *13*

*393b. Johannes R. Becher, Der Ringende. Kleist-Hymne. Berlin 1911*

[...]
Sein Gesicht
vergilbte. Die blauen Sterne seiner großen
Kinderaugen schwanden. Seltsam feierlich
griff er nach meiner Hand:
»Einsam sterben – – –«

Laststumpf zuckte seine hohlverzerrte Stahlgebärde.
Er kämpfte. Krampfhaft hielt er die strahlende Erde
umspannt.
Nebel glaste dumpf ..
Er sank. Er rang.
Plötzlich schrie er auf im harten Zug
des bleichen Todes: »Verscharrt wie ein Hund,
der ein so reiches Leben trug. ...«
Und dann:
»Fallen, oh, durch höllische Kraft!
Aufstehn so in göttlicher Kraft!«
Dann aus der Tiefe seines ewigsten Verborgenen:
»Liebe – – –«
Er sank. Rang im Aufschrei
der letzten menschlichen Möglichkeit:
»Schwester – – – – – –«
[...]
Wars nicht in der Nacht,
da der Blitz Garben schoß,
daß ich dich erblickte, dich Himmlischer
zornfarbengroß
im schimmernden Bild urfreier Gewalt?!  29

*393c. Hans v. Hülsen. Janus, München 1912*

Ein junges Talent von außerordentlichen Maßen und einer gewaltigen Explosivkraft sprengt hier zum ersten Male seine Fesseln unter der Maske des ringenden Kleist. Die Sprache ist von großer Originalität, und ein starker Strom von neuartigen und lebendigen Bildern flutet durch die kleine Dichtung. Man sagt wohl nicht zuviel, wenn man ausspricht, daß etwas von dem genialen Fieber Kleists auch in den geschwellten Adern dieses Werkes rast. Das ist Blut von seinem Blut und Geist von seinem Geist. 222

### Ein Wiener Sonderheft

*394. Franz Servaes, Das Schicksal H. v. Kleists. Der Merker, Wien 1911*

Wir sind Blut von seinem Blut und Geist von seinem Geist und Nerv von seinem Nerv: so schrieb und fühlte ich schon vor zehn Jahren in meiner Biographie des Dichters. Kein anderer von den Großen der Vergangenheit, Heine hie und da ausgenommen, trifft so den Herzpunkt unseres heutigen Fühlens wie Heinrich von Kleist. Von Schiller sind wir teilweise abgerückt und Goethe thront zu hoch und unnahbar über uns. Einem Kleist aber möchten wir noch täglich brüderlich die Hand drücken. Wir möchten für ihn fechten und kämpfen. Es ist fast, als wähnten wir, es stünde noch in unserer Macht, das grausame Geschick, das ihn verschlang, nachträglich zu bannen. Und doch ist es dieses Schicksal gerade, was ihn uns so wert und so heilig macht; was uns ihm im Innersten unlösbar verpflichtet. Wir sehen ihn vor uns als unerbittlichsten, unbeugsamsten Vorkämpfer um die Würde und Unantastbarkeit der Kunst. Als Einzigen vielleicht, der sich niemals zu irgendwelchem Kompromiß herbeiließ. Als im Untergange Niebesiegten, der durch freiwilligen Tod sein Werk im höchsten Sinne besiegelte und krönte. Und dürfen wir nicht sagen: für uns, da wir ihm die Zukunft bedeuten, war es, daß er sein Blut vergoß? Ein Märtyrer ist er uns, eine Heilandserscheinung. 423

*395. Felix Braun, Vor einem Bildnis Kleists. Der Merker, Wien 1911*

Welch ein Gesicht! Welch kindlich lautre Züge!
Als ob ihm nicht ein Herz, das Qual zerrissen,
Nein – wahrhaft eine Glocke innen schlüge.
Nur um den Mund ein lächelnd stilles Wissen.

> Antlitz des Himmels – und dies Herz voll Graun:
> Von Feuern lodernd, brausend von Dämonen,
> Die ohne Zahl Geklüft und Fels bewohnen
> Und rot ihr Bild in Blut gespiegelt schaun.
>
> Ihr Bild! – Das seine ist's, wüst und verzerrt!
> Sie springen ihm ins Blut, sie schwimmen drin
> Und greifen, landend, jäh nach seiner Kehle.
>
> Sie stampfen wie Zentauren, Mensch und Pferd,
> Durch sein Gehirn als Sinn und Widersinn
> Und schießen ihm mit Pfeilen in die Seele. 54

*396. Berthold Viertel, Kleist der Überlebende. Der Merker, Wien 1911*
Die Mythenbildung um sein Leben herum wird mit Eifer betrieben. Aber indessen wartet das Werk. [...] Hat man sich in Unkosten gestürzt, kühne Experimente gewagt? Was hat man für den Dramatiker Kleist getan, in Wien zum Beispiel? Kunstverständige, die der Aufführung des »Prinzen von Homburg« im Burgtheater beiwohnten, wissen nichts Feierliches davon zu berichten, im Gegenteil. Von dem »Käthchen von Heilbronn«, welches das »Deutsche Volkstheater« zum hundertsten Todestage des Dichters in einer gewiß nicht erneuerten Montagsvorstellung brachte, spricht man in diesem Zusammenhang am besten nicht. [...]

Nun, Kleist kann warten. Er hat Zeit. Er hat noch manchen hundertjährigen Gedenktag vor sich. Er ist ausdauernd, er kann noch das goldene Zeitalter der Operette zu Ende warten. Und sollte nachher das Zeitalter des Kinos kommen – Kleist hat Geduld. Weimar verschloß sich ihm, als er noch atmete und stritt. Welche Stadt wird die hohe Ehre in Anspruch nehmen, als erste die »Penthesilea« zum Siege zu führen? Noch hat die Reproduktion keinen Stil für die erotischen Mysterien Kleists gefunden. Und seiner leichter faßbaren Werke erinnert man sich gelegentlich und machtlos. 462

*397. Ferdinand Gregori, Kleist und wir. Der Merker, Wien 1911*
Und wenn wir inzwischen ganze literarische Revolutionen erlebt und überwunden haben, zum Erleben Kleists hat das

deutsche Volk bis heute noch nicht Zeit gehabt, zum Überwinden wirds wohl nie kommen. Wir waren Schillern von Anfang an nahe, Goethe darf wenigstens in unseren Tagen als unverkannt gelten, für Hebbel waren kluge Essayisten und tüchtige Theaterleiter Jahre lang eifrig bemüht und auch Ibsen hat kein Geheimnis mehr für die Freunde der Bühne. Aber Kleist würde wirklich verhungern, wenn er auch auf die »befreite« deutsche Erde heruntersteige. [...] Aber er erträgt auch noch hundert Jahre der Wartezeit, und vielleicht gehört dann Penthesilea, die im Jahre 1911 zu einer Berliner Sensation geworden ist, um 1912 wie eine Sensation vergessen zu werden, gehören der Prinz von Homburg, der zerbrochene Krug und das Käthchen von Heilbronn ohne jede textliche Veränderung wirklich dem deutschen Volke, das heute noch nicht nach Kleist verlangt. *153*

*Ein Münchner Sonderheft*

*398. Zum 21. November 1911. Die Lese, München, 18. Nov. 1911*

Ernst Schur: [...] Kleist ist – und darin beruht seine Zukunftsbedeutung – der erste, große Gefühls- und Sinnenmensch in der deutschen Literatur, der Nichts-als-Künstler, den Nietzsche ersehnte. Darum mußte er in Deutschland einsam dastehn, in dem Deutschland von damals, dessen Publikum diesem Ringen um ein rein künstlerisches Ideal verständnislos gegenüberstand und das das größte, künstlerische Genie seiner Zeit systematisch aushungerte.

Darum steht Kleist unserem Streben um so näher.

Er ist für uns der moderne, vibrierende Mensch und zugleich der Künstler, der all die Wirrnisse des Lebens zu einer kristallenen Klarheit der Form zwingen will. Darin beruht seine Größe.

Hundert Jahre kam er zu früh.

Erst wir können anfangen, ihn zu verstehen.

Er steht an der Schwelle eines neuen Jahrhunderts.

*Friedrich Lienhard:* [...] Daß im »Käthchen« Somnambules wunderlich hineinschwingt und Kunigunde etwas ins Verzerrte hinüberschlägt, daß überhaupt Kleist gelegentlich an die Grenzen des edlen Geschmacks gerät: das hängt mit einer dumpfen Eigenart seines Gefühles zusammen. Über diesen kritischen Gefühlspunkt, über diese Gefühlsverwirrung, diese Hemmung seines Lebens und Schaffens, ist viel geschrieben worden. Befremdlich wirkt er für den nicht auf ihn eingestellten Zuhörer selbst im »Prinzen von Homburg«; grotesk und unheimlich vollends in der großzügigen »Penthesilea«. Das Befremdliche weicht zwar für den Kenner Kleistscher Art; aber daß er im Ganzen seines Schaffens nicht eigentlich *befreiend* emporreißt, das eben hat seine Wirkung auf die Nation gehemmt, trotz der kraftvollen nationalen Töne in der »Hermannsschlacht« und im »Prinzen von Homburg«.

*Richard Schaukal:* [...] Auf die naiven, die starken, die verzweifelten *Bekenner* müßten wir uns besinnen, vor allem seiner würdig zu werden trachten, der an unsrer Unart und Undankbarkeit zugrunde gegangen ist: Kleists.

Es gibt nichts Herrlicheres in deutscher Sprache, aus deutscher Seele heraus als Penthesilea einer-, Homburg anderseits. Dagegen kann die Klassik eines Tasso nicht auf, die so viel überkommene Würde an sich hat.

*Michael Georg Conrad:* Heinrich von Kleist ist derjenige unserer Großen, der mir's am schwersten gemacht, in ein klares, inneres Verhältnis zu seinen Schöpfungen zu gelangen. Beim Lesen seiner Werke gelingt mir's heute noch nicht immer. Ich muß sie im Theater sehn, gut gespielt, um sie als reine, starke Kunst zu empfinden und ihren Urheber als den größten Dramatiker deutscher Zunge – vor Richard Wagner. [...] *281*

*Eine Beilage zum Berliner Tageblatt*

399a. *Der Zeitgeist. Beiblatt zum »Berliner Tageblatt«, 20. Nov. 1911*
Gedenkblatt zum 100. Todestag

Glücklich zu preisen ist Theodor Körner, der, das Schwertlied auf den Lippen und den Befreiungskrieg vor Augen, den schönsten Tod fand. Tragisch war das Schicksal Heinrichs von

Kleist. Ihn trieb der Jammer um das Vaterland in den Tod, bevor die Hoffnung in Erfüllung ging, die ihm in dem herrlichen Sang »Germania an ihre Kinder« vorschwebte, für mein Gefühl dem schönsten und mächtigsten Schlachtgesang, der je von einer deutschen Lippe floß.

Rom, im November 1911          Fürst Bülow

Wenn ich ganz aufrichtig sein soll, darf ich wohl sagen, daß ich für keinen unserer großen Dichter ein stärkeres persönliches Gefühl hege als für Heinrich v. Kleist. Kein anderer hat so wie er in mir beim Altern den Zusammenhang mit der Jugend aufrechterhalten, und wenn ich heute Kleist lese und höre, so wecken gewisse eigentümliche Wendungen, sprachliche Bilder, die in ihrer Einfachheit von erschreckender Kühnheit und hinreißendem Zauber sind, in mir dieselben Empfindungen wie vor fünfzig Jahren. [...]      Paul Lindau

In einem reichen Hause des Berliner Tiergartenviertels plauderten unser drei, nachdem wir ausgewählte Speisen und Getränke zur Genüge genossen hatten. Der Hausherr hatte zur Unterhaltung seiner Gäste unbezahlbar seltene Handschriften vorgelegt, zuletzt die beiden Blätter, auf welche Kleist vor seinem Freitode einige Anordnungen niedergeschrieben hatte.

Der Sammler nannte den Preis, den diese Blätter heute unter Brüdern wert wären. »So viel hat der gute Kleist niemals für eines seiner unsterblichen Werke erhalten.«

Der zweite von uns war ein Mann von internationaler Tagesweltberühmtheit. Geistreich sprach er davon, wie der gute Kleist den Ruhm gesucht, aber nur Nachruhm gefunden habe. »Es gereicht uns zum Ruhme, daß wir ihm ein Denkmal errichtet haben.« Es klang wie das Knallen eines Champagnerpfropfens.

Der dritte konnte nicht sprechen; noch hielt er die Reliquien des Märtyrers in der Hand. Ob sie, die ihren Kleist feierten, ihm Liebe geschenkt hätten und Verständnis, als ihm Liebe und Verständnis nötiger waren als Ruhm und Glaube an Nachruhm? Kleist aber, als er endlich bei einer armen Seele Liebe und Verständnis angetroffen hatte, überwand Ruhm und Nachruhm, starb freudig, jauchzende Sorge im Herzen und unaussprechliche Heiterkeit. Ich liebe Kleist. Wer ihn nicht lieben kann, sollte ihn auch nicht feiern.

Meersburg, 26. Oktober 1911            Fritz Mauthner

Kleists hundertjähriger Todestag sollte an alte Schuld mahnen: In dieser denkmalreichen Stadt Berlin fehlt das Standbild des größten preußischen Poeten noch; des deutschen Dichters und Patrioten, der, erglühend in Haß und Liebe, »Die Hermannsschlacht« schuf und den »Prinzen von Homburg«, und dem in unserer Reichshauptstadt ein Monument gehört, nächst Goethe, Schiller, Lessing.

Berlin, 25. Oktober 1911            Otto Brahm

Ewig werden wir weinen / Wir Kleinen, / Um diesen Einen, / Den Unvergleichbaren, / Den Unerreichbaren; / Ewig beschuldigen / Das blinde Geschick, das ihn erschlug, / Den Ungeduldigen, / Mit rauhen Schlossen: / Nie – nie hat ein zerbrochener Krug / Edleren Trank vergossen.

Ludwig Fulda

Kleists unseliges Sterben hätte den deutschen Dichtern ein Opfer- und Erlösungstod werden können und müssen. Es war dazu angetan, die Fertigen, die Ausgereiften, die literarischen Machthaber daran zu gemahnen, wie man fördert, dichterische Sämlinge mit leiser Hand legt und hochzieht – wie man fördert, ohne zu kränken, wie man belehrt, ohne Abhängigkeit zu verlangen, wie man zurückweist, ohne zu vernichten. Und es barg die Kraft in sich, den Werdenden, den unsicher Tappenden, den umsturzbereiten Stürmern und Drängern klarzumachen, daß nur im Weiterbauen auf längst gelegten Fundamenten, im freien Sichunterwerfen unter Jahrtausende alte künstlerische Forderungen der Weg zu schöpferischer Selbstherrlichkeit, zu feinfühlig wägender Meisterschaft zu finden ist. [...]

Hermann Sudermann

Zum 21. November 1911
Wen feiert ihr an diesem ernsten Tage?
Den Sänger, der nicht Heim noch Lorbeer fand,

Der heute noch, ein König ohne Land,
Aus dem durchschoss'nen Mund erhebt die Klage.

»Wo ist mein Reich?« tönt wieder seine Frage.
»Auf dem Papier nur bin ich anerkannt.
Mein Name wird mit Stolz von euch genannt,
*Mich* friert am kalten Ruhm im Sarkophage.

Ihr seid erst halb das Volk, das ich ersehnt,
Ihr lerntet mich zu achten, nicht zu lieben,
Die Glut, die euch in meinem Werk verblieben,

Hat wenigen nur beglückt die Brust gedehnt.
Und hundert Jahre müssen neu verwehen,
Dann wird mein ganzes Volk erst zu mir stehen.«

Herbert Eulenberg

Neunjährig war ich, wir Spartanerjünglinge hatten einen »Männerbund gegen Tränen« feierlich beschworen, tapfer hielt ich stand, den Rührungen des Lebens, den Berührungen der Schule. Da geschah es, daß ich an ein Buch geriet, und das war mächtiger – mächtiger als alles, das Käthchen von Heilbronn. All meine Bundestreue versank, mein Gelübde – nun ja, es zerfloß. Der Männerbund verstieß mich, nie aber hat einer seine Schmach leidenschaftlicher geliebt. Solcherweise wurde ich Dir untergeben. Und ich fand den Weg zur Andacht vor Deinen Wundern und Deinen Wunden. Max Dreyer

Heinrich v. Kleist: ein Dramatiker aus der Heroenzeit. Spezialmarke: der preußische Leutnant in der Weltliteratur.
Friedrich Dernburg

[...] Mit der großen visionären Kraft seines Geistes sah Kleist sich sein ganzes Leben hindurch neben dem Dichter als dessen Gegenpol: als handelnden, wirkenden Menschen, der er sein wollte. Er wurde dadurch kein Handelnder; aber er nahm auch dessen Leiden, das äußere Leiden an seiner demütigenden Zeit, mit auf Schultern, die nur Innerliches zu tragen geschaffen waren. Er verwechselte sich, den Dichter, mit diesem aus Wünschen erträumten Abbild von sich. In der erdichteten Gestalt, die ihm als sein Selbst vorschwebte und freilich seine menschlichen Züge trug – die aber durch den Willensirrtum, durch die gefährliche Unähnlichkeit schwere Konflikte in sich barg –, vollzog sich das Lebensdrama, das in glücklicheren Menschen zu einem Erkenntniswandel, zu einem stillen Sichbescheiden vor unumstößlichen Tatsachen zu führen pflegt; dessen Katastrophe hier mörderisch auf das Urbild selbst übergriff.    Wilhelm v. Scholz

[...] Man mag Kleist mit Grabbe vergleichen, um zu sehen, daß er nicht länger zu denen gerechnet werden darf, die wer weiß wie groß hätten werden können, sondern zu denen, die wahrhaft groß geworden sind.    Wilhelm Schmidtbonn

[...] Die Entwicklung des Inhalts und die Ausbildung der Form gehen gerade bei einer so ungemein selbständigen Persönlichkeit notwendig auf gemeinsame tiefere Ursachen zurück. In diesen sehe ich seine höchste Bedeutung darin, daß Kleist vielleicht der erste Deutsche war, der sich mit vollem Bewußtsein zum Dichter im modernen Sinn des Wortes und nur dazu erziehen wollte und erzogen hat.

Berlin, 23. Okt. 1911    Richard M. Meyer


Kleist-Epilog

2.

Die lebenden Dichter sprechen

Was ruft ihr ihn? Was stört ihr ihn im Grab?
Er warf euch hin sein Werk, dann stieg er stolz hinab.

Er warf euch hin sein mächtig Herz und schwieg,
Den ungeheuren Schmerz warf er euch hin und schwieg.

Wir aber, seine Freunde, hätten wir
Erzengelstimmen euch zu rühren, hätten wir

Die Geißel, die der Herr im Tempel schwang
Zu züchtigen, Schächer euch, um euren schnöden Dank!

Wir wissen, wer er war und was er ließ,
Und wer den Herrlichen ins Grab hinunterstieß.

Ihr seid es, die ihr heute jammert: Kleist,
Wo gingst du Großer hin? – Und morgen Kleist zerreißt.

Die ihr vom Fürsten an ohn' Unterschied
Das Leere, Eitle kränzt, das Schwere, Große flieht.

Was fordern eure Dichter? Brot! – Doch Spott
Gebt ihr den Lebenden und Steine, wenn sie tot.

Noch einmal, Dichter, ruft: Ach hätten wir
Erzengelliebe euch zu rühren, hättet ihr

Doch Scham zu hören, was der Tag euch spricht,
Der Tag der Schmach: Ihr steht hier zu Gericht!

Und wollt ihr preisen: Preist die *Gebenden!*
Was sind die Toten? Tot! *Ehrt eure Lebenden!*

Hans Kyser<br>506

*399b. Herwarth Walden, Der Zeit-Geist-Kleist. Der Sturm, Berlin, Dezember 1911*

Der Ulkredakteur Herr Fritz Engel, der auch den Zeitgeist beherrscht, ist über die Bedeutung des Dichters Heinrich von Kleist nicht klar. Er wandte sich in dieser Verzweiflung an die bedeutendsten Vertreter der deutschen Nation, nämlich an die Herren Fürst Bülow, Paul Lindau, Fritz Mauthner, Otto Brahm, Ludwig Fulda, Hermann Sudermann, Herbert Eulenberg, Max Dreyer, Friedrich Dernburg, Wilhelm v. Scholz, Wilhelm Schmidtbonn, Otto Erler, J. Minor, Richard M. Meyer, Hans Kyser. Alle diese Herren bestätigen »teils per Vers, teils per Prosa« dem Herrn Engel, daß Kleist etwas gekonnt hat. Ich finde die Auswahl äußerst glücklich. Man gewinnt durch sie zwar

keine Vorstellung von Kleist, aber Herr Engel versiert durch sie
das Recht auf den Ulk. Er wirkt nämlich plötzlich komisch.
Hingegen hätten die Antworten kaum witzloser ausfallen können. Fürst Bülow, der von Literatur nichts zu verstehen braucht,
findet das Schicksal Heinrich von Kleists »tragisch«. »[...] er
schrieb den herrlichen Sang Germania an ihre Kinder, für
mein Gefühl den schönsten und mächtigsten Schlachtgesang,
der je von einer *deutschen Lippe floß*.« Körner konnte sein
Schwertlied wenigstens auf den Lippen halten. Es ist nicht gut,
wenn ein entflossener Reichskanzler mal eine deutsche Lippe
für die Literatur riskiert.

»Wenn ich ganz aufrichtig sein soll, darf ich wohl sagen, daß
ich für keinen unserer Dichter ein stärkeres persönliches Gefühl
hege, als für Heinrich von Kleist.« Mehr kann Kleist wirklich
nicht verlangen, als daß Herr Paul Lindau seinetwegen im Zeitgeist ganz aufrichtig ist. Man weiß, wie sich solche Aufrichtigkeiten fortsetzen [...]

Herr Fritz Engel, der dieses »Gedenkblatt« zum hundertsten
Todestage Heinrichs von Kleist am 21. November 1911 herausgab, hat einem großen Dichter alles angetan, was er kleinen
Dichtern der Gegenwart antun kann: ihn durch Tagesweltberühmtheiten lieben und loben zu lassen. Die großen Dichter
der Gegenwart werden erst nach hundert Jahren von ihm auf
dieselbe Weise beleidigt werden. 470

### Tageszeitungen und Zeitschriften

*400. Herbert Eulenberg. Frankfurter Zeitung, 21. Nov. 1911*

Man sollte den Tag nicht nur auf die literarhistorische Weise
feiern, an dem vor hundert Jahren der deutsche Dichter
Heinrich v. Kleist seinem Dasein heldenmütig selbst sein Ende
gesetzt hat [...] Man sollte ohne Unterschied der Konfession
alle Kirchen in Deutschland an diesem Tage öffnen und schwarz
ausschlagen. Und es müßte ein Jammer um seinen Tod durch
unser Vaterland gehen von der Maas bis an die Memel, von der
Etsch bis an den Belt. Denn es gilt einen schweren, einen unersetzlichen Verlust für Deutschland zu beklagen. Und alle unsere

Priester müßten seinen frühen Fall beweinen und den Himmel darum bitten, ähnliches von unserm Volke abzuwenden. Unser ganzes Militär müßte an diesem Tage mit verhängten Fahnen zu einer Leichenparade entboten werden und bei gedämpftem Trommelklang und gesenkten Flaggen Ehrensalven zu seinem Gedächtnis in die Luft feuern. Und von allen Türmen sollten die Glocken dazu läuten, und eine Stunde lang müßte jede Arbeit ruhen und ein ganzes Volk sich seines Sängers, der ihm die »Hermannsschlacht« ohne einen Heller Entgelt geschenkt hat, erinnern. Unsere Schaubühnen müßten eine Woche lang nichts anderes als Kleist spielen, und zwar von Staats wegen und ohne Eintritt zu erheben, für das ganze Volk kostenlos. Unsere sämtlichen Zeitungen sollten am 21. November dieses Jahres mit einem schwarzen Trauerrand wie beim Tode eines Monarchen erscheinen, und unser Kaiser müßte im Namen der deutschen Nation eigenhändig einen Lorbeerkranz auf die Stätte legen, wo man Heinrich v. Kleist neben der Frau, die mit ihm den Tod teilen wollte, beerdigt hat.

Ach, es steht zu befürchten, daß nichts von allem diesem geschehen wird. Unsere Theater werden flüchtig, soweit die Kasse und der Spielplan es verstatten, seiner gedenken [...] Und hernach wird es weiter für Heinrich v. Kleist in seinem Deutschland gehen, wie es bisher gegangen ist: Wenige werden ihn abgöttisch lieben, noch wenigere ihn verstehen, der Rest wird ihn kalt betrachten oder gar nicht beachten. Es ist heutzutage viel wichtiger, daß Deutschlands Ausfuhr von Jahr zu Jahr sich steigert, als daß Deutschlands innerer geistiger Reichtum sich mehrt. *106*

*401. Paul Zech. Generalanzeiger für Elberfeld-Barmen, 21. Nov. 1911*
  An Heinrich von Kleist
  Heut müssen Rosen, purpurrote Rosen blühn
  Auf deinem Grab, das blanker Morgenreif besternte.
  Und die von regenschwerem Schwarzgewölk entfernte
  Novembersonne müßte funkelnd niedersprühn.

  Was soll der Lorbeerkränze gleißnerisches Grün
  Auf jenem Stein, drin deines Dichternamens Züge

Wie Runen eingemeißelt sind? Was soll die Lüge?
Dir müssen Rosen, purpurrote Rosen blühn.

Dir, der du fröstelnd fremden Feuern unterlagst
Und aufgeblähten Knechten arglos Hand und Ohr,
Oh mehr: dein wunderwarmes Herzblut hast geliehen:

Dir, der du strahlend nun vor der Gezeiten Tor,
Hoch wie ein Welterlöser und Erlöster ragst:
Dir müssen Rosen, purpurrote Rosen blühen!  *505*

*402. Julius Hart. Der Tag, Berlin, 21. Nov. 1911*

Und dieses neue Wesen der Kleistischen Kunst –, das andere Weltbild, das in ihr steckt, die neue germanische Religion, die Kleist verkündigt? Denn sein Drama, seine Erzählungen bleiben ungefühlt, unerkannt, wenn man sie nicht zu allererst als Religionsdramen, Glaubensbekenntnisschriften auffaßt, und unsere Kleistliteratur und Kleistkritik tastet noch immer so hilflos an den Werken umher, weil sie nur gerade nichts von diesem Religionsmenschen Kleist weiß, die innersten Gründe seiner Kunst nicht sieht, nicht den ekstatischen Propheten einer Natur-Kunst-Religion, wo alle Religionen nur Kunst, Kunst allein alle Religionen in sich schließt, und alle Kunst nur innerlichster Naturalismus, Ausdruck des Naturwesens sein will.

*172*

*403. Franz Mehring. Die Neue Zeit, Stuttgart, 17. Nov. 1911*

Nur in einem dürfte sich Kleist glücklich preisen, wenn er heute noch lebte: die Literatur über sein Leben und seine Werke beginnt ins Ungemessene anzuschwellen; ein papierener Nachruhm ist ihm geworden, auf den er, wäre sein Ehrgeiz darauf gerichtet gewesen, wohl stolz sein könnte. Es ist eine fast unübersehbare Reihe von Biographen und Herausgebern, die er gefunden hat: von den Tieck und Bülow, den Koberstein und Köpke, den Treitschke und Wilbrandt bis auf die Brahm und Erich Schmidt. Es sind darunter sehr fleißige und tüchtige Arbeiten, aber im ganzen entspricht das Ergebnis doch nicht dem gewaltigen Aufwand. Viele Gerüchte um Kleists Leben sind klargestellt, und auch die byzantinische Legende hat dabei, wie gern anerkannt sei, manch derben Puff erhalten [...] Ein Gesichtspunkt dagegen, der einen tiefen Eindruck in Kleists Wesen und namentlich auch in sein unglückliches Schicksal als Dichter gewährt, ist von seinen Biographen und Herausgebern kaum je berührt worden. Soviel ich sehe, hat ihn nur Treitschke einmal flüchtig gestreift, und auch nicht etwa in seinem Aufsatz über Kleist, sondern in einer beiläufigen Rezension, wo er – obendrein in ganz beiläufigem Zusammenhang – sagt, daß Kleist sein Lebtag ein preußischer Offizier der alten Schule geblieben sei [... 588]

Ihm war auf Erden nicht zu helfen, weil der geniale Dichter, der die höchsten Flüge wagen durfte, sich niemals dauernd über die niederen Regionen des altpreußischen Junkertums zu erheben vermochte. Es ist nicht nach der Lehre des alten Weisen Mitleid und Furcht, die das Trauerspiel dieses Lebens erregt, aber Mitleid mit dem Opfer und Haß gegen den Krebsschaden der deutschen Nation. *315*

*404. Kurt Eisner, Das Preußentum Heinrich Kleists. Münchener Post, 22./23. Nov. 1911*

Daß Kleist die geschichtliche Bedeutung Napoleons nicht begriff, gereicht dem gänzlich unpolitischen Kopf nicht zum schlimmsten Vorwurf; daß aber sein Patriotismus nichts will als die brutale bestialische Vernichtung des Höllensohnes, daß kein Zug von *innerer* Befreiung seine Seele berührt, das stellt ihn tief unter einen Fichte, den Kleist in dieser Periode seines Daseins, wie alle Reformer, mit stumpfem Witz verhöhnt. Der Haß wird zur Besessenheit eines Irren, wenn Kleist zum Kampf gegen die Fremden mit den alle Menschlichkeit schändenden Versen aufreizt:

Alle Triften, alle Stätten
Färbt mit ihren Knochen weiß [...]

So ist auch die Hermannsschlacht nicht sowohl ein deutschnationales, am allerwenigsten ein preußisch-patriotisches Drama als die schäumende Tragödie des Hasses, der die Berserkerwut bis zur völligen Aufhebung aller menschlichen und völkerrechtlichen Sitten und Hemmungen treibt. Es ist das Kleistsche Problem der zügellosen Selbstdurchsetzung gegen jeglichen Zwang, das auch diesem Werke zugrunde liegt. Im Kampf gegen die Fremden ist schlechthin *alles* erlaubt und geboten, sofern es nur zur Ausrottung taugen mag. [...] Hermann selbst läßt Germanen als Römer verkleiden und sie alle Ruchlosigkeiten verüben, nur um die Germanen aufzupeitschen – eine Verherrlichung des Lockspitzels, die man denn allenfalls als preußisch ansprechen mag!

Unpreußisch, antipreußisch ist auch das letzte Werk Kleistens, stofflich sein einziges Preußendrama: Der Prinz von Homburg, der nachtwandelnde Held, wird zum Tode verurteilt, weil er durch einen *Disziplinbruch* die Schlacht gewann. Dieser Held, der zwischen der Qual und der Wollust des Todes träumerisch wandelt, ist der *Protest* gegen alles Preußentum, das vorahnende Bekenntnis des Dichters, daß er *daran* zugrunde gehen würde. An Preußen ist Kleist dann zerbrochen. [...]

Da rettet Kleist seine Seele und er kehrt von dieser preußischen Erde in die philosophische Erhebung seiner jungen Jahre zurück: In fast heiterer Gelassenheit geht er ins Nichts, das er schon im Prinzen von Homburg wundersam tief raunen hörte.

*98*

405. *Hermann Bahr. Neue Freie Presse, Wien, 9. Nov. 1911*

Er war nämlich einer von den Menschen in Kurven. Bei solchen geht es zu Zeiten vermessen hoch, sie können dann alles, sie dringen empor, sie maßen sich die größten Taten an. Andere Zeiten kommen, da liegen sie lahm, wie ganz verlassen von sich selbst, unfähig jener Versprechungen, unfähig ihrer selbst und unfähig, auch nur den Schatten ihrer eigenen, sich eben noch ins Grenzenlose wagenden Gesinnung wiederzufinden. So stehen sie hilflos vor dem Grundproblem des Menschen: sich auf die Höhe seiner guten Stunden zu bringen (oder wie Schiller das einmal ausgedrückt hat: den Affekt in Charakter umzubilden). Das können sie nie, der Abstand zwischen den Verzückungen und den Ermattungen ist zu groß. [...] Kleist aber zerhaut den Knoten mit einer echt Kleistischen Entschiedenheit, die keinen Vergleich zuläßt, immer aufs Ganze dringt und Ibsens Alles oder Nichts vorwegnimmt. Er kann sich, seit

er einmal die Seligkeiten der fruchtbaren Stunden erlebt hat,
nicht mehr im gemeinen Dasein bescheiden, er kann nur noch
in der produktiven Spannung leben, die er nun um jeden Preis
erzwingen will. Sein Zustand, wenn er aus dem schöpferischen
Rausch wieder ins Gemeine fällt, gleicht dem der Heiligen, die
aus Ekstasen zur Erde zurückkehren. Die Heiligen warten in
Demut, bis sie wieder begnadet werden. Kleist aber kann die
Gnade nicht erwarten, er will sie kommandieren. Er gehörte zu
den Künstlern, die nur gleichsam anfallsweise produktiv werden.
In diesen produktiven Anfällen fand er sich erst, erkannte
nun sein wahres Ich erst und war fortan unfähig, sich mit einem
verdunkelten oder herabgesetzten zu begnügen, er konnte nur
noch im Glanz der großen Stunden leben. *18*

*406. Jakob Wassermann. Neue Freie Presse, Wien, 21. Nov. 1911*

Kleist ist vielleicht der größte dichterische Genius, den die
Deutschen besitzen, das Wort in seinem phänomenalen Sinn
verstanden. Wenn eine solche Einschätzung noch nicht allgemeine
Giltigkeit erlangt hat, so beweist dies nur, daß sein Stern
noch nicht den Zenith erreicht hat; irdischer Stoff muß vom
Firmament aufgezehrt werden, ehe er als himmlischer in Erscheinung
tritt. [...]

Er gehört zu den großen Notwendigkeiten der Menschheit.
Er gehört zu denen, die aus dem chaotischen Material des
Lebens eherne und giltige Formen schweißen. Seine vollkommenen
Werke haben jenen Charakter der Anonymität,
der allen außerordentlichen Kunstgebilden eigen ist. Zählt
nicht »Michael Kohlhaas« schon zu den über unserer niederen
Welt wandelnden Halbgöttern, den Leidenschaftlichen, Besessenen
und Unvergeßlichen – wie Odysseus und Don Quijote?
Doch haben die Kleistschen Gestalten ein Unterscheidendes:
die Luft, in der sie atmen, ist kälter, und das Herz, das sie dem
Schicksal entgegensetzen, schlägt ungestümer; es ist, als ob ihr
Schöpfer sie noch nicht völlig freigegeben hätte, und als ob er,
um sie gleichwohl sichtbar und selbständig zu machen, sie
um so weiter hätte distanzieren müssen. Deshalb wirken sie
bisweilen fremd und objektiv zwiespältig; in allem Vorgangshaften
modernem Empfinden genähert, sind sie in der Darstellung

durch den hinstürmenden Rhythmus, die Engmaschigkeit einer beispiellos sachlichen Diktion, die Gebundenheit einer harten, unsentimentalen Dialektik ihm wieder entrückt. Die Verwandlung des Gefühlsfeuers in die gefrorene Ruhe des bleibenden Bildes geschieht gleichsam in einem Prozeß von äußerster Gewaltsamkeit. Nie zuvor hat ein Dichter in so jungen Jahren eine solche Monumentalität des Stils erreicht. Es ist rätselhaft, beinahe als physische Arbeitsleistung rätselhaft, wie in einem Zeitraum von wenig mehr als einem Lustrum zehn unvergängliche Meisterwerke geschaffen werden konnten. Welch einen menschlichen Reichtum setzt dies voraus, welche aufgesammelte Glut, welche Vehemenz und drängende Qual der Visionen!

474

*407. Arthur Eloesser, Der unbekannte Kleist. Die Jugend, November 1911*

Sein Leben ging zwischen Überbewußtsein und Unbewußtsein, zwischen schmerzlicher Wachheit und heilsamer Dämmerung, es war das des Nur-Künstlers, der unter einem ungeheuren Atmosphärendruck lebt, der von seinen Zwecken und Projekten niemals entlastet wird, nie einen bloßen Indifferenzpunkt des bloßen Vegetierens findet. Vor dieser Spannung, die nie nachläßt, retten sich seine Figuren, seine Kinder, wie er selbst; sie sinken in Ohnmacht, entweichen auf Traumbahnen, hüllen sich ins Unbewußte, wo keine feindlichen Mächte sind. Was wissen wir zu sagen von diesem unterirdischen Treiben des Genies, von dieser mystischen Seelenkraft, die sich verpuppt, sich in die mütterliche Erde eingräbt, um dann neu beflügelt, ätherleicht zu den verwandten Sternen aufzufliegen!

101

*408. Karl Muth, Heinrich von Kleist – kein Problem. Hochland, November 1911*

Die Frage, wieweit dem unverkennbar hohen sittlichen Streben Kleists ein tragfähiger religiöser Sinn und objektive religiöse Anschauungen zugrunde lagen, ist bisher noch kaum in befriedigender Weise beantwortet worden. Eichendorff hat im Wesen wohl das Richtige gesagt, aber doch zu negativ, als daß wir ein klares Bild bekommen könnten. [...] Denn im Grunde war er eine religiöse Natur, und hätte diese Anlage von früh auf eine bestimmte und klare Richtung erhalten, und wären ihm die Quellen des echten christlichen Lebens erschlossen worden, so daß er dessen Heilsgedanken und Wahrheiten hätte praktisch erleben können, er hätte das Zeug zu einem Heiligen in sich gehabt. [...] So nährte er in sich denn einen kosmisch-mystischen Glauben an ein besseres Jenseits auf anderen Welten, einen Sternenglauben, und suchte so den Ausgleich für das, was sich seinem realistischen Blick hienieden als unlösbar darstellte. 347

*409. Rudolf Steiner. Aus einem Vortrag, Berlin, 21. Nov. 1911*

Und wie spielt wieder dieses Unterbewußte hinein in eine Handlung wie zum Beispiel das »Käthchen von Heilbronn«, besonders in der merkwürdigen Beziehung zwischen dem Käthchen und dem Wetter vom Strahl, die sich nicht abspielt im Oberbewußtsein, sondern in den tieferen Schichten der Seele, wo die Kräfte sind, von denen der Mensch nichts weiß, die von einem zum anderen gehen. Wenn wir das vor uns haben, spüren wir das Geistige, das in den Gravitations- und Attraktionskräften der Welt liegt. Fühlen Sie das, was in den Kräften der Welt liegt, zum Beispiel in der Szene, wo Käthchen ihrem Angebeteten gegenübersteht, wo wir sehen, was in dem Unterbewußtsein lebt und wie es verwandt ist dem, was draußen in der Welt lebt, und was man mit dem nüchternen trockenen Worte »Anziehungskräfte – und so weiter – der Planeten« belegt? Doch hineintauchen in dieses Unterbewußtsein konnte auch ein durchdringender und strebender Geist vor hundert Jahren noch nicht. Heute muß es geschehen.
437

## *Wedekinds Kleist-Rede*

*410a. Frank Wedekind an Fritz Engel. München, 22. Okt. 1911*

Empfangen Sie meinen besten Dank für die Ehre, die Sie mir mit ihrer liebenswürdigen Aufforderung erweisen. Nächsten Sonntag, den 29., werde ich nun bei einem Vortrag im Klinthwort-Saal einige Worte über Kleist sprechen und würde

mich sehr freuen, wenn ich Ihnen das Manuskript für den
»Zeitgeist« überlassen dürfte. Ich würde es Ihnen dann noch am
gleichen Abend sofort nach dem Vortrag zusenden. Sollte Ihnen dieser Modus nicht richtig scheinen und Sie lieber etwas
Abgesondertes für den »Zeitgeist« wünschen, dann darf ich
in den nächsten Tagen wohl noch eine kurze Nachricht von
Ihnen erwarten. *476*

*410b. Frank Wedekind, Rede auf Kleist. Münchner Schauspielhaus, 20. Nov. 1911*

Wenn Heinrich v. Kleist heute seine Penthesilea schriebe,
dann würde der Berliner sowohl wie der Münchener Zensor
die öffentliche Aufführung aus Gründen der Sittlichkeit rund-
weg verbieten.

Die Penthesilea ist die künstlerische Ausgestaltung eines
Sinnenrausches, einer sexuellen Zwangsvorstellung. In dieser
Tatsache liegen die poetische Größe sowohl wie die technischen Mängel des Dramas begründet. Die poetische Größe
käme aber für die heutige Zensurbehörde gar nicht in Betracht, solange dem Autor, wie es bei Kleist zeitlebens der Fall
war, die öffentliche Anerkennung, die Anerkennung der literarischen Autoritäten, der Heuchler, Erfolgsanbeter, Autographensammler, Schriftgelehrten und Pharisäer fehlt.

Es ist also gar nicht ausgeschlossen, daß es Heinrich v. Kleist
im heutigen Deutschland noch schlimmer ginge als vor hundert Jahren. [...]

Selbstverständlich beziehen sich die Ausdrücke Heuchler,
Pharisäer nicht auf Persönlichkeiten. Ich habe viel zu wenig
über Kleist gelesen, um mir der Ansicht irgend eines Gelehrten
gegenüber ein Urteil erlauben zu können. Die Ausdrücke beziehen sich lediglich auf die Denkfehler, deren wir uns täglich
schuldig machen, wenn wir die Zustände unserer Zeiten mit
den Zuständen der Vergangenheit vergleichen.

Die Tatsache, die wohl am ehesten für das traurige Los Kleists
verantwortlich zu machen ist, ist die, daß ihm die ungeheure
Fülle seiner Produktion und die fieberhafte Hast, mit der er sie
zu Tage förderte, gar keine Zeit übrig ließen, die praktischen
Fragen des Lebens mit der dazu nötigen Ausdauer und Vor-
sicht zu lösen.

Nach denselben ewigen Weltgesetzen, nach denen Jesus Christus wegen Gotteslästerung zum Tode verurteilt werden mußte, nach denen jemand, der mit sittlichem Ernst an sittliche Probleme herantritt, notwendig wegen Unsittlichkeit auf die Anklagebank gerät, nach denselben Gesetzen mußte der preußische Dichter, Patriot und Politiker Heinrich v. Kleist von den damaligen politischen Machthabern dem Hungertod überantwortet werden. Weder die Erniedrigung Preußens, noch die Bedrückung durch die Fremdenherrschaft ist daran schuld. Dasselbe kann heute, während ganz Deutschland über dieses Problem Vorträge hält und Artikel schreibt, dicht unter unseren Augen genau so gut geschehen, wie es vor hundert Jahren geschah. *475*

*410c. Alfred Frhr. v. Mensi. Allgemeine Zeitung, München, 25. Nov. 1911*

Wer Wedekind näher kennt, mag vielleicht von vornherein schon nicht erwartet haben, daß er von oder über Kleist sprechen werde. Aber eine solche Rede pro domo hatte man denn doch nicht erwartet; denn als Wedekind mit dem ihm eigenen Mangel an Selbstkritik meinte, es falle ihm nicht ein, die Gelegenheit zu persönlichen Ausfällen zu benützen, lachte wohl das ganze Haus. Er tat ja nichts anderes. Kleist war ihm nur der Vorwand, um gegen Polizei und Zensur (er nannte sogar die Münchner und Berliner Namen) zu Felde zu ziehen. Er meinte, sämtliche Kleistsche Stücke würden heute zur Aufführung, ja selbst zur Vorlesung nicht erlaubt werden, und Kleist ginge heute ebenso zugrunde wie vor hundert Jahren. Ja, vor 100 Jahren habe der Dichter noch mehr Freiheit besessen als heute, wo nicht einmal die Vorlesung harmloser Stücke erlaubt sei. Und das sagte Frank Wedekind, dem ein paar Tage vorher Polizei und Zensur gestatteten, sein unglaublich abstruses und langweiliges Machwerk »Franziska« öffentlich vorzulesen! Wir wunderten uns nur, daß das hinter seinem Vortragstisch aufgehängte Kleistporträt nicht bei diesen Worten vom Nagel fiel. Einzelne Zurufe und Beifall bewiesen, daß es im Publikum an Gesinnungsgenossen Wedekinds übrigens nicht fehlte. Kleist, Grabbe, Hebbel und – Frank Wedekind, lauter große von der deutschen Nation mißverstandene, von Polizei und Zensur verfolgte Dichter! »So ist das Leben!« *318*

*410d. Ludwig Thoma an Carl Rössler. Rottach, 22. Nov. 1911*

Heute habe ich [in »Münchener Neuesten Nachrichten«] die Rede Wedekinds zum Andenken an Kleist gelesen. Ich wußte nicht, daß die Büchse der Pandora so nahe verwandt mit der Penthesilea ist, und ich beneide das Publikum, das etwas über Kleist hören wollte und über die Polizei und Wedekind unterrichtet wurde. – Der Kerl muß doch immer seinen Arsch zum Fenster hinaus strecken. *443a*

## Nachklänge

*411. Neues Wiener Journal, 21. Dez. 1911*

Wenn ein Dichter hundert Jahre tot ist, verlangt es der literarische Anstand, daß man sein Andenken ehre. Auch für Heinrich v. Kleist geschieht jetzt viel. Es sind neue Biographien erschienen, von denen man die höllisch präzis gehaltene von Otto Brahm und die breitere, schon vielbelobte und auch schon stark angefeindete von Wilhelm Herzog nicht ohne tiefere Eindrücke aus der Hand legt. Auch die deutschen Theater haben nicht gezögert, für Kleist wieder zu werben. In Berlin ist sogar ein Wettstreit um etwas Großes entbrannt. Im Königlichen Schauspielhaus versuchte Paul Lindau, die »Penthesilea« zu einem entscheidenden Erfolge zu führen; dann kam Max Reinhardt im Deutschen Theater ebenfalls mit der Penthesilea und gewann einen neuen Sieg mit neuen Mitteln.

Auch der »Robert Guiscard« wurde da und dort hervorgeholt, und in der deutschen Provinz, wo noch ein paar literarisch denkende Dramaturgen und Regisseure sitzen, mühte man sich selbständig oder nacheifernd um das Berliner Beispiel. Es sind also gute Tage für den Dichter Kleist angebrochen. Nur bei uns geht es dem Armen noch immer recht elend. […] Immerhin: man hat Kleist gespielt. *532*

*412. G. Minde-Pouet, Epilog zur Feier des 100. Todestages. Westfälisches Magazin, Dortmund, Juli 1912*

Gerade bei uns hat dieser Herold des Sieges bei Fehrbellin erhöhten Anspruch auf Teilnahme. Als der echte Preußentyp ragt der Mensch und Dichter aus der Zeit vor hundert Jahren bis in die Gegenwart hinein: das ist Kleists Bedeutung. Deshalb genügt uns auch nicht das Denkmal, das seine Vaterstadt Frankfurt a. O. ihm gesetzt hat, auch nicht die Herme im Berliner Viktoriapark, die ihn mit anderen Freiheitssängern feiert. Deutschland wartet noch immer auf das Denkmal, das Kleist uns und allen späteren Generationen als den größten norddeutschen Dramatiker vorführt. Und auf dieses Denkmal gehört das Wort »In Staub mit allen Feinden Brandenburgs!« oder die versöhnlichere Prophezeiung Nataliens zum Kurfürsten: »Das Vaterland, das du uns gründetest, / Steht eine feste Burg, mein edler Ohm [...]« 327

*413. Ernst v. Wolzogen, Wie wirken unsere Werke? Berliner Tageblatt, 1912*

*14. April.* Lyriker vornehmlich und Erzähler unserer Tage, deren Namen kaum ein paar hundert ihrer literarisch intimer interessierten Zeitgenossen bekannt geworden sind, hätten, absolut genommen, viel mehr Anspruch darauf, von der Nachwelt genannt zu werden, als Dutzende von solchen, die man uns in der Schule lernen geheißen hat. So sind wir erst kürzlich, anläßlich einer Hundertjahrfeier, Zeugen einer starken Kleistüberschätzung geworden. Du lieber Gott – welch ein bescheidenes Röllchen würde ein Talent wie das Heinrich v. Kleists im heutigen literarischen Leben spielen!

*7. Juni.* Am meisten Ärgernis scheint meine Behauptung erregt zu haben, daß Heinrich v. Kleist vor dem Richterstuhl der heutigen Kritik nicht besonders gut bestehen würde. Es ist bezeichnend, daß gerade Leute, die offenbar dem fachmäßigen Literaturbetrieb fern stehen, also nur Genießer sein wollen, mir brieflich versicherten, daß sie Kleists Werke noch mit ungetrübter Andacht zu lesen und zu schauen vermöchten. Nun – um so besser für Kleist! Ich gestehe, daß ich für meine Person den »Michael Kohlhaas« als ein Meisterwerk schätze, den »Zerbrochenen Krug«, die Holunderbaumszene aus dem »Kätchen«, einige Partien des »Prinzen von Homburg« und die Sprache in der »Penthesilea« (mit Einschränkung) bewundere – aber ich verlange von niemandem, daß er meinen Geschmack teilen solle. Deswegen bleibt es aber doch mit unumstößlicher Sicherheit bestehen, daß die »Hermannsschlacht« heutzutage als eine verunglückte Primanerarbeit von keinem Bühnenleiter aufgeführt, das »Kätchen« als eine Puppentheaterkomödie verhöhnt, der »Prinz von Homburg« nur sehr lauwarm aufgenommen und die Psychologie der »Penthesilea« höchst energisch zurückgewiesen werden würde, wenn ein unbekannter Lebender mit diesen Dramen aufs Theater gelangte. Muß ich nochmals versichern, daß diese Feststellungen keineswegs Kleists wohlverdienten Ruhm zu beeinträchtigen vermögen? *502*

*414a. Wilhelm Herzog an Ernst v. Wolzogen. Berliner Tageblatt, 2. Juli 1912*

Herr Baron, Sie betitelten Ihre beiden »Kampf«-Artikel: »Wie wirken unsere Werke?« Diese aus angstbeklemmter Brust hervorgestoßene Frage begeistert mich zu der Antwort: »Komisch.« Oder wirkt es nicht komisch, wenn der Dichter des »Kraft-Mayr« und der Schöpfer von »Dollarica« gegen E. T. A. Hoffmann und Heinrich Kleist polemisiert? [...] *502*

*414b. E. v. Wolzogen an W. Herzog. Berliner Tageblatt, 9. Juli 1912*

Daß Sie in Ihrer Eigenschaft als feuriger Bekenner zu Kleist sich heftig gegen einen Menschen wenden, der die Bedeutung ihres Helden für die Gegenwart gering schätzt, ist begreiflich; Sie kämpfen aber gegen solche Unterschätzung genau so *albernhaft*, wie unsere antiquiertesten Schulmeister und Pedanten, obwohl Sie sich doch gewiß für einen modern empfindenden Mann halten. [...] Den Leuten, die vom Herunterreißen leben, nehme ich solche billigen Anulkereien nicht übel; aber Sie, den mit Recht gekränkten Kleistherold, in solcher Gesellschaft zu sehen, das tut mir allerdings in der Seele weh. *502*

### Der Kleist-Preis

*415. Das literarische Echo, Berlin, 1. Dez. 1911*

Ein Aufruf, den u. a. Otto Brahm, Hugo v. Hofmannsthal, Fritz Mauthner, Max Reinhardt und Arthur Schnitzler unterzeichnet haben, will eine *Kleist-Stiftung* ins Leben rufen, die ringende poetische Talente durch rechtzeitige Hilfe davor bewahren soll, im Lebenskampf unterzugehen. Im Gegensatz zu andern Stiftungen [...] soll hier nichts entscheiden als die Erkenntnis des entwicklungsfähigen Talentes und die Absicht, ihm die Bedingungen der Entwicklung zu gewähren, indem ihm für einige Zeit eine Sicherung gegen den lähmenden Druck der wirtschaftlichen Sorgen geboten wird. Die Kleist-Stiftung soll insbesondere jene Talente retten und schützen, die gemäß ihrer inneren Veranlagung oder infolge ihrer Lebensverhältnisse sich in den wirtschaftlichen Organismus des Alltagslebens noch nicht hineinfinden können und dennoch die Bürgschaft eines bedeutenden Könnens in sich tragen. »Persönlichkeiten von literarischem Urteil, Lebenserfahrung und vorurteilsloser Empfänglichkeit« werden aufgrund von Talentproben die Kräfte namhaft machen, denen die Stiftung beistehen soll.    *526*

*416. Kurt Hiller, Gegen die Kleist-Stiftung. Der Sturm, Nov. 1911*

Von den Repräsentanten der literarischen Kultur, jenen einzigen, denen man die Entscheidung darüber, ob ein Junger »die Bürgschaft eines bedeutenden Könnens in sich trägt«, allenfalls anvertrauen könnte, hat fast niemand den Aufruf unterschrieben. Also kennzeichnet sich die Sache als ein Institut zur Förderung der Seichtheit, Behäbigkeit, Süßlichkeit; der Spießerei und Plauderei und talentierten Unursprünglichkeit; des Verlognen, Mediokren, Inferioren; der Epigonie jener Unterzeichner; kurzum: des Kitschs. Herr Fritz Engel, Prälude der Stiftung, ist folglich keineswegs auf dem Holzweg, wenn er »unser werktätiges Bürgertum«, das an der »Dichtkunst in allen ihren Arten« sich »in erwünschten Feierstunden« »erholt« (– »erholt«!), zur Beteiligung an der Stiftung auffordert. Aber, daß dieses, der wirklichen Kunst feindliche, Unternehmen seine Niedrigkeit und Widrigkeit mit dem Namen Kleist zu verdecken sucht, ist eine Schweinerei, der unter allen Schwindeln die Krone gebührt, und auf die in einem Kulturstaat Zuchthaus stünde.    *421a*

*417. Gerrit Engelke an Richard Dehmel. Hannover, 26. Febr. 1913*

Ich las in den Zeitungen von der Gründung der Kleist-Stiftung und später von der Verteilung der ersten Preise. Geehrter Herr

Dehmel, ich nähre bei mir eine heimliche Hoffnung: die, vielleicht auch einmal von dieser Stiftung unterstützt zu werden. [...] Der Zwiespalt, die Unvereinlichkeit gleichzeitiger körperlicher und geistiger Arbeit wurde mit der wachsenden Zeit immer fühlbarer und endlich unerträglich – es geht nicht mehr.   *81. 421a*

*418. Hans Henny Jahnn, Rechenschaft Kleistpreis 1928. Der Kreis, Hamburg 1929*
800 Manuskripte. Die doppelte Anzahl Briefe, Anfragen. [...] Es gibt jugendliche und ältere Schriftsteller. Meines Wissens soll der Kleistpreis nicht eine Anerkennung für bereits Arrivierte sein, sondern möglichst solchen Begabungen einen kleinen Lohn bringen, die noch nicht in aller Mund sind, die noch nicht im guten Winde einer Richtung oder literarischen Erfahrung segeln. Nicht die Helden der Magazine und der ausverkauften Theaterhäuser. Vielmehr die Jungen, deren Stil keine absolute Reinheit aufweist, deren Vorwürfe noch nicht bürgerlich geklärt oder weltanschaulich verankert sind.

*421a*

*419. Florian Kienzl (Stuttgarter Zeitung, 10. Febr. 1961)*
Es handelte sich um die Stiftung eines eingetragenen Vereins, dem meist Verleger angehörten. Gründer waren Richard Dehmel und Fritz Engel. Der letztere, der bekannte Kritiker des Berliner Tageblatts, fungierte während des 22 Jahre langen Bestehens der Stiftung als erster Vorsitzender. Dem Vorstand gehörten des weiteren durch mehrere Jahre an: Hanns Martin Elster, Heinrich Eduard Jacob, Arthur Eloesser und der Intendant des Berliner Staatstheaters Leopold Jessner. Dieser Vorstand ernannte den aus drei [sieben] Personen bestehenden Kunstrat (unter anderen Monty Jacobs, Hans Henny Jahnn, Wilhelm von Scholz), und dieser wieder ernannte den Preisrichter.

Nicht nur die Bestimmung des Preisträgers, auch die des »Bestimmers« war stets eine Sensation in der literarischen Welt. Welche bedeutenden Erscheinungen begegneten sich da! Richard Dehmel bezeichnete als ersten Preisträger Hermann Burte (für den Roman »Wiltfeber«) und den genialen, kurz darauf verstorbenen Dramatiker Reinhard Johannes Sorge (für sein

Drama »Der Bettler«). Bernhard Kellermann entschied sich 1917 für Walter Hasenclever, Heinrich Mann 1918 für Leonhard Frank und Paul Zech, Oscar Loerke 1920 für Hans Henny Jahnn, Julius Bab 1921 für Paul Gurk (einen heute fast schon vergessenen Dramatiker und Romancier), Herbert Ihering 1922 für Bert Brecht (die Frühdramen »Baal«, »Trommeln in der Nacht«, »Dickicht der Städte«), Fritz Strich 1924 für Barlach, Paul Fechter 1925 für Zuckmayer (»Fröhlicher Weinberg«). Auch Gerhard Menzel (»Toboggan«), Lernet-Holenia (»Österreichische Komödie«), Alfred Neumann (»Der Teufel«) sind unter den Erwählten. Die letzte Verleihung geschah 1932. Erich Ziegel, der Hamburger Theaterleiter, zeichnete Richard Billinger (für sein Drama »Rauhnacht«) und Else Lasker-Schüler (für ihr Schauspiel »Die Wupper«) aus. *247a*

## Franz Kafka

*420. Franz Kafka, Aufzeichnung 1911*

Kleists Jugendbriefe, zweiundzwanzig Jahre alt. Gibt den Soldatenstand auf. Zu Hause fragt man: Also welche Brotwissenschaft, denn die hielt man für selbstverständlich. Du hast die Wahl zwischen Jurisprudenz und Kameralwissenschaft. Aber hast du auch Konnexionen bei Hofe? »Ich verneinte anfänglich etwas verlegen, aber erklärte darauf um so viel stolzer, daß ich, wenn ich auch Konnexionen hätte, mich nach meinen jetzigen Begriffen schämen müßte, darauf zu rechnen. Man lächelte, ich fühlte, daß ich mich übereilt hatte. Solche Wahrheiten muß man sich hüten auszusprechen.« [Kleist an Chr. E. Martini, 19.3.1799]   *240*

*420a. Kafka an Max Brod. Prag, 27. Jan. 1911*

Kleist bläst in mich wie in eine alte Schweinsblase. Damit es nicht zu arg wird und weil ich es mir vorgenommen habe, gehe ich jetzt in die Lucerna [ein Tingeltangel].   *240a*

*420b. Kafka an Felice Bauer. Prag 1913*

10. Febr.: Gestern abend habe ich Dir nicht geschrieben, weil es über Michael Kohlhaas zu spät geworden ist (kennst Du ihn?

Wenn nicht, dann lies ihn nicht! *Ich* werde Dir ihn vorlesen!), den ich bis auf einen kleinen Teil, den ich schon vorgestern gelesen hatte, in einem Zug gelesen habe. Wohl schon zum zehnten Male. Das ist eine Geschichte, die ich mit wirklicher Gottesfurcht lese, ein Staunen faßt mich über das andere, wäre nicht der schwächere, teilweise grob hinuntergeschriebene Schluß, es wäre etwas Vollkommenes, jenes Vollkommene, vom dem ich gern behaupte, daß es nicht existiert. (Ich meine nämlich, selbst jedes höchste Literaturwerk hat ein Schwänzchen der Menschlichkeit, welches, wenn man will und ein Auge dafür hat, leicht zu zappeln anfängt und die Erhabenheit und Gottähnlichkeit des Ganzen stört.)

*2. Sept.:* Sieh, von den vier Menschen, die ich (ohne an Kraft und Umfassung mich ihnen nahe zu stellen) als meine eigentlichen Blutsverwandten fühle, von Grillparzer, Dostojewski, Kleist und Flaubert, hat nur Dostojewski geheiratet, und vielleicht nur Kleist, als er sich im Gedränge äußerer und innerer Not am Wannsee erschoß, den richtigen Ausweg gefunden. Das alles kann an und für sich für uns ganz bedeutungslos sein, jeder lebt ein neues Leben und stünde ich selbst im Kern ihres Schattens, der auf unserer Zeit liegt. Aber es ist eine Grundfrage des Lebens und Glaubens überhaupt und von da aus hat das Deuten des Verhaltens jener vier mehr Sinn. *240b*

*421a. Franz Kafka. Tagebücher, Prag, 11. Dez. 1913*

In der Toynbeehalle [Volksbildungswerk in Prag] den Anfang von »Michael Kohlhaas« gelesen. Ganz und gar mißlungen. Schlecht ausgewählt, schlecht vorgetragen, schließlich sinnlos im Text herumgeschwommen. Musterhafte Zuhörerschaft. [...] Wild und schlecht und unvorsichtig und unverständlich gelesen. Und am Nachmittag zitterte ich schon vor Begierde zu lesen, konnte kaum den Mund geschlossen halten. *240*

*421b. Max Brod (1946)*

Die ganze kleine Vorlesungs-Episode machte in der Wirklichkeit einen weit weniger melancholischen Eindruck als das Tagebuch ihn vermittelt. Selbstverständlich hatte Kafka wundervoll gelesen, das habe ich als Zuhörer noch gut in Erinnerung.

Er hatte nur ein viel zu langes Stück ausgewählt und mußte zuletzt im Lesen kürzen. Dazu kam der skurrile Gegensatz zwischen dieser großen Literatur und den wenig interessierten, armen Zuhörern, die in ihrer Majorität nur der gratis kredenzten Tasse Tee wegen zu solchen Wohlfahrtsveranstaltungen kamen.
*240*

*422. Max Brod, Autobiographie (1960)*
Dagegen hat er [Kafka] im privaten Kreis der Freunde oft und wundervoll aus seinen eigenen Werken, besonders gern auch Kleistens »Michael Kohlhaas« und die »Anekdote aus dem letzten preußischen Kriege« vorgetragen [...] Kafkas Vorlesungen waren immer feurig, in großartigem Aufbau der Perioden, im langen Atem hinreißend. Er liebte es auch, seinen Schwestern vorzulesen und ihre Bewunderung zu genießen. Auch zu den Eltern von Felix Weltsch ging er öfters, um dem alten kunstsinnigen Ehepaar Abschnitt für Abschnitt sein Lieblingwerk »Michael Kohlhaas« zu Gehör zu bringen, und freute sich sehr an seiner Rezitation und deren Wirkung. *61*

*422a. Gustav Janouch, Gespräche mit Kafka (1968)*
Doktor Kafka griff in ein Seitenfach seines Schreibtisches und legte einen kleinen grünlich-grauen Pappband [Kleists Anekdoten, Leipzig 1911] vor mich hin. »Das sind die Erzählungen von Kleist«, sagte er. »Das ist wirkliche Dichtung. Dabei ist die Sprache ganz klar. Sie finden hier keine Sprachschnörkel, keine Wichtigtuerei. Kleist ist kein Gaukler und Stimmungsmacher [wie Apollinaire]. Sein ganzes Leben verlief unter dem Druck der visionären Spannung zwischen Mensch und Schicksal, die er in einer klaren, allgemein verständlichen Sprache beleuchtet und festhält. Seine Vision soll ein allgemein zugängliches Erfahrungsgut werden. Um das bemüht er sich ohne Wortakrobatik, Kommentare und Suggestion. In Kleist vereinten sich Bescheidenheit, Verständnis und Geduld zu einer Kraft, die für das Gelingen jeder Geburt notwendig ist. Darum lese ich ihn immer wieder und wieder. Die Kunst ist nicht eine Frage der rasch dahinschwindenden Verblüffung, sondern des lange wirkenden Beispiels. Das können Sie an den

Erzählungen von Kleist ganz deutlich sehen. Hier ist die Wurzel der modernen deutschen Sprachkunst.« 232a

*422b. Erna Bauer. Mündliche Mitteilung (1967)*
Felicens Schwester Erna berichtet den Herausgebern, Kafka habe mit ihr das Kleist-Grab am Wannsee besucht. Lange habe er, so erinnert sie sich, »tief in Gedanken versunken« an dieser Stelle verweilt. 240b

### Rainer Maria Rilke

*423. Rilke, Über den jungen Dichter. 1913*
Wer die frühen Kleistischen Briefe liest, dem wird, in demselben Grade, als er diese in Gewittern sich aufklärende Erscheinung begreift, die Stelle nicht unwichtig sein, die von dem Gewölb eines gewissen Tores in Würzburg handelt, einem der zeitigsten Eindrücke, an dem, leise berührt, die schon gespannte Genialität sich nach außen schlägt. [...]
Es möchte am Ende jede dichterische Entschlossenheit an so nebensächlichen Anlässen unerwartet zu sich gekommen sein, nicht allein, da sie zum ersten Mal sich eines Temperamentes bemächtigte, sondern immer wieder, an jeder Wendung einer künstlerisch sich vollziehenden Natur. 372

*424. Rilke. Briefe, Paris, Winter 1913/14*
*An Verleger Kippenberg, 14. Nov. 1913:* [...] würden Sie mir, für ein paar Wochen, einen vollständigen Kleist aus Ihrer Bibliothek anvertrauen? Ich habe in der Bibliothèque Nationale neulich in der Ausgabe »National-Litteratur« einiges zu lesen angefangen und ginge zur Fortsetzung auch gern wieder hin, wenn nicht solche Wege in dem maßlos triefenden Paris jetzt zu den peinlichsten Unternehmungen gehörten. 374

*An Sidonie Nadherny von Borutin, 2. Dez. 1913:* Kippenberg (der eben hier war) hat mir die Ausgabe der Insel geschenkt. Wenn doch das »Käthchen« so weiter ginge, wie es im ersten Aufzug begonnen hat. Erinnern Sie den Monolog des Grafen

Wetter vom Strahl? Schlagen Sie ihn auf, lesen Sie ihn wieder. Er gehört, kommt mir vor, zu den schönsten Dingen deutscher Sprache [...]

*An Sidonie, 9. Dez. 1913:* Ich lese immer noch Kleist; dies gehört zu meinen großen Freuden, daß ich durch die Konfusion meiner Jugend abgehalten war, alle diese Bücher kennen zu lernen, die man sonst meistens in recht unfertigen Verhältnissen zuerst herunterliest, sich so die eigentlich gültigen Eindrücke, die spätere Jahre brächten, erschwerend. Ich kannte von seinen Dramen keines: nur glaub ich im Recht zu sein und zu bleiben, wenn mir der Prinz von Homburg die gleichmäßigste, das Guiskard-Fragment die größte seiner Arbeiten schien –. Es flammt ein unendliches Herz in ihm, aufstrahlend und wieder fast erdrückt von den Stößen desselben Sturms, der sein Leben war. *375a*

*An Marie v. Thurn u. Taxis, 16. Dez. 1913:* Las jetzt den ganzen Kleist, vieles zum ersten Mal, den herrlichen Prinzen von *Homburg*, das sehr große Bruchstück vom *Guiskard*. Das hat ja sein Gutes, daß die Umstände mich verhindert haben, mir, wie es sonst jungen Leuten passiert, die ganze Dichtung in zu frühen Jahren vorwegzulesen; so steigt mir das Gewaltigste niegesehen herauf vor dem reifern Gemüt. Schön und reizend ist *Amphitryon*, von unvergleichlich erzogener Prosa sind die Novellen, diese atemlos herunter- und hinauferzählte, *Marquise von O...;* ein Meisterwerk, das ich immer wieder anstaune, der Aufsatz über das »*Marionettentheater*«. Und hinter dem allen – quelle détresse, – quel désespoir, quel sacrifice.

*27. Dez. 1913.* Der Kleist war *schön*, sag ich Ihnen, ach wenn ich's Ihnen doch sagen *könnte;* da ist unser einer nichts dagegen, so ein Pipvogel, – jetzt haben Sie sich den Geschmack verdorben für seine Herbheit durch einen gewissen Dichter [Rilke], den Sie übertragen, aber einmal müssen Sie, ganz neu und nüchtern, über den Prinzen von *Homburg* kommen, über das *Guiskard*-Fragment –, am besten, wir müßten einmal zusammen. Kennt ihn der Fürst nicht, etwas, wie der *Guiskard*, müßte ihm liegen. Wunderschön ist das alles und so blind und rein gekonnt, so aus den Tiefen einer harten Natur herausgebrochen ... wenn einem nur einfällt, daß Fouqué sein Zeitgenosse war, samt Frau von Fouqué, (»dieser Galanterie-Degen ohne Klinge«, wie Bettina Arnim sagen würde) so gehts einem erst über den Kopf hinaus auf, was das bedeutet, um die Wende 1800 herum, so ein Kerl zu sein.

Ich ging als junger Mensch immer gern an sein Grab [L 570]. Gott, ich kannte wenig von ihm und meinte seinen Tod, den seltsamen, weil ich nur das Seltsame verstand, jetzt aber meine ich sein *Leben*, weil ich langsam anfange, vom Schönen einen Begriff zu haben und vom Großen, so daß mich der Tod bald nichts mehr angeht.

375

*An Gräfin Pia de Valmarana, 30. Dez. 1913:* Auf diese Weise lerne ich gerade das Werk eines sehr großen deutschen Dichters, Kleist, kennen (der sich 1811 das Leben nahm), ah – welche Schönheiten überall, welche Siege; wer wäre so geizig, zu glauben, daß er sie mit der vielen Not, die ihm zuteil wird, zu teuer bezahlt, da doch zuletzt auf der Haben-Seite ein solcher Reichtum steht, daß es unmöglich wäre, die Summe dieses ganzen Glückes jemals anzugeben. [franz.]

373

*An Kippenberg, 3. Jan. 1914:* Ich weiß nicht, ob ich Ihnen schon geschrieben habe, wieviel mir ihr Kleist geworden ist: eine ganze Reihe häuslichster Abende hat er mir innig und großartig gemacht, ich kenne nun jede Zeile, und wie viele sind darunter, die meine Bewunderung sich angeeignet hat. Das Guiskard-Fragment, der »Prinz von Homburg«, einige von den Novellen und Aufsätzen (die das einzige waren, was ich schon kannte) –: ist es möglich, daß es eine Zeit gab, da einem das kein Dasein, keine bewegteste Erinnerung war? Und das »Ach«, mit dem »Amphitryon« schließt, ist gewiß eine der köstlichsten und reinsten Stellen aller Literatur.

374

*Vor Ausbruch und während des Weltkriegs*

425. *Ernst Lissauer, 1813. Ein Cyklus. Jena 1913*

Kleist

Flutjauchzende Szenen und Strophen, –

Von Not
Wie von Flamme umloht,
Lobpreisend Haß ein Mann singt auf aus glühendem
Ofen. *288*

426. *Gerhart Hauptmann, Festspiel in deutschen Reimen. Berlin 1913*
*H. v. Kleist* (faßt Fuß neben Stein, Jahn und Scharnhorst):
Wer mich auf Tellens Armbrust weist,
der hat erkannt mein tiefstes Sinnen,
ein heimlich-düstres Gedankenspinnen.
Ich bin der Dichter Heinrich von Kleist.
Des Tellen Tat, des Geßlers Tod,
wär wohl am Ende ein Ende der Not.
Von Geburt bin ich preußischer Kriegs-Aristokrat.
Unser König ist ein Kunktator, ich will die Tat.
Zwar schrieb ich ein Stück: die Hermannsschlacht.
Das war eine Tat: aber nur gedacht.
Damit kann ich mich nicht begnügen.
Meine Schläfen glühn, meine Pulse fliegen.
Ich liege in einem brennenden Bette.
Nachts wecken mich Stimmen: rette, rette!
Rette uns vor dem Weltenknechter,
dem unbarmherzigen Menschenverächter.
Aber da ist kein Widerstand,
außer das Messer in meiner Hand.
Mein Tag würde anbrechen,
könnt ich den Korsen niederstechen.
*Erster Bürger:*
Ins Karzer mit allen Narren und Schwärmern,
malkontenten, gefährlichen Lärmern!
Erst Verseschmied, dann Attentäter!
Erst Winsler und Dusler, dann Hochverräter!
*Turnvater Jahn:*
Unsrethalben erstickt in eurer Verblendung:
wir aber, wir schwören zu unsrer Sendung.
(Jahn, Scharnhorst, Stein, Gneisenau und Kleist erheben die
Hände zum Schwur.) *177*

427. *Richard Schaukal, Standbilder und Denkmünzen. München 1914*
### Kleist
Den schon als Knaben rauh der Krieg berührt,
blies, Leutnant bei der Garde, im Quartette
der Kameraden ernst die Klarinette,
von wachen Träumen längst dem Dienst entführt.

Die Wissenschaft hat sich sein Drang gekürt.
Doch immer wieder klirrte ihm die Kette,
dem Stürmenden, am Knöchel. Dämon, rette,
der meiner dunkeln Seele Gluten schürt!

Auf stieg die Flamme, die, sich rasch zum Brande
verbreitend, den Entfesselten verheert.
Wie Herakles am Purpurkleide reißt,

das an ihm frißt, zerrt er an Deutschlands Schande,
das, ihn verkennend, ihm den Kranz verwehrt,
bis Zeus ihn heimholt, den Alkiden Kleist.

428. *Johannes R. Becher, Verfall und Triumph. Berlin 1914*
### Kleist
Schakale winseln Dächer in den Öden.
Der Abend dünn in aschene Nacht zerrinnselt,
Aus blindem Hafen die Sirene flötet.
Leuchtfeuer matt wie grüne Sterne blinzeln.

Er stehet auf und schlägt den Mantel um,
Der sich im finsteren Regen klatschend ballet.
Durch öliges Tor er schiebt den Buckel krumm,
Die Fingernägel er im Sturm verkrallet.

Um seine Paukenfüße wirbeln Lehme.
Petroleum schillernd um das Haupt ihm spritzet,
Aus dem, scharlachenes Rund, das Auge blitzet.

Verdüstert von der Schattenhäuser Feme ...
Es platschen Gäule durch des Mondes Pfütze ...
Er auf dem Bock der Kohlenfuhre sitzet.

*429. Max Jungnickel, Das lachende Soldatenbuch. München 1915*

Also, an Kleists Geburtstag sollst Du Dich besaufen.

Das wird ein neuer Kriegsartikel.

Und dann – dann –

Ich werde mir die Mütze wüst ins Genick stülpen, der Säbel soll in meiner Hand zucken und ein Licht soll brennen, ganz ärmlich und flackernd wie ein Schusterlicht im Bettlerdunkel.

Und dann sollt ihr sie hören, die wundervollen, patriotischen Rasereien von Heinrich von Kleist.

Und dann müßte zum Sturmangriff geblasen werden.

Ich sage Euch, bei Gott, wir würden hundertfach siegen. Überhaupt, wir würden immer siegen, wenn wir die »Hermannsschlacht« dieses vulkanischen Engels singen könnten. Was ist ein Regimentsmarsch dagegen? –!

Lieber Kriegsminister, verhungert ist der wilde Kleist und andenkenlos ist er einmal begraben worden, unterm Wipfellicht, bei Potsdam.

Erst soll hundertmal über Kleist instruiert werden und dann erst soll das Benehmen gegen Vorgesetzte beginnen und dann erst Paradeschritt.

Kleist ist der erste großartigste Soldatendichter.

Kamerad, sogar, wenn Du zu Deinem Liebchen gehst, Kleist sagt Dir alles.

Er ist auch lieb und zärtlich wie eine Wiesenblume.

Zum Donnerwetter, lieber Herr Kriegsminister, weshalb soll man sich nicht betrinken, wenn Kleist Geburtstag hat? –

*238*

*430. Alfred Kerr, Die Welt im Drama. Berlin 1917*

Kleist ist schon, wie Hebbel, nicht ein Schwimmer im klaren Wasser, sondern ein Taucher in die reiche Mischwelt des Tangs. Hebbel hat, wie Kleist, die Entzweiung – oder Doppelung – des Empfindens, Penthesilea: das Gemisch von Zartheit und Wildheit; von Haß und Liebe. Homburg: das Gemisch von Mut und Furcht. Das ist schon Hebbelsche Erde […] Aber Kleist ist summarischer, Hebbel der tiefere Spezialist. Kleist kommt gelegentlich auf solche Gefilde. Für Hebbel sind solche Gefilde das Wohnland; die Seelenheimat.

Kleist ist völkisch mit einem psychologischen Einschlag – Hebbel ist psychologisch, nur einmal mit völkischem Einschlag: in den Nibelungen. *245*

*431. Hans Henny Jahnn, Heinrich von Kleist. Eine jämmerliche Tragödie. August 1917 (gedruckt 1925)*

*Faust* [zu einer Statue der Venus ...]: Gib deinen Segen einer Nacht! Laß zeugen ein Kind, einen Knaben, der fern von der Welt in ihr steht, daß sie nicht untergeht an der Seichtheit ihrer Vermessenheit, ihrer Einsamkeit und Gottlosigkeit, die weit und unergründlich breit, den Menschen zu frommen, die ohne die heiligen Zahlen ihre Geschicke malen. Gib einen Schoß, gib einen Traum, gib einen Mann wie ein Baum – erfülle dein segnendes Los! [...]

*Faust:* Nun unsre List gelang. Es dampft die Nacht. Es zeugt ein Mann, ein Weib empfängt, der Nebel rauscht. Die Stunde steht, die Flut hält an. Ein Knabe ward, und dieser Knabe wird ein Mann.

*Wagner:* Und dieser Knabe wird den Zorn der Göttin spüren, die Rache ihrer abgespaltnen Schönheit schlürfen. Verflucht sein und gesegnet. Halb leben nur und doppelt sterben. In seiner Liebe irren. Was hast du angerichtet, Faust! Die Göttin grollt. Was nützt ein Mensch, wenn Götter zürnen. Oh, welch ein Fluch stieg auf aus dieser Höhle. [...]

*Faust:* Schicksal hub an, und ich bin nicht befriedigt. Wen auch die Götter in die Welt gesendet, noch immer haben sie ihn abgeleugnet. Und straften sie nicht seine Kraft, so schlugen sie mit Blindheit die nicht Kräftigen. – Wir sahen es und werden's auch in Zukunft anders nicht erfahren. Der Morgen graut, ich möchte schlafen gehn. *431*

*432a. Hans Reisiger, An Heinrich von Kleist. Das Reich, München, Januar 1918*

I.
Dir will ich zusingen, Geist,
Ich hier von der Erde,
Denn meine Brust kann nicht mehr in sich halten
Dies feurige Dich!

Wer bin ich, daß ich deinen Namen rufe,
Du durch das glühende Leben
Deiner eignen Gestalten Geweihter,
Selber Gekrönter du mit dem rührenden Ruhmeskranz
Deines heldischen Schlafwandlers?
Inbrünstiger du im schwäbischen Märchenwald,
Liebestoller im staubigen Gefunkel der Amazonen-
   schlacht;
Abenteurer, Eroberer vor vollendeter Tat
Selber du mit Verzweiflungspest Geschlagner?
Und, über allen Lavaströmen der Leidenschaft,
Heiliger Deutscher!

Nur *liebend* dich,
Bin ich geweiht, angestrahlt,
Walle in deinem Feuerschein,
Bin Fackel deinem Namen!

VI.
Gewitter in Schwaben. Burgen steil.
Die Blitze fliegen um Buchenwald.
Hernieder schießt ein goldner Keil
Vor kinderjunger Lichtgestalt.

Das Kleidchen klebt an Brust und Schoß,
Vom Regen ward das Goldhaar falb.
Blut wunder Füße küßt das Moos,
Entzückte Augen glimmen halb.

Traumpilgernd hebt sie Fuß um Fuß,
Ein Helmbusch rot, ein Harnisch blank,
Daran sie hing als wie im Kuß
Leblos ein Viertelstündchen lang,
Als sie in sinnverwirrtem Gruß
Zu Heilbronn aus dem Fenster sprang. [...]      *368*

*432b. Richard Dehmel an Hans Reisiger. Blankenese, 21. Nov. 1917*
   Sie haben mir mit Ihrer Kleist-Dichtung eine richtige Fest-

freude bereitet: ich erhielt sie gerade an meinem Geburtstage. Herrlich, wie Sie den Furor teutonicus in diesem Vorfahren unsrer kampftobsüchtigen und friedenssehnsüchtigen Zeitwende zur humanen Ekstase verklären. Und ganz entzückend das unvermutet aufstrahlende Kätchen-Lied, wie ein blühender wilder Rosenbusch mitten auf einer Urwald-Lichtung.   *83*

*433a. Fritz v. Unruh, Vor der Entscheidung. Berlin 1914/1919*

Geist Kleists:   Vaterland suchten wir
Mächtig im Freiheitstraum,
Qualen, ach, gab man mir,
Flog in den Himmelsraum.

Feder und Degen, ach,
Brach mir die Götterfaust.
Wollte den Sternenbach,
Der von den Himmeln braust',

Glühend empfangen,
Ganz drin versinken –
Grundtief Verlangen
Ließ mich ertrinken. [...]

Hätt' ich noch Blut im Herz,
Stünde kein Feind im Land!
Leiber aus Höllenerz
Türmt' ich mit eigner Hand!
Brennend vor Wut und Lust
Schlüg' meine Zähne ich
Tief in die welsche Brust,
Liebe zerstampfte ich!

Ulan:   Du dunkler Sänger,
Dein Haßgebot
Schlägt nicht mehr länger
Uns furienrot.
Versöhnung schreitet

|              | Zum Feiermahl –,
|              | Und Liebe weitet
|              | Den Musensaal!

*Geist Kleists:* Liebe zu dem Preußenland,
Liebe, Liebe trieb auch mich!
Liebe zu dem Gotte Kant
Beuge endlich dich, auch dich!

Brudertaumel? Bruderschaft?
In der nahen Völkernacht
Bist du Bettler ohne Macht!
Wahr' der Ahnen Schwerterkraft!

Daß nicht in des Zufalls Spiel
Das Gesetz, das sternenhelle,
Wiederum am Traum zerschelle,
Spanne deines Bogens Ziel!

*Ulan:* Spannen, spannen um die Erde
Will ich meiner Liebe Flügel
Und mit purpurheißem Zügel
Bändigen der Freiheit Pferde. [...]

*Geist Kleists:* So wälze dir mein tot Gebein
Den Ätna meiner Qual ins Feuer,
Vergifte deinen Opferwein,
Samt deiner liebestrunknen Leier.

*Ulan:* Saugst du mein Eigenblut,
Ruhloses Herz?
Glaube, mein Schöpfermut
Gleicht deinem Erz!

Dein Flammeneisen
Behüte wohl,
Man soll es preisen
An jedem Pol.

> Mir laß den Hammer
> Schaffender Freuden –
> König der Jammer,
> Liebling der Leiden.
>
> Will dich verehren,
> Preußengenie!
> Tempel dir kehren
> Werde ich nie.
>
> (Kleists Schatten ist versunken.)

*433b. Hermann Bahr. Tagebücher, Salzburg, 29. Febr. 1918*

In Zürich ist jetzt Unruhs »Vor der Entscheidung« aufgeführt worden, neben Leonhard Franks höllisch glühenden, von allen Flüchen dieser Zeit durchrasten Erzählungen das Höchste, was an deutscher Kunst der Krieg erbracht hat. [...] Und er ist mehr als Kleist! Er hat das Chaos Kleists, aber während sich Kleist in seinem Chaos wälzt und es höchstens einmal zum Verlangen nach Licht, zum Aufschrei nach Gestalt, Ordnung und Tag bringt, tagt es hier wirklich! Auch Unruh ist ein Titan, aber einer, der sich gebändigt hat, so darf ihm jetzt die Sonne scheinen! Auch er schwelgt in Weltuntergang, aber aus seinem bricht ein Weltaufgang hervor! Dieser neue Kleist hat das kleistische Deutschland überwunden. Vorderhand darf er das freilich nur in Zürich.

*434. Hermann Bahr. Tagebücher, Salzburg, 13. März 1918*

Kleists »Hermannsschlacht« gelesen. Ich habe nie so stark das Visionäre darin gespürt. Welch wunderbares Gedicht, und wie prophetisch! Die Deutschen seiner Zeit, die Deutschen Goethes, Hölderlins und Novalis' konnten es freilich nicht verstehen, es kam um hundert Jahre zu früh. Es stellt ein neues Ideal auf, für das allmählich erst ganz andere Menschen heranwachsen mußten. Es ist fast der Entwurf einer neuen Nation. Und welche Kühnheit, während das Drama sonst aus alten Mythen aufsteigt, Mythen der Zukunft vorzubilden! [...]

Diese herrliche Gelassenheit, mit der der Künstler in Kleist seine persönlichen Neigungen zu bändigen und jeder der Gestalten ihre ganze Wahrheit zuzuteilen weiß, hat auch den Hermann davor bewahrt, die übliche Tenorpartie zu werden. Das ist er wirklich gar nicht! Und Anspruch auf Lokalkolorit oder Zeitkolorit wird ja hier in keiner Weise gemacht. Wenn er ein Cherusker ist, so jedenfalls einer, der seinen Macchiavell gelesen hat. Gar kein Ideologe. Seine Kraft beruht auf List, genauer Kenntnis der menschlichen Gemeinheit, Selbstbeherrschung, Verstellung, Geduld und der wunderbarsten Unerschrockenheit in den Mitteln, auch gegen sich selbst. Ein kluger Rechner; und eine Spielernatur dabei. Er kann so, kann aber auch anders, doch will er immer dasselbe. Er kann alles und will damit nur eins, das macht ihn so groß! Und fast unheimlich ist es, welchen bösen Blick Kleist für seinen Liebling hat, er gibt uns ein Ideal und gibt es zugleich preis. An grausamer Wahrhaftigkeit hat kein deutscher Dichter diesen Preußen erreicht. Wahrhaftigkeit bis zur Selbstzersetzung. Dieser Hermann ist nichts als Wille. Der Rest seines Wesens wird dem Willen adaptiert. [...] *19*

435. *Paul Ernst. Deutsches Volkstum, Nov./Dez. 1918*

Die Dichter, welche ja im Gefühl leben, aus dem erst langsam der Begriff und die Tat sich entwickeln, spüren die geistigen Veränderungen früher wie die andern Menschen. Kleist hat schon den Zusammenbruch des deutschen Idealismus hinter sich, der ein Nichts zurückließ; gleichzeitig mit ihm konnte Goethe noch in seiner Person diesen Idealismus darstellen. [...] Begreiflich, daß Kleist von seiner Zeit nicht geschätzt wurde, daß er erst auf die Heutigen wirkt, welche auf demselben Boden stehen wie er; denn erst dieser Weltkrieg fegt die letzten Reste des deutschen Idealismus fort: nämlich den Idealismus als Feigheit des Philisters. [...]

Nach dem Friedensschluß können wir ein neues Blatt unserer Geschichte anfangen: vielleicht wird da denn auch Kleist eine andere Stelle bekommen, als er heute einnimmt. Wir müssen in allem von vorn anfangen. *104*

*435a. Thomas Mann, Betrachtungen eines Unpolitischen. 1918*

Wie komme *ich* zur positiven Kriegsteilnahme, zum patriotischen Enthusiasmus? Steht er mir an, kommt er mir zu? Kann er echt sein? — Laßt mich anworten darauf mit der Berufung auf einen Großen, der tiefkrank war von Anbeginn, grundpathologisch in jeder Stoffwahl, hysterisch, extrem, romantisch, »hypochondrisch«, Goethen ein Ärgernis. Und der doch, als Deutschland in Not war, die Donnerworte fand von der »Gemeinschaft, die nur mit Blut, *vor dem die Sonne verdunkelt,*« zu Grabe gebracht werden solle. [...] Der krankhaft zerquälte Künstler, der, ungeahnt von Lebenden in seiner Größe, zu persönlicher Dankbarkeit sich für nicht im mindesten verpflichtet fühlen konnte, er sprach für Deutschland in den innig hinreißenden Akzenten: ja, dieser hysterische Junker, — Logiker, Propagandist, Drauf- und Durchgänger des Ungeistes und des Rückfalls in untermenschliche Schwäche, mitrennend, verantwortungslos anfeuernd und vor Hochgefühl von Sinnen, er wurde um Deutschlands willen zum windigen Journalisten, er schrieb jenen Artikel, jene zwei Seiten gewaltiger, im ernstesten Sinne rednerischer Prosa, die »Was gilt es in diesem Kriege?« überschrieben sind, die Wort für Wort, statt vor hundert Jahren, vor zweien könnten geschrieben sein [...]

*307a*


## Drei Philosophen

*436. Ernst Cassirer, H. v. Kleist und die Kantische Philosophie. Berlin 1919*

In der Tat wird man den eigentlichen Maßstab für Kleist, für sein Wesen und seine Dichtung immer nur seiner Individualität selbst, nicht der allgemeinen Entwicklung der deutschen Geistes- und Bildungsgeschichte entnehmen können. Das Gesetz und die innere Norm einer Künstlerschaft steht dieser großen Entwicklungslinie als ein Eigenes und Selbständiges gegenüber. Auch wenn man versucht hat, das Ganze von Kleists Dichtung aus dem »metaphysischen« Lebensgefühl, das in ihm wirksam war, zu begreifen und abzuleiten, so ist doch das Gefühl, auf das man hier hinzielt, so eigener Art und gehört so rein und völlig der Sphäre des Künstlers an, daß es sich sofort zu verdunkeln und zu verwirren scheint, wenn man versucht, es in die abstrakte Begriffssprache, in die Kategorien und Termini der systematischen Philosophie zu übersetzen. 69

*437. Charles Andler, Les Précurseurs de Nietzsche. Paris 1920*

Der Kleist, der Nietzsche erst spät beeinflußt hat, ist jener, der das »Gebet des Zoroaster« schrieb, das Nietzsche nicht gekannt hat; jener, der weiß, daß der Mensch gefesselt ist von unsichtbaren Mächten und daß er, beladen mit Ketten und in einem seltsamen Somnambulismus, die Nichtigkeit und Jämmerlichkeit des Lebens durchwandelt. Wir leben, sagt er, in einer undurchdringlichen und abweisenden Wirklichkeit, die uns ihre Tiefen nur in den seltenen Augenblicken der Extase öffnet. Wir müssen uns an dieses Geheimnis gewöhnen und Vertrauen zu den unsichtbaren Göttern haben, die dort herrschen und deren Handeln vielleicht auch an Grenzen gebunden ist. Dennoch ist in dieser zerbrechlichen und dunklen Welt Ursache vorhanden, sich zu fügen und zu schweigen. Wir müssen unser sittliches Leben als unsern Teil Heldenmut auf dieser Erde leben, in der Gewißheit, daß unsere Anstrengungen auf die Dauer das Erdenleben selbst werden verwandeln können. Aber kündigt diese Philosophie, die aus allen Novellen und Dramen Kleists spricht, auf ihre Art nicht die »Umwertung aller Werte« an? [franz.] 7

*438. Benedetto Croce, Kleist. La Critica, Neapel, 20. März 1920*

Die Wahrheit ist, daß Kleist sich als dichterisch gering veranlagt erweist, obwohl, oder vielmehr weil von grenzenlosem Ehrgeiz nach dem künstlerisch Großen und Gewaltigen erfüllt. Dieser Ehrgeiz, diese Sucht ist ja gerade innerlich schwachen Geistern eigen, bar jener echten Kraft, die das Große erzeugt, ohne es sich vorzunehmen, ohne darum zu wissen, einfach als Auswirkung und Offenbarung ihrer selbst. Seine Gaben waren sekundärer Art, die den Rednern eigentümlichen Gaben, Klarheit der dramatischen Exposition, Lebendigkeit der Beschreibung, Energie des Tons; vielleicht ist bei ihm nicht einmal eine einzige wirklich poetische Stelle zu finden. [...]

Sein Ruhm wuchs zur Zeit des Verismus und Naturalismus in der Kunst, weil er der Begründer oder einer der ersten Verkünder des »psychologischen Dramas« zu sein schien: ein Name, der gerade das Gegenteil von Kunst aussagt, Beobachtung und Schematisierung des Lebens, als Ersatz für den schöpferischen Hauch der Phantasie. In noch jüngerer Zeit erhielt dieser Ruhm eine andere Begründung, als man auf das rauhe germanische Drama Jagd zu machen begann, Kleist, Werner und Hebbel als die Shakespeare der neuen Zeit erschienen und Ibsen an die Seite gestellt wurden, der ein von ihnen sehr unterschiedener und wohl viel höherer Künstlergenius ist. Kleist sagt noch sehr vielen zu, denn vielen (und in Deutschland mehr denn anderwärts) gefällt das Kolossale, das Lärmende, der Trommelwirbel mit Trompetenschall, jenes Getöse, in dem die echte Poesie erstickt. [ital.] *76*

*438a. Karl Vossler an Benedetto Croce. München, 14. April 1920*

Gestern kam das neue Heft der »Critica«. Unseren H. v. Kleist hast Du, meine ich, doch etwas gar zu negativ behandelt. Sympathisch ist seine gewaltsame Art auch mir nicht, und ich habe den Kleist-Enthusiasmus meiner Landsleute niemals mitmachen können. Aber poetische Blitze finde ich doch bei ihm von bedeutender Kraft, und den »Michael Kohlhaas« kann ich nicht umhin für ein Meisterwerk zu halten. Im »Zerbrochenen Krug« will mir scheinen, daß das Hinausziehen der Sache, dieses Nimmer-Enden-Wollen der Ausflüchte des Dorfrichters, eben der Witz ist und daß dabei die aal-artige Vitalität des Schlingels und seiner Lumpereien höchst ergötzlich wirkt. Dieser »blinde Dichter« hat Augenblicke, wo das Licht ihm in die Augen fährt, und das eben sind seine luoghi poetici, die Augenblicke der Ernüchterung. Im übrigen müßte ich, um mit Dir zu streiten, den ganzen Kleist von neuem lesen, und dazu fehlt mir Zeit und Lust. – *76a*

## Georg Kaiser vor Gericht

*439. Prozeß Kaiser. Frankfurter Zeitung, 16. Febr. 1921*

[Der Dramatiker Georg Kaiser war vor der Münchner Strafkammer wegen Unterschlagungen angeklagt worden:]

Der Angeklagte Kaiser beschwört in einem von starkem Pathos getragenen *Schlußwort* die Geister seiner Brüder im Leid Heinrich v. Kleist und Georg Büchner, die von ihm forderten, daß er ihr Leid mit seinem vereinigt, für sie mittragen solle. Kaiser schließt mit den Worten: Geist ist schon ohnedies eine große Wunde. (Im Publikum werden Beifallsäußerungen laut, die vom Vorsitzenden eine scharfe Zurückweisung erfahren.) 550

## Die Kleist-Gesellschaft

*440. Julius Petersen. Vortrag in der Kleist-Gesellschaft am 22. Okt. 1921*

Der psychologische Realismus des 19. Jahrhunderts hat unsere Augen geschärft für die unerbittliche Folgerichtigkeit und innere Wahrheit seiner vom konventionellen Heldenideal abweichenden Menschendarstellung; die ekstatische Unruhe und visionäre Kraft unserer neuzeitlichen Ausdruckskunst aber versetzt Seele und Nerven in Schwingungen, die der rhythmischen und dynamischen Bewegtheit, der leidenschaftlichen Linie seines Stiles zu folgen vermögen. Er ist der Modernste unserer Klassiker, und ich könnte ihn als den Klassiker des Expressionismus bezeichnen, wenn es mir nicht widerstrebte, Ewiges mit einem ephemeren Modewort in Verbindung zu setzen. [...]

Aber nicht nur die Gegenwart, sondern älteste Vergangenheit darf zum Vergleich herangezogen werden. Die gedrängte Wiederholung und Variation der herrschenden Begriffe ist das mit der Stabreimtechnik verbundene Hauptstilmittel der altgermanischen Dichtung. Die Wiederkehr derselben gefühlsmäßig am stärksten hervorgehobenen Vorstellungen, die in dem wiegenden Wellenspiel einer Periode wie leuchtende Schaumkämme emporgetrieben werden, ergibt jene eigenartige Verschränkung, die man schon mehrfach mit den Verschlingungen der altgermanischen Tierornamentik als Ausdruck gleicher seelischer Unruhe in Zusammenhang gestellt hat.

*441. Aufruf der Kleist-Gesellschaft. Februar 1922*

Die Kleist-Gesellschaft ist am 4. März 1920 in Berlin mit dem Sitz in Frankfurt a. d. Oder als eingetragener Verein gegründet worden. Sie ist Mittelpunkt aller Bestrebungen, die darauf abzielen, die Erinnerung an Heinrich von Kleist im deutschen Volke lebendig zu erhalten, für die Vertiefung der Volkstümlichkeit seiner Werke einzutreten, die Erkenntnis seiner dichterischen Bedeutung zu mehren und das Verständnis für seine Persönlichkeit, insbesondere die durch ihn beflügelte vaterländische Gesinnung zu fördern. [...] Trage ein jeder dazu bei, daß wir sagen können: der in seiner Zeit Unverstandene und Einsame ist mit seinem Wollen und seinen Werken für uns und die Kunst der Gegenwart ein Wegweiser geworden, ist jetzt zur höchsten Wirklichkeit erwacht, und der um sein Ziel gekämpft hat, wie ein Krieger in der Schlacht, hat nun den Sieg errungen.

Zu Kleist stehen heißt deutsch sein!

*Der Vorstand:* Arthur Graf v. Posadowsky-Wehner (Ehrenvorsitzender); Georg Minde-Pouet, Julius Petersen (Vorsitzende); Albert Bürklin, Arthur Eloesser, Ferdinand Gregori, Richard Groeper, Adolf von Harnack, Gerhart Hauptmann, Ricarda Huch, Anton Kippenberg, Frhr. Georg v. Kleist, Max Liebermann, Hans Pfitzner, Hans Reimer, Werner Richter, Franz Servaes, Paul Trautmann, Karl Zeiß (Vorstandsmitglieder).

*Der Werbeausschuß:* Staatssekretär Albert, Conrad Ansorge, Julius Bab, Frau Prof. Dr. Ottomar Bachmann, Paul Bailleu, Carl Heinrich Becker, Ludwig Beer, Dr. Berliner, Gerhard Bollert, Walther Brecht, Hermann Burte, Ernst Cassirer, Wilhelm Cuno, Theodor Däubler, Luise Dumont, Friedrich Düsel, Max Ebeling, Ernst Elster, Fritz Engel, Constantin Fehrenbach, Egon Fleischel, Walter Frisch, Hugo Gaudig, Hermann Gilow, Paul Göhre, Konrad Haenisch, Ludwig Hartau, Oberstudiendirektor Paul Hartmann, Walter Hasenclever, Albert Heine, Max Herrmann, Hugo v. Hofmannsthal, Friedrich Kayßler, Paul v. Kleist, E. Graf v. Kleist, Ewald Frhr. v. Kleist, Fritz Klimsch, Franz Köhler, Reichsminister a. D. Koch, Otto Kretschmann, Eugen Kühnemann, Theodor Lewald, Mathilde v. Lossow, Paul Mahn, Gustav Manz, Oberpräsident Dr. Maier, Harry Maync, Franz v. Mendelssohn, Oscar Meyer, Heinrich Meyer-Benfey, Günther Noth, Friedrich Panzer, Ludwig Pernice, Robert

Petsch, Gertrud Prellwitz, Peter Raabe, Walther Rathenau, Hans Reinmann, Hans Richert, Hartmann Frhr. v. Richthofen, Hermann Röbbeling, Gustav Roethe, Hubert Roetteken, August Sauer, Richard v. Schaukal, Frau Prof. Dr. Erich Schmidt, Hermann Schneider, Fürst Günther v. Schoenburg-Waldenburg, Geh. Regierungsrat Dr. Schwartzkopf, Johann Georg Sprengel, Frau Prof. Dr. Reinhold Steig, Fritz Steinbock, Albert Südekum, Rudolf Unger, Ernst Vollert, Richard Weißenfels, Landwirtschaftsminister Dr. Wendorff, Paul Wiecke, Ulrich v. Willamowitz-Moellendorff, Eugen Wilhelmi, Eugen Wolff, Kurt Wolff, Fedor v. Zobeltitz. [Die Namen hier unter Weglassung zusätzlicher Titel und Amtsbezeichnungen.]  *260*

## *Aphoristisches*

*442. Klabund, Deutsche Literaturgeschichte in einer Stunde. Leipzig 1921*

Neben dem schlesischen Junker [Eichendorff] wurde auch ein preußischer Junker: Heinrich v. Kleist, vom romantischen Geist ergriffen. Eine Beziehung zwischen der märkischen Sandheide und dem romantischen Märchenland scheint sich kaum zu finden. Kleist fand sie, indem er das Märchen realisierte. Den Traum verwirklichte. Nüchtern raste. Einen Rausch der Sachlichkeit empfand. Die Phantasie entzauberte. Bei ihm rauscht kein Brunnen in der verschlafenen Sommernacht: sondern ein Krug geht zum Wasser – bis er bricht. Den intellektuellen Frauen der Romantiker stellt er jene süße, kindliche, unwissende, reine Gestalt des Käthchens von Heilbronn gegenüber: die liebt, weil sie lieben muß. Die unerschütterlich an ihr Herz glaubt, das Gott ihr verliehen, und die gekrönt war, längst ehe sie gekrönt ward. Welch ein Gegensatz zwischen ihr und der rasenden Amazone Penthesilea, die den Pelion auf den Ossa türmen will, um den Himmel zu erreichen. Aber ihre Kraft erweist sich als zu schwach. Die Berge bröckeln aus ihrer Hand, und schließlich stürzen sie donnernd über ihr zusammen. Es ist die Tragödie der grenzenlosen Forderung: alles oder nichts. Es ist die Tragödie des Menschen, der über sich hinaus will, aber niemals über sich hinaus kann. Penthesilea ringt mit

den Göttern Griechenlands. Der Prinz von Homburg mit
dem preußischen Gotte der Disziplin. Pflichterfüllung bis zum
äußersten war dem Homburgischen Prinzen gesetzt. Er hat sie
verletzt und soll den Tod erleiden. Zuerst erscheint ihm der
Tod als etwas Unfaßbares, er bricht unter der Last der Furcht
zusammen: aber es gelingt ihm, sich emporzureißen, und das
Gesetz der inneren Pflicht erkennend, sich ihm freiwillig
zu beugen. Er wird aus einem unfreien zu einem freien
Menschen. Die Todesnähe bringt ihm das wahre Leben der
sittlichen Notwendigkeiten nahe. Er hat den Tod in sich überwunden, so braucht er nicht mehr zu sterben. [...] In der
Hermannschlacht hat Kleist seinen Napoleonhaß gegossen.
Wie flüssiges Feuer durchbraust er das Drama. Er schäumt wie
ein Wolf von den Lefzen auf der Jagd nach dem napoleonischen Fuchs. Napoleon ist ihm der Inbegriff der Tyrannei, der
Ungerechtigkeit – und nichts ertrug Kleist weniger. In seinen
lyrischen Haßgesängen (Germania und ihre Kinder usw.) hat
er alle Lissauers des Weltkrieges an Blutdurst, Rachsucht und
inbrünstigem Haß gigantisch übertroffen. *248*

*442a. Arno Holz, Die Blechschmiede. Dresden 1921*
   Goethe, verfolgt von einem Geist –
   der totgenörgelte Heinrich von Kleist! *216*

*443. Hugo v. Hofmannsthal. 1921/22*
   Formenverwandtschaft: des Dostojewski'schen Romans mit
der griechischen Tragödie; des Rechnerischen bei Kleist und
bei Poe [...]
   Gewaltsames Fortziehen der Verhältnisse zu einer Handlung,
mit deren Gedanken man sich bloß zu spielen erlaubt hatte
(H. v. Kleists Brief an W. v. Zenge, 14. IV. 1801) – ist die unwillkürlich selbstkritische Formel, die auf Kleists eigenes Verhalten
und auf das aller seiner Figuren zielt. *209*
   So schien uns [...] nicht Engländer noch Franzosen noch
Italiener, ja überhaupt niemand seit Platons Mythen, habe ein
so nettes von Verstand und Anmut glänzendes Stück Philosophie hervorgebracht wie Kleists Aufsatz über die Marionetten
[...] *208*

## Gundolfs Kleist-Buch

*444a. Friedrich Gundolf, Heinrich v. Kleist. Berlin 1922*

Er ist nicht der Gründer einer Epoche, nicht der Führer einer Partei, nicht der Künder eines Gottes, nicht der Meister einer neuen Jugend, nicht der Liebling eines Volkes oder auch nur eines Publikums – er ist nicht einmal ein Wegbahner oder letzter Vertreter eines untergehenden Heils, er ist nicht die Menschengestalt für irgendeine ewige Idee oder geschichtliche Macht, wie sehr es ihn Ideen und Mächten entgegentrieb – er ist ganz wesentlich er allein, in einem Grad wie kaum ein zweites Genie der Geschichte. Nur durch die Großheit dieses Selbst und die Gewalt seines Ausdrucks ist er vor der Vergänglichkeit und Gleichgültigkeit bloßer Käuze und Sonderlinge bewahrt und in den Rang der unsterblichen Gestalten erhoben, den bloße Individua sonst nicht beanspruchen dürfen.

Es ist freilich möglich, daß seine Zeit noch kommt, wie die Zeit Hölderlins kam – nicht die Zeit der Anerkennung und Wirkung .. die ist schon da – sondern die Zeit seiner Verkörperung, Volkwerdung: die Zeit da sein Wort und Wille nicht nur in die Gedanken und Stimmungen, sondern in Fleisch und Blut einer Gemeinschaft übergeht. Kleist hat mehr Bewunderer, Verehrer, Nachahmer als Hölderlin, doch er hat keinen einzigen Jünger oder Erben. Er kann wohl keinen haben, weil seine *Einsamkeit*, seine unerlöste Selbstigkeit nicht in zeitlichen Umständen liegt, sondern sein Wesen und Schicksal selbst, ja sein Charakter ist. [...]

Bei keinem war die Not des Eingesperrtseins so stark wie bei Kleist, keiner mußte heftiger, beklommener nach Ausbruch und Übergang, nach Gemeinschaft ringen, keiner war steiler, dichter eingepreßt und keiner hatte weniger Ventile: er hatte weniger Talente, weniger Bildung, weniger Geist als irgendein anderer deutscher Genius seines Ranges – er war ein Genie von gewaltiger Stärke und Höhe und Glut .. aber er hatte einen engen, trotz aller philosophischen Anstrengungen ungeschulten und unschulbaren Verstand, ein lückenhaftes und gewaltsam errafftes, angelesenes, nicht anverwandeltes Wissen, die typische Halbbildung des eiligen Selbstzüchters, und eine unüberwindbare Weltfremdheit, die durch seine krampfhafte Beobachtungssucht nur gezeigt, nicht gemildert wurde. Er war ein adliger Sinn, doch durchaus kein souveräner Geist. Neben Lessings Gesamtperson wirkt er wie ein Dummkopf, neben Schiller wie ein Wirrkopf, neben Goethe wie ein Barbar – *163*

*444b. Stefan Zweig, Gundolfs »Kleist«. Frankfurter Zeitung, 2. Febr. 1923*

So steht dieses Buch ernst und stark, klar und gewichtig vor der Zeit: mir fehlt persönlich nur noch eines zur vollen Rundung des Kunstwerkes, und das wäre die gleich große, gleich gerechte Analyse der ergreifendsten Tragödie von Heinrich von Kleist: eine eingefügte Analyse seines Lebens. War es akademische Rücksicht, die ein Werk auf das rein Literarische beschränken wollte, die Gundolf abgehalten hat, die Formen von Kleistens Kunst aus Formen seines Lebens, aus Szenen und Peripetien seines Schicksals vergleichend zu entwickeln, – gewiß ist, daß er mit einer gewissen Absichtlichkeit alle biographischen Elemente aus den Analysen der Werke, aus der Darstellung des Menschen weggelassen hat. So ist, wer Kleist in seiner Ganzheit erkennen will, genötigt, noch eine Biographie des Dichters dieser großartigen Studie zur Seite zu legen und das geistige Bild durch ein historisches zu ergänzen, während es mir und ich glaube: vielen glückhaft gewesen wäre, diese Darstellung und Durchdringung gleichzeitig mit der kritischen Überhöhung gerade von Gundolf geformt zu sehen. Er scheint mir der Einzige, der Gestalten erlauchter, abseitiger und dichterischer ethischer Erhobenheit, wie die Kleistens – und hoffentlich bald auch die Hölderlins – im Urzusammenhang von Gestalt und Gestaltung darstellen könnte, und es ist mein einziges Bedauern bei diesem bedeutenden Buch, daß es sich einzig auf die Gestaltung, auf das Geistige beschränkt und nicht auch die Gestalt, das dämonische Schicksal, in den wunderbar geschlossenen Kreis der Erklärung und Beschwörung einbezogen hat. *516*

*445a. Harry Maync. Rektoratsrede, Bern, 13. Nov. 1926*

Konstruktion, Schema und Formel werden um so bedrohlicher, je mehr die Autoren darauf bedacht sind, geistreich und neu zu sein; sie müssen die Dinge unter allen Umständen anders sehen, als sie vor ihnen gesehen worden sind. Unter Friedrich Gundolfs Büchern zeigt solche vorgefaßte Einstellung und Eigenwilligkeit namentlich der »Kleist«. Der Verfasser konstruiert Kleist zum Gegentypus des für ihn selbst unbedingt vorbildlichen Dichtertypus Stefan George und gibt nun nicht eine rein geschichtliche Wiedergabe von Kleists Sein, sondern bemüht sich zu beweisen, daß dieses Sein nicht daseinsberechtigt, daß es ungesetzlich und verwerflich sei. *314*

*445b. Gundolf an Harry Maync. Heidelberg, 11. Jan. 1927*

Mein Urteil über Kleist, wenn es schon der gegenwärtigen Kleistschwärmerei widerspricht, ist mir von Kind an natürlich und es ist überdies das Normalurteil dreier Generationen gewesen – vielleicht irrig, vielleicht einseitig – (das werden spätere Jahrhunderte entscheiden) doch keineswegs kokett, absichtlich unbillig und bewußt übertrieben. Ich wehre mich nur dagegen, den jeweils »neuesten Stand der Forschung«, der oft nur eine flüchtige Literaturmode darstellt [...] mit »*der* Wissenschaft« gleichzustellen. *164*

## Vier Literarhistoriker

*446. Fritz Strich, Deutsche Klassik und Romantik. München 1922*

Hölderlin und Kleist – sie sind Brüder im Geiste des Dionysos, und wie Hölderlin von sich sagte, daß ihn Apollo geschlagen habe, so hätte Kleist von sich sagen können, daß ihn Goethe geschlagen habe. Im »Prinzen von Homburg« hat Kleist es dargestellt, wie nur der ein Held zu nennen ist und nur der das Recht hat, die Gesetze dieser Welt als ihr Meister und Herr zu zerbrechen, der die Todesreife und Todesbereitschaft hat, und mehr als das: die Seligkeit des Todes, der Unsterblichkeit verleiht. Dieses Drama, das mit so unaussprechlicher Heiterkeit ausgeht, hat für seinen Dichter selbst diese Sendung gehabt: ihm Lebenssucht in Todesseligkeit zu verwandeln. Auf diese Dichtung folgte ja die letzte Schöpfung Kleists: sein freier Tod.

*441*

*447. Philipp Witkop, Heinrich v. Kleist. Leipzig 1922*

Erst in Kleist gewinnt nach diesen gewaltigen Versuchen [Lessings, Schillers, Goethes], das Tragische zu überwinden, die tragische Weltanschauung düster, leidenschaftlich, unbedingt Recht und Raum, um so mehr, als sie in furchtbarer Erschütterung aus ihrem letzten Gegensatz hervorbricht: Kleist wächst aus einem fanatischen Rationalismus, aus dem rückhaltlosen Glauben an die Allmacht der Vernunft. *497*

*448. Walter Muschg, Kleist. Zürich 1923*

Die absolute Geschlossenheit der Kleistschen Schöpfung verschmäht im Grunde jedes kommentierende Wort und zwingt den, der es dennoch auszusprechen wagt, fortwährend sich unermüdlich zu widerrufen und als einzig mögliche letzte Instanz stets die Werke selbst zu zeigen. Doch der Liebesdienst an Kleist ist nicht schwer zu ertragen. Zwar umfaßt das Gesetz, dem er gehorchte, auch die krasse Antinomie, so sehr, daß ein zweibändiger Roman aus seiner letzten Zeit, die seine höchste war, verloren ging – die Schwächeren aber drängt es endlich, diesen Pantragismus wenigstens dadurch zu verklären, daß sie ihn zum Gleichnis, zur heiligen Formel machen. Kleists Lockruf zur erschütternden Begegnung ist am häufigsten, zum mindesten am sichtbarsten außerhalb einer philologischen Forschung verstanden worden; den Versen Hebbels, den Sätzen, die Nietzsche wenigstens in der dritten »Unzeitgemäßen« für ihn fand, hat die Wissenschaft nur eine Leistung an die Seite zu stellen, die durch Tiefe der Erkenntnis jener Höhe der Verehrung gewachsen ist und auch hier dankbar genannt werden soll – die Studie Friedrich Röbbelings über das Käthchen von Heilbronn. *345*

*450. Ernst Bertram, Rede zu Kleists Todestag 1924 in der Universität Bonn*

Das ist eine Tatsache in Erz, das Fehlen dieses Dichters auf einem Denkmal, das der deutschen Befreiung und dem preußischen König des Befreiungskampfes [in Köln] errichtet worden ist, siebzig Jahre nach dem Entstehen des Gedichtes von der Hermannschlacht. Eine Tatsache in Erz, und ein ehernes Sinnbild deutscher geschichtlicher Tragik. [...] Ein Engländer ist es gewesen, der zuerst den Dichter Heinrich von Kleist »einen repräsentativen Mann Preußens« genannt hat, im Jahre 1875 [s. 341]. Ein Menschenalter später hatte die überschmückte Hauptstadt Preußens noch keinen Platz für ihren selbst im Auslande sinnbildlichen Dichter. [...]

Man hat darauf hingewiesen, daß Kleists Hermann Züge des Freiherrn vom Stein trage bis in Einzelheiten hinein. [...] Und man hat auch schon vor Jahren darauf aufmerksam gemacht, wie sich Kleists prophetische Sendung gleichsam bewähre in der einen merkwürdigen Tatsache, daß nämlich sein Hermann aufs deutlichste die entscheidenden Charakterzüge Bismarcks trage. Wie es scheint, bestreitet Gundolf diese Ähnlichkeit in seinem Kleistbuch doch zu Unrecht. [...] Denke man auch daran, wie die Tat Yorcks von Ende 1812 in der Homburgdichtung Kleists gleichsam vorgebildet ist bis auf fast wörtliche Übereinstimmungen in der Rede des Kottwitz mit dem Briefe Yorcks an den König. Eine solche weissagende Vorwegnahme kommender »Wirklichkeiten« ist ja nicht nur kleistisch, sie reicht auch sonst bis zu Bismarck hinauf. *36*

## Die Wandlung des Kleist-Bildes

*451. Walter Muschg. Neue Zürcher Zeitung, 13. Sept. 1925*

Abseits von den Wegen der offiziellen Kleist-Forschung, die nicht müde wird, das leere Stroh der biographischen Details, der Stoffgeschichte und der historischen Personalien zu dreschen, während auf den Fluren das wundervollste Interesse für ihren Schutzpatron durcheinanderwogt – die Jahrbücher der 1920 gegründeten Kleist-Gesellschaft enthalten repräsentativ das Bild dieser gelehrten Armut – kommt heute langsam ein Kult des größten deutschen Tragikers zu Ehren. Es sind die Künstler unter den Forschern und die dem Tiefsinn Zugeneigten unter den Dichtern, welche es unternehmen, an die Stelle jener dilettantischen Parkskulptur, die man hundert Jahre lang als Kleist ausgab, ein anderes Monument zu setzen. Wir wollen es Robert Walser nicht vergessen, daß einst [1907] sein Aufsatz »Kleist in Thun« es war, der bei seinem Erscheinen in der »Weltbühne«

lebendige Sensation erregte und auf seine Weise mithalf, das
Tor zur Seele dieses Unvergleichlichen aufzuwälzen. Seither ist
die Menge derer, die sich mit Rufen der Begeisterung und
des Entzückens davor stauten, immer größer, die Handvoll
erkenntnisbegieriger Eindringlinge, die sich in sein Paradies aus
Glanz und unbeschreiblicher Gefahr vorwagten, immer kühner
geworden. Die Wahrheit ist, daß sich in den letzten Jahren die
bedeutenden Werke über Kleist auf das erstaunlichste häufen
und schon jetzt das »Bildnis des Bildnislosen« Züge weist, die
mit dem von Literaturgeschichten und Schulen immer noch
herumgebotenen Porträt nichts mehr zu schaffen haben. Neben
Hölderlin scheint Kleist der Abgott jener Deutschen zu werden, welche heute mit tiefer Leidenschaft in das innerste
Geheimnis ihres Volkes Eingang suchen. *346*

*452. Arnold Zweig, Versuch über Kleist. Berlin 1925*

Seine Nerven sind von heute, sein Wissen von sich, die
Helligkeit, mit der er jeden seiner Zustände festhält; seine Dis-
kontinuität, mit der, bei gleichbleibendem Grundwesen, seine
Stimmungen einander folgen, und seine Einsamkeit. In jedes seiner Werke dichtet er einen Teil seiner Seele, nie ihre Ganzheit,
denn die kann er nur als Stimmung fassen, nicht verkörpern:
sie ist zu reich und seine Aufgabe zu schwer! Die Form wie-
dererobern, die immer wieder entglitten ist, und mit ihr eine
Welt des Herzens, der Nerven und des Geistes auszudrücken –
welch Einzelner vermochte das. [...] Es hätte Antäus sein
müssen, um all die Stürze zu überdauern, die seine hautlose
Seele leiden mußte, ein Fabelwesen, Sinnbild der Wiedererhe-
bung selbst. Er war nur: ein großer Mensch der neuesten Tage.
Als Lebender ganz Sohn der Zeit, erst Individuum das sich
schult, dann Glied, Teil, Zelle des Organismus der ihn enthält,
Staat und Volk; als Künstler ganz Widerspiel der Bildung und
ihr Opfer, Gestalter seines Staats- und Volksgeistes und von
ihm zurückgestoßen – und all das mit der letzten, redlichsten
Heftigkeit, die Menschen überhaupt ertragen. *514*

*453. Stefan Zweig, Der Kampf mit dem Dämon. Leipzig 1925*

Kleist ist der große tragische Dichter der Deutschen nicht

aus einem Willen, sondern aus einem Gewolltwerden, einzig darum, weil er zwanghaft eine tragische Natur und seine Existenz eine Tragödie war: gerade dies Dunkle, Verschränkte, Versperrte und gleichzeitig Aufgetriebene, das Prometheische seines Wesens schafft das Unnachahmliche seiner Dramen, das die Nachfahren weder mit Hebbels kalter Geistigkeit noch mit Grabbes fahriger Hitze jemals erreichen können. Sein Schicksal und seine Atmosphäre sind integrierender Bestandteil des Werkes: deshalb scheint mir die oft gestellte Frage, wieweit er, gesundet und von seinem Fatum erlöst, die deutsche Tragödie noch erhoben hätte, töricht und fremd. Seines Wesens Wesen war Spannung und Gespanntheit, seines Schicksals unabweisbarer Sinn Selbstzerstörung durch Übermaß: darum ist sein freiwillig früher Tod ebensosehr sein Meisterwerk wie der »Prinz Friedrich von Homburg«: denn immer muß neben den Gewaltigen, die Herren des Lebens sind wie Goethe, von Zeit zu Zeit einer erstehen, der das Sterben meistert und aus dem Tode ein Gedicht über die Zeiten schafft. *517*

*453a. Walter Muschg. Neue Zürcher Zeitung, 13. Sept. 1925*

Wie soll man hinfort diese [Stefan Zweigsche] Art der Darstellung nennen, welche nicht Dichtung, noch weniger Philologie geheißen werden will? Im Grund hat sie vielleicht, trotz allem denkbaren Proteste, ihren Ursprung in Eulenbergschen »Schattenbildern«. Nur ist es hier nicht mehr entzückende Frische des Details, sondern pathetische Durchleuchtung der Anekdote samt einer in Reinheit opalisierenden Sprache. Keine schwüle Wort- und Begriffsmusik wie bei Gundolf, denn Zweig gibt nicht etwa eine Analyse der Werke, sondern kreist unermüdet um das Seeleninnerste ihrer Schöpfer. [...]

Der »Kampf mit dem Dämon« ist Sigmund Freud gewidmet, aber auch ohne diese ausdrückliche Huldigung wäre die Nähe der psychoanalytischen Methode spürbar. Die Tragik der Hemmungen, der Glanz der Exaltationen und Versperrtheiten sind hier in einer Weise festgehalten, die man so wenig vergißt wie die versteckte Halbheit der zitierten Sätze. Über diesen Abgründen des gewordenen Individuums bleibt eine unbekannte Sphinx gelagert, deren Rätsel auch gelöst sein will. *346*

*454. Friedrich Braig, Heinrich v. Kleist. München 1925*

Noch im Banne der leidenschaftlichen Subjektivität Fichtes in seiner »Anweisung zum seligen Leben« stehend, griff ich im Jahre 1916, mehr von einer erst fernen Ahnung als einer bestimmten Absicht geleitet, zum »Amphitryon« Heinrichs von Kleist. Hier fand ich dasselbe Ringen um eine im Innersten des Menschen begründete Glaubensgewißheit und Glaubenswirklichkeit wie bei Fichte, nur daß es das einmal durch einen Philosophen, das andremal durch einen geborenen Dramatiker geschah. Gerade im Dramatischen schien mir aber die Möglichkeit einer klaren Lösung des Verhältnisses subjektiver Glaubensgewißheit und objektiver Welterkenntnis zu liegen, wie sie der Begriff der persönlichen Überzeugung und der subjektiven Glaubenshaltung, der fiducia, des Vertrauens erforderte. Hier war ich auf das eine große Kleists ganzes Leben und Dichten beherrschende Problem gestoßen. Mit einem Schlage erleuchtete sich mir dieser kleine Kosmos »Kleist« wie im Licht einer aus dem Innersten seiner Seele glühenden Sonne, und es kam jetzt nur darauf an, das einmal klar Erschaute auch zu einer möglichst allgemein faßlichen Darstellung zu bringen.

Die »Geschichte seiner Seele« erschloß sich mir aus der eindringendsten, jahrelang vertieften Kenntnis seiner Briefe und der Nachrichten über sein Leben, im innigsten Zusammenhange mit seinem ganzen Lebenswerke. [...]

Auf Grund ausgedehnter historischer Forschungen, im Verein mit der Wesenserkenntnis, deren Hauptmomente schon in der »Geschichte seiner Seele« liegen, sind die Quellen, Vorgeschichten und Vorbilder zu den Werken häufig neu gefunden. [...] Aus der Einheit des metaphysischen und religiösen Grundes sind die Werke selbst neu aufgefaßt und gedeutet. Der ausführlichen Darstellung des Inhalts folgt die Betrachtung des Aufbaus, der wunderbaren, rhythmisch und musikalisch sich äußernden Einheit von Metaphysik und Form. Erst auf dem Hintergrunde ihrer historischen Voraussetzungen in den Vorbildern erscheint Kleists Genialität in ihrer ganzen Größe. *52*

*455a. P. Expeditus Schmidt. Augsburger Postzeitung, 14. Okt. 1925*

So gestaltet sich das Buch Friedrich Braigs nicht nur zu einer im tiefsten Grunde schärfenden Seelendeutung eines Dichtergenies, sondern auch zu einem freudigen Bekenntnisse seines christlichen Glaubens. Unwillkürlich kommt einem das alte Wort in den Sinn: Aller Fragen Lösung ist Christus. Mag es überraschend für viele sein, auch eines scheinbar dem christlichen Seelenleben gar nicht nahestehenden Dichters innerstes Ringen allein im Lichte des Kreuzes richtig deuten zu können: Man folgt mit reger Anteilnahme der Enthüllung all der Wurzeln, die zum letzten Grunde, der da Christus ist, hinleiten.

*400*

*455b. Hermann Bahr. Neue Freie Presse, Wien, 18. Okt. 1927*

Darin irrt Friedrich Braig, der in seinem übrigens bewundernswerten Kleistbuch überall die Stimme des katholischen Glaubens zu hören meint. [...] Ich fürchte, Braig überschätzt Kleists Arglosigkeit und er unterschätzt sein Verlangen nach Wirkungen um jeden Preis, er unterschätzt das Barock in Kleist; das Barock läßt sich keinen Betrug entgehen, der irgendwie zur Verherrlichung der Wahrheit dienen kann. Braigs Buch wird dadurch keineswegs entwertet, im Gegenteil: es läßt uns in dieser katholischen Beleuchtung Züge Kleists gewahren, die bisher immer im Schatten blieben. Joseph Nadler sagt einmal: »Kleist übernahm sich an Kant.« Vielleicht darf man sagen: er übernahm sich auch am Katholizismus. Daß er sich an allem übernahm, wonach immer er griff, das war der Fluch seines Lebens, das wurde seiner Kunst zum Segen. *21*

*455c. Ottokar Fischer, Randbemerkung zu einem Kleistbuch. Prager Presse, 28. Aug. 1925*

Die C. H. Becksche Verlagsbuchhandlung [...] empfiehlt diese gediegene Publikation mit den Worten: »Braig schlägt resolut den Weg zur Metaphysik ein und siehe da, die Sphinx redet.«

Dieser Satz stimmt nachdenklich. Die Sphinx redet. Die Sphinx Kleist. Aber nicht zum erstenmal. Sie hat jedesmal gesprochen, so oft ihr ein Wißbegieriger die Frage seiner Seele vortrug. Nur hat die Antwort stets anders gelautet. Sie war, mochte die Methode des Fragenden noch so objektiv sein, immer von seiner Subjektivität gefärbt. Jedesmal, wenn die Neugier den Schleier von einem geheimnisvoll verhüllten Antlitz abstreifen will, erblickt der Suchende zugleich mit der Maske des Genius auch etwas von seinem eigenen Spiegel- und Idealbild. Wieviele Kleistspiegelungen haben nicht die vierzehn Jahre gebracht, die seit der hundertsten Wiederkehr seines Todestages verflossen sind! Und auch an Abwehrversuchen gegen das Überhandnehmen seines Kultes und Einflusses hat es nicht gefehlt. Es gab Kleistverehrer, die das Geheimnis der Kleistschen Dichtung in seinem Ringen um eine neue Form sahen; so Meyer-Benfey. Es gab solche, die nach Brahm die Willens- und Schicksalsmotive am stärksten herausarbeiteten. Andere, jüngst Zweig, haben sein Wirken als Symbol für den ewigen Kampf mit dem Dämon aufgefaßt. Philosophisch gestimmten Geistern schien sein Kant-Erlebnis am wesentlichsten, Mediziner suchten ihn pathologisch zu erklären, ja einer, der wohl selbst stotterte, hat in dem vermeintlichen Stotterer seinen geistigen Bruder begrüßt; und auch in dem umfangreichen und sachlich gehaltenen Buche des heute am liebsten totgeschwiegenen Wilhelm Herzog ist Kleist aus zeitlichen und persönlichen Nöten angerufen worden. Ein Kleistbuch »schlechthin« hat es nie gegeben, »das« Kleistbuch wird wohl nie geschrieben werden. *113*

*455d. Walter Muschg. Neue Zürcher Zeitung, 13. Sept. 1925*

Seine [Braigs] Hinweise auf stoffliche Zusammenhänge sind zuweilen von beträchtlicher Tragweite, im übrigen aber ist es in vielen Punkten durch eine derartige Abhängigkeit von meinem eigenen Kleistbuch gekennzeichnet, daß ich mich nicht enthalten werde, diesen seltsamen Fall von inhaltlicher, ja wörtlicher Kongruenz ausführlicher zur Sprache zu bringen. *346*

## Vom Anspruch der Umwelt

*456. Albrecht Schaeffer, Kleist – zwei szenische Fragmente zu einer Tragödie. Die Horen, Berlin 1926*

Schlotheim: Rühle, der Dienst winkt.

*Rühle:* Sah man je einen so großartig bornierten Menschen, den zu sehn so glücklich und freudig macht? Oh, wieder ein Mensch, der die Menschheit verbürgt! Die Melancholie des Mannes auf seiner Stirn ist nur Ernst des Kindes, das nichts sieht und weiß und begreift, als was es eben erfuhr, was es im Augenblick beschäftigt, und das in königlichem, unendlichem Eifer Gestern auf Gestern zu Stufen einer Zukunft häuft, die es nicht ahnt. Sieh sein Knabengesicht, es ist ewig.
*Schlotheim:* Glaubst du an ihn?
*Rühle:* Wie an Gott – den gekreuzigten. Er meint, nie an sich selbst zu denken, und er glaubt an Verwandlungen. Aber in den spanischen Stiefeln unsterblich zu werden – was gibt es Höheres? Höheres als an sich selbst zugrunde zu gehen – für unendliche Wirkung! *388*

*457. Max Brod, Infantilismus. Die Literarische Welt, 15. Juli 1927*

Daher ergreift uns das Weltbild eines »infantilen« Dichters, wie Kleist es war (man sehe nur auch sein Porträt daraufhin an); der Infantilismus ist hier keine Schwäche, er ist nur ein redlicheres, ernsthafteres Auffassen der unheilvollen Grundkonstellation des Daseins, in der wir alle einander gegenüberstehen, alle einander mißtrauend, jeder mit dem geheimen Flehen im Herzen, man möge ihm doch glauben, auch wenn er sich nicht beweisen kann. Wie viele ergreifende Situationen hat Kleist gefunden, um diese eine ewige Situation herauszuarbeiten; daß einer in den äußersten Mißkredit gekommen ist, daß alles Äußerliche gegen ihn spricht und daß er nun doch mit der letzten Hingabe des guten Gewissens verlangt, man möge ihn nicht verdammen. *60*

*458. Rudolf Borchardt, Über den Dichter und das Dichterische. Die Horen, Berlin 1927*

Wir sehen Kleist im Kampfe mit diesem Anspruch [von Kleists Familie], der sagt »wir haben alles für Dich getan, wir werden alle Opfer bringen, wir haben Deine Ansprüche als duldend Mitfühlende Dir zu erfüllen, Deine Aufgabe zu erleichtern versucht, aber endlich muß das Meisterwerk da sein« – wir sehen ihn in seinem Kampf um Guiskard eben dort, wo Tasso und Virgil fast geendet wären, nun wirklich enden, – an dem Platz am Kamin, in dem das Werk in Flammen aufgeht, und endlich am Wannsee. 47

## Zu Kleists 150. Geburtstag

*459. Paul Alverdes, Dem Andenken Heinrichs v. Kleist. Der Kunstwart, Okt. 1927*

Mit Heinrich von Kleist ist der erste und einzige eigentlich »moderne« Dichter der Deutschen dahingegangen. Die Tore des Glaubens waren hinter ihm zugefallen [...] Götterlos, von Zweifeln gepeinigt, Nacht und kalt funkelnde Sterne über sich, ist er den Weg vorangegangen, der uns heute beschieden ist. [...]

Die Lücke, die sein Tod in der deutschen Poesie gelassen hat, ist heute noch nicht geschlossen; und das wundere niemanden, denn der Junge, der das Herz hat, dort weiterzugehen, wo Heinrich von Kleist niedergesunken ist, wird nicht alle hundert Jahre und auch nicht alle zehn geboren, wenngleich man nicht müde wird, es uns zu versichern. Indessen sind wir heute wenigstens so weit, daß ihm keiner mehr den Lorbeer auf sein Grab zu weigern wagt. Zu fürchten ist allerdings, daß, wenn man seinen hundertfünfzigsten Geburtstag feiert, seine Wunden wieder zu bluten anfangen, weil seine Mörder dreist genug sein werden, sich mit an seinen Hügel zu drängen. Denn sie haben ihn überlebt. 5

*459a. Ferdinand Gregori, Kleist und das deutsche Theater. Der Kunstwart, Okt. 1927*

Kleist ist nicht nur bei Lebzeiten bearbeitet worden, er stöhnt noch jetzt unter dem Messer dramaturgischer Fleischerknechte [... Man] nehme nur aus der Reclam-Bibliothek, die fast allein für unsre Bühnen in Frage kommt, die Wittmannsche Ausgabe des »Kruges« und die Henzensche des »Amphitryon« zur Hand und vergleiche sie mit Kleists Originalen; sie werden behandelt und künstlerisch besudelt, als gälte es, die Widerspenstigen gewaltsam auf das Niveau Kotzebues und Ifflands herabzudrücken. In der vielverbreiteten Kleist-Ausgabe von Heinrich Kurz fehlte »Amphitryon« überhaupt, so daß einer unsrer heutigen Unterrichtsminister, als er vor einem Jahre das Werk in Berlin sah, sich über seine blühende Existenz verwunderte. Das vielleicht herrlichste dramatische Fragment unsrer Sprache, »Robert Guiskard«, fehlt bei Reclam noch heute. Und wie erst hat man dem »Käthchen« mitgespielt! [...]

Sein Dialog ist mit Widerhaken besetzt, die zu erkennen unsre Schauspieler erst jetzt anfangen. Jede Interpunktion, besonders der Gedankenstrich, ist eine rhetorische oder mimische Aufgabe, oftmals beides. Eduard von Bülow überliefert uns Bemerkungen des Dichters über die Behandlung der dichterischen Sprache [s. L 145], die nahezu wörtlich mit dem übereinstimmen, was man moderne Rhetorik nennen kann; und Kleists Aufsatz über das Marionettentheater steuert das gebärdenmäß'ge Seitenstück bei. Nicht minder fruchtbar ist er für die Behandlung der Umwelt und überhaupt für die Regie geworden; »Penthesilea« schreit geradezu nach Lösungen, die unsre Tage erst gefunden haben. *153a*

*460. Ernst Weiß. Berliner Börsen-Kurier, 16. Okt. 1927*

Unsere Zeit nennt den Namen Kleists oft. Innerlich ist sie ihm fremd wie nie eine andere vorher. Unsere Zeit ist klein, liebt den spöttelnden, vergnügten Geist, freut sich an Shaw. Mit solchen Gestalten hat Kleist nie etwas gemein gehabt. Er war dem Großen, dem Unerreichbaren und daher auch Unverlierbaren immer und ewig zugetan, sei es, daß er es liebend *umfassen* konnte, sei es, und auch darin zeigte sich der Sprung seiner Seele, daß er es *erwürgen* wollte. [...] Menschen seiner Art hat es auch nachher, wenn auch nicht in seinem grandiosen Ausmaß, gegeben. Georg Büchner, Friedrich Hebbel, und der große, nun schon halb vergessene Wedekind. Dies teilt Wedekind mit Kleist, daß er sich nur am Größten, am Blühendsten entflammt, daß er und seine Gestalten herrlich leben, indem sie herrlich untergehen. *482*

*461. Richard Benz, Gedenkrede. Heidelberg, 18. Okt 1927*

Und wenn der letzte Ruf der Beethovenschen Symphonie ein Zuruf an den Dichter ist, daß im deutlichen Wort der religiöse Feier-Charakter der Musik offenbar werde; so zeigt das große Beispiel Kleists, daß selbst die höchste dichterische Erfüllung der tragischen Bühne noch nach Musik verlangt; einer Musik, die der Dichter selber nicht schaffen, sondern nur fordern kann. [...] Hier setzt unsere Aufgabe ein, durch Hinzufügung kongenialer Musik das Dichterwerk in höherer Sphäre seinem Ziele zuzuführen und damit zugleich unsere große Musik, die auf unsichtbarer Bühne sich vollendete, der wirklich tragischen Feier wirklicher Bühne zu gewinnen. *34*

462a. *Alfred Wolfenstein, Kleist-Erlebnis. Die Scene, Oktober 1927*
Kleist predigt den Aufruhr, schon durch die aufrührerische Art seiner Kunst.

Zugleich verspüren wir Kleist als den Dichter, der selber als Heftigster zwischen seinen Gestalten herumrast.

Diese beiden miteinander fugierten Donner, der Mensch und sein Werk, erhalten ihn uns Heutigen nahe. Der Gegensatz ist etwa Flaubert, wenn er hinter seinem Werk verschwinden will wie Gott hinter der Welt. Wir brauchen die Leibhaftigkeit des Schöpfers, seine unmittelbar hervortretende Menschlichkeit, die Entfernung will auch hier ihren Sinn verlieren. Stefan George hat noch einmal Ufer festgelegt, jetzt gehen wir in die lebendigen Wellen.

Der adlige Kleist ist auch hierin ein Preuße: daß er kein Aristokrat ist. Wuchtig, grausam, liebestoll, mit Schicksal bepackt, von Wut durchdröhnt ist sein Mensch und niemand spricht bei ihm wie ein Einzelner, es klingt laut wie die Sprache einer Masse. Der Einzelne selbst enthält ein Meer gegeneinander wogender Empfindungen und Richtungen, aber dies ist noch nicht der wesentliche Grund, weshalb man aus dem Tritt, Ton, Schicksal jeder seiner großen Gestalten die Steigerung zum Volk, zum Heer, zur Welt empfängt: Er hat die Dynamik einer Zeit, die schon mit napoleonischen Großen Armeen, mit dem Zusammenstoß aller Kräfte, mit mächtigen Kollektiven zu rechnen begann.

Die Dynamik seiner episch-dramatischen Prosa (auch die Verse dieses Unlyrikers sind prosaische Dichtung) entspricht bereits den starken Zusammenfassungen, die sich aus unserer Zeit in unserer Kunst auftürmen wollen. Der Schall seiner anarchistischen Musik wird vom Getöse dieses Jahrhunderts verstanden. *501*

*462b. Alfred Brust, Wie ich zu Kleist kam. Die Scene, Oktober 1927*

Als ich die Schule verlassen hatte, also etwa fünfzehnjährig, las ich zum erstenmale Kleist. Las? Ich habe ihn mit tosender Leidenschaft durchbraust! Auch jedes kleinste Winkelchen meines Körpers, meines ganzen Seins, war so von Kleist durchzittert, durchbebt, durchwachsen, daß mir damals in scharfen Umrissen meine Lebensaufgabe offenbar wurde. Ein Genius stellte die Schicksalsfrage. Ich betete mit Inbrunst die Bejahung. Da spürte ich mit grausem Schreck, wie mein Geschick von mir genommen wurde und wie ich es sogleich zurück bekam. Es war – ich weiß nicht, wie die Weisen sowas nennen – »unentrinnbar« geworden ... »Das Opfer« war gebracht. Ich hatte zugestimmt, daß für mich bestimmt würde. Das heißt mit anderen Worten etwa: Du willst vielleicht nach Tapiau; das Schicksal braucht dich in Leipzig. Dann kannst du hundertmal deine Schritte nach Tapiau lenken – – in Leipzig wirst du pünktlich eintreffen. Das Gesetz der Serie gilt für dich nicht ... Das also bedeutet für mein Leben das Erlebnis »Kleist«. Es ist schwer, aber es ist schön.

Und deshalb wird er für alle Dichter der kommenden Zeiten der wichtigste Dichter sein: er hat allen Dichtern, die nach ihm kamen, die unverrückbare Gewißheit gebracht. Und das ist der Glaube an sich selbst. Aber Selbstvertrauen ist die erste und deshalb die höchste Menschheitsforderung. Ihr ordnet sich alles, aber auch alles, selbsttätig an.

62

## Nationalist oder Weltbürger?

*463a. Wilhelm v. Scholz, Festvortrag. Frankfurt a. O., 16. Okt. 1927*

So müßte Kleist eigentlich in dieser wiedergekehrten Zeit des Darniederliegens uns ganz besonders nahe und verständlich, ganz eindeutig klar und unseres unbeirrtesten Gefühls sicher sein.

Warum ist es nicht so? scheint es wenigstens nicht so zu sein?

Vielleicht empfinden wir Kleist ganz stark als einen Mitbegründer, Mitvorkämpfer all dessen, was jetzt zusammengestürzt ist, und können uns nun nicht mehr harmlos seiner freuen, werden an Schmerzliches, Bitteres, an Verlust und Zusammenbruch erinnert, wenn wir uns mit ihm beschäftigen. Es ist unstreitig der Grund einer gewissen Gefühlsverwirrung Kleist gegenüber, daß er durch Geburt und Anschauung ein Dichter des monarchischen Preußentums ist, das in dieser Zeitumwälzung scheiterte und zerbrach. Ein noch tieferer, schmerzlicherer Grund ist die Erschütterung des Vaterlandsgefühls überhaupt. [...] Die große politische Entwicklung der Gesamterde, aller Völker scheint immer überzeugender einen Zusammenschluß der Nationen über die alten Feindschaften und über die Vergewaltigung der Schwächeren durch die Stärkeren hinweg zu fordern; auch über die Sprachtrennungen hinweg [...]

Auch Kleist würde die Entwicklung, die noch über das Sprachvaterland hinübergreifend ein Menschheitsvaterland erstrebt, gutgeheißen und wenigstens wie wir versucht haben, den Weg dieser Entwicklung hoffend und freudig zu gehen.

*411*

*463b. Paul Warncke, Der neue Kleist. Fridericus, 22. Okt. 1927*

Bei der Kleist-Feier in Frankfurt a. d. Oder hielt Wilhelm von Scholz, dessen Vater 1883 vom König von Preußen den Adel erhielt, und der heute Präsident der Dichterakademie ist, die Festrede, in der er u. a. sagte, daß es in »großen Volksschichten schwierig sein werde, gerade heute noch den Dichter zu lieben, weil er so stark preußisch und monarchistisch gefühlt und gedichtet habe«. Unter Hinweis auf den vorauszusehenden internationalen Staatenbund, in dem Deutschland aufgehen würde, etwa wie Württemberg in Deutschland, suchte er den in Preußens Unglück begründeten Zusammenbruch Kleists umzubiegen in eine Verherrlichung des Pazifismus und des Menschheitsstaates, dem der Dichter heute freundlich gegenüberstehen würde. [...]

Bei einer Aufführung des »Prinzen von Homburg« im Altonaer Stadttheater ließ man die Schlußzeile »In Staub mit allen Feinden Brandenburgs!« fort.

[...] So ist die Zeit, und also wird sie bleiben,
Die stolze Zeit weitschauender Lykurgs;

Heut würdest du mit stolzer Seele schreiben:
»In Staub mit allen Freunden Brandenburgs!«

Und schriebst du so, du brauchtest nicht zu lungern,
Denn diese Zeit ist groß, potz Element!
Du brauchtest nicht zu zagen, noch zu hungern,
Und würdest wohl gar Dichterpräsident! 473

*464a. Wilhelm Herzog, Kleist, der Künstler und Kämpfer. Die Rote Fahne, 16. Okt. 1927*

Ja, er war ein preußischer Junker. Sproß eines alten Adelsgeschlechtes. Aber was für ein Junker war er! Er war ein Aufrührer, ein Rebell, politisch: ein Anarchist. Und welchem Adel gehörte er wirklich an! Unter den deutschen Dichtern und Denkern neben Hölderlin und Georg Büchner der edelste Kopf.

Ist er mit jener hochmütigen und brutalen Großgrundbesitzersippe verwandt, die Preußen bis zum Zusammenbruch 1918 beherrschte? Und die sie heute wieder beherrscht? War er auch nur in einem Punkte – außer dem der Geburt – einer der ihren? In allen ihr Antipode. Ihr schärfster, rücksichtslosester Gegner. Sein ganzes Leben war ein Kampf gegen die Erbärmlichkeit, die Schwäche, die Korruption seiner Zeit. Er selbst – ein Michael Kohlhaas, der den Kampf gegen diese verruchte Welt aufnimmt und ihn mit unheimlicher Konsequenz – seines eigenen Todes nicht achtend – zu Ende führt. In dieser gewaltigen Novelle vom Roßschlächter Kohlhaas, die ihresgleichen nicht hat in der Literatur aller Zeiten und Völker, hat er an einem mächtigen Beispiel seine bittere revolutionäre Dialektik gestaltet. 192

*464b. Hans Jürgen v. Kleist, Kleist und die Kleists. Vossische Zeitung, 20. Okt. 1927*

Es ist eigentümlich, wie von der »Deutschen Zeitung« bis zur »Roten Fahne« jede nur mögliche Richtung den Dichter für sich in Anspruch nimmt; alle berufen sich auf einzelne Züge in dem Gesamtbild Kleists, und alle haben recht und unrecht gleichzeitig; denn *einfach* war diese wie ein kostbares

Mosaik zusammengesetzte problematische Natur, dies Rätsel voller Widersprüche nicht; und wie wir einen konservativen und liberalen, christlichen und freigeistigen, monarchistischen und revolutionären Bismarck haben, so mischten auch in Kleists genialer Natur sich so wunderlich die Elemente, daß gleichzeitig mit einem gewissen Recht Kleist von allen in Anspruch genommen werden kann und er jedem etwas gibt.

So konnte es ihm denn geschehen, daß er, der von den Vertretern meiner Familie als Sänger des Freiheitskrieges gegen den »Erbfeind«, als Märker und Preuße, begrenzt wurde, gleichzeitig in der Festrede Wilhelms von Scholz, die einen so engherzig und ungeistig erregten »Sturm im Wasserglase« entfachte, als Dichter der Menschheit proklamiert werden konnte, während die »Rote Fahne« gar in zwei hervorragenden Aufsätzen des kommunistischen Kleist-Biographen Wilhelm Herzog ihm als Schöpfer der Hölz-Tragödie »Michael Kohlhaas«, als anarchistischem Rebellen, den roten Sowjetstern und das Rotfront-Symbol der geballten Faust auf das stille Grab am Seeufer legte.

Wem gehört er denn, wer kennt ihn? In Europa wenige, – aber auch bei uns? Man findet viele »Gebildete«, die nie wagen würden, ihn abzulehnen, da er ja vom Literaturprofessor eine so gute Note bekommt, die aber keine Ahnung von seinem Werk haben, abgesehen von den paar zu Tode gehetzten Zitaten aus der Schulzeit. Wir müssen ihn neu entdecken, wir müssen ihn noch mehr auf dem Theater sehen, – es ist wirklich eine Schande, wie ablehnend die Bühnenleitungen ihm in diesem Jahre gegenüberstehen; und doch ist es eben ein Zeichen für uns, unter dem benebelnden Einfluß verzückter Festbarden nicht zu vergessen, daß Kleist bisher doch nur Dichter für die wenigen ist; er ist nicht recht populär, wenn er auch ständig auf unseren Bühnen bleibt, wenn auch, besonders im Kriege – ein gewaltiger dramatischer und politischer Einfluß von einer Schauspielhaus-Darstellung seines »Prinzen von Homburg« ausging. Seine rauhe Sprache und seine leidenschaftliche Parteinahme, seine Unbedingtheit ist nicht beliebt in einer Zeit, die Sehnsüchte hat statt des Sehnens.

*Kleist und die Bühnendichter*

*465. Heinrich v. Kleists 150. Geburtstag. Vossische Zeitung, Berlin, 16. Okt. 1927*

Kleists irdisches Schicksal bleibt auch seinem Fortleben treu. Sein Ruhm wächst von Jahr zu Jahr, aber nicht einmal zu seinem Ehrentage, zum 18. Oktober, haben sich die Berliner Bühnenleiter aufraffen können, ein Werk des gewaltigsten deutschen Dramatikers einzustudieren. So muß die Zeitung für die Unterlassungssünden des Theaters einspringen. Deshalb haben wir eine Reihe deutscher Bühnendichter, unter denen auch der Schöpfer der »Fiorenza« [Thomas Mann] nicht fehlen darf, zur Huldigung vereint: Georg Kaiser, Carl Zuckmayer, Wolfgang Goetz, Alfred Neumann, Alexander Lernet-Holenia.

*Georg Kaiser:* Ich würde ein ganzes Jahr brauchen, um Worte über Heinrich v. Kleist niederzuschreiben. Zwanzig Jahre lang skizziere ich schon ein Schauspiel um die Person Heinrich v. Kleist. Kann ich deutlicher meine Bemühung um Heinrich v. Kleist formulieren, die mich nicht entläßt? Wie kann ein Dichter ohne das Vorbild Heinrich v. Kleists dies schmutzige Meer der menschlichen Gesellschaft durchwaten?

*Carl Zuckmayer:* Es wäre vermessen und sinnlos, wollte ich etwas »über« Kleist sagen. Der größte deutsche Dramatiker – und hätte er nichts geschrieben als das Fragment von »Robert Guiscard«, – der machtvollste deutsche Erzähler, und hätte er nichts geschaffen als den »Kohlhaas«, – es gibt vor ihm keine andere Haltung als die der stummen, brennendsten Begeisterung. Gepackt, zerschmettert und hingerissen, hochgerissen, immer aufs neue, von seiner Urgewalt: Sprache.

Kleists Dramenwerk: der Inbegriff deutscher Dramatik. Wenn einer glaubt, dramatisch schaffen zu müssen, die Sprachkunst im Blut zu haben, und in sich wecken, hochtreiben zu können, – dann gibt es nur eine Schulung: Bau, Wurzel und Krone, die klare und tief geheime Verkettung eines Kleistischen Dramas, ja eines Kleistischen Satzes, ganz zu erfassen und von der Magie seines Menschenwortes ganz besessen zu sein.

*Wolfgang Goetz:* Ich wüßte an solchem Tage nichts Besseres, als eine kleine Fabel der Vergessenheit zu entreißen, die Rudolf Johannes *Schmied* vor mehr als einem Jahrzehnt in tiefer Nacht erzählte: »Es war einmal ein junger Adler. Und die Bürger fingen ihn ein und sperrten ihn in einen Käfig. [...] Und er wuchs und schlug seine Schwingen immer mehr um sich, würgend, bis er sich mit seinen eigenen Schwingen erdrosselte. Als die Bürger den Käfig des toten Adlers öffneten und die Schwingen auseinanderspreiteten, da sahen sie zu ihrer Freude, daß noch nie ein Adler auf der ganzen Welt so große Schwingen gehabt hatte. Und sie gossen den Adler in Bronze, mit ausgespreiteten Flügeln, und setzten ihn auf ein Postament und schrieben darauf: Ihrem Adler die dankbaren Bürger.«

*Alfred Neumann:* Was ist es mit der Liebe zu diesem Dichter, der ein einsamer, spröder, abweisender und wilder Schöpfer war?

Das ist die schöne und herbe Liebe zu jenem abseitig rüttelnden, männlichen, stürmischen, durchaus nicht weisen Weltgeist: dem deutschen – dem Luther-Geist, der über Kleist in Nietzsche fuhr, den Büchner streifend. Das ist die Liebe zu einer Kraft, die hart geschlagen wurde und hart zurückschlug, immer wieder, zugleich Amboß und Hammer: und das Schicksal wußte schließlich so wenig wie Kleist, ob nicht er der Angreifer war und die Welt – geliebt, gehaßt, begehrt, bedrängt, immer verkannt – in Verteidigung. Das ist die Liebe zu diesem tragischen Leben, höchster deutscher Tragik der Einsamkeit und der Gepreßtheit, die sich mit einem Ungestüm und einer Sauberkeit sondergleichen dem Werke gleichsetzte, wie der Wahn eines Halbgottes zwischen dem Ich und der Welt pendelnd, beide Pole im Anstoß verletzend, erschütternd zugleich und erschüttert und schließlich weder Ich noch Welt, sondern der dämonische Sinn ihrer Verbindung: als Patriot viel mehr als der nationale Mensch unter zeitlichem Aspekt – als Patriot zeitloser Hasser, Dämon des Hasses, nicht Napoleon hassend, sondern alles Widerwärtige der widerlichen Welt, alles Hassenswerte überhaupt – als Liebender nicht diese oder jene Frau liebend oder ihr Bildnis oder ihr Gleichnis, sondern in grandioser Erotik das Weibliche überhaupt. Das ist die Liebe zu seiner zwangvollen, gewaltigen und gewalttätigen Kunst, die so mit Notwendigkeit dramatisch ist, daß sie immer – ob Drama, Erzählung oder Gedicht – der stürmische oder verhaltene oder ganz selten sanfte Dialog zwischen dem Hüben und Drüben seiner schroffen Weltufer bleibt. [...]

*Alexander Lernet-Holenia:* [...] Und immer noch wird der »Zerbrochene Krug« aufgeführt, und immer noch gilt er als das beste deutsche Lustspiel, und immer noch fällt er durch. Und immer noch haben die Deutschen nur ein einziges ganz großes Drama, und das ist der »Michael Kohlhaas«, und das ist kein Drama, sondern eine Novelle. Und es ist beispiellos, was Kleist manchmal für schlechte Verse geschrieben hat. Und immer noch ist er der gewaltsamste der deutschen Dichter. Deutscher Dichter aber zu sein, das war früher kein Spaß, sondern ein raffiniert harter Orden mit der Regel: mitten unter dem dichterischesten Volk ganz unverstanden krepieren zu müssen. Und wir glauben doch, daß die Deutschen von Literatur etwas verstanden hätten. [...] Aber vielleicht wissen wir's auch heute gar nicht mehr, was ein Dichter gewesen ist. *259*

*Thomas Manns Kleist-Rede*

*466. Thomas Mann. Vortrag auf der Kleistfeier des Münchner Schauspielhauses. Vossische Zeitung, 16. Okt. 1927*

Meine Damen und Herren, das Scherflein, das der einzelne zu einer Veranstaltung, wie dieser, beitragen kann, ist notwendig bescheiden. Das Schwerste tut not: Beschränkung. Und da es nun ein Erzähler ist, der unter der Bedingung solcher Beschränkung zu Worte kommt, so durften Sie erwarten, daß er von Kleist als Erzähler sprechen werde, von diesen Novellen, dauernder als Erz. Nehmen Sie es nicht als Laune, nehmen Sie es als Ausdruck alter, tiefer Vorliebe, wenn ich von einer dramatischen Dichtung des heute zu Feiernden spreche, dem »Amphitryon«! Und hier wieder, nach dem Gesetz der Beschränkung, nicht über das ganze Werk – dazu würde die Genauigkeit meiner Liebhaberei Stunden brauchen – sondern nur über eine einzige Szene. *304*

*Eine Rundfrage*

*467. Wie stehst du zu Kleist? Oder-Zeitung, Frankfurt a. d. O., 18. Okt. 1927*

*Thomas Mann:* Das Werk Heinrich von Kleists habe ich früh mit mächtigstem Eindruck kennen gelernt und im Laufe meines Lebens diesen Eindruck immer wieder nachgeprüft und erneuert. Die unzerstörbare Meisterlichkeit seiner Novellistik und die große, leidende Seele, die sich in seinen Dramen äußert, hat mich von jeher mit tiefster Ehrfurcht erfüllt, und mir scheint, daß diese Ehrfurcht einer der Punkte ist, in dem ein Mensch von heute sich in Opposition gegen die Majestät Goethes fühlen muß, dessen Kälte gegen die Erscheinung Kleists mir immer unbegreiflich und tadelnswert erschien. Unter seinen dramatischen Werken bevorzuge ich von jung auf mit besonderer Sympathie den »Amphitryon«, den ich eben in einer größeren Abhandlung, die bald erscheinen soll, eingehend zu analysieren im Begriff bin.

*Heinrich Mann:* Warum soll Kleist populär werden? Das stimmt zu ihm nicht. Popularität ist an Zeit und Umstände gebunden, was nichts gegen das Verdienst der populären Größen sagt.

Außer ihnen aber gibt es noch die unabhängigen, fast auch von der Zeit unabhängigen Kräfte, – die nicht sogleich jeden für sich haben. Dafür haben sie in jeder der folgenden Epochen die geistig Aufmerksamsten zu Freunden. Dies bleibt ihnen manchmal länger, als den anderen ihr breiter Ruhm.

*Arnold Zweig:* [...] Mit Heinrich von Kleist tritt der zentrale Dichter des deutschen Dramas und das erste moderne Ich groß, tragisch und ganz lebendig in die deutsche Literatur – ein Mensch, im Leiden erschütternd echt, in der Hingabe an den geistigen Auftrag vorbildlich wie nur irgendeiner, in der Bewältigung seiner Gestaltungsprobleme ein Meister. Unter den erliegenden und siegreichen Jünglingen der deutschen Literatur steht er neben Hölderlin und Büchner, und eine Zeit, die sich seiner nicht erinnert und ihn nur mit Widerwillen pflegt, richtet sich selbst.

*Robert F. Arnold, Wien:* [...] Kein Wunder, wenn uns der Dichter in der Stellung des sterbenden Fechters im Gedächtnis haftet, und daß man Spuren Kleists dort vor allem zu finden vermeint, wo sich Hochspannungen des Affekts durch Sprengung überkommener Formen dramatisch entladen. Dann erschallt regelmäßig der Feldruf »Zurück zu Kleist« (als gäbe es solch ein Zurück!), dann wird sein erlauchter Name zum Losungswort für irgendeine äußerste Rechte oder Linke jugendlicher Poeten, die nichts mit ihm gemein haben, als daß auch sie das Ohr der Nation nicht oder nicht gleich finden. In Wahrheit aber ist dieser Zeit- und Weggenosse der Romantik heut ebenso isoliert wie damals, da er lebte, litt und schuf – und diese stolze Einsamkeit ist das Maß seiner Größe.

*Hermann Bahr:* In meiner Kindheit war das Andenken Kleists fast erloschen, wir hörten auf der Schule kaum seinen Namen, es gehörte nicht zur »Bildung«, ihn zu kennen. Erst nach 1870 kam seine Zeit. Scherer und seine Schüler erinnerten sich seiner, Otto Brahm schrieb über ihn und vergaß ihn auch nicht, als er die Leitung des Deutschen Theaters übernahm. Populär aber wurde Kleist darum noch immer nicht. Erst im Weltkrieg, gar aber nach dem Kriege, begann die Nation sich auf ihn zu besinnen, ungefähr um dieselbe Zeit, als sich die ersten Zeichen einer Goethedämmerung meldeten. Der neuen Jugend, die den Krieg erlebt hatte, war Goethe zu kalt, zu steif: er hatte für sie nicht Chaos genug in sich. Diese Jugend fühlte sich durch ein ihr unfaßliches Erlebnis verstört, und, nach Entwirrung einer ungerechten Not verlangend, fand sie Trost an Kleist, der ja stets auf Entwirrung seines verwirrenden Schicksals drängt. Ja noch mehr: Kleist hat in seinen Werken einer der Nation erst an ihm durch ihn bewußt gewordenen Menschenart, der preußischen, Gestalt und Ausdruck verliehen. Er lebt nicht bloß als Dichter fort, sondern seine Dichtung geht heute leibhaftig mitten unter uns um. Er ist ein Mythos geworden, immer neue lebendige Kraft zeugend, oft genug auch an Jünglingen, die kaum seinen Namen kennen, vielleicht niemals eine Zeile von ihm gelesen haben, er hat sich in einen Motor deutscher Zuversicht verwandelt. Das ist der höchste Ruhm, der einem Dichter gewährt werden kann.

*Leopold Jessner:* Ich verehre Kleist, um mit seinen eigenen Worten zu sprechen: »Auf den Knien meines Herzens.«

Als Theaterleiter habe ich es mir – um dieser Verehrung

willen – zur Pflicht gemacht, das Werk Kleists dauernd auf dem Spielplan der Staatlichen Schauspiele zu erhalten. Als besonderen Ausdruck dieser Verehrung habe ich Gewicht darauf gelegt, die prominentesten Regisseure als gerade gut genug für die Kleist-Inszenierung zu erachten. So wurde in den letzten Jahren »Käthchen von Heilbronn«, »Prinz Friedrich von Homburg« und »Amphitryon« aufgeführt.

*Hans Pfitzner:* Sie fragen mich: »Wie stehen Sie zu Kleist?« Hierauf geben meine Kleist-Kompositionen, und die Umstände und Anlässe, aus denen sie entstanden sind, sowie meine bekannte Einstellung zu deutscher Kunst erschöpfendere Antwort, als ich Ihnen hier in der Kürze geben könnte. [...]

*Ferdinand Gregori:* Heinrich von Kleist ist nicht einer von den sechs oder sieben Dramatikern, auf die wir Deutsche stolz sein können, sondern er ist *der* deutsche Dramatiker schlechthin. [...] Und ob er auch seine im Leben anhängigen Prozesse – mit Ulrike, mit Wilhelmine, mit König, Napoleon und Volk – nicht anders schlichten konnte, als indem er zu leben aufhörte, die dichterischen Prozesse führte er stets mit der Geste des jüngsten Richters, mit offenbarungsmäßiger Einzigkeit zu Ende: Ob Tod, ob Leben am Schlusse triumphiert, ein Triumph *ist* es; ob Penthesilea und Kohlhaas, ob Homburg und die Marquise v. O...: wir fühlen Erlösung, Himmelfahrt, wir atmen Paradiesesluft.

*Raoul Auernheimer:* [...] Alle anderen deutschen Dichter, auch die erhabensten, reiten den edlen Jambus im Trab, bei Kleist sprengt er wie im gestreckten Galopp daher und stiebt wie eine Reiterattacke unter einem Schlachtfeldhimmel vorüber.

*Hans Roselieb:* [...] Kleist wird deshalb durch die Bühne niemals zu jenen Menschen dringen, die heute den wichtigsten Teil des Volkes darstellen. Im *Rundfunk* dagegen sehe ich ein Mittel. [...] Übertragen wir das Beste von Kleist für den Rundfunk! Lassen wir ihn sprechen! Die Massen werden von seiner Stimme elektrisiert werden.

*Hans Wildermann:* Die gewaltige Höhe der künstlerischen Gestaltungskraft Heinrich v. Kleists ist zu steil, als daß sie einer Volkstümlichkeit zugänglich wäre, wie andere Dichter sie erreichten. Sein Kunstgeheimnis steckt in der, wie ein Kristall zugeschliffenen Form: scharf, klar, durchsichtig. Aber in seinem mächtigen Werk stecken Willenskräfte, deren Größe ihn selbst zwar zerbrach, da ihre Auswirkung, ihm *hier* versagt, sich *drüben* die höhere Freiheit erzwingen wollte. Uns aber können diese Kräfte im Verzagen an einer verdunkelten Zukunft zur absoluten Lebensbejahung verhelfen, wenn wir uns ihrem reinen, hoheitsvollen Ethos erschließen. *489*

## Wiener Gedenken

468. *Neue Freie Presse, Wien, 18. Okt. 1927*

*Hermann Bahr:* Den einzelnen Deutschen wird das Verständnis Kleists vielleicht darum so schwer, weil er eine gedrängte Versammlung aller deutschen Grundzüge mit ihren sämtlichen Widersprüchen ist, und das überdies noch in der besonderen, den anderen deutschen Stämmen nicht wohlklingenden preußischen Art: was Fontane schmunzelnd das »Wendogermanische« hieß, spukt in Kleist noch nach, des Ostens gewaltige Weite will er unter seinen Befehl verengen. Auch weiß man nicht recht: kommt er zu spät oder verfrüht? Das geräumige Barock hätte noch Platz für ihn gehabt, und wieder die Zeit Bismarcks wäre vielleicht weit genug für ihn gewesen; daß seine Spannung vom Barock bis in das Reich Bismarcks reicht, in dieser Überhebung liegt sein Schicksal im voraus beschlossen. [...] Kleist ist heute noch, gar nicht so sehr durch sein Werk, aber als Gestalt mitten unter uns lebendig: er wird es mit jedem Tage noch mehr. Ob man ihn liest, ob man ihn spielt, kommt daneben kaum in Betracht. Er lebt tatsächlich in tausend Herzen deutscher Jünglinge, die vielleicht keine Zeile von ihm, vielleicht kaum seinen Namen kennen, aber in denen seine Geistesart auferstanden und tätige Heldenkraft geworden ist. [...] Die ganze deutsche Jugend trägt heute die Zeichen Kleists an der Stirne. Nur die deutschen Theater scheinen noch immer blind für sie. *21*

*Felix Salten:* Während er selbst in sprühender, wenn auch nicht gänzlich durchhellter Lebendigkeit vor uns Heutigen steht und

wahrscheinlich vor den kommenden Generationen, dreihundert
Jahre nach seiner Geburt, noch genau so lebendig dastehen wird,
wie jetzt an seinem hundertfünfzigsten Geburtstag, sind fast
zwei Drittel seiner Werke fast schon gestorben. Sie existieren
nur, weil Kleist als Existenz noch durch die deutsche Geisterwelt wandelt, weil sie im Zusammenhang mit seiner Person
Interesse oder Neugierde wecken, und weil die Hüter der Literaturgeschichte sie immer wieder galvanisieren oder ihnen
Kampferinjektionen in die erstarrten Glieder jagen.   *385*

*Zu Tode interpretiert*

*469. Josef Nadler. Ostdeutsche Blätter, Nov. 1927*

Der Kleistgedenktag ist ereignislos, ungefühlt und kühl
vorübergegangen und wird keine Folgen haben. Das war zu
erwarten und ist bald erklärt. Es waren zwei äußere Gründe.
Gegen Kleist ist in den letzten Jahren künstlich Stimmung
gemacht. Goethe und Kleist sind nun einmal nicht in einem
und demselben Kreise unterzubringen, wenn dessen Durch-
messer die gangbare Ästhetenweite hat und nicht mehr. [...]
Der andere Grund ist die in Deutschland nicht minder ernst
geübte politische Abstempelung mit rückwirkender Kraft. Die
Deutschen zerfallen nicht nur in Dichtergemeinden, sondern
auch in Parteien, und das Unglück will es, daß beide Gruppen-
bildungen einander nicht überschneiden und also unschädlich
machen, sondern einander bestätigen und also verstärken. Der
politische Kleist, der unter inneren Leiden wie keiner seiner
Zeitgenossen sich einen Weg gebahnt hat, vom absoluten Ka-
binettsstaat zum freiwillig verantworteten Volksstaat, wird heute
von der einen Seite mit ebenso großem Unrecht in Anspruch
genommen, wie von der anderen Seite abgelehnt, damit in
Kategorien eingereiht, die für ihn keine Gültigkeit haben, und
so aus Irrtum mitgeliebt und mitverschmäht.

Das Schlimmste tun ihm, vor denen auch ihn Gott behüte,
seine Freunde an. Nachdem Goethes »Faust« heute so ziemlich
ausgeschrotet ist, wurde Kleist und sein Werk über Nacht zum
Modegegenstand ungünstiger wie günstiger Auslegerei. Schon

heute ist kaum mehr etwas denkbar, was nicht in das Leben und in die Dichtungen dieses Menschen hineingesonnen worden wäre. Verwirrt und ratlos steht vor Kleist, wer etwa so unvorsichtig ist, sein Ohr dem Chor der Ausleger zu öffnen. Kleists Werk wird zu Tode interpretiert, indem man es mit sovielerlei Sinn und Bedeutung belastet, daß es vor lauter Sinn sinnlos und aus zu vielerlei Bedeutung zur Chimäre wird, vorn ein Löwe und rückwärts ein Drache.

Zugegeben ist freilich zweierlei. Kleists Dramen bedeuten mehr, als sie mit allgemein verständlichen Worten aussagen. Es sind Erkenntnisdichtungen, dem Dichter einst Kriegsmaschinen um Gott zu erstürmen und Brücken, die er sich zum Jenseitigen zu schlagen versuchte. [...] Und zuzugeben ist allerdings, daß Kleists Dramen aus sehr ungenügender theatralischer Erfahrung geflossen sind. [...] *348*

## Frickes Kleist-Buch

*470. Gerhard Fricke, Gefühl und Schicksal bei H. v. Kleist. Berlin 1929*

Die in den beiden letzten Jahrzehnten riesenhaft angewachsene Kleist-Literatur ist heute ihrem Umfange nach kaum noch zu überschen, ihrem Inhalt nach kaum noch zu meistern. Sie setzt sich zusammen aus einer verwirrenden Vielheit sich gegenseitig durchkreuzender, aufhebender oder untereinander ganz beziehungsloser Deutungsversuche des Gesamtproblems Kleist wie aller Teilprobleme. Fast scheint es, als gipfle hier jene moderne Art »literarischen Gestaltenkults« [...], mit der in journalistischer, essayistischer oder hymnischer Form »Vision« gegen »Vision« gestellt wird. Dies alles erweckt in dem Betrachter den unwidersprechlichen Eindruck, daß jenseits des Historisch-Philologisch-Tatsächlichen die nach dem *inneren Vorgang* in Dichter und Dichtung fragende, einfühlende Deutung vor einem letzten, unaufhellbaren Dunkel steht und daß das Geheimnis dieses »unaussprechlichen Menschen« allem medizinischen und psychologischen, metaphysischen und konstruktiven Aufwand zum Trotz, auch der ernsthaften und tiefen Erkenntnisse der Forschung zum Trotz – wesentlich ein Geheimnis geblieben ist. [...]

Die folgende Untersuchung beansprucht nicht mehr, als eine *Vorarbeit* dieser großen, geisteswissenschaftlichen Aufgabe der Literaturgeschichte zu sein, die dringender ihrer Lösung harrt, nun, da der Lärm einer Tagesmode, die in Kleist verwandte Chaotik witterte, verstummt ist. *137*

*»Kleist bleiben oder am Leben bleiben«*

*471. Wladimir v. Hartlieb. Literarische Welt, 4. Aug. 1933*
[...]
Du Engel! Kleist! Du königlicher Mensch!
Du tiefstentflammter aller deutschen Dichter!
Du Held! Du Dulder! Du zerschlagener Hund!
Du Angespiener! Du Jesus Christus!
Du Bettler mit der unsichtbaren Glorie!
Heinrich von Kleist – sieh, ich bin krank von dir.
Sieh mir ins Herz, mir in die Seele, Kleist!
Ich blute mehr als Tränen. Ich bin nichts
Vor deiner Majestät. Ich schäme mich
Zu leben, wo du sterben mußtest – [...]
Du Heiliger! Du Engel ohne Fehl!
Du aus Mysterien glühend Schaffender!
Du tiefstentflammter aller deutschen Dichter –
Erhabnes Kind! Du Sternenschwinger! Kleist!
Heinrich von Kleist! Du großer, großer Dichter –
O laß mich deinen brennenden Altar
Mit jenem heil'gen Kranz umwinden, der
Dein Zeichen ist wie keines andern Sängers!
Du teilst ihn nicht – dir einzig kommt er zu:
Lorbeer und Dornen! – dir vor allen andern. *471*

*471a. Lou Andreas-Salomé, Eintragungen. (Frankf. a. M. 1982)*
*Mai 1934:* Denkt man an Heinr. v. Kleist, so lebt seine Poesie nicht vom Überschwang, sondern vom Untergang. Dieser Untergang als Tatbestand an sich, als Vollzug selber, als der Anstoß an die Realität, erlebt sich ihm dramatisch, wie Rainer [Rilke] die Berührung mit der Realität lyrisch. Beider Genie

wäre nicht denkbar ohne ihre Ungeschicklichkeit zum Leben außen – auch als nicht gesendet, nicht berufen zur Realität als solcher. Das dramatische Genie Kleists explodierte wie unter einem Schlag; Rainers lyrische Überredungskunst war sein inbrünstiger Vermählungswille von Eindruck und Ausdruck.

Dies kann auch irrig behauptet sein, nur weil der Gedanke an Kleist mich seit März nicht mehr losließ und mich dazu verführte, eine mehr dicke als belangvolle Biographie [von Wilh. Herzog] zu lesen, die mir durch einen Zufall in die Hände geriet. [...]

Die Ruhmessehnsucht hatte er gewiß, aber doch nur als das – selbstverständliche – Nebenher: denn, *nachdem* nun seine Werke vorlagen, nachdem er das Seine an Lebensbewältigung damit getan, wars ja nun am Leben seinerseits zu antworten, sich für ihn aufzutun; und daß dies nicht geschah, war wiederum *unbegreiflich* und *unumstößlich* wie nur je irgend eine Pest [für Robert Guiskard]. Es war gewissermaßen *mehr* und *weniger* als Enttäuschung, weil nur erneute Bestätigung ständig Erfahrenen und deshalb fast zusammenfallend mit der Kernfrage: *Kleist* bleiben oder *am Leben* bleiben? [...] 8

## Das Ausland 1933/40

472. *Henry Bidou, La tombe de Kleist. Le Temps, Paris, 19. April 1933*

Wie soll man in diesem Tumult [am Wannsee] die romantische Pilgerfahrt zum Grabe Kleists vollenden, die ich mir seit langem schon vorgenommen habe? Ich weiß, daß Giraudoux den gleichen Plan gefaßt hat. Mögen ihm diese Zeilen den unbekannten Weg finden helfen! Man muß in Charlottenburg die Autostraße, die Avus, benutzen und so den Weg nach Potsdam gewinnen. Dicht an dieser Strecke, an der Südecke des Sees, hat sich das Drama vom 21. November 1811 ereignet. [...] [franz.] 37

473. *Roger Ayrault, Heinrich von Kleist. Paris 1934*

Er besaß keinen wirklichen Meister, und ebenso kennt man auch keinen Dichter, dessen Meister er wäre. [...] Von seinen

Werken schien allein »Penthesilea« ein wirksames Echo zu finden; sie diente als Vorbild für einige Werke wie »Elektra« von Hofmannsthal und »Der arme Heinrich« von Hauptmann, die eine Beschwörung von besonderen Zuständen darstellen, bei welchen die Grenzen zwischen Geist und Fleisch aufgehoben sind und in denen Kleist die innerste Natur der Frau so deutlich vor Augen gestellt hat. Manche Einzelheiten aus »Käthchen« tauchen auch in jener gefährlichen Psychologie auf, wo die Hilfsmittel der neuesten Medizin nicht genügen, den untrüglichen Blick zu ersetzen, den Kleist für diese extremen, von ihm selbst erfahrenen Zustände besaß. Mit »Penthesilea« eroberte Kleist die unbewußten Regungen des Daseins, auf deren Lenkung der Verstand verzichten muß; und er wußte für sie eine Sprache zu finden, die die feinsten Nuancen ausschöpft und zugleich verklärt. Aber eine solche Sprache besitzt nur er, und wo sie schwindet, nimmt sie den Gehalt mit, den sie ausdrückt. Der raffinierte Stil, in welchem ein Wedekind seine scharfen Beobachtungen registriert, die er am äußersten Rande des Instinkt- und Nervenlebens sammelte, hat nichts mit der hellsichtigen und berauschten Poesie gemein, in die Kleist seine Enthüllungen in der verborgenen Tiefe des Menschendaseins getaucht hat. [...] Der »Prinz von Homburg« würde das einzige Werk Kleists sein, das man zur Not unter dem Gesichtswinkel eines Problems sehen könnte, wie Ibsen oder Hebbel sie zu stellen wußten; und doch würde dem angeblichen Grundgedanken der wahre Gehalt geopfert werden. [franz.]  10

*474. Albert Steffen, Kleist und die Gründe seiner Tragödie. Dornach/Schweiz 1935*

Insofern der Dramatiker Genie hat, sagt er zu seinen Gestalten (mehr oder weniger bewußt): Du bist in mir und handelst oder erleidest das allgemeine Menschenschicksal, auf Deine besondere Art – Du, Michael Kohlhaas, Du, Prinz von Homburg. Und in mir lebt das Wort, das Euch zu Eurem Rechte, zum Gericht oder Triumph verhilft, das Euer Schicksal, und wärs das schrecklichste, gestaltet, wie die Weltgesetzlichkeit es fordert. Aber wenn diesem Worte die Wirklichkeit genommen werden soll, indem die Erkenntnis entthront wird, derart, daß die Sprache zur Spielerei dient, dann bricht der Dichter zusammen, denn zum Glauben, dem das Wissen Platz macht, kehrt er nie mehr zurück. [...]

Weil der geniale Dichter die Notwendigkeit der Entwicklung nicht im Drama meistert, stellt der Weltgeist seine eigene Entelechie in das Geschichtliche hinein, selber als Mittelpunkt einer Tragödie. Ob Kleist dichtet oder ob Kleist vom Weltgeist selber gedichtet wird, gedichtet werden muß sie – die Menschheit verlangt nach dieser Offenbarung: Bewußt in der Gestaltung, unbewußt im Gestaltetwerden. Als Objekt oder Subjekt des Zeitgeistes, der selber Welten-Dichter ist und nur als solcher in seiner unerbittlichen Gerechtigkeit begriffen wird. *432*

*474a. Boris Pasternak, Heinrich von Kleist. 1940 (Vorwort zu einer geplanten Kleist-Ausgabe)*

Heinrich von Kleist ist einer der interessantesten deutschen Schriftsteller des vergangenen Jahrhunderts. Der Kreis seiner Themen ist nicht so breit und ausgewogen wie die Welt eines Schiller, Goethe und Heine, weshalb er mit ihnen auch nicht vergleichbar ist. Doch alles, was er geschrieben hat, trägt den Stempel des Kraftvollen und Außergewöhnlichen, und das stellt ihn auf den ersten Platz nach den Genannten.

Kleist zeichnet ein Grad von Dringlichkeit aus, wie er in der deutschen Literatur ungewöhnlich ist, und der karge Reichtum einer flammenden, treffenden und eigenständigen Sprache. [...]

Wäre unser Interesse für Kleist erst vor kurzem erwacht, so wäre dies ein unerklärlicher Anachronismus. Unsere Beschäftigung mit Kleist hatte vor dem Krieg begonnen. 1914, gleichzeitig mit F. Sologub und W. Wolkenstein, haben wir den »Zerbrochenen Krug« übersetzt. Die übrigen Werke – den »Prinzen von Homburg«, »Die Familie Schroffenstein«, »Robert Guiskard« – zwischen 1918 und 1919. [russ.] *581d*

*474b. Boris Pasternak, Über mich selbst (Frankfurt a. M. 1959)*

Die Zeitschrift »Der Zeitgenosse« hatte [1915] meine Übersetzung von Kleists Lustspiel »Der zerbrochene Krug« angenommen. Die Arbeit war unreif und uninteressant. Ich hätte der Zeitschrift für diese Veröffentlichung auf den Knien danken, vor allem aber hätte ich mich der Redaktion verbunden fühlen müssen, weil eine fremde Hand sich dieses Manuskriptes zu seinem Vorteil angenommen und es verbessert hatte. [...]

Anstatt der Redaktion des »Zeitgenossen« von Herzen dankbar zu sein, beklagte ich mich bei Gorkij in einem törichten, anmaßenden und mehr als groben Brief über die freundliche Aufmerksamkeit, die mir zuteil geworden war. Jahre vergingen, bis ich entdeckte, daß ich mich bei Gorkij über Gorkij selbst beschwert hatte. Das Lustspiel war auf seinen Wunsch gedruckt worden, und er hatte es eigenhändig verbessert. [russ.]

*581e*

## Deutschland nach 1933

475. *Josef Nadler, H. v. Kleist.* In: *Die Großen Deutschen. Berlin 1935*

Sein Leben gleicht einem weitgeschwungenen Kreise, der enttäuscht von Preußen weg und, durch die Enttäuschungen der Zeit bekehrt, zu Preußen wieder zurückführte. [...]

Kleist, das ist die Tragödie des Deutschen jener Jahrhundertwende, der an der Wandlung vom Geistvolk zum Staatsvolk zerbrach, weil er jener Welt noch und dieser schon angehörte und für sich vorwegnahm, was erst durch lange Entwicklung ausgesondert und ausgeglichen werden konnte. So wie Kleist schon im Dezember 1805 an seinen Freund Rühle schrieb: »Die Zeit scheint eine neue Ordnung der Dinge herbeiführen zu wollen, und wir werden davon nichts als bloß den Umsturz der alten erleben.« Kleist war eine Stafette auf dem Wege von Kant und Goethe zu Bismarck.

*349*

476. *Konrad Weiß, Das preußische Herz.* Münchener Neueste Nachrichten, *23. Febr. 1936*

Wenn Treitschke von Kleist sagt: »Er haßt nicht bloß die Phrasen, er flieht die Ideen«, und wenn er ihn gegen einen Klassiker zurücksetzt, weil jener Klassiker mit seinem Geiste in Ideen lebe und Probleme suche, »die für alle Zeiten wahr sind«, so fehlt hier ganz die Erkenntnis, daß ein Dichter um so weniger Ideen braucht, als er selber »Idee« ist. So wie die geschichtliche Kraft gegenüber humanitären Allgemeinheiten selbst ihre Idee und ihre Gerechtigkeit trägt, so ist das Wesen des Dichtergeistes Kleist. Dieser Bote sendet nicht Ideen an die Gottheit, sondern nur einen einzigen Boten, nämlich sich selber. Sein Tun wird ihm, wie es im Kerne auch das Wesen der Geschichte ist, ein Ordal. *483*

*477. Clemens Lugowski, Wirklichkeit und Dichtung. Frankfurt a. M. 1936*

Man hat öfter allgemein auf die innere Verwandtschaft hingewiesen, durch die Kleist in die Nähe der Saga gerückt wird. Aber man ist dieser Verwandtschaft nicht weiter nachgegangen. Wenn wir es hier tun, dann vergessen wir nie: Kleist ist ebensowenig ein Sagamensch, wie die Deutschen des 19. Jahrhunderts Germanen des 10. Jahrhunderts sind.

Die eigentliche Lebenskategorie Kleists ist die Unmittelbarkeit. Sein Wort dafür ist »Gefühl«. Sich richtig in der Welt verhalten, das heißt, unmittelbar zur Wirklichkeit sein, die immer im geschichtlichen Sinn meine und unsere Wirklichkeit ist. Kleists Helden wollen weder, noch können sie aus diesem unmittelbaren Verhältnis heraustreten. [...] Diese Einstellung kennt keine festgelegten Garantien. Sie beruht überall auf dem Wagnis des eigenen Einsatzes. Der Mensch setzt sich in den unbedingten Haltungen des Vertrauens, der Offenheit, der Liebe, des einfachen Tätigseins und im besinnungslosen Ergreifen seiner Bestimmung ein. Sie alle sind Wendungen des »Gefühls«. Von dieser Daseinsauffassung aus ist Kleists Wirklichkeitsnähe zu verstehen. *298*

*478. Max Kommerell, Die Sprache und das Unaussprechliche. Das Innere Reich, Sept. 1937*

Für Kleist ist das Drama eine Vielheit von Mißverständnissen und die Sprache das Hindernis der Verständigung. So wie es für die andern das sprachgewordene Nichtverstehen als Ausnahme gibt, gibt es für Kleist glückselige Inseln der Sprache, wo man sich versteht, seltene Liebesmomente des reinsten, schnell verstummenden Sprechens. Die Allzuverständlichen freilich tun leichter; Kleists Helden sind die Unverständlichen, für andere, auch für sich selbst; sie verhängen die Not und das

Unvermögen über die Sprache und zwingen ihr auch die seltenen Winke und Blitze ab, die vorher kein Mensch erdacht hat: so daß zu allererst jeder Auftritt bedingt ist durch die besondere Grenze der Verständigung, die Kleist ihm zieht.

*267*

479. *Bernt v. Heiseler, Kleist. Stuttgart 1939*
Wer hörend und ahnend die Kleistische Welt betritt, wird merkwürdige Entdeckungen darin machen. [...] Er wird ahnen, daß in diesem »allerqualvollsten Leben« Entscheidungen ausgekämpft sind, die für uns alle mitgelten, und wird zuletzt auf ihren Träger blicken wie der Grieche auf den Geopferten seiner Tragödie. Denn wirklich in diesem Sinn war Kleist ein Versöhner seines Volkes mit den Göttern, und sein Leben läßt sich nur so erzählen, wie man eine Sage erzählt. *188*

480. *Otto Heuschele, H. v. Kleists Briefe. 1939*
Wer diese letzten Briefe liest und empfindet, wie aus ihnen ein erhöhtes geistiges Glück spricht, das vor der Folie dieses qualenreichen Menschenlebens noch reiner und heller erstrahlt, der muß innewerden, daß dieses Leben wahrhaft ein gelenktes war und ein Sinnbild sein sollte für die Nation. Als ein solches wollen wir es begreifen und in dem Wanderer mit dem kindlich wissenden Antlitz, der als ein Einsamer über unsere Erde ging, einen Menschen sehen, den die Gottheit unserem Volke schenkte, daß er in schwerer Zeit den Weg weise in die Zukunft und in die Tiefe der eigenen Seele und des eigenen Herzens. *195*

## Zwei Romane

481. *Bruno Brehm, Zu früh und zu spät. Roman. München 1936*
[Kleist in Stockerau:] »Aber wären wir nicht, wir, die gescheiterten Existenzen, die keinen Schlaf finden und durch das ruhelose Aufundabwandern in den Nächten die andern aus dem süßen Schlummer wecken, wären nicht wir, denen in der Welt nichts glücken will, hätten wir gegen solch eine Welt nicht

Einspruch zu erheben, nichts regte sich ringsum, die Satten gingen an ihr Tagwerk, und Ehre wäre nur noch in den Ämtern zu erlangen. Ich habe viel versucht: ich wollte Bauer werden, ich wollte den Parisern eine Vorstellung von der großen deutschen Philosophie beibringen, ich wollte die Franzosen einsehen lehren, daß nun an uns die Reihe gekommen ist, daß unsere Sprache, in der ein Goethe – ja, Dahlmann, trotz allem, ein Goethe – schreibt, die einzige Sprache ist, in der man das Herz der Welt pochen hört – – es ist nichts daraus geworden. Doch lassen wir es [...]« 57

482. *Walter v. Molo, Geschichte einer Seele. Der Kleist-Roman. Berlin 1938*
Er nahm eine Dosis Opium, die einen anderen in tagelangen Schlaf versenkt oder getötet hätte, und schlief ein paar Stunden. Nachdem er aufgewacht war, empfing er den Besuch des zierlichen Herrn von Fouqué, der mit hüpfenden Worten erklärte, Durchlaucht Radziwill habe ihn gebeten, ihm die Absetzung seines Stückes zu begründen. Er wäre früher gekommen, aber er hätte Zahnschmerzen gehabt. Ob sie zusammen ein Gabelfrühstück einnehmen wollten?
Ja, gut, schön. Warum nicht? [...]

Es sei, wie es sei; hier geziemt sich kein schnelles Wort.
Jeder erzähle es anders, nach Zeit und Geschmack. Dies ist nur ein Spiegelbild und ein Gleichnis von dem, was ist.
Wir sprechen seinen Namen in Ehrfurcht aus: Heinrich von Kleist. 336

## »Hitlersche Ideologie«

483. *Jean Cassou. Cahiers du Sud, Paris, Mai/Juni 1937*
Zum Räuber wird Michael Kohlhaas durch die Überspitzung eines Ichs, das nicht von sich loskommt und sich vergrößert, anwächst, mit der Gesamtheit identifiziert, sie mit seinem Aussatz ansteckt und mit in die gleiche Verdammnis reißt. Scheußliche Übersteigerung von Minderwertigkeitskomplexen,

keinerlei begründete Ansprüche, aber Freude daran, Ansprüche um der Ansprüche willen zu erheben, Menschen- und Götterdämmerung, Verherrlichung einer kosmischen Sintflut: der ganze Hitler ist da. [...]

Ich wundere mich nur, daß Kleist nicht noch mehr für die Hitlersche Ideologie beansprucht wurde. Wahrscheinlich ist in seinen Abenteuern noch zuviel Humanität. [franz.]   70

*484. Reichsdramaturg Rainer Schlösser. Leipziger Tageszeitung, 10. Jan. 1934*

Bedarf es nun noch vieler Worte, warum wir gerade Kleist für den Eck- und Grundpfeiler eines Spielplans der stählernen Romantik halten?! Nur ein Dichter seiner Art kann der rechte Kronzeuge für unser neues bluts- und ehrbewußtes Wollen sein. Kleist, er steht gerade uns Heutigen denkbar nahe, er, dessen »Käthchen« jenseits alles Bildungswustes Volkstümlichkeit schlechthin, dessen »Prinz von Homburg« das preußische Erziehungsdrama ist, der seine völkische Not in der »Hermannsschlacht« geradezu herausschrie und im »Zerbrochenen Krug« die deutsche Nationaltugend, den Humor, zu höchsten Höhen führte. *Es sind die Kleiste, mit denen wir stehen und fallen.*

397

*484a. Deutsche Bühnenkorrespondenz, 6. Nov. 1935*

Der Vorsitzende der Kleist-Gesellschaft, Prof. Dr. MindePouet, brachte auf der diesjährigen Tagung in Kiel die völlige Eingliederung der Kleist-Gesellschaft in die NS-Kulturgemeinde formell zur Kenntnis. Die Aufgabe der Kleist-Gesellschaft, sich gegen Liberalismus und Marxismus für deutsche Art und deutsche Kunst einzusetzen, decke sich derart mit dem Bildungsziel der NS-Kulturgemeinde, daß eine gemeinschaftliche Arbeit selbstverständlich sei.   522a

\*484b. *Kurt Gerlach-Bernau. Drama und Nation. Breslau 1934*

Die unerhörte, eigenständige Gestalt seines Werks, die jedem fremden Maßstab spottet, ist die erste künstlerisch vollendete Wortwerdung des nordisch-preußischen Raums, mit der das angeblich amusische Preußentum zum erstenmal auch in einer andern Kunst als in der Baukunst Gestalt angenommen hatte.

Nachdem Klopstock und der »Sturm und Drang« die deutsche Sprache von der Verwelschung und der Latinität befreit hatten, benutzte Kleist sofort das so bereitete Werkzeug für die gemäße Gestaltung der eigenen Umwelt, indem er als erster das lateinisch-altdeutsche Bildungsgut entschlossen über Bord warf, das bis dahin die nordische Welt überlagert hatte. [...]

Kleist mußte an dem »Guiskard« scheitern, weil er die Volksverbundenheit eines Führers in ihm darstellen wollte, wie sie sich erst über ein Jahrhundert später erfüllen sollte. Er sah es später selbst ein, daß »das Schicksal die Kunst in diesem nördlichen Himmelsstrich noch nicht reifen lassen wollte«. Mutet es uns nicht wie eine Vorausahnung einer des Führers harrenden nationalsozialistischen Massenversammlung an, wenn das Guiskards Zelt wie eine Meereswoge umbrandende Volk nach dem Anblick des angebeteten Führers verlangt?

Der Preuße Kleist ist der Herold der Volkwerdung, die der Österreicher Hitler verwirklicht hat. *580*

*485. Gunther Haupt, Der Empörer. Berlin 1938*

In ihm – und nicht nur in seinen patriotischen Werken – empörte sich, wie ein Vulkan, der lange schlummerte und plötzlich durch die verkrustete Oberfläche der Erde bricht, von neuem der Instinkt der germanisch-deutschen Rasse gegen Bändigung, Zähmung und Entartungen ihres Lebens durch alles fremde Gedankengut, das in anderthalb Jahrtausenden immer wieder von Süden und Westen in friedlicher Durchdringung oder mit blutigen Waffen angetan ihr Wesen und Schicksal zu beherrschen gesucht hat. Kleist ist ganz und gar der »heidnische« Empörer im Sinne des echten Heidentums [...] Kampf, Ehre, rücksichtsloser Einsatz der gesamten Existenz sind ihm keine idealistischen Begriffe, sondern die entscheidenden, völlig realen Voraussetzungen seines Denkens und Handelns: eine ganz und gar kompromißlose Natur, die nur heldisch oder gar nicht zu leben vermag. *176*

*\*485a. Gerhard Fricke, Gutachten zu Gunther Haupt, »Der Empörer«. Kiel [1938]*

Sein [Kleists] Leben und Werk war in besonderem Maß der Tummelplatz der zersetzenden, reizlüsternen, zumeist jüdischen Psychologie und Psychoanalyse. Die Versuche wiederum, Kleist vor solchen Mißdeutungen ins Pathologische zu »retten«, verharmlosten sein Bild z. Tl. allzusehr ins Bürgerlich-Gesunde und Normale. [...]

Haupt gibt die erste und umfassende Lebensbeschreibung Kleists, die wirklich aus der *Tiefe* nationalsozialistischer Überzeugung erwächst und daher auf jede oberflächliche und gewaltsame Angleichung verzichten kann. Aus gründlicher Bearbeitung der vorliegenden wissenschaftlichen Literatur und aus sicherer Beherrschung der geschichtlichen Quellen und Überlieferungen erwächst von innen her ein geschlossenes und im wesentlichen überzeugendes Bild Kleists, das ihn aus sich, aus seiner Zeit und seinen Voraussetzungen erstehen läßt und darin die innerste Nähe zur Gegenwart und seine zeitüberlegene deutsche Art und Größe erkennbar werden läßt.

Daß auf diesem Wege seit mehr als zehn Jahren auch deutschempfindende Literaturforschung vorangegangen ist, hätte wohl noch deutlicher ausgesprochen werden können. *590a*

*486. Rudolf Ibel, Weltschau der Dichter. Jena 1943*

Wir sind heute so weit, Heinrich von Kleist die Stelle in der deutschen Entwicklung zu geben, die seinem Wesen zukommt. Er hat den geistigen Raum von nahezu zweitausend Jahren gesprengt, er steht sowohl außerhalb der christlichen und rationalen als auch der humanistischen und idealistischen Geisteshaltung, und er steht auch bereits jenseits des Preußentums. Er ist durch- und vorgestoßen bis in die ursprünglichen Tiefen des Deutschtums und seines völkischen Reiches. [...]

Der Weg Kleists vom Schritt ins Dunkel bis zum kriegerischen Jubel- und Siegesruf im letzten Vers seines letzten Werkes ist eine einzige Offenbarung germanisch-deutschen Wesens, ein Vorstoß über alle seit dem Einbruch des Christentums in Europa herrschenden Geistesformen hinaus, wie er in solcher folgerichtigen Darstellung und unbedingten Wucht von keinem deutschen Dichter oder Denker des 19. Jahrhunderts mehr geleistet wurde. Dieser Vorstoß ist ein kämpferisches Ereignis von erst jetzt erkennbarem Ausmaß. Dabei entsteht eine neue Lebensordnung aus einer den eingeborenen und völkischen Urmächten verhafteten Weltschau. Dieser Ordnung entspricht eine »tragische Kultur«, wie sie Nietzsche als für den Deutschen einzig möglich fordert, ein heldisches Menschentum und eine völkische Politik.   *224*

## Die andere Seite

*487. Lion Feuchtwanger, Die Geschwister Oppenheim. Roman. Amsterdam 1933*

[Der von einem Nazilehrer schikanierte jüdische Gymnasiast Berthold Oppenheim nimmt sich, als er zum öffentlichen Widerruf seiner Überzeugung gezwungen werden soll, das Leben:]

Er wird sich jetzt ins Bett legen. Ein Buch wird er sich noch mitnehmen. Kleists »Hermannsschlacht« zum Beispiel. Aber er geriet an den vierten Band seines Kleist statt an den dritten, an die »Erzählungen«. Und er las die Erzählung von Michael Kohlhaas [...].

Er nimmt einen Zettel, schreibt darauf: »Es ist nichts zu erklären, nichts hinzuzufügen, nichts wegzunehmen. Dein Ja sei Ja, dein Nein sei Nein. Berthold Oppenheim.« Er legt die Feder hin, dann nimmt er sie wieder und setzt hinzu: »Berlin, den 1. März 1933.«

Eigentlich möchte er doch die Verse aufschreiben, die ihm vorhin angeflogen sind: »Dir unbekannter Kamerad [des Widerstands].« Nein, Prosa ist besser. Und er schreibt: »Lieber ein Hund sein, wenn ich von Füßen getreten werden soll, als ein Mensch. (Kleist. Inselausgabe, 4. Band, Seite 30).«

Er geht in das andre Zimmer, nicht übermäßig leise, öffnet die Hausapotheke. Es sind drei Röhrchen mit Schlafmitteln. Er nimmt das, was er für das stärkste hält. Es ist noch kaum angebrochen, sicher genügt es. Da werden sie morgen in der Aula warten müssen.   *110a*

*487a. Kurt Tucholsky an Walter Hasenclever. Paris, 5. Jan. 1934*

Wenn ich mir erlauben darf, als Reinigungsbad der Seele viel Hebel (mit einem b), Kleist und Schopenhauer zu empfehlen – das fegt die Ecken aus.   *453*

*487b. Kurt Tucholsky an seine Frau Mary. Hindas/Schweden, 19. Dez. 1935*

[Am Tage, als er sich vergiftete:] Ich bin ein Schriftsteller gewesen und habe von S. J[acobsohn] geerbt, gern zu zitieren. Wenn Er wissen will, wie sich das bei den Klassikern ausnimmt, so lies den Abschiedsbrief nach, den Heinrich von Kleist an seine Schwester geschrieben hat, in Wannsee, 1811.

453

»*Die Wahrheit ist, daß mir auf Erden nicht zu helfen war.*« *(Kleist an Ulrike, 21. Nov. 1811) Diesen Satz hatte sich der 1939 in Paris gestorbene Joseph Roth auf seinem Grabstein gewünscht.*  579a

488. *Kurt Trepte. Das Wort, Moskau, Nov. 1936*

»Wie können *Sie* Kleist spielen?« so fragte seinerzeit Hanns Johst, der neuernannte faschistische Dramaturg, den Darsteller des »Prinzen von Homburg«, Hans Otto. Durch diese Fragestellung sollte die Entlassung dieses jugendlichen Heldendarstellers geistig begründet werden. Er [...] müsse doch zugeben – bedeutete ihm Johst – daß das deutsche Theater, das vor seiner großen Erneuerung stünde, Schauspieler verlange, die gläubig und naiv der nationalen Kunst ergeben seien. Nur so könne der Schauspieler seine Rollen spielen. Das aber könne er doch als Kommunist keineswegs.

Hans Otto antwortete, daß er – Hanns Johst – wohl wissen müsse, daß ein Künstler nicht kritiklos gestalten dürfe. [...] Ein Künstler versetze sich in viele Gestalten verschiedener Dichter. Darum sei es möglich, daß eine seiner liebsten Rollen der »Prinz von Homburg« sei, ja, er müsse sogar sagen, daß er den Dichter Kleist liebe.

»Ein Kommunist und Kleist lieben? Ich werde verrückt!« Johst faßte sich an den Kopf, lief nervös im Zimmer umher. Diese Würdigung eines Klassikers, den die Faschisten vermeinen für sich beschlagnahmen zu können, stieß auf das völlige Unverständnis dieses »geistigen SA-Mannes«.

»Und spielen Sie auch den Schlageter? Warum legen Sie Wert darauf, weiterhin am Staatstheater zu bleiben?«

Den Schlageter zu spielen lehne er ab, erwiderte Otto [...] Die kritische Aneignung des klassischen Kulturerbes aber sei eine der vornehmsten Aufgaben jedes fortschrittlichen Künstlers.

Auch das Schauspiel vom Prinzen von Homburg werde einst neben den anderen Werken des genialen Dichters in das Repertoire eines sozialistischen deutschen Theaters eingehen.

*452*

489. *F. C. [Weiskopf.] Das Wort, Moskau, Nov. 1936*
   *Exerzierreglement für gleichgeschaltete Gazetten:* Nein, Heinrich von Kleist hat seinen […] Aufsatz über gleichgeschaltete Presse nicht so betitelt, wie es hier geschehen ist. Er nannte ihn *Lehrbuch der französischen Journalistik,* und es waren zwei napoleonische Zeitungen, »Moniteur« und »Journal de l'Empire«, über die Kleist die Schale seines Hohns ausgoß. Aber der Schlag, den er führte, galt den gleichen Erscheinungen, die wir heute im Machtbereich des Goebbelsschen Propagandaministeriums und seiner Reichspressekammer finden. […]
   In dem folgenden Aufsatz von Kleist ersetze der Leser die französischen Namen durch die ihnen entsprechenden deutschen dergestalt, daß er statt Talleyrand Goebbels, statt »Moniteur« etwa »Völkischer Beobachter«, statt »Journal de l'Empire« vielleicht »Frankfurter Zeitung« und statt »Journal de Paris« nach Belieben »Berliner Tageblatt« oder »DAZ« liest, wobei er allerdings die seit 1809 erzielten Fortschritte der Lügentechnik berücksichtigen möge. *480*

*490. Anna Seghers, Vaterlandsliebe. Rede auf dem 1. Internationalen Schriftstellerkongreß zur Verteidigung der Kultur. Paris 1935*
   Selten entstand in unserer Sprache ein dichterisches Gesamtbild der Gesellschaft. Große, oft erschreckende, oft für den Fremden unverständliche Einzelleistungen, immer war es, als zerschlüge sich die Sprache selbst an der gesellschaftlichen Mauer. Erinnern wir uns, was Maxim Gorki auf dem Sowjet-Schriftstellerkongreß über die eminente gesellschaftliche Bedeutung von Geisteskrankheit gesagt hat. Bedenkt die erstaunliche Reihe der jungen, nach wenigen übermäßigen Anstrengungen ausgeschiedenen deutschen Schriftsteller. Keine Außenseiter und keine schwächlichen Klügler gehören in diese Reihe, sondern die Besten: Hölderlin, gestorben im Wahnsinn, Georg Büchner, gestorben durch Gehirnkrankheit im Exil, Karoline Gündero-

de, gestorben durch Selbstmord, Kleist durch Selbstmord, Lenz und Bürger im Wahnsinn. Das war hier in Frankreich die Zeit Stendhals und später Balzacs. Diese deutschen Dichter schreiben Hymnen auf ihr Land, an dessen gesellschaftlicher Mauer sie ihre Stirnen wund rieben. Sie liebten gleichwohl ihr Land. Sie wußten nicht, daß das, was an ihrem Land geliebt wird, ihre unaufhörlichen, einsamen, von den Zeitgenossen kaum gehörten Schläge gegen die Mauer waren. *582*

*490a. Georg Lukács, Die Tragödie Kleists. Internationale Literatur, Moskau, August 1937*

Kleist hat zwar auch eine Umwälzungsperiode erlebt, jedoch eine unter den verworrensten und miserabelsten Bedingungen, jene Umwandlungszeit Preußens, über die Mehring geistreich gesagt hat, daß die schmachvolle Niederlage von Jena der befreiende Bastillensturm für Preußen gewesen ist. Die objektive Macht dieser Wirklichkeit war nicht eindeutig und stark genug, um die reaktionäre Borniertheit, um den dekadenten Individualismus Kleists in einer objektiven Gesamtgestaltung der Wirklichkeit umzuwandeln. Seine Meisterwerke sind deshalb auch in seinem Lebenswerk nur Einzelfälle.

Aber aus der Erkenntnis dieser Werke ist die wirkliche Tragödie Heinrichs von Kleist zu ermessen. Seiner »Klassenpsychologie« nach ein bornierter preußischer Junker. Seinen dichterischen Absichten nach ein gewaltiger Vorläufer der meisten dekadenten Strömungen der späteren bürgerlichen Literatur. In den wenigen Fällen, wo die Wirklichkeit gegen seine Absichten einen »Sieg des Realismus« herbeigeführt hat, einer der bedeutendsten Realisten der ganzen deutschen Literatur. Goethe, der infolge seiner gesunden Abneigung gegen jede Dekadenz Kleist nicht mochte, nennt ihn einen »von der Natur schön intentionierten Körper, der von einer unheilbaren Krankheit ergriffen« sei. Die unheilbare Krankheit lag im damaligen Deutschland, und es war für Kleist keine Möglichkeit vorhanden, sie wirklich zu überwinden. Er ist an der Miserabilität Deutschlands, an seinen eigenen reaktionären wie dekadenten Instinkten tragisch zugrunde gegangen. *299*

*490b. Ein Briefwechsel zwischen Anna Seghers und Georg Lukács. 1938/39*

*Anna Seghers, 28. Juni:* Bekanntlich hat Goethe besonders in einer bestimmten Zeit seines Lebens sich außerordentlich abfällig über gewisse Erscheinungen der jungen Schriftstellergeneration geäußert. Seine schroffste Gegenüberstellung »klassisch gleich gesund, romantisch gleich krank« kennst Du wohl und auch seine kleine Arbeit über »Forcierte Talente« usw. Er hat Kleist und viele andre mit Kälte aufgenommen. Dagegen hat er einen gewissen Zacharias Werner, den heute kein Mensch mehr kennt, außerordentlich warm behandelt und nach Kräften gefördert, – einen mittelmäßigen Spießer, der in methodischen Fragen mit ihm auf einem Boden stand. [...] Für Goethe trat also das spezifisch Künstlerische bei Kleist – und bei vielen andern –, wenn es zu keiner wirklichen Synthese zu führen schien, in den Hintergrund. In diesem Fall zugunsten eines Mannes, der wenigstens durch das Methodische zu etwas geführt wurde. [...]

Jetzt wieder zurück zu Kleist. Man kann natürlich seine Generation nicht mit unsrer vergleichen. Wenn sie etwas Gemeinsames haben, dann ist es vielleicht ein gewisses Stehenbleiben »auf der ersten Stufe« [»scheinbar unbewußtes und unmittelbares Aufnehmen der Realität«]. Die Realität ihrer Zeit und ihrer Gesellschaft hat auf sie nicht den allmählichen nachhaltigen Eindruck ausgeübt, sondern eine Art von Schockwirkung. Warum ein Künstler diesen ersten unmittelbaren Eindruck nicht überwindet, entweder nicht überwinden kann und sich damit abquält oder ihn sogar nicht überwinden will und fixiert, das kann sehr viele Gründe haben, subjektive Gründe, die aber trotzdem natürlich immer aus seiner gesellschaftlichen Lage kommen.

*Lukács, 28. Juli:* Was meine Meinung über Kleist ist, weißt Du aus meinem Aufsatz in der »Internationalen Literatur«. Der Gegensatz zwischen Goethe und Kleist läßt sich natürlich in einem noch so ausführlichen Brief nicht darstellen. Ich möchte Dich nur auf eines aufmerksam machen, nämlich auf die Beziehung beider zu Frankreich, zu Napoleon. Was immer Napoleon sonst gewesen sein mag, er war für Teile von Deutschland ein Zertrümmerer der Reste des Feudalismus. Als

solchen haben ihn die größten Deutschen dieser Zeit, die
Goethe und Hegel, verehrt. [...] Kleist hat in dieser Zeit die
Mischung von Reaktion und Dekadenz repräsentiert. *Darum*
hat ihn Goethe abgelehnt. (Über die künstlerische Größe
Kleists habe ich in meinem Aufsatz ausführlich gesprochen.)
  Selbstverständlich ist die deutsche Entwicklung dieser Zeit
sehr widerspruchsvoll. Die Freiheitskriege gegen Napoleon
enthalten sowohl reaktionäre wie demokratische Elemente.
Aber grade bei Kleist darf man nicht vergessen, daß er mit
dem ausgesprochen reaktionären Flügel des Widerstandes gegen Napoleon verbunden war. Wenn also Goethe – was ich
nicht bezweifle – in mancher Hinsicht gegen Kleist ungerecht
gewesen ist, so hat diese Ungerechtigkeit, welthistorisch angesehen, sehr gerechtfertigte Gründe gehabt.
  *Anna Seghers, Febr. 1939:* – wenn Dir das Beispiel Kleist nicht
gefällt, kannst Du Hölderlin oder einen andern Betroffenen
nehmen. Übrigens hat Goethe sicherlich nicht deshalb den
»Zerbrochenen Krug« in zwei Teile zerschnitten und eine
Pantomime dazwischengelegt, weil er in Kleist einen Reaktionär sah.

*418*

491. *Johannes R. Becher, Gewißheit des Siegs und Sicht auf große Tage. Moskau 1939*

Kleist im Dritten Reich
»Ein solch Genie! Wie würden wir dich hegen,
Du wärst geehrt und littest keine Not,
Wir würden massenweise dich verlegen,
Und wehe der Kritik, die dich bedroht,

Und alle Bühnen wären dir erschlossen ...«
So spricht, wer ihn auch heute noch verkennt.
Verdächtig wär, was in ihm glüht und brennt.
Er hätt nicht sich, ihr hättet ihn erschossen.

Denn Dichtung ist gefährlicher denn je.
Nur die, die laut das, was genehm ist, preisen
– ihr schlecht Geschrei tut nur erbärmlich weh –,
Die frech behaupten, aber nichts beweisen:

Die sind bezahlt und werden hochgepriesen.
Wer keine Kunst verlangt, gehör zu diesen! *30*

## »Anekdoten von besonderem Charakter«

492. *Albrecht Schaeffer, Rudolf Erzerum. Stockholm 1945*
[Kleist in der Schilderung des Romanhelden Erzerum:] Er war schwarz und – wie ich später bemerkte – bescheiden gekleidet, auf eine Art, die mich erst einen Geistlichen vermuten ließ, obgleich er Reitstiefel trug, und es schienen mir abgetragene Offiziersstiefel zu sein. Sein hoher Hut lag neben ihm, und dunkel wie sein Kleid waren seine still aufmerkenden Augen unter dunklen und runden Brauenbögen; das ebenfalls dunkle Haar, in die Stirn gekämmt, war darüber abgeschnitten. Seine Züge erschienen mir von einer eigentümlichen Massivität und trotzdem nicht ohne Weichheit, so als ob die Festigkeit nicht von selbst da wäre, sondern nur zusammengehalten und von einer Kraft vor dem Auseinanderfallen bewahrt. [...]
Die Stimme, mit der er sprach, erhob sich aus dem Dunkel seiner Gestalt mit einer unerwarteten und so leichten, beschwingten Helle, daß es fast lieblich war; es schien, als ob unter einem schwarz verhangenen Käfig ein Singvogel seine süße Stimme erhöbe. Danach sah ich erst, daß er unmöglich mehr als Ende der Zwanziger, höchstens dreißig Jahre alt sein könne, nachdem er mir vorher älter erschienen war. [...]
Er sei, erklärte er, im Begriff, für eine zu gründende Zeitschrift Anekdoten zu sammeln, von einem besonderen Charakter, den er im Auge habe, und bitte uns, in unseren Gedächtnissen zu suchen. Anekdoten trieben sich allenthalben umher, und wenn sie nicht druckfertig wären, wolle er gern die Mühe daran wenden, die halbgaren fertig zu kochen.
Den besonderen Charakter, den er zu haben wünschte, erklärte er so. »Wir unterscheiden«, sagte er, »in unserem Leben Zufall – das Unzusammenhängende – von der Fügung, die sinnvoll ist, und die wir dann Schicksal nennen. [Im Einzelfall aber] nimmt das Zufällige solche Dimensionen an, wächst es derart ins Riesenhafte, daß es verstummen macht.« *389*

*493. F. C. Weiskopf, Die Unbesiegbaren. New York 1945*

Kleist, in der schon genannten Anekdote [»Unwahrscheinliche Wahrhaftigkeiten«], erachtet es noch für notwendig, seinen Hauptmann in Schutz zu nehmen, indem er anführt, daß es Tatsachen gibt, von denen der Dichter im Hinblick auf ihre offenbare Unglaubhaftigkeit keinen Gebrauch machen kann, indes der Geschichtsschreiber sie wegen der Unverwerflichkeit der Quellen aufzunehmen hat, – wohingegen wir heutzutage beinahe versucht sind, einen Vorfall für ausgezeichnet und ungewöhnlich zu halten, wenn er der Abenteuerlichkeit und Unwahrscheinlichkeit ermangelt. *481*

## Das gefährliche Rezept

*494a. Ernst Jünger. Tagebücher 1943/45*

*Paris, 9. März 1943.* Nachmittags zu einer Vorführung des alten surrealistischen Filmes »Le Sang du Poète«, zu dem Cocteau mir eine Karte geschickt hatte. [...] Die Welt als rational gebautes Irrenhaus.

Zu diesem Genre gehört es, daß die Surrealisten Lautréamont und Emilie Brontë entdeckt haben, auch ihre seltsame Vorliebe für Kleist, von dem sie anscheinend nur das Käthchen von Heilbronn kennen, nicht aber sein Marionettentheater, in dem er das höchst gefährliche Rezept gegeben hat. *236*

*Kirchhorst, 14. Sept. 1945.* In unserer Zeit beginnt die Erzählung sich zu ändern, wie man das beim Treffen von Männern, die viel erlebt haben, beobachten kann. [...] Das Schicksal nimmt die Form von Kurven an, von exakten Prüfungen und Aufgaben. In sie kann jeder versetzt werden, sie meisternd oder an ihnen scheiternd, wie das schon in den Anekdoten von Kleist sich andeutet. Ganz sichtbar wird es in den Geschichten von Poe, die eher mathematische Berichte sind. *237*

*494b. Ernst Jünger, Heliopolis. Tübingen 1949*

[In Jüngers Roman bittet der Germanist Fernkorn um Angaben für eine »Geschichte des frühen Automatismus, klinischer Teil«:]

Legen Sie mir den Abschnitt Brontë zurecht, nebst den Auszügen von Antonio Peri über das Opium. Über Kleist brauche ich noch folgende Angaben [...] Erstens: Im Frühjahr 1945 fanden in der Gegend des Wannsees Selbstmorde in großer Anzahl statt. Wie sind sie gelagert, auf dem Kataster, mit Kleistens Grab im Mittelpunkt? Zu Ihrem Verständnis – ich denke etwa an eine Krankheit, an einen Ausschlag, von dem ein Punkt besonders früh erscheint.

Zweitens: Zur Selbstmord-Statistik. Kopf- und Herzschüsse. Ich möchte die Bedingungen erfahren, unter denen man die Waffe auf den Kopf richtet. Wird häufig im Falle des Selbstmord*versuches* eine spätere Hirnerkrankung festgestellt?

Drittens: Zum Grabgefolge. Kleist als ein später Germanenherzog, und als solcher erst Lehnsmann, dann Rivale Napoleons. Was Henriette Vogel ... [Hier bricht die Anfrage ab.]

235

## Nach dem Zusammenbruch

*495. Karl Scheffler, Späte Klassik. Urach 1946*

Der Bedeutendste dieser Manieristen war Heinrich von Kleist. [...] Aus jedem Drama, jeder Novelle, ja jeder Anekdote spricht Sucht nach dem Ungewöhnlichen und Übersteigerten. Auch stehen patriotische Tendenzen einer höhern künstlerischen Objektivität im Wege, das Schicksalhafte wird im Rückblick der Politik ausgeliefert. Um dies einzusehen, braucht man nur den Prinzen von Homburg mit Lessings Minna von Barnhelm zu vergleichen, Dieser Manierismus nicht kleiner Art läßt sich bis in die Einzelheiten, bis in die Sprache verfolgen. In dem Stil ist viel Dialektisches, nicht im Sinne Lessings, wo es die Sache von vielen Seiten zeigen soll, sondern dialektische Selbstüberredung. 391

*496. Reinhold Schneider, Kleists Ende. München 1946*

Zu Ende ist es mit der Macht, die als »Dämon Kleist« eine verführerische Gewalt auf Geschlechter ausübte – namentlich auf Jünglinge, die sich als Gescheiterte fühlten und fühlen wollten. Das Persönlich-Unselige des Dichters, das, verstärkt

um den Zauber der Kunst, einstmals so mächtig wirkte, wird
schwerlich noch zur Gefolgschaft fortreißen; zu hart ist das
Leben geworden; unabweislich treten die geschichtlichen
Zusammenhänge hervor, denen es unterliegt; das Leiden an
der Person, am persönlichen Konflikt, am Leben für die Kunst
ist nicht mehr ernst genug. Aber zu Ende ist es auch mit der
geschichtlichen Phase Preußens, in der Kleist stand, in der wir
noch gestanden sind. So wenig wie es angeht, den Untergang
des Dichters ausschließlich vom rein Persönlichen her, als Ende
eines überlasteten Künstlerdaseins zu sehen, so wenig befriedigt
etwa Treitschkes Meinung, daß dem Dichter nichts gefehlt
habe als das »große Vaterland«. [...]

Daß ihm keine Gnadenmacht begegnete, die ihn vermocht
hätte, die vom Lichte zeugenden Worte zu hören und zu tun:
»Glaubet an das Licht, solang ihr das Licht habet, damit ihr
Kinder des Lichtes seid« (Joh. 12, 36); dies ist das letzte Rätsel
seines Daseins, das völlig ungelöst bleibt. Gewiß ist aber das
eine, daß das Licht der Welt allein der Gewalten mächtig war
und ist, denen der Dichter erlag. *408*

*497. Werner Haftmann, Das Schicksal des preuß. Lieutenants Heinrich v. Kleist.*
*Die Zeit, Hamburg, 4. März 1948*

Das war es: das eigene Herz ist unser Schicksal! O Häresie!
Empörung gegen Aristoteles und Thomas! Entlassen aus den
Gleichungen von »Ich« und »Es« bleibt nichts als nur der
Mensch, der ganze Kosmos in dem eigenen Herzen! Das ganze
Menschtum als ein Sternstück außerhalb der Himmel, schwebend aufgehängt ins reine Nichts: aus Nichts, nach Nichts, hart
zwischen Nichts und Nichts! Was da in Kleist entstand, das war
der absolute Mensch, das waren – wir! Da wurde aus Kantscher
Abstraktion der neue Mensch geboren, anschaubar im Bild der
Kunst, entstanden als Produkt des Denkens vom Standpunkt
reiner Kunst. In Kleist gebar sich der moderne Mensch, und
das ist – wir sagten's schon – der absolute Mensch! [...]

Der absolute Mensch kann keine bösen Handlungen tun, nur
gemeine, unsittliche. Die Gemeinheit ist eine notwendige Seite
des reinen Menschentums, eine dramatisch und psychologisch
sogar besonders ergiebige. In den Gemeinheiten der Kleistschen

Figuren (Marquise von O.; Findling; Zweikampf und andere) wird das menschliche Herz in seiner ganzen Breite geschildert. Hier liegen die Anfänge der Erforschung des Menschen vom Standpunkt der Kunst, die über den Naturalismus und Psychologismus bis zur »Littérature noire« von heute führen und die die alten objektiven Sittenformeln des menschlichen Geschlechts heut ganz und gar in Frage stellen. *170*

*498. Benno v. Wiese, Die deutsche Tragödie. Hamburg 1948*

Denn der Glaube Kleists ist ein *tragischer Glaube,* und er zeigt noch einmal, von der Situation des neuen Jahrhunderts aus, jenen eigentümlich »häretischen« Charakter, der sich in der deutschen Entwicklung so oft wiederholt: Herr, ich glaube, hilf meinem Unglauben! [...] Je bodenloser das Kleistsche Weltgefühl wird, je grenzenloser der Mensch in der Welt entmächtigt scheint, je hoffnungsloser dunkle, bösartige Dämonen, man mag sie Zufall oder Schicksal nennen, das Irdische und Ewige verdunkeln, um so fanatischer ist Kleist um den Boden im Bodenlosen, um die Wahrheit im Schein, um das Unbedingte im Bedingten bemüht, weil *die Leere des Nichts für den tragischen Glauben nur der wegelose Weg zu Grund und Ursprung des Ichs und damit auch des Alls ist.* *491*

*499. Fritz Martini, Deutsche Literaturgeschichte. Stuttgart 1949*

Er kannte nicht den Trost der absoluten, transzendenten Idee; seine Tragik entstand aus einer neuen Erfahrung der Unentrinnbarkeit dieser im Hier und Jetzt aufgegebenen Wirklichkeit. Darin zeigte er sich, fern der Klassik und auch der Romantik, mit der ihn manche Züge verbinden, als Angehöriger eines neuen Zeitalters, dessen letzte seelische Problematik jedoch so unbedingt wie von ihm von keinem seiner Dichter erlebt wurde. *310*

## »*Ein fragwürdiges Phänomen*«

*500a. Thomas Mann an Hans M. Wolff. 19. Jan. 1949*

Das Eintreffen des Kleist-Buches [Wolff: H. v. Kleist als politischer Dichter. Berkeley, Los Angeles, 1947] muß ich Ihnen doch noch bestätigen und Sie meiner sehr ernsten Beschäftigung damit versichern. Von »liebevoller« Beschäftigung kann ich nicht sprechen, da mir vieles an diesem Dichter, gerade in Ihrer eindringlichen Darstellung, doch recht entsetzlich ist und ich mir zu seinem Genius unter dem Eindruck dieser Lektüre weniger als je ein Herz fassen kann. Gewiß ist der Kohlhaas eine mächtige Erzählung, und die Empörung, die sie erregt, ist heiß. In der »Hermannsschlacht«, wo der furor nationalistisch wird, merkt man dann, welches hysterischen (Goethe sagte: hypochondrischen) Geistes er im ganzen ist, und zieht erschrocken die Fühler ein. Ich kann weder das Mein-hoher-Herr-Käthchen noch die rasende Penthesilea leiden und war zeitweise wirklich verliebt nur in das freilich auch quälerische, aber höchst geistreiche Amphitryon-Spiel – nicht unwissend über die im Grunde auch verdächtige Sphäre nach- und gegenrevolutionärer Mystik, der es angehört.

Ein fragwürdiges Phänomen, dieser große Dichter. Sie haben es – ich möchte fast sagen: nur allzu eindrucksvoll dargestellt.

165

*500b. Thomas Mann an Emil Preetorius. Kilchberg, 4. Mai 1954*

Augenblicklich bin ich verwickelt in einen Aufsatz über Kleist, als Einleitung zu einer amerikanischen Ausgabe seiner Erzählungen. Das ist schwer […] 307

*500c. Siegfried Melchinger, Kleist-Rede Thomas Manns in Zürich. Stuttgarter Zeitung, 2. Dez. 1954*

Die Ankündigung, daß Thomas Mann über Kleist sprechen würde, konnte neugierig machen. Gewiß lassen sich bei einigem Nachdenken Beziehungen zwischen beiden entdecken, vor allem was die Kunst der Prosa betrifft, auf die sich jeder in seiner Art meisterlich versteht. Aber ohne einiges Nachdenken ist man doch eher geneigt, das Unterschiedliche wahrzunehmen und sich darüber zu wundern, wie der späte Humanist und skeptische Ironiker den Preußen, den Kantianer, den Aufrührer und Extremisten zu seinem Thema machen konnte.

Nun, die Rede im überfüllten Auditorium Maximum der Züricher Technischen Hochschule, vor einem aus erlauchten

Geistern und begeisterter Jugend gemischten Publikum, brachte in dieser Hinsicht keine Enthüllungen. [...] Im Gegenteil: das Befremdliche an Kleist wurde mit Kopfschütteln und Stirnrunzeln hervorgehoben; es war, als ob sich der Redner, der sein Manuskript zwar ablas, aber mit sehr sprechenden Gebärden begleitete, beim Niederschreiben in den Salon des Hauses Buddenbrook versetzt hätte. [...] Und es war die Glanzleistung der Ironie, daß am Ende keineswegs der Schockierende, sondern die Schockierten, keineswegs Kleist, sondern die Buddenbrooks ins Unrecht gesetzt waren. [...]

Großer Jubel brandete um Thomas Mann, als er das Manuskript zusammenfaltete und, nun doch etwas müde geworden, die Treppe vom Podium hinunterstieg. *316*

*500d. Thomas Mann, H. v. Kleist und seine Erzählungen. Vortrag, Zürich, 30. Nov. 1954*

Ich weiß nicht, und kein Mensch weiß es mehr recht, welche strammen Verdienste um Brandenburg sich die Majore und Generale von Kleist erworben haben, aber das weiß ich, daß es in Gottes weiter Welt nur *einen* Kleist gibt, und das ist er, der Dichter der »Penthesilea«, des »Michael Kohlhaas« und des einen kolossalen Aktes von »Robert Guiskard«, der einfach zu gut ist, als daß er überboten werden könnte und weitere vertrüge. Ein Quark wäre der Name Kleist ohne ihn, er aber meint, sein geniales Mühen geschehe für den Ruhm seiner Familie, und ist von jedem Zeichen der Mißachtung, die er von diesen Leuten erfährt, wie von einem Dolchstoß ins Herz getroffen.

—

Er war einer der größten, kühnsten, höchstgreifenden Dichter deutscher Sprache, ein Dramatiker sondergleichen, – überhaupt sondergleichen, auch als Prosaist, als Erzähler, – völlig einmalig, aus aller Hergebrachtheit und Ordnung fallend, radikal in der Hingabe an seine exzentrischen Stoffe bis zur Tollheit, bis zur Hysterie, – allerdings tief unglücklich, mit Ansprüchen an sich selbst, die ihn zermürbten, um das Unmögliche ringend, von psychogenen Krankheiten niedergeworfen alle Augenblicke und zu frühem Tode bestimmt: Nur fünfunddreißig Jahre wurde er alt, da tötete er sich, [...] müde seiner Unvollkommenheit, aus metaphysischer Sehnsucht, das Bruchstückhafte seiner Individuation ins All zu werfen, damit es vielleicht eine höhere Vollkommenheit daraus schaffe. *303*

## Bert Brecht

*501. Bert Brecht, Schriften zum Theater. 1949–1956*
Eine Schwierigkeit für unsere jüngeren Stückeschreiber bildet ein gewisses Vorurteil, das der Naturalismus gegen heftige, gewaltsame, kriminelle Handlungen erzeugt hat. Vergleichen Sie »Einsame Menschen« [von Gerhart Hauptmann] mit der »Familie Schroffenstein« oder »Die Weber« mit den »Räubern«.

[Einige Kritiker] halten vermutlich auch die Todesfurcht des Prinzen von Homburg für pathologisch [...]

Einige [Texte] müssen freilich im Dialekt des Dichters gesprochen werden, etwa Schillers und Hölderlins im schwäbischen, Kleists im märkischen und so weiter.

Bearbeitungen dieser Art [»Antigone«] sind in der Literatur nichts Ungewohntes. Goethe bearbeitete die »Iphigenie« des Euripides, Kleist den »Amphitryon« des Molière. Diese Bearbeitungen verhindern nicht den Genuß an den Originalwerken.

[Der Urfaust] gehört, zusammen mit Kleists »Robert Guiskard« und Büchners »Woyzeck«, zu einer eigentümlichen Gattung von Fragmenten, die nicht unvollkommen, sondern Meisterwerke sind, hingeworfen in einer wunderbaren Skizzenform.

Wir können Stückebau studieren an den großen politischen Stücken »Emilia Galotti« und »Wallenstein«, Rhetorik bei Schiller und Goethe, die Massenszenen im »Demetrius« und im »Guiskard« und in »Dantons Tod« [...]

Die Kunstmittel Kleists, Goethes, Schillers müssen heute studiert werden, sie reichen aber nicht mehr aus, wenn wir das Neue darstellen wollen. *55*

*501a. Therese Giehse über Brecht (Monika Sperr, 1973)*

Bei der Probenarbeit zu Kleists *Der zerbrochene Krug* forderte die Giehse den heftigsten Widerspruch Bert Brechts heraus, weil sie seiner Meinung nach in Kleists Sprache so viel Schönheit fand. Die Giehse spielte, wie schon oft zuvor und noch oft danach, die Marthe Rull und führte dabei, unterstützt von Brecht, auch selbst Regie. Brecht ließ sich wochenlang nicht auf den Proben sehen, und als er kam, gab es gleich Streit. Er forderte die Giehse auf, »diese entsetzlichen Inversionen« aus Kleists Sprache rauszuwerfen, aber die fand die Giehse gerade schön. Brecht tobte, schimpfte, fiel fast mit Brachialgewalt über den toten Dichter her, den er nur den »preußischen Dichter« nannte. Eine sensible Schauspielerin verließ die Probe, weil sie's nicht ertragen konnte, wie der Brecht die Giehse anschrie. Nie hatte diese mit Brecht so großen Krach wie wegen Kleist und dessen Inversionen: »Dabei hat er sie selber gar nicht wenig auch benutzt. Es war ganz gewöhnliche Eifersucht. Er hat nicht zugeben wollen, daß er dem Kleist die Schönheit seiner Sprache neidete. Mitten im Toben wurde er friedlich. Das ist ja das Schöne an den wirklichen Könnern – plötzlich horchen sie auf, hören genau hin. Kleists geniales Sprachempfinden kann kein Kenner leugnen. Diese Schönheit der Worte, diese Feinheit der Sprache! Man kann darüber streiten, welcher Inhalt in der schönen Schale ist, aber nicht über die Schale. Wenn Brecht von dieser Schale ohne Inhalt sprach, habe ich mich auf eine große Auseinandersetzung erst gar nicht eingelassen, sondern nur gesagt: aber was für eine Schale!«
*144a*

## Das Ausland 1950/58

*502. Jean Cocteau in einem Interview. Die Neue Zeitung, Berlin, 14. Okt. 1950*

Eure Dichter! Eure großen Poeten (obgleich ich das Wort Poesie nicht liebe). Euer Kleist! Spielt ihr ihn? ist der »Prinz von Homburg« allzu »prussien«? Nun ja. Aber die Penthesilea? Aber sein göttlicher Amphitryon? *297*

*503. The Times, Literary Supplement, London. 21. Aug. 1953*

Heinrich von Kleist: Sämtliche Werke und Briefe. Hrsg. von Helmut Sembdner. Zwei Bände. München: Carl Hanser (1952). DM 28,50.

Wie man aus jener kurzen Erwähnung Kleists in einem Werk Carlyles aus dem Jahr 1827 ersieht [s. 281], wurde Kleist zu einem der tragischen Heroen der Literatur, lange bevor man in ihm einen der größten deutschen Dramatiker und Erzähler erkannte. [...]

Kleist erwarb weder ein Weib, noch ein Kind, noch ein Haus; nur seine literarischen Arbeiten – acht lange Erzählungen, sieben abgeschlossene Dramen und zwei Essays sind die wichtigsten – befriedigten oder übertrafen gar seinen Ehrgeiz. Was die große Tat anging, so konnte keine nur immer denkbare seinen Ansprüchen genügen – außer der einen, die er seiner Kusine in einem Freudentaumel ankündigte: sein Selbstmord in Gemeinschaft mit einer Frau, die ihm den einzigen Liebesbeweis gab, den er überzeugend fand. Zum ersten und auch letzten Mal schritt er zu einer Tat, die unwiderruflich war und einen ausgezeichneten Erfolg versprach. Mehr noch, diese Tat sollte ihm Frieden geben. Ihm war, wie er schrieb, auf Erden nicht zu helfen.

Man könnte sich mit diesem Urteil abfinden, gäbe es nicht das (glücklicherweise vor Zerstörung bewahrte) Zeugnis seines letzten und größten Dramas »Der Prinz von Homburg«. Wie der Herausgeber der großartigen neuen Ausgabe von Kleists gesammelten Werken und Briefen, Herr Helmut Sembdner, mit Recht hervorhebt, repräsentiert dieses Stück eine Entwicklungsstufe, die Kleist sehr wohl zur Überwindung seines inneren und äußeren Elends befähigt haben würde. [...]

Wenngleich die Wahl seiner Themen gegen alle klassischen Verhaltens- und Geschmacks-Konventionen verstößt, zeichnet er sich in der Behandlung des Schrecklichen, des Abscheulichen und Absurden durch eine klassische Zucht aus, die an seine Jugend als preußischer Militärkadett erinnert. Er besitzt keine der analytischen Subtilitäten Stendhals und wenig von dessen Weltgewandtheit; aber gleich ihm ist er eine einsame und zwiegesichtige Gestalt, die zurück in die Renaissance und vorwärts in unser eigenes Jahrhundert weist. Kafka gehörte zu denen, von denen man weiß, daß sie die schlafwandlerische Sicherheit seiner erzählenden Prosa bewunderten. [engl.]

547b

504. *André Maurois, Heinrich v. Kleist. La Revue de Paris, Juni 1954*
Sein schmerzvoller Geist und sein tragisches Geschick verbrüdern ihn unserer Jugend. Der Prinz von Homburg ist ihr näher als Götz von Berlichingen. In diesem Zweikampf der Geister, der lange unentschieden schien, gewinnt Kleist in diesem Augenblick einige Überlegenheit. [franz.]

312

505. *Eugène Ionesco, Expérience du Théâtre. Nouvelle Revue Française, 1. Febr. 1958*
Auch Theaterstücke haben mir mißfallen. Aber nicht alle. Denn gegenüber Sophokles oder Aischylos oder Shakespeare oder auch gegenüber bestimmten Stücken von Kleist oder Büchner bin ich aufgeschlossen gewesen. [...] Ich glaube nicht, daß mir nach Shakespeare und Kleist noch irgend eine Lektüre von Theaterstücken gefallen hat. [franz.]

227

## *Überzeitlich und grenzenlos*

507. *Joachim Maass, Kleist, die Fackel Preußens. München 1957*
In der Vorstellung versetzen wir uns in jene Gelegenheit [von 1911]: wir stünden mit am Grabe und hörten einen Sprecher, der ihn priese; er sagte: Kleist, das höchste dichterische Ingenium, zu dem der militante Geist Preußens in seiner trockenen Sachlichkeit und seiner kalten Leidenschaft emporzuschwingen vermochte, der berufenste Tragiker der Deutschen, ein Geschichtenerzähler von Weltgültigkeit und unverkennbarer Eigenart – er nahm von seiner Zeit so gut wie nichts und gab ihr als Streiter, was er ihr schuldig zu sein glaubte, als Künstler, was zu empfangen sie nicht reif war; denn, sich selbst zum Leide, gehörte er nicht ihr, sondern der Dauer. Er war ein großer Mann: er hat die Grundwerte vermehrt. Wie von einer überzeitlichen Fackel fällt aus seinem Werke ein Licht auf unsere Feste und ein unruhiger Schein ins Dunkel

unserer einsamen Stuben, und wir wissen, das Leben ist sein, weil er es in seiner heiligen Anrüchigkeit begriff, es liebte und geringschätzte, es einsetzte und von sich werfen konnte: ganz verächtlich können wir nicht werden, solange sein Gedächtnis uns teuer bleibt. *300*

*508a. Günter Blöcker, H. v. Kleist oder das absolute Ich. Berlin 1960*

Der grenzenlose Mensch, geschüttelt von den Schauern der Existenz, befeuert vom Willen zum Absoluten, umstrahlt von der Glorie der Selbstverantwortung, ist Kleists Held. Ein Mensch, der, herausgehoben aus dem Menschenbürgerlichen und doch in das Menschenbürgerliche gebannt, ebenso erschreckend ist in seiner Nacktheit und selbstzerstörerischen Glut wie bezaubernd in seiner lächelnden Unschuld und heiter-tragischen Verspieltheit. Das Bild dieses Menschen, der begnadet und geschlagen zugleich ist, gilt es zu erkennen – in dem Werk und in dem, der es schuf. *41*

*508b. Willy Haas, Günter Blöckers Analyse. Die Welt, 11. Febr. 1961*

Es gibt jedoch auch eine andere Art der Interpretation von Heinrich von Kleist und seinem Werk: weniger würdevoll, aber wahrer. Nämlich: die Bücher des berüchtigten Marquis de Sade zu Rate zu ziehen und von ihnen aus solche Werke wie »Penthesilea« oder die Szene im Bärenzwinger in der »Hermannsschlacht« oder »Germania an ihre Kinder« abzuleiten. […]

Doch bedenken wir die Renaissance der Kleistschen Dramen – nicht nur in Frankreich, nicht nur in Paris, wo mir Ionesco das »Käthchen von Heilbronn« als das schönste deutsche Drama bezeichnet hat, das er kennt. Franz Kafka las Kleists »Anekdote aus dem preußischen Krieg« oft »unter Lachen und Weinen« vor, wie sein Freund Max Brod berichtet. Hier irgendwo ist der Punkt eines neuen Verständnisses für Kleist: wer wüßte das besser als Günter Blöcker? Er sollte auch das Wort Tiecks nicht zurückweisen, der Kleist einen Manieristen nennt – bedenkend, welche neue weite Bedeutung E. R. Curtius diesem Begriff des Manierismus gegeben hat. *168*

## ZU EINZELNEN WERKEN

### »Das Käthchen von Heilbronn«

#### »Vom Genius der Poesie eingegeben«

*509. Franz Horn. Heidelbergische Jahrbücher, Juni 1812*

Fassen wir unser Urteil über dieses Werk mit wenigen Worten zusammen, so möchte es etwa lauten: Das Gute in demselben gab der Genius der Poesie, der, wie verlauten will, einigen hundert andern neuern Poeten, selbst auf die magischsten Beschwörungen, nicht erscheinen will; das Verfehlte kann die Feder mit leichten raschen Zügen tilgen, und wohl jedem Dichter, der nur *solche* Fehler sich zu Schulden kommen läßt, die man ausstreichen kann, ohne dem Werke selbst an das eigentliche Leben zu greifen. *217*

*510. [Adolf Wagner.] Conversationslexikon. Brockhaus, 1815*

Die Verunglimpfungen und Einwürfe gegen dies Stück, wie sie in öffentlichen Blättern hie und da sich kundgeben, beruhen zum Teil auf beschränkten Vorstellungen von dem Wesen der Poesie, besonders der romantischen, und sind, wenn sie noch Widerlegung verdient hätten, durch den Genuß, welchen die Aufführung sinnigen Zuschauern gewährt hat, hinlänglich widerlegt worden. Das Stück verlangt freilich bei der Aufführung auch einen sinnigen Dekorateur. *58*

#### »Proben wahrer Verstandeszerrüttungen«

*511. [B. J. Docen.] Morgenblatt, 8. Mai 1816*

*München, 2. April.* Nach unsern vielen schalen Ritterschauspielen mit und ohne Gesang war die nun endlich auf dem Isar-Theater zustande gekommene Aufführung des Käthchen von Heilbronn, durch die lebendig darin waltende Kraft und Fülle, eine höchst interessante Erscheinung. Freilich fehlt es diesem

wundersamen, mitunter sehr shakespearischen Gedicht (worüber wir vor kurzem erst im Morgenblatt Fouqués treffliche Worte lasen [s. 261a]), keineswegs an widerwärtigen Modernitäten; z. B. dieses Fräulein von Turneck im Bade, oder wo Käthchen sagt:
> Ein Cherubim, mein hoher Herr, war bei dir
> Mit Flügeln, weiß wie Schnee etc.

und nun der altdeutsche Graf vom Strahl wie ein Gräculus im neunzehnten Jahrhundert antwortet:
> Nun steht mir bei, *ihr Götter!* ich bin doppelt

(ein andermal werden die Winde beauftragt, die Seufzer, die der Brust des Grafen entquillen, »zu der guten Götter Ohr« emporzutragen). Durch die Zustutzung Holbeins war indessen für die Wegschaffung dieser Ungebührlichkeiten gesorgt. Und doch sind derlei Verstöße in dem Werke noch das geringste Anstößige; viel mißlicher ist's, daß während das Ganze ohne irgendeine weitere religiöse Beziehung fortspielt (ich nehme »die guten Götter« zu Zeugen), ein Cherubim, grade wie ein Genius in den Zauberopern, die nächtlichen Erscheinungen vermittelt, und da, wo Käthchen in dem brennenden Schloß das Bild holt, und jetzt, wo alles einstürzt, an einem Marienbilde knieend sich festhält, dieser Cherubim *sichtbar* in heller Beleuchtung neben ihr emporschwebt. Das nicht als übereinstimmender, gleichzeitiger Traum, sondern als eine *gespenstische* Wirklichkeit behandelte Eintreten des Grafen in Käthchens Kammer scheint mir von der Art, daß eine höhere Sittenpolizei, wenn es deren gäbe, solchen Wahnwitz der Dichtung auf öffentlichem Theater nicht gestatten dürfte. – Übrigens ist die Rolle Käthchens, poetisch mit rühmlicher Absicht, theatralisch aber sehr zweckwidrig, fast nirgends beredt und stufenweise das Gefühl des Hörers an sich fesselnd, behandelt. Daß alle dennoch so großen Anteil an diesem Käthchen nehmen, darin eben bewährt sich die urkräftige Anlage dieses genialen, an glänzenden Verirrungen reichen, Werkes.

*512. Georg Reinbeck. Sämtliche Werke, Heidelberg 1818*

Wenn nun der ehrwürdige [Friedr. Ludwig] Schröder fast beständig die geschmacklose Farce: Das Käthchen von Heilbronn, auf der Hamburger Bühne sähe, was würde er jetzt sagen?

*513. Friedrich Weisser, Ein Wort der Verteidigung. Sämtliche prosaische Werke. Stuttgart 1819*

Was soll man von einem Dichter denken, der auch in einzelnen Stellen Proben wahrer Verstandeszerrüttungen, der ungeheuersten Verletzungen des Anstands und des guten Geschmacks nicht zu gedenken, gibt? Es steht sehr schlimm um die Schule, zu welcher Herr Heinrich von Kleist sich bekannte, wenn nicht sogar ihr Stellen, wie folgende, in dem belobten Kätchen ein Greuel sind:

»Kätchen, Mädchen, Kätchen! Du, deren junge Seele, als sie heute nackt vor mir stand, von wollüstiger Schönheit gänzlich triefte, wie die mit Ölen gesalbte Braut eines Perser-Königs [...] Du, schöner, als ich singen kann. Ich will eine eigene Kunst erfinden, und Dich weinen.«

Von dem nämlichen Kätchen wird gesagt, sie sei der Nabelschnur zu früh entlaufen, und ihr vermeinter Vater, der Waffenschmied Theobald von Heilbronn, ergießt sich in folgender Rede über ihre Liebe zu dem Grafen Wetter:

»Seit jenem Tage folgt sie ihm, gleich einer Metze, in blinder Ergebung, geführt vom Strahl seines Angesichts, fünfdrähtig, wie einem Tau um ihre Seele gelegt, wie ein Hund, der seines Herrn Schweiß gekostet.«

Mit diesem prosaischen Unsinne kann nur der poetische um den Preis streiten. Man lese z. B.:

»Verwegner, Du, aus eines Gottes Kuß,
Auf einer Furie Mund gedrückt, entsprungen,
Ein glanzumfloßner Vatermördergeist,
An jeder der granitnen Säulen rüttelnd,
In dem urew'gen Tempel der Natur.«                    *485*

## Ludwig Börne

*514. Ludwig Börne. Die Waage, Frankfurt a. M., Okt. 1818*

Dieses Schauspiel ist ein Edelstein, nicht unwert, an der Krone des britischen Dichterkönigs zu glänzen. Man braucht nur den herrlichen Monolog des Grafen, womit der zweite Akt beginnt, gelesen zu haben, um das Lob gerecht zu finden. Um so deutlicher fallen zwei Flecken in das Auge. Die wirkliche Erscheinung des Cherubs beim Sinken des brennenden Schlosses Thurneck konnte nicht unzeitiger geschehen. Die Seele, die so tief geneigt war, sich dem Anwehen einer verborgenen Geisterwelt, die im Traume sich offenbarte, gläubig hinzugeben, wird durch das sinnliche Wunder, das sich im Wachen ergibt, enttäuscht und wendet sich, nüchtern gemacht, vom Unbegreiflichen kalt hinweg. Zweitens spielt das Fräulein Kunigunde, ohne Willen des Dichters, die Rolle der Närrin, in diesem *ernsten* Schauspiele. Gibt es eine tollere Erfindung als dieses Fräulein, welche durch Schönheit und Liebreiz allen Rittern des Landes den Kopf verrückt, und am Ende sich als eine garstige Hexe kundgibt, die mit falschen Zähnen, aufgelegter Schminke und einem schlankmachenden Blechhemde die Göttin Venus vorzulügen verstand?

Aber wie haben sie dieses Stück wieder zugerichtet, damit es in ihren Raum, ihre Zeit und ihre Umstände sich füge! Das ist ein ganz eignes Kapitel des Jammers. Wie wehe gar muß es dem Künstler selbst tun, der die schönsten Teile seines Gemäldes wegschneiden sieht, damit es nur in den engen Rahmen passe.

*44*

### Käthchen und Dresden

*515a. K. A. Böttiger. Dresdner Abendzeitung, 15. Dez. 1819*

Wir können in Dresden sagen: hier bei uns ist der Geburtsort des bei allen seinen Verirrungen und Unfügsamkeiten doch wahrhaft genialen dramatischen Gedichts, welches zuerst im März 1810 am Theater an der Wien in der Kaiserstadt in seiner ursprünglichen wilden Regellosigkeit aufgeführt wurde, dann aber noch in demselben Jahre in Berlin unter dem doppelten Titel als *Käthchen* und als *Feuerprobe* im Druck erschienen ist. [...] Dem Dichter hat sich bei der Hervorbringung dieses oft mit flachem Kopfschütteln abgefertigten Stückes alle *Tiefe der Gemütswelt* aufgeschlossen. Aber er vermochte den Stoff nicht zu bewältigen. Er unterlag in dieser Dichtung wie im Leben der Sinnenwelt.

*365*

*515b. [Theodor Hell.] Morgenblatt, 14. Febr. 1820*
Dresden, *31. Dez. 1819.* Wir haben nun auch auf der hiesigen Bühne das wunderbare, oder wunderliche Käthchen von Heilbronn gesehen, und dürfen wohl sagen, daß es in den Hauptrollen nirgends besser dargestellt werden möchte. Es erfüllte auch seinen Zweck, das Publikum anzuziehen, und wird ihn künftig noch öfter erfüllen. Fragte man aber die Zuschauer, was ihnen denn so ganz vorzüglich daran gefallen habe, so war es immer die trefflich exekutierte Feuersbrunst nebst der Erscheinung des Schutzgeistes im dritten Akte, und die schöne Schlußgruppe, von bengalischem Feuer magisch erleuchtet. – Nun das lasse ich mir gefallen, auch recht sehr, daß man dem höchst zarten, und eben hier so wohlberechneten Spiele der Frau Schirmer als Käthchen, die zu meiner großen Freude gleichsam die somnambule, die sich ihrer Handlungen selbst unbewußte, nicht aber willig dem Ritter nachlaufende Dirne darstellte, Gerechtigkeit widerfahren lasse. [...] Aber daß das Stück auf eine höhere Stellung Anspruch machen könne, davon werde ich mich nie überzeugen, abgerechnet auch, daß der Dialog im Originale weit besser ist, als in der Holbeinschen Bearbeitung für die Bühne, die freilich auf der anderen Seite es erst möglich gemacht hat, das etwas unzusammenhängende Stück auf die Bühne zu bringen. 540

*516. [Ferd. Philippi.] Literarischer Merkur. Dresden, 10. Jan. 1820*
Kleists Käthchen von Heilbronn, von dem [...] einige verblendete dramatische Ketzer noch immer behaupten wollen: Luthers scherzhafte Gewohnheit, seine Frau »Cata mens« zu nennen, ließe sich mit weit größerem Rechte auf diese, wenn nicht dem Nonnenkloster, doch dem Vaterhause entlaufende liebestolle Jungfrau anwenden, diese ebenso hoch erhabene als tief herabgewürdigte Käthe hat, mittelst der Holbeinschen Verballhornung, auch einen Gegenstand auf die Bühne gebracht, über welchen hier etwas Näheres zu finden, dem minder belesenen Teile meiner Leser nicht unwillkommen sein dürfte. Es ist dies das in dem Vorspiel dargestellte, durch Langweiligkeit ermüdende *Vehmgericht.* 535

## Ludwig Tieck

*517. Tieck, Vorrede zu Kleists Hinterlassenen Schriften. 1821*

Von der alten Fabel und der beschränkten Form [der Penthesilea] wendete sich Kleist nun zu einer in allen neuern Sprachen wiederholten Romanze von der wundersamen Treu und Ergebenheit eines weiblichen Wesens gegen den Mann, den sie liebt. Diese alte, oft variierte Sage hat der Dichter von neuem auf seine Weise verwandelt und ein Gemälde gebildet, so ganz vom reinsten Hauch der Liebe beseelt und erfrischt, so rührend und bezaubernd, dem Wunder des Märchens und doch zugleich der höchsten Wahrheit so verschwistert, daß es gewiß als Volksschauspiel immer unter uns leben wird. [...] Es dürfte eine gewagte Unternehmung sein, diesen wunderbaren duftigen Strauß neu zu ordnen und zu binden, ohne etwas von dem zarten Blumenstaub zu verwischen und den frischen Morgentau zu verschütten. *250*

*518. J. R. Thorbecke an Tieck. Berlin, 27. Jan. 1822*

Das Käthchen von Heilbronn hat mich nicht minder innig ergriffen. Unsern heutigen Damen, die nach der Etikette lieben [...], darf man mit einer solchen Liebe nicht kommen. Aber wenn ich hier sagen darf, was ich meine, so scheint mir in diesem Kunstwerk die höchste Würde der weiblichen Natur ausgesprochen und der wahre Charakter der Liebe von einer gewissen Seite ebenso ursprünglich als rein und tief aufgefaßt. In Käthchen zeigt sich uns die vollständige Einheit und Durchdringung von Notwendigkeit und Freiheit in der Liebe, wie sie nur das himmlische Gemüt einer edeln Frau in sich aufzunehmen vermag. [...] Darum möchte ich auch die Vision, welche den Blick über alles Menschliche und Zufällige erhebt und den unmittelbar göttlichen Ursprung einer solchen Liebe beständig im Hintergrunde gegenwärtig erhält, im Ganzen nicht tadeln. Käthchen aber und den Grafen vom Strahl ausgenommen, ist das übrige Leben des Stücks mehr ein Bewegtsein der äußeren Handlung, als ein inneres abgerundetes und individuelles Leben von Personen: Und wiewohl ich hier den Gegensatz nicht verkenne, so hätte doch billigerweise das Innere und Äußere auch von dieser Seite sich mehr durchdringen sollen. *448*

*519a. Tieck. Abendzeitung, Dresden 1823*

Der Cherub, der Käthchen aus dem Brande rettet, ist allen, ihr selber unsichtbar, nur so ist er poetisch. Der Umarbeiter [Holbein] läßt ihn von allen gewahr werden, die Landschaft spricht nachher über diese Erscheinung, ja sie muß noch einmal sichtlich bei der Vermählung mit dem Hochzeitskranz, wie ein Gratulant, erscheinen, um mit dem beliebten widerwärtigen Feuerwerk das Stück auf eine mehr als poetische Art schließen zu können. Ob der nämliche Cherub nachher auch ordentlich mit zu Tische sitzt, bleibt der Imagination anzunehmen oder zu bezweifeln überlassen.

Und dennoch muß der Dichter diesem Bearbeiter dankbar sein, weil durch seine Bemühung Kleists Worte doch zum Volke gedrungen sind. [...] Vielleicht ließe es sich von einer geschickteren Hand dahin abändern, daß Käthchen die Enkelin des alten Waffenschmiedes ist; seine einzige, schöne Tochter ist an der Geburt des Kindes gestorben; sie hat ihm keine nähere Bestimmung über ihren Verführer oder unbekannten Geliebten geben können; nur eine sonderbare Münze, die sie vom Unbekannten selbst erhalten hat, um sich dadurch einst kenntlich zu machen, erbt der Vater von der Sterbenden. Kriege, Bedrängnisse, Begebenheiten in der eigenen Familie entfernten alles aus dem Gedächtnisse des Kaisers. Theobald, der das Andenken seiner Tochter nicht will geschmäht sehen, entfernt sich mit dem neugeborenen Kinde, und siedelt sich wieder in einer entlegenen Gegend an, wo er für den Vater des Mädchens gilt. In der heftigen Klage vor dem Kaiser verrät er sich in der Leidenschaft, und die Entdeckung geht vor sich. Ebenso schwierig ist es aber, den Aberglauben, der durch die Verwirklichung keiner sein soll, zu veredeln, oder ihn überflüssig zu machen. *444*

*519b. Ludwig Robert an Tieck [Berlin, Frühjahr 1824]*

Was Sie über das Käthchen von Kleist sagen, und die Erfindung des neuen Schlusses, ist vortrefflich! *So* aufgefaßt und ausgeführt, würde es zu den vorzüglichen Dramen gehören. *448*

## Fouqué in Karlsbad

*520. Fouqué, Reise-Erinnerungen. Dresden 1823*

Sah ich gleich meines Freundes Heinrich von Kleist Käthchen aus Heilbronn [1822 in Karlsbad] nicht *so* darstellen, wie der Dichter es sich gewünscht haben möchte und ich es in des Vorangeschwebten Seele wünschte, so bin ich doch überzeugt, er würde behaglich lächelnd an meiner Seite gesessen haben, in dem mehr als halb leeren, nur kaum erleuchteten Hause, so treu gaben die wenigen Zuschauer, meist lauter Östreicher, acht, so ehrlich meinten es die Schauspieler mit ihrer Aufgabe. Eine freilich etwas seltsame Ankündigung auf dem Zettel sagte uns:

»Da durch Versehen der Theaterleute der Aktschluß mit der Brücke verloren gegangen ist, so wird diesmal besondere Aufmerksamkeit darauf verwendet werden, um diesen Fehler zu verbessern.«

Aber der Aktschluß mit der Brücke ward auch wirklich diesmal nicht nur vor dem Verlorengehn behütet, sondern in der Tat recht hübsch und sinnvoll ausgeführt, so daß ich das Bild des in den Flammen emporklimmenden Käthchen mir noch immer gern zurückrufe. *125*

## Berlin feiert Luise von Holtei

*521. [Ludwig Robert.] Morgenblatt, 26. April 1824*

Berlin, 4. April. Frau von Holtei ist für unsere Bühne wieder gewonnen [...] Wir werden diese, im naiven Fache vorzügliche, Schauspielerin nächstens im Käthchen von Heilbronn sehen. Weder dieses Stück, noch irgend eines unseres genialen Landsmannes Heinrich von Kleist ist je in Berlin gegeben worden. Aber daran ist der brandenburgische Dichter selbst schuld. Hätte er seine Dramen in französischer Sprache geschrieben, sie wären schon längst von unsern Theater-Fabrik-Arbeitern übersetzt und sogleich dargestellt worden. So aber schrieb er deutsch und erlebte nicht die Genugtuung, daß dieses Werk auf der Bühne erschien, ja er starb wohl aus tiefer Kränkung hierüber, indem er sich in den bittersten Lebensverhältnissen befand, die in Geisteszerrüttung ausartete, als ihm Iffland das, diesem zuerst angebotene Manuskript des Käthchens von Heilbronn auf höchst unzarte Weise zurücksandte. Nach seinem Tode geschahe das, was ihm das Leben retten, und uns einen dramatischen Dichter, wie wir ihn jetzt nicht besitzen, hätte erhalten können. Das Käthchen von Heilbronn ward ein Lieblings-, ja ein Nationalstück, wenigstens des *südlichen* Deutschlands. Dennoch hat dieses Drama bei weitem nicht so vielen Wert als der zerbrochene Krug, oder gar der Prinz von Homburg. [269b]  540

*522. [W. Alexis.] Literarisches Conversations-Blatt, 30. Juni 1824*

Berlin, Mai 1824. Das Käthchen von Heilbronn, wohlbekannt, und fast auf allen Bühnen Deutschlands, wo es bekannt ist, gern gesehen, erschien erst in diesem Jahre auf der unsern. Geboren in Berlin, oder doch eines vaterländischen Dichters liebliche Tochter, ein legitim poetisches Kind, mußte es fast drei Lustra warten, ehe Körnersche Dramen, die späten Nachgeburten Kotzebues, die Unmasse französischer Kleinigkeiten und die Wollsäcke unserer neuesten massiven Bühnendichtung diesem Gedichte Platz machten, welches nichts von den Qualitäten jener Kassenstücke besitzt und nur durch wahrhaft dramatisches Leben, Steigerung des Interesse, Wahrheit der Charakteristik und echte Poesie auf den Beifall der Masse und der Gebildeten Anspruch macht. Er ist ihm in reichem Maße zuteil geworden und hat bewährt, daß das wahrhaft Schöne zuletzt über alle Hindernisse siegt. Berlin war es, von wo die empörendsten Urteile gegen den unglücklichen Dichter ausgingen, wo die Stimme der Roheit laut wurde und die Anhänger der sogenannten alten Schule über dem blutigen Leichnam des Dichters ihren letzten Sieg gegen die Allmacht wahrer Poesie in lebhafter Schadenfreude zu feiern glaubten. Um so erfreulicher ist es, daß Berlin nach langen Jahren mit so rauschendem Beifall des hingeschiedenen Dichters Lieblingskind empfangen hat. Die Toten mögen ruhen, und mit ihnen die Anschuldigungen gegen diejenigen, welche das Erscheinen des Käthchens bis jetzt verzögerten. Frau von Holtei dagegen, deren Wiederankunft auf unserer Bühne wir die Beschleunigung zu verdanken haben, dafür und für das sinnige zarte Spiel des Käthchens unsern herzlichen Dank!

Ist es aber glaublich, wenn man noch jetzt Stimmen hört, welche mit ästhetischer Vornehmheit von den Abgeschmacktheiten des *Ritterschauspiels* sprechen und mit Lust die Szenen eines Bräutigams aus Mexiko und eines Wollmarkts [beides Stücke von H. Clauren] zergliedern? Daß Heinrich von Kleists Käthchen einige große Fehler, einige bizarre Seiten hat, daß diesen teilweise durch Holbeins Bearbeitung abgeholfen ist, teilweise aber auch zart poetische Fäden dadurch zerschnitten sind, ist gewiß, hier aber nicht der Platz näher zu erörtern; daß aber Käthchen in dieser oder jener Bearbeitung, den unverlöschlichen Grundzügen nach, ein Juwel unserer Poesie und Bühne ist, liegt außer Zweifel. *524*

*523. [Ludwig Robert.] Morgenblatt, 7. Juni 1824*

*Berlin, 11. Mai.* Wir stellten in unserm letzten Schreiben [s. 269b] dem Käthchen von Heilbronn ein schlechtes Horoskop, indem wir zweifelten, daß dieses Drama hier in Berlin jene Teilnahme finden würde, die es im südlichen Deutschland so allgemein erregte; und freudig gestehen wir, daß unser Vor-Urteil ein Vorurteil war. Das Stück fand ungemeinen und dennoch allgemeinen Beifall; fünf oder sechs Mal ist es bereits gegeben und immer war das Haus überfüllt. Bedenkt man, daß der Verfasser unser Landsmann war, daß er dieses höchst ausgezeichnete Werk, unter den drückendsten Lebensverhältnissen, hier in unserer Stadt, schrieb, oder wenigstens vollendete, daß er es zuerst unserer Bühne, aber vergebens und mit Hohn und Haß zurückgewiesen, anbot, daß er *erst sterben mußte,* ehe Deutschland seinen Wert als Dramatiker erkannte, und daß seit dieser Anerkennung noch zehn Jahre vorübergingen, bevor eines seiner größeren Werke in der Hauptstadt seines Vaterlandes dargestellt und mit Jubel aufgenommen und anerkannt wurde – bedenkt man dieses, so kann man sich eines tiefwehmütigen Gefühls über das grausame und traurige Los eines so selten und wahrhaft berufenen Talents nicht erwehren. [...] Kleist strandete an der Sandbank flach-absprechender Seichtigkeit, und unerkannt in bitterer Armut ging er unter, während dieser und jener platte Geselle von seinesgleichen sich lobhudeln läßt oder gar selber von sich selbst kritisch posaunt und die Wucherzeichen seines usurpierten Moderuhms behaglich einstreicht. Welch ein originales Talent für die Bühne haben wir durch unsere Schuld verloren und wie trefflich würde uns heute, bei unserer dramatischen Wassernot, dieser Feuergeist zustatten kommen! –

Das Käthchen von Heilbronn ist zu bekannt, als daß wir nötig hätten, Plan und Gang des Stückes auseinander zu setzen; auch hat Tieck hierüber bereits das Erschöpfende in seiner Vorrede zu Kleists hinterlassenen Werken gesagt. Nur eines wollen wir bemerken: daß wir nämlich die Exposition dieses Dramas für eine der einfachsten und schönsten halten, die wir kennen. Zuschauer – das heißt Leute, die sich so ins Schauen hinein verwöhnt haben, daß sie gar nicht mehr hören wollen noch können – Zuschauer behaupten, die Erzählungen in der Exposition seien zu lang. Wenn sie das sind, so kommt es vermutlich daher, weil der Bearbeiter (Hr. von Holbein) sie abgekürzt hat. Ja gerade durch Streichen – und das werden die beamteten Manuskript-Beschneider nicht glauben – kann eine Szene zu lang werden; denn meistenteils wird aus der Tiefe herausgestrichen, wodurch für das Kunstverhältnis die Breite dann zu breit und die Länge zu lang wird. 540

*524. [Friedr. Schulz.] Spenersche Zeitung, Berlin, 1. Mai 1824*

Der Dichter Heinrich von Kleist freilich möchte kein Wort aus seinen Werken missen, ihm, der es aus tiefer Begeisterung in *einem* Guß hervorgebracht, mußte allerdings jegliche Abkürzung und Veränderung eine Verletzung erscheinen: aber darum konnte auch sein Wunsch, noch bei seinen Lebzeiten sein geliebtes Käthchen auf unserer Bühne zu schauen, nicht erfüllt werden. Mit lebhafter Bewegung erinnere ich mich der darüber mit ihm gepflogenen Gespräche, sowie seiner Äußerungen, wie er insbesondere die Darstellung des Käthchens selbst, sich dachte. Und so glaube ich, nicht bloß *meine* Ansicht auszusprechen, sondern auch der Dolmetscher des verewigten Dichters zu sein, wenn ich der Frau v. Holtei dafür danke, daß sie das Käthchen so jungfräulich zart, so kindlich in ihrer ganzen Erscheinung, einfach im Ausdruck des Worts und der Gebärden, wie es der Dichter wollte und der Geist des Gedichts es allerdings fordert, dargestellt hat. *365*

*525. Friedrich Kind an Fouqué. Dresden, 1. Juli 1824*

Vielleicht nach des Dichters Tode erkennt man es, daß sein Werk gut gewesen – wie jetzt in Berlin mit Kleists Käthchen der Fall sein soll – aber was hilft es dann dem, der unterm Hügel liegt und der wohl noch Trefflicheres hätte leisten können, hätte man den Lebenden ermuntert – hätte man ihm nur Gerechtigkeit widerfahren lassen! *130*

*Bald nach ihrem triumphalen Erfolg als Käthchen erkrankte Luise v. Holtei und starb, lebhaft betrauert, am 28. Jan. 1825*

*526a. Karl v. Holtei, Blumen auf das Grab der Schauspielerin Luise v. Holtei. Berlin 1825*

Sie preisen dich,
Als Käthchen von Heilbronn.
Und es ist wahr,
Rührend gelingt dir
Der innige Ton,
Die kindliche treue,
Jungfräulich reine,
Hingebende Liebe,
Kräftig, lebendig,

Feurig erscheinst du,
Wenn du den Brief bringst,
Und im Feuer,
Dem flammenden.
Aber was ist allen, allen,
Die dich sehen,
Dich preisend bewundern,
Was ist ihnen Käthchen –
Und was ist es mir?? [...]

Und dein höchster Klageruf
In des Lebens grausamsten Stunden war,
Den Blick zum Himmel gewendet,
Das liebe Wort:
O mein hoher Herr! *212*

*526b. Adalbert v. Chamisso, An Holtei. 1825*

»Mein hoher Herr!« – Wie ist dein Stolz gebrochen!
Wie sank die hohe Herrschaft doch sogleich!?
Der Mund ist stumm, der so zu dir gesprochen [...] *212*

*526c. Fouqué, An Heinrich von Kleist. 1825*

Heinrich, mein tönender Freund! du tönend noch, ob im Jenseit
Dunkel verlor sich die Spur deiner kometischen Bahn, –
Du, dem so vieles auf Erden gebrach, und mißlang, und dir
Hättest das eine du nur, glühender Sänger, erschaut: [fehlschlug,
Käthchen, dein Lieblingskind, im Hollundergebüsch süß
Wie aus jungfräulichem Geist jene holdselige Frau, [träumend,
Die wir beweinen jetzt, sie hervorrief. Lächeln und Tränen
Weckend dem tieferen Sinn; – Heinrich, du Sängergemüt,
Das, – das wär' ein Triumph dir gewesen, wie du ihn ersehntest,
Wie du verdientest ihn auch, selbst dich vergessend im Bild! –
Aber so vieles, o Freund, ist klar dir geworden erst jenseit!
Finde das Käthchen denn auch jetzt unter Palmengezweig.
Wir – wir singen hienieden, wie in den Hollundergesträuchen
Zeisig zwitschert. – Auch das kündet ja ewigen Mai!

212

*527. Hegel, Vorlesungen über die Ästhetik. Berlin, Winter 1828/29*

[Die Liebe, diese weltliche Religion der Herzen] in ihrem,
dann freilich unschönen Extrem bis zur unfreien, knechtischen,
hündischen Aufopferung der Würdigkeit des Menschen, wie
z. B. im Käthchen von Heilbronn [...]

183


## Parodien in Berlin und Wien

*528a. K. v. Holtei, Staberl als Robinson. Eine Parodie. Berlin 1828*

(Es treten ein [als die klassischen Bühnengestalten]: Julia, Iphigenia, Minna von Barnhelm, Kätchen von Heilbronn, Marquis Posa, alle gebunden; ihnen folgen, sie hereintreibend [als Vertreter der berüchtigten Erfolgsstücke]: Meinau, Hugo, Isidor, Jaromir, der Seiltänzer, der Galeerensklave) [...]

*Isidor (zu Kätchen):* Nieder mit euch allen, ihr unerträglichen Autoritäten!

*Kätchen (bittend):* Mein hoher Herr – nicht so fest die Strikke!

*Meinau:* Das alte Kätchen!

*Kätchen:* Was schmält ihr? Ist Euch nicht kürzlich erst bewiesen worden, daß eine naive Schauspielerin gar nicht alt genug sein kann? [...]

*Minna:* Oft schon versuchte man, uns die alte, angestammte Herrschaft zu rauben – und besonders sahen sie es auf mich ab, weil sie mich prosaisch nannten. Aber die guten Leute vergaßen, daß meine Prosa ihre Verse aufwiegt. Auch wird sich ein Retter zeigen.

*Kätchen:* Ich möchte wohl wissen, wo er herkommen soll? Wir sind ja auf einer wüsten Insel! – Ich bin doch sonst nicht ekel, noch furchtsam. Ich schlafe im Pferdestall, ich gehe ins Feuer, ja ich würde sogar ins Wasser gehen, und es kommt mir auch auf die Hetzpeitsche nicht an. Aber hier ist mein Latein am Ende, so wahr ich das Kätchen von Heilbronn bin. [...]

*Staberl:* [...] Einer von uns muß sich jetzt mit Freitag seiner Armee in Kommunikation setzen.

*Kätchen:* Das tu ich! Ja, ich flieg ihm entgegen; ich sag ihm daß Sie da d'rin stecken. Wir erretten Sie! Aber einen Brief muß ich haben, einen Brief! Kätchen muß einen Brief bringen! [...]

*Posa:* Nun vorwärts, vorwärts, Fräulein Katharine!

*Kätchen (zum Orchester):* Musik! Musik! *(Ein Satz Musik.)*

*Kätchen:* Kriegerische Töne! Lebt wohl, lebt wohl, Freunde! Die Losung ist *Rettung und Staberl (Sie läuft ab).*

*Staberl:* Weg war sie! meine *gute, edle, eilfertige* Kathrine. [...]

*Kätchen:* Verzeihung; ich bin deine verlassene Gattin. Ich erschien in dieser Maske nur, um anzudeuten, daß ich dir folge wie Kätchen ihrem –

Staberl (sie unterbrechend): Donner-

*Kätchen:* Wetter-

*Staberl:* Sapperment-

*Kätchen:* Von Strahlen! Ich bin ja nicht das rechte Kätchen [...] Hast du denn nicht bemerkt, daß ich die Naivetät nur affektiere?

*Staberl:* Das muß dem Menschen doch g'sagt werden.

*Posa:* Ja, wenn man's uns nicht sagt, nehmen wir Ziererei für Wahrheit und Affektation für Naivität.

*213*

*528b. [W. Alexis.] Berliner Conversations-Blatt, 21. Januar 1828*
  Königstädtisches Theater [am 9. Jan. 1828]: Staberl als Robinson. Der Paraplümacher Staberl ist per varios casus Robinson Krusoe geworden. [...] Da treibt der Sturm ein Piratenschiff an die Insel, und gefangen werden hereingebracht *Iphigenia, Julia, Minna von Barnhelm*, ein falsches *Käthchen* und der Marquis *Posa*. Die Piraten oder Verschwornen, nämlich *Meinau* der Menschenhasser [von Kotzebue], *Hugo* [von Müllner], der Leibeigne *Isidor* in Livree [von Raupach], *Jaromir* [von Grillparzer], der *Seiltänzer* [aus Houwalds, »Fluch und Segen«] und der *Galeerensklave* [von Th. Hell], alle wütend über Personen, welche sie so lange in ihrem Handwerk gestört haben, verkünden ihnen, daß sie zum längsten regierten. Der Galeerensklave möchte sie gleich totschlagen, aber Meinau will sie lieber verhungern lassen, weil sie Menschen sind. [...]
  Käthchen spielt [bei der Befreiung] eine Hauptrolle; sie bringt Briefe, weil sie Briefe bringen muß; sie holt den Papagei und das Paraplui aus dem bengalischen Feuer, das von den Verschworenen angezündet worden. [...]
  Das Liederspiel ist gefallen. Der Dichter selbst trägt die Schuld; er hat ein zu gewagtes Spiel gespielt, zu phantastische Gestalten auf unsere reellen Bretter zitiert. Dies hindert uns nicht zu sagen, daß *Staberl als Robinson* zu den witzigsten, geistreichsten und gehaltvollsten Dichtungen für das Theater gehört und uns aufs neue Achtung für Holteis dichterische Produktionskraft und Kunst einer witzigen Dialogisierung eingeflößt hat. *523*

*528c. C. L. Costenoble, Tagebuchblätter (1889)*
  *Wien, 14. März 1831:* In der Leopoldstadt hat eine Parodie des »Käthchens von Heilbronn« unter dem Titel »Kathi von Hollabrunn« großes Glück gemacht. Meisls Stück enthält auch manches recht treffend Parodierte. Statt des Engels, der das Heilbronner Käthchen aus den Flammen rettet, sieht man hier einen Rauchfangkehrer mit weißem Gefieder herniederflattern und »Kathi« salvieren. Die Szene unter dem Holunderstrauche ist recht komisch und voll Kraft der wahren Parodie; denn Kathi legt sich mit Vorbedacht in eine reizende Stellung und

der Ritter spricht bald mit ihr wie mit einer Träumenden, bald wie mit einer Kokette, die sich nur schlafend stellt. Daraus entstehen höchst amüsante Repliken. Der Schluß des Stückes ist das Schwächste, und das ist eine gewöhnliche Schwachheit der Lokaldichter.

74b

*Heine in Paris*

*529a. Heinrich Heine an den Schauspieler Boccage. Paris, 7. Mai 1834*
Ich habe Ihr Billet und das Manuskript von Kleists Tragödie [Käthchen von Heilbronn] erhalten. [...] Was Mr. Dumas betrifft, so weiß ich nicht, was ich denken soll. Als ich ihn das erstemal sah, vor sieben Wochen, sagte er mir ganz bestimmt: »Mr. Harel [Pariser Theaterdirektor] wird heute Abend die Tragödie von Heinrich Kleist in Händen haben«, und als ich ein zweites Mal bei ihm war, vor zehn Tagen, sagte er mir: »Das Manuskript der Tragödie ist in Händen von Mr. Harel, ich fordere Sie auf, zu diesem Zweck Mr. Boccage zu besuchen, mit dem ich selbst augenblicklich nicht sprechen kann, weil wir uns entzweit haben.«

Da ich sehe, daß Mr. Dumas sich geirrt hat und das Manuskript überhaupt nicht in Händen von Mr. Harel war, so werde ich von allen weiteren Schritten absehen. Das Stück wird vielleicht besser seinen Weg machen, wenn es im Druck vorliegt. [franz.]

132

*529b. Alexandre Dumas zu A. Weill (1837)*
Heine kam vor drei Jahren zu mir und brachte mir eine Übersetzung von Kleists »Käthchen von Heilbronn«. Ich las sie durch, bewunderte das deutsche einfach-poetische Märchen, sagte ihm aber, daß das Stück durchaus nicht geeignet sei für eine französische Bühne. Wenn Käthchen von einem Tritt, den man ihr gegeben, spricht, lacht das ganze Publikum. Ebenso wenn Ferdinand sagen würde: »La limonade est fade comme ton âme.« Als ich abreiste, besuchte ich Heine, um ihm Lebewohl zu sagen, und fragte ihn, ob ich noch sein »Käthchen« aufführen lassen sollte. Aber Heine kennt jetzt Frankreich, und er lachte darob.

132

*Grabbe in Düsseldorf*

*530a. Christian Dietrich Grabbe. Düsseldorf 1835*
*An Immermann, 19. Febr.:* Heute am 19. Febr. ist's mir noch ebenso zumut wie gestern. Daß das Zuschauer-Volk das Käthchen nur wegen seiner Äußerlichkeit bewundert, und Käthchen ist doch das Rätsel der Liebe, mit sicherer, harter Hand der Welt gezeigt. Möge einer einmal das Rätsel der Natur überhaupt auch so dartun. Ich glaube, Ihr Merlin tut's schon. –
*An Immermann, 30. März:* Kleists Hermannsschlacht schick ich anbei mit Dank zurück. Was *ich* daraus benutzen konnte, hab ich mir gemerkt. Mein Armin wird aber ganz anders. Ob besser, weiß ich nicht zu urteln. Hoff's aber ziemlich stolz. Verzeih mir's Gott.

*530b. Grabbe. Düsseldorfer Fremdenblatt, 23. März 1836*
*Montag, den 21. März:* Das Käthchen von Heilbronn [...] Bei allen Dichtern, Shakespeare in Romeo und Julie nicht ausgenommen, werden Verliebtsein und Liebe mehr oder weniger nur durch allerlei äußerliche Mittel motiviert. Dem ist aber selten so; unter hundert wahrhaft Liebenden möchte kaum einer oder eine sein, welche da sagen könnten, *warum* sie eigentlich sich liebten? Der Gedanke an körperliche Schönheit oder geistige Vorzüge kommt in der Regel erst, wenn man schon an der Angel sitzt. Kurz, Liebe ist ein Naturereignis, welches kein Mensch in seiner Jugend so leicht umgeht, und manchen, der ihm da entwischt zu sein glaubte, noch in seinen späten Jahren einholt, und zum Narren macht, er weiß nicht wie.

Von dieser Seite hat Heinrich von Kleist so keck und kühn als wahr und lebensfrisch die Sache ergriffen. Käthchen liebt den Graf Wetter von Strahl, er liebt Käthchen, und beide reden und tun als Verliebte, und ahnen dabei nicht, daß sie dergleichen sind, bis ein Traum des Mädchens und die entdeckte Bosheit eines schlechten Weibes sie über ihre Neigungen aufklärt. Selbst die scheinbare Härte, mit welcher der Graf anfangs das Mädchen anführt, zeigt nur, daß er sich vor seiner Leidenschaft fürchtet, und sich selbst verblenden will. Kleist läßt bei der Katastrophe das Käthchen zur Kaisertochter (noch dazu zu einer illegitimen!) werden, um den Adelsstolz des v. Strahl auf irgend eine Art zu befriedigen. Ob das nicht überflüssig und durch des Dichters persönliche Ansicht herbeigeführt ist, mag ich nicht entscheiden. In seinem Schauspiel, wo bloß Bewegungen des Herzens im Spiel sind, konnt' er diesen Hülfsgrund zur endlichen Verheiratung wohl weglassen. Zwar spricht die Sage für ihn. Er hat sie indes so oft nicht geschont, und zu einem besseren Stoff gekräftigt, daß man ihm auch diesmal lieber folgen würde, wenn er konsequent geblieben und nicht zu modern konventionell geworden wäre. *152*

## Saphir und Hebbel

*531. Moritz Gottlieb Saphir. Der Humorist, Wien, 14. Okt. 1843*

Eine Handlung, die im Fieber ihren Anfang, im Krankenschlaf eines hysterischen Mädchens nach der Vision ihres Geliebten im Bleiguß sich fortspinnt und endlich ihre Entwicklung wieder in einem Somnambulenschlaf erreicht, in welchem ein beblechter Ritter, ein zwitschernder Zeisig, eine aus dem Schlaf redende, liebessieche Magd und ein Muttermal am Halse die vier inniggesellten Elemente der dramatischen Katastrophe ausmachen!

Es gab eine Zeit, ja, es gab eine, wo selbst große Geister wie Tieck, Börne usw. in der krampfhaften Unwahrheit, in dieser angekränkelten Sentimentalität, in dieser niesenden und verschnupften Zerflossenheit von magischen Überweltlichkeiten, in diesem kraft- und saftlosen Zurücktreten alles wahren und echten Herz- und Geisteslebens, in dem Murmeltier- und Dachsbau einer wesenlosen Innerlichkeit und Abspannung eine große, poetische Idee wahrzunehmen glaubten [...] Wie kann eine gesunde Auffassung in dieser Ammenmärchengeschichte ein besonderes Geheimnis der Liebe, eine Manifestation der magischen Gewalt der Liebe erkennen? *387*

*531a. [Saphir.] Der Humorist, Wien, 14. Dez. 1852*

Solch eine Liebe von solch einem Mädchen ist *nie* empfunden worden – auch Kleist hat bei dieser Arbeit nichts empfunden, er hat nur gedacht. Käthchens Liebe ist durch nichts gerechtfertigt – entschuldigt wäre vielleicht richtiger gesagt, denn sie ist ein Frevel an der gottgeweihten Weiblichkeit, sie ist das verkrüppelte Kind der kränklichen Seele, die mit dem Wahne gebuhlt, sie ist nicht physisch genug, um wahr zu sein, und psychologisch ist sie eine Lüge. Wir haben alle Achtung vor Kleist und anerkennen seine Vorzüge, aber wir sind nicht gewohnt, uns vor Namensgrößen zu beugen, und »Käthchen von Heilbronn« ist ein durch und durch nervöses Stück, welches nicht allein nicht mehr für uns paßt, sondern nie, und wie verderbt auch der Zeitgeschmack gewesen sein möge, der gerechten Beurteilung hätte standhalten können. *387*

*532. Hebbel. Jahrbücher für dramatische Kunst und Literatur, Juni 1848*
Mitteilungen aus meinem Tagebuch [Rom 21. Febr. 1845]: Gedanken beim Wiederlesen des Käthchens von Heilbronn.

O, wie mich das schmerzt! Käthchen, du mein liebes Käthchen von Heilbronn, dich muß ich verstoßen, dir darf ich nicht mehr so gut bleiben, als ich dir wurde, da ich dir, fast noch Knabe, zum ersten Mal in die süßen, blauen Augen schaute und mir dein rührendes Bild alles aufopfernder, und darum vom Himmel nach langer, schmerzlicher Probe gekrönter Liebe, ich glaubte für ewig, in die Seele drückte! Wie ein Stern bist du in einer trüben Zeit über meinem Haupt aufgegangen, und hast jene Seligkeit, die mir das Leben noch verweigerte, und nach der mein Herz doch schon ungeduldig schmachtete, in meine Brust hinein gelächelt. [...] Nicht du hast dich verändert, du bist und bleibst eine rührende, von dem Liebreiz himmlischer Unschuld umflossene Gestalt, eine echtgeborene Tochter der Poesie, der die Mutter ihre eignen Züge geborgt hat, aber die Welt, in der du dich bewegst, und die dich hebt und trägt, will mir nicht mehr wie früher gefallen, ja nicht einmal ganz mehr, dies wird dir am wehsten tun, dein Wetter von Strahl, der dich erst zu heiraten wagt, nun du eine Kaisertochter bist. [...] Mir däucht, du kamst in die Welt, um zu zeigen, daß die Liebe eben darum, weil sie alles hingibt, alles gewinnt, und wohl auch, um zu beweisen, daß der alte Plato, als er über dem Geheimnis der Neigung brütete und sich zu der Idee der

Wiedererinnerung verstieg, kein ganzer Narr war, wenn auch vielleicht ein halber. Aber, so viel du auch wagst, so rührend du dich auch opferst, du hast so wenig das eine als das andere dargetan, denn du siegst nicht durch dich selbst, nicht durch die Magie der Schönheit, nicht durch die höhere des Edelmuts, nicht einmal durch das Cherubim-Geleite von oben; du siegst durch eine Pergamentrolle, durch den kaiserlichen Brief, der dich zur Prinzessin von Schwaben erhebt. [...] Doch das ist nicht deine Schuld, sondern die Schuld dessen, der dich erzeugte und ein Schicksal über dich verhängte, das dich mit dir selbst in Widerspruch setzte. Zu diesem, dem Dichter, wende ich mich nun jetzt. [...]

Die Einwendung, daß der Dichter ja eben ein Bild aus der Ritterzeit habe aufstellen wollen, kommt nicht in Betracht, denn man darf den Keim nicht ins Wasser werfen, von dem man eine Blume will, und einen Lebensprozeß nicht an Bedingungen knüpfen, die ihn unmöglich machen. Das Reinmenschliche des Käthchens hätte das Stockritterliche des Wetters von Strahl besiegen, oder gar nicht damit in Verbindung gebracht werden müssen; es ist nicht bloß widerwärtig, denn dies würde nur relativ geltend zu machen sein, nicht auf jedem Standpunkt als Fehler erscheinen; es ist absolut widersinnig, daß jenes auf dieses, als ob es nur daraus hervorgehen könne, zurückgeführt, daß die Mutter zur Tochter herabgesetzt wird. Und das geschieht.

Vielleicht sollte ich diesem verneinenden Urteil über das einzelne Stück einen Panegyrikus auf den Verfasser zu meiner Verwahrung hinzufügen. Aber es gibt Geister von solcher Bedeutung, daß nur die Unverschämtheit oder die Dummheit sie zu loben wagt, Namen, die jedes ganz gehorsamste Adjektiv, das sich ihnen mit Räucherfaß und Fliegenwedel zur Seite stellen wollte, verzehren würden, wie das Feuer den Kranz, wenn jemand die Abgeschmacktheit beginge, ihm einen aufzusetzen. Zu diesen rechne ich – mit aller Achtung vor Goethes bekannten und relativ allerdings begründeten Ausstellungen sei es ausgesprochen – Heinrich von Kleist. Ich werde nie zum Frühling sagen: Verzeihen Sie, Sie haben dort ein welkes Blatt! Oder zum Herbst: Nehmen Sie es ja nicht übel, aber dieser Apfel ist nur zur Hälfte rot! *180*

*Heinrich Laube*

*533a. Heinrich Laube, Erinnerungen (1875)*

In der Ohlauer Straße [in Breslau 1828] sah ich eines Tages einen Theaterzettel an – was mir bis dahin in Breslau nicht eingefallen war – und las: »Das Käthchen von Heilbronn von Heinrich v. Kleist.« Das lockte mich zu meiner eigenen Überraschung. Ich griff in die Tasche, die acht Groschen fürs Parterre waren vorhanden; ich ging seit der Leipziger »Minna von Barnhelm« zum ersten Male wieder ins Theater, und die Poesie des »Käthchens« erquickte mich vollständig. Ich weiß jetzt genau, daß der Wetter v. Strahl, ein angenehmer Konversationsschauspieler, kein voller Ritter war, und daß Käthchen von einer schon bejahrten Soubrette gespielt wurde, der ich als Theaterdirektor die Rolle nicht gegeben hätte. [...] Ihr war also die poetische Bedeutung des Käthchens nicht zuzutrauen, sie hatte aber ein echtes Talent, und dies überholt ja so oft jegliche Bildung — sie hatte mir sehr gefallen und das Stück rumorte in mir. *280*

*533b. Heinrich Laube, Das Burgtheater (1868)*

Dieser Theaterabend [von 1828] hatte mich poetisch angemutet, ich war dadurch plötzlich wieder Theatergänger geworden wie in der Knabenzeit, ich war dadurch zum öffentlichen Schreiben über, ja für das Theater verleitet, ich war auf diesem Wege aus einem Theologen ein nutzloser Schriftsteller geworden. Wo ist das Stück von jener Straßenecke, welches dich verführt hat? Ist es nicht auf dem Repertoire? Nein. Es ist verschwunden. Eine banale Bearbeitung von Holbein hat es auf die Länge ungenießbar gemacht. Ich aber meinte damals eine Bearbeitung gesehen zu haben, welche dem Originale ganz nahe gestanden. Ich fragte bei Anschütz nach; er war ja eine Art Breslauer, er war noch fünf Jahre vor meiner Studienzeit am dortigen Theater und sehr beliebt gewesen, man sprach meiner Zeit noch warm von ihm. »Ja wohl«, sagte er, »wir haben einmal in Breslau das Original nach Kräften hergestellt, meine Frau hat die Titelrolle gespielt und auch hier in Wien mit großem Glücke in derselben debütiert. Dies Buch wird sich wohl einige Jahre auf dem Breslauer Theater erhalten, und Sie werden die Vorstellung nach diesem Buche gesehen haben. Jetzt würde es wohl nicht mehr genügen, aber jetzt könnten wohl Sie diese romantische Perle für unsere Szene fassen [...]« Das tat ich. Es war das »Käthchen von Heilbronn«, und in dieser Einrichtung [von 1852] ist es dann von neuem auf zahlreichen Bühnen erschienen. [Auch in Wien:] Es erlebte zahlreiche Aufführungen und wurde jedenfalls alljährlich am Katharinen-Tage gegeben, ein Festbestandteil für junge und alte Katharinen. *278*

*533c. Heinrich Laube, Ein Besuch bei Ludwig Tieck. Illustriertes Familienbuch, Wien 1853*

[Laube zu Tieck, Berlin 1852:] Und wie die besten Sachen oft in Deutschland Zeit brauchen, um gewürdigt zu werden, das haben Sie ja selbst an Heinrich von Kleist gesehen, der schon 1811 gestorben ist und so langsam nach Ihrer Einführung durch die Gesamtausgabe vorgedrungen ist in die klassische Stellung. Wie lange hat man die ritterstückmäßige Bearbeitung des Käthchens statt des Originals hinnehmen müssen. – »Noch immer!« unterbrach er mich, und war liebenswürdig erfreut, als ich ihm vertraute, daß ich eine Herstellung des Originals für die Bühne versucht. »Ich habe es selbst immer tun wollen!« rief er. Und ich – entgegnete ich lachend – habe diese Arbeit für Ihre Schuldigkeit erachtet, und in der festen Voraussetzung, daß Sie selbige getan, hatte ich nach Dresden geschrieben, um mir dieselbe zur Aufführung zu erbitten. Denn es ist ja doch ein schreiendes Unrecht, eines unserer lieblichsten poetischen Stücke verschwinden zu sehen, weil die Bearbeitung desselben im Geschmacke des Fridolin [Schauspiel von Holbein] überlebt ist, und weil sich niemand die Mühe gibt, das Original so einfach und so schonend als möglich für die Bühne einzurichten. – »Und ist es einfach und schonend möglich?« fragte Tieck lebhaft. – Ja; aber ich gestehe, daß ich ein paar Jahre immer darauf gesehen hatte, ehe sich mir die Szenen, besonders in den letzten Akten, auseinander und theatralisch zusammenschoben. Es ist in Wahrheit nur eine Versetzung der Szenen geworden, und die Verbindung hat gar keiner Zutat bedurft. Ein paar eingeschobene Worte haben sie bewirkt.

Nun erzählte ich ihm, *wie* ich dies bewerkstelligt, und es fand seine Billigung, ehe ich noch hinzugesetzt, was ihn bestechen konnte. Letzteres betrifft den alten Waffenschmied, welchen ich, so wie er es selbst in der Vorrede zu Kleist gewünscht, in den Großvater Käthchens verwandelt habe. Denn es ist hart und verletzend, wenn Käthchens Mutter sein Weib gewesen, es ist rührend, wenn sie seine Tochter gewesen ist.

Ich kann gar nicht beschreiben, wie der alte Poet aufgeweckt und ausgiebig wurde, als sich das Gespräch dergestalt in die Struktur und die Charaktere von Stücken vertiefte. Dies ist sein Lebenselement gewesen, und ist noch das Lebenselement des ans Lager gefesselten Greises. 277

*Gräßlich zugeschnitten*

534. *Johannes Brahms an Clara Schumann. Düsseldorf, 26. Febr. 1856*

Gestern war ich im Theater, Käthchen von Heilbronn wurde gegeben. Aber gräßlich war's zugeschnitten. Kleist ist nun ein so großer Liebling von mir wie wenige. Seine Schauspiele und Erzählungen lese ich immer mit demselben Entzücken und lieber wie alles andere Neue.

Der Ritter Wetter vom Strahl (Giers) war sehr gut, aber der einzige Gute. Manche Szenen machten mir große Freude so lebendig zu sehn. Sie haben ja das Stück mit mir gelesen, schwärmt's Ihnen nicht oft im Kopf herum? 414

*Kaum mehr verstanden*

535. *[Heinrich v. Treitschke,] Heinrich v. Kleist. Preußische Jahrbücher, Berlin 1858*

Noch nicht fünfzig Jahre sind verflossen, seit es zuerst an der Wien vor die Lampen trat; und doch mutet es uns an wie eine Sage uralter Vorzeit, kaum mehr verstanden von der hellen, strengen Gegenwart. Aber wollen wir ermessen, wie wahr Kleist hier das deutsche Leben schildert, mit wie sichrem Griff er an die lautesten und traulichsten Saiten unsres Herzens schlägt, so lassen wir uns von unsern Müttern erzählen, wie bewundernswert ihnen einst der wackre Ritter Wetter vom Strahl erschien, wie entzückt sie dem Käthchen lauschten, wenn sie unter dem Fliederbusche ihre keusche Liebe träumt. Und selbst heute noch können wir die Kraft der Wirkung dieses einfachen Märchens erproben: in unsern Vorstadttheatern weilt ein Publikum, zu arm an Bildung und zu schwer bedrückt von den Sorgen des eigenen Lebens, um die Gewalt des tragischen Schmerzes zu ertragen, und doch nach deutscher Art zu gesetzt, um allein dem Lustspiele zu huldigen. Das ist der rechte Tummelplatz für das ernste Drama mit glücklichem Ausgange; hier hat das Vehmgericht noch seine Schrecken, hier findet der erbärmliche Darsteller des wackren Gottschalk noch seine Bewunderer, die Kunigunde ihre leidenschaftlichen Feinde.

*450*

*536. G. Häbler, Kleist – ein Protest. Leipziger Zeitung, 6. März 1862*

In diesen Stimmungen entstand Käthchen von Heilbronn, welches ich für die unerquicklichste von Kleists Dichtungen halte. Der Dichter ist völlig an sich irre gemacht. Aus einer gewissen Rücksichtslosigkeit in der Berührung sinnlicher Motive ist eine Art weichlicher Lüsternheit geworden; unbedeutende Szenen werden des Theaterlärms wegen eingeschoben; die Lösung erfolgt so äußerlich, wie sie nur je zu elender Beruhigung unpoetischer Theaterbesucher gewagt worden ist, dem Aberglauben, der in den Schroffensteinern gar nicht, im Kohlhaas kaum vom Dichter persönlich vertreten wurde, wird nun ein breiter Spielraum gegeben. Der Erfolg ist schließlich so gut gewesen, als er erwartet werden konnte; das Stück hat eine Existenz auf der Bühne gewonnen: das Publikum ist dankbar gewesen für die Konzessionen, die den eben in Sitte und Kunst am meisten üblichen Lastern gemacht worden waren. Auch Tieck preist die Dichtung, deren Fehler die eigentümlichen Fehler der romantischen Schule sind, und erhebt sie über alles vorhergehende Bessere, was der Dichter geleistet hatte. Kleist-Odysseus ist an der Insel der Circe gelandet.

*169*

## Vielfältige Stimmen

*536a. Cosima Wagner, Tagebücher 1870/81*

*15. Febr. 1870:* Bei Tisch erzählt er [Richard Wagner], er habe im »Käthchen von H.« gelesen und sei in Tränen zerflossen [...]. Abends im »Käthchen von Heilbronn« auch gelesen; wie ich R. sage, wie merkwürdig es sei, daß man am Schluß noch so ergriffen sei, da man alles wisse, so erwidert R., weil hier alles musikalisch ist, es nicht ankommt auf Überraschung, sondern auf Erfüllung.

*10. Aug. 1879:* Wie ich meine, daß die Kaiser Maximilianische Abkunft im »Käthchen« auch störend sei, sagt er: »Die Macht des Blutes wird da zur Magie, sie konnte kein Volkskind sein.«

*16. Juli 1880:* Beim Kaffee liest er Schillers [?] Urteil über die »Hermannsschlacht« vor und gibt ihm recht betreffs der Herzlosigkeit, ja er findet, daß er diese Herzlosigkeit selbst in Wetter vom Strahl geschildert und in Konflikt mit der Seele gebracht habe.

*17. Febr. 1881:* Von Kleist sagt er, er verhalte sich zu Schiller wie Schubert zu Beethoven. *466a*

*537a. Theodor Fontane. Aufzeichnungen, 1872*

Ich stelle an ein Stück wie dieses nur *eine* Anforderung, und zwar *die:* daß ich nicht aus der *Welt des Schönen,* aus einem unbestimmten süßen Etwas, das sich mir wohlig ums Herz legt, herausgerissen werde. [...] So gewiß nichts Rührenderes gedacht werden kann als eine solche plötzlich vom Himmel in ein Menschenherz niederfallende, selbstsuchtslose, opferbereite Liebe, so gewiß ist es doch auch, daß die Opfer, die die Liebe jeden Augenblick zu bringen bereit ist, *gewisse ästhetische Grenzen* innehalten müssen. Eine Liebe, die, wenn ihr ein Paar Hosen mit der absichtlich-zynischen Forderung hingeworfen werden: »Näh mir die Knöppe an«, um nicht noch schlimmere Beispiele zu wählen, sich dieser Forderung glückselig unterwirft, ist keine Liebe mehr, die noch unsre besondre Teilnahme wecken kann. Das Märchen darf hier freilich viel weiter gehn als die Wirklichkeit, muß aber doch auch sehr vorsichtig operieren. Das eine geht noch, und etwas dicht daneben Liegendes geht bereits *nicht* mehr. Mannigfaches von dem, was Käthchen ruhig hinnimmt, trägt diesen Stempel und macht uns nicht bloß ärgerlich gegen den Beleidiger, sondern auch gegen diejenige, die sich das Unwürdige gefallen läßt. Große Schönheiten reißen das Ganze aber doch siegreich heraus. *115*

*537b. Fontane, Effi Briest. Roman. Berlin 1895*

Jahnke, getreu seiner Fritz Reuter-Passion, hatte sich's [für Effis Polterabend] als etwas besonders »Sinniges« ausgedacht, Bertha und Hertha als Lining und Mining auftreten zu lassen, natürlich plattdeutsch, während Hulda das Käthchen von Heilbronn in der Holunderbaumszene darstellen sollte, Leutnant Engelbrecht von den Husaren als Wetter vom Strahl. Niemeyer, der sich den Vater der Idee nennen durfte, hatte keinen Augenblick gesäumt, auch die verschämte Nutzanwendung auf Innstetten und Effi hinzuzudichten. Er selbst war mit seiner Arbeit zufrieden und hörte, gleich nach der Leseprobe, von allen Beteiligten viel Freundliches darüber, freilich mit Ausnahme seines Patronatsherrn und alten Freundes Briest, der, als er die Mischung von Kleist und Niemeyer mit angehört hatte, lebhaft protestierte, wenn auch keineswegs aus literarischen Gründen. »Hoher Herr und immer wieder Hoher Herr – was soll das? [...] Ich will nicht, daß eine Briest mittelbar oder unmittelbar in einem fort von ›Hoher Herr‹ spricht. Da müßte denn doch Innstetten wenigstens ein verkappter Hohenzoller sein, es gibt ja dergleichen. [...]« *115*

*538. Ludwig Speidel. Neue Freie Presse, Wien 13. Okt. 1876*

Das Burgtheater hat am hundertsten Geburtstage Heinrichs v. Kleist »Das Käthchen von Heilbronn« zur Aufführung gebracht. Eine richtigere Wahl konnte nicht getroffen werden. Mag man sonst über den Wert des Dichters für und wider streiten, mag der eine Schwarz sagen, wo der andere Weiß meint, in dem einen Punkte sind sie alle einig, daß Kleists »Käthchen von Heilbronn« in unserer dramatischen Literatur als eine fast einzige Perle glänzt. Das Ideal der Volkstümlichkeit, nach welchem so viele vergeblich gerungen, hier ist es leicht und spielend erreicht. Es ist, wenn man will, ein Märchen, aber nicht ein Märchen für die Kinder, sondern ein Märchen des Lebens, ein Märchen für das ganze Volk. [...] Es ist das Eigentümliche dieses Schauspiels, daß es zu seinem Genusse das, was man Bildung nennt, weder fordert noch ausschließt. Demgemäß ist es ebenso willkommen auf der Dorfbühne wie im Hoftheater, und hier wie dort zaubert es uns die poetische Zeit vor, die nie und nirgends gewesen, aber immer und überall ist, wo und wann ein echter Künstler uns mit seinem Hauche berührt. *427*

\*538a. *Rudolf Steiner. Das Magazin für Litteratur. Berlin, 4. Dez. 1897*

*Deutsches Theater.* Zwei Grundzüge sind in Kleists Natur vereinigt. Der Sinn für das Große, das Kraftvolle verbindet sich bei ihm mit der Hingabe an das Geheimnisvolle, an die dunkeln und unverständlichen Mächte im Menschenleben. In wunderbarer künstlerischer Harmonie wirken diese beiden Richtungen in seinem historischen Ritterschauspiel »Das Käthchen von Heilbronn« zusammen. Eine echt ritterliche Persönlichkeit ist der Graf Wetter vom Strahl, und mit einem Empfindungsleben ist er begabt wie ein mystischer Schwärmer. Ein wackeres, braves Mädchen ist das Käthchen von Heilbronn, und geheimnisvoll sind die Ketten, die sie an den Grafen binden. Das Natürliche und das Übernatürliche wirken in dem Drama zusammen in der Weise, wie nur ein Dichter sie zusammenbringen kann, der mit kühner Beobachtungsgabe in die natürliche Wirklichkeit sieht, und der zugleich den festen Glauben hat, daß diese natürliche Art des Daseins nur der eine Teil der Welt ist.

Das Vermögen Kleists, komplizierte Charaktere zu zeichnen, ist ein unbegrenztes. Es gibt wenige Gestalten der Dichtung, die so wahr vor uns stehen wie Käthchens Vater, Theobald Friedeborn. Eine unermeßliche dichterische Kraft gehört dazu, einen Menschen darzustellen, in dessen Irrtum eine solche Größe liegt. Dieser Theobald Friedeborn könnte die banalsten und dümmsten Dinge sagen: wir würden von ihnen gefesselt sein wie von höchsten Wahrheiten. [...]

Wenn ich der Meinung wäre, ein Kritiker müsse sich schämen, wenn er einmal zum Schwärmer wird, so müßte ich ganz rot werden über das, was ich eben über das Käthchen von Heilbronn niedergeschrieben habe. Aber ich schäme mich gar nicht. Ich will mich aber auch gleich wieder zusammennehmen und ganz vernünftig sein. [...] R. St.     *582d*

*539. Alfred Kerr. Der Tag, Berlin, 21. Okt. 1905*

Das Deutsche Theater ist unter Max Reinhardt mit dem »Käthchen von Heilbronn« eröffnet worden. [...] Auch bei dieser Aufführung wurde klar: das »Käthchen von Heilbronn« bleibt ein Stück, mit dem man nicht viel zu schaffen hat. Es gibt Werke, die einen großen Ruf besitzen, die sogar von einem Zauber in der Erinnerung umweht sind, – aber wenn man sie in der Nähe sieht, geben sie nicht viel. Die »Lustigen Weiber« gehören auch dahin. Das Käthchen vollends, dessen ferne Erinnerung genau so poesiehaft wirkt, wie die »Lustigen Weiber« lustig in der Erinnerung, das Käthchen ist ein fabelhaft schlechtes Drama. Nur der erste Akt bedeutet in unserem Sinne Drama. Dann zergeht es, ist häufig abgeschmackt in den Plattheiten des Ritterschauspiels, und nur eine innere Hauptsituation hat seinen Ruf gemacht, sie schafft in der Erinnerung das Entzücken: Käthchens Verhältnis zum Ritter. Das Werk hat also mehr den Nimbus eines köstlichen Inhalts [...] als daß es ein köstliches Drama wäre. Ich habe mich beim Zuhören gequält und immer wieder gefragt (wenn etwa Wetter vom Strahl plötzlich über die Kunigunde äußert: »Die nehm' ich zur Frau«, wie ein Blödian), ich habe mich gefragt: Warum soll ich denn nicht meine Stücke sehn? Unsere Stücke? Warum soll ich denn die Stücke vergangener Ideale sehn?

Es bleibt schwer klarzumachen, worin Kleists Größe besteht. Er zeigt nicht jene gewaltige Tatsachengröße, die in allen Zungen Geltung hat. Wir hängen trotzdem daran, weil die sekundären, beschränkteren Herrlichkeiten, die er besitzt, uns, seinen Landsgenossen, an die Seele greifen. Er hat einen tiefen, unwägbaren Reiz, der am letzten Ende zweiten Ranges ist.     *246a*

*539a. The Times. London, 26. Febr. 1909*

Solch Unsinn wie dieser könnte vielleicht gerade noch in der niederen Singspielklasse hingehen, aber in der ungeschick-

ten und schwerfälligen deutschen Art behandelt, ist er völlig
unerträglich, selbst wenn er so unbarmherzig beschnitten wird
wie gestern Abend [im Londoner Court Theatre] und eine
gute Zahl seiner gröbsten Absurditäten (und mit ihnen jede
Möglichkeit, der Handlung zu folgen) entfernt wird. [engl.]

*547a*

### Ein Festspiel

*540. Gerhart Hauptmann, Rede zur Eröffnung der Heidelberger Festspiele,
21. Juli 1928*

Dieses Werk ist ein wahres Wunder an Kraft, Anmut und
farbiger Volkstümlichkeit. [...] Wir haben hier eines der vollkommensten Beispiele der von Schiller so hoch gewerteten,
naiven Dichtungsart. In dieser Hinsicht ist es schon ein Genuß,
das Personenverzeichnis durchzulesen. [...] Und was springt
dann nicht alles aus den mit letzter Deutlichkeit erschauten
Akten und Szenen an Leben, Bewegung, Farbe und Klang
heraus! Im abenteuerseligen Gange des Stückes verschwindet
die Bühne: unter weitem und freiem Himmel sehen wir die
Sonne über Bergen, Wäldern, Strömen, Feldern, Burgen und
Städten auf- und untergehen. Festlicher Glanz des Sommertages wechselt mit regenrauschender, stürmender Finsternis.
Wir hören Rossewiehern, Hufschläge, das Klirren von Harnischen und das Pinkepank auf dem Amboß des Waffenschmieds.
Wir treten durch hohe Tore in Burghöfe ein, in Festsäle, Herbergen und Ställe oder zu armen Köhlern im Hochgebirge.
Wölfe heulen, Windlichter flackern. Wir bekommen etwas
zu spüren von Fehde, Faustrecht und Frauenraub. Und schließlich wird mit Feuergeschrei, Krachen und Qualm ein großer
Schloßbrand in Gang gebracht. Und welch ein Bild, wie sich
dieser achilleische Wetter vom Strahl in der niederen Werkstatt
des Theobald Friedeborn den Harnisch flicken läßt, und die
Tochter des Waffenschmieds, vom Strahle dieses himmlischen
Donnerwetterkerls wie vom Blitze getroffen, von Stund an
ihm verfallen ist! Und wo gibt es etwas Holderes, als dieses von
Eros hörig gemachte, schlichte Kind, das, aus dem Strohlager

des Stalles vertrieben, unterm Holunderbusch vor der Burgmauer nächtigt? *178*

*540a. Arnold Zweig an die Intendanz des Harzer Bergtheaters. Berlin 1961*

Wenn wir uns heute Kleists Gestaltungen im »Käthchen von Heilbronn« auf einer Naturbühne vor Augen führen, seine Verse in unser Herz strömen lassen, müssen wir zu allererst erwägen, woher diese Art romantischer Dichtung stammt. Ihre Wurzel nämlich ist nicht ein lebendiges gesellschaftliches Wachsen und Blühen – sie konnte große Literatur werden, weil große Literatur sie erzeugt hat. Es ist Shakespeares »Sommernachtstraum«, der, von Wieland, Schlegel und Tieck eingedeutscht, der deutschen Bühne das Ohr öffnet für den Zauber edler Sprache und Verse, und es sind Shakespeares Elfen und Elfenkönige, welche im »Käthchen von Heilbronn« als süddeutsches Mittelalter auftauchen. Daß all diese Gestalten der märchenträchtigen Volksphantasie entstammen, macht sie nur allgemeingültiger, gesamteuropäischer. Darum war das Käthchen nie ein Vorbild für lebendige Mädchen, sondern ein Elfensproß aus Titanias Gefolge, und dieser Graf Wetter vom Strahl trotz seines grotesken Namens ein Sohn Oberons, der seinerseits dem nordischen Alberich verwandt ist. So also haben wir uns die Atmosphäre zu denken, die den genialen Heinrich von Kleist in den letzten Jahren seines Lebens umfängt, in Dresden wie in Berlin, und ihn dazu führt, 1808 das romantische Schauspiel »Das Käthchen von Heilbronn« in Druck zu geben. *515a*


## »Prinz Friedrich von Homburg«

### Das Manuskript des »göttlichsten Gedichtes«

*541. Julius Eduard Hitzig an Fouqué. Berlin, 18. Juni 1812*

Am Abend kömmt ein junger Mensch zu mir, zieht ein Manuskript aus der Tasche und sagt mir, daß er den Auftrag habe, es mir anzubieten. Ich [...] fand das göttlichste Gedicht, was je aus Kleists Feder hervorgegangen. Vaterländisch, kräftig, rein, ohne seine Bizarrerie, der Kurfürst, Dörfling, der Prinz, Zeichnungen von der höchsten Wahrheit – kurz, ein Werk, von dem es für Kleists Nachruhm unverantwortlich wäre, wenn es die Zeitgenossen untergehn ließen. *378*

*542. K. W. F. Solger an Tieck. 4. Okt. 1817 (gedruckt 1821)*

Auch im Prinzen von Homburg liegt alles im Charakter, auch hier bildet sich dieser vor unseren Augen in den Situationen und durch sie; aber die Wechselwirkung, die Gleichung zwischen beiden Seiten, die zu den höchsten dramatischen Aufgaben gehört, ist vollkommen erreicht. Es schwebt über dem ganzen Sein und Werden des Menschen der ruhige, großartige, dramatische Blick. Der Prinz, dessen Heldentum uns zuerst nur als eine Träumerei erscheint, wiewohl als eine hoffnungs- und ahndungsvolle, wird durch die Begebenheiten niedergeworfen und erhoben; er wird erst durch das Leben, was er ist, ein Mensch in jeder Bedeutung. Ein herrlicher, echt dramatischer Gedanke, und höchst befriedigend ausgeführt! Am meisten ist die Heiterkeit zu bewundern, die im ganzen Stücke vorherrscht. Sie rührt besonders daher, daß alles in seinem wirklichen, gegenwärtigen Leben aufgefaßt, nichts idealisiert oder mit leeren Redensarten aufstolziert ist. Daher auch das liebe, heimatliche Gefühl, das uns hindurch begleitet. Welche Wirkung müßten auf ein einigermaßen fühlendes Publikum Stellen machen wie die: »Seltsam! Wenn ich der Dey von Tunis wäre« usw. – Das ist etwas anderes, als die hohle Großsprecherei und alberne Treuherzigkeit, die uns sonst für Patriotismus verkauft wird. – *446*

*543. Wilhelm Grimm an Achim v. Arnim. Kassel, 5. April 1820*

Kleists Prinz von Hessen habe ich mit großem Vergnügen [in den Druckfahnen der Tieckschen Ausgabe] gelesen. Der Gegenstand ist sehr geschickt behandelt und wird auf dem Theater großen Eindruck machen. Das Mühsame in der Ausarbeitung fühlt man doch und macht einen vielleicht nicht ungünstigen Gegensatz zu den tiefen und kühnen Zügen; ich habe nirgends schöner die Macht des Gesetzes und die Anerkennung des Höheren, vor dem auch das Gesetz zerfällt, dargestellt gefunden. Sonst haben die Kleistschen Sachen etwas von den niederländischen Malereien, die Ausführung in den Beiwerken und in einzelnen Stücken, die das Auge reizt und ergötzt. *436*

## Tiecks Vorlesungen

*544a. Elisa von der Recke an Gräfin Finckenstein. Dresden, 22. April 1821*

An Sie, teure Freundin, wende ich mich, um von Ihnen zu erfahren, ob unser Freund Tieck den nächsten Donnerstag [...] die Stunden von 12 bis 5 Uhr freihat; und ob unser Freund mir dann den Genuß geben könnte, in den Mittagsstunden von ihm das Trauerspiel seines Freundes Kleist lesen zu hören. [...] Noch bitte ich auf diesen Fall einige wenige Freunde, die unsern Tieck noch nicht lesen gehört haben, diesen Genuß zu verschaffen. [...] Sie teure Gräfin müssen mir aber die Freude machen, unsern Tieck herzubegleiten, denn es ist mir ein doppelter Genuß, wenn ich bei jeder schönen Stelle auf Ihrem Gesicht die edlen Empfindungen Ihrer Seele lesen kann. –
*448*

*544b. Karoline Bauer, Memoiren (1881)*

Und wie las Tieck Kleists Trauerspiel – wie ich nie wieder vorlesen hörte! – Zuerst nannte er die Personen – dann nur bei einer neuen Szene. Aber bei Tiecks wunderbarer Lesekunst glaubte man die verschiedenen Akteure vor sich auf der Bühne zu sehen. Vor allem entzückte mich die edle Einfachheit des Vortrags. Da war keine Spur von hohlem Deklamieren oder Stelzen-Pathos.

Tieck las schnell. In der ergreifenden Szene, wo den Prinzen die Angst vor dem offenen Grabe, vor der schimpflichen Hinrichtung martert, da jagten sich seine Worte förmlich – wie Gewitterwolken! Um so größer war die Wirkung, als der Himmel sich klärte – als der Prinz gefaßt ist, auch sein Leben dahinzugeben. Das floß wie erquickender Sonnenschein von des Lesers Lippen. *25*

*544c. K. E. Hasse, Erinnerungen (1893)*

Diese Vorlesungen gaben in der Tat einen hohen Genuß und

sind mir unvergeßlich geblieben. Am häufigsten wurden Dramen von Shakespeare, dann von Calderon, von Kleist, selten von anderen vorgetragen. Tieck besaß ein so wohltuendes, jeder Lage und Persönlichkeit sich anpassendes Stimmorgan, wie ich es nie vernommen habe. *175*

*Zum erstenmal im Druck*

545. *Tieck, Vorrede zu Kleists Hinterlassenen Schriften. Berlin 1821*

Das letzte Werk des Dichters, und welches hier mit der Hermannsschlacht zum erstenmal im Druck erscheint, war der Prinz Friedrich von Homburg. In keiner seiner Dichtungen hat der Verfasser so klar und rein die ganze Fülle seines Geistes abgespielt, keines seiner Schauspiele rundet sich so ab und befriedigt so alle Erwartungen, die es erregt. Man sieht hier keine Verstimmung der Seele, nichts Gewalttätiges, kein Zug, keine Szene isoliert, auch geschieht in keinem früheren Stück dem Drama so Genüge. Aus diesem Werke mußte man mit Recht die größten Hoffnungen schöpfen, daß in Kleist ein neuer Genius unsre Bühnen betreten würde. [...]

Könnte das neue Theater in Berlin wohl auf eine würdigere Art eröffnet werden, als mit diesem Schauspiel, welches das Land, die Stadt, die Regenten und das Glück des geliebten Fürstenhauses auf so einfache Weise verherrlicht? Durch ein Werk, welches zugleich an den Enthusiasmus mahnt, der das preußische Volk so stark und siegend gegen den übermächtigen Feind machte, eine glänzende Periode der neuen Geschichte, deren Schimmer noch erfreulich strahlt? Wäre Kleist noch unter uns, und wollte zu einer Feier, von der man doch wünschen muß, daß sie würdig geschieht, ein eigenes Schauspiel dichten, er könnte es nicht glücklicher ersinnen. *250*

546. *J. R. Thorbecke an Tieck. Berlin, 27. Jan. 1822*

Neulich las ich Kleists Käthchen von Heilbronn und seinen Prinzen von Homburg. Die Berliner sind gegen beide, vorzüglich gegen den letzteren, eingenommen, und doch scheint mir in diesem Stücke, welches ich eigentlich nur aus einer schlechten

Vorlesung [von Karl v. Holtei] kenne, eine von den höchsten Aufgaben der Kunst gelöset. Wie die Gegensätze, worin sich unsre Existenz bewegt, sich nur im tiefsten unmittelbarsten Leben des Bewußtseins zur wahren und wesentlichen Einheit zusammenschließen, und wie wir das Wahre und Heiligste nur in diesem unmittelbaren Leben besitzen, hat der Dichter von einer durchaus eigentümlichen Seite geschaut. Das Bewußtsein, von den Beziehungen der inneren wie der äußeren Welt abgelöst und auf sich selbst zurückgewandt, wird notwendig zu einer bloß animalischen Anhänglichkeit an das irdisch zeitliche Leben, und dieses zu einem hohlen leeren Gefäß, zu einer gleichgültigen Form, worin nichts erlebt, sondern alles, wie es gehen will und muß, hineingeschoben und wieder ausgeworfen wird. Das Tragische liegt dann wohl am wenigsten darin, daß der einzelne, wenn auch hohe und vortreffliche Mensch untergeht, sondern vielmehr eigentlich in der schmerzlich wehmütigen und erschütternden Wahrnehmung, daß wir die Gegenwart des göttlichen Lebens verlieren, worin allein die Gegensätze sich durchdringen und versöhnen konnten; und diese nun, sich selbst überlassen, in gegenseitiger Aufhebung ein Weltall voll ewiger Wahrheit und Wesenheit, in welches auch wir uns getragen fühlten, unter uns zertrümmerten. Auch das Beruhigende, was ohne weitere Entwickelung zugleich unmittelbar hiemit, wie mit allem echt Tragischen, verknüpft ist, hat Kleist, dünkt mich, vortrefflich ausgeführt. Über Ihre Bemerkungen zu dem Stücke in der Vorrede habe ich mich unendlich gefreut. *448*

*547. Caroline Pichler an Therese Huber in Stuttgart. Wien, 11. Febr. 1822*

Ja, *diese Schlacht von Fehrbellin!* Sie hat hier viel Redens gemacht. Ihr Urteil war mir eine Art Triumph. Das Publikum hatte sich bei der ersten Vorstellung bestimmt ausgesprochen. Nun erhoben die Rezensenten (eine Clique, die jetzt fest zusammenhält und als die Stimme eines einzigen, auf mehrfache Art ausgesprochen, angesehen werden kann) ein recht ungezogenes Geschrei und warfen uns Wienern mit großer Insolenz unsern Mangel an Bildung und richtigen Geschmack vor. *Tieck* hatte das Stück gelobt, so wie alle Werke von Kleist. Das ist *seine* Ansicht und geht uns übrigens nichts an. Aber die Direktion, von Herrn Schreyvogel geleitet, ließ sich durch das Urteil jenes Koryphäen bestimmen, – das Stück mußte gut, ja trefflich sein, und sollte Glück machen. Es machte keines, ja es wurde ausgezischt – nun lag die Schuld an der Unempfänglichkeit der Wiener, an unserer Dummheit, Roheit usw. In Dresden bearbeitete Tieck, gewarnt durch das Schicksal, welches sein mondsüchtiger Held hier erlebt, das Publikum schon eine Weile vor der Aufführung. Man sagte es den Dresdnern vor, daß sie das Stück gut finden müßten, um nicht auch für *Phäaken* oder *Abderiten* gehalten zu werden. [...]

Graf Thurns Urteil ist das aller gebildeten Militärs, mit denen ich gesprochen, überhaupt aller gescheuten Leute, außer jenen, die aus Ursachen, welche ihnen selbst am besten bekannt sind, es mit den Rezensenten oder der Direktion zu halten beflissen sind. Überhaupt ist dies Rezensentenwesen hier zu einem erbärmlichen Manœuvre herabgesunken.  *358*

*548. [Elise v. Hohenhausen. Fußnoten von Ad. Müllner.] Morgenblatt, 22. März 1822*

Der Prinz von Homburg, oder die Schlacht bei Fehrbellin ist die bedeutendste seiner hinterlassenen dramatischen Arbeiten. Der große Kurfürst darin ist eine herrliche majestätische Figur, William Shakespears würdig\*, und Prinzessin Natalie eine erhabene liebliche Huldin; weniger ist Referent mit dem Helden des Stücks, dem Prinzen selbst, zufrieden. [...] Kleist hat seinen Helden in der tiefsten Erniedrigung, gleichsam im Abgrund des Schicksals darstellen wollen, um seine Demütigung und das daraus entstandene Aufwachen seines bessern Menschen uns vorzuführen – aber nur von außen muß die Demütigung kommen, das bessere Selbst muß mit ihr zugleich erwachen. [...]

Möglich ist, daß der Mensch in seiner Schwäche unwürdige und strafbare Entschlüsse und Wünsche faßt, aber der Mensch in seiner tiefsten Erniedrigung hört auf ein Gegenstand für die dramatische Kunst zu sein; was zu erbärmlich ist, erweckt auf dem Theater nicht Rührung, aber Unwillen.

Daß der Prinz später von seiner Heldenkraft wieder Besitz nimmt und die ihm gebotene Begnadigung ausschlägt, versöhnt das Publikum so wenig mit ihm, als eine gefallene Jungfrau je durch den tugendhaften Wandel ihre Schmach gänzlich löschen kann.**

---

\* Daran fehlt gewaltig viel.

\*\* Das mag sein, das Publikum des Wiener Burgtheaters scheint ebenso gefühlt zu haben; aber das widerlegt Tiecks (des Herausgebers) vorwortliche Meinung nicht. Dieser Zug ist genial, es ist ein Zug an der Hülle, welche die Mysterien der menschlichen Gebrechlichkeit verhüllt, ein poetischer Beweis des Paradoxon, daß ein Held, der eben eine Batterie erstürmt hat, vor einem Knotenstocke zittern kann. Nur ist die Darstellung dieser Wahrheit hier *dramaturgisch* deplaziert, sie *dient* dem Hauptzwecke nicht, sondern sie *widerstreitet* demselben. Setzen wir einmal einen andern Hauptzweck, einen rein *tragischen;* so wird sich die Ansicht bald ändern. Der Prinz z. B. soll *fallen* als Opfer eines pedantischen Militärsystems, welches alle *Helden*tugend im blinden *Gehorsam* sucht. Er kämpft gegen dieses Geschick, er *trotzt* demselben, als er nicht mehr hoffen kann, ihm auszuweichen, er geht hin, seinem despotischen Richter den Fluch des durch seine Tat geretteten Vaterlandes als Erbteil zu hinterlassen. Da sieht er sein Grab, der Todesschauer, das Fieber der sinnlichen Natur wirft seinen Heldengeist zu Boden, die *augenblickliche* Feigheit bettelt knechtisch um das nackte Leben, und der befriedigte Herrscherstolz *begnadiget* ihn. Jetzt erst, mit dieser Begnadigung, ist sein *tragisches* Todesurteil gesprochen. Mit dem Bewußtsein *dieser* Anwandlung von Feigheit, ob sie auch aller Welt verborgen bleibe, kann er nicht leben; weil sein Mut nicht aushielt, um das Unrecht zu ertragen, ist das Unrecht gegen ihn zum Recht geworden: er *fordert* nun den Tod, gibt sich ihn selbst, wenn er versagt wird, und versöhnt uns mit der sinnlichen Schwachheit durch den Anblick sittlicher Stärke, die als ihre eigne, unerbittliche Richterin erhaben über alle menschlichen Tribunale hinauf tritt. Man prüfe, ob in solcher Verbindung der angefochtene Zug nicht vollkommen an seiner Stelle sein würde. [Adolf] M[üllner].

*540. 352*

548a. *[Amalie Schoppe. Fußnote von K. L. Methusalem Müller.] Zeitung f. d. elegante Welt, 3.–6. Juni 1822*

Aus Hamburg, im April. Der Prinz von Hessen-Homburg gehört unstrittig zu den ausgezeichnetsten dramatischen Erzeugnissen der letzten Jahre, und die ganze Genialität des Verfassers beurkundete sich aufs herrlichste darin. [...] Der Held des Stücks, ein naher Verwandter des Kurfürsten, ist ein Held im edelsten Sinne des Worts, und selbst das augenblickliche Verleugnen dieser Heldennatur [...] ist rein menschlich, aber nicht im Widerspruche mit seinem eigentlichen Wesen und Sein. [...] Menschlich steht er vor uns, wir sehen ihn schwach, aber nicht unwürdig*, und doppelt lieben wir ihn, weil er zu uns gehört, und nicht einer jener gespreizten Helden ist, die uns zur Ungebühr in ihrer übermenschlichen Unnatur auf den Brettern langweilen. –

---

* Doch! einigermaßen, denn das Flehen um Erhaltung des Lebens geht bis zum Verleugnen der Menschheit. Hier ist offenbar eine *absichtliche* Bizarrerie, welche dem Interesse des Ganzen schadet.     d. Red.

549. *F. G. Zimmermann. Dramaturgische Blätter, Hamburg, März 1822*

Kleist gehört unter die kleine Zahl derer, welche von echter Vaterlandsliebe durchdrungen, den wahren deutschen Charakter festhalten und mit historischer Treue und Sicherheit ihn zur Darstellung entwickeln können.[...]

Es ist, als ob der ruhige männliche Soldatengeist durch das ganze Stück hindurch den Grundton angebe. Dennoch fehlt es nicht an wahrhaft poetischen Gedanken und Schilderungen. Dahin gehören die einzelnen Monologe, nicht minder angemessen den Personen und den Situationen, als edel, reich und lebenskräftig in Hinsicht des Sprachausdruckes und der Einkleidung. [...] In Hinsicht des Versbaues begegnet man, wie in früheren Dichtungen, dem sorgfältigen Schriftsteller, dem die Form, die Reinheit des Ausdrucks, die Feile nicht gleichgültig waren. Nur einzelne, noch etwas gezwungene Konstruktionen finden sich, welche dem Sprecher einige Schwierigkeiten in den Weg legen [...]

Wer sonst noch Interesse an diesem Gegenstand findet, dem mag die »Heimkehr des großen Kurfürsten« empfohlen sein, ein Schauspiel von Friedrich Baron de la Motte Fouqué, das bereits im Jahre 1812 im Druck erschienen ist. *510*

*550. Matthäus v. Collin. Jahrbücher der Literatur, Wien, Okt./Dez. 1822*

Der Prinz fällt in Ohnmacht. Man schreit um Hülfe; der Kurfürst findet aber geratener, Kanonen donnern zu lassen; zugleich mit diesem Donner, ertönt ein Marsch, das Schloß im Hintergrunde erleuchtet sich, alles ruft »Heil!« und der zu sich gekommene Prinz zweifelt noch, ob er träume, während schon alles voll Begeisterung »Ins Feld! Ins Feld! Ins Feld!« ruft, Graf Truchß zur Schlacht, der Feldmarschall zum Sieg aufmuntert, und dem Stücke mit dem allgemeinen Ausrufe »Tod allen Feinden Brandenburgs!« ein erwünschtes Ende gegeben wird.

Dieses Ende ist aber das Ende einer Komödie, die überdies mit den ehrwürdigsten Gefühlen Scherz treibt, und eine Begnadigung nicht anders behandelt als einen Hofball, die Kanonen ausgenommen, die man sich dort verbittet. Dies Schauspiel trägt alle Gebrechen des Dichters, über welche sich der Herausgeber [Tieck] teilweise verbreitete, im Kerne gesammelt, insbesondere den großen Leichtsinn seiner Behandlungsweise ernster Gegenstände. Es ist voll Schönheiten der höchsten Art, ja man darf sagen ein echter Spiegel des Lebens, das es darstellt, voll herrlicher Charaktere, die sich wechselweise stützen, eine Schilderung schuldloser ursprünglicher Liebe, hohen Fürstensinnes, kriegerischer Größe, Wahrhaftigkeit und Treue; eine sehr interessante Begebenheit wird ebenso interessant dargestellt, aber in ihrer Mitte verunstaltet und in ihrem Ende wie eine leere Seifenblase durch die Luft gejagt, daß sie nur schnell verschwinde. *73*

*550a. Eine Zeitschriftendiskussion, Dresden 1822*

*[Anläßlich der Dresdner Aufführung des »Prinz von Homburg« und im Anschluß an Beiträge von Wilhelm v. Schütz kommt es zu einer langanhaltenden Diskussion mit umfangreichen Einsendungen.]*

Lit. Conv. Blatt, 15. Dez. 1821 [W. v. Schütz]: Über dieses Stück werden, seiner großen Vollendung und der Befriedigung wegen, die es durch alle Einzelheiten gewährt und im Ganzen zurückläßt, alle Urteile zusammenstimmen. Auch das, welches in Tiecks Vorrede ausgesprochen ist, muß wohl von jedem unterschrieben werden.

*Lit. Conv. Blatt, 8. Jan. 1822 [K. A. Böttiger]:* Dies hochpoetische, geist- und gemütreiche Vermächtnis eines in Unmut untergegangenen und doch sehr hochherzigen Dichters, eine wahre Bereicherung unsrer deutschen Bühne, die in scheinbarem Überfluß an Auszehrung krankt, hat auf dem Burgtheater in Wien durch Unlust und Unempfänglichkeit der Schauspieler, vorlaute, der schönen Entwickelung ungeduldig voreilende Verdammungsurteile und mancherlei Mißverständnisse ein arges Mißgeschick erfahren. Und hatte auch die verständige Direktion dem Vorurteil mutige Entschlossenheit entgegengesetzt und bei wiederholter Vorstellung alle Ungunst zum Schweigen gebracht, so war doch die Blüte gebrochen und der erste Eindruck der vorherrschende geblieben. Es macht unserm [Dresdner] Generaldirektor Ehre, daß er, durch kein Vorurteil über die innere Güte des Stücks geblendet, durch die Aufführung eines echt brandenburgischen Nationalstücks auf einer sächsischen Bühne, der Gestaltung desselben auf dem königl. Theater in Berlin rücksichtslos voreilte und, soviel an ihm war, jede Scheidewand, die Deutsche von Deutschen trennt, niederriß.

*Hermes, 13. Bd. 1. Stück, 1822 [W. v. Schütz]:* Nun folgt die Szene, die, wenn man nicht ganz mit dem Dichter einverstanden ist, bei vielen wegen ihrer Kühnheit Erstaunen, wo nicht Unwillen erregen wird. Kleist, der es immer liebte, auch das Ungeheure und Gräßliche nicht zu verhüllen, hat hier als echter Dichter, ohne uns durch Fingerzeige und Reflexionen den Zusammenhang zu erklären, die Sache für sich selbst reden lassen, es ist seine Absicht und muß es sein, daß diese Szene erschrecken soll.

*Lit. Conv. Blatt, 29. März 1822 [Helmina v. Chezy]:* Vorgestern sahe ich zuerst den *Prinzen von Homburg,* von Kleist, auf dem hiesigen Theater aufführen, und gestern dachte ich viel daran zurück, hörte auch hie und da ein Urteil darüber. Wenn ich alle einzelnen Urteile, zum Teil über das Ganze, zum Teil über einzelne Szenen, ruhig überdenke und mit meinem *eignen* Gefühle zusammenstelle, so scheint es mir, daß die Ansicht der meisten entweder dadurch irre geleitet wird, daß sie *einzelne* Momente aus dem Ganzen herausheben und nicht das Ganze als eine fest ineinander geschlungene Kette betrachten, oder dadurch, daß sie die Urteile, die sie sich durch *ihren Standpunkt in der bürgerlichen Ordnung* bildeten, auf dieses Stück anpassen wollten.

*Lit. Conv. Blatt, 15. Mai bis 15. Juli 1822 [Einsendung]:* Unter diejenigen, welche diese Schwierigkeiten zu tieferen Untersuchungen anregten, verdient der Rezensent von Kleists hinterlassenen Schriften im Hermes (XIII, S. 351–71) eine besondere Auszeichnung. Auch er wirft, durch jene Auslegungen nicht ganz befriedigt, ähnliche Fragen auf. Ist eine solche Entwickelung des Heldentums durch eine Zwischenzeit verzweifelnder Feigheit eine »im menschlichen Dasein gewöhnliche und ihm angehörige Erscheinung«? Oder eine Ausnahme, eine Seltsamkeit? Ja, kann überhaupt jemals, und »unter welchen Bedingungen, Heldentum als ahnungsvolle Träumerei erscheinen und erst durch das Leben sich zum Heldentum verwandeln«?

*Lit. Conv. Blatt, 20. Sept. 1822 [W. v. Schütz]:* Der Einsender der angeführten Artikel ist mit dem Verfasser der Rezension von Hrn. v. Kleists hinterlassenen Schriften im dreizehnten Bande des Hermes über vieles, vielleicht sogar in allem Wesentlichen einverstanden. Wenigstens über den Charakter des Prinzen scheint es nur ein Punkt zu sein, der beide trennt. Wenn nach des Rezensenten Urteil Friedrich von Homburg aus der Phantasiewelt in die wahre Charaktergediegenheit hinübertritt, welche den Traum in Wirklichkeit verwandelt, oder den Traum der Wirklichkeit weichen läßt, so glaubt der spätere Beurteiler dem Problem eine noch vollkommenere Lösung gegeben, die Befriedigung in einem höheren Lichte gesehen und dem Schauspiel eine erhabenere Beziehung geliehen zu haben, wenn er, statt eine Versöhnung des Idealen mit der Wirklichkeit darin zu suchen, welche weder dichterisch, noch der Anlage des Schauspiels selbst angemessen sein soll, den Übertritt des Prinzen aus einem an die niedere Wirklichkeit gefesselten Phantasieleben in das Leben der wahren Ideale durch das erwähnte Drama dargestellt und im Charakter des Prinzen versinnlicht sieht. *421b*

*Ein Briefwechsel*

551. *Immermann an Bernhard Rudolf Abeken. Münster, 31. Dez. 1822*
Mit Heinrich von Kleist sind die Genannten [Müllner, Houwald, Grillparzer, Raupach] natürlich gar nicht zu vergleichen. Hier strömt ein wirkliches echtes Talent aus den unsichtbaren Gründen der Natur. Namentlich kann ich seinen Prinzen von Homburg nie ohne Freude und Rührung lesen. Aber leider ist doch auch bei Kleist ein Mangel fühlbar. [...] Das Besondere scheint mir in seinen Arbeiten ungebührlich vorzuherrschen. Man muß ihm immer eine Reihe von Prämissen erst zugeben, dann kann man mit ihm denken und empfinden. Das ist aber, dünkt mich, nicht das Höchste und Beste. Nie, glaube ich, würde Shakespeare oder Goethe einen Helden für das Drama gewählt haben, der in einem anormalen Zustande erscheint, wie der Prinz von Homburg. [...]
Bei Kleist sind die Hauptpersonen immer so sehr in einen individuellen *irdischen* Bezug verstrickt, daß man den Zusammenhang seiner Fabeln mit der großen Weltfabel schwer einzusehen vermag. Seine Personen gehen immer nur darauf aus, ein bestimmtes Gut des Lebens zu erlangen; dies wird dann mit der höchsten Kraft, mit der sinnlichsten Lebendigkeit erstrebt, aber über diesen Punkt hinaus reicht die Dichtung nicht. Von jener Sinnesweise, die im irdischen Gute ein geistiges und himmlisches empfängt und genießt, findet sich in seinen Arbeiten fast keine Spur. Sehr merkwürdig für die Charakteristik dieses eigentümlichen Geistes ist mir die Stelle in einem seiner Briefe, worin er jemand klagt, daß er so einsam sei und »daß nur die gegenwärtigen Freunde ihm etwas, die abwesenden aber immer verloren seien«. Es deutet dies auf eine gewisse Schwäche der Seele hin, welche der sinnlichen Versicherung bedarf, statt daß der starke, gesunde Geist die schönsten Einflüsse oft in der Entfernung von dem, was ihm lieb ist, empfindet und eine

Wonne der Sehnsucht kennt. – Ich weiß nicht, ob ich dem Dichter unrecht tue, aber je mehr ich seine Werke betrachte, desto stärker wird das Gefühl in mir: daß in seiner Poesie wie in seinem Leben es eigentlich nie schönes Licht geworden sei, und daß seine Seele die Region des Glaubens und der Ahnung nicht beschritten habe. *78*

*552. Abeken an Immermann, Januar 1823*
Dem, was Sie über den Prinzen von Homburg sagen, stimme ich *nicht* völlig bei. Sie finden in dieser Tragödie »das Besondere zu sehr vorherrschend«, und vermissen »eine allgemeinverständliche menschliche Unterlage«. Wie aber, wenn Kleist einen Menschen hätte schildern wollen, wie wir deren unzählige finden, in dem Tapferkeit, Treue und jegliches andere Gute nur Erzeugnis des Bluts, eines Angeborenen, ist, der aber aus dieser Region endlich hinausschreitet, und *geistig* dieses Gute wiedergebiert und zu wahrer Tugend macht? – Da wäre doch eine bedeutende Seite des menschlichen Seins hervorgehoben, etwas sehr Natürliches und Faßliches dargestellt.

Nach dieser Annahme kann ich mir auch nur die so oft und so hart getadelte Szene erklären, die, in der der Prinz um sein Leben fleht und selbst Natalien darüber in die Schanze schlägt. Es sind die Angstlaute des natürlichen, vom Geist nicht beseelten Menschen. Etwas stark aufgetragen hat indes Kleist hier, und das so schwer zu haltende Maß – das Erste und Letzte bei der Schönheit, ja die Schönheit selbst, möchte hier verletzt sein. Im übrigen gebe ich Ihnen vollkommen recht, daß Kleist nicht das Äußerste erreicht hat, und ich habe dies durch das Zuletztgesagte andeuten wollen. Ihm fehlt die Heiterkeit der Kunst, die wir in allen reiferen Werken unseres Goethe bewundern, die auch den furchtbarsten Schöpfungen Shakespeares nicht fehlt, die allein aus wahrer künstlerischer Gediegenheit hervorgeht, diese vollkommene Durchdringung der Form und der Materie (daß ich hier das »Form« nicht im gewöhnlichen Sinne für Diktion, Vers pp. gebrauche, sondern in dem geistigen, wo es die Verkörperung des Gedankens zu wahrer Schönheit bezeichnet, brauche ich einem Kenner Goethes, Calderons und Sophokles' nicht zu sagen). *79*

*Berlin und der »Prinz von Homburg«*

553. *Heinrich Heine, Briefe aus Berlin.* Rheinisch-Westphälischer Anzeiger, *15. Febr. u. 19. April 1822*

Seltsam! – Wenn ich der Dei von Tunis wäre,
Schlüg' ich bei so zweideutigem Vorfall Lärm.
Kleists »Prinz von Homburg«
*Berlin, 26. Jan. 1822. Julius von Voß* hat wieder ein Stück geschrieben: »Der neue Markt.« Sein Lustspiel »Quintus Messis« wird nächste Woche gegeben. *Heinrich von Kleists* »Prinz von Homburg« wird nicht gegeben werden.
*Berlin, 16. März 1822.* Es ist jetzt bestimmt, daß das Kleistische Schauspiel »Der Prinz von Homburg oder die Schlacht bei Fehrbellin« nicht auf unserer Bühne erscheinen wird, und zwar, wie ich höre, weil eine edle Dame [Prinzeß Wilhelm v. Preußen] glaubt, daß ihr Ahnherr in einer unedlen Gestalt darin erscheine. Dieses Stück ist noch immer ein Erisapfel in unsern ästhetischen Gesellschaften. Was mich betrifft, so stimme ich dafür, daß es gleichsam vom Genius der Poesie selbst geschrieben ist, und daß es mehr Wert hat, als all jene Farcen und Spektakelstücke und Houwaldsche Rühreier, die man uns täglich auftischt. *185*

554a. *Ludwig Robert an Tieck. Dresden/Berlin 1822/23*
*Dresden, 29. Aug. [1822]:* Dürfte ich Sie wohl um den Prinzen von Homburg bitten; ich bedarf ihn, um einige Worte öffentlich darüber zu sagen, und schon morgen sollen Sie ihn wieder zurück erhalten.

Meine undiplomatische Aufführung von gestern Abend tut mir leid, man soll nie in Gesellschaft ein wahrhaftes und tiefes Gefühl äußern, weil eine solche Äußerung, ihrer Natur gemäß, laut werden muß, welche die andern, Kalten still macht; und weil heiliger Eifer imponiert, das heißt stumm macht. Stummachen aber ist noch unverzeihlicher als Stillmachen. Kurz ich habe sehr unrecht gehabt, ein Gespräch [über Kleists Schauspiel?] vor fremden Herrn zu führen, das sich höchstens in Ihrer Studierstube geziemt hätte; aber auch Sie haben etwas dazu verführt und deshalb reicht Hohenzollern dem Kurfürsten diese Bittschrift ein.

*Berlin, 20. Jan. 1823:* So habe ich vorgestern eine Abhandlung über den Prinz von Homburg dem Morgenblatt geschickt, die achtzehn, eng wie diese, geschriebene Seiten zählt. Das hiesige [Berliner] Theater ist darin tüchtig mitgenommen, daß man das Stück hier nicht gibt, und die dummen Ungründe dagegen zuschanden gemacht; auch der Kabale in Dresden erwähnt das Ganze, aber in dem ?-Artikel [s. 554b], so daß Dresden nicht genannt wird, wohl aber Berlin. 448

*554b. [Ludwig Robert.] Morgenblatt, 29.–31. Jan. 1823*

? den 1. Dezember 1822

Hamburger und Dresdner Zuschriften, und Ludwig Tieck in seiner Vorrede zu Kleists hinterlassenen Schriften haben bereits so ausführlich und gründlich über dieses verkannte Drama gesprochen, daß wir sowohl Stoff und Behandlung, als auch den Hauptvorwurf, den die unersättlichen Edelmut-Verspeiser diesem Stücke machen, für bekannt annehmen dürfen. Wir werden also nicht wiederholen, was dort erschöpfend über den Wert und die Mängel dieses Werkes gesagt ist, sondern nur das erzählen, was in unserem Normaltheater [scherzhafte Fiktion Roberts] vor, während und nach der Aufführung des Prinzen von Homburg vorfiel [...]; und wir berichten auch dieses nur deshalb, weil es schon 1830 historisch-merkwürdig sein dürfte, was man 1822 von einem dramatischen Werke verlangte, und wie solches Heinrich v. Kleist bereits 1809 der Allgemeinheit nicht verabreichen wollte.

Lange hatte sich die Direktion unserer normal-deutschen Bühne gesträubt, den Prinzen von Homburg zur Darstellung zu bringen. Zwar lockend war es genug, ein neues Stück von einem namhaften Autor zu geben, für das man, da es gedruckt war, kein Honorar zu zahlen brauchte, aber es hatten sich der Stimmen zuviel gegen dasselbe und insbesondere gegen die momentane Todesfurcht des Prinzen erhoben, so daß es den wenigen, die hierüber anders gesinnt waren, äußerst schwer ward, die Direktion zu einem Versuche zu bewegen. Endlich geschah es, und das Haus war überfüllt, meist von Neugierigen,

die sich an dem Fallen des Stückes ergötzen wollten; denn beschlossen hatten dessen leidenschaftliche Gegner (schlagfertige Studenten und junge leicht-empfindliche Militärs, aufgehetzt von einigen unglücklichen dramatischen Versuchern) das Werk eines Heinrich von Kleist – auszulachen! – Über dieses Plänchen wurde eben geflüstert, als der alte Maler Eulenböck [Gestalt aus Tiecks Novelle »Die Gemälde«] sich an den geadelten Kaufmann wendete und ihn mit äußerster Höflichkeit bat, ob er nicht die Gnade haben wollte, ihm zu sagen, weshalb denn eigentlich das Stück ausgelacht werden sollte? »Und das wissen Sie nicht?« fragte jener, indem er sich vor Lachen ausschütten wollte, »denken Sie nur! das Stück ist ein Heldenstück, und der Held darin, nach dem auch das Stück heißt, der hat Furcht, Furcht vor dem Tode! Ich begreife garnicht, wie ein Held sich vor dem Tode fürchten kann.« – Und Sie? fragte Eulenböck trokken. – »Nun ich? Bin ich denn ein Held? Ich bin ja nur ein Mensch«, erwiderte verlegen der Kaufmann [...]
Während dieser Reden hatte der Kavallerie-Lieutenant und der Redakteur der Kunstzeitung sehr eifrig über die Verwerflichkeit des Kleistschen Dramas gesprochen und sich gegenseitig in allen Stücken Recht gegeben. Jetzt rief aber der Lieutenant: Nein, da muß ich bitten, da sind Sie ganz falsch unterrichtet! In Berlin wird das Stück bestimmt nicht gegeben; ich habe noch gestern einen Brief von dort bekommen, von einem Vetter von mir, und der schreibt, daß in keinem Falle etwas daraus wird. Sehen Sie mal! In einem militärischen Staate, wie Preußen, ist es erstlich ganz unmöglich, einen Offizier auf das Theater zu bringen, der so wenig point d'honneur im Leibe hat, daß er um sein bißchen Leben bettelt, das würde unseren ganzen Stand ridikülisieren und das geht nicht. Zweitens aber ist die ganze Sache nicht wahr; der Prinz von Homburg war ein sehr tapferer Herr und ist dafür berühmt in der Geschichte. Drittens soll eigentlich gar kein Vorfahre von hohen Häusern auf dem Theater erscheinen, am allerwenigsten aber, wenn ihn der Dichter so verächtlich darstellt. Das hieße wahrhaftig wenig Ehrfurcht haben vor den hohen Anverwandten des berühmten Helden, wenn man verlangen wollte, daß sie dergleichen ruhig aus der Loge mitansehen sollten. – »Und gerade in Berlin sollte

dies Stück gegeben werden!« sagte mit ernstem Ton der Publizist, ein ältlicher Mann, der bisher kein Wort gesprochen, sondern eifrig in Kleists hinterlassenen Schriften gelesen und viele Stellen mit Bleistift angestrichen hatte. »[...] Denn der erlauchte Held des Stückes ist hier so hoch verherrlicht, wie ihn die Geschichte, die seiner kaum erwähnt, nicht verherrlichen konnte. Gerade daß ihn der Dichter erst alle Schrecknisse eines gewaltsamen und gewissen Todes und Grab und Verwesung in ihrer ganzen Gräßlichkeit von Angesicht zu Angesicht sehen und davor zusammenstürzen läßt, erhöht und verstärkt seine spätere Erhebung, seinen Sieg über den ihm wohlbekannten Tod. [...] Ich kann daher nicht glauben, daß die erlauchten Sprossen des Homburgischen Fürstenhauses, die an dem Berliner Hofe leben, und dort wegen ihres hohen Kunstsinnes mit Recht so sehr gepriesen werden, daß diese jemals von diesem echt-vaterländischen Stücke unangenehm berührt werden könnten; da es im Gegenteil ihnen gewiß eine hohe Genugtuung ist, ihrer Vorfahren einen so glänzend und von einem so kräftigen Genius verherrlicht zu sehen.« – Und doch – begann der Lieutenant etwas weniger sicher als zuvor – doch wird niemals das Stück in Berlin gegeben werden; denn die ... »Vergeben Sie mir«, fiel hier der Publizist ein, »ich muß Sie unterbrechen, in der Besorgnis, daß Sie etwas nacherzählen möchten, welches ich – aus Ehrfurcht vor einem schönen und erhabenen Gemüte – nie und nimmermehr glauben werde. [...]«

Es bleibt uns nichts zu sagen übrig, als daß dieses Drama bereits siebenmal bei gefülltem Hause auf unserer Normalbühne gegeben worden und mit jeder Darstellung sich immer mehr Freunde und Verteidiger erringt. *540*

*554c. Stephan Schütze. Journal für Literatur, Kunst, Luxus und Mode, April 1823*

Mit großem Genuß wird man im *Morgenblatt* die Aufsätze über das Normaltheater – von *Robert* – lesen, besonders, was sie in Nr. 25 bis 27 über die Darstellung des *Prinzen von Homburg* enthalten, über den jetzt von mehrern Seiten her gestritten wird. Daß er um sein Leben fleht, ist fast überall ein Stein des Anstoßes, und wenn nun sein Verteidiger dieses gleichwohl im Zusammenhange psychologisch-wahr findet, so müssen wir ihm recht geben. [...] Wenigstens werden – da die Zuschauer allerdings auch durch übertriebenen Heldenmut auf der Bühne verwöhnt sind – wohl beide Teile, Dichter und Publikum, wegen des verfehlten Eindrucks sich in die Schuld teilen müssen. Ja von einem minder halsstarrigen Genie, als Kleist war, hätte man wohl gar einige Rücksicht auf die Beschaffenheit des deutschen Publikums – gerade nicht *fordern*, aber doch *erwarten* können. *413*

*554d. Ludwig Robert an Rahel. Berlin 1827*

*18. Febr.:* Welch ein Meisterstück dieses Drama, welch ein einzig patriotisches Stück es ist (gerade weil kein deutsches Vivat! kein französisches coup d'encensoir drin vorkommt, kein: un Français, kein: Wir Deutschen! wohl aber unsere brandenburgische Charte die in des Fürsten und des Volkes gesetzlicher Gesinnung lebendig wirkend lebt), das habe ich erst wie von neuem bei strenger Durchsicht dieses grandiosen Gedichts erschaut [...]

*13. April:* [Tieck nahm Roberts Änderungen für das Berliner Kgl. Theater beifällig auf, wünschte aber noch eine Modifikation hinsichtlich des Schlusses, wovon Robert nichts hören wollte.] *72a*

*555. Heinrich Heine, Reisebilder, zweiter Teil. Hamburg 1827*

Mögen berlinische Gardeleutnants immerhin spötteln und es Feigheit nennen, daß der Prinz von Homburg zurückschaudert, wenn er sein offnes Grab erblickt – Heinrich Kleist hatte dennoch ebensoviel Courage wie seine hochbrüstigen, wohlgeschnürten Kollegen, und er hat es leider bewiesen. Aber alle kräftige Menschen lieben das Leben. Goethes Egmont scheidet nicht gern »von der freundlichen Gewohnheit des Daseins und Wirkens«. Immermanns Edwin hängt am Leben »wie'n Kindlein an der Mutter Brüsten«, und obgleich es ihm hart ankommt, durch fremde Gnade zu leben, so fleht er dennoch um Gnade: »Weil Leben, Atmen doch das Höchste ist«.

Wenn Odysseus in der Unterwelt den Achilleus als Führer toter Helden sieht und ihn preist wegen seines Ruhmes bei den Lebendigen und seines Ansehens sogar bei den Toten, antwortet dieser:

»Nicht mir rede vom Tod ein Trostwort, edler Odysseus!
Lieber ja wollt' ich das Feld als Taglöhner bestellen
Einem dürftigen Mann, ohn Erbe und eigenen Wohlstand,
Als die sämtliche Schar der geschwundenen Toten
      beherrschen.«  *185*

**556.** *H. G. Hotho. Jahrbücher für wissenschaftliche Kritik. Berlin, Mai 1827*

Indem nun in unserem Schauspiel Verhältnisse der wirklich vorhandenen sittlichen Welt ihr Recht geltend machen, so hat denn *Tieck* auch den ganzen Inhalt auf diese dargestellte Wirklichkeit und auf die richtige Frage, was Subordination sei, und ob sie nicht in einzelnen Fällen verletzt werden dürfe, beschränkt. Dadurch kann Tieck denn freilich die Art und Weise, wie Kleist das Vergehen des Prinzen motiviert, als Nebensache ansehen und sagen, daß diese Schwäche dem Werke nichts von seiner Würde und Einheit nehme. Aber gerade diese Schwäche, das Verhältnis nämlich des träumenden Hellsehns und des verständigen wachen Bewußtseins, und *nicht* die Frage, was Subordination sei, macht den Inhalt des Dramas aus, und das Umgekehrte behaupten, heißt wiederum ganz den Geist unseres Dichters verkennen. […]

Aus diesem Verkennen des eigentlichen Standpunktes des Stücks geht auch wiederum das Tiecksche Verkennen des Publikums und die Forderung hervor, Deutschland und besonders Preußen und näher noch die Mark solle das Drama mit Enthusiasmus als vaterländisches aufnehmen. Aber hat doch Tieck selber höchst naiver Weise für nötig gefunden, um diesem vaterländischen Stück in Dresden Eingang zu verschaffen, erst vor der Aufführung das Publikum, damit es sich nicht »voreilig von dem trefflichen Werke abwende«, durch eine lange Auseinandersetzung (Tiecks Dram. Blätter) vorzubereiten, und sagt er doch später nichts, als »daß es durch *das treffliche Spiel* der Darsteller in Dresden immer noch ein *Lieblingsstück* geblieben sei«. Doch warum dies Drama wie alle früheren nur einem kleinen Kreise Gleichgesinnter in allen Rücksichten genügen könne, wird es selber am besten zeigen.  *219*

*557. [Willibald Alexis.] Berliner Conversations-Blatt, 11. Aug. 1828*

Auf allen deutschen Theatern, hinab bis zu denen, die umherziehend in den Winkeln ihr Dasein zu fristen suchen, war Kleists Prinz von Homburg gespielt worden. Das ernste Drama, mit wenig Handlung, ohne Überraschungen, nichts als die Poesie der Auffassung, als die Wahrheit der Charaktere, der historischen Bilder bietend, war ein Lieblingsstück geworden, wie das Käthchen von Heilbronn, von der Donau bis zur Ostsee, von der Weichsel bis zum Rheine. Die Schauspieler sprachen mit Entzücken von den Rollen; man reiste darauf. Nur in der Stadt, für die es des Dichters glühende Vaterlandsliebe geschrieben, hatte man von Jahr zu Jahr gezaudert. Nur in Berlin wurde nicht das Drama gegeben, gedichtet zur Feier der ersten Schlacht, welche brandenburgischen Siegerruhm über die Welt verbreitete, der Schlacht bei Fehrbellin, fast vor Berlins Toren geliefert. [...]

Man hätte erwarten können, daß die allein das Theater füllen würden, deren Namen hier die Poesie feiert, – die Kottwitz, Hennings, Truchseß, Golz, Sparre, Stranz, Mörner, und man hätte ein Fest statt eines Schauspiels vermuten dürfen. Tieck hatte sehr deutlich zu verstehn gegeben, er hatte es fast als Vaterlandspflicht ans Herz gelegt, das neu aus der Asche entstandene Theater mit dem Prinzen von Homburg zu eröffnen. Statt dessen hat man *zehn* Jahre gewartet. Hindernisse, Bedenklichkeiten. Man hätte denken sollen, diese wären riesengroß, wenn sie nicht überwunden würden durch die hundert Rücksichten, welche die Aufführung geboten, ja zu einer Sache des Patriotismus, nicht zu einer Kunstsache machten. Aber es war nur ein Haupthindernis. –

Man wollte einen Prinzen, so nah verwandt dem preußischen Ruhme, man wollte einen Helden nicht um sein Leben *flehen* lassen. Es ist so viel über diese Szene gestritten worden, daß die Konversation abermals ein gründlich besprochenes Thema aufnehmen will. Man hat nun den Nerv hinausgeschnitten. [...] Die höhere Poesie – des Charakters, wie des Stückes, ist nun fort, aber es muß ein tüchtiges Stück sein, das auch darohne noch so ansprechen kann. Man hat das Menschliche hinausgeschafft, um das starre Recht des Helden, wie ihn der antike Begriff hinstellt, geltend zu machen. [...]

So, entblößt von seiner Poesie, gegeben, würde der Prinz von Homburg auf den Theatern, welchen das patriotische Interesse fremd ist, weniger Glück gemacht haben. In Hamburg oder in Frankfurt wäre es ein gutes Reiterstück mehr. Aber bei uns, auch ohne den Duft und die Farbe, ist so viel Metall darin, daß es hell strahlt und einen vollen Klang gibt. Das ist die rechte Auffassung des Vaterländischen. Da ist kein falscher Pathos, kein ängstliches Spielen mit hohlen Reden. Eine nackte kernige Sprache, derbe Worte, wie sie ziemen dem Lande, in dessen gesunder Luft keine aromatischen Düfte einer üppigen Vegetation sich mischen. Die Kraft der Gesinnung, die Sprache der Tat, die Milde der Freiheit atmen durch. Alles kurz, klar, natürlich. Jedes Kind weiß voraus, daß der Kurfürst den siegenden Prinzen nicht wird erschießen lassen, es weiß alles, was kommen wird, und doch ist das Interesse gespannt, doch will man keine Rede verlieren. Es ist alles erfunden vom Dichter, was wir die Handlung nennen, [...] und doch ist alles wahr. Das war die Aufgabe eines Dichters.

Der Prinz von Homburg wurde im heißen Sommer gegeben, so mancher Umstand ließ die Freunde des Stückes fürchten. Die Klippen sind umschifft, und die lebendige Teilnahme des gebildeten Berlins klagte durch den rauschenden Beifall, daß wir so spät erst das vaterländische Stück gesehen. *3*

*Am 26. Juli 1828 wurde »Prinz Friedrich von Homburg« in Ludwig Roberts Bearbeitung erstmals in Berlin aufgeführt; nach der dritten Vorstellung befahl König Friedrich Wilhelm III., daß das »gestern aufgeführte Stück niemals wieder gegeben werden soll«.* *152a*

557a. [H. G. Hotho.] Über Kleists Schauspiel »Prinz Friedrich von Homburg«. Morgenblatt, Tübingen, 18./22. Nov. 1828

Berlin. Okt.: Von Seiten der Schauspielkunst, um auch hier das noch Unbesprochene nachzuholen, wäre vor allen Dingen zu berichten, daß auch bei uns endlich in diesem Sommer der Kleistische »Prinz von Homburg« zur Aufführung gekommen ist. Es kann zunächst Verwunderung erregen, daß ein Drama, dessen Schauplatz zum Teil Berlin selbst, dessen Grundton so echt brandenburgisch ist, dessen Hauptgestalten so vaterländische Gefühle aussprechen und zu so dankbaren Blicken in die

Vergangenheit auffordern, erst nach so vielen Jahren, erst nach dem Tode des unglücklichen Verfassers bei uns Eingang findet, während es die Sachsen seit lange schon in ihren Hauptstädten Leipzig und Dresden dargestellt haben. Und diese Verwunderung kann noch gesteigert werden, wenn es gar heißt, dasselbe Drama sei zwar mit Beifall aufgenommen, doch nach wenigen Aufführungen fast vergessen worden und von der Bühne wieder verschwunden. Teils liegen lokale Verhältnisse, die Gesinnung des Hofes, welche gegen dies Drama gerichtet sein soll, teils aber allgemeinere Gesinnungen zu Grunde. Denn daß Kleist von seinen Zeitgenossen nicht anerkannt, daß seine Werke auch jetzt nur von einem kleinen Kreise geehrt und geliebt werden, ist so unbegreiflich nicht, als Tieck es wiederholt gefunden hat. [...]

Es kommt dem Dichter gar zu sichtlich darauf an, das verdammte Hellsehen und Nachtwandeln nicht nur zu retten, sondern dieser Krankheit des Geistes eine höhere Weisheit anzudichten als die ist, welche das wache Verhältnis zur Wirklichkeit zu geben imstande sein soll. Bei einer Bearbeitung dieses merkwürdigen Dramas für die Bühne können nur zwei richtige Wege eingeschlagen werden. Entweder man schneidet die ganze Nachtwandlung und deren Konsequenzen weg, oder man läßt alles, wie es der Dichter geschaffen hat, und begnügt sich mit einigen, vielleicht nötigen Änderungen im vierten Akt. [...] Bei unserer Bühne ist keiner dieser Wege beliebt worden, sondern man hat einen Mittelweg eingeschlagen, der, wie uns scheint, nichts bessert und vieles verderbt. Höheren Orts soll es, wie man sagt, mit Recht Mißfallen erregt haben, daß der Kurfürst gleich in den ersten Szenen mit dem seelenkranken Prinzen sein Spiel treibe, und daß der in früheren Akten tapfere Prinz, als es darauf ankomme, nach Urthel und Recht zu sterben, so feige und lebenslustig erscheine. So hat man denn die dramatische Darstellung der ersten Szenen in eine epische Erzählung und die *Todesfurcht* des Prinzen in eine Furcht vor der *Hinrichtung* verwandelt, wie es denn freilich einem Prinzen gemäß ist, wohl in der Schlacht, aber nicht wie ein Verbrecher totgeschossen zu werden. Wer Sinn für das hat, worauf es in dem Kleistischen Prinzen von Homburg ankommt, wird diese Veränderungen wenigstens keine Verbesserungen nennen. Der verehrte Dichter [Ludwig Robert], von dem sie ausgegangen sind, würde sie auch, bei seiner Liebe für Kleist und bei seiner bekannten Achtung vor jeder Intention eines Autors, die mit Geist und Schicklichkeit ausgeführt ist, sicher nicht vorgenommen haben, wenn es nicht nötig gewesen wäre, sich höheren, wenngleich äußern Rücksichten zu fügen. *219a*

### Ein männliches Käthchen

558. Karl v. Holtei, *Arthur und Kätchen. Beiträge zur Geschichte dramatischer Kunst u. Literatur,* Berlin *1828*

Arthur [Prinz von Homburg] erscheint mir wie ein männliches Käthchen. Die Hauptmomente beider Dramen liegen so tief in Kleists Eigentümlichkeit, daß seine poetische Fülle davon überfließen mußte, daß er sie selbst in der Form kaum trennen konnte. Das junge Mädchen geht in der Liebe auf, der junge Held in Ruhm und Ehre. Sie ist in die Liebe verliebt, und er in Siegesglanz. Kleists unverkennbare Neigung, die Nacht- und Schattenseiten der Natur aufzudecken und sich in ihr mystisches Dunkel zu hüllen, überzieht beide mit dem Schleier des tierischen Magnetismus. Somnambül (im Nervenfieber) ist Kätchen, als ihr im Bilde des Ritters die Liebe winkt. Somnambül (mondsüchtig) ist Arthur, als er sich ahnend den Kranz aus Lorbeern flicht. Beide tragen im Laufe ihrer Handlungen fortwährend die Spuren des Traumlebens an sich. Nur so kann Kätchen, die stille Weiblichkeit verleugnend, eine Aufdringliche, den Streifzügen des harten Ritters folgen; kann Arthur, nachdem er die Parole verträumt hat, die verbotnen Siegeskränze erstürmen. Natalie, die seinen krankhaften Zustand steigert, ist eben auch ein Ziel der Ehre – mehr wenigstens als der Liebe – sonst könnt' er ihr später nicht so leicht entsagen wollen, nur um sein nacktes Dasein zu retten.

Beide, Kätchen wie Arthur, werden durch die Gluten geläutert und das große Wort, welches ihnen abgefordert wird, heißt: *Entsagung.* Dies einmal ausgesprochen, haben sie gesiegt. Die Gluten für die Läuterung der sinnlichen Liebe sind flammendes Feuer, die Gluten für ruhmsüchtiges Seelenstreben: geistige Todesangst.

Kätchen stürzt sich in die Flammen, dem Grafen das *Bild* ihrer Nebenbuhlerin zu retten. Da schützt sie der Cherub – und diesen Gefahren entzogen, wird sie zum letztenmale somnambül [...] und wie Kätchen aus dem Schlafe zur wahren Liebe erwacht, – so schläft der Prinz zum letztenmale magnetisch, ehe er zur Hinrichtung geführt werden soll – und erwacht beim hehren Schlachtrufe, um nun, ein besonnener Mann, ein junger Held, zu kämpfen und zu siegen! 214


*»der sonst so liebe Heinrich von Kleist«*

*559. Fouqué. Berlinische Blätter für deutsche Frauen, 1830*

Am schlimmsten unter den Künstlern ist mit dem ehrbaren Landgrafen [von Hessen-Homburg] der dem Unterzeichneten sonst so liebe, nun schon vorlängst und schmerzlich verewigte Heinrich von Kleist in seinem Schauspiele »Der Prinz von Hessen-Homburg« umgegangen. Die an und für sich kräftige, ja ursprünglich durch und durch edle Dichternatur hatte – nach einer seltsam inwohnenden, oder vielleicht auch von Unpoetischen eindemonstrierten Unart – sich es oftmal zum Thema gemacht, das an und für sich Widersprechende in einen sogenannten Flammen-Guß zu verschmelzen. Kalt absichtlich geschürte Flammen jedoch zünden bekanntlich selten, und wenn sie's tun, tun sie's auf nur verderbliche Weise. Heinrich Kleist hatte leider statt des übersprühenden Fürstenkriegers einen weichlichen Träumer hingestellt, nicht des feurigen Helden, nicht auch des feurigen Dichters selber, der voll seltsamer Verblendung aus unkriegerischen Zauberformeln ihn heraufzubeschwören versuchte, auch nur im mindesten wert. – 128. 582a


*Bekenntnis eines Unrechts*

*560. Ludwig Rellstab. Vossische Zeitung, Berlin, 18. Okt. 1841*

Es bleibt immer eine wichtige Erscheinung, wenn man gewissermaßen ein öffentliches Bekenntnis eines Irrtums ablegt. Eine solche Erscheinung ist bei uns die Darstellung des Kleistschen Schauspiels »Der Prinz von Hessen-Homburg«. Vor 13 Jahren wurde dasselbe auf Tiecks so gewichtige Empfehlung auf unsere Bühne gebracht, verschwand aber augenblicklich wieder, weil sich die fürstlichen Nachkommen des Hauses Hessen-Homburg durch die in dem Stück enthaltene Zeichnung des Charakters ihres Vorfahren verletzt fühlten. Man hat jetzt eingesehen, daß ein solcher Grad der Empfindlichkeit weder im allgemeinen berücksichtigt werden durfte [...] noch in diesem besonderen Falle gerechtfertigt erscheint, da ein Vorfahr dieses Charakters, dem solche Taten und Entschlüsse beigelegt werden, trotz der menschlichen Schwäche (deren Stempel ihm vom Dichter allerdings zu stark aufgedrückt ist) immer noch ein Glanz seines Hauses und ruhmbringend für die späteste Nachkommenschaft sein würde. [...]

*369*

### Berlin 1848

*560a. Europa, Leipzig, 18. Okt. 1848*

Berlin, 16. Oktober. Auch das Theater feierte, wie sich gebührt, das Geburtsfest des Königs [Friedr. Wilh. IV.]. Am Sonnabend gab es daher eine Vorfeier, und wir sahen Kleists *Prinzen von Homburg*, womit denn das alte, drückende Theatergesetz aufgehoben ist, welches verbot irgendein Mitglied des königlichen Hauses auf der Bühne erscheinen zu lassen. Der große Kurfürst mit Gemahlin schritt über die Bretter. Aber wir müssen gestehen daß das Stück nicht den Eindruck machte, den man vielleicht damit bezweckte. Man führte uns einen der größten Hohenzollerschen Fürsten vor, man zeigte ihn uns in der Fülle seines Glanzes, seiner Kraft, seiner königlichen Souveränität und Gewaltherrschaft, wie ihn Kleist in diesem trefflichen und markigen Stück gezeichnet hat. Aber Kleist gehört mit seiner Anschauungsweise und seinem ganzen Ideengange einer alten, überwundenen Zeit an, und dieser Kurfürst machte auf uns nur den Eindruck eines hölzernen Herrgotts; unsere Zeit verwirft diese Fürsten und Könige, welche sich vermessen mit ihrem Willen und ihrer Anschauungsweise sich als das absolute Gesetz gebahren und die allein maßgebende und entscheidende Willensausströmung eines ganzen Volkes sein zu wollen. [...]

*526a*

*Das Ausland 1828*

561. *[R. P. Gillies.] The Foreign Quarterly Review, London, Juni 1828*
[Nach einigen Proben in englischer Übersetzung:]
So schließt der vierte Akt, und wir haben den Prinzen von Homburg in seinen verschiedenen Charakterwandlungen verfolgt: zuerst ein träumerischer Schwärmer, dann ein tapferer Krieger und feuriger Liebhaber, für eine kurze Spanne ein um sein Leben bettelnder Feigling – zuletzt, nachdem er durch Selbstbestimmung seine Kräfte gesammelt hat, gewinnt er noch einmal seine Tapferkeit und Beherztheit und bleibt in dieser Verfassung bis zum Ende des Stückes. Die Grundidee ist gut, aber der Dialog ist überall zu tadeln; besonders in Szenen, die leidenschaftlich sein müßten, ist er beklagenswert schwach. Doch das ist der Schreibstil, den Mr. L. Tieck herausstreichen möchte gegenüber dem von Müllner, Grillparzer, Raupach, Houwald und anderen, gegen die er eine eingewurzelte Abneigung hegt. [engl.]  544

561a. *Johan Ludvig Heiberg. Kjøbenhavns flyvende Post, 4. Juli 1828*
Die Saison konnte kaum schöner enden als mit der Aufführung von Kleists vortrefflichem Drama Prinz Friedrich von Homburg, oder, wie es hier genannt wird, die Schlacht von Fehrbellin, vielleicht das hervorragendste Werk, das seit Shakespeares Zeit im Fach des sogenannten höheren Schauspiels geschaffen wurde. Kleist ist in diesem Fach zweifellos das größte Genie der neueren Zeit, und sein früher Tod ist ganz gewiß ein schwerer Schlag für die Literatur, denn sieht man auf den Fortschritt, der sich in seinen verschiedenen, besonders den dramatischen Arbeiten zeigt, wenn man sie chronologisch betrachtet – ein Gesichtspunkt, der in einer Rezension seiner sämtlichen Werke in den Jahrbüchern für wissenschaftliche Kritik [s. 276] ausgezeichnet entwickelt wurde –, so kann man nicht daran zweifeln, daß dieser Genius von der Natur dazu berufen war, der Repräsentant des höheren Dramas in unserer Zeit zu werden und für uns das zu sein, was Shakespeare für seine Zeitgenossen war. Man sieht auch, daß es besonders Shakespeare ist, der ihn begeistert hat, aber gerade in der Weise,

wie er diese Muster benutzte, zeigt er sich als wahrer Dichter, denn das Vortrefflichste bei ihm ist immer das, was von ihm selber stammt. [...] Bei Kleist ist jede Darstellung objektiv, seine eigene Person bricht niemals auf unzulässige Art durch seine Schilderungen hindurch; das Dramatische bleibt bei ihm rein und kraftvoll, und niemals opfert er davon das kleinste Gran zugunsten sentimentaler Stimmungen und lyrischer Ausbrüche. [dän.]   *183a*

*562a. Le Globe. Paris, 6. Sept. 1828*

Aber mit seinem romantischen Rahmen liegt das Stück so völlig außerhalb des französischen Geschmackes, daß es fast unmöglich ist, eine ernsthafte Analyse davon zu geben. Für uns ist das ganze Stück eine zu langwierige Mystifikation, übersät mit pathetischen Szenen, die nur so lange erschüttern, bis man sich ihrer Grundlosigkeit erinnert, mit hinreißenden Dialogen, heftigem und glänzendem Streitgespräch, aber ohne Ziel. Eine merkwürdige Umkehrung des Lebens lernen wir da kennen; die Träumereien stehen im Vordergrund, und vor dem Traum verschwindet die Realität. [franz.]   *529*

*562b. [Willibald Alexis.] Berliner Conversations-Blatt, 17. Okt. 1828*

Ein Urteil zwischen Wachen und Traum

Ein französischer Kritiker nennt Kleists Prinzen von Homburg ein bizarres, zwischen Wachen und Traum erzeugtes Werk. Er zerlegt es mit chemischer Schärfe, wobei freilich das verloren geht, was Hauptsache war, der Geist der Milde und der Kraft, das Christliche, was kaum den Namen im Munde führt, aber aus jeder Rede hervorspringt, Ideen, die so über die Fassungskraft eines Franzosen hinausgehen, daß wir nie auf Anerkennung eines solchen vaterländischen Gemäldes rechnen dürfen.   *3*

## Hebbel und Felix Bamberg

*563. Hebbel, Über Theodor Körner und Heinrich von Kleist. Dem Hamburger »Wissenschaftlichen Verein« vorgelegt am 28. Juli 1835*

Was ist nun der Gedanke, der im vorliegenden Stück die Seele des Prinzen von Homburg, als des Haupthelden erfüllt? Wir finden ihn im zweiten Auftritt des zweiten Akts ausgesprochen, in der Stelle, wo der Prinz zu Kottwitz, der ihn, den tatendurstigen, auf die kurfürstliche Parole verweist, sagt:

»Auf Ordr'? Ei, Kottwitz, reitest du so langsam?
Hast du sie noch vom Herzen nicht empfangen?«

Es ist der Gedanke: die Kraft steht über dem Gesetz, und der Mut erkennt keine Schranken, als sich selbst. Kleist *scheint* sich im fünften Auftritt des ersten Akts, womit der fünfte Auftritt des fünften Akts korrespondiert, Mühe gegeben zu haben, nicht sowohl diesen Gedanken, als vielmehr einen bloßen Zufall, nämlich die Unaufmerksamkeit des Prinzen bei Erteilung der Parole, als Hebel des Stücks aufzustellen, allein, er *scheint* auch nur. Denn, wenn er durch *Hohenzollern* auf diesen Umstand auch großes Gewicht legen läßt, so durfte das allerdings geschehen; nur dann aber, wenn der *Prinz selbst* – was nie geschieht – Gewicht darauf gelegt hätte, könnte er Einfluß auf die Ökonomie des Stücks gehabt haben. [...]

Das ganze Stück enthält – was sich selten von der Arbeit des größten Meisters rühmen läßt – nur Charaktere, keine einzige *Figur*, und ich bedaure, daß ich nur den Charakter des Prinzen von Homburg näher entwickeln, an den übrigen aber nur diejenigen Seiten berühren darf, welche mit diesem zusammentreffen. *180*

*564. F. Bamberg. Jahrbücher f. dramat. Kunst u. Literatur, Berlin, Sept./Okt. 1848*

Über den Wert dieser [Todesfurcht-]Szene habe ich mehrfach Gelegenheit gehabt, mit gelehrten Leuten zu streiten und namentlich *Franzosen* zu überreden, daß sie nicht geeignet sei, wie sie meinten, das ganze Stück zu verdammen. Bei den *Deutschen* ist es Unkenntnis des Lebens, die sie ein fanfaronmäßiges Trotzen des Todes diesem so rein menschlichen Ausweichen desselben vorziehen läßt, bei den *Franzosen* hingegen mehr Vorurteil, mehr klassischer Schulbegriff, der ihnen das abstrakte Heldentum als das dramatische Ideal eingeimpft hat. Die Franzosen möchte ich hier auf den auch von ihnen wenigstens teilweise hochgefeierten Homer verweisen, der den Achilles sagen läßt:

»Nicht mir rede vom Tod ein Trostwort, edler Odysseus!
Lieber ja wollt' ich das Feld als Tagelöhner bestellen,
Ein bedürftiger Mann, ohn' Erb und eigenen Wohlstand,
Als die sämtliche Schar der geschwundenen Toten
             beherrschen.«
Aber was helfen solche Beweise, sie sind doch keine mathematischen, und die Franzosen werden im allgemeinen doch immer Virgil dem Homer und Corneille dem Shakespeare vorziehen. Dem Deutschen ist vielleicht *Shakespeare* auch hier eine Autorität, und man erinnert sie daher wohl nicht ohne Erfolg an die furchtbar erhabene Stelle in Timon von Athen: »Ja aber sterben – gehn wer weiß wohin [...]«

Diejenigen aber, die naseweis genug sind, von Kleists Selbstmord wie von einer Feigheit zu sprechen, mögen aus dieser Szene ersehen, daß der Tod dem unglücklichen Dichter nicht so leicht mag geworden sein, und daß Heine Recht hatte, wenn er vor Jahren schrieb: »ja wohl hatte Kleist Courage, und er hat es leider bewiesen!« [...]

So kann man dieses Stück mit vollem Rechte eine *Tragödie* nennen und den Titel: Schauspiel, den ihm Kleist gegeben hat, für zu bescheiden erklären. Das Schicksal des Prinzen von Homburg ist ganz geeignet, in uns Furcht vor der Übertretung des Gesetzes zu erregen, zugleich aber auch Mitleid mit dem, der es übertreten hat. Diese Tragödie ist, wie gesagt, die Lebens-Tragödie des Dichters selbst, und wenn letztere nicht so heiter schloß als diese, so liegt die Schuld daran, daß die Welt kein Meister war, dem durch natürliche Verhältnisse und durch eigene Schuld dem Tode geweihten Helden den Lorbeer mit der goldenen Kette zu reichen.                     22

*565. Hebbel. Österreichische Reichszeitung, 3./6. Febr. 1850*

Der Prinz von Homburg gehört zu den eigentümlichsten Schöpfungen des deutschen Geistes, und zwar deshalb, weil in ihm durch die bloßen Schauer des Todes, durch seinen hereindunkelnden Schatten, erreicht worden ist, was in allen übrigen Tragödien (das Werk ist eine solche) nur durch den Tod selbst erreicht wird: die sittliche Läuterung und Verklärung des Helden. Auf dies Resultat ist das ganze Drama angelegt, und was

Tieck an einem bekannten Ort als den Kern hervorhebt, die
Veranschaulichung dessen, was Subordination sei, ist eben nur
Mittel zum Zweck. Wenn Tieck noch weiter bemerkt, das
Nachtwandeln, womit das Stück beginnt, und die an dies
Nachtwandeln geknüpfte Form der endlichen Lösung, verleihe
demselben zu seinen übrigen Vorzügen noch den Reiz eines
lieblichen und anmutigen Märchens, so kann ich auch damit
nicht übereinstimmen. Im Gegenteil, dieser Zug ist als störend
zu tadeln, und wenn er, wie im Käthchen von Heilbronn, tief
in den Organismus des Werks verflochten wäre, so würde er
ihm den Anspruch auf Klassizität rauben. [...]

Es leuchtet wohl jedermann ein, daß uns in diesem Drama
auf eine Weise, wie sonst nirgends geschieht, der Werdeprozeß
eines bedeutenden Menschen in voller Unmittelbarkeit vorgeführt
wird, daß wir in das charakteristische Durcheinander von
rohen Kräften und wilden Trieben hinein schauen, aus denen
ein solcher meistens hervorgeht, und daß wir ihn von seiner
untersten Stufe an bis zu seinem Höhepunkt begleiten, auf
dem der ungebändigt schweifende und in seiner Regellosigkeit
der Gefahr der Selbstzerstörung ausgesetzte Komet sich in einen
klaren, auf sich selbst beruhenden Fixstern verwandelt.

Eine Frage darf ich jedoch nicht unerörtert lassen, die Frage,
wie es denn überhaupt möglich war, daß der Prinz von Homburg
bei so hoher Bedeutung und so reicher Lebensfülle bis
jetzt so wenig Theaterglück haben konnte. Die Antwort ist
leicht. Das große Publikum hat, wie es das Poetische überhaupt
gern in das dem Leben Widersprechende setzt, namentlich
einen sonderbaren Begriff vom dramatischen Heldentum,
und der größte Teil der Kritiker, die es belehren sollen, leider
auch. [...] Kleist stieß mit dem Prinzen von Homburg nun
noch obendrein gegen einen Fleck, der zu seiner Zeit, wo
Theodor Körner die Leute in seinen Trauerspielen ordentlich
darum um die Wette laufen ließ, wer zuerst sterben soll, zu
den allerempfindlichsten gehörte. Todesfurcht und ein Held!
Was zu viel ist, ist zu viel! Es war eine Beleidigung für jeden
Fähnrich. »Ein Butterbrot verlangen Sie von mir? Das geb'
ich Ihnen nicht! Aber mein Leben mit Vergnügen!«

## Die »abscheuliche Szene«

566. *Eduard Schütz, Briefe eines Schauspielers an seinen Zögling. Almanach für Freunde der Schauspielkunst 1842, Berlin 1843*

Solange ich mich mit der dramatischen Kunst beschäftige, ist mir nie ein Fall vorgekommen, wo die Ansichten und Urteile so verschieden, und teilweise so korrupt ausgefallen wären, als über dieses Werk des herrlichen, unglücklichen Kleist. [...] Wenn aber nun die Darsteller den Dichter nicht verstehen, wie kann man sich dann noch über die schiefen Urteile des Publikums wundern? [...] Da Ihnen die abscheuliche Szene, wie Sie sie nennen, den Helden nahm, wurden Sie Mediziner, und warfen sich in die Krankheit des jungen Mannes, von daher Heil zu suchen. Da seine Erhebung am Schlusse Sie wieder irre macht, lassen Sie ihn in eine alles verlorengehende Stumpfheit verfallen, die Sie Resignation nennen. So taumeln Sie unsicher hin und her, die Zuschauer mit Ihnen, und der arme herrliche Dichter muß in diesem Schwindeldrehen zu Boden fallen.

Wie wäre es aber, wenn wir annähmen, der Dichter habe uns zu Anfang weder einen Helden, noch den rätselhaften Zustand des Somnambulismus zeigen wollen, sondern eine edle, junge Menschenseele, in der die beiden Anschauungen, die des Irdischsinnlichen und die des Göttlichen, ihren *Prozeß* noch nicht vollendet haben, und die so noch nicht zu dem Willen, zu der moralischen Freiheit gelangt wäre, welche sich weder aus Furcht vor einer strafenden Gottheit, noch vor einer irdischen Strafe, sondern aus der göttlichen Kraft *in uns* frei entwickelt? Wie, wenn nun dieser Läuterungsprozeß vor unseren Augen geschehen, wenn der Somnambulismus des jungen Mannes eben ein *Fingerzeig* sein sollte, daß hier von einem Seelenprozeß die Rede sei, daß er *materiell* genommen, dem Vergehen des jungen Kriegers in der Schlacht zu Entschuldigung dienen soll, indem er durch die Vermischung seines Traumlebens mit der Wirklichkeit in die seltsamste Zerstreuung und Aufregung versetzt wird, und so den Tagesbefehl überhört? Wenn es nun außerdem eine *Eigentümlichkeit* des Dichters wäre, durch solche sonderbare Abschweifungen seinen Werken ein eigenes phantastisches Gewand zu geben, wenn der innere Kern davon nun ganz unberührt bleiben sollte, und es ganz nur Nebending wäre? – Doch um Ihnen verständlich zu werden, muß ich etwas weiter und zusammenhängender ausholen. – [...]   *3a. 421c*

*567. Julian Schmidt, Einleitung zu H. v. Kleists Gesammelten Schriften. Berlin 1859*
Man hat ihm [Tieck] häufig, auch noch in neuester Zeit, nachgesprochen; wir erlauben uns aber die bestimmte Behauptung, daß jener *Akt* sich selbst wegwerfender Feigheit, in Gegenwart der Geliebten (wohl zu unterscheiden von dem *Gefühl*) bei einem Helden unmöglich ist; doppelt und dreifach unmöglich bei einem märkischen Edelmann, einem Offizier jenes Heeres, das Kleist in so prachtvollen Farben schildert! Wenn er möglich ist bei einem Nervenkranken und Somnambulen, so gehören Nervenkranke und Somnambule nicht auf die Bühne, die nur mit gesunden, zurechnungsfähigen Figuren zu tun hat. Als Zeugen rufen wir die Frauen, rufen wir die Kurfürstin und Natalie an: diesen Jüngling, den sie so im Schmutz gesehn, kann das edle Mädchen nicht mehr lieben; von einem so erniedrigten Helden darf der Fürst eine sittliche Aufrichtung des Rechtes nicht erwarten und nicht gelten lassen.   *253*

### Grillparzer

*568a. Grillparzer zu Adolf Foglar. Wien, 20. Nov. 1842*
Kleists Käthchen und Prinz von Homburg sind die zwei ersten Akte einer Tragödie, deren dritter Akt – sein Selbstmord war. Er war ein nicht genug zu preisendes Talent. Aber sein Fehler war, in den natürlichen Gang der Dinge physische Ursachen (Magnetismus, Traumschlaf) zu bringen, was dem Publikum zu hoch steht, und selbst dem Tieck, der das Betteln des Helden um sein Leben natürlich findet. Freilich! eine Natürlichkeit, aber die man anspeien muß. Sie wird nur durch das gestörte Traumleben gerechtfertigt.   *156*

*568b. Grillparzer zu W. v. Wartenegg. Wien, 21. Nov. 1860*
Wenige Wochen vor diesem Besuch bei Grillparzer war im Burgtheater das Kleistsche Schauspiel »Prinz Friedrich von

Homburg« wieder aufgenommen und am 5. Oktober 1860 mit [Josef] Wagner in der Titelrolle, doch wieder ohne Erfolg, gegeben worden. Als Grillparzer davon sprach, was dem Publikum gefalle oder nicht gefalle, kam er auch auf dieses Stück zu sprechen, und ich will nun aus meinen Aufzeichnungen hiehersetzen, was sich darüber findet.

»Zum Beispiel, es wird jetzt wieder so ein ausgezeichnetes Stück gegeben: Der Prinz von Homburg.

Zuerst, ich war noch bei der ersten Aufführung [1821], ist es gänzlich durchgefallen; jetzt, wie mir Laube selbst versichert hat, sind die Szenen, die mißfallen, sehr gemildert worden, denn man muß dem Publikum nur solche Sachen vorführen, die es glauben kann. [...]

Kleist hat jedoch den Fehler, daß die Übernatürlichkeiten oder Ungewohnheiten, die er uns vorführt, nicht poetischen Ursprungs sind, sondern sich auf körperliche Leiden beziehen. Der Prinz von Homburg fängt mit Somnambulismus an und hört damit auf, und alles, was wir nicht verstehen, hat seinen Grund darin, daß der Schlafwandler im Anfang so plötzlich gestört worden ist.

Aber kein gewöhnlicher Mensch kann sich in den Zustand eines anderen Menschen denken, der plötzlich aus dem Somnambulismus zum Wachen erweckt wird. Die Mutlosigkeit, die den Prinzen überkommt, wie er sein Todesurteil hört, hat jedenfalls ihren Grund in dem gestörten Schlafwandel.« [...]

Später kam er nochmals auf den Prinzen von Homburg zu sprechen, den man wieder hervorgesucht habe. Wieder trat er gleichzeitig mit seinem Lob für Kleist ein und mit seinem Tadel gegen das, was fehlerhaft sei. Er sagte: »Trotzdem ich Fehler in dem Stück sehe, so find' ich es doch ausgezeichnet. Lieber als die größte Schönheit selbst einer Schillerschen Sprache ist mir diese einfache, kernige Sprache; lieber, daß die Soldaten mit einfachen Worten reden, als die Schweizer Bauern in, wenn auch noch so poetischen Versen [...]«

Eine sehr interessante Wendung bekam dieses Gespräch dadurch, daß Grillparzer auch von Hebbel und Laube zu reden begann, daß er Hebbels Fehler denen Kleists vis-à-vis stellte. Bekanntlich waren ihm die Dichtungen Hebbels nicht sympathisch, und merkwürdig war es nur, daß er als Grund das Gegenteil von dem anführte, was er bei Kleist, den er sonst so hoch stellte, getadelt hatte.

»Kleist muß man vorwerfen, wie Sie sehr richtig bemerkt haben, daß er physiologisch entwickelt; Hebbel tut das Entgegengesetzte bei seinen Helden. Das eine wie das andre kann man nicht glauben, daher gefallt's nicht.« *156*

*Albert Dulk*

569a. *Albert Dulk, Ein dramatisches Charakterbild der deutschen Nation. Morgenblatt, 14. Mai 1861*

Ist nicht dieser Prinz von Homburg – gesund und traumbefangen, kernhaft und töricht, reich, gut und verloren zugleich – eine urdeutsche Natur, neben der Hamlet, der Däne, uns fremd, oder ein unheimlicher Vertreter wird? Freilich leuchtet in beiden Prinzen auffallend Ähnliches hervor; aber, so viel sie miteinander gemein haben mögen, in Idealität, in Kontemplation, in Schuld und Verirrung selbst, es ist dennoch auch dieses *darin* entgegengesetzt bei beiden, daß, was bei Hamlet als Wort und Gedanke sich zeigt und vollzieht, bei Homburg als Leben und Tat auftritt. Dieser Charaktergegensatz, leicht im einzelnen auszuführen, wiederholt sich auch in der Lösung der Aufgabe, die beiden gestellt wird, und die, mit merkwürdigem Kontraste, bei dem sinnvollen Hamlet in der Forderung einer *äußeren* Tat, der Bestrafung des Königs, bei dem tatvollen Homburg in der Forderung einer *innern* Tat, Anerkennung der eigenen Schuld, besteht. Denn nur Prinz Homburg *lebt* die von ihm verlangte geistige Tat (sinnlich) *heraus* im Sturmgang der verwirrten Lebensgeister, und wird, nach seinem elenden Falle, auch das Endresultat gleichsam plastisch in Fleisch und Blut uns darstellen, während Prinz Hamlet die verlangte sinnliche Tat immer im Reiche der Reflexion und des Geistes hält und es nicht einmal bis zu einem Plane dieser Tat bringt. *93*

*569b. Albert Dulk, Dramaturgische Studie über Kleists »Prinz Friedrich von Homburg«. Die Deutsche Schaubühne, Juni 1861*

H. v. Kleist hat es gewagt und vermocht, wie keiner vor ihm, die *Schuld* selbst, analog der *Krankheit*, als *Gefangensein des Ichs in Naturmächten*, dieses *Befangensein* aber wiederum als *Schuld* im Menschen zu offenbaren; die *Selbsterkenntnis* und *Selbstbeherrschung* dagegen als *Genesung vom Übel* und als *Gesundheit* des Menschen. [...]

H. v. Kleist, durch seine eigene verschlungene Naturanlage wunderbar befähigt und durch seine Wahrhaftigkeit wunderbar unterstützt in solcher Beobachtung, war zugleich eine von jenen starken selbstherrlichen Naturen, welche auf ihren Schultern die Welt tragen, unbeirrt, ob die Mittragenden sie allein lassen, und ob sie daran zugrunde gehen! –

Diese Verschlingung in unserm Drama von *Unwillkürlichkeit* (Zerstreuung in der äußeren, Entsetzen in der inneren Katastrophe) und von *Schuld* (Insubordination in jener, Feigheit in dieser) ist wohl zu beachten. So sehr die *Naturmacht* gekennzeichnet ist durch jenen Mondschein, so gewiß tritt dennoch die *Hingabe* an sie als eine »Unart des Geistes« auf, über welche er lebhafte Scham empfindet und sich entschuldigt (I, 4); und so gewiß zieht sie ihn, da er, gewarnt, sie doch nicht besiegt, in die *Schuld* jener Insubordination herab. Und so gewiß in der zweiten Katastrophe das Unbedachte, wie wir sehen werden, als Ausgangspunkt gezeichnet ist, so klar wird doch seine Folge: der Verlust der eigenen Würde und das wirkliche eigene Todesurteil als Schuld gewürdigt. Eines folgt aus dem andern auf die natürlichste, einfachste Weise.   *93a*


## Die »Lücke« im Stück

*570. Gustav Freytag, Die Technik des Dramas. Leipzig 1863*

Ein bekanntes Beispiel solcher Lücke [in der Darstellung der inneren Bewegung] ist im Prinzen von Homburg, gerade dem Stücke, worin der Dichter eine der schwierigsten Aufgaben, die Disposition zu einer Schlacht und die Schilderung der Schlacht selbst, vortrefflich gelöst hat. Der Prinz hat seine Haft leicht genommen; als sein Freund Hohenzollern ihm die Nachricht bringt, daß sein Todesurteil zur Unterschrift vorliege, wird seine Stimmung allerdings ernst, und er beschließt die Verwendung der Kurfürstin zu erbitten. Und in der nächsten Szene stürzt der junge Held kraftlos, haltungslos zu den Füßen seiner Gönnerin, weil er auf dem Wege zu ihr, wie er erzählt, beim Fackelschein an seinem Grabe arbeiten sah; er fleht um sein Leben, wenn er auch schimpflich abgesetzt werde. Dieser unvermittelte Sprung zur feigen Todesfurcht verletzt an einem General auf das peinlichste. Er ist sicher an sich nicht unwahr, wenn wir auch von einem Feldherrn unter solchen Umständen ungern Haltlosigkeit ertragen. Und das Drama forderte die stärkste Niederdrückung des Helden, gerade die Mutlosigkeit ist der entscheidende Punkt des Stückes, zu dem der Held in seiner Befangenheit stürzen muß, um sich in dem zweiten Teil der Handlung würdig zu erheben. Es war deshalb eine Hauptaufgabe, die Herabstimmung einer jugendlichen Heldennatur bis zur Todesfurcht vorzuführen und zwar so, daß die Teilnahme des Hörers nicht durch Verachtung weggeblasen wurde. [...] *136*

*Schönheiten und Fehler eng verflochten*

*571. Julian Schmidt, Studien über die romantische Schule. 1869*
Seit zwanzig Jahren habe ich für Heinrich v. Kleist Propaganda gemacht, dessen hohe dichterische Kraft durchaus nicht gebührend gewürdigt wurde; seitdem ist eine jüngere Schule von Enthusiasten aufgetreten, die nicht zugeben will, daß in seinem poetischen Schaffen irgend ein Fehler sei. Es sei mir verstattet, sein bestes Drama, den »Prinz von Homburg«, einer erneuten Prüfung zu unterziehen. [...]

Die Schönheiten und die Fehler des Stücks sind so eng ineinander verflochten, daß es unmöglich ist, die helfende Hand anzulegen. Auf dem Theater (wo nicht gerade ein gebildetes Publikum, das zu abstrahieren gelernt hat, die Zuschauerräume besetzt) wird es nie von großer Wirkung sein. Der Instinkt der Menge läßt sich gerade darin nie irren, daß er eine einheitliche Stimmung annähme, wo keine vorhanden ist. Aber als poetisches

Werk betrachtet, gehört es trotz seiner Irrungen zu unsern schönsten Schätzen, und abgesehn von dem nationalen Hintergrund, ist der Zauber des Dichters so gewaltig, daß wir in dem was ihm fehlt nur die allgemeine Schwäche der menschlichen Natur beweinen möchten, der auch der Genius nicht entgeht.

404

*572. David Friedrich Strauß an Ernst Rapp. Darmstadt, 30. April 1872*

Kürzlich las ich, weil wir in Stuttgart so elend darum gekommen waren, Kleists Prinz von Homburg. Ei, was ist das für ein herrliches Stück! Kaum jemals hat es so stark auf mich gewirkt. Der Krankheitsstoff, der Kleist sonst immer so viel zu schaffen macht, hat sich hier gleichsam heraus auf die Haut geworfen. Nur die erste Szene (und als ihr Widerschein die letzte) ist phantastisch-somnambulistisch. Alles andere kerngesund, und das Einzige, was man in dieser Hinsicht beanstanden könnte, der allzu tiefe Fall des Helden in maßlose Todesangst, wird gerade durch das Träumerische, das ihm von der ersten Szene her anklebt, gut gemacht. Das ganze Heldenleben ist unter die Beleuchtung des Gedankens »das Leben ein Traum« gesetzt.

440

### Richard Wagner

*573a. Richard Wagner an Hans v. Bülow. München, 11. Nov. 1864*

Sag ihr [Cosima] auch, daß Kleist fortfährt, mir *große* Freude zu machen: ich habe für die Prinzessin [?] von Homburg gar nicht Lob genug! – Zu dem mußt Du Deine schönste Ouvertüre schreiben. *Ich* hab' keine Zeit dazu –

469

*573b. Richard Wagner, Über Schauspieler und Sänger. Leipzig 1872*

Und wollen wir nach der würdevollsten Seite des eigentümlich tüchtigen deutschen Wesens hin sogleich ein allervortrefflichstes Bühnenwerk bezeichnen, so nennen wir Kleists wundervollen »Prinz von Homburg«.

Können unsere Schauspieler dieses Stück noch gut spielen?

Vermögen sie es nicht mehr, ein deutsches Theaterpublikum von Anfang bis zu Ende in treuester Teilnahme an eine Aufführung gerade dieses Stückes zu fesseln, so dürfen sie nur auch sich selbst das Zeugnis der Unfähigkeit zur Ausübung der Schauspielkunst im deutschen Sinne überhaupt ausstellen, und für alle Fälle mögen sie dann von dem Vorgeben, Schiller und Shakespeare darstellen zu wollen, gänzlich sich abwenden. Denn geraten wir in das Bereich des höheren Pathos, so betreten wir ein Gebiet, auf welchem nur noch das *Genie* uns etwas Wahrhaftes geben kann [...] Dieses Genie ist aber zu jeder Zeit selten, und seine Leistung, das »Ungemeine« für jeden beliebig angeordneten Theaterabend unserer weit versprengten deutschen National-Bühne in Forderung stellen zu wollen, muß uns durchaus unsinnig erscheinen. 573b

*Siehe auch 351, 351a.*

*Eines der besten Lustspiele*

574. *Hans v. Wolzogen. Neue Monatshefte für Dichtkunst und Kritik, 1875*

Wäre das Homburg-Drama wirklich nur ein »Schauspiel«, die dramatische Darstellung einer bedeutenden Begebenheit ohne tragischen Ausgang und ohne komisches Spiel, so hätte es bei der Wichtigkeit des geschichtlichen Hintergrundes auch nur ein *historisches* Schauspiel sein können, als welches wir es nun aber durchaus nicht erkennen konnten. Vielmehr ist sein eigentlicher Stoff eine Liebesgeschichte und sein eigentlicher Zweck die reale und die sittliche Ermöglichung eines Liebesbundes. [...] Dies alles ist *komödienartig*, daß es aber eines unserer *besten* »Lustspiele«, sei, falls es ein solches ist, das erhellt gerade aus dem sittlichen Ernste und der poetischen Würde, die bei aller Lustspielart dem Drama inne wohnen, aus dem höheren psychologischen Werte der Handlung und aus der tieferen Anlage der handelnden Charaktere, sowie endlich aus jener innigen Verwebung mit der großen historischen und nationalen Begebenheit, die es trotzdem reines Kunstwerk bleiben ließ und eben darum zu *Kleistens Meisterwerk* erhob.

## Theodor Fontane

*575. Fontane. Aufzeichnungen, Juli 1872*

Es ist zweierlei, was mich daran verdrießt:

1. Die willkürliche Behandlung des Historischen; das Unechte des Kostüms, der Personen und Situationen.

2. Die Charakterzeichnung des Prinzen, der ein Haselant ist, aber kein Held und brandenburgischer Kriegsmann.

Auf Punkt 1 leg' ich nur *deshalb* Gewicht, weil es ein pommersch-brandenburgischer Edelmann, ein Kleist, ein gewesener Gardeoffizier ist, der diese Verstöße macht und im Kleinen und Großen alles so unbrandenburgisch darstellt wie nur möglich. Bei Fehrbellin (soweit ich es gegenwärtig habe) focht gar kein Fußvolk, die Schlachtdisposition war eine andere, die Stimmung war eine andere, die Obersten und Generale hatten andere Aufgaben, kein Rittmeister v. Mörner trat auf, sondern ein Oberst v. Mörner griff entscheidend in die Schlacht ein, in Fehrbellin gibt es kein Schloß, ein gefangengesetzter Prinz kann nicht auf eine halbe Stunde eine Prinzessin besuchen, brandenburgische Obersten versammeln sich nicht, in harmloser Meuterei, zu einer Sturmpetition, kein brandenburgisch Regiment (wie die Pappenheimer, die ihren Oberst fordern) rückt ohne Befehl vor das kurfürstliche Schloß, kein Kottwitz hält eine Rede über das Tötende der Disziplin und über das gelegentliche Recht der »freien Aktion«, und kein Kurfürst von Brandenburg – am wenigsten Kurfürst Friedrich Wilhelm – sagt, wenn das Kriegsgericht gesprochen hat: »Er (der Verurteilte) mag selber entscheiden; glaubt er, daß ihm Unrecht geschehen sei, so ist er frei.«

Diese Art von Gemütlichkeit in Fragen, wo bei den Hohenzollern immer die Gemütlichkeit aufhörte, nämlich in Militär- und Disziplinfragen, ist durchaus unhistorisch, unbrandenburgisch und gibt ein ganz falsches Bild von Zeit, Land und Menschen. [...]

Unter allen Gestalten, die ich kenne, erinnert dieser Prinz zumeist an den Grafen Arthur in Herman Grimms »Unüberwindlichen Mächten«. Ich glaube, daß es solche Arthurs gibt, und solche Prinzen von Hessen-Homburg gibt es wenigstens *beinah* (einzelne Situationen halt' ich für absolut unmöglich), aber sie *interessieren mich nicht* und *dürfen* überhaupt keinen gesund empfindenden Menschen interessieren. Es sind eitle, krankhafte, prätentiöse Waschlappen, aber keine Helden, Kerle, die in Familie, bürgerlicher Gesellschaft, staatlichem Leben immer nur Unheil gestiftet haben und die immer nur in kranker Zeit oder von kranken Gemütern gefeiert worden sind. [...]

An diesem [Prinzen] verletzt mich das *Unhistorische*, der Umstand, daß mir statt eines *wirklichen* brandenburgischen Helden aus der eisernen Großen-Kurfürsten-Zeit ein moderner, tief in Romantizismus getauchter Held geboten wird, der das persönliche Empfinden, die Willkür und die nervöse Anwandlung über alles andre setzt und trotz Heldenredensarten eigentlich kein Held ist. Noch einmal: er ist unhistorisch und – was die Hauptsache bleibt – für mein Gefühl auch *uninteressant*. Eine eitle, reizbare, fahrige, zwischen äußerster Niedergedrücktheit und Gehobenheit, zwischen Kleinmut und Hochsinn hin und herschwankende Natur kann mich auch interessieren, wenn sie mir *als solche* geboten wird, wenn ich sie aber als Helden, noch dazu als Helden einer bestimmten, durch Markigkeit und Disziplin ausgezeichneten Epoche hinnehmen soll, so verstimmt mich das. All das ist beim Prinzen von Hessen-Homburg der Fall.  115

*576a. Fontane an Graf Philipp zu Eulenburg. Berlin, 24. Nov. 1880*

Was er [Friedrich Leopold] im entscheidenden Momente getan hat, schmeckt ein klein bißchen nach Gegenteil von Historie. Und doch steckte gerade hierin wieder ein Reiz, ähnlich wie in dem Kleistschen »Friedrich von Hessen-Homburg«, der partout nicht sterben will. Jeder Mensch, der den Mut hat, anders zu empfinden als der große Haufe, auch selbst in Mutsachen *mutig* anders zu empfinden, als die lederne Tapferkeitsschablone vorschreibt, erweckt mein Interesse.  118

*576b. Fontane an Paul Heyse. Berlin, 21. Sept. 1886*

Hinsichtlich der Zeitbildlichkeit läßt auch *er* [Kleists »Prinz von Homburg«] viel zu wünschen übrig. Aber was er historischbrandenburgisch sündigt, das bringt er menschlich wieder ins Gleichgewicht und sorgt noch für Überschuß. *119*

### In musterhafter Inszenierung

577. *Berthold Auerbach, Dramatische Eindrücke. (Stuttgart 1893)*
  Berlin, 12. Mai 1878. Gestern Kleists »Prinzen von Homburg« in der musterhaft szenierten Darstellung der Meininger gesehen. In der ganzen Versammlung eine gehobene Stimmung durch das glücklicherweise vereitelte ruchlose Attentat auf den Kaiser.

In diesem Stücke ist etwas von dem Granit oder von der Sprödigkeit und Herbheit des norddeutschen Lebens historisch gefaßt, das wie eine Prophetie von der hohen Berufung dieses Volksstammes und seiner Dynastie Zeugnis gibt, und es hat etwas tief Ansprechendes, noch lebende Namen und Geschlechter nennen zu hören.

Das somnambule Spiel ist und bleibt störend, so duftig es auch dargestellt wird, und ich möchte immer wieder wünschen, daß einmal in umfassender Darstellung die Poetik des Traumes, d. h. die Anwendung des Traumes in der Dichtkunst scharf begrenzt würde.

Die ästhetische Charpiezupferei, der ausklügelnde Überverstand hat finden wollen, daß der Kurfürst nach dem heute beliebten Stichworte einen ironischen Beigeschmack habe, oder vielmehr, daß er mit seiner Strenge nur schauspielere, wie man in Schwaben sagt: nur so tue. Das klingt sehr fein, scheint mir aber grundfalsch. Es ist dem Kurfürsten bitterer Ernst, es *muß* ihm bitterer Ernst sein, sonst ist, wie gesagt, alles nur Theaterspielerei.

Kleist mit seinem scharfen Realismus, in dem er einen Helden in allen Weichheiten und Wandelbarkeiten, in allen Witterungswechseln der Stimmung dargestellt hat, kann die romantische Schrulle nicht lassen, und mitten in der Wirklichkeit spricht er von Gestalten, die Flügel haben, und dergleichen mehr.

Dennoch bleibt es feststehend, Kleist ist der erste und echte deutsche Dramatiker, und aus dieser Haltung allein kommt das

Echte. Einige glauben, daß er in dem Prinzen von Homburg absichtlich gegen die Schillersche absolut ideale Färbung reagierte.

Ein Meistergriff echter Art ist das Hineinsetzen des Konfliktes in den Helden selber, indem er zum Richter über sich selbst gemacht wird; und die Gärung im Heere, doch gebunden von der Disziplin, ist so wunderbar schön verwendet, so, daß Kottwitz zu einem Typus wird, den die Antike nicht fester kennen konnte.

Wie der Held, Prinz Homburg, seine Ritterlichkeit verliert, wie ihm, sozusagen, die Rüstung vor der Todesfurcht hinfällt, wie er im Gegensatze zum Heldentum sich ein Alltagsleben mit Säen und Ernten jahraus, jahrein ausdenkt, das ist von überraschender Tiefe. Es ist ja immer so, bei allem Naturvollen in der Kunst entdeckt man in jeder neuen Betrachtnahme wieder neue Schönheiten. *9*

*578. Heinrich Bulthaupt, Dramaturgie der Klassiker. Oldenburg 1882*

Dies wunderbare Dichtwerk, alles andere eher als ein Theatereffektstück, scheint nun endlich auch auf der deutschen Bühne seit dem Vorgang der Meininger heimisch werden zu sollen. Seine Aufführung ist ein Fest für die Kleistgemeinde – aber sollte es nicht auch den Uneingeweihten, die den mystischen Schleier der Handlung beim ersten Anschaun nicht gleich zu heben vermögen, »durch die Binde ihrer Augen mit Glanz der tausendfachen Sonne zustrahlen«? [...] Ein Ungelöstes bleibt aber immer darin, das sich auch der verwandtesten Seele, der schärfsten Forschung nicht erschließen wird, das in der Natur seines Dichters begründet liegt und das wegschaffen zu wollen nur eine vergebliche Mühe sein wird. *65*

## *Der Kurfürst als Erzieher?*

*579. Max Kalbeck. Neues Wiener Tagblatt, 6. Dez. 1899*

Wenn des Prinzen ausschweifendes Wesen eine bloße Unart seines Geistes ist, so kann er sie ablegen, wie andere Kindereien auch, und daß er sie beizeiten ablegen wird, ist das Augenmerk und die ernste Sorge seines – *Erziehers*. [...] Meister und Schüler sind einander wert. Das fühlt der Kurfürst, der seine Nichte Natalie und seinen Pflegesohn Friedrich wie eigene Kinder liebt, und darum unterzieht er sich der lohnenden pädagogischen Aufgabe, in kluger Berechnung und mit der vollen Gewißheit des Gelingens. [...] Ihm liegt mehr an der Seele des geliebten Jünglings als an dessen körperlichem Wohlergehen, und so verbindet er in ruhiger Weisheit den Akt seiner Großmut mit dem Schlusse seiner Pädagogik, die selbst an dem unmännlichen Betragen des Schülers nicht irre wird. [...]

So betrachtet, erweitert sich das »Preußenstück« zu einem Drama der Menschheit. Wir lieben es als eines der größten Meisterwerke der Poesie und erkennen in ihm ein unzerstörbares und unteilbares Ganzes, in welchem ein Teil den anderen bedingt und voraussetzt, einer für alle, und alle für einen eintreten. *241*

*580a. Max Burckhard. Die Zeit, Wien, 9. Dez. 1899*

Am 1. Dez. gelangte im Burgtheater Kleists Schauspiel »Prinz Friedrich von Homburg«, das man lange in Wien nicht gesehen hat, wieder zur Aufführung. Im wesentlichen wiederholen sich immer dieselben Erscheinungen, wenn irgendwo der Versuch erneuert wird, das Kleistsche Drama der Bühne dauernd zu gewinnen. Die Mehrzahl bleibt kühl und eine Minderheit wundert sich, daß die Mehrzahl kühl bleiben kann bei einer Dichtung, die zweifellos so viele Schönheiten enthält. [...] Schon Bulthaupt erzählt uns, er habe den Prinzen »einmal von einem jungen, sehr talentvollen Schauspieler gesehen«, dem auch »die Verzweiflung glückte«. Nun wir haben das jetzt selbst gesehen, denn *Kainz* hat die ganze Rolle aus einem Gusse gegeben, er hat den Prinzen poetisch, traumhaft, heldenhaft und doch überall menschlich gespielt und hat mit dem Ausbruche der Verzweiflung erschüttert, ohne abzustoßen oder auch nur zu befremden.

Worin liegt es also, wenn trotz dieser ausgezeichneten Darstellung der Figur des Titelhelden das Stück doch auch diesmal nicht die erhoffte Aufnahme gefunden hat? Einen Fingerzeig gibt uns wohl der seltsame Streit, der in den letzen Dezennien hinsichtlich des eigentlichen Kernes und Charakters des Stückes geführt worden ist. [...] Hat seinerzeit die Leute die Todesfurcht des Offiziers abgestoßen, so wird unser heutiges Empfinden durch etwas in der Person des Kurfürsten verletzt, und davon kommen wir so und so nicht los. [...] Will der Kurfürst im Ernste den Sieger von Fehrbellin töten lassen, weil er ein paar Minuten zu früh den Feind besiegt hat, dann bemüht sich der Dichter in den letzten Akten umsonst, diesen Musterrepräsentanten des Cäsarentums unserm Herzen näher zu rücken. Und darum hat man versucht, das Ganze als ein feines, überlegenes Spiel eines großen Menschenkenners und Erziehungskünstlers darzustellen. Der Haupteinwand aber, der hiegegen erhoben wurde, ist, bezeichnend genug, daß dann die ganze Haltung des Fürsten, die Durchführung dieses Planes bis zum Schaufeln des Grabes »Barbarei wäre, weiter nichts«. Mag man die Sache so oder so drehen, dieses »Fürstenideal« stößt uns ab, der Jesuitismus, mit dem der Kurfürst den Prinzen, der durch Nataliens Mund um *Gnade* fleht, begnadigt, »wenn er den Spruch für *ungerecht* kann halten«, verbittert uns, und wenn wir die Todesangst des Prinzen rein menschlich verstehen und ihm keinen Vorwurf aus ihr zu machen vermögen, so erscheint es uns als falsches Heroentum der Disziplin, wenn der Prinz, mit dem man noch zum Schlusse eine Komödie empörendster Art aufführt, da man ihn unter dem Trommeln des Totenmarsches mit verbundenen Augen durch die Wache ins Freie führt, als ginge es zum Richtplatz – wenn dieser Prinz, plötzlich von der Gnadensonne getroffen, dankbar ihre Strahlen in sich saugt.

*66*

## »nach Cäsarismus stinkendes Kommißknopfstück«

*580b. Max Burckhard. Die Zeit, Juni 1901*

Im Burgtheater hat diese Woche Herr Nissen sein Engagement [...] als Kurfürst Friedrich Wilhelm in Kleists widerlichem, nach Cäsarismus stinkendem Kommißknopfstück »Prinz Friedrich von Homburg« angetreten. *66*

*580c. Max Burckhard. Frankfurter Zeitung, 14. Juli 1901*

Eine gelegentliche Bemerkung über Kleists »Prinz von Homburg« [s. 580b] wurde von einer Anzahl reichsdeutscher Tagesblätter zum Anlasse genommen, teils mit edler Entrüstung, teils mit überlegenem Spotte – für den toten Dichter einzutreten. [...]

So war mir denn auch der unfreundliche Widerhall, den meine Worte gefunden, nur ein erfreuliches Zeichen dafür, daß ich den wunden Punkt unserer Zeit getroffen hatte, den ich hatte treffen wollen, wenn ich – mit allerdings etwas drastischen Worten – meinen Ekel, Haß und Abscheu vor dem *Cäsarismus* aussprach, der im »Prinzen von Homburg« glorifiziert wird. Mit Vergnügen ergreife ich daher die mir von der Redaktion der »Frankfurter Zeitung« in liebenswürdiger Weise eröffnete Gelegenheit, meine Ansicht über diesen Punkt näher zu begründen. Eigentlich habe ich dies schon einmal getan. [... s. 580a]

Wenn einmal der Geist des Gottesgnadentums in seiner Allgewalt so weit hinter uns liegt, wie die französische Herrschaft – dann wird man unbefangen würdigen können, was »Prinz Friedrich von Homburg« künstlerisch wiegt. [...] Heute aber sehen wir fast allenthalben die Anhänger des Militarismus und die Apostel eines im Sonnenlichte göttlicher Gnade strahlenden Selbstherrschertums sich vorlaut breitmachen, und wir Deutschen sind leider nicht die Allerstärksten in der Widerstandsfähigkeit gegen derartige Ideen.                     *66*


*580d. Hermann Bahr, Dialog vom Marsyas. Berlin 1905*

»Erinnert Euch, wie Ihr bestürzt wart, als es unserem Hofrat Burckhard vor einigen Jahren gefiel, den Prinzen von Homburg ein widerliches, nach Cäsarismus stinkendes Kommißknopfstück zu nennen. Ihr habt es mir damals sehr verargt, daß ich mich nicht mit Euch über ihn erbosen wollte [...] Ich sagte mir, soviel Artist als die Reporter, die jetzt für Kleist trompeten, wird er schließlich auch noch sein und hat dazu, was den Ästheten fehlt: Urteil über das Menschliche. Tut mir aber den Gefallen und nehmt das Stück einmal in Ruhe durch, nicht auf die Metaphern hin oder die Energie der Darstellung, die nun freilich einzig ist, oder die Wut der Emotion, die es ausspeit, sondern indem Ihr Euch fragt, ganz einfach und menschlich, wie man sich bei solchen Ereignissen im Leben fragt, ob Ihr wünschen würdet, mit diesen Menschen, die der Dichter zeigt, zu verkehren, und ob Ihr nicht fürchten würdet, dadurch beschmutzt und grauslich zu werden. Stinkend hat es der Hofrat genannt und man kann gar nicht besser sagen, was, wenn man es nicht mit der kleinen Lust des Artisten, sondern an der menschlichen Empfindung prüft, so darin beklemmt: der schlechte Geruch und die verdorbene Luft eines kläglichen und krampfhaften Menschen, der vor Schwäche zappelt. Solche Werke regen auf, wie Gift. Besinnen wir uns aber und verraucht der Rausch, so wird uns im üblen Dunst und brenzlichen Dampf der ausgebrannten Explosion zum Ersticken schlecht, und ein freieres Geschlecht, das nicht mehr bloß die Gier der Nerven, sich aufzustacheln, regiert, wird sie, sei nur unbesorgt, gern entbehren können.« 17

## Um den Großen Kurfürsten

*581. Gustav Roethe, Abhandlung für die Kgl. Gesellschaft der Wissenschaften zu Göttingen, 1901*

Es wird neuerdings wieder einmal üblich, dem Kurfürsten von Anfang an den bewußten Willen zuzuschieben, daß er den Prinzen durch Todesnot fürs Leben erziehe. Das ist ganz unmöglich, auch unkleistisch. Es steht grade wie im »Käthchen«. Anfangs ist die Härte schwerster Ernst, um so schwerer, als der Kurfürst mit sich selbst zu ringen hat, grade wie Graf Wetter. Er hat das Kriegsrecht über den Sieger verhängt, *ehe* er des Siegers Namen kennt. Als er die Gewißheit hat, wen sein Spruch getroffen, da besteht er um so fester, je tiefer er mit leidet: so lehnt er die Begnadigung ab, die das Kriegsgericht nahe legt. Das ist noch immer kein Spiel. Ob im tiefsten Herzenswinkel die erlösende Möglichkeit der Gnade doch schlummert, wer will es sagen? Kleist hat das nicht gezeigt, hat es schwerlich gemeint. Der königliche Held ist entschlossen, den Helden für das Vaterland zu opfern: tut er es nicht in jeder

Schlacht? Nun kommt der nervöse Zusammenbruch des Prinzen. Er lehrt den Kurfürsten eins: er hat mit keinem vollen Mann zu tun, es handelt sich um einen unstet heroischen Jüngling. Und auch Heldenknaben erzieht man; man tötet sie nicht, wenn sie knabenhaft sich gebärden. Das Spiel beginnt scharf gekennzeichnet mit den Worten des Kurfürsten: »Wie werd ich mich gegen solchen Kriegers Meinung setzen?« Sie passen nicht, durchaus nicht; von Homburgs Meinung war gar nicht die Rede, nur von seiner Stimmung. Der Kurfürst inszeniert damit das Spiel, das die trübe Stimmung zur hellen Überzeugung klären soll. 377

*582. Adalbert Matkowsky, kgl. Hofschauspieler. National-Zeitung, Berlin, 31. Mai 1903*

Es mag verwegen erscheinen, allgemein verbreiteter Ansicht entgegenzutreten, wenn man nicht einen ausdrücklich verbrieften Rechtstitel für den in Frage kommenden Fall besitzt. Trotzdem will ich es wagen und will nachzuweisen versuchen, daß Friedrich Wilhelm in Kleistens Meisterwerk durchaus nicht vom Dichter als der Großherzige und Edle gedacht ist, als der er, dem Urteil der Allgemeinheit folgend, meist dargestellt wird. Ich meine vielmehr, daß der Große Kurfürst im »Prinz von Homburg« ein pedantischer Autokrat ist, der in der Ausführung seiner innersten Ansichten und Neigungen nur dadurch gehemmt ist, daß Zeit und Umstände sich ihm nicht eignen, offen und frei ein Tyrann zu sein. Ich bin der – selbstverständlich durchaus unmaßgeblichen – Ansicht, daß »Prinz Friedrich von Homburg« in seiner Art den Kampf der Jugend, die in freien Idealen lebt, gegen das Alter, das in Formalismus und Rechthaberei erstarrt ist, darstellen will und soll. Darum erscheint mir es stets arg mißverstanden, dieses herrliche Kleistische Gedicht an sogenannten patriotischen Festtagen als Feststück zu geben – es ist sicherlich patriotisch; nur eben nicht im landläufigen Sinne. [...] Hätte uns Kleist den Kurfürsten als groß und edel zeigen wollen, er würde leichtlich ihn haben anders handeln lassen können. Vielleicht so, wie der schwärmende Prinz von ihm sich's versieht, ehe ihm grausam die Augen geöffnet sind; wie er sich's träumt nach seinem »Gefühl von ihm!« [...] Hohenzollern und Derfflling kannten ihn besser, sie beurteilten ihn, wie er es verdiente. [...]

Ein Gewandterer als ich, der meine Auffassung teilt, wird leicht noch eine Menge anderer innerer wie äußerer Gründe für unsere Ansicht beibringen. Ich habe nur obenhin, allerdings dazu mit des Dichters eigenen Worten, dargelegt, was mir das Richtige erscheint. *311*

*583. Moritz Heimann. Das Theater, Berlin 1905*

Die Frage, warum der Kurfürst den Prinzen von Homburg begnadige, ist eine solche, die der Dichter nicht beantwortet. Wenn wirklich, wie einige Erklärer glauben, hier eine Unklarheit spürbar wäre, – so ist sie in der Seele des Kurfürsten und nicht im Geiste des Dichters und nicht im Bau seines Werkes. So wäre die Unklarheit im Kurfürsten nur ein Motiv mehr und würde die Weisheit des Dichters noch hinreißender erscheinen lassen. [...]

Doch müssen wir zuerst wohl feststellen, aus welcher Tonart Kleist sein Stück spielt. Der Ernst seelischer Konflikte im Drama ist etwas Relatives, und die großen Dichter verfügen über einen höchst eigentümlichen Takt, der sie vermeiden läßt, ihre Konflikte aus dem Rahmen des Kunstwerks herauszugreifen und die Zuschauer unmittelbar beunruhigen zu lassen.

Und so ist der Prinz von Homburg von vornherein ein helles Stück, von einem goldigen, freudigen Leuchten leicht, ein gegen die Sonne gehaltenes Gebilde. Die Stimmung des Zuschauers ist zuversichtlich von Anfang an, und, eine anbetungswürdige Kraft, die Zuversicht, wächst in dem Maße der Beängstigung. [...]

Von den beiden Auseinandersetzungen, die der Kurfürst zu bestehen hat, ist die mit Kottwitz von jeher berühmt gewesen; die zweite, die mit Hohenzollern, ist in ihrer prinzipiellen Bedeutung noch nicht genügend erkannt.

Modern ausgedrückt, ist der Kampf zwischen dem Kurfürsten und Kottwitz ein solcher zwischen Kantischem und Bismarckschem Geist. [...] Der Kurfürst fühlt sich von Kottwitz getroffen. Durchdrungen davon, daß eine Idee ihn regiere, nicht Willkür, nicht auch Theorie, fühlt er, daß die Idee sich in ihrer Wahrheit nur erweise, wenn sie nicht nur in dem, dem sie nützt, waltet, sondern in jeder zur Sittlichkeit geläuterten Brust; und so erklärt er, an den Prinzen selber appellieren zu wollen und von ihm die Entscheidung zu verlangen.

Während man aber den Prinzen holt, tritt schon die Klärung ein.

Die Auseinandersetzung mit Hohenzollern bringt sie. Was jetzt gegen den Idealismus kämpft, ist, wenn wir uns schmeicheln wollen, wie Kottwitzens Bismärckertum modern: die aus der Undurchdringlichkeit der Kausalität entstehende Unverantwortlichkeit des einzelnen Menschen. [...] Der Mittler kommt, den Prinzen zu entschuldigen. Er erklärt die Tat; er deckt ihre nächste Kausalität auf. Aber den Begriff der Schuld löst er nicht auf; er wälzt sie nur vom einen auf den andern; er läßt den Fetisch unangetastet; er weiß selber nicht, wohin sein Degenstoß zielt.

Der Kurfürst weiß es. Er fühlt, daß den Prinzen freisprechen heißt: den Schuldbegriff lockern. »Habe ich schuld an seiner Schuld, so du an der meinen« – und so kann es fortgehen, endlos, ins Endlose. Ist das Tun der Menschen eine fest verzahnte Folge von Ursach und Wirkung, so hört die Verantwortung auf.

Und damit hört die Pflicht auf und sinkt die Idee mit zerschnittenen Sehnen gelähmt zu Boden. »Die delph'sche Weisheit meiner Offiziere!«

Wem aber einmal die Welt in der Erkenntnis der Notwendigkeit wie in einem Blitze dastand, der kann ohne Sünde den Anblick nicht mehr vergessen; der muß, will er sein Gleichgewicht behaupten, sich umwandeln, sich leise umwandeln, sich sänftigen und trüben.

Und so ist Hohenzollerns Wort, wie ein Gewicht, in des Fürsten Brust gefallen.

Man würde den Dichter schlecht begreifen, wenn man des Kurfürsten Sinnesänderung ein Kompromiß nennte. Es ist kein Kompromiß; denn die Idee hat ihren Sieg ausgefochten – im Prinzen. Es ist kein Kompromiß, sondern ist die Trübung der Synthese, die lebensvolle, lebenschaffende Trübung; und die sittlichen Mächte, die ursprünglich nur im Haupt des Fürsten gesammelt waren, haben sich verteilt, wie eine Wolke sich rhythmisch auflöst.

*184*

*583a. Wilhelm Lehmann (In Memoriam Moritz Heimann. 1966)*

Die Redensart, es sei über eine Sache »das letzte Wort« gesprochen, ist meistens nur eine pathetische Redensart. In Heimanns Aufsatz »Eine moralisch-dramaturgische Frage« ist indessen so geniale Einsicht tätig – jenseits aller bloßen »Auffassungen« oder »Meinungen« –, daß Friedrich Hebbels, eines sehr bedeutenden Kritikers, Aufsatz über den »Prinzen von Homburg« daneben unbedeutend wirkt. Grund genug, daß selbst Leute, denen Heinrich von Kleist zum Zentralthema wurde, von Heimanns Gedanken keine Notiz nehmen. *280a*

*Ein Lieblingsstück Wilhelms II.*

*584. Max Grube (Am Hofe der Kunst. 1918)*

[1901 im Hause des Generalintendanten der Kgl. Schauspiele, Graf Hochberg; anwesend Kaiser Wilhelm II., Wildenbruch, Matkowsky, Grube u.a.:]

Ganz von selbst kam die Rede auf die Darstellung des gereiften Kurfürsten im Prinzen von Homburg. »Das ist ein Lieblingsstück von mir«, meinte der Kaiser, »das müssen Sie uns bald bringen.« – »Wenn nur die fatale Feigheitsszene nicht wäre«, äußerte einer der inzwischen hereingetretenen Generaladjutanten. Der Kaiser pflichtete bei und fügte hinzu: »Aber dieser Auftritt kann ja einfach gestrichen werden.« [...] »Aber, Majestät halten zu Gnaden« – diese höfische Wendung fiel mir zum Glücke noch ein – »das hieße ja das Stück zerstören und ihm einen Angelpunkt ausbrechen!«

Hierauf gab es eine kleine Stille, der Kaiser sah mich groß an und meinte kurz: »Wieso?«

Ich führte nun aus, wie der Prinz uns durch diese Szene menschlich näher rücke, wie es ein überaus feiner Zug des Dichters sei [... usw.].

Der Kaiser folgte mir mit sichtlicher Aufmerksamkeit, erwiderte indessen nichts, wandte sich an einen Herrn des Gefolges und sprach von etwas ganz anderem. *161*

*585a. E. Zabel. National-Zeitung, Berlin, 22. März 1905*

Als »Weihe des Hauses« hatte man, nachdem der Umbau unserer Hofbühne am Schillerplatz beendigt war, den »Prinzen von Homburg« von Heinrich von Kleist zur Aufführung bestimmt, das poetisch stärkste und bühnenwirksamste aller Hohenzollerndramen. [...] Die jetzige Aufführung des Dramas bewahrte den Charakter einer Hoffestlichkeit, zu der ausschließlich ein geladenes Publikum Zutritt hatte. Der deutsche Kaiser, die Kaiserin, die Prinzessin Viktoria Luise befanden sich mit dem Generalintendanten v. Hülsen in der großen Mittelloge. Der Reichskanzler Graf v. Bülow wohnte mit seiner Gemahlin der Vorstellung in der Seitenloge bei, während die Minister im ersten Rang und die zum Hof gehörenden Damen in den vier vorderen Reihen des Parquetts Platz genommen hatten. [...]

Der Verlauf der Vorstellung ließ sich übrigens für uns nur unter äußerst ungünstigen Umständen verfolgen, da den Vertretern der Kritik vom Hofmarschallamt durchweg Plätze in den letzten Reihen des Parketts angewiesen waren, wo sie die Decke des ersten Ranges als belästigenden Druck über sich fühlten. Trost gewährte es allerdings, daß selbst Schriftsteller wie Erich Schmidt, Adolph L'Arronge, Paul Lindau, Bühnen-Künstler wie Friedrich Haase und Ludwig Barnay nicht besser untergebracht waren.                                    *542*

*585b. Freie Deutsche Presse, Berlin, 22. März 1905*

Aber man hielt eine sinnfälligere Apotheose für notwendig. Unter fortdauernder Musik senkten sich undurchsichtige Gazeschleier und nach wenigen Minuten erstand ein »lebendes Bild«: hinter dem bronzenen Schlüterschen Kurfürstendenkmal erhebt sich die Treppe von Sanssouci, oben der König, auf den Stufen allerhand Soldateska im Kostüm der Zeit. Diese »Apotheose« bösesten Opernstiles, die man der organisch geschlossenen Dichtung anzufügen für nötig hielt, brachte mehr noch als vieles andere die Weihe des Hauses um ihre Weihe und hält, ein kennzeichnendes Symbol herrschenden Geistes, alle frohen Hoffnungen nieder. [...] Da der Kaiser nicht das Zeichen zum Beifall gab, spielte die Vorstellung sich lautlos, ohne Kundgebungen des Publikums ab. Viel Rühmens ist nicht von ihr zu machen.                                    *543*

*Die Zitate der Nacht*

*586a. Fritz Engel, Berliner Tageblatt, 7. Febr. 1907*
Berlin ist heute morgen [nach der Reichstagswahl] durch die Nachricht überrascht worden, daß, während es schlief, die beiden ersten Männer des Landes um Mitternacht und sozusagen auf offener Straße zu einer »national erregten Volksmenge« gesprochen hätten. Der *Kaiser* und der *Reichskanzler* [Bernhard v. Bülow] hielten ihre Rede, wie man wohl annehmen darf, unvorbereitet, und beide suchten und fanden rhetorische Hilfe bei deutschen Dichtern.

So kam der arme *Heinrich v. Kleist*, der bei Lebzeiten in offiziellen Kreisen fast nur auf Widerstand gestoßen war, zu der Ehre, um die Geisterstunde von dem Urenkel der Königin Luise ins Treffen geführt zu werden. In eingeweihten Kreisen weiß man ja längst, daß der Kaiser dem Borussendichter in besonderer Liebe zugetan ist. Schon als Prinz hat er mehr als einmal die mustergültigen Vorstellungen des »Prinzen von Homburg« in dem damals von Adolph L'Arronge geleiteten Deutschen Theater besucht, und damit nicht genug, er hat mehrere Male in der Neubabelsberger Villa des Direktors vorgesprochen, um mit Meister L'Arronge seine Gedanken über die kühne und stolze Dichtung auszutauschen. Wilhelm II. muß den »Prinzen von Homburg« sehr genau kennen. Denn, um seine Anwendung des Dramas eindrucksvoller zu gestalten, kopulierte er zwei verschiedene Stellen des Stückes zu dem Sechszeiler, der hier noch einmal wiederholt sei:

»Was kümmert dich, ich bitte dich, die Regel,
Nach der der Feind sich schlägt, wenn er nur nieder
Vor dir mit allen seinen Fahnen sinkt?
Die Regel, die ihn schlägt, das ist die höchste!
Die Kunst jetzt lernen wir, ihn zu besiegen,
Und sind voll Lust, sie fürder noch zu üben.«   102

*586b. Schlesische Zeitung, Breslau, 10. Febr. 1907*
Der Kaiser hat vor den Berlinern, die ihm nach der Reichstagswahl zujubelten, unseren Heinrich von Kleist zitiert. Das gereicht ihnen beiden zur Ehre, und dem Kaiser nicht am we-

nigsten. Aber er hat eins dabei vergessen: *Die Franzosen kennen Kleist nicht*, und sie erachten es doch als höchst rücksichtslos, ein Thema zur Sprache zu bringen, das Marianne nicht geläufig ist! [...] Das Schönste, was infolge des Kleistzitates ein französisches Journalistengehirn gefunden hat, das ist entschieden die Leistung des »Radical«, die ich wörtlich anführen muß: »Wir beglückwünschen uns selbst in freimütiger Weise, daß wir keinen einzigen Dichter im Geschmack des Dichters Kleist besitzen; dadurch wird uns die Versuchung erspart, in unserer Literatur Zitate so wilden Charakters zu suchen, und die Möglichkeit, solche zu finden. Keiner unserer Dichter kennt diese Art von Kraft und Inspiration, die dem menschlichen Gewissen und der menschlichen Empfindung ungefähr so gegenübersteht, wie die Keule der Leier. [...]« 552

587. *Hans Schoenfeld. Deutsche Tageszeitung, Berlin, 15. Nov. 1911*

Auch unser Kaiser soll ein so großer Kleistsammler sein, wie er Verehrer des Dichters ist. 409

### Das hohe Lied der Subordination

588. *Franz Mehring. Die Neue Zeit, 17. Nov. 1911*

Und während in den Kreisen dieser Reformer [Stein, Gneisenau usw.] der Gedanke zu rumoren begann, den unfähigen König zu entthronen, sang Kleist in seinem »Prinzen von Homburg« das hohe Lied der Subordination unter den königlichen Willen. Kleist hat in diesem Drama das halb Unmögliche möglich gemacht, er hat das Altpreußentum in seiner Mischung von Brutalität und Stupidität in die Sphäre der Kunst zu heben gewußt, und bis auf die nachtwandlerischen Neigungen des Helden, die doch nicht so leicht, wie Hebbel meinte, aus dem Organismus des Dramas zu lösen sind, ist der »Prinz von Homburg« reich an künstlerischen Qualitäten; er steht einzig da in unserer dramatischen Literatur durch den kühnen Versuch, schon durch die drohenden Schatten des Todes zu erreichen, was in der Tragödie sonst nur durch den Tod erreicht wird: die sittliche Läuterung und Verklärung des Helden. [vgl. 565 (Hebbel)] 315

*»herrlichste deutsche Komödie«*

*589. Fritz Schwiefert. Die Schaubühne, 17. Sept. 1914*

Im Wechselspiel der menschlichen Beziehungen wird unversehens das Fundament der Persönlichkeit gelegt. Das aber scheint mir ein Gedanke so voll von frohem Glauben, daß er niemals eine Welt mit tragischen Nebeldünsten umwölken könnte. Wie wäre auch ein katastrophaler Zusammenbruch möglich in einem Bezirk, wo so viel Güte, Überlegenheit und wahrhaft kosmische Heiterkeit in eine einzige Menschenbrust hineingeschenkt ist! Wenn wir in andern Dichtungen die Marionetten des Herrgotts tanzen sehn: Hier sehen wir den heiter erhabenen Gottvater selbst, wie er die himmlischen Hände an Schnüre und Figuren legt, und können die ganze Hauptaktion von seiner lächelnden Stirn ablesen. Wenn uns »Prinz Friedrich von Homburg« als schönste vaterländische Dichtung ans Herz gewachsen ist, so wollen wir über seinem waffenklirrenden Ernst nicht vergessen, daß er mit dem viel unheimlicheren »Zerbrochenen Krug« und Lessings pedantisch-heiterm Soldaten-Lustspiel zu den herrlichsten deutschen Komödien zählt. *416*

*590. Paul Ernst, Der Prinz von Homburg. Deutsches Volkstum, Nov./Dez. 1918*

Wenn man den Prinz von Homburg sieht und nur auf das unmittelbare Gefühl achtet, so wird man beobachten, daß man nicht zu einem einheitlichen Wollen kommt, sondern eine Abfolge verschiedenartiger Gefühle erlebt und an zwei Stellen stark intellektuell angespannt wird, nämlich bei dem Zusammenbruch des Prinzen und in der Schlußszene. Das ist eine Wirkung, wie man sie bei Dichtungen erlebt von der Art etwa wie Ibsens Wildente ist. Die Wildente enthält ein Lustspielmotiv, und nur das mangelnde Stilgefühl des Dichters konnte aus diesem Motiv ein Schauspiel oder eine quasi Tragödie machen wollen. Auch der Prinz von Homburg enthält ein Lustspielmotiv. Kleist hatte davon noch ein dunkles Gefühl, deshalb dichtete er die erste und letzte Szene. *104*

*591. Arnold Zweig, Versuch über Kleist. Berlin 1925*

Von der Seele des Großen Kurfürsten aber wissen wir um

ein Gran zu wenig, um seines Wesens, und damit des guten Ausgangs dieser herrlichen Komödie, von allem Anfang an vollständig sicher zu sein. Dies ist der einzige Mangel am »Homburg«, von ihm her rührt die einzige Hemmung seiner Wirkung, und auch er noch hat zur Kehrseite eine Art Plus; verstärkt sich doch durch ihn unser Gefühl einer fruchtbaren lebensgleichen Undurchsichtigkeit und Dichte, die uns, wie Moritz Heimann gelegentlich subtil dargelegt, den Großen Kurfürsten so sehr als wirklich, so ganz als Menschen entgegenstellt. Denn dieses Drama ist wie der »Kaufmann von Venedig« und »Maß für Maß« der höchste Typus der Komödie: das Leben der Menschen, voll überschaut, als Gegenstand von Rührung und Lächeln eines Gottes, der jene Zwitter aus Geist und Leben nicht anders schaffen konnte als sie sich nun einmal präsentieren. Es gibt als Kunstgattung im strengsten Verstande kein »Schauspiel«; was sich so nennt, ist entweder ein Trauer- oder ein Lustspiel, dessen Dichter sich aus Wesensgründen nur nicht zu voller Entschiedenheit der Weltbetrachtung überzeugen konnte – typisch deutsche Künstlerqual. Dies Stück hier ist eine shakespearische Komödie jenes letzten, höchsten Typs, der durch keine menschliche Schau übertroffen werden kann. *514*

## Sternheim und Kerr

*591a. Carl Sternheim, Tasso oder Kunst des Juste Milieu. Berlin 1921*

Kühner Vorstoß auf der am weitesten sichtbaren Schaubühne in andere Seinsmöglichkeiten eines preußischen Offiziers etwa, der über ihn erschütternde Vision eines hingesunkenen Handschuhs seines Marschalls Schlachtenplan zu merken unterläßt, und als Reitergeneral gegen Order verstößt, wenn auch nur durch diese Unterlassung den Feind schmeißend, wird für des deutschen Dichters und seiner Zuschauer Geschmack am besten mit soldatischem Tod des Erschießens gebüßt, weil vorausgesetzt ist, auch in Künsten wird wie im Leben bürgerlichem Gesetz pariert: »Der Satzung soll Gehorsam sein!« [...]

Man kann mit einem Wort sagen: Selbst wo der Mensch es soweit brachte, in einer Romantik eigene Vision (Prinz von

Homburg) zu haben, wurde es sein höheres Verdienst im Sinn des Juste milieu, sie nicht zu Überraschungen, giltigen Phänomenen für die Mitmenschen bis zum Ende zu entwickeln, und ihr Nachfolge zu erwirken, sondern sie im rechten Augenblick, der sogenannten Peripethie, zu besiegen, sich seiner Umgebung wieder anzunähern und das selbst gewählte Sklavenlos aller deutschen Lebewesen schließlich mitzuleben, zu preisen oder schimpflich zu verrecken.  *438*

*592. Alfred Kerr. Berliner Tageblatt, 14. Febr. 1925*

Ein Widerspruch, nicht ohne Drolligkeit, ruht in der Stellung heutiger Seelen zu diesem Stück.

Es ist ja (kurz gesagt) sonderlich beliebt und als modern geachtet: wegen der Todesfurcht seines Helden. Der Sinn des Stücks bedeutet aber das Gegenteil [...]

Kleist empfindet offenbar ambivalent: Auflehnung – doch Einordnung auch. Er hat sich noch im Grunde nicht entschieden. Ist noch nicht kühn genug, die Menschenstraße des Individuums, des Ichgeschöpfs, ans Ende zu gehen. Doch er möchte gern [...]

Homburg will im ehrlichsten Augenblick »nichts als leben«. Er lügt hier nicht wie die Tapferen, die herzenstreu »Lever dodt als Sklav« schleimen und sich dann schmatzend fortfristen.

Homburg, der Hysteriker, wird vor Glück »ohnmächtig«. Homburg, der Hysteriker, fleht bei Tanten kniend um Hilfe. Homburg, der Hysteriker, nimmt von der Natalie keinen Abschied, weil er, nach dem Heldenentschluß, wieder seinen Umfall fürchtet. Homburg, der Hysteriker, läßt sich von dieser Natalie sein Heldentum erst halb und halb einflößen. Er sagt zuvor offen, weil es um alles geht, daß er auf Natalie pfeift. Sie soll machen, daß sie wegkommt. Und er ist, überdies, Nachtwandler ...

Solche Zwischentöne klingen tiefer, dringender, länger als der Dur-Akkord am Schluß. Ein Muß-Dur.

Den Erfolg der Aufführung macht aber der Dur-Akkord ...

*Ein fast wortloses Ringen*

*593. Friedrich Kayßler, Vortrag auf der Bochumer Kleist-Festwoche, 16. Nov. 1936*

Meine Tür zu Kleist führt durch den Prinzen von Homburg. Ein äußerer Grund dafür liegt vielleicht darin, daß gerade dieses Stück in meiner künstlerischen Entwicklung wesentlich mitgewirkt hat. Ich durfte als junger Mensch mein allererstes Auftreten in einer kleinen Rolle darin erleben und stand dabei zugleich zum ersten Male unter dem tiefen Eindruck von Kainz; 12 Jahre später spielte ich auf derselben Bühne den Homburg und weitere 25 Jahre später wieder an derselben Stelle den Kurfürsten. Ein solches Band hält fest, in einem tieferen Sinne.

Als ich den Homburg spielte, glaubte ich, nach liebevoller inbrünstiger Arbeit, ohne Überheblichkeit, ich wäre dem Stück ein wenig auf den Grund gekommen. Aber als ich zweieinhalb Jahrzehnte später an den Kurfürsten kam, da sah ich, daß das, was ich damals für den Horizont dieses Dramas gehalten hatte, noch lange nicht sein Horizont war. Es war mir, als sähe ich das Ganze in einem ganz neuen Lichte. Die Atmosphäre dieses Spiels schien sich jetzt erst zu einer dichterischen und menschlichen Weite und Höhe zu wölben, die mir früher, obwohl ich schon damals ein reiferer Mensch gewesen, nicht im entferntesten aufgegangen war. Ich ging wie in etwas göttlich Erhabenes hinein, sobald ich mich damit beschäftigte, und ich fühlte eine Ehrfurcht, wie ich sie Kleist gegenüber noch nicht gekannt hatte.

Trotz Kriegslärm und scheinbarem Menschengewühl, trotz stärkster Gefühlsentladungen ist das Ganze im Grunde ein stiller und in sich gekehrter Vorgang, ein fast wortloses Ringen weniger Menschen untereinander um des anderen höheres Selbst; wortlos deshalb, weil die Worte, die nach außen gesprochen werden, den letzten Kern, um den dieses Ringen geht, das Allereigentlichste, Innerste nicht berühren. *243*

*»In Staub mit allen Feinden Brandenburgs«*

*594. Leopold Jessner, Glosse zur Auffassung des »Prinzen von Hornburg«. Die Scene, Oktober 1927*

Außer Debatte steht, daß Kleists »Prinz Friedrich von Homburg« durch keine Staatsumwälzung berührt werden kann.

Denn wenn auch das äußerlich »Brandenburgische« darin verweht ist, so bleibt die innere menschlich-didaktische Haltung auch im heutigen, weltanschaulichen Sinn aktuell.

Der Große Kurfürst – enthoben seines Sieges-Allee-Postaments, ist (wie ich es schon einmal bei Gelegenheit einer Volksbühnentagung in Hildesheim formulierte) lediglich das Sinnbild der Staatsautorität, der sich der noch so heldenhaft fortgerissene Einzelwille fügen muß. [...]

Wenn es daher am Schluß fanfarenmäßig heißt: »In Staub mit allen Feinden Brandenburgs«, so soll man diese Stelle nicht streichen! Denn es stellt sich automatisch statt des historischen Begriffs »Brandenburg« der des »Staats« in seiner immer ungeschmälerten Gültigkeit ein. *234*

*595. Bert Brecht. Die Neue Weltbühne, Paris, 22. Juni 1939*

Über Kleists Stück »Der Prinz von Homburg«

Oh Garten, künstlich in dem märkischen Sand!
Oh Geistersehn in preußischblauer Nacht!
Oh Held, von Todesfurcht ins Knien gebracht!
Ausbund von Kriegerstolz und Knechtsverstand!

Rückgrat, zerbrochen mit dem Lorbeerstock!
Du hast gesiegt, doch wars dir nicht befohlen.
Ach, da umhalst nicht Nike dich! Dich holen
Des Fürsten Büttel feixend in den Block.

So sehen wir ihn denn, der da gemeutert
Mit Todesfurcht gereinigt und geläutert
Mit Todesschweiß kalt unterm Siegeslaub.

Sein Degen ist noch neben ihm: in Stücken.
Tot ist er nicht, doch liegt er auf dem Rücken
Mit allen Feinden Brandenburgs in Staub.

*56*

*596. Heinz Hilpert, Gedanken zum Theater. Göttingen 1951*

Der Homburg will keine Kriegsfanfare blasen!

Er will nur für das Gesetz und gegen das Chaos, für die Satzung und gegen die Willkür plädieren.

Sofern man bei einem konfessionellen Dichter wie Kleist überhaupt davon sprechen kann, daß er für oder gegen etwas plädiert.

Es ist gerade heute sehr wichtig, ein solches Stück zu spielen; denn wo ist noch Ordnung und Gesetz und Unterordnung und Gehorsam aus einer wirklichen Einsicht vorhanden? [...]

»In Staub mit allen Feinden Brandenburgs«, heißt hier nicht weniger und nicht mehr als »in Staub mit all denen, die um diese sittliche Form des Lebens sich nicht strebend bemühen«. 202

## *Theaterereignis in Frankreich*

*597. Gabriel Marcel, Der Prinz von Homburg in Paris. Das Neue Forum, 1951*

Ich schätze mich glücklich, daß ich noch vor meiner italienischen Reise in Paris im Théâtre des Champs-Elysées mir den »Prinz von Homburg« ansehen konnte, in der Aufführung von M. Jean Vilar, der damit schon vergangenen Sommer in Avignon einen glänzenden Erfolg erzielt hatte. Schon das Lesen des Stückes in deutscher Sprache hatte mir einen tiefen Eindruck gemacht. Jetzt, nachdem ich es gesehen habe, bin ich davon überzeugt, daß es eines der Meisterwerke der Weltbühne ist. [...] M. Gérard Philipe hat darin seine größte Rolle gefunden. Kein Lob wäre dieses Mal zu groß! Es muß gesagt werden, wenn sich auch mancher darüber aufhalten mag, daß diese Rolle, verglichen mit der des »Cid«, ganz andere Möglichkeiten bietet. Sie kann nur den allergrößten Rollen der Bühnenliteratur verglichen werden: Hamlet, Sigismund, Lorenzaccio. Ihre Verkörperung durch M. Gérard Philipe wird ihr in allen Aspekten gerecht: er bringt dafür seine Jugend mit, das Feuer, die lyrische Schwingung, die grenzenlose Verzweiflung des III. Aktes, das grandiose Sich-Fangen im IV. Akt. Ich möchte fast sagen, daß es für alle Liebhaber des großen Dramas *das* Stück ist, das man im Augenblick sehen muß. 308

*598. Walthari Dietz. Die Neue Zeitung, Berlin, 2. August 1951*

Noch nie hat man in Frankreich ein Stück von Kleist gespielt, und wer die französische Mentalität kennt, ermißt die Kühnheit eines solchen Unternehmens. Aber wer die Inszenierung des Stücks in Avignon vor über zweitausend Zuschauern gesehen hat, wundert sich nicht über den Erfolg. Zwar waren durch die Übersetzung in eine rhythmische Prosa einige Schönheiten verloren gegangen, aber es blieb noch genug dramatische Spannung, menschliche und dichterische Substanz, Farbigkeit und Lebendigkeit des Stoffs, dessen Akte mit Trommelwirbeln angekündigt und beschlossen wurden. Die patriotische Untermalung trat zugunsten der menschlichen Akzente zurück. Dank Vilar und Philipe – Kurfürst und Prinz – kam kein falsches Pathos auf, und dennoch war die volle Spanne menschlicher Leidenschaft ausgemessen. *86*

*599. Französische Kritiken. Die Neue Zeitung, Berlin, 2. August 1951*
Dagegen –
»Dieses Stück ist auf eine hemmungslose Art germanisch, mit seinem Durcheinander von pathologischen Träumereien, Wirklichkeit, Feigheit und ›Gemütlichkeit‹ und einem beunruhigenden Willen zur Macht. Ein farbloser und preußischer Hamlet in der Atmosphäre des alten Deutschen Reiches, unter der Ägide eines Führers, eines Generalstabs und einer kleinen romantischen Kusine, die irgendwie von der Operette herkommt. Ende gut, alles gut. Hamlet wird dem Leben wiedergegeben, seine Ophelia verliert nicht den Kopf, sondern sie heiraten und werden viele Kinder haben – alles für die Größe Deutschlands ...« Y. F in »Le Monde«

– und dafür:
»Im ›Prinz von Homburg‹, dessen glanzvolle Aufführung zu den großen Theaterereignissen dieses Jahres gehörte, stellte Kleist die Frage nach der menschlichen Verantwortung, die – wenn der Mensch sie auf sich nehmen will – Würde und Freiheit des Individuums überhaupt erst möglich macht. Kleist behandelt hier die menschliche Problematik angesichts des Todes und der Liebe. Über seiner noblen Kunst liegt ein Zauber von Naivität ...«
J.-B. Jeener in »Le Figaro« *551*

*Ingeborg Bachmann*

600. *Ingeborg Bachmann, Der Mut zu Kleist. Melos, Mai 1960*
[Anläßlich der Vertonung durch Hans Werner Henze:] Ich bewunderte und liebte Kleist, ich hatte den »Prinz von Homburg« gelesen, aber nur ein einziges Mal auf der Bühne gesehen, in Paris, in französischer Sprache, in der Inszenierung von Jean Vilar. Le Prince de Homburg. Gérard Philipe gab ihm Glanz, Zittern, Demut. Er sprach französisch, war fern von Preußen, von Deutschland. Man mußte das Stück lieben. Aber konnte man das Stück noch lieben, wenn Brandenburg wieder Brandenburg war und bei dem Kanonendonner, der den Prinzen zurück ins Leben ruft, sich die schlimmsten Assoziationen einstellten?

Einer Generation zugehörig, die nicht nur dem Volk mißtraute, das seine Klassiker politisch mißbraucht hatte, sondern auch den Dichtern mißtraute, deren Werke sich so hatten mißbrauchen lassen, kam ich nicht los von dem Gedanken an jenes Gedicht von Brecht, »Über Kleists Stück ›Der Prinz von Homburg‹«.

Aber hatte nicht Heinrich Heine, der um nichts weniger und nicht weniger leidenschaftlich ein Feind des Knechtsverstandes, der Unmenschlichkeit und des nationalen Dünkels war, 1821 in den Berliner Briefen geschrieben: »[...] Was mich betrifft, so stimme ich dafür, daß es gleichsam vom Genius der Poesie selbst geschrieben ist ... !« [...]

Es gibt in diesem Schauspiel, dessen Szenen alle zur Nachtzeit spielen (oder in der Dämmerung oder im Morgengrauen), durch den ständigen Lichteinfall der Sprache und einer Freiheit, die nicht eigens ihre Verkündigung braucht, sondern sich durch die Sprache fühlbar macht, eine große Klarheit und Helligkeit. Es gibt in diesem Schauspiel, und dies ist, glaube ich, noch nie recht bemerkt worden, keinen einzigen Bösewicht, keine Gestalt, die einer Niedrigkeit fähig wäre, einer Intrige, einer Schurkerei. Und es gibt nicht ein »Schicksal«, nichts Verfängliches, Unaufhaltsames. So mußte der Prinz uns erscheinen als der erste moderne Protagonist, schicksallos, selber entscheidend, mit sich allein in einer »zerbrechlichen Welt« und uns darum nah, kein

Held mehr, komplexes Ich und leidende Kreatur in einem, ein »unaussprechlicher Mensch«, wie Kleist selbst sich genannt hat, ein Träumer, Schlafwandler, der Herr seiner selbst wird. [...]
Was an dem Stück wie die Verherrlichung der Legitimität erscheint, ist nicht die Glorifizierung jener Legitimität (oder sagen wir besser: Illegitimität), unter der wir seit je in unseren Ländern gelitten haben und die Deutschland in den Abgrund geführt hat, sondern eine noch nie verwirklichte, durch die der Staat einsichtig werden könnte, die Gerechtigkeit lebbar wird, Freimut kein Wagnis ist – durch die all dies unmöglich wird, was Kleist wußte und was ihn als Wissen verbrannte: »Ist es ihm um Wahrheit zu tun? Dem Staate? [...]« Aber Kleist ging noch weiter, sagte, es sei unmöglich, Offizier und Mensch zugleich zu sein.
Es ist zu fürchten, daß dieser Autor in Deutschland nie populär werden wird. [...]  *14*

*»Penthesilea«*

*Als pantomimische Darstellung*

\*601. *Friedr. Karl Julius Schütz, Über die pantomimischen Darstellungen der Mad. Schütz. Allg. Dt. Theater-Anzeiger, 1814*

Auf die Galatea wird eine große pantomimische Handlung: *Penthesilea, Königin der Amazonen* folgen. Die Reihe der einzelnen Szenen, aus denen die Handlung besteht, wird das zu der Darstellung gehörige *Programm* ausführlich angeben. Zur Erklärung des Gegenstandes im *Allgemeinen* wird hier folgendes hinreichend sein. »Die Idee von den Amazonen«, sagt der unvergeßliche [K. Ph.] Moritz, »[...] ist an sich schon *dichterisch schön*, und wir finden sie häufig in die Dichtung der Alten eingewebt. Auch die *bildende* Kunst der Alten verweilte gern auf diesem Gegenstande, und man findet auf Marmorsärgen zum öftern Amazonenschlachten dargestellt, wo die männliche Tapferkeit mit der weiblichen Bildung verknüpft, im Angriff und im Sinken den reizendsten Kontrast darbietet.« In diesem Sinn hat die Künstlerin diesen Gegenstand mimisch zu behan-

deln gesucht, und den Stoff dazu aus der antiken Tragödie
»Penthesilea« von meinem so unglücklich verstorbenen edlen
Freunde, *Heinrich von Kleist*, einem Dichter, in dem gewiß alle
Elemente zu einem deutschen Shakespeare lagen, gewählt.
Soviel ich weiß, ist *er der Erste*, in jedem Falle aber der *Beste*, der
von dem Mythos der Amazonen einen dramatischen Gebrauch
für die *deutsche* Bühne gemacht hat. Die Art, wie er dabei
verfahren, ist so frei und kühn, wie in allen andern seinen,
was die Kritik auch daran tadeln mag, doch gewiß überall
höchst genialen Produktionen [...] Hr. v. Kleist aber hat diesen
Stoff in seiner Tragödie dahin verändert, daß er die Penthesilea
(nicht unähnlich der Situation zwischen der Johanna und
Lionel, in Schillers Jungfrau von Orleans) sich in den Achill
verlieben, und doch, in der Leidenschaft ihrer Streitwut, *ihn
von ihrer Hand töten* läßt; und dies ist denn auch der Inhalt der
angekündigten, übrigens von der eigenen Einbildungskraft
der Künstlerin erfundenen Pantomime. [...]

*584, S. 176 f.*

\*601a.  *Theaterzettel. Kgl. Theater in Breslau, 10. Juni 1814*

Pantomimische Darstellung der Madame Schütz

Diese Darstellungen bestehen aus einer Reihe von Attitüden
und belebten Gemälden (tableaux vivans), teils in einzelnen Situationen
teils in ganzen fortschreitenden Handlungen, welche
bloß durch die *Mimik* und zwar im Charakter der verschiedenen
vornehmsten Stile und Schulen der *Bildhauerei* und *Malerei*
ausgeführt sind. [...]

*Griechischer Stil:*

1. *Galathea*, die von der Venus belebte Bildsäule des Pygmalion (in den verschiedenen Momenten der Erwachung ihrer Sinne)
2. *Penthesilea*, die Königin der Amazonen, nach der Tragödie dieses Namens, von *Heinrich von Kleist*.

   (Diese Darstellung enthält folgende Scenen:)

a. Penthesilea beschließt mit Achill, ihrem Geliebten, zu kämpfen.

b. Mehrere junge Amazonen erscheinen, ihre Königin mit Blumenkränzen zu schmücken.

c. Die Königin kündet ihnen ihren Entschluß an, und fordert sie zu einer Waffenübung auf.
d. Dreifacher Wettkampf derselben mit Schwertern, Streitäxten und im Ringen.
e. Krönung der Siegerinnen.
f. Penthesilea und die Amazonen legen ihre Rüstungen an und gehen zum Kampf mit Achill und seinen Gefährten.
g. Penthesilea erscheint im Zweikampf mit Achill, den sie im Affekt ihrer Streitwut tötet.
h. Bestürzt über diese Tat, wirft sie ihre Waffen von sich und eilt hinweg.
i. Die Amazonenpriesterin erscheint, sich am Anblick des Getöteten entsetzend.
k. Die Königin kehrt zurück, seine Manen durch ihren eignen freiwilligen Tod zu versöhnen.

Ein zu diesen Darstellungen vom Herrn Schütz verfaßtes, *erklärendes Programm* ist als Beilage des neuesten Stücks der hier erscheinenden »Zeitblüthen« zu bekommen. *588*

## Zitate

*602. Adam Müller, Von den Modulationen des Schmerzes. Vermischte Schriften, Wien 1812*

> Motto. Oft wenn im Menschen alles untergeht,
> So hält ihn dies: – Wie das Gewölbe steht
> Weil seiner Blöcke jeder stürzen will.
> Heinrich v. Kleist, Penthesilea.
>
> Kein Unglück kommt allein! Sehr gerecht: die Seele braucht ein Antiunglück! der Stein braucht einen Antistein, damit er, wie Kleist sagt, im Gewölbe schwebe. – Eine Wunde ist nur durch die andre, eine Krankheit durch eine Antikrankheit zu kurieren. Auf Verdruß und Ärger (harten Schmerz) folgt oft der Verlust geliebter Personen (weicher Schmerz), und die Seele wird dergestalt aller ihrer zarten Glieder mächtig.
> *338*

*A. Müller zitiert die Verse aus »Penthesilea«, 1348 ff., nicht nach dem Druck, sondern nach dem Manuskript.*

602. *C. G. Carus an Frau v. Lüttichau. Dresden, Winter 1852/53*

[Anläßlich des Todes der 25jährigen Tochter Eugenia:]
Sie sank weil sie so stolz und kräftig blühte!
Die abgestorbne Eiche steht im Sturm,
Doch die gesunde stürzt er schmetternd nieder,
Weil er in ihre Krone greifen kann.
[Penth.V. 3041/43]
O Gott! Man steigt auch immer so in seinen Busen nieder und gräbt das harte Erz des Grams heraus, um immer neue Dolche daraus zu schmieden und sich fortwährend damit zu verwunden.
*68*

### Bizarrer ungeheurer Plan

603. *Tieck, Vorrede zu Kleists Hinterlassenen Schriften. 1821*

Nur ein wahrhaft dichterisches Gemüt, wie unser Autor, konnte den bizarren, ungeheuren Plan und den Charakter der Penthesilea fassen und entwerfen, und nur seine Energie, wenn sie einmal das völlig Unnatürliche und jenseit aller Wahrheit Liegende ergriffen hatte, konnte den Mut und die Ausdauer behalten, dieses seltsame Ungeheuer mit so vielem Schmuck echter Poesie, mit solchen Zügen echter und schöner Menschlichkeit, mit so manchem rührenden Verse, so oft wiederkehrenden großen Gesinnungen zu zieren und auszustatten. […] Dieses Gedicht ist merkwürdig, um zu sehen, wohin selbst ein echtes Dichtertalent geführt wird, wenn es sich gelüsten läßt, sich das Unmögliche zur Aufgabe zu setzen, und in dem, was jenseit der Natur liegt, etwas Höheres als die Natur sehn zu wollen. Bei allem aber, was sich diesem Werk mit Recht vorwerfen läßt, könnte seine Armut noch manchen der neueren Dichter reich machen.
*250*

603a. *Ludwig Robert an Rahel. Berlin, 27. Jan. 1827*

[Aus Grillparzers »Sappho« oder Kleists »Penthesilea« möchte Robert gern für Gasparo Spontini eine Oper zurecht machen.]
*4*

### Ein frühes französisches Urteil

604. *Xavier Marmier. Nouvelle Revue Germanique, Paris, Juni 1833*

Auch der »Penthesilea« merkt man die gleiche Inbrunst des jungen Menschen und den gleichen Mangel an wahrhaft dramatischem Sinn an, und wenn man vom Ausgang absieht, zeigt das Stück nicht, daß der Dichter in seiner Kunst große Fortschritte gemacht hat. [franz.] *309*

### In Hebbels Nähe

605. *Julian Schmidt, Geschichte der deutschen Nationalliteratur. Leipzig 1853*

Man hat die Tragödie nicht auf die Bühne gebracht, und ganz mit Recht. Zwar ist die Sprache höchst poetisch, der Wahnsinn der Leidenschaft mit jener fieberhaften Glut wiedergegeben, deren selten ein Dichter so Herr war, aber diese Wut erregt doch immer nur Entsetzen, keine Erschütterung. Man wird bei der Penthesilea unwillkürlich an die [franz. Schauspielerin] Rachel erinnert, welche zwar die Rolle, weil sie bis in die kleinsten Züge hinein ausgeführt ist, nicht spielen, wohl aber ähnliche Sprünge der Stimmung und der Leidenschaft sich selber ersinnen könnte, und in deren Erscheinung, wie im poetischen Talent, sich so wenig Klassisches findet, als in dieser seltsamen Figur. Außerdem steht Kleist in diesem Stücke Hebbel am nächsten, und Charaktere des letztern, wie Judith oder Golo, können sich neben diese Amazone stellen, deren tigerartig bacchantische Wut mit der wunderbarsten, anmutigsten Naivität zersetzt ist. Im allgemeinem dürfte aber jenes Problem, die sogenannte poetische Welt, d.h. die Welt der freien Individualität, aus allen Bedingungen der Natur und des Gesetzes zu reißen, als ein undramatisches bezeichnet werden. *403*

### »Vielfach ungenießbar«

606. *Rudolph Gottschall, Die deutsche Nationalliteratur. 1855*

Die »Penthesilea« ist ein in Einzelheiten grandioser, im Ganzen

verfehlter Versuch, die Nymphomanie poetisch darzustellen. In
der Tat läßt sich für die Leidenschaft der Amazonenfürstin und
den »Donnersturz ihrer Seele« kein milderer Ausdruck finden.

Die Dialektik des Hasses und der Liebe ist ohne Frage eine
würdige Aufgabe für den dramatischen Dichter; aber in der
»Penthesilea« ist sie bis zur Unnatur gesteigert. [...] Für das
Bacchantische und Mänadische ist in der »Penthesilea« der
klassische Ausdruck gefunden, und die Ekstase eines stürmischen, in lauter Katarakten herbrausenden Kraftstils bis jetzt
unübertroffen. Auch bezeichnet die »Penthesilea« eine Wendung unseres Dichters zur Antike, die für seine Entwicklung
nur förderlich sein konnte, wenn auch der romantische Kritiker
Tieck etwas mißmütig darein sieht. *549*

*607. G. Häbler, Kleist – ein Protest. Leipziger Zeitung, März 1862*

Wer sich Penthesilea nicht gefallen lassen will, den kann man
nicht zwingen und nicht einmal tadeln. Die Voraussetzungen
sind vielfach hart, die Unwahrscheinlichkeiten groß; die Scheußlichkeit der Weise, wie Penthesilea mit ihren Hunden zusammen
den Achill zerreißt, ist nicht zu vergeben. Ja, noch mehr: die
vielen Kampfschilderungen, die Szenen der Rosenmädchen sind
von geringer Wirkung; Achill ist eine frostige Figur; daß Penthesileas Wahnsinn durch Anwendung kalten Wassers beseitigt
wird, ist schmählich für den Dichter; daß sie ohne Waffe durch
ihren bloßen Willen in einem bestimmten Augenblicke sterben
kann, ist sehr gesucht, und die Worte, in denen sie den Todesentschluß ausspricht, sind es noch mehr. So ist das Werk, wie
es liegt, freilich vielfach ungenießbar; aber es hätte nur wenig
bedurft, um der Gestalt Penthesileas, und damit dem ganzen
Werke, ein unzweifelhaftes Bürgerrecht in der dramatischen Poesie zu erwerben. Wenn Penthesilea den Achill einfach tötete,
statt ihn zu zerfleischen; wenn der Anblick seiner Leiche ihr
die zerrütteten Sinne wiederherstellte; wenn sie dann ihm im
Schmerze der Liebe nachfolgte auf dem Todespfade, so würde
sie schwerlich einer Rechtfertigung bedürfen vor dem Gerichte
dramatischer Kunst. Ihre Tat hätte in der des rasenden Herakles, der dem Euripides zugeschrieben wird, aber an erhabener
Schönheit wunderbar den Werken des Aeschylos gleicht, ein

Gegenbild, und die Dichtung würde ein Werk der Gattung sein, die wir in den Bacchen, der Medea und dem Hippolyt des Euripides vorfinden, die man wohl die Tragödie der Leidenschaft nennen könnte. *169*

### 608. *Adolf Wilbrandt, Heinrich v. Kleist. Nördlingen 1863*

Wie man auch über die Einwirkung der Frauen auf die Bühne denken mag – der »Penthesilea« gegenüber fällt ohne Zweifel die weibliche und die ästhetische Moral in eins zusammen. Wir begreifen es, wenn bei dem Dichter aus den dunklen Stellen seiner Seele so wilde Phantasien wie die Greueltat der Amazone aufsteigen, aber wir wollen sie weder auf der Bühne, noch mit schwarzen Lettern auf dem weißen Papier vor uns sehen: denn unsere Kunst wirft solche Verirrungen der elementaren Gewalten aus, und ohne Zweifel mit Recht. Wenn bei Euripides die Bacchantinnen den Pentheus zerreißen und die eigene Mutter des Unseligen ihn anfällt, so mögen das Euripides und das athenische Volk jener Zeit verantworten: uns rühren diese rasenden Abnormitäten nicht, noch erschüttern sie uns, und unwahr und unmöglich werden sie, wenn, wie bei Kleist, die edelste und zarteste Weiblichkeit, mit duftigen Farben keusch vor uns hingemalt, in so scheußlicher Verzerrung endet. *492*

### *Ein Bühnenversuch*

### 609. *Clara Ziegler an einen Berliner Bekannten (München, Mai 1892)*

Im Jahre 1876 führte ich die Tragödie, eine Perle der deutschen Dichtkunst, auf der Hofbühne in Berlin ein. Kaiser Wilhelm I. befürwortete die Aufführung, die dann dreimal wiederholt wurde, und spendete ihr lebhaften Beifall. Aber man hatte damals in maßgebenden Kreisen nicht den Mut, das Original auf die Bühne zu bringen; ja man riet mir, von einer Aufführung ganz abzusehen. Auf den Wunsch des Kaisers entschloß sich Herr v. Hülsen, eine Bearbeitung von Mosenthal zur Aufführung zu bringen. Diese Bearbeitung wurde von der Presse heftig angegriffen, und ich selbst bereute, nicht das Original gespielt zu haben. Bei einer Wiederholung in Nürnberg fühlte ich von neuem, wie treffend die Urteile waren, und ich entschloß mich, das Original aufzuführen. [...] Jetzt, wo ein so frischer, belebender Zug in literarischer Beziehung die Geister erquickt, wird man der wilden und dabei so keuschen Dichtung von Seite des Publikums gewiß nicht mehr mit jener prüden Zaghaftigkeit entgegentreten, wie damals. Und die Presse wird sicherlich den Versuch, diese herrliche Dichtung ohne Verstümmelung dem Publikum zu bieten, freudig begrüßen.

317

*610. Julian Schmidt, H. v. Kleist. Preuß. Jahrbücher 1876*

Von der »Penthesilea« hab ich nie geglaubt, daß sie aufgeführt werden könne; ich bin nun durch den Augenschein widerlegt; und wenn anscheinend die Aufführung auch keinen Beifall gefunden hat, so verdient es doch immer den größten Dank, daß dem Liebhaber Gelegenheit geboten wurde, zu sehn wie die Sache aussieht.

In mancher Beziehung halte ich die »Penthesilea« neben dem Kohlhaas für den genialsten Versuch Kleists; dramatisch ist sie dennoch verfehlt.

[...] Wozu in aller Welt dienen den Amazonen für ihre erotischen Zwecke Hunde und Elefanten? Sie treten auf, weil der Dichter unmöglich seine Heldin allein kann toben lassen, sonst käme man ja ganz von Sinnen; es muß im Chor getobt werden. Wäre es eine Oper, so würden alle Instrumente einen Höllenlärm verüben. Läßt man aber die Hunde weg, und bringt Penthesilea mit reinen Händen und reinem Mund auf die Bühne, so ist dem Stück die Pointe abgebrochen, und es kommt nicht heraus, was der Dichter wollte.

405

*611. Detlev v. Liliencron, Heinrich v. Kleist. Magazin für Literatur, Leipzig, 19. Sept. 1885*

Es ist nicht unerklärlich, daß Goethe sich zu Penthesilea (das ihm zugesandte Fragment stand im »Phöbus«) kalt zeigte: Er – wird mir nun die Zunge ausgerissen? – verstand die Tragödie nicht; sie widerte ihn an: Er sah nur den kranken Kleist aus ihr.

Daß der deutsche gute Hunderttausendbiedermann, wie

heute und immerdar, das wundervolle Trauerspiel nicht ins Herz aufnehmen konnte, braucht nicht erwähnt zu werden. Der deutsche Philister, ob Prinz oder Zigarrendreher, und – Penthesilea! [...]

Im nächsten Winter soll in München versucht werden, Penthesilea, diese wundervollste Schöpfung Kleists, auf die Bretter zu bringen. Ein fast tollkühnes Unternehmen.

Mit Penthesilea wäre es Kleist vielleicht auf einem Possentheater gelungen: »Penthesilea oder die Amazonenbraut des großen Griechenhelden Achilleus. Großes Ausstattungsstück mit Tanz und Gesang. Neu! Neu! Feinfein!!! Dreihundert junge Damen als Amazonen gekleidet. Dreihundert junge Griechentänzer. Gezähmte Elefanten werden vorgeführt! Neu! Neu! Feinfein!« – – –

*283*

## Friedrich Nietzsche

*612a. Nietzsche. Menschliches, Allzumenschliches. Leipzig 1886*

Die Muse als Penthesilea. – »Lieber verwesen als ein Weib sein, das nicht *reizt*.« [Penth. Vers 1253] Wenn die Muse erst einmal so denkt, so ist das Ende ihrer Kunst wieder in der Nähe. Aber es kann ein Tragödien- und auch ein Komödien-Ausgang sein.

*Nietzsche entnimmt den falsch zitierten Vers der Julian Schmidtschen Einleitung zu Kleists Schriften von 1859.*  *350*

*612b. Nietzsche. Aus dem Nachlaß*

Das hysterisch-heroische Weib, das Richard Wagner erfunden und in Musik gesetzt hat, ist ein Zwittergebilde zweideutigsten Geschmacks. Daß dieser Typus selbst in Deutschland nicht gänzlich degoutiert hat, hat darin seinen Grund (wenn auch durchaus noch nicht sein Recht), daß bereits ein unvergleichlich größerer Dichter als Wagner, der edle Heinrich von Kleist, ihm daselbst die Fürsprache des Genies gegeben hatte. Ich bin fern davon, Wagner selbst hier abhängig zu denken: Elsa, Senta, Isolde, Brünhilde, Kundry sind vielmehr Kinder der französischen Romantik.

*350*

## Hugo Wolf

*613a. Hermann Bahr über Hugo Wolf (Selbstbildnis, 1923)*

Ich hörte damals [1883] die Penthesilea zum erstenmal, Wolf trug sie stets bei sich, sie war sein Brevier, er las uns immer wieder daraus vor, oft mitten in irgendein Gespräch hinein, in einer plötzlichen Aufwallung von Freude, tiefer Dankbarkeit und Andacht. [...] Vom Abglanz reinsten inneren Glückes begann, indem er las, sein durchscheinendes Antlitz zu leuchten, seine Hände zitterten und im Übermaß der Erregung sprang er dann auf einmal davon, sich Luft machend in Lauten einer seltsamen Mischung von Knirschen, Zischeln und Wiehern. Einen Augenblick später kam er verwandelt zurück, auf der reinen Stirn den bangen Ernst eines zum erstenmal von Ahnungen erschauernden Knaben. 20

*613b. Hugo Wolf an Oskar Grohe. Perchtoldsdorf, 16. April 1890*

Im übrigen könnte ich mit einer symphonischen Dichtung zu Kleists Penthesilea dienen. Dieses Werk stammt, sozusagen, aus meiner Sturm- und Drangperiode und steht im Gräßlichen gewiß nicht hinter dem Stoffe der Dichtung zurück; ob es aber auch an die furchtbare Schönheit der Poesie der Dichtung heranreicht, lasse ich dahingestellt. Speziell für alte Zöpfe ist dieses Werk gewißlich nicht komponiert. Wenn Herr [Felix] Weingartner der Mann ist, der das »Fürchten nicht gelernt«, wird ihm das »Gruseln und Grauen« in diesem Stücke auch nicht viel anhaben; möge er es immerhin auf einen Versuch ankommen lassen.

Eine Musik zum Prinzen von Homburg liegt mir in Skizze vor, doch wäre daraus eine sehr stimmungsvolle Trauermusik, die auch zum Teil instrumentiert ist, zu entnehmen. 500

*613c. Richard Litterscheid über Hugo Wolf (Potsdam 1939)*

Am meisten liebte er die Gestalten des draufgängerischen und durch seine höhere Einsicht opferbereiten Prinzen von Homburg und der rätselvollen Penthesilea und ihrer »wahrsten aber zugleich grausamsten Tragödie«. Zeitweilig erwog er sogar eine Vertonung des Prinzen von Homburg. Einige Skizzen entstanden im Jahre 1884, doch ließ er diesen Plan bald wieder

fallen. Dafür aber nahm das Penthesilea-Erlebnis eine musikalisch festere Gestalt an. Im Jahre 1883 entwarf er ein dreisätziges sinfonisches Werk, das später ein merkwürdiges Schicksal erleben sollte. [...]
Es war völlig verkannt worden, daß das Phantastische, frei sich Aufbauende dieser Musik ihr naturgegebenes Formelement und nicht Formlosigkeit war. Die Entwicklungslinie war in Hugo Wolfs eigener innerer Vorstellung von dem Penthesilea-Stoff und seinem Handlungsgang begründet. Nicht absolut-musikalische Strukturgesetze erheischten hier primär Gültigkeit, sondern das Gesetz der Dichtung, ein im Geiste klar erschautes dichterisches Programm. *289*

*614. Richard Sternfeld über Hugo Wolf*
Am letzten Tage seines Aufenthaltes [in Berlin, 24. Jan. 1894] hatte ich noch Gelegenheit, Wolf eine für ihn bezeichnende Bitte zu erfüllen. Ich sollte mit ihm zu dem Grabe Kleists fahren. Ich kannte die Liebe, mit der der Steiermärker sich zu der herben Schönheit des Kurmärkers hingezogen fühlte. Und kein Wunder, wenn er besonders die Penthesilea ins Herz geschlossen und mit seinen Tönen nachzufühlen versucht hatte. [...] So fuhren wir denn an einem trüben Jännertage vormittags nach Wannsee und fanden bald den Hügel, der traurig und einsam ohne Sonne und Schneehülle dalag. Wolf starrte ihn lange schweigend an. *24*

## Psychopathia sexualis

*615. R. v. Krafft-Ebing, Psychopathia sexualis. Stuttgart 1886*
Ein furchtbares Gemälde eines erdachten vollkommen weiblichen Sadismus bietet der geniale, aber zweifellos geistig nicht normale Heinrich v. Kleist in seiner Penthesilea. Im 22. Auftritt schildert er seine Heldin, wie sie von wollüstig-mordlustiger Raserei ergriffen, den in ihre Hände gelockten, bisher in Liebesbrunst verfolgten Achilles in Stücke reißt und ihre Meute auf ihn hetzt [...] *268*

*Die schon 1894 von Hubert Roetteken angegriffene Formulierung blieb auch in späteren Auflagen des in viele Sprachen übersetzten Fachbuchs bestehen.*

## Für oder wider die Frauenemanzipation

*616. Maximilian Harden, Penthesilea. Die Zukunft, Berlin, 21. Sept. 1895*

Die Verwirrung des Gefühles, die Kleist nicht, wie Goethe glaubte, gesucht, nein, die er überall gefunden und als ein schmerzlich Empfundenes dargestellt hatte, konnte in Rousseaus und der Natur harter Kur allgemach wieder zur alten Ordnung kehren. Und wo war das Gefühl schlimmer verwirrt als im Verhältnis der Geschlechter? Heinrich Kleist schuf Penthesilea und zog mit festem Strich zwischen Mann und Frau die scheinbar untrüglich sichere Grenze. Zwei Jahre danach ließ er, mit verdüstertem Sinn, doch mit ungebrochener Lebenskraft, von einer fast fremden Frau sich in den Tod locken. [...] Wenn an hellen Sommertagen ein weicher Südwind über den Wannsee streicht, kann er ins ferne Skythenland künden, die ältliche Frau des Rendanten Vogel habe die jungfräulich strahlende Amazonenkönigin grausam an ihrem Vernichter gerächt.

*171*

*617. Helene Stöcker, Die Liebe der Persönlichkeit. Die Zeit, Wien 1904*

Und was die Stärke, die Süße, die Echtheit der Hingabefähigkeit angeht – der einzige Heinrich v. Kleist wußte wohl, warum er die stärkste Frau zugleich die hingebendste nannte. Penthesilea und Achill gehen zugrunde, weil sie einander noch nicht als freie, ebenbürtige, selbstherrliche Naturen gelten lassen. Ein feindliches Geschick – die überkommene Schätzungsweise – versagt ihnen, die richtigen Wege zueinander zu finden. Man braucht sich nur der unsäglich holden Liebesszene zwischen beiden zu erinnern, um zu begreifen, was für ein Götterglück da zerstört wird!

*439*

## Wildenbruchs Penthesilea-Roman

*618. Ernst v. Wildenbruch, Lukrezia. Ein Roman. Berlin 1907*

»Ich lese Ihnen«, begann er [der Held des Romans] »aus der geheimnisvollen Dichtung eines geheimnisvollen Dichters, aus Heinrich von Kleists Penthesilea. [...] Alle große Dichtung ist

Anklage. Anklage gegen das Dunkle, Große, Ungeheure, das wir das Leiden der Menschheit nennen, das so vieltausendfach ist, daß jeder einzelne immer nur die eine, feine Spitze sieht und fühlt, die es gerade nach ihm ausstreckt, dessen furchtbar gigantisches Gesamtbild nur vor den Seelen einiger wenigen erscheint. Diese einigen wenigen, diese zum Fühlen des Weltleidens Erkorenen sind die großen Dichter. Von diesen Erkorenen einer der Erwähltesten war der Mann, aus dessen Gedicht ich Ihnen vorlese.« [...]

»Wie jedes ganz große Gedicht«, fuhr der Vorleser fort, »immer noch unbewußt etwas ausspricht, das über das hinausgeht, was der Dichter mit Bewußtsein gesagt hat, einen letzten Gedanken, einen tiefsten Tiefsinn, der über das künstlerische Gebilde emporwächst, wie ein Gebilde eigener Zeugung –, der den Leser, Hörer, Empfänger zu Horizonten lockt, die noch hinter dem Horizont des Dichters selbst liegen, so hat der Verfasser dieses Werkes, dieser Heinrich von Kleist, in seinem wunderbaren Gedicht, ohne es selbst vielleicht zu wissen, das geheimnisvollste Rätsel des rätselreichen Weltgefüges berührt: Das Füreinanderbestimmtsein, die Zueinandergehörigkeit zweier Menschen vom Uranfange der Dinge bis zum letzten Tage der Welt. [...] Wie das Gravitationsgesetz in zwei Weltkörpern, so steht nun in diesen beiden Menschenseelen und Menschenleibern das Urgesetz auf, das sie seit Millionen von Jahren beherrscht, und dessen sie sich zum ersten Male in der gegenwärtigen Phase ihres Erdenwandelns bewußt werden: der allmächtige Drang, der den einen zu dem anderen treibt. [...] Ein Gedanke schwingt sich heraus aus der blutigen Nacht der Tragödie, wie eine Lichtgestalt wächst es empor, das ahnende Bewußtsein, daß Wahnsinn, Irrtum und alles, was so schwer geschadet, so bitter, bitter weh getan hat, nur das Unheil einer Stunde, nur das Sichverirren während einer Phase des Erdenlebens gewesen ist, und daß ungezählte andere Stunden durch Äonen sich fortpflanzender Lebensphasen folgen werden, an deren Ende es keinen Wahnsinn und kein Sichverirren mehr geben wird [...]« *496*

## Kein Bild der Antike

*619. Ernst Stadler. Straßburger Neue Zeitung, 24. Okt. 1909*

Den gläubigen Priestern jenes hehren Ideals der Antike mußte Kleists Dichtung wie ein Zerrbild, wie die Entweihung von etwas Heiligstem erscheinen. Erst Nietzsche hat über ein Halbjahrhundert später unter der hellen und glatten Oberfläche der griechischen Kultur jenen tiefbewegten, von dunklen Leidenschaften durchwühlten Urgrund entdeckt und die Geburt der Tragödie aus dem ursprünglichen dionysischen Lebensgefühl gedeutet.

Aber Kleist hatte gar nicht daran gedacht, mit der »Penthesilea« jenem klassizistischen Ideal der Antike ein dionysisch erfaßtes Bild des Griechentums entgegenzusetzen, und der Brief eines Freundes bezeugt ausdrücklich, der Dichter sei sehr zufrieden, wenn man von »Penthesilea« sage, daß sie nicht antik sei. Wie kein anderes seiner Werke ist dieses Drama nichts als ein leidenschaftliches schmerzvolles Selbstbekenntnis. *429*

## Die schauspielerische Aufgabe

*620a. Felix Hollaender. Blätter des Deutschen Theaters, Berlin, 23. Sept. 1911*

Penthesilea: nur eine große Schauspielerin, die Rhythmus hat, vermag das Kronjuwel Kleistischer Dichtung zu fassen.

Von ihren kleinen Händen und Füßen spricht der Dichter und läßt Odysseus an ihr »den Ausdruck der Verwunderung« entdecken, wie er einem »sechzehnjährigen Mädchen« eignet – und dem Achill legt er die an die Holdselige gerichteten Worte in den Mund:

Ich war zerstreut – vergib – ich dachte eben,
Ob du mir aus dem Monde niederstiegst.

Wer möchte danach Penthesilea, vom Monde dem Achill beschert, sich anders als umweht vom Hauch und Duft der Zartheit denken – nachtwandlerisch und visionär, ein unberührtes Wesen, kindhaft – »halb Grazie, halb Furie«! [...]

»Keiner tragischen Riesendame von handfester Muskelkraft und dröhnender Stimme darf Penthesilea verfallen«, heißt es in Erich Schmidts meisterlicher Einleitung zu dem Drama. *211*

*620b. Gertrud Eysoldt. Blätter des Deutschen Theaters, Berlin, 23. Sept. 1911*

Viele Schauspielerinnen werden noch kommen und Penthesilea spielen, und immer nur wird sie erst von einem ganz bestimmten Niveau des Wesens her zu fassen sein und von da, je nach Reichtum der Seele, hoch und höher ragen können. Sie beginnt da, wo ein Mensch unbedingt den Drang hat, an dieser Welt etwas zu verrücken – ihre Dimensionen zu steigern – in Losgebundenheit sich gegen die Götter zu stellen als eingeborenes Recht.

Und so erlöst Kleist von jeder Tradition. Er stellt einen Achill hin – ganz nur zuckend aus des Dichters Blut und in seinem Tempo sich verschwendend.

Und ein Amazonenheer, das keine andere Heimat eigentlich hat als irgendeine gigantische Natur. Mögen die Jungfrauen blond oder braun sein – wenn sie nur in ihren Gliedern die Überwinderinnen einer starrenden Felsenwelt sind und in den Augen die großen Einsamkeiten ihrer Bergwelt widerspiegeln.

Und ich werde Penthesilea spielen rein aus schauspielerischem Willen und schauspielerischer Lust heraus – um ihren Herzschlag erstaunt, erschreckt in der eigenen Brust zu spüren und aufzuhorchen – um meinen Körper gespannt und fast bis zum Weh unterjocht unter Penthesileas Temperament zu fühlen – um mich aufzurichten, um zusammenzubrechen, um in Rhythmen der herrlichsten Verse die stürzenden Gefühle im Schwunge aufzufangen. *107*


## Zu groß für das Theater

*620c. Herwarth Walden, Kunst als Spiel und Stil. Der Sturm, Berlin, Juni 1912*

Die Tragödie gefällt übrigens noch immer nicht. Nach wie vor erscheint unkünstlerischen Menschen, also besonders Theaterkritikern und Literaturhistorikern, ein starker Instinkt als Überschwenglichkeit, ein Ausbruch der Leidenschaft als Perversität. Man hetzt keine Hunde auf den doch so Geliebten. Das ist unnatürlich. Oder pervers. Das würde der Theaterkritiker nie tun. Auch seine Frau nicht. Der Literaturhistoriker kann die Angelegenheit schon eher durch Mythologie entschuldigen. Die

Mythologie nämlich ist »nur« Phantasie. Also: Der Dichter, der keine Phantasie besitzt, braucht nur mythologisch zu kommen, und er ist ein Dichter für den Theaterkritiker und den Literarhistoriker (Ernst Hardt, Hugo von Hofmannsthal, Eberhard König). Während ich sage: die einzige Schwäche dieser ungeheuren Dichtung ist, daß Kleist sein Erlebnis, offenbar noch unter dem Einfluß von Goethe, zum Teil mythologisch verbarg. Erlebtes also in überlebte und unerlebte Begriffe steckte. Diese Dichtung, vielleicht jede, ist zu groß für das Theater und zu klein. Zu klein, weil sie ohne Rücksicht auf die Kunst Theater geschrieben ist. 471

### Mysterium von Rasse und Erde

*621. Arthur Moeller van den Bruck, Der Preußische Stil. München 1915*

Es war nicht Wissen, es war Witterung von Kleist, wenn er seiner größten Tragödie jene sarmatische Ebene zum rassenszenischen Hintergrunde gab, in der vormals aus Germanen und Skythen, im Kampfe der einen wider die anderen, die Amazonen hervorgingen – Frauen der Goten, die weiterkämpften, als ihre Männer erschlagen waren. [...]

Nun gab ein Dichter, der ein Kind war, dieser Erde alles zurück, verschwendete wie ein preußischer Fürst, der aus heidnischem Grabhügel aufstieg, was in seinem Vaterlande durch Jahrhunderte grau und brach und in Vergessenheit gelegen hatte.

Dann endete dieses Mysterium von Rasse und Erde: der Dichter starb; der Mensch endete freiwillig sein Leben; der preußische Offizier, der die Hermannsschlacht und den Prinzen von Homburg geschrieben hatte, legte den Degen ab, als er keinen Glauben an sein preußisches und deutsches Vaterland mehr haben konnte. 333

### Ahnstück der dichterischen Hysterie

*622a. Friedrich Gundolf an Cläre Brückmann, 1921*

Ich arbeite – jetzt bin ich an Kleists Penthesilea, das kleistischste seiner Werke, das Ahnstück der dichterischen Hysterie, aber

noch von gewaltiger Kraft und Fülle, voll Glanz aus Rosen und
Erz. Verstehn kann ich es leider nur zu gut – nicht deswegen
weil mirs fremd wäre, mag ichs nicht.      *164*

*622b. Friedrich Gundolf, Heinrich v. Kleist. Berlin 1922*

Die Penthesilea ist das erste Drama der deutschen, ja der
Weltliteratur, das jenseits von Sinn und Unsinn durch die pure
Lebendigkeit des Gemüts und die Heftigkeit des Ausdrucks
an sich wirkt, ohne Anteil an den Gesetzen und Ideen des bisherigen Menschentums. Kein Wunder daß es ein Liebling des
Zeitalters wurde dem die Götter und Geister sich in Reize und
Triebe verdumpft oder abgefeimt hatten. Die Penthesilea ist
die Vorläuferin der hysterischen Zustands- und selbstigen
Ausdruckspoesie deren sichtbarste Zeichen in unseren Tagen
gewisse Stücke Strindbergs sind. Freilich hat Kleist noch Teil
an den Formen und Tönen der Goethe-Schiller-Zeit und die
Hysterie ist bei ihm noch geschlossen und dicht genug um
eine starke und kühne Seele zu tragen. Die Nervenzerfaserung
und die Trieblockerung ist noch nicht selbständig geworden,
wie bei seinen modernen Nachfahren, deren begabtester Wedekind ist. […] Das Werk Kleists selbst, erfreulich oder nicht, steht
über der Frage nach der Erfreulichkeit: es hat Besessenheiten
und Rascreien der Seele in dichterisches Wort gebannt die
vorher stumm waren – es hat den Blick erweitert und die
Sprache bereichert. Doch was die Penthesilea uns lehrt wollen
wir nur aus ihr selbst lernen und nicht aus ihren Abklatschen.
Was auf Kleistisch zu tun war das hat Kleist hinlänglich selbst
geleistet.      *163*

*»Es muß einer gefressen werden …«*

*623a. [Alfred Döblin.] Der deutsche Maskenball. Berlin 1921*

Ein rasendes und außerordentliches Stück ist von Kleist die
»Penthesilea«. Sie hat ihm bei Goethe das Genick gebrochen,
aber ist gräßlich schön geblieben. Es ist charakteristisch, daß das
Stück, das lange Zeit nur ein Leckerbissen von Literaten war,
von einer Volksbühne bei hervorragender Regie unter großer

Ergriffenheit, mächtiger Spannung und Teilnahme gegeben werden kann. Die erregte Zeit fordert starke Akzente, der starke Akzent schallt an aufgerissene widerklingende Seelen. In diesem Stück wirft sich die Heldin in einem Verwirrtheits- und Dämmerzustand über den Liebsten – in einem Mißverständnis, das so sehr Mißverständnis ist, daß sie selbst von einer Silbenverwechselung, Küssen und Bissen, von einem reimerischen Irrtum spricht –, und küßt ihn mit den Zähnen und Händen in Stücke, um nachher bluttriefend zur Besinnung zu kommen. [...]

Aber dies ist nur ein Mittel zum Zweck; worauf es ankommt, Kleist wie uns: es muß einer gefressen werden, bildlich, und was hier so sensationell ist, auch unbildlich. Das ist in allen Tragödien so, und hier läßt es sich mit Händen greifen. Ein Schlachtopfer muß uns fallen, das Schlachtopfer, das wir brauchen. Tragödie hat seinen Namen vom Böcklein, das einstmals geopfert wurde; das Böcklein ist verschwunden, wir halten uns an Menschen! Denn wir sind Kannibalen und brechen täglich die irdische Speiseordnung; wir füttern uns im Theater satt. *90*

*623b. Döblin, Schicksalsreise (Frankfurt a. M. 1949)*

Aber wie flammte ich auf, als mir [in den neunziger Jahren] die »Penthesilea« von H. v. Kleist begegnete, und wie richtete sich mein Zorn gegen den kalten, gar zu wohl temperierten Goethe, der dieses Werk ablehnte. Zu Kleist, den ich in mein erwachendes Herz schloß, gesellte sich Hölderlin. Kleist und Hölderlin wurden die Götter meiner Jugend. [...] Ich stand mit ihnen gegen das Ruhende, das Bürgerliche, Gesättigte und Mäßige. *91*

### *Kleists hohe Sprache*

*624. Alfred Kerr. Berliner Tageblatt, 7. Febr. 1923*

Die Sprache, thukydideisch in Holperkürze, geschachtelt und getürmt, über Stock und Stein mit Knacken und Krachen. Übergedrungen – dennoch langwierig. Das Werk ist ein Redestück. Hier bleibt also besonders gut (gliedernd und entgliedernd) zu betonen. Alles Schwerverständliche dieser Sprache scheint mir heut ... nicht bei Unruh zu finden, – sondern bei Stefan Georges Übertragungen. [...]

Dieser Einakter in vierundzwanzig Szenen muß ein Aufwärts sein. Wo liegen die Akzente?

Ich will sie zeigen. Vom zehnten bis zum zwölften Auftritt muß der Heerkampf nur ein vorläufiges crescendo sein; danach ein Abebben, vom dreizehnten Auftritt an. Im vierzehnten fast ein »friedliches Erwachen angenehmer Gefühle« (wie es ungefähr, glaub' ich, in der Pastorale heißt). Hier nicht nur Abebben, sondern Aufheiterung. Gipfelnd in dem lind entladenden Wort aus Penthesileas Mund: »Der junge Nereidensohn ist mein.« Dann gleich (weil die lindgewordene Penthesilea den Trug durchschauen könnte) muß alles durchwittert sein von, wie Schiller sagt, »sinistren Aspecten« ... oder, wie die Spreeleute sagen, von etwas blümeranter Mulmigkeit. Noch in der Musik muß hier betretene Stimmung durchfühlbar sein, mit den Fingerspitzen.

Vorwärts! Seit dem fünfzehnten Auftritt jetzt wieder Steigerung. Anfänge des Bedräulichen: weil Penthesileas erwachende Herrschgier und Enttrügung allbereits Schatten werfen ... Achilleus nachdenklich? Die Bombe platzt: das Mädel erfährt den Betrug – daß sie seine Gefangene, nicht er ihr Gefangener ist. Entgötterung. *246*

*625. Arnold Zweig, Versuch über Kleist. Berlin 1925*

Von »Penthesilea« reden, heißt endlich einmal von Kleists Sprache reden, von diesem strömenden und entführenden Medium eines Dichters, dem in allen seinen Gedichten das Wort mit der Vehemenz eines Ausbruchs zu entstürzen scheint. Nie wieder hat die deutsche Sprache diesen rauhen Glanz, dies berauschend stumpfe Funkeln, und nirgends vor Kleist, wenn nicht beim singenden »Satyros«, ist es zu finden. Dieser Versstil bindet die Worte nach bis dahin ungefühlten Impulsen. Seine Satzfügung sperrt jede Möglichkeit der Alltagssprache ab, ohne je dem Sprachgeist unerträglich zu widerstreben. Die musikalisch gesetzte Interpunktion drückt stetes Stocken bei stetem Strömen aus: wie im Galopp eines Pferdes nach jedem Sprung,

gerade um weiter springen zu können, ein Moment der Ruhe
eintritt, wo der Widerstand des Bodens ausgekostet und überwunden wird, oder wie beim Rudern und Schwimmen drückt
sich auch hier das Ruckhafte jedes organischen und elementaren Vorstoßes aus. *514*

*626. Alfred Polgar, Kritisches Lesebuch. Berlin 1926*
 Dem Eros Thanatos opfert diese, bis in die letzte Vers-Kapil-
lare vom Feueratem des Genies durchglühte Dichtung. Man
versteht, daß es die Zeitgenossen, auch die klassischen, schau-
derte vor solchem Werk, in dem die Himmelskraft: Liebe, ihrer
Fesseln ledig, daherfegt auf der eignen Spur, umreißend alle
Altäre, an denen ihr sonst mit Blümchen und Liedern gehuldigt wird. Kleist hat in der »Penthesilea«, spätere Wissenschaft
vorwegnehmend, Urgründe und letzte (von Kultur und Zivili-
sation verschleierte) Ziele erotischen Begehrens aufgezeigt. In
das heroische Kräftespiel Mann-Weib ist die Haß- und Mord-
komponente der Liebeslust eingezeichnet. Aus gleicher Quelle
schöpfen Tod und Liebe ihren Zaubertrank: das wird hier, lange
vorm »Tristan«, dramatisch gestaltet. In der »Penthesilea« liegt
die blutumspülte Wurzel der dunklen Triebe bloß, auf die sich
»Liebe« reimt. [...]
 Goethe hat die »Penthesilea« komisch gefunden. Daher erlauben sich noch heute Hüter der Klassizität, die Maßlosigkeit
und Zügellosigkeit Kleistens zu tadeln, dem hohen Geist, der
sich die hohe Sprache baute, ein so strenges wie moquantes
Gesicht zu zeigen; gewissermaßen: ein weimarsch Gesicht.

*360*

## Ödipus spricht mit Penthesilea

*627. Paul Ernst, Erdachte Gespräche. München 1921*
    Die Kunstfigur und die Maske
Personen: Ödipus (von Sophokles), Penthesilea (von Kleist)
     Ort: Das Jenseits
*Ödipus:* Ich sehe dich immer nur von vorn, nur dein Antlitz
 und nicht deinen Rücken. [...] Aber ich würde gern die

ganze Schönheit deiner Figur sehen, denn Natur schafft ja doch plastische Wesen.

*Penthesilea:* Wie meinst du, plastische Wesen?

*Ödipus:* Solltest du prüde sein? Du scheinst mir freilich nicht ganz griechisch, sondern recht deutsch; so hinterlistig deutsch, indem deine Empfindsamkeit unter Hysterie versteckt ist –

*Penth:* Du beschimpfest mich. Ich gehe.

*Ödipus:* Aber du gehst nicht? Freilich, wenn du gehen wolltest, dann müßtest du dich umdrehen.

*Penth.:* (weint)

*Ödipus* (legt ihr väterlich die Hand auf die Schulter): Errege dich doch nicht nutzlos, Kleine. Ich weiß ja doch alles. Du bist einer jener Geister, die nur eine Vorderseite haben und keine Rückseite, die hohl sind wie eine Maske –

*Penth.* (wütend): Wie eine Maske!

*Ödipus:* – durch die ein andrer spricht. Meinst du, ich verstehe nicht den Klang von deines Dichters Stimme, die aus deinem Munde geht? 105

## Expressionistische Orgie

*628a. Gottfried Benn, Können Dichter die Welt ändern? Rundfunkdialog 1930*

*Benn:* Fahren Sie an einem Sonntag hundert Kilometer nördlich von Berlin in die Gegend des Großen Kurfürsten, Fehrbellin, und die friderizianischen Orte: eine Landschaft kärglich und dürr, gar nicht zu beschreiben, Ortschaften, die Armut und Notdurft in Person, wahre Brutstätten von Kausaltrieb, da wird es sich für Sie erklären, warum der Dichter der »Penthesilea« immer eine peinliche und arrogante Figur bleiben mußte in einem Volk, dem aus der Erscheinung des Ackerbürgers und Ortsvorstehers die praktische Nützlichkeit als Grundlage seiner farblosen Empfindungen anerzogen wurde.

*Frage:* Sie wollen also sagen: Die »Penthesilea« ist eine große Dichtung, aber sie hat nicht die geringste Wirkung ausgeübt, weder politisch noch sozial noch in der Bildungsrichtung.

*Benn:* Genau das will ich sagen. 32

*628b. Gottfried Benn, Bekenntnis zum Expressionismus. Deutsche Zukunft, 5. Nov. 1933*

Der Futurismus als Stil, auch Kubismus genannt, in Deutschland vorwiegend als Expressionismus bezeichnet, vielfältig in seiner empirischen Abwandlung, einheitlich in seiner inneren Grundhaltung als Wirklichkeitszertrümmerung [...] – dieser Stil hatte schon seine Vorankündigung im ganzen neunzehnten Jahrhundert. Wir finden bei Goethe zahlreiche Partien, die rein expressionistisch sind [...] Dasselbe gilt für Kleist, »Penthesilea« ist eine dramatisch geordnete, versgewordene reine Orgie der Erregung. *32*

*628c. Benn an Frank Maraun. Hannover, 11. Mai 1936*

Ich dachte neulich, was geschähe, wenn heute die Penthesilea erschiene. Eine Frau, die einen Mann liebt, Achill, ihn tötet und mit den Zähnen zerreißt! Zerfleischt! Sind wir denn Hunde, nein wir sind Germanen! Perverser Adliger wagt seine vertierte Brunst Germanenfrauen vorzusetzen! Degenerierte Offiziers- und Junkerkaste besudelt mit schmutzigsten Orgasmen keusches deutsches Heldenweib! Usw. Kurz: Kleist lebte nicht lange. *33*

### Konkurs des Verfassers

*629. André Gide, Journal 1942 (Paris, 1954)*

*29. Sept. 1942.* Ich will auch die Penthesilea von Kleist lesen.

*10. Okt.* Zuerst habe ich Penthesilea nur flüchtig entziffert; gegenwärtig nehme ich langsam jeden dieser prachtvollen Verse, einen nach dem andern, wieder vor, mit Entzücken und beträchtlichem Gewinn. Noch nie, scheint es mir, habe ich so sehr wie bei Kleist (nicht einmal bei Hölderlin) die dichterischen Möglichkeiten des deutschen Satzbaus genossen, seine Verzögerungen, seine Windungen, seinen Fall.

*13. Okt.* Ich lese ganz langsam Penthesilea, lasse nichts durchgehen, was ich nicht vollständig verstanden und gefühlt habe, mit unbeschreiblichem Entzücken. Der Gewinn, den Kleist aus dem deutschen Satzbau zieht, ist bewundernswert und macht dessen Kraftquellen, dessen subtile Gesetzlichkeit und Biegsamkeit sichtbar. Die schöne Verschlingung der Sätze, womit er spielt, wäre im Französischen so gut wie unmöglich, wo die Rolle der flexionslosen Wörter meist nur durch ihre Stellung angedeutet wird. So etwas formt zwei sehr verschiedene Völker.

*16. Okt.* Kann man nur auf bourgeoise Art von »schlechtem Geschmack« sprechen? Aber wie soll man nicht finden, daß der Höhepunkt der 15. Szene der »Penthesilea«, die große erklärende Aussprache zwischen Achill und der Amazonenkönigin, auf eine sehr peinliche Art ans Lächerliche grenzt? Wie nicht mit Goethe finden, daß Penthesileas Erklärungen von einer Komik sind, die einer neapolitanischen Bühne würdig wäre? Man beteiligt sich an dem unwiderstehlichen Gelächter, das das Publikum erschüttern muß, wenn das Stück jemals aufgeführt wird. Schade, daß der Gipfel des Dramas zu hinfällig ist; selbst die Vers-Qualität leidet darunter, und man staunt in diesem Augenblick fast darüber, das Übrige so bewundert zu haben.

»Warum lächelst du?

— Wer? Ich?

— Mich dünkt, du lächelst, Lieber.«

Und, weiß Gott, es gibt Grund dazu. Kleist hat es wohl selbst gefühlt, wenn er Achill antworten läßt:

»Deiner Schöne.
Ich war zerstreut — vergib — ich dachte eben,
Ob du mir aus dem Monde niederstiegst?«

*17. Okt.* Nicht weniger lächerlich, von einer nicht weniger seichten Komik die keuchenden Szenen, die folgen:

»Ich kann's nicht glauben.
Er spricht von der Dardanerburg.

— Was?

— Was?

— Mich dünkt, du sagtest was.

— Ich?

— Du!

— Ich sagte:
Er spricht von der Dardanerburg.«

Das ist unsagbar schlecht, und das kann nicht gut sein, bei einer so falschen Aufteilung. Ach diese Tücke der Penthesilea ist doch verdrießlich! Und verdrießlich diese Idee, Elefanten und Hunde in jenen Kampf mit Achill hineinzubringen, der »singulier« sein muß!

»O du,
Vor der mein Herz auf Knieen niederfällt,
Wie rührst du mich!«

Mich nicht. Ich habe Abscheu vor Verkrampfung: »denn mitten in dem Strom, Sturm und wie ich sagen mag Wirbelwind eurer Leidenschaft müßt ihr euch eine Mäßigung zu eigen machen, die ihr Geschmeidigkeit gibt«, sagt Hamlet. Und welch bestürzende Art, sich zu töten, indem man sich mit einer Metapher trifft – [...] Es ist nun zu erwägen, ob ich nicht zunächst die Schönheit des ersten Teiles, die mir so groß erschien, überschätzt habe. Ich will ihn sofort noch einmal lesen.

*18. Okt.* Daß es Kleist nicht gelungen ist, sein Werk zum Guten zu lenken, daß er es zerstört hat, scheint mir offensichtlich. Aber es wäre unanständig, pietätlos, darüber zu lachen. Sein Wagnis scheint mir vergleichbar mit dem Nietzsches, und noch tragischer, denn bei Nietzsche kann man nicht von Niederlage sprechen. Alle die Makel der Penthesilea, alle ihre Mängel machen die Wirkung dieses intimen Dramas aus, durch welches sie sprachlich enthüllt werden, und ganz vollkommen wäre dieses Werk weniger offenbarend, weniger wert, uns zu erschüttern. Aber was uns gegen das Ende bewegt, ist nicht mehr die Schönheit des Werks, sondern der Konkurs des Verfassers. [franz.]   *144*

## Trostlos unerlöste Welt

*630. Edgar Dacqué, Die Urgestalt. Leipzig 1943*

Penthesilea fühlt in Verzweiflung, daß sie nimmer das Lichte zu sich herabreißen könnte, auch wenn sie Berge aufeinander türmte; sie fühlt den unvereinbaren Abstand der chthonischen Natur und der lichten Geisteswelt im Sinn des tiefsten, trostlosesten Heidentums. [...] Wären sie beide nicht die einseitig ausgeprägten Geschlechter, wären sie von innen her ihres eigenen anderen Poles sich lebendig bewußt, hätten sie einen Schimmer des vorparadiesischen Androgynen oder nachchristusmäßigen Vollgeschlechts in sich, sie würden sich zutiefst verstehen. So aber ist ihre Gegenseitigkeit vom wütendsten dämonischen Nur-Eros durchdrungen, nicht einmal mehr im naturhaft diesseitigen Sinn zeugerisch – und das rast zur Vernichtung, zur Zerstörung und Verwesung: eine trostlos unerlöste Welt. 77

*Gipfel jeglicher Dichtung*

*631. Georg Britting, Briefe 1949/59*

*An Georg Jung, 21. März 1949.* Penthesilea: eine Sprachkraft, unerhört! Gehört zum Schönsten, was es überhaupt gibt. So was macht ihm keiner nach. Auch Goethe nicht. Als ichs zum ersten Mal las, war ich wie betäubt und es schien mir der Gipfel jeglicher Dichtung überhaupt! Zu den Gipfeln aber gehört es.

*An Dietrich Bode, 30. Nov. 1959.* Penthesilea las ich zum ersten Mal als Fünfzehnjähriger, seitdem noch oft. Wie ich zu dem Achill-Gedicht [»Was hat, Achill ...«, 1938] kam? Weiß ich nicht! 43

*»Amphitryon«*

*Kleist und Molière*

*632. Ludwig Tieck, Vorrede zu Kleists Hinterlassenen Schriften. 1821*

Es scheint, daß er mehr als Studium oder Zerstreuung den Amphytrion des Molière umgestaltet habe. Ein Versuch, den man, wenn man unparteiisch ist, nur eine Verirrung nennen kann. In den komischen Szenen steht der Deutsche unendlich hinter dem Franzosen zurück, dessen Naivität, Witz und leicht bewegliche Laune bei weitem durch nichts Ähnliches ersetzt ist, die Zier der Sprache und den Schmuck des Reims noch ungerechnet. Daß Kleist die ernsthaften Figuren des Stücks anders hat stellen und ihnen eine tiefe, sozusagen mystische Bedeutsamkeit geben wollen, ist eben ein noch größeres Mißverständnis, denn diese Fabel, aufgeschmückt durch den tollen Spaß des Sosia und Merkur, ihre listigen Händel über das wahre Ich und den echten Amphytrion, wird nur möglich, die Hauptfiguren haben nur Sinn, wenn sie, wie bei Molière und Plautus, etwas oberflächlich gehalten werden; die ziemlich unbegreifliche Liebe Jupiters bei Kleist kann uns nicht interessieren, sondern nur die tolle märchenhafte Begebenheit des Stücks; je mehr diese hervortritt, je besser, um so eher ertragen wir den Schluß, der immer nur willkürlich und unbefriedigend bei den Neueren ausfallen kann. *250*

*633. Fouqué. Berlinische Blätter für deutsche Frauen, 1829*

Die Franzosen kennen ihren Molière besser, als wir unsern Heinrich Kleist. Deshalb werde hier ausdrücklich auf dessen Amphitryon verwiesen, oder auch auf den des Molière, welcher sich vielleicht noch eher in manchem deutschen Gedächtnis vorfindet. *127*

*634. Heinrich v. Treitschke an seinen Vater. Leipzig, 12. März 1858*

Sehr lehrreich war es mir, seine Bearbeitung des Molièreschen Amphitryon mit dem Originale zu vergleichen. Daraus lernt man mehr über den Geist und Stil des Dichters, als aus seinen eignen Arbeiten. Im Guten und Bösen zeigt er da seinen echt deutschen Charakter: für das rein Possenhafte hat er keinen Sinn, da ist ihm Molière an Eleganz und Munterkeit weit überlegen; die ernsteren Szenen dagegen sind bei Kleist unendlich tiefer und ergreifender, wobei ihm freilich unsre Sprache sehr zu Hilfe kam. *451*

*635. Wolf Graf Baudissin, Molières Lustspiele. Bd. 4, Leipzig 1867*

Zu besonderem Danke sind wir Deutschen Molière dadurch verpflichtet, daß er Heinrich von Kleist Veranlassung gegeben hat, ihm seinen Amphitryon in freilich sehr veränderter Gestalt nachzudichten. Ich meine hier nicht allein, daß aus dem französischen Jupiter in goldgesticktem Rock und Allongeperücke ein olympischer Zeus geworden ist, und daß Kleist das muntere Lustspiel in ein tiefsinniges Mysterium umgeschaffen hat: über die Berechtigung dazu gebe ich zu, daß man verschiedener Ansicht sein könne. Aber gerade die Szenen, in welchen er dem Original folgt, haben eine solche Frische, daß ich sie nach voller Überzeugung demselben an die Seite stelle. [...]

Mich hat der Kleistsche Amphitryon schon um deshalb entzückt, weil er mir gezeigt hat, welche unvergleichliche Form der fünffüßige Jambus für den ist, der ihn zu handhaben versteht, und wie wenig er den fehlenden Reim vermissen läßt. Ich habe daher auch nach bestem Gewissen und in bewußtester Absichtlichkeit [in der Molière-Ausgabe, Bd. 4] die Kleistschen Verse, wo sie sich dem Original anschlossen, wörtlich beibehalten; denn ich mußte mir sagen, besser sei die Aufgabe nicht zu lösen. [...] Mögen nun meine Leser den Abstand zwischen Kleists und meinen Jamben nicht zu groß finden, und mir für den Mut, die Zusammenstellung gewagt zu haben, einigen Dank wissen! *335*

*Nicht aufführbar*

636. *G. Häbler, Kleist – ein Protest. Leipziger Zeitung, 2. März 1862*

Der Stoff des Amphitryon, der Besuch des Zeus bei einem Weibe, von deren Gatten er die Gestalt entlehnt, fällt als schon vorhandener unserem Dichter nicht zur Last. Daß dies Motiv zweimal komisch bearbeitet worden war, konnte niemand das Recht nehmen, es anders zu behandeln. Kleists Werk ist allerdings schwer zu benennen; es müßte trotz seiner Scherze, die vielleicht nicht ganz organisch neben den zarteren Partien der Dichtung stehen, etwa ein Mysterium heißen. Wenn man aber bedenkt, daß die Vermählungen des Zeus auch im antiken Mythus bisweilen einen symbolischen Sinn haben, warum sollte da ein deutscher Dichter sich nicht einmal erlauben, von pantheistischen Standpunkten Schellingscher Philosophie aus diesen Gegenstand zu bearbeiten. Er zieht daraus einen sehr schönen Gewinn; denn das Ganze gruppiert sich nun höchst lieblich um die Gestalt Alkmenes, die mit ihrer so sanften und doch so beharrlichen Ablehnung der Ehre, welche darin liegen möchte, statt des Gatten einen Gott umarmt zu haben, lebhaft an die Schönheit der indischen Damajanti mahnt, die statt der vier Elementargötter, die um sie werben, unwandelbar ihren geliebten Nal zum Gatten begehrt. Ebenso kann Alkmenes Lage und die ganze Darstellung in ihrer maßvollen Schönheit an die Helena des Euripides erinnern. Die Aufführung freilich möchte dennoch kaum zu wagen sein. *169*

637. *Julian Schmidt, Heinrich v. Kleist. Preuß. Jahrbücher. Berlin 1876*

Das einzige von Kleists Stücken, das von der Aufführung ausgeschlossen bleiben muß, ist der »Amphitryon«, trotz einzelner brillanter Stellen; hier ist er durch zu großen Scharfsinn in der Hauptszene ins Abgeschmackte verfallen. *405*

## »Göttliche Komödie«

638. *Hugo Wolf an Oskar Grohe. Wien, 3. März 1897*

Kennst Du Kleists Amphitrion? Das ist ein idealer Stoff, die wahre »göttliche Komödie«! Ich habe letzthin dieses Wunderwerk neuerdings wieder gelesen und war mehr denn je davon hingerissen. Am liebsten würde ich mich gleich an den Amphitrion machen. Vielleicht ist Frau Mayreder dazu zu bewegen [das Opernlibretto anzufertigen]. *500*

## Schändung des heiligen häuslichen Herds

639. *Fritz Mauthner. Berliner Tageblatt, 10. April 1899*

Unerklärlicherweise tadelt es der Dichter der »Iphigenie«, daß Kleist in Alkmene die Verwirrung des Gefühls geschildert habe. Es ist einer der seltenen Fälle, wo sich eine neue Zeit dem leuchtenden Urteil Goethes nicht unterwerfen konnte. Die Verehrung Kleists lassen wir uns von niemand rauben, auch von Goethe nicht; das Unrecht, das er an dem armen Kleist beging, es darf nicht verewigt werden. Aber in einem Punkte hatte er sicherlich recht. »Das Ende ist klatrig. Der wahre Amphitryon muß es sich gefallen lassen, daß ihm Zeus diese Ehre angetan hat; sonst ist die Situation der Alkmene peinlich und die des Amphitryon zuletzt grausam.« Über diese Gefahr des Stoffes hat auch Kleist nicht gesiegt. [...] Durch die antike Fabel wird die Heiligkeit des häuslichen Herdes von einem meineidigen Gotte geschändet; wir aber haben uns gewöhnt, den Grundsatz »Mein Haus ist meine Burg« gegen jeden Einbrecher geltend zu machen, auch gegen einen himmlischen.

*313*

## Bedenkliches Zwitterding

*640a. Benno Ruettenauer, Symbolische Kunst. Straßburg 1900*
Der große Dichter Heinrich von Kleist hat bekanntlich Molières Amphitryon behandelt, eine der genialsten Dichtungen des französischen Komikers. Und er hat gemeint, sie besser machen zu müssen, d. h. er hat, während er bei dem Franzosen eine Anleihe machte, seinen deutschen »fond« nicht preisgeben mögen, nicht preisgeben können. Er hat sein Deutschtum in starker Portion in die französische Schöpfung hineingedichtet. Die meisten deutschen Kritiker finden nun auch wirklich, er habe etwas Besseres, etwas Tieferes gemacht. Ich meinerseits kann nur finden, daß die freisinnige, freche, frivole, daß mit einem Wort die reine Komödie Molières in der Kleistschen Wiedergeburt als ein höchst bedenkliches Zwitterding herausgekommen ist.

Wenn ein Franzose mit einer deutschen Dichtung so frei umspränge, natürlich im entgegengesetzten Sinn, im französischen Sinn eben, so würden wir uns darüber wohl sehr empören.

*383*

*640b. Gustav Landauer, Briefe 1900–1903*
*An Hedwig Lachmann, 28. Sept. 1900:* In Rüttenauers Buch [s. 640a] bin ich noch nicht weit gekommen. Einstweilen habe ich mich über eine Bemerkung zu Kleists »Amphitryon« geärgert, denn dieses [Werk] voll prachtvollster mystischer Schönheit mit Molières seichten Witzeleien herabgesetzt zu

sehen, tut bei einem modernen Menschen weh. Denn gerade Kleists Amphitryon muß von uns Modernen erst wieder entdeckt werden.

*An Julius Bab, 16. Juni 1903.* Sie nannten »Faust« und »Peer Gynt«; ich will Ihnen das tiefste Drama nennen, das die Deutschen mir zu besitzen scheinen: Kleists »Amphitryon«. So wie da Jupiter – die Welt – sich sehnt, in der Menschenseele als Ganzheit zu leben und sie auszufüllen, so sehnt sich in besten Stunden meine Seele, die Welt in sich aufzunehmen.

*275*

641. *Hermann Bahr. Österr. Volkszeitung, 22. Febr. 1903*

Es ist eigentlich merkwürdig, daß es Hebbel nicht gereizt hat, eine Alkmene »aus lauter Schleiern« zu weben. Sein Feld wäre wohl gar nicht Amphitryo gewesen, sondern Jupiter. [...] Aber dann hätte Hebbel das Stück in einen tragischen Dunst eingehüllt [...], während Kleist sich zuerst in die schmerzlich spöttisch galante, hochmütig scherzende Art Molières schickt, aber plötzlich zeigen will, daß er gescheiter, daß er »tiefer« ist, und nun bald Alkmenen, bald den Jupiter geheimnisvolle Anmerkungen über sich selber reden läßt. Nimmt man diese Szenen [...] aus dem Stücke heraus und läßt sie, indem man sie im Geiste vorbereitet und ergänzt, an sich wirken, so sind sie von einer Hoheit und Pracht, die man gar nicht beschreiben kann. Aber sie zerreißen das Stück, sie vernichten seinen Ton, alle Figuren wanken, plötzlich sieht der Dichter selbst grinsend zwischen ihnen hervor und was noch schlimmer ist: es folgt nichts, gleich ist der Dichter wieder verschwunden, die Figuren nehmen sich mühsam wieder auf und der alte Ton beginnt wieder, der doch jetzt durchaus nicht mehr möglich ist. Ein Drama ist aber kein russisches Bad, wo man aus dem heißen Dampf unter die kalte Dusche gestoßen wird.

*16*

642a. *Alfred Kerr. Der Tag, Berlin, 25. Jan. 1902*

Mit der deutlicheren Verkündung von des Herkules Geburt hat Kleist unanrührbarste Dinge des christlichen Glaubens ... entweder gefeiert oder angepaßt.

Sicherer das erste.

*245*

*642b. Alfred Kerr. Der Tag, Berlin, 30. Okt. 1915*

Daß ein Mythos die Dinge so darstellt, geht mich einen Quark an. Ich lebe 1915. Dann ist eben der Mythos ein Quark – sobald er aufhört, ein Spaß zu sein.

Kann einer zum Schluß diesen windigen Gott, wie Kleist verlangt, bitter ernst nehmen? Kann einer, wie Kleist verlangt, zum Schlusse glaubensbrennend vor ihm knien? Kleist verlangt es wirklich. (Nicht nur vom Amphitryon; sondern vom Zuschauer).

Molière (den hier Kleist bearbeitet) hat es knapp vom Amphitryon verlangt. Erst recht nicht vom Zuschauer.

Kleist aber wird nach allen Späßen der Verwechslung stockfeierlich. Von jeher ist beobachtet worden, daß er bei der Verkündung von des Herkules Geburt auf Bestandteile des christlichen Glaubens anspielt.

Aber vom Spaß zum Heilands-Ernst; vom schoflen Zeus zu einer obersten Licht-Allmacht schwebt in seiner Bearbeitung für mich kein Fahrstuhl.

Ich erblicke nur aufs neue die Verlegenheit, so der von Hellas übernommene Mythos einem Kind andrer Zeitläufte schafft.

245


## Geistreichstes Theaterspielwerk

*643a. Thomas Mann, Amphitryon. Die Neue Rundschau, Juni 1928*

Das ist das witzig-anmutvollste, das geistreichste, das tiefste und schönste Theaterspielwerk der Welt. Ich wußte, daß ich es liebe, – gottlob! ich weiß nun wieder warum. [...] Spielte man es, wie es gespielt zu werden verdient, es gäbe eine Lustbarkeit, bei der Gemüt und Verstand in festlich gleicher Weise auf ihre Rechnung kämen. Mit Festen aber haben Amphitryonaufführungen nichts weiter gemein, als die Seltenheit; sie sind rar, und Theateralltag ist um sie. Ein junger Spielleiter von Kopf und Herz, von sinnlichster Geistigkeit, sollte die hohe Einmaligkeit frisch durchführen und durchdenken, sollte sich Zeit und Mittel erobern, sie nach ihrem Wert darzustellen durch Schauspieler, die mit den erfreulichsten körperlichen Gaben folgsame Empfänglichkeit für die genauen Weisungen seiner Begeisterung verbänden. Man soll es mich wissen lassen, wenn eine solche Aufführung im Werke ist. Ich reise weit, um sie zu sehen.

*305*

*643b. Thomas Mann, Lebensabriß. Die Neue Rundschau, 1930*

[Neben dem Josefs-Roman entstand] namentlich die genaue Studie über Kleists geliebte Amphitryon-Dichtung, eine analytische Huldigung, wie sie in Deutschland, das keinen Sainte-Beuve besessen hat, so ziemlich ohne Muster war. [...] Ich will die wochenlange Liebesvertiefung in Kleists Lustspiel und die Wunder seines metaphysischen Witzes nicht müßig nennen, da allerlei unterirdische Beziehungen diese kritische Arbeit mit dem »Hauptgeschäft« [Josefs-Roman] verbanden und Liebe niemals unökonomisch ist.

*303*

*644. Oskar Kokoschka an Heinz Litten. London, 28. Mai 1944*

[Nach einer Aufführung im »Freien Deutschen Kulturbund:] Ganz anders als Molière hat Kleist hellsichtig den tieferen Sinn der antiken Fabel erfaßt. Den Prozeß der Menschwerdung hat Kleist ebenso glaubenswahr und erlebnisnahe wie der griechische Künstler vor uns gestellt, der das Drama als Mittel zur Selbstdarstellung erfunden hat; in deutscher Sprache ist dem Kleist gelungen, das Schauspiel zum Werkzeug der Seelenführung zu machen, durch Katharsis zur Aufschau geläutert in der Ekstase. Alle Menschen sind vom Künstler geladen zu dieser wahren Unio mystica, und kommen nicht die Großen, die die ersten Plätze in dieser Welt einnehmen, dann sind es eben die Zaungäste, denen die Sendung vom großen Logos galt. Die Sendung von der wahren Freiheit, die im Menschen-Ich die Gottheit wirken läßt. Solche menschliche Freiheit hat nie, vom Anfang der Geschichte nicht, vergessen, daß ohne den Menschen, der ihn erschuf, Gott nicht einen Atemzug lang gewesen wäre. Ohne solche Einheitlichkeit der Freiheit und solchen Zieles hätte der Mensch längst seinen Geist aufgegeben.

*266a*

*Diese antiken Kostüme!*

645. *Gottfried Benn an Friedrich Siems. Berlin, 18. Mai 1953*

Ich kam aus der von Ihnen so reizvoll inszenierten Aufführung des »Amphitryon« von Kleist und dachte folgendes:

Diese ewigen antiken Kostüme! Jeden Abend andere Kothurne auf den Brettern! Helena und Antigone und Orest und Zeus und Klytämnestra und Menelaus – alles was Kostüm trägt, ist das nicht eigentlich Sommertheater? Was für ein Geklapper! Ich nehme Shakespeare nicht aus [...] ich will damit sagen, mir scheint, Alkmene und ihre Nacht kommen heute nicht mehr ganz bei uns an, unsere eigene Zeit bedrängt uns zu sehr, und das Ehepaar Sosias war vielleicht zur Zeit von Hans Sachs ein Bühnenelement, aber wir haben heute unsere eigenen Possierlichkeiten. 33


*Die große Szene*

*645a. Peter Szondi, Amphitryon. Kleists Lustspiel nach Molière. Euphorion 1961*

Das große Gespräch des zweiten Aktes ist mehr als Jupiters verzweifelter Überredungsversuch: in ihm wird Alkmenens innere Wandlung laut. Denn nun, da sie weiß, daß in der vergangenen Nacht Jupiter ihr erschienen ist, entscheidet sie sich gegen den Gott und für den Amphitryon, der sie in Armen hält – und der es nicht ist. Sie entscheidet sich aber für ihn nicht nur gegen Jupiter, sondern auch gegen den ihr in Erinnerung gebrachten Amphitryon. Auf Jupiters letzte Frage antwortet sie: *Wenn du, der Gott, mich hier umschlungen hieltest, / und jetzo sich Amphitryon mir zeigte, / Ja – dann so traurig würd' ich sein und wünschen, / Daß er der Gott mir wäre, und daß du / Amphitryon mir bliebst, wie du es bist.* Sie entscheidet sich also weder für Amphitryon noch für Jupiter, sondern gegen beide, die nur in ihrer Vorstellung existieren, und für jenen, der ihr gegenwärtig ist. Und diesen Jupiter-Amphitryon, der nicht der Gott ist, sondern der göttliche Mensch, der Mensch in der Göttlichkeit seines Gefühls, bezeichnet sie dann im dritten Akt vor dem Volk Thebens als den wirklichen Amphitryon und den wirklichen als den Betrüger. 582e

*645b. Hans-Georg Gadamer, Der Gott des innersten Gefühls. Die neue Rundschau, 1961

Hier [mit II/5] setzt Kleists Eigenstes ein. Alkmene verliert angesichts der vertauschten Buchstaben in dem Diadem ihre Sicherheit und glaubt sich betrogen. Die große Versöhnungsszene zwischen Alkmene und Amphitryon-Jupiter, die bei Molière steht, wird zu einem Gespräch zwischen Alkmene und Jupiter, das die ganze Spannweite des weiblichen Gemüts durchmißt. Die Szene gehört zu den größten dichterischen Kostbarkeiten der Weltliteratur. Aber ob der Sinn dieses Gespräches schon ganz erfaßt ist? Gewiß, es blitzt darin beständig wie von Wahrheit. Aber daß es ein Gespräch ist, das zu einem Ziele führt, und was dieses Ziel ist, scheint mir noch nicht erkannt. Wohl spürt man, wie Jupiter hier das Gemüt Alkmenes beunruhigt und verwirrt und schließlich befreit, und daß das von der opernhaften Versöhnungsszene Molières durch eine Welt, eine Welt voller Abgründe, geschieden ist. Der Sinn dieser Szene wird aber, wie ich glaube, immer wieder ins Unklare gebracht, wenn man in die Jupiter-Figur – in der Nachfolge Molières – ein dem Vorgang in Alkmene analoges Drama hineinliest und gar noch die Qual des unerlösten Gottes mit Kleists selbstquälerischer Existenz ineins setzt. Ich möchte vorschlagen, statt solcher Vermenschlichung des Gottes die Hinführung des Menschen zum Göttlichen, ein Zeugnis echter mythischer Erfahrung, in dieser Szene zu sehen. *579b*

## Erzählungen

### Alles Zartgefühl beleidigend

646. Nach Wiener Zensur-Akten, 1810 und 1812

Als der Wiener Zensur 1810 der erste Teil der Erzählungen vorlag, beantragte der Zensor Retzer ein unbedingtes Verbot, das von der Zensurhofstelle mit dem Bemerken genehmigt wurde, daß deren Gehalt, wenn auch nicht ohne Wert, doch die unmoralischen Stellen nicht vergessen machen könne, welche besonders in der Erzählung »Das Erdbeben von Chili« vorkommen, deren Ausgang im höchsten Grade gefährlich sei. Ebenso wurde 1812 der zweite Teil der Erzählungen verboten, wegen der wiederholt vorkommenden Stellen, die sehr auffallend seien und alles Zartgefühl beleidigten. *146*

647. *Journal des Luxus und der Moden, Februar 1812*
Nicht ohne ein wehmütiges Gefühl gedenke ich des Werkes eines unglücklichen, vielleicht nur durch seine nicht gemeinen dichterischen Anlagen zu früh untergegangenen, jungen Mannes, der *Erzählungen von Heinrich v. Kleist* (Berl. Realschulbuchhandlung 1811), von denen der zweite Band vor mir liegt. Die Darstellung ist durchaus lobenswert, die Phantasie des Erzählers aber hängt am liebsten am Schrecklichen und mystisch Wunderbaren. Gerade den beiden Erzählungen jedoch, die am meisten mit dem Letzteren tingiert sind (*Das Bettelweib von Locarno* und *Die heilige Cäcilie*, Legende), habe ich am wenigsten Geschmack abgewinnen können, und habe lieber bei der *Verlobung in St. Domingo* und dem *Findling* verweilt, ungeachtet bei beiden das Schreckliche fast in das Gräßliche übergeht. Die Krone von allen diesen Erzählungen ist der *Zweikampf.* – Wer aber durch Lektüre lieber erheitert als bloß erschüttert oder gar in Furcht gesetzt sein möchte, der muß freilich andere suchen.
*331*

### E. T. A. Hoffmann, Rahel, Varnhagen

648. *E. T. A. Hoffmann an Hitzig, Bamberg, 1. Juli 1812*
Herzlichen Dank für die höchst interessanten Abendblätter – Sehr sticht hervor der Aufsatz über Marionettentheater – Kleists Erzählungen kenne ich wohl; sie sind seiner würdig. *204*

649. *Rahel Varnhagen. Briefe, Berlin, April 1812*
*An Varnhagen, 5. April.* Ich lese [...] Kleists »Kohlhaas«, der ist bis jetzt noch gut.
*An Alexander v. d. Marwitz, 9. April.* Ich brachte ihm [Schleiermacher] einen Teil von Heinrich Kleists Erzählungen wieder [...] *362. 363*

*650. Varnhagen, Zur Geschichtsschreibung und Literatur. 1812*

Erst in neuerer Zeit haben wir Novellen erhalten, welche sich den erwähnten [italienischen und spanischen] Vorbildern annähern, jedoch nur annähern, indem sie von den deutschen Eigenheiten mehr oder minder in die gewählte Form hinübertragen und diese dadurch verändern. [...] Die Erzählungen von Heinrich von Kleist, die vor zwei Jahren erschienen sind, geben ein neues Beispiel, würdig des ausgezeichneten Geistes, in welchem unsrer Literatur eine neue Zierde zuwächst. Ihnen folgen jetzt die Novellen von Achim von Arnim [die anschließend besprochen werden]. *458*

## Jacob und Wilhelm Grimm

*651. Jacob Grimm an Arnim. 6. Mai 1812*

Ich glaube, daß man das Wahre und Gewisse nirgends zusetzen und ändern soll [...] Kleist hat auch den Luther und Kurfürst von Sachsen in seiner schönsten Erzählung gebraucht, allein der Fall, wiewohl nicht ganz zu entschuldigen, ist doch anders [als in Arnims Novellen] und bis zu großem Schein fast historisch und streng gehalten. *436*

*652a. [Wilhelm Grimm?] Leipziger Literatur-Zeitung, 28. Sept. 1812*

Von diesen Erzählungen gehören die besten unstreitig zu den vollendetsten Hervorbringungen dieses Dichters, und zu dem Trefflichsten, was unsere Literatur in diesem Fache aufzuweisen hat. Ihren hohen Wert haben selbst diejenigen zugestehen müssen, welche, aus Vorurteil gegen alle neuern poetischen Bestrebungen, nur die Verirrungen desselben als so viele Bestätigungen ihrer vorgefaßten Meinung ins Auge fassend, seine Genialität auf das Ungerechteste verkannten, und in ihm nichts als einen schwindelnden, unheilbaren Phantasten sahen, den man durch Spott und Hohn züchtigen müsse.

Es verdienen diese Dichtungen vorzugsweise *Novellen* genannt zu werden, im eigentlichsten Sinne dieses Wortes; denn das wahrhaft *Neue*, das Seltne und Außerordentliche in Charakteren, Begebenheiten, Lagen und Verhältnissen wird in ihnen dargestellt, mit einer solchen Kraft, mit einer so tiefen Gründlichkeit und anschaulichen, individuellen Leben, daß das Außerordentliche als so unbezweifelbar gewiß und so klar einleuchtend erscheint, wie die gewöhnlichste Erfahrung. Und dabei fühlen wir uns allseitig angeregt, wir werden uns unserer Natur nach ihrem ganzen Umfange inne, und insbesondere der wunderbaren, in unserm Innern schlummernden Mächte, die oft plötzlich erwachend uns bald über uns selbst erheben, bald unter uns selbst erniedrigen. Dieses furchtbare Geheimnisvolle, das in jeder menschlichen Brust verborgen liegt, ist es vornehmlich, was dieser tiefsinnige Dichter in seinen Schöpfungen mit der erschütterndsten Wahrheit ausspricht; bis in die geheimsten Tiefen des Gemüts dringt er ein, und das Leben aus dem innersten Grunde hervorhebend, läßt er uns in seine verborgensten Geheimnisse schaudernd hineinschauen. Aber indem wir schaudern, fühlen wir uns zugleich erhoben und gekräftigt: nur der Kraftlose wagt keinen Blick in den unermeßlichen Abgrund. Doch ist nicht zu leugnen, daß dieser Hang zum Furchtbaren unsern Dichter zuweilen beherrscht, und ihn verleitet, ins Gräßliche und Empörende auszuschweifen. Dies ist besonders in den Erzählungen des zweiten Teils der Fall; gleichwohl muß man auch in diesen die ungemeine Kraft der Darstellung und den nie ermattenden, sich immer gleich bleibenden Flug der Phantasie bewundern. [...]

*599. 352a. 420a*

*652b. [Wilhelm Grimm.] Allg. Literatur-Zeitung. Halle, 14. Okt. 1812*

Als eine ausgezeichnete Erscheinung ihres Faches führen wir diese Erzählungen Lesern von nicht beschränkter Bildung vor. Sie treffen hier, was sie bei so vielen Erzählern vermißt haben werden, einen reichen, tiefen und selbständigen Geist, einen einfachen, freien und deutschen Sinn. Die Art, wie der Verfasser auftritt, läßt sich mit der eines Mannes von entschiedenem Verdienst vergleichen, der im Bewußtsein seines Werts, weniger aus Stolz, als weil es ihm gerade so gefällt, in einfacher und halb nachlässiger Kleidung erscheint. Unter allen Erzählern von Ruf nähert er sich dem Boccaccio am meisten, und mehr als einmal brachte der künstlich verschlungene, und doch nachlässig sich gebende Periodenbau Rez. zu den Glauben, es sei hier auf Nachahmung des trefflichen Italieners abgesehn; doch konnte er nicht zu sicherer Überzeugung darüber gelangen, um so weniger, da sich der in diesen Erzählungen sprechende Geist von so vielen andern Seiten als selbständig und eigentümlich zeigt. Am wenigsten darf man bei jener Vergleichung an die üppige Sinnlichkeit des Boccaccio denken, wovon hier durchaus das Gegenteil, deutscher Ernst und Züchtigkeit, sichtbar ist. Es läßt sich daher ebensogut glauben, daß der Vf. seinen Stil frei im Geist der ältern deutschen Erzählung habe bilden wollen. Man darf seine Erzeugnisse zwar überhaupt nicht streng nach den Regeln der Kunst beurteilen, am allerwenigsten aber sie an das Muster des nach der feinen Umgangssprache geglätteten Erzählungstones halten. Wollte man dieses tun, uneingedenk, daß ein eigentümlicher Geist seine eigentümliche Bahn bricht, so könnte man aus ihnen Stoff zu mannigfachem Tadel hernehmen. Gegenstände ohne Reiz, zum Teil von widriger und abschreckender Art; kein merkliches Streben nach Abwechslung; in der Anlage die größte Willkür, anscheinend unbedeutende, oft häßliche Szenen sehr genau und wie mit Vorliebe ausgeführt (man vergl. Th. I. S. 113 u. f. [=Abdecker-Szene]). Nebendinge mit Sorgfalt behandelt, während die Hauptsache vorsätzlich aus den Augen gerückt zu werden scheint; der Periodenbau mühsam, und durch die vielen ineinander geschobenen Sätze verdunkelt; der Ausdruck die Sprache des gemeinen Lebens wiedergebend, derb, streng, oft einförmig und voll scheinbarer Unbeholfenheit. Doch durch dieses alles blickt ein Geist, der tief in die Verhältnisse des Lebens und das Innerste der Menschenbrust geschaut, der das, was er so nachlässig darzulegen scheint, mit bewunderungswürdiger Klarheit und Sicherheit aufgefaßt hat, und des, dem Ansehn nach, ihm widerstrebenden Stoffes in einem hohen Grade Meister ist. Ein Geist, der so bestimmt wußte, welche Zwecke und wie er sie erreichen wollte, daß sich schwerlich zweifeln läßt, er habe auch eine andere Darstellungsart mit Erfolg wählen können, wenn es ihm gefallen hätte. Wären ihm aber auch durch einen leichtern und glättern Erzählungston einige Leser mehr gewonnen, seine Eigentümlichkeit würde dabei minder hervorgetreten sein, und so wäre vielleicht der Verlust auf der einen Seite größer, als der Gewinn auf der andern gewesen. So wie es ihm gefallen hat, diese Erzählungen zu geben, den Kern durchaus gut und gediegen, die Schale ziemlich rauh und unscheinbar, können sie als treffliches Gegenmittel wider Verzärtelung des Geschmacks dienen: denn von allen den verschiedenen Behandlungsarten, womit sich der neuere Erzählungsgeschmack dem Gaumen der Leser wohlgefällig zu machen gesucht hat (man hat sie wohl ästhetische Brühen genannt), als da sind: die empfindelnde Schwärmerei, die triviale Häuslichkeit, der moralisierende oder philosophierende Ton usf., ist hier auch nicht die entfernteste Spur zu erkennen; es herrscht durchaus eine männliche und feste Lebensansicht, die sich aber durch Kraft und Tiefe wiederum sehr von gemeiner, bürgerlich prosaischer Beschränktheit unterscheidet. So wie der Vf. nirgends moralisiert, so ist er auch von der zurechtweisenden, die Person oder gar die Subjektivität des Dichters einmischenden Manier durchaus frei; er tritt nirgends vor, macht dem Leser nirgends mit seiner Person zu schaffen (außer in einigen Übergängen, die aber nichts, als dem alten Chronikenstil nachgeahmte Redensarten ohne alle weitere Bedeutung sind); überall läßt er seine gediegene ansprechende Darstellung selbst reden. Leser, die in den leichtern Erzählungston der meisten neuern Romane, besonders vor dem letzten Decennio eingeübt sind, werden vor der harten und strengen Manier des Vfs. vielleicht zurückgeschreckt werden, aber der Mann von freiem Geist wird wenig und zuletzt keinen Anstoß daran nehmen, da diese Manier so durchaus gleichartig und mit sich selbst übereinstimmend ist, daß man fühlt, sie gehöre der Individualität des Dichters an. In ihr liegt auch der überwiegende Hang zu dem Düstern und Schauderhaften, der fast in keiner Erzählung zu verkennen ist. Dagegen müssen wir besonders rühmlich der äußerst genauen und sprechenden Individualisierung der Personen und Charaktere, der bis in das kleinste Detail eindringenden nachahmenden Darstellung erwähnen, die zu den vorzüglichsten und glänzendsten Eigentümlichkeiten dieses Schriftstellers gehört. Diese genaue und sprechende Zeichnung, so wie die Manier, oft bei Nebenzügen am mehrsten zu verweilen, geben seinen Erzählungen einen so täuschenden Schein wahrer Geschichte, daß Rezensent, selbst ungewiß über den Anteil, welchen die Wirklichkeit an der einen oder andern dieser Dichtungen haben könnte, hierüber Aufklärung von denen wünscht, gegen welche sich der Verfasser vielleicht mündlich geäußert hat: denn sein Buch ist ohne Vorrede und alle sonstigen Andeutungen. Übrigens ist unter den acht Erzählungen beider Bände (die der Vf. selbst auf dem Titelblatt namentlich angegeben hat) fast jede nach Ton und Inhalt anders nüanciert, so wenig auch eine den allen gemeinschaftlichen Geist verläugnet. Der [!] erste, *Michael Kohlhaas*, ist ein großes, höchst interessantes Charaktergemählde; die Darstellung des Einzelnen ist meistens mit einer mühsamen Genauigkeit bis in die kleinsten Teile vollendet, sie ermüdet aber nicht; vielmehr kann man das ausgezeichnete Darstellungstalent des Dichters nicht ohne Teilnahme und Achtung auf jeder Seite bemerken. Auch erregt Michael Kohlhaas, der Roßhändler, den der Verfasser als einen der rechtschaffensten zugleich und entsetzlichsten Menschen seiner Zeit ankündigt, von Anfang an unsere lebhafte Teilnahme, mit der wir ihm durch die geschilderten, zum Teil an sich gemeinen Szenen folgen, und zuletzt über die Kraftäußerungen eines einzelnen Mannes erstaunen, der einer einzigen Idee (allgemeiner Gerechtigkeit) alles aufzuopfern imstande war. Da uns die treueste Wirklichkeit hier anzieht, da es der Fiktionen bei einem Dichter nicht bedarf, der das Bedeutende menschlicher Charaktere und Handlungen so richtig aufzufassen und darzulegen weiß, so hätte nach unserer Meinung, die Erscheinung der wahrsagenden Zigeunerin gegen das Ende ohne Schaden wegfallen können. Von der getreuen kräftigen Darstellung früherer deutscher Sitten (die Begebenheit fällt in die letzten Lebensjahre Luthers) können wir jedem, der dafür empfänglich ist, einen besondern Genuß versprechen. Auf diesen glänzenden Anfang folgt *die Marquise von O.....*, eine Erzählung, die an sich zu umständlich und einförmig scheinen könnte, und ihr Interesse hauptsächlich nur durch die außerordentliche Genauigkeit und Gründlichkeit erhält, die in der Darstellung des Vfs. herrscht. Doch möchte man wünschen, daß er sie auf einen andern Stoff verwendet hätte. *Das Erdbeben in Chili*, welches den ersten Band beschließt, ist von den vorigen wiederum merklich verschieden, rascher fortschreitend, abwechselnder und mehr auf glänzenden Effekt berechnet; auch tut diese Erzählung in der Tat eine erschütternde Wirkung. Übertroffen aber wird sie von der ersten des zweiten Bandes, *die Verlobung in St. Domingo*, worin der Vf. in der Kunst, die innersten Gefühle der Menschenbrust in ihrem Entstehen und Stufengange zu enthüllen, die wechselnden Gemütslagen anschaulich vor den innern Sinn zu bringen, das Interesse zu spannen, zu rühren und zu erschüttern, das Höchste errungen hat. War es Vorgefühl des eignen ähnlichen Schicksals, was ihn bei Schilderung dieser Szenen leitete? Das Treffliche dieser Erzählung ist überall gefühlt worden, auch hat man bereits den Stoff unter dem Titel Toni dramatisiert, obgleich einige von dem Dichter genialisch behandelte Szenen für die Bühne weniger passen. Wahr und ergreifend ist vor allen jener Moment gezeichnet, wo die Liebe den Sieg in dem Herzen eines Mädchens erringt, das vorher mit Trug und Arglist erfüllt war. Nach dieser ist besonders die letzte Erzählung, *der Zweikampf*, von lebhafter Wirkung und steigendem Interesse; bei der Darstellung des Vfs. vergißt man, daß die Hauptszenen darin schon oft geschildert worden sind. *Das Bettelweib von Locarno*, eine Gespenstergeschichte, passend erzählt, aber zu einfach, um dem Talent des Vfs. viel Spielraum zu geben. *Der Findling*, ein düsteres Gemälde schändlicher Bosheit, scheint eine, den Italienern nacherzählte wirkliche Begebenheit zu sein. Sie bringt keinen ästhetischen, sondern einen so herben beengenden Eindruck hervor, als das Gräßliche wirklicher Begebenheiten. Die Vorliebe des Verfassers für das Grausende wird hier allerdings drückend. Von anderm Charakter ist wiederum die Legende *Cäcilie*; es ist eine von den Legenden, die auf einem psychologischen Grunde ruhen und nicht zuviel Wunderglauben fordern. Unsicherer und gesuchter, denn sonst, scheint uns hier der Vortrag des Verfassers, dessen Talent aber auch hier wie überall sichtbar bleibt, so daß wir sein unglückliches Ende nicht anders als aufrichtig beklagen können. *553. 420*

*652c. Wilhelm Grimm an Pfarrer Bang. Kassel, 7. Jan. 1817*

Ich schicke ein Paket Bücher für Sie morgen oder übermorgen ab. [...] Es enthält den neuen Band von *Goethes* Leben und sein Erwachen des Epimenides, *Kleists* Erzählungen, die ich besonders wegen des »M. Kohlhaas« und der »hl. Cäcilia« in welchen sich das herrliche Talent des unglücklichen Verfassers recht zeigt, [schicke] *159*

*Juridischer Dichtung unbegriffene Magie*

*653. [Caroline de la Motte Fouqué.] Gespräch über die Erzählungen von H. v. Kleist. Zeitung f. d. eleg. Welt, 3.–5. Sept. 1812*

In einem Landhause waren mehrere Freunde zur Abendzeit versammelt, als der eintreffende Postbote ein ziemlich lebhaftes Gespräch über die neueste Gattung epischer Poesie unterbrach. Briefe und Pakete wurden nun schnell eröffnet, und Eduard, der in solchen Fällen selten die heftige Ungeduld zügelte, hatte kaum seinen Reichtum in Händen, als die zusammenhaltenden Fäden drei- oder viermal unter der Schere zersprangen, die doppelten Umschläge auf dem Fußboden umherflogen, und er nach einem einzigen Blick unter mehrern Heften ein gelb broschiertes, feines Buch herauszog, es hoch über dem Kopf hielt, und der nahe stehenden, ebenso ungeduldigen Charlotte zurief: »Was meinen Sie, soll ich den Zankapfel aufs neue unter uns hinwerfen?« [...] »Respekt vor diesem«, sagte Charlotte, welche indes das Buch erfaßt hatte und ihm [Franz] den aufgeschlagenen Titel: Erzählungen von Heinrich von Kleist, zweiter Teil, vor Augen hielt. Franz warf den Kopf nachlässig in die Höhe, indem er sich gleichgültig abwandte. Sie war im Begriff den Streit sogleich über diese Nichtachtung dessen, was sie im voraus liebte, anzufangen, als Sophie zu Eduard gerichtet sagte: »Es wäre viel besser, Sie läsen uns sogleich einige der Erzählungen vor, und wir tauschten nachher, wenn der Gegenstand allen gleich gegenwärtig ist, unser gegenseitiges Urteil über die Richtung wie über die Art und Weise des Verfassers ein. So gewinnt keiner über den andern das Vorrecht eines bessern Gedächtnisses, und wenn überdem der Geist des Ganzen in dem Gesamteindrucke noch so frisch und lebendig in uns lebt, und seine Schwingen schätzend über die kleinen Erden-

mängel ausbreitet, so verliert die Kritik wohl den Mut, mit zu
scharfem Griffel ihre Einschnitte zu wagen.«

Eduard dankte ihr die vermittelnden Worte und schickte sich
sofort an, sein Amt als Vorleser zu übernehmen. Von den ersten
Zeilen des Buches auf unwiderstehliche Weise gefaßt, blieb ihm
keine weitere Wahl unter den vorliegenden Erzählungen. Er
mußte den ernst bedrohlichen Wegweisern von den Pforten
der Hölle bis zu dem aufgeschlossenen Himmel in Tonis Brust
und dem noch reinern ihrer ewigen Versöhnung folgen.

Charlotte saß ihm mit hellen Geistesaugen zur Seite. Kein
Wort ging ihr verloren. Das lebendigste Leben, die Schauer
und Wonnen ihrer eigenen Brust spiegelten sich in ihnen ab.

Eduard hatte schon lange geendet, als noch alle wie von
jener unbegreiflichen Liebe gehalten, in sich hinein sehend
schwiegen. Charlotte war die Erste, welche mit einer Art von
Triumph im Kreise umherblickte und ein zuversichtliches Nun?
über ihre Lippen fliegen ließ. Eduard hatte einige Blätter um-
geschlagen und sich fest in das Buch hineingelesen, allein Narziß entgegnete ihr: »Es ist gewiß schön, was wir eben hörten,
allein Sie Charlotte haben gar kein Urteil darüber. [...] Denn
gestehen Sie es nur, Sie freuet besonders die bestimmte Deutlichkeit der Umrisse, wodurch Ihnen die Dinge, gleichsam wie
erhabene Arbeit körperlich nahe gerückt sind, und dasjenige,
was sie an poetischer Zartheit einbüßen, durch diese *leibliche
Vertraulichkeit* ersetzen.« [Charlotte: »Deshalb kann] die Offenbarung einer Idee niemals natürlich, das heißt bestimmt
und sicher genug in der Darstellung sein, denn die begleitende
Himmelsmusik, der verborgene Licht- und Lebensgeist waltet
ganz von selbst vermittelnd und verbindend in dem notwen-
digen Zusammenhange des Ganzen, und wiederholt in jeder
*wahrhaften* Gestaltung ewig die früheste Schöpfungsgeschichte.
Und wollen Sie behaupten, dieser vermittelnde Zusammenhang,
diese wahrhafte Poesie gehe nicht warm und lebendig durch
Kleists Erzählungen, sie sei nicht die unbegriffene Magie, welche
die Dinge so begreiflich *wahr* hervorrufen?«

»Nicht immer«, sagte Eduard, welcher von dem Buche auf zu
Charlotten hinsah, »Kleist wie Sie, liebe Charlotte, hat dies tiefere
Eingehn in den Lebensorganismus oft mehr durch Scharfsinn als

Inspiration, deshalb ist er nicht allezeit frei von Absichtlichkeit, und das genauere Auszeichnen seiner Gestalten und Verhältnisse wird zuweilen *Manier*, welcher er, um der zu ängstlichen Wirklichkeit ein Gegengewicht zu geben, plötzlich das Geheimnis als Geheimnis entgegenwirft, und solches auch unentworren läßt, wodurch sowohl der erwähnte Zusammenhang, wie das Gefühl des Lesers gestört bleibt. Ich erinnere Sie hier an die Zigeunerin im Kohlhas. Ist jenes leiblich bedürftige Wesen ein Geist? Ist es die über alles holde, im Frieden der Seligen abgeschiedene Elisabeth? Wie darf ihre Engelsstimme wieder auf Erden gehört werden? Und ist es die Liebe, welche sie heimwärts zieht, von welcher Natur müßte diese sein, wenn sie sie in die gebrechlich abschreckende Gestalt gleichsam strafend bannte? Wie auch hätte Elisabeths reine Brust solche gehegt? Alle diese Fragen drängen sich in einem peinlichen Gefühl beim Erscheinen der schauerlichen Alten zusammen. Es ist, als habe uns ihre dürre Hand jenes rätselhafte Papier, welches Kohlhas verschluckt, zugeworfen, man kommt nicht aufs Reine in dieser Welt und blickt jenseits in eine unsichere Nacht.«

»Dies abgerechnet«, sagte Narziß, »was mir seiner Dunkelheit wegen lieb und ein Beweis ist, wie das Unsichtbare *außerhalb alles verstandenen Zusammenhanges* plötzlich wieder als das alte Rätsel in die Phantasie des Dichters hineinfallen und ihn zwingen kann, es so unentworren zu offenbaren, so begreife ich andererseits nicht wohl, wie Sie, Charlotte, die unbedeutende Prosa des Lebens, die kleinlichen Rechtshändel zur wahren Poesie erhoben wissen wollen, wie Sie ihnen außer dem Bezirk des Gerichtshofes irgend ein Interesse gestatten, wie Sie es dulden können, daß das Sinnvollste und Zarteste in ihre Gemeinheit verstrickt werde!«

»Sonderbar!« rief Charlotte aus, »als ob das ganze Leben nicht ein ebenso verschlungenes Gewebe des Niedern und Hohen, des Guten und Bösen wäre, in welchem gleichwohl die Notwendigkeit im allgemeinen, wie hier die Stimme des Rechtes im besondern, das Kleine wie das Große in seine gesetzliche Bahn zurückdrängte. [...] Und hat das kleinere Vergehen und gewaltige Verbrechen nicht wie jeder Streit des Lebens seinen Quell in dem geheimen Zusammenhang der Dinge? Ist demnach für den wahrhaft Lebenden irgend etwas unbedeutend, was das Leben erzeugt?«

»Es ist auch«, fiel Eduard ein, »nicht sowohl das Vergehen selbst oder die physiologische Entwickelung desselben, sondern die unsichtbare Gewalt des Gesetzes, welche gleichsam durch die fortwaltende Ordnung gezwungen, in die Willkür des Einzelnen eingreift, die in denen Erzählungen vorherrscht, welche Sie, Narziß, tadelnd erwähnen, und die ich weniger Kriminalgeschichten als juridische Dichtungen nennen möchte. Eine völlig neue und sicher höchst würdige Gattung der Poesie, weil sie ein unmittelbarer Abglanz der himmlischen Rechtspflege die still vermittelnde Gewalt ewiger Ordnung anschaulich und lebendig offenbart. Kleist ist Schöpfer und Meister dieser Gattung, deren Gipfelpunkt bis jetzt der *zerbrochene Krug* ist, auch bewegt er sich in diesem Elemente am liebsten und mit großer Gewandtheit, wie niemand leugnen wird; nur hält er sich auch hier nicht immer frei von jener oben erwähnten außerwesentlichen Zutat, wodurch er wirklich zuviel tut, und der Phantasie wie dem Gemüt des Lesers entweder zu wenig tun läßt, oder gänzlich stört, zu welchem letztern man wohl mit Recht in dem eben Gelesenen das zerschmetterte, im Zimmer herumfliegende Gehirn des armen Gustavs rechnen darf. Warum dies gewaltsame innere und äußere Zerreißen, in einem Augenblicke, wo alles zur endlichen Versöhnung hinneigt? – Zürnen Sie nicht, liebste Charlotte, und lassen Sie mich, so strenges Urteil abzubüßen, des *Erdbebens von Chili* erinnern; oder, um Sie besser noch zu versöhnen, die *heilige Cecilie* lesen, welche wir nur zum Teil [aus den Berliner Abendblättern] kennen, da sie bei weitem vollendeter hier erscheint.«

Diesmal nahm Sophie zuerst das Wort, als Eduard die Vorlesung geendet hatte. »Keine Silbe«, sagte sie, »ist hier zu viel, kein Bild ersonnen, alles glücklich in sich gefunden und aufgefaßt. Der Dom bleibt durch das Ganze hin der heilige Grund, die Partitur der begleitenden Musik, von welcher du vorher sprachst, Charlotte, sie tönt der unglücklichen Mutter überall, aus dem Munde der Söhne wie in dem stillen Zimmer der Äbtissin, sinnverwirrend in ihrer gewaltigen Erhabenheit entgegen. Das prachtvoll sinkende Gewitter wie die beleuchtende Abendsonne sind die eigentlichen Worte des furchtbar ernsten Rätsels. Gewiß, die Erzählung ist so groß gedacht als ausgeführt.« – »Du Sophie«, sagte Charlotte freudig, »verstehst mich recht eigentlich.« – »Wenigstens in der Achtung für deinen Freund«, erwiderte Sophie, »ich liebe den menschlich wahren Dichter in ihm, er besitzt etwas diesem Unentbehrliches, die *Wissenschaft des Lebens,* welche der ausströmenden, die reale Begrenzung ins Unendliche ausdehnenden Phantasie als erfassendes Gegengewicht ganz notwendig ist. Wo klares Verstehn dessen, was ist, und nach seinen Gesetzen sein kann, fehlt, da bleibt die Poesie einseitig bedingt, ein halbgrauer *Nebeltag,* in welchem sich niemand als der Dichter zurecht findet.« 554. *419*

*In Eduard ist Fouqué, in Charlotte unschwer Caroline selbst zu erkennen.*


*Für und wider den neuen Prosastil*

*654. Allgemeine Literatur-Zeitung. Halle, Juni 1814*

Es herrscht in den gelungensten Erzählungen dieser Sammlung [von Caroline de la Motte Fouqué] jene schmucklose, einfache und gediegene Manier, oder sagen wir lieber, jener tiefe und klare Geist erzählender Darstellung, dem wir vorzugsweise in den Dichtungen des genialen Heinrich von Kleist und nächstdem auch des Barons von Fouqué (des Gemahls unsrer Dichterin), Apels u. a. begegnen, und den jetzt auch, solchen Vorbildern nacheifernd, manche unsrer ältern Erzähler sich anzueignen suchen. *533*

*655. Willibald Alexis (Morgenblatt, 10. April 1859)*

Einst hatte man, wahrscheinlich wieder die militärischen Vorgesetzten, ihm [Professor Wippel vom Berliner Kadettenkorps] angeraten, doch auch von den neuen Prosaikern etwas seinen Schülern vorzulesen. Ich sehe noch den magern Gelehrten [...] wie er das Buch aufnahm und wieder auf den Tisch legte, mit einer Art Schauder. Ein nicht so feiner alter Mann würde gespuckt haben, er wischte nur mit dem Taschentuche den Schweiß von der Stirn: »Der Herr von Kleist mag ein sehr geschickter Poet gewesen sein, für seine Freunde und Anhänger;

aber eine solche Prosa und einen solchen Stil – das wird, mit
Respekt zu sagen, mir doch niemand aufdringen wollen.« Es
war ein Band von Kleists Novellen oder der Kohlhaas.

Daß in Berlin tausende solcher Nicolaiten noch in unser
Jahrhundert herein streiften und der Hoffnung waren, daß ihre
gute Zeit wiederkehren müsse, wenn nur der Jugendtaumel
verraucht sei, ist nichts Wunderbares; – interessant wäre nur, die
Scheide zu ermitteln, bis wohin sie – nicht lebten (denn existieren mag jetzt noch mancher), sondern die Reaktion des
Geschmacks hoffen konnten. *3*

*Die Kunst der Bearbeitung*

*656. Grillparzer, Tagebücher 1818/20*

*1818.* Ich habe einige von Heinrich von Kleists (dessen der
sich erschoß) Erzählungen gelesen. Die Süjets sind interessant,
die Erzählung ist gut, zum Teil vorzüglich, und doch wandelte
mich ein äußerst widerliches Gefühl bei der Lesung an. Es ist
offenbar die Haltlosigkeit, die Selbstzerstörung des Verfassers,
die, aus allem hervorleuchtend, diesen Eindruck hervorbringt.

*1820.* Schauerlich und wohl einer Bearbeitung wert ist die
Geschichte des Bettelweibes von Lokarno, die, bei schlechtem
Wetter, von einer Edelfrau ins Schloß aufgenommen und in einem leeren Saale auf Stroh gebettet, von dem heimkehrenden
Schloßbesitzer, der sein Jagdgewehr in den Winkel stellen will,
den die Arme einnahm, weggewiesen und rauh geheißen wird,
hinter den Ofen zu kriechen. Wie sie sich mühsam an den
Krücken aufrafft, auf dem Stroh ausglitscht und schwer verletzt
am Ofen niedersinkt und den Geist aufgibt. [... usw. – Kleists
Name wird nicht erwähnt.] *155*

*657. E. T. A. Hoffmann, Die Serapions-Brüder, Bd. 3 u. 4. Berlin 1820/21*

Wie ein Stoff bearbeitet oder vielmehr lebendig gestaltet
werden kann, hat niemand herrlicher bewiesen als Heinrich
Kleist in seiner vortrefflichen, klassisch gediegenen Erzählung
von dem Roßhändler Kohlhaas [...] und um so mehr gehört
der Kohlhaas ganz dem herrlichen Dichter, den ein düstres

Verhängnis uns viel zu früh entriß, als die Nachrichten von jenem furchtbaren Menschen, so wie sie im Hafftitz stehen, ganz mager und ungenügend sind.

—

Übrigens meine ich, daß die Fantasie durch sehr einfache Mittel aufgeregt werden könne, und daß das Grauenhafte oft mehr im Gedanken als in der Erscheinung beruhe. Kleists »Bettelweib von Lokarno« trägt für mich wenigstens das Entsetzlichste in sich, was es geben mag, und doch, wie einfach ist die Erfindung! – Ein Bettelweib, das man mit Härte hinter den Ofen weiset wie einen Hund, und das, gestorben, nun jeden Tag über den Boden wegtappt und sich hinter den Ofen ins Stroh legt, ohne daß man irgend etwas erblickt! – Doch ist es auch freilich die wunderbare Färbung des Ganzen, welche so kräftig wirkt. Kleist wußte in jenen Farbentopf nicht allein einzutunken, sondern auch, die Farben mit der ganzen Kraft und Genialität des vollendeten Meisters auftragend, ein lebendiges Bild zu schaffen wie keiner. Er durfte keinen Vampir aus dem Grabe steigen lassen, ihm genügte ein altes Bettelweib.

*203*

658. *Franz Horn, Umrisse zur Geschichte und Kritik der schönen Literatur Deutschlands. Berlin 1819*

So löblich nun aber auch Kleist als Schauspieldichter waltete, so glauben wir ihm doch einen noch höhern Preis als Novellendichter zuerkennen zu müssen; denn wohl ist bewundrungswürdig, mit wie geringen Mitteln und in wie kleinem Raum er durch plastische Kraft, Gewalt der Darstellung, Ruhe und Energie der Sprache, und besonnen verwebte Beschreibung, er die beabsichtete tiefe Wirkung erreicht.

Wir nennen hier insonderheit seinen »Kohlhaas«, ein Gemälde der deutschen Vorzeit, das an Richtigkeit, Genauigkeit und strenger Keuschheit der Darstellung fast alles übertrifft, was wir in dieser Gattung besitzen, sowie »Das Bettelweib von Locarno«, in welchem das Wunderbare, ganz gegen das Kostüm der meisten Romandichter, auf die einfachste und eben deshalb ergreifendste Weise in das Leben zerstörend eintritt. […] Wenn deshalb Kleists Novellen im tiefsten Sinne doch nicht genügen, so liegt der

Grund nicht in der Wahl des Stoffes, nicht im Stil, denn dies ist meistens zu loben, sondern er liegt in dem Mangel an zarter Milde und Versöhnung. [...] Wir erfreuen uns der Entwickelung reicher Menschennatur; aber wir vernehmen nicht die Worte des Trostes am Grabe, das hier nicht selten wie in Eis und Schnee vergraben liegt.

Gewisse Kritiker, die, wenn sie einmal loben wollen, das ganze Füllhorn lobender Beiwörter ausschütten, haben freilich auch zarte Milde und Weichheit unserm trefflichen Heinrich zuerkannt; doch sind wir gewiß, daß er, wenn er noch unter uns wandelte, selbst keinen Anspruch machen würde auf ein *solches* Lob, er, der sonst gar manches andere verdient. [31]     *218*


## Ludwig Tieck

*659. Tieck, Vorrede zu Kleists Hinterlassenen Schriften. 1821*

Die erste von diesen [Erzählungen], Michael Kohlhaas, ist ohne Zweifel die merkwürdigste, und wenn man sieht, mit welcher Festigkeit die Gestalten gezeichnet, wie richtig und wahr ein Ergebnis und ein Gefühl sich aus dem andern notwendig entwickelt, wie sicher der Erzähler Schritt vor Schritt fortgeht, so wird man fast versucht, zu glauben, daß diese Art der Darstellung dem Verfasser noch mehr zusage, und daß er hier sein Talent noch glänzender entfalten könne, als im Drama. [...]

Der Erzähler ist von der wirklichen Geschichte, sei es geflissentlich, sei es aus Unkenntnis, merklich abgewichen. [...] Er vergißt, daß Wittenberg, und nicht Dresden, die Residenz der sächsischen Kurfürsten war; Dresden schildert er uns ganz nach seiner jetzigen Gestalt, da die Altstadt damals so gut wie nicht existierte, und was soll man zu dem Kurfürsten selber sagen, dessen Schilderung mit S. 160 beginnt, und der uns als ein romantischer, verliebter und seltsamer Phantast aufgeführt wird, da es doch nur Friedrich der Weise, oder der Standhafte sein können, die in den Umfang dieser Erzählung passen? [...]

Dieser Mangel an wahrer Lokalität hat noch die Folge, daß der Dichter, nachdem er uns durch Wahrheit und Natur so lange angezogen hat, von Seite 160 an uns noch auf 50 Seiten durch eine phantastische Traumwelt führt, die sich mit der vorigen, die wir durch ihn so genau haben kennen lernen, gar nicht vereinbaren will. Diese wunderbare Zigeunerin, [...] diese grauende Achtung, die der Verfasser plötzlich selber vor den Geschöpfen seiner Phantasie empfindet, alles dies erinnert an so manches schwache Produkt unserer Tage und an die gewöhnten Bedürfnisse der Lesewelt, daß wir uns nicht ohne eine gewisse Wehmut davon überzeugen, daß selbst so hervorragende Autoren, wie Kleist (der sonst nichts mit diesen Krankheiten des Tages gemein hat), dennoch der Zeit, die sie hervorgerufen hat, ihren Tribut abtragen müssen. *250*

*660. Ludwig Robert an Tieck. Berlin, 20. Jan. 1822*

An den Kohlhaas denke ich ernstlich; auch hat mir Raumer schon eine Quelle angezeigt; ich werde das Buch heute von der Bibliothek erhalten und es heißt: *Schöttgen und Kreisig diplomatische Nachlese zur Geschichte von Obersachsen.* Kennen Sie es? [...] In dem obenerwähnten Buche steht über Kohlhaas nichts, was Sie mir nicht schon gesagt hätten; es ist die wörtliche Abschrift aus Petri Hafftitii geschriebene Märkische Chronik. – Nur die Art wie er zu Luther kommt, ist dramatisch, ja sogar theatralisch. *448*

*660a. Ludwig Robert an Rahel. Karlsruhe, 13. April 1827*

[Robert trug sich mit der Absicht, Kleists »Kohlhaas« zu dramatisieren, was Tieck für möglich und wünschenswert gehalten habe.] *72a*

*661a. Rahel Varnhagen, Briefe. Berlin, Sept. 1824*

*An Tieck, 8. Sept. 1824.* Wir haben hier einen jungen Freund bei der Französischen Legation, der sehr gut Deutsch weiß, es liebt und pflegt, seine Sprache wie ein Engel schreibt, und *vortrefflichst* übersetzt – wie jetzt nur die besten – dieser junge Mann fühlt sich gerüstet zu literarischen Arbeiten. [...] Er fragte um Rat und nach einem guten deutschen Werke: ich hatte schon lange H. Kleists Erzählungen im Kopf. Varnhagen aber kam den andern Morgen mit dem herrlichen Gedanken als Fund zu mir, Ihre Cevennen übersetzen zu lassen. *448*

*An Reimer, 28. Sept. 1824.* Den letzten Sonnabend [...] erhielt ich einen Brief von meinem Bruder Louis Robert in Antwort von einem, den ich an Tieck geschrieben hatte. Daß er selbst an eine Übersetzung seiner Cevennen gedacht habe. *570*

*661b. Tieck. Dramaturgische Blätter, 1826*
Wie viele Erzählungen besitzen wir Deutsche, deren Verfasser beliebt und belohnt wurden; aber wo sind diejenigen, die man höher als die Kleistschen stellen dürfte, welche kein Mensch kennt und würdigt? *444*

### Heinrich Heine

*662. Heinrich Heine. Briefe 1825/26*
*An M. Moser, 14. Dez. 1825.* Vor kurzem hab ich auch den Kohlhaas von Heinrich von Kleist gelesen, bin voller Bewunderung für den Verfasser, kann nicht genug bedauern, daß er sich tot geschossen, kann aber sehr gut begreifen, warum er es getan.
*An R. Christiani, Dez. 1825.* Ärgerlich wie ich war (Kleistsche Wendung) sagte ich: ja; *dergestalt* daß jetzt jeder glaubt, ich bliebe hier [...]
*An Friedr. Merkel, 25. Juli 1826.* Leb wohl und so glücklich, als es einem honetten Menschen jetzt möglich ist, grüß Zimmermann, lies des H. v. Kleists Erzählungen.
*An Merkel, August 1826.* Daß Du Kleist jetzt zu lesen beginnst, freut mich. Er hat in höherem Grade, was Dir bei mir gefällt. Er ist ganz Romantiker, will nur das Romantische geben und gibt dieses durch lauter plastische Gestalten, so daß er wieder äußerlich ganz Plastiker ist. *186*

### *Charaktere, scharf und fest gezeichnet*

*663. H. G. Hotho. Jahrbücher f. wissensch. Kritik. 1827*
Auch in ihnen [den Erzählungen] ist, wie in allen Kleistschen Werken, fast jede Gestalt in dem Sinne naiv, daß sie nicht

nach Sentenzen, allgemeinen Grundsätzen oder nach abstrahierten Reflexionen über den Inhalt ihrer Zwecke, sondern nach dem unmittelbaren Gefühle handelt. Was diese Gemüter in sich finden, sprechen sie aus, was ihr Gefühl sie zu tun antreibt, vollführen sie, daher sind sie im ganzen wortarm, aber alles, was sie sprechen, kommt aus ihrem innersten Herzen. Ferner ist immer der ganze äußere und innere Haushalt jedes Gemüts aufs bestimmteste ausgemalt. Die Charaktere sind durchgehends scharf und fest gezeichnet, denn auf die Charaktere, auf die bestimmten Stimmungen kommt es hier an. [...] So nimmt Kleist auch seine Bilder meist aus der unmittelbaren und oft gemeinen Wirklichkeit. Denn die rechte Bestimmtheit erhalten jene Charaktere erst durch die ausgeführte Beschreibung der Begebenheit mit allen ihren kleinen Zufällen, ihrer Lokalität und ihren einzelnen Umständen. [...]

Wie edel nun auch immer dieser äußeren Gemeinheit gegenüber das innere Leben der Gemüter geschildert werde, wie konsequent dieser Kontrast aus dem Bisherigen folge, wie zart jener gemeine Vorfall, wie gut und sittlich der Graf [in »Marquise von O«] in seinen späteren Handlungen und Gesinnungen dargestellt werde, so kann diese Stärke des Kontrastes doch nur gerade seine Widerwärtigkeit hervorheben, und nur ein verstimmtes Gemüt kann Befriedigung in so greller Disharmonie der Gemeinheit äußerer Zufälle und innerlichen sittlichen Adels finden, oder sich gar am Zwiespalt tiefster Gemeinheit und höchster Reinheit im Gemüte selber ergötzen, und diesen Inhalt zum Vorwurf seiner Darstellungen wählen.  *219*

*664. K. W. F. Solger, Vorlesungen über Ästhetik. Leipzig 1829*

Die *Erzählung* im engeren Sinne läßt mehr den Charakter durch die Situation bestimmt werden. Das Allgemeine in ihr ist [nicht die Situation selbst, wie in der Novelle, sondern] die Wirkung der Verhältnisse auf den Charakter. Hierin hat sich *Heinrich von Kleist* besonders ausgezeichnet, dessen Erzählungen, vor allen sein trefflicher Kohlhaas, wahrhaftig poetisch sind.  *426*

## Kleist und Maltitz

*665a. Achim v. Arnim, Aufzeichnung*

Wir besitzen jetzt zwei Bearbeitungen eines merkwürdigen historischen Stoffes aus der brandenburgischen Geschichte, des Hans *Kohlhaas*, die bekannte, in einzelnen Teilen höchst vollendete Erzählung Heinrichs von Kleist und ein mit Beifall aufgenommenes Trauerspiel des Herrn von Maltitz. Dennoch scheint dieser Stoff noch keinesweges ausgenutzt, beide Bearbeiter haben mit Fug und Recht ihre Ansicht hineingearbeitet, denn diese konnten sie darstellen, während ihnen der eigentliche historische Stoff nicht völlig zusagte. Beide haben die Eigentümlichkeiten der Zeit und die eigentümliche Lage eines Roßkamms in jener Zeit nicht gekannt und benutzt. [...]

*169a*

*665b. [Eduard Gans.] Morgenblatt, 21. April 1827*

*Berlin, Ende März.* [Über das vaterländische Trauerspiel »Hans Kohlhaas« von G. A. v. Maltitz:] Wenn nun Herr von Maltitz nicht rein dem geschichtlichen Verlaufe folgte, sondern sich die Kleistische Bearbeitung zum Leitfaden wählte, so würde dies sicher nur gerühmt werden können, insofern er das Poetische und Tragische benutzt, und das Unpoetische ausgesondert hätte. Aber auf die sonderbarste Weise hat es dem Tragiker gefallen, gerade das Entgegengesetzte zu tun, nämlich die Schönheiten der Kleistischen Erzählung zu zerstören, und dagegen das Schwache als das Wesentliche herauszuheben, und mit gewissen Abänderungen zur Triebfeder seines Dramas zu machen [...]. Ein zweiter Grundfehler des Verfassers besteht darin, daß er eigentlich nur die *allgemeinen Reflexionen*, die sich jeder leicht aus der lebendigen Kleistischen Erzählung abstrahieren kann, dramatisiert hat, so daß nun alle Personen, was sie bei Kleist unmittelbar und immer auf ganz bestimmte Weise vollführen, jetzt vorher immer erst in Form von Sentenzen nackt und kalt aussprechen. [...] Im Vergleich mit dieser unerträglichen Mittelmäßigkeit der ersten vier Akte erhebt sich der letzte zu einer bewundernswerten Höhe [...] Doch eben weil der Roßhändler hier wieder in die Kleistische Farbe gekleidet ist, nimmt er sich sonderbar gegen seine bisherige Maltitzische Tracht aus, und stimmt mit seiner früheren Gestalt nur wieder durch die leer hingestellten Reflexionen zusammen, in welchen er sein jetziges Bewußtsein ausspricht. *540*

## Die gräßliche Tiefe des Lebens

*666. Hebbel, Über Theodor Körner und Heinrich v. Kleist. Dem Hamburger »Wissenschaftlichen Verein« vorgelegt am 28. Juli 1835*

Heinrichs von Kleist Erzählungen gehören dagegen zu den besten, die die deutsche Literatur besitzt. Fast alle Erzählungen unserer Dichter, einen Hoffmann und Tieck nur in wenigen ihrer Produktionen ausgenommen, leiden – möchte ich sagen – an der *Ungeheuerheit* der gewählten Stoffe, wenn sie sich überhaupt über die Mittelmäßigkeit erheben. [...] Kleist hat sich daher andere Aufgaben gestellt; er wußte, und mochte es mit Schmerz an sich selbst erfahren haben, daß der Vernichtungsprozeß des Lebens keine Wasserflut, sondern ein Sturzbad ist, und daß der Mensch *über* jedem großen Schicksal, aber *unter* jeder Armseligkeit steht. Von dieser Weltanschauung ging er aus, als er seinen *Michel Kohlhaas* zeichnete, und ich behaupte, daß in keiner deutschen Erzählung die gräßliche Tiefe des Lebens in der *Fläche* auf so lebendige Weise hervortritt, wie in dieser, wo der Raub, den ein Junker an zwei elenden Pferden begeht, das erste Glied einer Kette ist, die sich von dem Roßtäuscher Kohlhaas aus bis zum deutschen Kaiser hinaufwindet und eine Welt erdrückt, indem sie dieselbe umschlingt.

*180*

## In Schuberts und Mörikes Lesekränzchen

*667. Franz v. Hartmann. Tagebuch, Wien 1828*

*5. Jan.* Zu Schober, der die Totenkränze von Zedlitz ausliest, und die Geschichte der Marquise v. O. (von Kleist) anfängt.

*12. Jan.* Zu Schober, wo die herrliche Geschichte der Marquise v. O. von Kleist ausgelesen und ein Buch angefangen wird: Reiseideen von Heine.

*26. Jan.* Zu Schober, der Kleists Erzählung: Der Zweikampf vorliest.
*2. Febr.* Schober holt uns ab, worauf Lesung bei ihm ist. Es wird da der Findling von Kleist gelesen, und der göttliche Prometheus von Aischylos.
*23. Febr.* Zu Schober, wo die höchst tragische Verlobung auf St. Domingo von Kleist, und einige Palingenesien von Schober vorgelesen werden. *85*

Hartmann gehörte mit Franz Schubert, Moritz v. Schwind, Ed. v. Bauernfeld u. a. zu dem bei Franz v. Schober verkehrenden Freundeskreis.

668. *Mörike an seine Angehörigen. Stuttgart, 28. Nov. 1838*
[Lesekränzchen bei Hardegg:] Ich lese eine Kleinigkeit von mir, dann gibt uns [David Friedrich] Strauß Heinrich Kleists Verlobung auf St. Domingo zu hören. *334*


## Das Ausland

669. *A. et J. Cherbuliez, Michel Kohlhaas et autres contes. Paris 1830*
Die Erzählungen, deren Übersetzung wir hier geben, werden übrigens vollends zur Kenntnis dieses Mannes beitragen, der von Natur so sehr begabt war und dessen Laufbahn so schrecklich abgebrochen wurde. Dabei versprach er, wenn man aufgrund seiner letzten Werke urteilt, als noch junger Mensch einen der ersten Plätze unter seinen Zeitgenossen einzunehmen. [franz.]
*72*

670. *The Athenaeum. London, 30. Nov. 1844*
Tales from the German. Selected and translated by John Oxenford and C. A. Feiling. Part I.
Der »Michael Kohlhaas« von Heinrich von Kleist unterscheidet sich von all diesen Erzählungen [von Musäus, Schiller, Hauff, Immermann, van der Velde, E. T. A. Hoffmann] und nimmt eine selbständige Stellung ein. Die Erzählung ist historisch und gibt ein wahres, noch jetzt bewegendes Bild der Zeit Luthers: aber, wie es des Dichters Art war, im Berichtsstil, unter Verzicht auf reflektierende, spekulierende und abschweifende

Gespräche, wobei der Leser mit äußerster Geschwindigkeit zum Ende der Geschichte gelangt, als ob es an Raum fehlen würde für mehr als das knappste Detail der wichtigsten Tatsachen. Da diese kraftvolle Erzählung in England fast unbekannt ist, werden unseren Lesern einige Mitteilungen daraus willkommen sein. [...]
So verherrlicht die Erzählung in ihrem Ausgang das Rechtsgefühl als ein Grundprinzip in der Menschenbrust; sie zeigt, wie es teurer als Leben und Freiheit ist und wie es, wenn es durch die öffentliche Gerichte verhindert und verkehrt wird, der individuellen Verantwortung anheim fällt, wobei es seinen wilden Charakter zurückgewinnt und mit den Merkmalen privater Rache auftritt. [engl.] *521*

*Hinter den Gestalten versteckt*

671. *Gustav Kühne. Europa, Dez. 1848*
Manche von Kleists Novellen trägt Kerkerspuren an sich. Bei soviel Hast und Qual der Empfängnis so wenig Sonnenschein und Licht zur Geburt! Das Grausenvollste und das tief innig Zarteste gibt er, wie im »Findling«, mit der frostigen Kälte des Zeitungsschreibers. Nur in einzelnen Blitzen beleuchtet er wunderbar groß erdachte Situationen, gespenstisch rätselhafte Gruppen, Gestalten die aus der Hölle steigen um den Himmel zu stürmen, und doch echt menschlich sind in all ihrer furchtbaren Größe. Aber wie Kleist als Mensch kein Talent zum Glück hatte, so fehlte ihm als Dichter auch das Behagen am Schaffen. Er motiviert, aber er entwickelt nicht; er erfindet, aber verschmäht die Kombination der Übergänge. Als Mensch ohne Sonnenschein der Liebe, als Dichter ohne jene Lebenswärme die stetig Geist und Leib durchwallt: so durchschauerten ihn Frost und Glut in großen wechselnden Zuckungen. Mächtig in der Erfindung, zerstückelt und gebrochen in der Ausführung: so stehen seine tiefsten Schöpfungen fragmentarisch vor uns. Das Einfachste kann er am wenigsten gestalten, das Gewöhnliche verachtet er selbst wo es zur Verknüpfung des Ungeheuern nötig wird. Nur was aus den Banden der Regel tritt, es sei Erhabenes

oder Verworfenes, reizt, erfüllt und beschäftigt ihn. Und so offenbart dieser Riese an Dichterkraft nicht selten die Unbeholfenheit des Dilettierenden; den Reichtum seiner Stoffe gibt er in starken Farbenaufwürfen ohne alle Verreibung mit dem Pinsel auf die Leinwand. Dabei ist er in einzelnen Gruppen, wie selten einer, ein plastischer Meister. Er bespricht nichts, die Gebilde stehen in festen Formen da. Er selbst bleibt fast so tief wie Shakespeare hinter seinen Gestalten versteckt. Angst und Sorge, Gram und Verzweiflung an sich selbst ziehen nur wie stumme Wetterwolken über das Gemälde objektiver Menschenwelt. Sein Glaube an nationale Geistesgröße dämmert nur von fern herüber in eine knechtisch entartete Gegenwart.

*272*

*672. Julian Schmidt, Geschichte der deutschen Nationalliteratur. Leipzig 1853*

Er vermeidet mit einer gewissen Ängstlichkeit jedes Durchscheinen seiner Subjektivität, und wird daher niemals weder humoristisch noch pathetisch; dagegen weiß er durch eine künstlerische Gruppierung der Kontraste, oder durch ein strenges Festhalten seiner Charakteristik, eine tragische Wirkung hervorzubringen. Niemals verfolgt er seinen wilden Stoff mit jener krankhaften Wollust, die unseren überreizten Geschmack charakterisiert; er ist im Gegenteil fast zu hastig und nimmt uns die Muße, die Empfindungen, die er in uns erregen will, gehörig zu verarbeiten. Diese Hast gibt seinen Bildern zuweilen einen träumerischen Anstrich, obgleich sie nie verwaschen und nie unklar sind. Der düstere Nebel, der sich über dieselben breitet, wird durch einzelne helle Sonnenblicke einer köstlichen Poesie anmutig unterbrochen. Die Sprache ist bei aller Durchsichtigkeit sehr plastisch, und er versteht es, durch einzelne kleine Winke eine sprechende Anschauung zu geben. –

*403*

*672a. Heinrich Kurz, Geschichte der deutschen Literatur. Leipzig 1861*

Am tadelnswertesten ist aber der Stil, der durch und durch, in Ausdruck und Satzbildung inkorrekt ist und den vollständigsten Mangel an Sinn für Wohlklang und rhythmische Bewegung beurkundet; es ist in diesen Erzählungen kaum ein Satz zu finden, an dem man nicht mehrere Fehler nicht nur gegen die Schönheit, sondern auch gegen die Richtigkeit der Darstellung nachweisen könnte, so daß wir nicht begreifen können, wie ein neuerer Geschichtsschreiber der deutschen Literatur diesen Stil als besonders trefflich bezeichnen konnte. Wir sind überzeugt, daß, wenn das Gefühl für Schönheit der Darstellung und Sprachrichtigkeit unter uns nicht in so bedauerlicher Weise getrübt wäre, Kleists Erzählungen nie gelesen, viel weniger gelobt worden wären, selbst nicht die beste darunter, »Michael Kohlhaas«, so interessant sie auch dem Stoffe nach ist und so lebendig sie uns die erbärmlichen Zustände des deutschen Volkes bald nach der Reformation darstellt. *274a*

## Kohlhaas im Lexikon

*673a. Conversations-Lexikon. Leipzig, Brockhaus, 1853*

*Kohlhaas* (Michael), ein Roßkamm aus der Altmark, geb. 1521, der, da er gegen ungerechte Behandlung kein Recht zu finden vermochte, sich dasselbe selbst verschaffte, freilich aber nun weiterging, als es recht war. Als er einst mit seinen Pferden auf die Leipziger Messe ziehen wollte, wurde er von den Leuten des Junkers Tronka wegen Mangels an Ausweis aufgehalten, nach der Tronkaburg gebracht und hier durch den Junker und dessen Genossen ohne alles Gehör genötigt, zwei seiner schönsten Pferde nebst einem Knecht zurückzulassen. Dies hätte nun weiter nichts zu bedeuten gehabt; allein der Junker ließ die Pferde zu den schwersten Arbeiten gebrauchen und halb verhungern, den Knecht aber zum Tor hinauswerfen. [... und so fort nach Kleists Erzählung!] Der Stoff wurde mehrfach poetisch bearbeitet, unter andern auch von Kleist und von Maltitz. *59*

*673b. J. Schmidt, Einleitung zu Kleists Schriften. 1859*

Ja im Brockhaus'schen Conversationslexicon ist die ganze Novelle, mit allen ihren handgreiflichen historischen Unrichtigkeiten, als historisches Faktum erzählt! *253*

## Das Ausland

*674. Saint-René Taillandier. Revue des deux mondes, Paris 1859*

Kohlhaas ist das Meisterwerk des Autors in der psychologischen und dramatischen Erzählung. Die Einfachheit des Berichtes schließt nicht die tiefe Charakterstudie aus. Man könnte für Augenblicke an die Chronik eines Zeitgenossen denken, so genau, zahlreich und ausführlich sind die Details. Im übrigen keine Reflexion; die Dinge sprechen durch sich selbst, die Akteure sind auf der Bühne, die Ereignisse folgen sich, die Charaktere entwickeln sich mit einer lebendigen und zwingenden Logik; die sich ergebenden Konsequenzen entstehen in unserem Geist, ohne daß der Autor sie uns aufdrängt. Imagination und Philosophie unterstützen sich gegenseitig in dieser von der Historie inspirierten Erzählung. Michel Kohlhaas ist eines der besten Beispiele deutscher Dichtung. [franz.]

*442*

*675. Ch. Dollfus, A. Nefftzer. Revue Germanique, Paris 1859*

Diese aus der Geschichte entlehnte Novelle wird allgemein für das Meisterwerk eines Schriftstellers angesehen, der mit den bemerkenswertesten und glänzendsten Eigenschaften begabt war und dem nur ein wenig Maß, Gleichgewicht und Selbstbeherrschung fehlten, um ganz und gar den ersten Rang unter den Größten einzunehmen. [...] Wir kennen von ihm nur zwei untadelhafte Schöpfungen, die aber unvergleichlich sind: Kohlhaas, den wir hier übersetzen, und eine andere Novelle mit sehr lebendiger Handlung und sehr gewagtem Stoff, die Marquise von Onn [!]; doch halten wir letztere für die Übersetzung nicht so geeignet. [franz.]

*92*

## Heyses Novellenschatz

*676. Paul Heyse und Hermann Kurz, Deutscher Novellenschatz. München 1870*

Noch ehe Goethe sich zum zweitenmal der Novelle zuwendete, hatte Kleist (1810–11) seine Erzählungen herausgegeben. Es ist schwer, diesem Dichter gerecht zu werden, von welchem man sich ebenso gewaltig angezogen als abgestoßen fühlen muß. Eine Gestaltungskraft, die über das Höchste, was wir besitzen, noch hinauszureichen scheint, die das Süßeste wie das Erschütterndste zu verkörpern weiß, und doch wie oft mitten in der herrlichsten Entfaltung ihre Schöpfungen mit einem widerwärtigen Querstrich vernichtet! Die Lösung des Rätsels ist, daß eine dunkle Fügung hier einen Genius von seltener Größe in ein krankes Gefäß eingeschlossen hat, das, obendrein durch unermüdlich grausame Lebensschicksale und tief empfundenes Unglück der Zeit aufgerieben, sich in einem unruhigen Schaffen bewegt, bei welchem Poesie und Irrsinn Hand in Hand gehen. [...]

So legen wir denn, indem wir den »Kohlhaas« einem andern Verfahren anheimgeben, die »Verlobung in St. Domingo« vor, eine in ihrer Art vortreffliche Novelle. Man wird zwar auch hier den Dämon, der den Dichter beherrschte, an mehr als flüchtigen Zuckungen erkennen. [...] Aber durch Tiefe des Gehalts und Meisterschaft der Form wird die Erzählung, wenn sie auch einen Stachel im Gemüte zurückläßt, immer ihren Platz bei den Musternovellen behaupten. *K.*

*198*

## Märtyrer im Kampf ums Recht

*677. Rudolf v. Ihering, Der Kampf ums Recht. Wien 1872*

Das Bild des Shylock ruft mir eine andere Gestalt vor die Seele, die nicht minder historische wie dichterische des Michael Kohlhaas, welche Heinrich von Kleist in seiner gleichnamigen Novelle mit ergreifender Wahrheit gezeichnet hat. [...] Und gerade darauf beruht die tief erschütternde Tragik seines Schicksals, daß eben das, was den Vorzug und den Adel seiner Natur ausmacht: der ideale Schwung seines Rechtsgefühls, seine heroische, alles vergessende und alles opfernde Dahingabe an die Idee des Rechts, im Kontakt mit der elenden damaligen Welt, dem Übermut der Großen und Mächtigen und der Pflichtvergessenheit und Feigheit der Richter, zu seinem Verderben ausschlägt. [...]

Man sagt, daß das Blut der Märtyrer nicht umsonst fließe, und es mag sich das bei ihm bewahrheitet und sein mahnender Schatten noch lange ausgereicht haben, um eine solche Vergewaltigung des Rechts, wie sie ihn getroffen hatte, unmöglich zu machen. *226*

### Theodor Fontane

*678. Theodor Fontane, Aufzeichnungen. Krummhübel, Juli 1872*

*1. Das Bettelweib von Locarno:* Eine Art Gespenstergeschichte, aber, wie Tieck sehr richtig bemerkt, »doch nicht recht«. Eine Art Nemesis, die sich schließlich einfindet, hebt den Gespenstergeschichten-Charakter etwas auf und gestaltet das Ganze zu einer »moralischen Erzählung«. Als solche kann sie aber auch nicht recht wirken, da das *begangene Unrecht* (ein krankes Bettelweib wird veranlaßt, einen Eckplatz zu räumen und hinter dem Ofen Platz zu nehmen) viel zu klein ist. So bleibt nicht recht was übrig.

*2. Die heilige Cäcilie:* Diese Geschichte, *wie sie daliegt,* durfte nur von einem Katholiken erzählt werden. [...] Die protestantische Bewegung, wenigstens an *dieser* Stelle und zu *dieser* Stunde, war frech, und die Haltung der Nonnen war würdig. Tatsächlich ist dies richtig. Ich darf mich aber nicht hinsetzen und eine Geschichte schreiben, in der Napoleon 1. recht und die Königin Luise unrecht hat. Auch das mag vorgekommen sein, und ein Fremder, namentlich ein Franzose, mag es mit Kunst und Bravour erzählen; *ich* aber darf es nicht. So durfte Kleist nichts schreiben, was das Klostertum im Glanz und die Bewegung gegen dasselbe als einen frechen Unfug darstellt. Die Kunst hat nicht das Recht, sich vom Leben zu lösen und Glauben und Vaterland zu ignorieren, sobald es sich um einen guten Stoff handelt. *So* viel ist auch der beste Stoff nicht wert.

*3. Die Verlobung in St. Domingo:* [...] Es ist spannend und meisterhaft erzählt. Alles steht vor einem, hat volles Leben, volle, auch schreckliche Wahrheit, aber nichts wirkt häßlich oder abschreckend. *Konsequente Entwicklung* zeichnet alle seine Arbeiten aus.

4. *Die Marquise von O...:* Nach meinem Gefühl das Glänzendste und Vollendetste, das er je geschrieben hat.

Über den Stoff, als ein Wagnis und Kuriosum, ist, solange diese Erzählung existiert, viel gesprochen worden.

Die Marquise von O... ist in Gefahr, von siegreichen, in die Zitadelle eindringenden russischen Truppen Gewalttat zu erleiden; in diesem Moment rettet sie ein vornehmer russischer Offizier; sie sinkt in Ohnmacht, er trägt sie in das Zimmer eines Seitenflügels, und hier, hingerissen von der Schönheit der Marquise (junge Witwe), nutzt er die verführerische Situation unritterlich – oder, wie andere denken mögen, etwas *zu* ritterlich – aus. Er tut das, wovor er sie eben rettete. Die Marquise erwacht erst aus ihrer Ohnmacht, als der Offizier bereits wieder »in Dienst« ist und an andern Stellen der Zitadelle den letzten Widerstand des Feindes bricht. Alles dies, was hier ziemlich bedenklich und ziemlich lächerlich klingt, ist mit äußerster Geschicklichkeit kurz und knapp und mit einer gewissen frauenärztlichen Objektivität vorgetragen, so daß es einen Menschen, der wiederum seinerseits die Menschen kennt, nicht im geringsten stören kann. Man empfindet – indem man es als unritterlich verwirft –, daß man nichtsdestoweniger desselben Faux pas fähig gewesen wäre. Wohlverstanden, man entdeckt die *Möglichkeit* dazu im eignen Herzen. Damit, da man das eigne Fühlen als Maßstab nimmt, fällt alles Häßliche fort. Es bleibt nur noch die Frage, nicht nach der moralischen, sondern nach der *physischen* Möglichkeit. Wer will dies entscheiden? Selbst ein Conclusum von einer halb aus Don Juans und halb aus Frauendoktoren zusammengesetzten Körperschaft würde die Sache nicht endgültig entscheiden können. Ich, nach meinem dummen Verstande, halte es für *sehr gut* möglich. Jedenfalls ist das landesübliche »violer« viel schwieriger.

Wie man nun aber auch über diese »*Exposition* des Stückes« denken mag, die Entwicklung und Durchführung zählt zu dem Glänzendsten, Besten und Liebenswürdigsten. Denn alle Personen, die uns vorgeführt werden, sind edle Naturen und haben recht in ihrem Tun. Die Eltern und der Bruder der Marquise, diese selbst, endlich der russische Offizier (Oberstleutnant Graf F.): alle handeln korrekt, der jedesmaligen Situation entsprechend, und befriedigen unser menschliches und ästhetisches Gefühl. Die Marquise selbst, schamhaft ohne Prüderie, zart, rücksichtsvoll und doch voll hohen Muts, ist ein entzückender Frauencharakter; ebenso ist der russische Graf, durch dessen ganzes Tun und vornehmste Haltung immer das Schuldbewußtsein durchdringt, eine höchst ansprechende Figur.

Alles löst sich zum Guten, nachdem wir lange vor einem tragischen Ausgang gebangt haben, und den Hartgeprüften erschließt sich ein vollstes Glück. Eine Meisterarbeit.

[5.] *Michael Kohlhaas:* Diese bekannteste seiner Erzählungen ist *nicht* seine beste; sie nimmt nur den Anlauf dazu. Bis zur Mitte ist sie vollendet und durch eine gewisse *historische* Bedeutendheit des Inhalts, speziell des M. Kohlhaasschen Charakterbildes, seinen beiden andern glänzenden Erzählungen, der »Verlobung auf St. Domingo« und der »Marquise von O...« vielleicht noch überlegen, in ihrer zweiten Hälfte aber sinkt die Kohlhaas-Erzählung zu etwas relativ Unbedeutendem herab. [...]

Im »Kohlhaas« ist Kostüm, Szenerie, Lokalität *alles falsch* (Tieck führt dies ausführlich aus), aber Kohlhaas ist *persönlich*-richtig als Kohlhaas und ist *zeitbildlich*-richtig als märkischer Roßkamm und schroffer Rechtscharakter des 16. Jahrhunderts geschildert.

Ganz anders im »Prinzen von Hessen-Homburg«. In diesem Schauspiel ist Kostüm, Szenerie, Lokalität *auch* falsch; dies also hätte das Stück mit dem »Kohlhaas« gemein. Im »Prinzen von Hessen-Homburg« ist *aber auch alles andre falsch,* und der Held des Stückes kann weder *persönlich* noch *zeitbildlich* noch überhaupt *menschlich* irgendwelche Korrektheit beanspruchen. [...]

All das hat mir den Geschmack an dem »Prinzen von Hessen-Homburg«, von welcher Seite auch ich ihn ansehn mag, verdorben; der »Kohlhaas« ist frei von dem allen. Man freut sich seiner von Anfang bis zu Ende. *115*


## Die Kunst des Vortrags

*678a. Cosima Wagner, Tagebücher 1879/80*

*17. Dez. 1879:* Kleists Erzählung »Die Macht der Musik« [Die heilige Cäcilie] wird erwähnt, und ich lese sie vor zu allgemeinem mächtigsten Eindruck. R. [Wagner] rühmt daran, daß es wie ein Bericht sei, nur einmal käme eine Beschreibung vor, die des Gewitters, Kleist müsse eine Kirche in solcher Beleuchtung einmal gesehen haben.

*18. Juni 1880:* Abends lese ich von Kleist »Das Erdbeben von Chili« vor, wovon R. einzig bedauert, daß die Mittelepisode des Glückes nicht ausgeführter sei. Die Details von der Donna Elisabeth findet er ausgezeichnet. 466a

*679. Otto Brahm, Heinrich v. Kleist als Novellist. Allgemeine Zeitung, München, 24./25. Mai 1884*

Er packt die Dinge derb an, und der ehemalige preußische Lieutenant versteht es, Hindernisse im Sturm zu nehmen. Bei alledem aber bewahrt er den gleichmäßigen Fluß der Diktion; er baut, bald kunstvoll, bald künstlich, bald steif, bald kühn seine umfangreichen Perioden, voll von Partizipialkonstruktionen, Einschachtelungen, beziehungsreichen Haupt- und Nebensätzen, die das Wichtigste und das Untergeordnete in das adäquate Verhältnis setzen; er verstellt die Worte nach einem ihm eigentümlichen Prinzip, das neue Wirkungen bringt und einen gewissen Rhythmus des Vortrags, aber dem Geist unserer Sprache zuweilen doch Gewalt antut. Wie in Stein gemeißelt stehen seine Sätze vor uns da; man denkt an die schweren und steifen Falten in den Gewändern griechischer Statuen, die das Dargestellte auch in dem heftigsten Pathos mit einer stilvollen Würde umkleiden. Und mit welch weiser Überlegung ein glänzendes Talent Natur und Kunst hierin abgewogen hat, erkennt man erst völlig, wenn diese Erzählungen zum lebendigen Vortrage gelangen: für die Rede sind sie gedacht, und in ihr lösen sich die meisten der anscheinend manierierten Wendungen als natürliche auf.

Die Kunst des Vortrags war ein Gegenstand, der Kleist ernstlich beschäftigt hatte [...] Er faßte daher den Gedanken, ob man nicht, wie bei der Musik, auch in der Poesie durch Zeichen den Vortrag andeuten könne [... s. L 145]. Hierin zwar kam er über das Experiment nicht hinaus; aber es gelang ihm durch eine originelle und sinnreiche Interpunktion, die feinste Gliederung seines Satzbaues herauszustellen, und der Vorleser

hat ihm hier sorgsam nachzugehen, will er allen angelegten
Wirkungen zum Recht verhelfen. *48*

*680. Leo Berg, Naturalismus und Nationalismus. 1890*
   Wie viele, die sich mit Poesie befassen, ahnen auch heute
noch nicht, welch ungeheurer Formensinn und sicheres Stilgefühl gerade Heinrich v. Kleist eigen gewesen ist, daß z. B. seine
Prosa wohl zum Besten gehört, was die Deutschen seit Luther
und Lessing als Prosa überhaupt besitzen! Wenn man aber im
Gegensatze zu Heinrich v. Kleist und Hebbel, die man in anderer Beziehung ja heute wohl zu schätzen weiß, noch immer das
Formtalent eines Grillparzer rühmen kann, dem gerade jedes
Form- und Stilgefühl abging, so beweist diese eine Tatsache
schon, daß das Artistische in der Poesie den Deutschen noch
immer ein dunkles Land ist. *35*

*Prachtstücke von Erzählungskunst*

*681. André Gide, Journal 1904*
   *März 1904.* Sobald »Michael Kohlhaas« vollendet, stürzen wir
uns in die »Marquise von O...«
   *Nov. 1904.* In Rom griffen wir mutig »Michael Kohlhaas« an,
den wir erst in Paris beendeten, um bald darauf die »Marquise
von O...« zu ergreifen. [franz.] *144*

*682. Thomas Mann an Heinrich Mann. München, 17. Nov. 1910*
   Ich lese Kleists Prosa, um mich so recht in die Hand zu bekommen, und war nach dem Kohlhaas wütend auf Goethe, der
ihn wegen seiner »Hypochondrie« und seines »Widerspruchsgeistes« abgelehnt hat. Die »Verlobung in St. Domingo«, ein
Prachtstück von Erzählungskunst, schwieg er tot, während er
das Drama »Toni«, das Körner daraus machte, freundlich aufnahm, es bei Hofe vorlas und eine Dekoration dazu entwarf.
Dies zu Deinem Goethe-Voltaire-Kapitel. *306*

*683. Hermann Hesse, Deutsche Erzähler. München 1915*
   Das Meisterwerk dieses größten Dramatikers unter unsern

Erzählern ist der Michael Kohlhaas. Da ist man gleich auf der ersten Seite mitten drin, wie mit einem Sprunge, und hält bis zum Ende nicht einen Augenblick in dem fast atemraubenden Mitgehen inne. Die langen, schön und reich gebauten, grammatikalisch mit größter Reinlichkeit empfundenen Sätze wirken seltsam kurz, ihre Gangart ist ein scharfes Allegro, sogar durch die überreiche, peinliche Interpunktion unterstützt. [...] Das alles ist, vom Anruf des Schlagwärters und der Beschlagnahme der Gäule bis zum Tode Kohlhaasens auf dem Schafott, mit allen Fäden des komplizierten Prozesses knapp und sachlich erzählt, vom kleinen Rechtshandel zur Staatsaktion anwachsend, mit der strafften psychologischen Geradlinigkeit – und ist dennoch ohne Härte, ist mild, ist gerecht, ist menschlich und tief rührend, denn hinter der Sachlichkeit steht des Erzählers großes Herz, der mit seinem armen Helden fühlt und keinen kleinen Zug vergißt, der zu dessen rechtfertigender Erklärung dient. [...] Einen modernen Roman zu lesen, ist auf die Lektüre des »Kohlhaas« hin für eine gute Weile unmöglich.   *193a*

*Herrentum und Selbstbehauptung*

*684. Carl Jacob Burckhardt an Hugo v. Hofmannsthal, 1924/26*

*30. Aug. 1924:* Wenn Kleist erzählt, so klingt etwas eminent Herrenmäßiges, ein ungewohnter Ton in unserer so durchaus bürgerlichen Literatur. Bei Kleist lauter Meisterwerke, keine graue Stellen, wie sie für die ganz großen Autoren so bezeichnend sind, die hohen Augenblicke als Hintergrund steigernd und hinaushebend. Fast ermüdende Perfektion eines seine Höhe und Spannung früh mit dem Leben zahlenden Genies, das beständig da und dort in der Welt die explosivsten Stoffe sammelt. Aber auch dieser preußische Junker Kleist hat keine Welt, die er schöpferisch entwickeln muß, er muß gar nichts, er will, er will sich selbst wehtun bis zur Zerstörung.

*1926:* Wenn man weiß, was ein Kleist aus einer Zeitungsnotiz zu machen fähig war, als er das »Erdbeben von Chile« erzählte, einen Vorgang unter tausenden in jene Höhe und Allgemeinheit erhebend, wo alles paradigmatisch wirkt, so erkennt man, daß ein schöpferischer Vorgang immer das Gesetz eines Ereignisses ins Unendliche steigert, ohne jemals auch nur einen Zoll breit von seiner Notwendigkeit abzuweichen. Kleist bleibt wie alle Großen, wie Tolstoi, wie Melville, wie Dickens, wenn er erzählt, im Raum, er verliert sich nicht an seine »Jetztzeit«. [...] Poesie ist immer überzeitlich, und wer uns das Gegenteil beweisen will, wird vom ersten Herbststurm weggetragen werden. Wer es aushält im »Raum« zu leben, ist allerdings einem furchtbaren Druck ausgesetzt, Kleist hat ihn nicht ausgehalten, die Gelassenheit der Reife war ihm nicht vergönnt. *210*

*685. Marieluise Fleisser, Der Heinrich Kleist der Novellen. Der Scheinwerfer, Okt. 1927*

Die Natur Heinrich von Kleists und wie er sich in untergrabenden Verhältnissen individuell behauptet, dürfte uns, die wir nach vielen Anzeichen im Anfang eines Wirbels stehen, der auf einen längeren Zeitraum hinaus nur den sogenannten Masse-Menschen übriglassen wird, allen nochmal eine heilsame Erschütterung sein. [...] Dem, was ihm begegnet, steht er mit einer durchgreifenden Gänze gegenüber. Er will bis in die letzte Faser durchdrungen sein in einer tollen, mit allen Lippen schmeckenden Empfängnis. Er nimmt vom Schicksal den ganzen unmittelbaren Ablauf von Empfindungen an, die in einem Menschen ausgelöst werden können. Was seinen Gestalten widerfährt, ist denn auch durchgängig die Entdeckung ihrer selbst an Widerständen, ein unbeschreiblich überquellendes Erlebnis der eigenen Persönlichkeit, die Selbstbehauptung der Individualität gegenüber der feindlichen Masse. [...] Es ist, wie wenn er nachsehen möchte, wieviel eigentlich ein Mensch aushalten kann, ob er dann, wenn er ihn durch alle Abgründe geschleift hat, noch ein inneres Leben aufweist. Der Stoff dient ihm nur als Vorwand, um die seelische Veränderung seiner Personen von Kulminationspunkt zu Kulminationspunkt aufzuzeigen. Er ist die bloße Konzession, die dem Publikum gemacht werden muß, damit er ihm das, was allein not tut, die Entwicklung menschlicher Seelen, unbemerkt beibringen kann. *114*

*Kleist, der Revolutionär*

*686. Hermann Kesser. Berliner Tageblatt, 16. Okt. 1927*
Ein Fünfzehnjähriger war ich, unzufrieden und überlaufend. [...] Aber eines Tages fiel mir der »Michael Kohlhaas« von Kleist in die Hände. Und diese Lektüre veränderte mich.

Was mir die Schriftsteller, die Unterhaltungsdichter der deutschen Gründerjahre nicht vermitteln konnten, was mir die unvermeidlichen Wagner-Opern nicht gaben, was die belanglosen Kunstmaler nicht malten: Aus einem unscheinbaren kleinen Reclam-Klassikerband strömte es mir plötzlich entgegen. Ich wußte nun, wonach ich Verlangen getragen hatte. [...]

Und es war für mich das erste entscheidende Erlebnis einer Dichtung, fast noch ein Kindheitserlebnis, und gerade deshalb um so nachhaltender auf dem Wege kommender Jahrzehnte.

*247*

*687. Friedrich Wolf, Kunst ist Waffe! Arbeiter-Theater-Bund 1928*
Einen Kerl dieses Volkes aber, diesen *Michael Kohlhaas*, hat nach zweihundert Jahren der *Dichter* Kleist als großes Sinnbild herausgehoben. In dieser seiner erdhaftesten Arbeit hat der Dichter nicht, wie damals üblich, die Fürsten- und Religionskämpfe ins Zentrum gerückt, sondern den Gerechtigkeitskampf und den Untergang des gemeinen Mannes. Ihm kam es darauf an, die gepeitschte, verhöhnte, rechtlose Kreatur, diesen Typ des »gemeinen Mannes« jener Tage, einmal mit letzter dichterischer Schärfe und Wahrhaftigkeit herauszutreiben, dann aber – und das ist wichtiger! – den Einzelmenschen Kohlhaas aus der historischen und sozialen Bedingtheit der ganzen Zeit heraus zu begründen. So wird Kohlhaas, der Mordbrenner und »Hetzer«, mit einem Male ein Gerechtigkeitskämpfer, ein Vorkämpfer einer kommenden Zeit.

Hier eilt Kleist den Klassikern weit voraus in unsre Tage; hier spricht nicht ein lorbeergekrönter Weimarer, hier ruft ein selbst gehetzter und gepeinigter Mensch, Dichter und Seher; hier steht Kleist innerst verwandt neben Büchner; hier ist der tätige *Bruder* des »Woyzeck«; hier tönt der Aufschrei der Kreatur!

*499*

*687a. Bert Brecht, Notizen zum »Michael Kohlhaas«*
*Filmentwurf.* Michael Kohlhaas. Nach der berühmten Erzählung des deutschen Klassikers Heinrich von Kleist, der, von den Faschisten reklamiert, in seiner richtigen historischen Gestalt wiederhergestellt werden muß. Thema: Der Kampf des frühkapitalistischen, noch revolutionären Klassenrechtes (bürgerliches Recht) gegen das feudale Privileg. – Michael Kohlhaas, der Besitzer eines Pferdegestüts in Sachsen [!], unternimmt eine Geschäftsreise. An einer Zollschranke werden ihm, da er sich weigert, den Zoll zu bezahlen, zwei seiner Gäule als Faustpfand beschlagnahmt. Der Kampf um diese Gäule, aus Rechtsinn unternommen, verwickelt ihn in einen offenen Kampf mit der herrschenden Schicht. Er wird zum Führer eines Aufruhrs, der eine ganze Provinz erfaßt. Er stirbt auf dem Schafott. – Berühmt ist die Unterredung des Kohlhaas mit dem Reformator Luther (der dabei nicht gut abschneidet) und die Szene der Hinrichtung. Ein kleiner, anscheinend privater Fall wächst ins Großpolitische: der »Zank« an der Zollschranke führt in die Nähe eines blutigen Krieges zwischen zwei Staaten.

*Notizen über realistische Schreibweise.* Der Kleist des Kohlhaas [hat] einen Zustand der Welt geschildert, in dem das »Recht«, um sich durchzusetzen, alle juristischen Formen zerbrechen muß.

*Notizen zum Tui-Roman.* Im Michael Kohlhaas gäbe es einen Fall, für den ein Tui fehlt. So entsteht nur Chaos aus dem Gerechtigkeitssinn des Viehhändlers, sonst wäre es beim einfachen Unrecht geblieben. *320a*

*688. Arnold Zweig, Nochmals der Novellist. 1946*
Das allgemein Gültige aber dieser überlebensgroßen Gestalten zu erkennen, braucht der Leser das Erdbeben von Santiago nur durch das Luftbombardement von Rotterdam, Warschau oder Dresden zu ersetzen, die klerikalen Masseninstinkte jener Zeit aber durch die nationalistischen der unseren. Dann stellt sich heraus, daß der Blick eines so geprüften und genialen Menschenkenners wie Kleist in seinen Personen Wesenszüge

entblößt, die sich zwischen 1640 und 1940 nicht verändert haben. [...]

In der »Verlobung in San Domingo« leuchtet vor allem die Gestalt des Mädchens Toni auf, die sich unvergeßbar einprägt. Den düsteren Hintergrund des Negeraufstands, den Kleist mit so parteiischen Farben gemalt hat, wünschten wir freilich mit Zügen durchsetzt, die den wahren Verhältnissen und Gesellschaftsumständen gerechter würden. [...] Der Revolutionär Heinrich von Kleist, der Novelle und Drama, Prosa und Vers seiner literarischen Epoche um ein Jahrhundert überholt und erneuert hat, kommt gar nicht darauf, daß zwischen ihm und den Negern, die ihre Menschenrechte mit dem Einsatz ihres Lebens erkämpfen wollen, Parallelen bestehen. *515*

*Welt ohne Licht und Farbe*

*689. Ernst Kreuder, Die Gesellschaft vom Dachboden. 1946*

»Gemeißelte Prosa«, sagte der Mann auf den Matratzen und lachte leise, »knapp, präzis, dabei biegsam wie Damaszenerstahl. Ich habe mir nie etwas daraus gemacht. Der Marmorstil. Ehern. Aber zur Sache. Ich las neulich die ›Marquise von O.‹ wieder einmal. Vorzüglich. Kein überflüssiges Wort. Man wird nur so durch die Geschichte hindurch getrieben, gejagt, gehetzt. Man kommt nicht mehr zu Atem. Es ist, als hätten die Sätze den Leser gepackt, ein Satz wirft dem anderen Satz den hilflosen Leser zu, wie ein Ball wird er weitergeworfen. Aber nirgends ist ein Baum. Kein Gras. Auch kein Licht. Wo bleibt der Himmel, möchte ich fragen. War die Welt damals farblos? Ein spannender Aktenbericht. Warum eigentlich immer als das novellistische Vorbild gepriesen?«

»Geräusche«, sagte ich, »kommen darin vor. Aber es ist doch unerhört erzählt. Besonders der Schluß ist meisterhaft. Dort, wo die Marquise zum Grafen sagt, ›er würde ihr damals nicht wie ein Teufel erschienen sein, wenn er ihr nicht, bei seiner ersten Erscheinung, wie ein Engel vorgekommen wäre‹. Das ist kein ›Ende gut, alles gut‹, sondern die unbedingte dichterische Wahrheit.«

»Sie haben ihn wörtlich zitiert«, sagte Waldemar. »Fällt Ihnen nicht auf, daß man nichts sehen kann? Erschienen, Erscheinung? Dieser junge russische Offizier hat kein Aussehen, dafür Eigenschaften. Einmal wird er rot im Gesicht, ich glaube, es ist die einzige Farbe, die darin vorkommt. [...]«    *270*

*Vom Zwiespalt der Vernunft*

\*689b. *Thomas Mann, Doktor Faustus. Stockholm 1947*
Hier wird *auch*, sagte er [Adrian Leverkühn] und zupfte an dem roten Einlegebändchen in den Schriften Kleists auf dem Tische, – vom Durchbruch gehandelt, nämlich in dem vortrefflichen Aufsatz über die Marionetten, und er wird darin geradezu »das letzte Kapitel von der Geschichte der Welt« genannt. Dabei ist nur von Ästhetischem die Rede, von der Anmut, der freien Grazie, die eigentlich dem Gliedermann und dem Gotte, das heißt dem Unbewußtsein oder einem unendlichen Bewußtsein vorbehalten ist, während jede zwischen Null und Unendlichkeit liegende Reflexion die Grazie tötet. Das Bewußtsein müsse, meint dieser Schriftsteller, durch ein Unendliches gegangen sein, damit die Grazie sich wiedereinfinde, und Adam müsse ein zweites Mal vom Baum der Erkenntnis essen, um in den Stand der Unschuld zurückzufallen.    *581c*

690. *Thomas Mann, Kleist and his Stories. New York 1960*
Ich habe, ohne biographische Genauigkeit, über Kleists Person und Dichterschicksal einiges vorgebracht, in der Annahme, daß der anglo-amerikanische Leser der hier vorgelegten Geschichten über den Urheber dieser außergewöhnlichen Gebilde etwas zu wissen wünscht. Ihr erster Verleger war ein gewisser Georg Reimer in Berlin, – ein mutiger Mann! Aber ich finde Criterion Books Incorporated nicht weniger kühn, ja waghalsig im Stil des Gegenstandes. Denn, unbekannt mit der englischen Übersetzung, während ich dies schreibe, kann ich mir von dem, was der Vertrauensmann des Verlages da zustande gebracht hat, überhaupt keine Vorstellung machen. Wäre seine Nachbildung nur halb-gut, so wäre sie bereits

bewundernswert, denn eine näher ans Unmögliche grenzende Übersetzer-Aufgabe war noch nicht da. [...]

Ich habe den amerikanischen Verleger dieses Bandes kühn genannt, aber, alles in allem, ich glaube, er weiß, was er tut, und bin mit ihm ziemlich sicher, daß das literarische Verdienst sich hier mit dem Erfolge verbinden wird. Das Buch wird aufgeregte Leser in Menge finden, denn alles, was es bringt, ist aufregend, kurios im Extrem, sensationell durchaus, – unter dem ganz Ausgefallenen, ja Krassen, tut dieser Dichter es nicht. [...] Er hält es mit dem Wortsinn des Namens »Novelle«, der »Neuigkeit« heißt. Was er mit unbeweglicher Miene vorbringt, sind Neuigkeiten, unerhört; und die Spannung, in der sie den Leser halten, hat etwas unheimlich Spezifisches. Sie ist Besorgnis, Schrecken, das Grauen vor dem Rätselhaften, Zwiespalt der Vernunft, der ängstliche Eindruck, daß Gott sich irrt, – »Verwirrung des Gefühls«. Es ist nicht zuviel gesagt: Er weiß auf die Folter zu spannen – und es fertigzubringen, daß wir's ihm danken. *303*

# QUELLENNACHWEIS

(Die Ziffern unter den Dokumenten weisen auf die in nachstehendem Verzeichnis bibliographisch aufgeführten Quellen, wobei römische Ziffern bei Seitenangaben durch Ziffern mit Sternchen wiedergegeben werden. Die in Klammern dahinter stehenden Nummern nennen alle der Quelle entnommenen Zeugnisse, wobei Neuzugänge nach 1984 durch Ziffern mit Sternchen gekennzeichnet sind.

1 Alewyn, Richard: Klassiker in Pfaffendorf. In: Vossische Zeitung, 2. 8. 1929 (Nr. 245b)
2 Alexis, Willibald (d. i. Wilhelm Häring): Ruhe ist die erste Bürgerpflicht oder Vor fünfzig Jahren. Roman. Gesammelte Werke, Bd. 4, Berlin 1861, S. 59, 181 (Nr. 316a)
3 Alexis, Willibald: Das alte und das neue Berlin. In: Morgenblatt, 10. 4. 1859 (Nr. 45, 655); ferner Aufsätze im Literarischen Conversationsblatt 1824 (Nr. 169, 522) und im Berliner Conversationsblatt 1828 (Nr. 283b, 528b, 557, 562b)
3a Almanach für Freunde der Schauspielkunst auf das Jahr 1842. Hrsg. von L. Wolff. Berlin 1843, S. 1–64 (Nr. 566)
4 Altendorff, Ernst: Ludwig Robert, ein Beitrag zur Berliner Romantik. Phil. Diss. (ms.) Leipzig 1923, S. 171 (Nr. 603a)
5 Alverdes, Paul: Dem Andenken H. v. Kleists. In: Der Kunstwart, 41. Jg., H. 1, Okt. 1927, S. 16–21 (Nr. 459)
6 Amoretti, G. v.: Luise Friederike v. Zenge, con lettere dall'Italia. In: Annali delle Università Toscane 1925/26. Pisa 1926, S. 214 (Nr. 164b)
7 Andler, Charles: Les précurseurs de Nietzsche, 3. Ed., Paris 1920, S. 98 (Nr. 437)
8 Andreas-Salomé, Lou: Eintragungen – Letzte Jahre. Hrsg. von Ernst Pfeiffer. Frankfurt a. M. 1982, S. 45–47 (Nr. 471a)
8a (Arnim,) Achim und Bettina in ihren Briefen. Hrsg. von Werner Vordtriede. Frankfurt a. M. 1961, Bd. 2, S. 757 (Nr. 77a)
9 Auerbach, Berthold: Dramatische Eindrücke. Aus dem Nachlasse. Stuttgart 1893, S. 191–96 (Nr. 577)
10 Ayrault, Roger: H. v. Kleist. Paris 1934, S. 582 f. (Nr. 473)
11 Bab, Julius: Kleists Anekdoten. In: Die Schaubühne, 7. Jg., 2. Bd., Berlin 1911, S. 530–33 (Nr. 241a)
12 Bab, Julius: H. v. Kleists Gespräche. In: Die Gegenwart, 8. 3. 1913, S. 149–51 (Nr. 241c)

13  Bachmair, Heinrich F. S.: Bericht des ersten Verlegers. In: Sinn und Form, 2. Sonderheft Joh. R. Becher. Berlin (1960), S. 102 f. (Nr. 393a)
14  Bachmann, Ingeborg: Der Mut zu Kleist. In: Melos, Mai 1960, S. 136–38 (Nr. 600)
15  Bäte, Ludwig: Zwischen Klassik und Romantik. Aus unveröff. Briefen u. Tagebüchern e. dt. Geschlechts. In: Kölnische Zeitung, 15. 4. 1937 (Nr. 15)
16  Bahr, Hermann: Kleist. In: Österr. Volkszeitung, 22.2.1903 (Nr. 385, 641)
17  Bahr, Hermann: Dialog vom Marsyas. (Die Kultur, Bd. 4.) Berlin (1905), S. 61 f. (Nr. 580d)
18  Bahr, Hermann: Brahms Kleist. In: Neue Freie Presse, 9. 11. 1911 (Nr. 228a, 405)
19  Bahr, Hermann: Tagebücher 2. Innsbruck 1919, S. 65 f., 75–82 (Nr. 433b, 434)
20  Bahr, Hermann: Selbstbildnis. Berlin 1923, S. 154 f. (Nr. 613a)
21  Bahr, Hermann: Die geistige Bedeutung H. v. Kleists für Deutschland. In: Neue Freie Presse, Wien, 18. 10. 1927 (Nr. 455b, 468)
22  Bamberg, Felix: Über H. v. Kleists Tragödie »Prinz Friedrich von Homburg«. In: Jahrbücher f. dramat. Kunst u. Literatur, Bd. 1, Berlin 1848, S. 311–31 (Nr. 302b, 564)
23  Bamberg, Felix: H. v. Kleist. In: Allgem. Dt. Biographie, Bd. 16, Leipzig 1882, S. 127–42 (Nr. 352)
24  Batka, Richard: Hugo Wolf und H. v. Kleist. In: Der Merker, 2. Jg., H. 28, Wien, Nov. 1911, S. 1143 (Nr. 614)
25  Bauer, Karoline: Nachgelassene Memoiren. Hrsg. von A. Wellmer. Bd. 3, Berlin 1881, S. 441 (Nr. 544b)
26  Bauernfeld, Eduard v.: Dramatische Liebespaare. In: Gesammelte Aufsätze, hrsg. von St. Hock. Wien 1905, S. 245, 248, 452 (Nr. 349)
28  Baxa, Jakob: Adam Müllers Lebenszeugnisse. München, Paderborn, Wien 1966, Bd. 1, S. 701 f., 698 f., 699 (Nr. 50, 56a, 118)
29  Becher, Johannes R.: Der Ringende. Kleist-Hymne. Berlin 1911 (Nr. 393b)
30  Becher, Johannes R.: Gewißheit des Siegs und Sicht auf große Tage. Gesammelte Sonette 1935–1938. Moskau 1939, S. 90 (Nr. 491)
31  Becher, Johannes R.: Kleist (Sonett). In: Verfall und Triumph. Teil 1, Berlin 1914, S. 109 (Nr. 428)
32  Benn, Gottfried: Gesammelte Werke. Hrsg. von D. Wellershof. Wiesbaden 1959/61, Bd. 4, S. 215; Bd. 1, S. 243 f. (Nr. 628a, 628b)
33  Benn, Gottfried: Ausgewählte Briefe. Hrsg. von M. Rychner. Wiesbaden 1957, S. 72, 248 (Nr. 628c, 645)
34  Benz, Richard: Gedenk-Rede auf Kleist. In: Widerklang. Köln 1964, S. 139–50 (Nr. 461)
35  Berg, Leo: Naturalismus und Nationalismus. In: Zwischen zwei Jahrhunderten. Frankfurt a. M. 1896, S. 324 f. (Nr. 680)
36  Bertram, Ernst: Heinrich v. Kleist. Eine Rede. Bonn 1925, S. 10, 22 (Nr. 450)

37 Bidou, Henry: La tombe de Kleist. In: Le Temps, Paris, 19. 4. 1933 (Nr. 472)
38 Björnson, Björnstjerne: Briefe. Lehr- und Wanderjahre. Hrsg. von Halvdan Koht. Berlin 1912, S. 77–79, 135 (Nr. 331)
39 Blankenagel, John C.: The London Times' Account of H. v. Kleist's Death. In: Modern Language Notes, Baltimore, Jan. 1932, S. 12–14 (Nr. 22a)
40 Blankenagel, John C.: In memoriam Georg Minde-Pouet. Monatshefte f. dt. Unterricht. Vol. XLII, Nr. 6, University of Wisconsin, Okt. 1950, S. 295 f. (Nr. 248)
41 Blöcker, Günter: H. v. Kleist oder das absolute Ich. Berlin 1960, S. 13 (Nr. 508a)
42 Blühm, Elger: Die Wandlungen des Kleistbildes, vornehmlich aufgewiesen an der Auffassung der »Penthesilea«. Diss. (Masch.), Greifswald 1951
43 Bode, Dietrich: Georg Britting. Stuttgart 1962, S. 112 (u. persönl. Mitteil. d. Verfassers) (Nr. 631)
44 Börne, Ludwig (Rez.): Das Käthchen von Heilbronn. In: Die Wage, hrsg. von L. Börne. Frankfurt a. M., 4. Heft, Okt. 1818 (Nr. 514)
45 Böttiger, Karl August (Rez.): F. G. Zimmermanns Dramaturgische Blätter. In: Abend-Zeitung, Dresden, 18. 4. 1821 (Nr. 265b)
46 Bonafous, Raymond: Henri de Kleist. Sa vie et ses œuvres. Paris 1894, S. 421 (Nr. 380)
46a Bongs, Rolf: Die Wertung und Geltung Kleists zur Zeit der Romantik. Leipzig, Straßburg, Zürich 1934
47 Borchardt, Rudolf: Prosa I. Stuttgart 1957, S. 59 (Nr. 458)
48 Brahm, Otto: H. v. Kleist als Novellist. In: Beilage z. Allgem. Zeitung, München, 24. u. 25. 5. 1884 (Nr. 679)
49 Brahm, Otto (Rez.): Kleists Briefe an seine Braut. In: Dt. Literaturzeitung, 5. Jg., Nr. 25, 21. 6. 1884 (Nr. 207)
50 Brahm, Otto: Heinrich v. Kleist. Berlin 1884, S. 3* (Nr. 208)
51 Brahm, Otto: Das Leben Heinrichs v. Kleist. Neue Ausgabe. Berlin 1911, S. 9* f. (Nr. 226)
52 Braig, Friedrich: Heinrich v. Kleist. München 1925, S. 7*–9* (Nr. 454)
53 Brandes, Georg: Die Hauptströmungen der Literatur des neunzehnten Jahrhunderts. Vorlesungen, geh. a. d. Kopenhagener Universität. Übers. von A. Strodtmann. Bd. 2, Berlin 1873, S. 335–343 (Nr. 339)
54 Braun, Felix: Drei Gedichte zu Ehren Kleists. In: Der Merker, 2. Jg., H. 28, Wien 1911 (Nr. 395)
55 Brecht, Bertolt: Schriften zum Theater. Frankfurt a. M. 1964, Bd. 7, S. 319, 253; Bd. 6, S. 59, 46, 328; Bd. 7, S. 325, 330 (Nr. 501)
56 Brecht, Bert: Über Kleists Stück »Der Prinz von Homburg«. In: Die Neue Weltbühne, Paris, 22.6.1939 (auch in: Versuche, H. 11, Berlin 1952) (Nr. 595)
57 Brehm, Bruno: Zu früh und zu spät. Das große Vorspiel der Befreiungskriege. München 1936, S. 142 f. (Nr. 481)

58  (Brockhaus:) Conversations-Lexikon. 2. Aufl., Leipzig u. Altenburg 1815, Bd. 5 (Nr. 30a, 260, 510)
59  (Brockhaus:) Conversations-Lexikon. Bd. 9, Leipzig 1853, S. 102 (Nr. 673a)
60  Brod, Max: Infantilismus. Kleist und Kafka. In: Die Literar. Welt, 15. 7. 1927 (Nr. 457)
61  Brod, Max: Streitbares Leben. Autobiographie. München 1960, S. 276 f. (Nr. 422)
62  Brust, Alfred: Wie ich zu Kleist kam. In: Die Scene, Berlin, Okt. 1927, S. 293 f. (Nr. 462b)
63  Bülow, Eduard v.: Über H. v. Kleists Leben. In: Monatsblätter zur Allgem. Zeitung, Augsburg, Nov. 1846, S. 512–30 (Nr. 126, 182)
64  Bülow, Eduard v.: H. v. Kleists Leben und Briefe. Berlin 1848, S. 6*, 78, 5*–9*, 46 (Nr. 114, 125, 187, 305)
65  Bulthaupt, Heinrich: Dramaturgie der Classiker. Bd. 1, Oldenburg 1882, S. 364 (Nr. 578)
66  Burkhard, Max: Theater. Wien 1905, Bd. 1, S. 98–101, 276 f., 277–80 (Nr. 580a, b, c)
67  Carlyle, Thomas: German Romance. In: The Works. Vol. XXI, London 1899, S. 208 (Nr. 281)
68  Carus, Carl Gustav: Denkwürdigkeiten aus Europa. Hrsg. von M. Schlösser. Hamburg 1963, S. 689 (Nr. 602)
69  Cassirer, Ernst: H. v. Kleist und die Kantische Philosophie. Berlin 1919, S. 55 f. (auch in: Idee und Gestalt. Berlin 1921, S. 200) (Nr. 436)
70  Cassou, Jean: Kleist et le somnambulisme tragique. In: Cahiers du Sud, Paris, Mai/Juni 1937, S. 275–81 (Nr. 483)
71  Chamisso, Adalbert v.: Werke, Hrsg. von J. E. Hitzig. Bd. 5, Leipzig 1839, S. 317, 321–25 (Nr. 36a, b)
72  Cherbuliez, A. et J. (Hrsg.): Michel Kohlhaas, et autres contes par Henri de Kleist. T. 1, Paris 1830, S. 5*–7*, 51* (Nr. 285, 669)
72a Cohen, Margarete: Ludwig Robert, Leben und Werke. phil. Diss. (ms.) Göttingen 1923, S. 430, 434/37, 438 (Nr. 159a, 554d, 660a)
73  Collin, Matthäus v.: Über neuere dramatische Literatur. In: Jahrbücher d. Literatur, Bd. 20, Wien, Nov./Dez, 1822, S. 111–125 (Nr. 161b, 550)
74  Constant, Benjamin et Mme de Stael: Lettres à un ami. Publ. par J. Mistler, Neuchâtel, 1949, S. 202 (Nr. 34)
74b Costenoble, Carl Ludwig: Aus dem Burgtheater 1818–1837. Wien 1889, Bd. 2, S. 50 (Nr. 528c)
75  Briefe an Cotta. Hrsg. von H. Schiller. Bd. 2, Stuttgart u. Berlin 1927, S. 342 (u. Mitteil. von Dr. Liselotte Lohrer) (Nr. 71)
76  Croce, Benedetto: Kleist. In: Poesie und Nichtpoesie. Übertragen von J. Schlosser. Zürich, Wien, Leipzig 1925, S. 93–101 (Nr. 438)
76a Briefwechsel Benedetto Croce – Karl Vossler. Frankfurt a. M. 1955, S. 256 f. (Nr. 438a)

77 Dacqué, Edgar: Die Urgestalt. Erw. Ausgabe, Leipzig 1943, S. 187 f. (nicht in 1. Aufl., 1940) (Nr. 630)
78 Deetjen, Werner: Aus Jugendbriefen Karl Immermanns. In: Hannoverland, Jg. 1909, S. 230 f. (Nr. 551)
79 Deetjen, Werner: Aus einem Briefwechsel über H. v. Kleist. In: Hannoverscher Courier, 21.11.1911 (Nr. 552)
80 Deetjen, Werner: Luise Wieland und Kleist. In: Jahrb. d. Kleist-Ges. 1925–26, S. 103, 104 (Nr. 85, 86)
81 Dehmel, Richard: Dichtungen, Briefe, Dokumente. Hrsg. von P. J. Schindler. Hamburg 1963, S. 223 f. (Nr. 417)
82 Dehmel, Richard: Ausgewählte Briefe 1883 bis 1902. Berlin 1922 (Nr. 368a)
83 Dehmel, Richard: Ausgewählte Briefe 1902 bis 1920. Berlin 1923 (Nr. 379, 432b)
84 (Depping, Georg Bernhard:) (Rez.) Dramaturgische Blätter par Louis Tieck. In: Revue encyclopédique. T. XXXII, Paris, Oct. 1826, S. 131 f. (Nr. 275)
85 Deutsch, Otto Erich (Hrsg.): Franz Schubert. Die Dokumente seines Lebens. Bd. 2, 1. Hälfte, München u. Leipzig 1914 (Nr. 667)
86 Dietz, Walthari: Gérard Philipe als Prinz von Homburg. In: Die Neue Zeitung, Berlin, 2.8.1951 (Nr. 598)
87 Der junge Dilthey. Hrsg. von Clara Misch. Leipzig u. Berlin 1933, S. 118 f., 181, 187 (Nr. 333a, c, d)
88 Briefe Wilhelm Diltheys an Bernhard und Luise Scholz 1859–1864. Mitgeteilt von Sigrid v. d. Schulenburg. In: Sitzungsber. d. Preuß. Akad. d. Wissensch., Philos.-hist. Klasse, Berlin 1933, S. 452–54 (Nr. 333b)
89 Dingelstedt, Franz: Literarisches Bilderbuch, Berlin 1878, S. 332–34 (Nr. 348)
90 Döblin, Alfred (Pseud. Linke Poot): Der deutsche Maskenball. Berlin 1921, S. 10 f. (Nr. 623a)
91 Döblin, Alfred: Schicksalsreise. Frankfurt a. M. 1949, S. 158 f. (Nr. 623b)
92 Dollfus, Ch. et A. Nefftzer: Michel Kohlhaas. In: Revue Germanique, Paris 1859, T. 6, S. 665 (Nr. 675)
93 Dulk, Albert: Ein dramatisches Charakterbild der deutschen Nation. In: Morgenblatt, 7. 5. und 14. 5. 1861, S. 470 (Nr. 569a)
93a Dulk, Albert: Dramaturgische Studie über Kleists »Prinz Friedrich von Homburg« I. In: Die Deutsche Schaubühne, Jg. 1861, H. 4, S. 19–31 (Nr. 336, 569b).
Vgl. auch Dulk: Der ethische Gehalt des Dramas Prinz Friedrich von Homburg. In: Morgenblatt 1861, Nr. 26; Ein deutsches Ritterschauspiel. In: Morgenblatt 1863, Nr. 30/32
94 Eberhard, August Gottlob: Appellation an die Ankläger und Richter H. v. Kleists. (und) Nachtrag zu meiner Appellation. In: Salina oder Unterhaltungen f. d. leselustige Welt. Halle 1812, Bd. 1, S. 229–240 (Nr. 25); Bd. 2, S. 104–6 (Nr. 27)

95 d'Eckstein, Ferdinand Baron (Rez.): Œuvres de Henri de Kleist. In: Le Catholique, T. X, Paris 1828, S. 249–314 (Nr. 282)
96 Eichendorff, Joseph Frhr. v.: Über die ethische und religiöse Bedeutung der neueren romantischen Poesie in Deutschland. Leipzig 1847, S. 214–29 (auch in: Geschichte der poetischen Literatur Deutschlands, 1857) (Nr. 308)
97 Eichendorff, Joseph v.: Tagebücher. Hrsg. von W. Kosch. Regensburg (1908), S. 303, 305 (Nr. 32, 56b)
98 Eisner, Kurt: Das Preußentum H. Kleists. In: Münchener Post, 22. und 23. 11. 1911 (Nr. 404)
99 George Eliot's Life as related in her Letters and Journals. Ed. by J. W. Cross. Bd. 1, Edinburgh and London 1910, S. 285 (Nr. 54b)
100 Eloesser, Arthur: H. v. Kleist. (Die Literatur, Bd. 16.) Berlin 1905, S. 59 f. (Nr. 387)
101 Eloesser, Arthur: Der unbekannte Kleist. In: Die Jugend, Jg. 1911, Nr. 46, S. 1226–30 (Nr. 407)
102 Engel, Fritz: Die Zitate der Nacht. In: Berliner Tageblatt, 7. 2. 1907 (Nr. 586a)
103 Erdmannsdörfer, B.: Zu Kleists Prinzen von Homburg. In: Preuß. Jahrbücher, Bd. 34, Berlin 1874, S. 205–10 (Nr. 176)
104 Ernst, Paul: Der Prinz von Homburg. In: Deutsches Volkstum, 20. Jg., Nov. u. Dez. 1918 (Veränderter Abdruck in: Der Zusammenbruch des Idealismus, München 1918, S. 298–315) (Nr. 435, 590)
105 Ernst, Paul: Erdachte Gespräche. München 1921, S. 110–13 (Nr. 627)
106 Eulenberg, Herbert: H. v. Kleist. In: Frankfurter Zeitung, 21. 11. 1911 (Nr. 400)
107 Eysoldt, Gertrud: Penthesilea. In: Blätter des Deutschen Theaters, Berlin, 23. Sept. 1911 (auch in: Berliner Tageblatt, 22. 9. 1911) (Nr. 620b)
108 Fazy, Edmond: Un pélerinage au tombeau du poète Henri de Kleist. In: Mercure de France, Paris, Okt./Dez. 1903 (Nr. 381)
109 Feuchtersleben, Ernst Frhr. v.: Zur Diätetik der Seele. Wien 1838, S. 11, 34 (Nr. 43)
110 Feuchtersleben, Ernst Frhr. v.: Beiträge zur Literatur, Kunst- und Lebenstheorie. Bd. 2, Wien u. Leipzig 1841, S. 52 f. (Nr. 304a)
110a Feuchtwanger, Lion: Die Geschwister Oppenheim. Roman. Amsterdam 1934, S. 258, 262 (Nr. 487)
111 Fiedler, Conrad: Hans v. Marées. München 1889. (Neudruck:) München 1947, S. 59–61 (Nr. 372b)
112 Fischer, Ottokar (Rez.): Meyer-Benfey, Das Drama H. v. Kleists. In: Euphorion, Bd. 18, 1911, S. 525 (Nr. 237)
113 Fischer, Ottokar: Randbemerkung zu einem Kleistbuch. In: Prager Presse, 28. 8. 1925 (Nr. 455c)
114 Fleisser, Marieluise: Der Heinrich Kleist der Novellen. In: Der Scheinwerfer, Okt. 1927, S. 6–8 (Nr. 685)
115 Fontane, Theodor: Sämtliche Werke. Hrsg. von Kurt Schreinert u. a.

Bd. 7, München 1959, S. 187 f. (Nr. 537b); Bd. 21/II, München 1974,
S. 133–137, 137 f., 140–146, 423–426 (Nr. 575, 537a, 678, 210)

116   Fontane, Theodor: Schriften zur Literatur. Hrsg. von H.-H. Reuter.
Berlin 1960, S. 496 (Nr. 359)

118   Fontane, Theodor: Briefe. Zweite Sammlung. Hrsg. von O. Pniower
u. P. Schlenther, Bd. 2, Berlin 1910, S. 87, 25 (Nr. 209, 576a)

119   Der Briefwechsel von Theodor Fontane und Paul Heyse 1850 bis
1897. Hrsg. von E. Petzet. Berlin 1929, S. 180 (Nr. 576b)

120   (Fouqué, Caroline de la Motte:) Gespräch über die Erzählungen
von H. v. Kleist. In: Zeitung f. d. eleg. Welt, 3.–5. 9. 1812 (Nr. 653)

121   Fouqué, Friedrich de la Motte: Abschied von H. v. Kleist (Gedicht).
In: Erholungen, Jg. 1812, Nr. 1 (Nr. 252)

122   Fouqué: Ein Gespräch über die Dichtergabe H. v. Kleists. In: Morgenblatt, 1. u. 2. 3. 1816 (Nr. 261a)

123   Fouqué: (Fußnote zu) Das letzte Lied. In: Frauentaschenbuch für
das Jahr 1818. Nürnberg (1817), S. 64 (Nr. 255b)

124   Fouqué: Die drei Kleiste. Biographisch-literarische Betrachtungen.
In: Zeitung f. d. elegante Welt, 20.–28. 12. 1821 (Nr. 163)

125   Fouqué, Friedrich und Caroline de la Motte Fouqué: Reise-Erinnerungen. 2. Teil, Dresden 1823, S. 223–25 (Nr. 520)

126   Fouqué: An H. v. Kleist. In: Blumen auf das Grab der Schauspielerin
Luise v. Holtei. Berlin 1825, S. 84 (Nr. 526c)

127   Fouqué: (Fußnote zu) Trügliche Entwendung einer Rede. In:
Berlinische Blätter f. dt. Frauen. Bd. 1, H. 3, 3. April 1829, S. 209
(Nr. 633)

128   Fouqué: Aus dreier Fürsten Lebenslauf. In: Berl. Blätter f. dt. Frauen.
Bd. 11, H. 4, Febr. 1830, S. 157 (Nr. 559)

128a  Fouqué: Beachtung zweier Aufsätze über den Adel. In: Zeitung für
den Deutschen Adel, 9. 6. 1841 (Nr. 261b)

129   Briefe von Friedrich de la Motte Fouqué an Adolph Wagner.
In: Mitteil. a. d. Literaturarchive zu Berlin, Bd. 2, Berlin 1900,
S. 96 f. (Nr. 68b)

130   Briefe an Friedrich Baron de la Motte-Fouqué. Berlin 1848,
S. 150, 187–89, 547 f., 549, 216 (Nr. 57, 64, 65, 68a, 525)

131   Louise v. François und C. F. Meyer. Ein Briefwechsel. Hrsg. von A.
Bettelheim, 2. Aufl., Berlin u. Leipzig 1920, S. 54, 153 (Nr. 371)

132   Franzos, Karl Emil: Heine und Kleist. In: Deutsche Dichtung,
Bd. 30, Stuttgart 1901, S. 227 f. (Nr. 529a, b)

133   Frapan, Ilse: Vischer-Erinnerungen. Stuttgart 1889, S. 55 f. (Nr. 310a)

134   Freiberg, Günther v. (d. i. Ada Pinelli, geb. v. Treskow): Im Hause des
dramatischen Dichters. In: Über Land und Meer, Jg. 1883, Nr. 42
(Nr. 110)

135   Frey, Adolf: C. F. Meyer, 3. Aufl., Stuttgart u. Berlin 1919, S. 294 f.
(Nr. 215)

136   Freytag, Gustav: Die Technik des Dramas. In: Gesammelte Werke,
Bd. 14, Leipzig 1887, S. 63 f. (Nr. 570)

137 Fricke, Gerhard, Gefühl und Schicksal bei H. v. Kleist. Stuttgart 1929, S. 1, 6 (Nr. 470)

138 Friedmann, Sigismondo: Il dramma tedesco del nostro secolo. Milano 1893. Deutsch in: S. Fr., Das deutsche Drama des neunzehnten Jahrhunderts. Übers. von L. Weber. Bd. 1, Leipzig 1900, S. 5, 85 (Nr. 379a); Bd. 2, Leipzig 1903, S. 246 (Nr. 361)

139 Fries, Albert: Stilistische und vergleichende Forschungen zu H. v. Kleist. Berlin 1906, S. 3*, 106 (Nr. 362)

140 Geiger, Ludwig: Berlin 1688–1840. Bd. 2, Berlin 1895, S. 327 (Nr. 10)

141 Geiger, Ludwig: Aus Alt-Weimar. Mitteilungen von Zeitgenossen. Berlin 1897, S. 188 f. (Nr. 11)

142 Briefe von und an Friedrich v. Gentz. Hrsg. von Fr. C. Wittichen u. E. Salzer. Bd. 3, München u. Berlin 1913, S. 227 (Nr. 254)

143 Gervinus, G. G.: Neuere Geschichte der poetischen Literatur. Histor. Schriften, Bd. 6, Leipzig 1842, S. 674–76 (Nr. 291)

144 Gide, André: Journal 1889–1939. Paris 1948, S. 138, 146 (Nr. 681); Journal 1939–1949, Paris 1954, S. 135–41 (unter Benutzung der auszugsweisen Übersetzung von Maria Schaefer-Rümelin, Stuttgart 1965) (Nr. 629)

144a Giehse, Therese: Ich hab nichts zum Sagen. Gespräche mit Monika Sperr. Gütersloh 1973, S. 96 f. (Nr. 501a)

145 Glaser-Gerhard, Ernst: Aus Hermann Hettners Nachlaß II. In: Euphorion, Bd. 29, 1928, S. 467–71 (Nr. 82, 311)

146 Glossy, Carl: Kleine Mitteilungen. H. v. Kleists Erzählungen. In: Jahrb. d. Grillparzer-Ges., 33. Jg., Wien 1935, S. 151 f. (Nr. 646)

147 Goethe: Werke (Sophien-Ausgabe). 1. Abt., Bd. 40, S. 178 f., 181 f. (Nr. 274). 3. Abt., Bd. 5, S. 52; Bd. 6, S. 13 (Nr. 256); Bd. 11, S. 83 (Nr. 278a)

148 Goetz, Wolfgang: Schutthaufen Kleist. In: Deutsche Zukunft, Berlin, 30. 6. 1934 (Nr. 178a, 246)

149 Gottschall, Rudolph: Die deutsche Nationalliteratur in der ersten Hälfte des neunzehnten Jahrhunderts. Bd. 1, Breslau 1855, S. 321–27, 329 f. (Nr. 315, 606)

150 Gottschall, Rudolf v.: Die deutsche Nationalliteratur des neunzehnten Jahrhunderts. 6. verm. u. verb. Aufl., Bd. 1, Breslau 1891, S. 567 (Nr. 376)

151 Grabbe, Christian Dietrich: Sämtliche Werke. Hrsg. von E. Grisebach. Bd. 4, Berlin 1902, S. 404, 428 (Nr. 530a)

152 Grabbe, Christian Dietrich: Werke und Briefe. Hrsg. von A. Bergmann. Bd. 4. Emsdetten 1966, S. 204 f. (Nr. 530b)

152a Grathoff, Dirk: Zur frühen Rezeptionsgeschichte von Kleists Schauspiel »Prinz Friedrich von Homburg«. In: German.-Roman. Monatsschrift 30/1980, S. 289–311 (Nr. 269a, 557)

153 Gregori, Ferdinand: Kleist und wir. In: Der Merker, 2. Jg., Wien 1911, S. 1145–50 (Nr. 397)

153a Gregori, Ferdinand: Kleist und das deutsche Theater. In: Der Kunstwart, Okt. 1927, S. 54 f. (Nr. 459a)
154 Griewank, Karl: Gneisenau. 2. Aufl., Leipzig 1948, S. 179 (Nr. 16)
155 Grillparzer, Franz: Werke. Hrsg. von A. Sauer. 2. Abt., Bd. 7, Wien u. Leipzig 1914, S. 130, 292 (Nr. 656)
156 Grillparzers Gespräche. Hrsg. von A. Sauer. Schriften d. Literar. Vereins in Wien, Bd. 3, 1906, S. 238 (Nr. 568a); Bd. 12, 1910, S. 222–25 (Nr. 568b)
157 Grimm, Herman: Einige neue Bücher. In: Deutsche Rundschau, Bd. 108, 1901, S. 150–53 (auch in: Fragmente, 2. Teil, 1902) (Nr. 220b, 382)
158 Grimm, Wilhelm (Rez.): F. Horn, Die schöne Literatur Deutschlands. In: Kleinere Schriften. Hrsg. von G. Hinrichs. Bd. 1, Berlin 1881, S. 282 (Nr. 28)
159 Private und amtliche Beziehungen der Brüder Grimm zu Hessen. Hrsg. von E. Stengel. Bd. 1, Marburg 1886, S. 32 (Nr. 652c); Bd. 3, Marburg 1910, S. 191 (Nr. 130c)
160 Briefwechsel zwischen Jacob und Wilhelm Grimm, Dahlmann und Gervinus. Hrsg. v. Ed. Ippel. Bd. 2, Berlin 1886, S. 198 f. (Nr. 81)
161 Grube, Max: Am Hofe der Kunst. Leipzig 1918, S. 158–60 (Nr. 584)
162 Gundolf, Friedrich: Shakespeare und der deutsche Geist. Berlin 1911, S. 333, 355 f. (Nr. 391)
163 Gundolf, Friedrich: Heinrich v. Kleist. Berlin 1922, S. 7–15, 108 f. (Nr. 444a, 622b)
164 Gundolfs Briefe. Neue Folge, Hrsg. von L. Helbing u. C. V. Bock. 2. Aufl., Amsterdam 1965, S. 222, 186 (Nr. 445b, 622a)
165 Guthke, Karl S.: Thomas Mann on H. v. Kleist. In: Neophilologus, Jg. 44, Groningen 1960, S. 121 f. (Nr. 509a)
167 Gutzkow, Karl: Dionysius Longinus oder über den ästhetischen Schwulst in der neueren deutschen Literatur. 2. Aufl., Stuttgart 1878, S. 70 (Nr. 350)
168 Haas, Willy: Günther Blöckers Analyse. In: Die Welt, 11. 2. 1961 (Nr. 508b)
169 Häbler, G.: Heinrich v. Kleist. Ein Protest. In: Wissensch. Beil. d. Leipz. Zeitung, 1862, Nr. 17–20 (Nr. 335, 536, 607, 636)
169a Härtl, Heinz: Unbekannte Äußerungen Arnims über Kleist. In: Weimarer Beiträge 9/1977, S. 180 f. (Nr. 71b, 78, 665a)
170 Haftmann, Werner: Das Schicksal des preußischen Lieutenants H. v. Kleist. In: Die Zeit, Hamburg, 4. 3. 1948 (Nr. 497)
171 Harden, Maximilian (d. i. F. E. Witkowski): Penthesilea. In: Die Zukunft, Bd. 12, Berlin 1895, S. 565–76 (auch in: M. Harden, Köpfe, Bd. 4, Berlin 1924) (Nr. 616)
172 Hart, Julius: H. v. Kleist. In: Der Tag, Berlin, 21. 11. 1911 (Nr. 402)
173 Hart, Julius: Das Kleist-Buch. Berlin (1912), S. 7 f., 19 (Nr. 239)
174 Hartlieb, Wladimir v.: An Kleist (Gedicht). In: Literarische Welt, 4. 8. 1933 (Nr. 471)

175 Hasse, Karl Ewald: Erinnerungen aus meinem Leben. 2. Aufl., Leipzig 1902, S. 161 (Nr. 544c)
176 Haupt, Gunther: Der Empörer. Das Leben H. v. Kleists. Berlin 1938, S. 16 f. (Nr. 485)
177 Hauptmann, Gerhart: Festspiel in deutschen Reimen. Berlin 1913, S. 61 f. (Nr. 426)
178 Hauptmann, Gerhart: Der Baum von Gallowayshire. Gesprochen bei dem Eröffnungsakte der Heidelberger Festspiele am 21. Juli 1928. O. O. u. J., S. 7–23 (auch in: Um Volk und Geist. Berlin 1932) (Nr. 540)
179 Haym, Rudolf: Ausgewählter Briefwechsel. Hrsg. von H. Rosenberg. Stuttgart u. Leipzig 1930 (Nr. 202a, 323)
180 Hebbel, Friedrich: Sämtliche Werke. Hrsg. von R. M. Werner. 1. Abt., Bd. 7–12, Berlin 1904: X 368–72 (Nr. 293a); IX 31–60 (Nr. 294, 563, 666); VII 180 (Nr. 296); XI 207, 275, 304, 349–53 (Nr. 297); XI 138, 277, 307 f., 339 f., XII 24, 30, X 293, XII 343 (Nr. 298); XI 394 (Nr. 300b); XII 53 (Nr. 304b); XI 86–90 (Nr. 532); XI 323–35 (Nr. 565)
181 Dasselbe, 2. Abt.: Tagebücher. Bd. 1–4, Berlin 1903. Tagebuch-Eintragung Nr. 3888 (Nr. 173); 720, 1153, 1169, 1253, 1257, 1522, 1536, 2247, 2644, 2934, 3225, 4269, 5740 (Nr. 295); 4222 (Nr. 300a); 4487 (Nr. 306a); 2799 (Nr.319b)
182 Dasselbe, 3. Abt.: Briefe. Bd. 1–7, Berlin 1904–1907: VII 397 (Nr. 203); I 64, 169, 203, 215, 282, 342–46, 360 f.; II 209; IV 32, 67 f., 166; V 109, 219 f.; VI 316; VII 69 (Nr. 295); IV 33 (Nr. 302a); IV 155 f. (Nr. 302c); IV 159 (Nr. 303b); IV 146 f. (Nr. 306b); V 220 (Nr. 319c)
183 Hegel, Georg Wilhelm Friedrich: Sämtliche Werke. Hrsg. von H. Glockner. Stuttgart 1949–59. Bd. 20, S. 145 f., 195 f. (Nr. 279); Bd. 12, S. 327 f.; Bd. 13, S. 198 (Nr. 280); Bd. 13, S. 182 (Nr. 527)
183a Heiberg, Johan Ludvig (Über Kleists »Prinz von Homburg«). In: Kløbenhavns flyvende Post, 4.7.1828 (Nr. 561a)
184 Heimann, Moritz: Eine moralisch-dramaturgische Frage. In: Das Theater, 2. Jg., Berlin 1905, S. 87–95 (verändert auch in: Die Schaubühne, 10. Jg., Bd. 2, 1914, S. 223–27) (Nr. 583)
185 Heine, Heinrich: Sämtliche Werke. Hrsg. von E. Elster. Leipzig u. Wien (1890), Bd. 4, S. 569 f. (Nr. 319a); Bd. 7, S. 414 (Nr. 320); Bd. 7, S. 570–79 (Nr. 553); Bd. 3, S. 136 f. (Nr. 555)
186 Heine, Heinrich: Briefwechsel. Hrsg. von F. Hirth. München u. Berlin 1914–20. Bd. 3, S. 135, 263 (Nr. 317a, 318); Bd. 1, S. 390, 397, 425, 430 (Nr. 662)
187 Gespräche mit Heine. Hrsg. von H. H. Houben. 2. Aufl., Potsdam 1948, S. 682 f. (Nr. 321)
188 Heiseler, Bernt v.: Kleist. Stuttgart (1939), S. 6 (Nr. 479)
189 (Hennemeyer, Kurt:) Die letzten Tage der Ulrike v. Kleist. In: Oder-Zeitung, 15.4.1932 (Nr. 115)

190  Henning, Bruno: Marie v. Kleist, ihre Beziehungen zu H. v. Kleist. In: Sonntagsbeil. z. Voss. Zeitung, Berlin, 19. 9. 1909 (Nr. 88, 90, 95a, 96)

190a  Hertel, Johann Jacob: Die neuesten vermischten Gedichte. Augsburg 1812, S. 260 f. (Nr. 40a)

191  Herwig, Karl Gustav: Neue Dokumente von und über Kleist. In: Die Weltbühne, 6. 10.–8. 12. 1921 (Nr. 243)

192  Herzog, Wilhelm: Kleist, der Künstler und Kämpfer. In: Die Rote Fahne, Berlin, 16. 10. 1927 (Nr. 464a)

193  Herzog, Wilhelm: Menschen, denen ich begegnete. Bern u. München 1959, S. 268 f. (Nr. 231)

193a  Hesse, Hermann: Gesammelte Werke. Frankfurt a. M. 1970, Bd. 11, S. 187 f. (Nr. 683)

194  Hettner, Hermann: Schriften zur Literatur. Hrsg. von J. Jahn. Berlin 1959, S. 173 (Nr. 312)

195  Heuschele, Otto: H. v. Kleists Briefe (1939). In: Geist und Nation. Berlin 1940, S. 109–19 (Nr. 480)

196  Heuß, Theodor: Vor der Bücherwand. Hrsg. von F. Kaufmann u. H. Leins. Tübingen 1961, S. 203 (Nr. 369a)

197  Heym, Georg: Dichtungen und Schriften. Hrsg. von K. L. Schneider. Bd. 3, Hamburg u. München 1960 (Nr. 392)

197a  Heym, Georg: Dokumente zu seinem Leben und Werk. Hrsg. von K. L. Schneider u. G. Burckhardt. München 1968, S. 507 (Nr. 392a)

198  Heyse, Paul und Hermann Kurz (Hrsg.): Deutscher Novellenschatz. Bd. 1, München (1870), S. 47–49 (Nr. 676)

199  Der Briefwechsel zwischen Paul Heyse und Theodor Storm. Hrsg. von G. J. Plotke. Bd. 2, München 1918, S. 135 (Nr. 213)

200  Hildebrand, Adolf v.: Briefwechsel mit Conrad Fiedler. Hrsg. von G. Jachmann. Dresden (1927), S. 282 f. (Nr. 372a)

201  Hiller, Kurt: Gegen die Kleist-Stiftung. In: Der Sturm, 2. Jg., 2. Halbj., Berlin 1911, Nr. 86 (Nr. 416)

202  Hilpert, Heinz: Gedanken zum Theater. Göttingen (1951), S. 172, 137–39 (Nr. 596)

203  Hoffmann, E. T. A.: Sämtliche Werke. Hrsg. von C. G. v. Maassen. Bd. 7, München 1914, S. 23; Bd. 8, München 1925, S. 217 f. (Nr. 657)

204  Hoffmann, E. T. A.: Briefe und Tagebücher. Hrsg. von W. Harich. Bd. 1, Weimar 1924, S. 357, 369 (Nr. 18, 648)

205  Hoffmann, Paul: Ulrike v. Kleist über ihren Bruder Heinrich. In: Euphorion, Bd. 10, 1903, S. 152 (Nr. 164a)

206  Hoffmann, Paul: H. v. Kleist und die Seinen. In: Archiv f. d. Stud. d. neuer. Sprach. u. Literaturen, Jg. 84, 1929, S. 161–85 (Nr. 104b, 105b, 106, 107, 108a, b)

208  Hofmannsthal, Hugo v.: Deutsches Lesebuch. 1. Teil, München (1922), S. 11* (Nr. 443)

209  Hofmannsthal, Hugo v.: Buch der Freunde. Hrsg. von E. Zinn. Frankfurt a. Main 1965, S. 71, 81 (Nr. 443)

210 Hofmannsthal, Hugo v. und Carl J. Burckhardt: Briefwechsel. Frankfurt a. M. 1956, S. 159 f., 207 (Nr. 684)
211 Hollaender, Felix: Zur Kleist-Feier. In: Blätter des Deutschen Theaters, Berlin, 23. Sept. 1911 (Nr. 620a)
212 (Holtei, Karl v.:) Blumen auf das Grab der Schauspielerin Luise v. Holtei. Berlin 1825 (Nr. 526a–c)
213 Holtei, Karl v.: Staberl als Robinson. Eine Parodie. In: Monatl. Beiträge z. Geschichte dramat. Kunst u. Literatur, Bd. 2, H. 1, Berlin 1828, S. 50–83 (Nr. 528a)
214 Holtei, Karl v.: Arthur und Käthchen. In: Monatl. Beiträge z. Geschichte dramat. Kunst u. Literatur. Bd. 2, Berlin 1828, S. 219–26 (Nr. 558)
214a Holtei, Karl v.: Vierzig Jahre. Bd. 4, Breslau 1859, S. 313–16 (Nr. 286a); S. 318 f. (Nr. 286b)
215 Ein Votum Carl von Holteis in Sachen Berthold Auerbachs contra Charlotte Birch-Pfeiffer. In: Charivari, Leipzig, 11. 3. 1848 (Nr. 111b)
216 Holz, Arno: Die Blechschmiede. Dresden 1921, S. 165 (Nr. 442a)
216a Holzmeister, Barbara: Die großen Wiener Kleist-Darsteller. Diss. (Masch.) Wien 1966
217 Horn, Franz (Rez.): Das Käthchen von Heilbronn. In: Heidelberg. Jahrbücher, Jg. 1812, S. 411–15 (Nr. 509)
218 Horn, Franz: Umrisse zur Geschichte und Kritik der schönen Literatur Deutschlands, während der Jahre 1790 bis 1818. Berlin 1819, S. 162, 153–158 f., 160 f. (Nr. 31, 264, 658)
219 Hotho, H. G. (Rez.): Kleists gesammelte Schriften. In: Jahrbücher f. wissensch. Kritik, Berlin 1827, Sp. 685–724 (Nr. 276, 556, 663)
219a Hotho, Heinrich Gustav: Über Kleists Schauspiel »Prinz Friedrich von Homburg« und die erste Berliner Aufführung 1828. Mit e. Kommentar von Dirk Grathoff u. Günter Oesterle. In: Text und Kontext, hrsg. von Klaus Kanzog, Berlin 1979 (Nr. 557a)
220 Houben, H. H.: H. v. Kleists Freunde und Gegner. In: Kleine Blumen, kleine Blätter aus Biedermeier und Vormärz. Dessau 1925, S. 9–18 (Nr. 221)
221 Huch, Ricarda: Ausbreitung und Verfall der Romantik. Leipzig 1902, S. 230 f. (Nr. 378)
222 Hülsen, Hans v. (Rez.): J. R. Becher, Der Ringende. In: Janus, 1. Jg., München 1912, Nr. 14 (Nr. 393c)
222a (Humboldt, Caroline:) Frauen zur Goethezeit. Ein Briefwechsel. Caroline v. Humboldt – Friederike Brun. Hrsg. von Ilse Foerst-Crato. Düsseldorf 1975, S. 60 (Nr. 16a)
223 Hunziker, Rudolf: C. F. Meyer und die Neue Zürcher Zeitung. In: Neue Zürcher Zeitung, 11. 10. 1925 (Nr. 370)
224 Ibel, Rudolf: Weltschau der Dichter. Jena (1943), S. 457, 459 (Nr. 486)
225 Ihering, Herbert: Die sechshundertachtundneunzig Seiten des Wilhelm Herzog. In: Die Schaubühne, 7. Jg., 2. Bd., 1911, S. 575–77

(Nr. 232)
226 Ihering, Rudolf v.: Der Kampf ums Recht. 4. Aufl., Wien 1874, S. 60, 62 f. (Nr. 677)
227 Ionesco, Eugène: Expérience du Théâtre. In: Notes et Contrenotes. Paris 1962, S. 7 (nach der Übertragung von Claus Bremer, Neuwied 1964) (Nr. 505)
228 Jacob, Heinrich Eduard: Ein Kleist fürs Haus. In: Deutsche Montags-Zeitung, Berlin, 15.1.1912 (Nr. 233)
228a Jacobi, Hansres: Amphitryon in Frankreich und Deutschland. Zürich 1952, S. 126–130 (Nr. 243)
229 (Jacobs, Monty:) Berlin in Deutschland voran? In: Berliner Tageblatt, 29.10.1905 (Nr. 178)
230 (Jaffé, Alfred:) Unbekannte Erzählungen H. v. Kleists. In: Die Woche im Bild, Olten u. Konstanz, 2.–23.6.1929 (Nr. 245a)
231 Jahnn, Hans Henny: Rechenschaft Kleistpreis 1928. In: Der Kreis, 6. Jg., Hamburg 1929, S. 137–41 (Nr. 418)
232 Jahnn, Hans Henny: Heinrich v. Kleist. Eine jämmerliche Tragödie. In: Europa-Almanach, 1. Jg., Potsdam 1925, S. 174–180 (Nr. 431)
232a Janouch, Gustav: Gespräche mit Kafka. Aufzeichnungen und Erinnerungen. Frankfurt a. M. 1968, S. 220 (Nr. 422a)
233 Jean Paul: Sämtliche Werke. Hrsg. von Ed. Berend. 1. Abt., Bd. 16, Weimar 1938, S. 7 (Nr. 258); 3. Abt., Bd. 8, 1955, S. 466 (Nr. 160b)
234 Jessner, Leopold: Glosse zur Auffassung des »Prinzen Friedrich von Homburg«. In: Die Scene, Okt. 1927, S. 290 (Nr. 594)
235 Jünger, Ernst: Heliopolis. Tübingen 1949, S. 41 f. (Nr. 494b)
236 Jünger, Ernst: Strahlungen. Tübingen 1949, S. 279 f. (Nr. 494a)
237 Jünger, Ernst: Jahre der Okkupation. Stuttgart 1958, S. 162 (Nr. 494a)
238 Jungnickel, Max. Das lachende Soldatenbuch mit der Denkerstirne. München 1915, S. 25 f. (Nr. 429)
239 Kafka, Franz: Erzählungen. Frankfurt a. M. 1946, S. 315 f. (Nr. 241b)
240 Kafka, Franz: Tagebücher 1910–1923. Frankfurt a. M. 1954, S. 43, 341, 706 (Nr. 420, 421a, b)
240a Kafka, Franz: Briefe 1902–1924. Hrsg. von Max Brod. Frankfurt a. M. 1958, S. 87 (Nr. 420a)
240b Kafka, Franz: Briefe an Felice und andere Korrespondenz aus der Verlobungszeit. Hrsg. von Erich Heller und Jürgen Born. Frankfurt a. M. 1968, S. 291 f., 460 (Nr. 420b, 422b)
241 Kalbeck, Max: Der Prinz von Homburg. In: Neues Wiener Tagblatt, 6.12.1859 (Nr. 579)
241a Kanzog, Klaus: Rudolf Köpkes handschriftliche Aufzeichnungen der Kleist-Bemerkungen Tiecks. In: Euphorion 62/1968, S. 161 (Nr. 127b)
242 Kayka, Ernst: Kleist und die Romantik. Berlin 1906, S. 197 (Nr. 73a)
243 Kayßler, Friedrich: Gedanken zum Prinzen von Homburg. Vortrag auf der Kleist-Festwoche in Bochum am 16. Nov. 1936. In: Jahrb. d. Kleist-Ges. 1937, S. 49–58 (Nr. 593)

244 Keller, Gottfried: Gesammelte Briefe. Hrsg. von C. Helbling. Bern 1954, Bd. 3, 1. Teil, S. 492; Bd. 4, S. 176 (Nr. 358)

245 Kerr, Alfred: Die Welt im Drama. Bd. 3, Berlin 1917, S. 363, 337, 358–60 (Nr. 430, 642a, 642b)

246 Kerr, Alfred: Die Welt im Drama. Hrsg. von G. F. Hering. 2. Aufl. Köln u. Berlin 1964, 396–98, 580 f. (Nr. 592, 624)

246a Kerr, Alfred: Mit Schleuder und Harfe. Hrsg. von Hugo Fetting. Berlin 1981, S. 12 (Nr. *539)

247 Kesser, Hermann: Ich las Michael Kohlhaas. In: Berliner Tageblatt, 16.10.1927 (Nr. 686)

247a Kienzl, Florian: Berlin ehrt Kleist. In: Stuttgarter Zeitung, 10. 2. 1961 (Nr. 419)

248 Klabund (d. i. Alfred Henschke): Deutsche Literaturgeschichte in einer Stunde. 2., vom Autor überarb. Aufl. (Zellenbücherei Nr. 12) Leipzig 1921, S. 57–59 (Nr. 442)

249 Kleist, Hans Jürgen v.: Kleist und die Kleists. In: Vossische Zeitung, 20. 10. 1927 (Nr. 464b)

250 Kleist, H. v.: Hinterlassene Schriften. Hrsg. von L. Tieck. Berlin 1821, S. 26*–28*, 3*–78* f., 72* f., 47*–50*, 63*–68*, 46* f., 43* f., 58*–61* (Nr. 41a, 155, 266a, 517, 545, 603, 632, 659)

251 Kleist, H. v.: Gesammelte Schriften. Hrsg. von L. Tieck. Bd. 1, Berlin 1826, S. 3* (Nr. 170a)

252 Kleist, H. v.: Ausgewählte Schriften. Hrsg. von L. Tieck. Berlin 1846, Bd. 1, S. 1*, 46* (Nr. 172b, 179)

253 Kleist, H. v.: Gesammelte Schriften. Hrsg. von Julian Schmidt. Berlin 1859, Bd. 1, S. 5* f., 6*–9*, 114*, 52* (Nr. 188, 329, 567, 673b)

254 Kleist, H. v.: Politische Schriften und andere Nachträge zu seinen Werken. Hrsg. von Rudolf Köpke. Berlin 1862, S. 7 f., 3*, 9* f. (Nr. 174b, 197)

255 Kleist, H. v.: Sämtliche Werke. Hrsg. von Th. Zolling. Berlin u. Stuttgart (1885). Bd. 1, S. 139*, 97* f., 141*, 143*, 146*, 96*, 99* (3x), (Nr. 13, 14, 58, 61, 74/251, 100, 103, 111a, 117)

256 Kleist, H. v.: Werke. Im Verein mit G. Minde-Pouet u. R. Steig hrsg. von Erich Schmidt. Leipzig u. Wien (1905). Bd. 4, S. 239 (Nr. 166b); Bd. 5, S. 468, 445, 491 f. 468, 483 (Nr. 87, 95b, 102b, 165, 177)

257 Dasselbe. 2. Aufl. Neu durchges. u. erw. von G. Minde-Pouet. Leipzig (1936 ff.). Prospekt (Nr. 247)

259 H. v. Kleists 150. Geburtstag. (Äußerungen von Th. Mann, W. Goetz, G. Kaiser, C. Zuckmayer, A. Neumann, A. Lernet-Holenia) In: Vossische Zeitung, 16.10.1927 (Nr. 465, 466)

260 Kleist-Gesellschaft: Aufruf, Febr. 1922. In: Jahrb. d. Kleist-Ges. 1921, S. 76–83 (Nr. 441)

261 Knudsen, Hans: Zum Tode Kleists. In: Jahrb. d. Kleist-Ges. 1938, 1. Heft, S. 38 f. (Nr. 40)

262 Köhler, Reinhold: Zu H. v. Kleists Werken. Die Lesarten d. Originalausgaben u. d. Änderungen L. Tiecks u. J. Schmidts. Weimar 1862, S. 4*–8* (Nr. 192)
263 Köpke, Rudolf: Ludwig Tieck. Leipzig 1855, 2. Teil, S. 55 f. (Nr. 127)
264 Briefe an Rudolf Köpke. In: Mitteil. a. d. Literaturarchive in Berlin. N. F., 1. Berlin 1909, S. 67 (Nr. 174c)
265 Körner, Josef: Krisenjahre der Frühromantik. Bd. 2, Brünn, Wien, Leipzig 1937, S. 239 (Nr. 33)
266 Körner, Theodor: Briefwechsel mit den Seinen. Hrsg. von A. Weldler-Steinberg. Leipzig 1910, S. 158, 159 (Nr. 12, 14)
266a Kokoschka, Oskar: Das schriftliche Werk. Hrsg. von H. Spielmann. Bd. 4, Hamburg 1976, S. 269–72 (Nr. 644)
267 Kommerell, Max: Die Sprache und das Unaussprechliche. In: Das Innere Reich, Sept. 1937, S. 654–97 (auch in: Geist und Buchstabe der Dichtung. 1940) (Nr. 478)
268 Krafft-Ebing, R. v.: Psychopathia sexualis. 8. Aufl., Stuttgart 1893, S. 89 (Nr. 615)
269 Kraus, Karl: Brahm, Kleist, Bahr und ich. In: Die Fackel, 13. Jg., Wien 1911, Nr. 336/37, S. 22 (Nr. 228b)
270 Kreuder, Ernst: Die Gesellschaft vom Dachboden. Stuttgart u. Hamburg 1946, S. 11 f. (Nr. 689)
270a Kreutzer, Hans Joachim: (Rez.) H. v. Kleists Lebensspuren; H. v. Kleists Nachruhm; Kleist-Bibliographie 1803–1862. In: Euphorion 61/1968, S. 211, 217 f. (Nr. 71a, 318a)
271 Krugs Lebensreise in sechs Stazionen, von ihm selbst beschrieben. 2. Aufl., Leipzig 1842, S. 127 f. (Nr. 44)
272 Kühne, Gustav: H. v. Kleist über Paris und die Franzosen. (und) H. v. Kleist. Ein deutsches Dichterleben. In: Europa. Jg. 1848, Nr. 107 u. 131/32 (Nr. 303a, 671)
273 (Kuh, Emil:) Julian Schmidt über H. v. Kleist. In: Stimmen der Zeit, 1. Jg., Gotha 1859, S. 312–25 (Nr. 191a, 332)
274 Kuh, Emil: Biographie Friedrich Hebbels. Wien 1877, Bd. 2, S. 669 (Nr. 301)
274a Kurz, Heinrich: Geschichte der deutschen Literatur. 3. Aufl., Leipzig 1861, Bd. 3, S. 522 (Nr. 672a)
275 Landauer, Gustav: Sein Lebensgang in Briefen. Hrsg. von M. Buber. Bd. 1. Frankfurt a. M. 1929, S. 79, 118 (Nr. 640b)
276 Laube, Heinrich: Geschichte der deutschen Literatur. Stuttgart 1840, Bd. 3, S. 186–88 (Nr. 289)
277 Laube, Heinrich: Ein Besuch bei Ludwig Tieck. In: Illustr. Familienbuch, hrsg. vom Österr. Lloyd, Bd. 3, 1853, S. 15–21 (Abdruck in: H. Laube, Theaterkritiken u. dramaturg. Aufsätze, hrsg. von A. v. Weilen. Schriften d. Ges. f. Theatergesch., Bd. 8, Berlin 1906, S. 333 f.) (Nr. 533c)

278 Laube, Heinrich: Das Burgtheater. Leipzig 1868, S. 332 f. (Nr. 533b)
279 Laube, Heinrich: Das Wiener Stadttheater. Leipzig 1875, S. 144 f. (Nr. 342)
280 Laube, Heinrich: Erinnerungen 1810–1840. Wien 1875 (Gesammelte Werke, hrsg. von H. H. Houben, Bd. 40, Leipzig 1909, S. 99 f.) (Nr. 533a)
280a Lehmann, Wilhelm: Nachwort zu Moritz Heimann, Die Wahrheit liegt nicht in der Mitte. Frankfurt a. M. 1966, S. 285 (Nr. 583a)
281 (Die Lese:) Zum 21. November 1922. (Beiträge von H. Eulenberg, W. Schmidtbonn, F. Gregori, E. Schur, F. Lienhard, R. Schaukal, M. G. Conrad, F. Servaes.) In: Die Lese, München, 18. 11. 1911 (Nr. 398)
282 Liliencron, Detlev v.: Sämtliche Werke. Berlin u. Leipzig 1897 ff. Bd. 8, S. 10 f. (Nr. 364); Bd. 6, S. 65 f.; Bd. 5, S. 83 f., 100 f., 186, 187 (Nr. 367)
283 Liliencron, Detlev v.: H. v. Kleist. In: Das Magazin f. d. Literatur d. In- und Auslandes, Leipzig, 19. 9. 1885 (Nr. 366, 611)
284 Liliencron, Detlev v.: Briefe an Hermann Friedrichs aus den Jahren 1885–1889. Berlin 1910, S. 102, 131 (Nr. 365)
285 Liliencron, Detlev v.: Briefe in neuer Auswahl. Hrsg. von H. Spiero. Stuttgart 1927, S. 305 f., 348 (Nr. 368b)
286 Lindau, Paul: Über die letzten Lebenstage H. v. Kleists und seiner Freundin. In: Die Gegenwart 1873, Nr. 31–34. (Mit Textkorrekturen nach einer späteren Kollation von G. Minde-Pouet) (Nr. 38b, 60, 89, 101, 102a, 204)
287 Lindenberg, Paul: Ein unbekannter Briefschatz. In: Dt. Allgem. Zeitung, 8. 2. 1933 (Nr. 272)
288 Lissauer, Ernst: 1813. Ein Cyklus. Jena 1913, S. 8 (Nr. 425)
289 Litterscheid, Richard: Hugo Wolf. Potsdam 1939, S. 33, 35 f. (Nr. 613c)
290 Litzmann, Berthold: Ernst v. Wildenbruch. Bd. 2, Berlin 1916, S. 347 (Nr. 360)
291 Lloyd, Francis and William Newton: Prussia's Representative Man. London 1875, S. 4* f., 171 (Nr. 341)
292 (Loeben, Otto Heinrich v.:) Deutsche Worte über die Ansichten der Frau von Stael von unserer poetischen Litteratur in ihrem Werk über Deutschland. Von Isidorus Orientalis. Heidelberg 1814, S. 150–52, 196, 216 f. (Nr. 259a)
293 Löns, Hermann: In philistros. Ein bisher ungedrucktes Gedicht. In: Danziger Neueste Nachrichten, 15. 10. 1927 (Nr. 373)
294 Lorm, Hieronymus (d. i. Heinrich Landesmann): H. v. Kleist und seine Kritiker. In: Österreich. Wochenschrift f. Wissenschaft, Kunst und öffentl. Leben. Wien 1863, Bd. 1. S. 718–25 (auch in: Philos.-krit. Streifzüge. Berlin 1873) (Nr. 191b, 201, 337)
295 Lublinski, Samuel: Kleist und das Drama. In: Die Schaubühne, 1. Jg., 1905, S. 173–78 (auch in: Nachgelass. Schriften, München 1914) (Nr. 389)

296 Ludwig, Otto: Gesamrnelte Schriften. Hrsg. von Adolf Stern. Leipzig 1891, Bd. 6, S. 393 f. (Nr. 327); Bd. 5, S. 434 f. (Nr. 328)
297 (Luft, Friedrich:) Interview mit Jean Cocteau. In: Die Neue Zeitung, Berlin, 14. 10. 1950 (Nr. 502)
298 Lugowski, Clemens: Wirklichkeit und Dichtung. Untersuchungen zur Wirklichkeitsauffassung H. v. Kleists. Frankfurt a. M. 1936, S. 186 f. (Nr. 477)
299 Lukács, Georg: Die Tragödie H. v. Kleists. In: Internationale Literatur, 7. Jg., H. 8, (Moskau) 1937, S. 105–26 (auch in: Deutsche Realisten des 19. Jahrhunderts. Berlin 1951) (Nr. 490a)
300 Maass, Joachim: Kleist, die Fackel Preußens. München 1957, S. 442 (Nr. 507)
301 Mamroth, Fedor: Aus der Frankfurter Theaterchronik. Bd. 2, Berlin 1908, S. 131 f. (Nr. 384)
302 Mandl, Moritz: Von einem germanischen Shakespeare. In: Neue Freie Presse, Wien, 23. 5. 1868 (Nr. 338)
303 Mann, Thomas: Gesammelte Werke. Frankfurt a. M. 1960, Bd. 9, S. 823–42 (Nr. 500d, 690); Bd. 11, S. 139 (Nr. 643b)
304 Mann, Thomas: Die große Szene in Kleists »Amphitryon«. Vortrag bei der Kleistfeier im Münchener Schauspielhaus 1927. In: Vossische Zeitung, 16. 10. 1927 (Nr. 466)
305 Mann, Thomas: Amphitryon. In: Die Neue Rundschau, 1928, Bd. 1, H. 6, S. 574–608 (Nr. 643a)
306 Mann, Thomas: Briefe 1889–1936. Frankfurt a. M. 1961, S. 82 (Nr. 682)
307 Mann, Thomas: Briefe 1948–1955 und Nachlese. Frankfurt a. M. 1965, S. 337 (Nr. 500b)
307a Mann, Thomas: Das essayistische Werk. Hrsg. von Hans Bürgin. Frankfurt a. M. 1968 (Fischer Bücherei MK), Bd. 116, S. 114 f. (Nr. 435a)
308 Marcel, Gabriel: Der Prinz von Homburg in Paris. In: Das Neue Forum, 1951, H. 13, S. 202–05 (Nr. 597)
309 Marmier, Xavier: Henri de Kleist. In: Nouvelle Revue germanique, Paris, Juin 1833, S. 110 (Nr. 604)
310 Martini, Fritz: Deutsche Literaturgeschichte von den Anfängen bis zur Gegenwart. 1. Aufl., Stuttgart 1949, S. 299 (Nr. 499)
311 Matkowsky, Adalbert: Kleists »Prinz Friedrich von Hessen-Homburg«. In: National-Zeitung, Berlin, 31. 5. 1903 (Nr. 582)
312 Maurois, André: H. v. Kleist. In: La revue de Paris, Juin 1954, S. 1–24 (Nr. 504)
313 Mauthner, Fritz: Kleists »Amphitryon«. In: Berliner Tageblatt, 10. 4. 1899 (Nr. 639)
314 Maync, Harry: Die Entwicklung der deutschen Literaturwissenschaft. Rektoratsrede 1926. Bern 1927, S. 28 (Nr. 445a)
315 Mehring, Franz: Gesammelte Schriften. Berlin 1961 ff., Bd. 9, S. 191 (Nr. 211); Bd. 10, S. 327, 315–322 ff., 322 f. (Nr. 234, 403, 588)

316 (Melchinger, Siegfried:) Himmel und Hölle der Dichter. Kleist-Rede Thomas Manns in Zürich. In: Stuttgarter Zeitung, 2. 12. 1954 (Nr. 500c)
317 Mensi, Alfred Frhr. v.: Clara Ziegler (Nekrolog). In: Jahrb. d. Dt. Shakespeare-Ges., 47. Jg., 1911, S. 209 f. (Nr. 609)
318 Mensi, Alfred Frhr. v.: (Rez. Wedekinds Kleist-Rede.) In: Allgem. Zeitung, München, 25. 11. 1911 (Nr. 410c)
319 Menzel, Wolfgang: Die deutsche Literatur. 2., verm. Aufl., Bd. 4, Stuttgart 1836, S. 230 f. (Nr. 288)
320 Briefe an Wolfgang Menzel. Hrsg. von H. Meisner u. E. Schmidt. Berlin 1908, S. 205 (Nr. 313)
320a Mews, Siegfried: Brechts »dialektisches Verhältnis zur Tradition«. Die Bearbeitung des »Michael Kohlhaas«. In: Brecht-Jahrbuch 1975, S. 65, 69 (Nr. 687a)
321 Meyer, C. F.: Briefe. Hrsg. von Adolf Frey. Leipzig 1908. Bd. 2, S. 379 f., 381 (Nr. 214); Bd. 1, S. 147; Bd. 2, S. 135; Bd. 1, S. 432 f. (Nr. 370)
322 Meyer-Benfey, Heinrich: Das Drama H. v. Kleists. Bd. 2, Göttingen 1913, S. 514 f. (Nr. 235)
323 Minckwitz, Johannes: Der neuhochdeutsche Parnaß 1740 bis 1860. Leipzig 1861, S. 456 (Nr. 334)
324 Minde-Pouet, Georg: Kleistiana. In: Sonntagsbeil. z. National-Zeitung, Berlin, 15. 5. 1904 (Nr. 105a)
325 Minde-Pouet, Georg (Rez.): H. v. Kleists Briefe an seine Schwester Ulrike. In: Dt. Literaturzeitung, 24. 12. 1904 (Nr. 224a)
326 Minde-Pouet, Georg und Erich Schmidt: Abwehr. In: Euphorion, Bd. 16, 1909, S. 669 f. (Nr. 225a)
327 Minde-Pouet, Georg: Epilog zur Feier des 100. Todestages. In. Westfälisches Magazin, Juli 1912, S. 157 (Nr. 412)
328 Minde-Pouet, Georg: Ein Sonett F. A. v. Staegemanns. In: Schrift. d. Vereins f. d. Gesch. Berlins, H. 50, 1915, S. 279–81 (Nr. 47)
329 Minde-Pouet, Georg: Kleists letzte Stunden. Teil 1, Berlin 1925, S. 58 (Nr. 120). (Mehr nicht erschienen.)
330 Minde-Pouet, Georg: Briefe von, an und über Kleist. In: Jahrb. d. Kleist-Ges. 1925/26, S. 64 f., 65 (Nr. 180, 181)
331 Minde-Pouet, Georg: Gedichte auf H. v. Kleist. Eine Auswahl. Privatdruck, Leipzig 1927
332 Minde-Pouet, Georg: Kleist-Bibliographie 1914 bis 1937. In: Jahrb. d. Kleist-Ges. 1921, 1922, 1923/24, 1929/30, 1937
333 Moeller van den Bruck, Arthur: Der Preußische Stil. München 1915 (Neudruck:) München 1953, S. 177 f. (Nr. 621)
334 Mörike, Eduard: Sämtl. Werke. Bd. 3, Stuttg. 1959, S. 459 (Nr. 668)
335 Molieres Lustspiele. Übersetzt von Wolf Grafen Baudissin. Bd. 4, Leipzig 1867, S. 22* f. (Nr. 635)
336 Molo, Walter v.: Geschichte einer Seele. Berlin 1938, S. 612, 629 (Neue Ausgabe unter anderm Titel. Stuttgart 1958) (Nr. 482)

337 Morgan, Bayard Quincy and A. R. Hohlfeld: German Literature in British Magazines 1750–1860. Madison, Wisconsin, 1949
338 Müller, Adam: Vermischte Schriften über Staat, Philosophie und Kunst. Bd. 1, Wien 1812, S. 361 (Nr. 601a)
339 (Müller, Adam:) (Über Kleists Tod.) In: Der Österreichische Beobachter, Wien, 24. 12. 1811 (Nr. 23, 250)
340 (Müller, Adam?:) Das letzte Lied (Vorbemerkung). In: Friedensblättern Wien, 8. 7. 1815 (Nr. 255a)
341 Müller, Kanzler (Friedrich) v.: Unterhaltungen mit Goethe. Hrsg. von E. Grumach. Weimar 1965, S. 153 (Nr. 278b, c)
344 Mundt, Theodor: Geschichte der Literatur der Gegenwart. Vorlesungen. Berlin 1842, S. 158 (so schon in Mundts Roman »Das Duett«, Berlin 1831, S. 212) (Nr. 290)
345 Muschg, Walter: Kleist. Zürich 1923, S. 10 f. (Nr. 448)
346 Muschg, Walter: Die Wandlung des Kleist-Bildes. In: Neue Zürcher Zeitung, 13. 9. 1925 (Nr. 451, 453a, 455d)
347 Muth, Karl: H. v. Kleist – kein Problem. In: Hochland, 9. Jg., 1911, S. 190–207 (Nr. 408)
348 Nadler, Josef: Zu Kleists Geburtstag an den Rand geschrieben. In: Ostdeutsche Blätter, 1. Jg., H. 2, Nov. 1927 (Nr. 469)
349 Nadler, Josef: H. v. Kleist 1777–1811. In: Die Großen Deutschen. Hrsg. von W. Andreas u. W. v. Scholz. Bd. 2, Berlin 1935, S. 490, 502 (Nr. 475)
350 Nietzsche, Friedrich: Werke. Bd. 1, 3, 7, 14, 1. Aufl., Leipzig 1899–1904; Bd. 9–12, 2. Aufl., Leipzig 1901–1903: I 404 f., 408 f. (Nr. 355); VII 255 f. (Nr. 356); IX 115, 250, XI 83, X 281, 250, XI 110, XII 89, XIV 101, X 287, XIV 45 (Nr. 357); III 58 (Nr. 612a); XIV 166 f. (Nr. 612b)
351 Nietzsche, Friedrich: Werke. Hrsg. von K. Schlechta. Bd. 3, München 1960, S. 43 (Nr. 189)
352 Obenaus-Werner, Sibylle: Adolf Müllner und das Literaturblatt 1820–1825. In: Archiv f. Geschichte d. Buchwesens, Bd. 6, Frankfurt a. M. 1965, S. 1155 (u. Mitteilung d. Landesbibl. Gotha) (Nr. 267a, 548)
352a Obenaus, Sibylle: Wilhelm Grimms Kleist-Rezension. In: Jahrb. d. Dt. Schillerges. 25/1981, S. 77–96 (Nr. 652a)
352b Oehlenschläger, Adam: Meine Lebenserinnerungen. Bd. 3, Leipzig 1850, S. 210 (Nr. 263c)
352c (Öttinger, Eduard Maria:) Ein Traum Heinrich von Kleists. Charivari, 8. Jg., Leipzig, 8. 1. 1849 (Nr. 242a)
353 Pange, Jean (Pauline) de: Auguste-Guilleaume Schlegel et Madame de Staël d'après des documents inédits. Paris 1938, S. 344 (Nr. 35)
354 Petersen, Julius: Kleists dramatische Kunst. Vortrag. In: Jahrb. d. Kleist-Ges. 1921, S. 1–21 (Nr. 440)
355 Petersen, Julius: Varnhagen v. Ense über Kleist. In: Jahrb. d. Kleist-Ges. 1923/24, S. 135–41 (Nr. 183, 184, 185)

356 Petsch, Robert: Aus der Kleistliteratur des Jubiläumsjahres 1911. In: German.-Roman. Monatsschrift, 5. Jg., 1913, S. 147 (Nr. 240)
357 Pichler, Caroline: Denkwürdigkeiten aus meinem Leben. Hrsg. von E. K. Blümml. Bd. 1, München 1914, S. 415 (Nr. 56c)
358 Briefe von Caroline Pichler an Therese Huber. Hrsg. von Carl Glossy. In: Jahrb. d. Grillparzer-Ges., 3. Jg., Wien 1892, S. 318 f. (Nr. 547)
359 Platen, August Graf v.: Die Tagebücher. Hrsg. von G. v. Laubmann u. L. v. Scheffler. Bd. 2, Stuttgart 1900, S. 629 (Nr. 270)
360 Polgar, Alfred: Penthesilea. In: Kritisches Lesebuch. Berlin (1926), S. 51 f. (Nr. 626)
361 Quarck, Max: Ein preußischer Junker als dichterischer Revolutionär. In: Sozialist. Monatshefte, 6. Jg., Berlin 1902, Bd. 2, S. 949–59 (Nr. 383)
362 Rahel. Ein Buch des Andenkens für ihre Freunde. Bd. 2, Berlin 1834, S. 275 (Nr. 649)
363 Rahel und Alexander v. d. Marwitz in ihren Briefen. Hrsg. von H. Meisner. Gotha u. Stuttgart 1925, S. 156 f., 235 (Nr. 51, 649)
363a Rahel Varnhagen: Briefwechsel mit Alexander v. d. Marwitz, Hrsg. von Friedhelm Kemp. München 1966, S. 131 f. (Nr. 51)
364 Rahmer, S.: H. v. Kleist in seinen Briefen. In: Deutschland, Bd. 9, Berlin 1906/07, S. 610–29 (Nr. 224b)
365 Rahmer, S.: H. v. Kleist als Mensch und Dichter. Nach neuen Quellenforschungen. Berlin 1909, S. 148, 148–61, 146, 139, 123, 44–36, 123, 123–25, 147, 219, 388, 442, 8*, 135, 288 f., 295 f. (Nr. 22b, 39, 54c, 62a, 62b, 63, 67, 69, 116, 124, 154, 205, 244c, 259b, 515a, 524)
366 (Rapp, Karl Moritz:) Wolkenzug. Comödie. In: Atellanen, hrsg. von Jovialis (d. i. K. M. Rapp). Stuttgart u. Tübingen 1836, S. 1–141 (Nr. 287)
367 Reinbeck, Georg: Sämtliche dramatische Werke. Bd. 2, Heidelberg 1818, S. 138 f. (Nr. 512)
367a Reinhold, Carl: Die dramatische Literatur und das Theater der Deutschen im neunzehnten Jahrhundert, nach ihren literarischen Voraussetzungen betrachtet. In: Taschenbuch dramatischer Originalien, hrsg. von [Gustav v.] Franck. 5. Jg., Leipzig 1841, S. 455–543 (über Kleist: S. 523/29) (Nr. 293a)
368 Reisiger, Hans: An Heinrich v. Kleist (8 Gedichte). In: Das Reich. München, Januar 1918, S. 660–669 (Nr. 432a)
369 Rellstab, Ludwig: Gesammelte Schriften. Bd. 10, Leipzig 1860, S. 349–53 (Nr. 560)
370 Richardson, F. C.: Kleist in France. Chapel Hill, The University of North Carolina Press (1962)
371 Rilke, Rainer Maria: Sämtliche Werke. Bd. 3, Wiesbaden, 1959, S. 598 f. (Nr. 374)
372 Rilke, Rainer Maria: Ausgewählte Werke. Bd. 2, Leipzig 1942, S. 285 (Nr. 423)

373 Rilke, Rainer Maria: Briefe. Bd. 1, Wiesb. 1950, S. 466 (Nr. 424)
374 Rilke, Rainer Maria: Briefe an seinen Verleger. Bd. 1, Wiesbaden 1949, S. 229, 249 (Nr. 424)
375 Rilke, Rainer Maria und Marie v. Thurn u. Taxis: Briefwechsel. Hrsg. von E. Zinn. Bd. 1, Zürich 1951, S. 335 f., 341 f. (Nr. 424)
375a Rilke, Rainer Maria: Briefe an Sidonie Nadherny v. Borutin. Hrsg. von Bernhard Blume. Frankfurt a. M. 1975, S. 203, 208 (Nr. 424)
376 (Rodenberg, Julius:) Eine neue Biographie H. v. Kleists. In: Deutsche Rundschau, Bd. 41, 1884, S. 321 f , (Nr. 212)
377 Roethe, Gustav: Brentanos »Ponce de Leon«. Abhandl. d. Kgl. Ges. d. Wissensch. zu Göttingen. Phil.-hist. Klasse, N. F., Bd. V, Nr. 1, Berlin 1901, S. 78 f. (Nr. 581)
378 Rogge, Helmuth: H. v. Kleists letzte Leiden. In: Jahrb. d. Kleist-Ges. 1922, S. 31–74 (Nr. 55a, b, 59a, b, 66a, c, 119, 121, 122a, b, 123, 541)
379 Rosegger, Peter (Rez.): M. Morris, Kleists Reise nach Würzburg. In: Heimgarten, 23. Jg., Graz 1899, H. 8, S. 638 (Nr. 218)
380 Rothe, Eva: Kleist-Bibliographie 1945–1960. In: Jahrb. d. Dt. Schillerges. 1961, S. 414–547
381 Rühl, Franz: Briefe und Aktenstücke zur Geschichte Preußens. Bd. 3, Leipzig 1902, S. 362 (Nr. 277)
382 Rühl, Franz: Aus der Franzosenzeit. Ergänzungen z. d. Briefen u. Aktenstücken. Leipzig 1904, S. 171 (Nr. 48)
383 Ruettenauer, Benno: Symbolische Kunst. Straßburg 1900, S. 8 f. (Nr. 640a)
384 Sadger, I.: H. v. Kleist. Eine pathologische Studie. In: Die Gegenwart, Bd. 52, Berlin 1897, Nr. 36/37, S. 169 (Nr. 377)
385 Salten, Felix: H. v. Kleist. In: Neue Freie Presse, Wien, 18. 10. 1927 (Nr. 468)
386 Samuel, Richard: Eine unbekannte Fassung von H. v. Kleists Hermannsschlacht. In: Jahrb. d. Dt. Schillerges. 1957, S. 179 (Nr. 149)
386a Samuel, Richard: A final word regarding the manuscripts of »Prinz Friedrich von Homburg«. In: German Life and Letters XXXIII/1979, S. 46 f. (Nr. 129)
387 Saphir, Moritz Gottlieb (Rez.): Das Käthchen von Heilbronn. In: Der Humorist, Wien, 14. 10. 1843 (Nr. 531); 14. 12. 1852 (Nr. 531a)
388 Schaeffer, Albrecht: Kleist. Zwei szenische Fragmente zu einer Tragödie. In: Die Horen, 2. Jg., Nr. 1, Berlin 1926, S. 51–69 (Nr. 456)
389 Schaeffer, Albrecht: Rudolf Erzerum oder des Lebens Einfachheit. Stockholm 1945. (Neudruck:) Frankfurt a. M. 1952, S. 68–70, 148 (Nr. 492)
390 Schaukal, Richard: Standbilder und Denkmünzen 1914. München u. Berlin 1914, S. 27 (Nr. 427)
391 Scheffler, Karl: Späte Klassik. Ein Stilproblem deutscher Dichtung. Urach 1946, S. 64–66 (Nr. 495)
392 Mein Leben, wie ich, Johann George Scheffner, es selbst beschrieben. Königsberg 1821, S. 237 f. (Nr. 41)

392a Schelle, Hansjörg: C. M. Wieland über Heinrich von Kleists Tod. In: Jahrb. d. Dt. Schillerges. 14/1970, S. 1–12 (Nr. 85a, 85b)
393 Scherer, Wilhelm: Geschichte der Deutschen Literatur. Berlin 1883, S. 691–93 (Nr. 354)
394 Schering, Emil: H. v. Kleists verschollener Roman. Schwere Anklage gegen Ludwig Tieck. (dazu:) Eduard Berend: Die Rechtfertigung des Toten. In: Berliner Tageblatt, 7. 8. 1926 (Nr. 244a, 244b)
395 Schlenther, Paul: Brahm und Zolling über H. v. Kleist oder Wie man Bücher schreibt und ausschreibt. In: Frankfurter Zeitung, 21. 10. 1885 (Nr. 217a)
396 Schlenther, Paul: H. v. Kleist. In: Berliner Tageblatt, 19.11.1911 (Nr. 230)
397 Schlösser, Rainer: Die kleistische Wiedergeburt. In: Leipziger Tageszeitung, 10. 1. 1934 (Nr. 484)
398 Schmidt, Erich: H. v. Kleist. Ein erweiterter Vortrag. In: Österr. Rundschau, 1. Jg., Wien 1883, H. 2 (auch in: E. Schmidt, Charakteristiken, Berlin 1886) (Nr. 353)
399 Schmidt, Erich (Rez.): R. Steig, H. v. Kleists Berliner Kämpfe. In: Dt. Literaturzeitung, 30. 11. 1901 (Nr. 220a)
400 Schmidt, Expeditus: Zum Problem H. v. Kleists. In: Augsburger Postzeitung, 14. 10. 1925 (Nr. 455a)
401 Schmidt, Julian: Friedrich Hebbel. In: Die Grenzboten, 6. Jg., 1847, S. 501–13 (Nr. 299)
402 (Schmidt, Julian:) Der Prinz von Homburg. In: Die Grenzboten, 8. Jg., 1849, S. 338–45 (Nr. 309)
403 Schmidt, Julian: Geschichte der deutschen Nationalliteratur im 19. Jahrhundert. Bd. 1, Leipzig 1853, S. 175–85 (Nr. 314, 605, 672)
404 Schmidt, Julian: Studien über die romantische Schule (1869). In: Bilder aus dem geselligen Leben unserer Zeit. Bd. 1, Leipzig 1870, S. 115–23 (Nr. 571)
405 Schmidt, Julian: H. v. Kleist. In: Preuß. Jahrbücher, Bd. 37, Berlin 1876, S. 593–607 (Nr. 344, 610, 637)
406 Schmidt, Otto Eduard: Fouqué, Apel, Miltitz. Leipzig 1908, S. 82 (Nr. 70)
407 Schmidt, Wolfgang (d. i. Erich Schmidt): Von und über H. v. Kleist. Für Reinhold Köhler (Privatdruck). Berlin 1890 (Nr. 167)
408 Schneider, Reinhold: Kleists Ende. In: Neues Abendland, Augsburg, Aug. u. Sept. 1946, S. 6 f., 19 (verändert in: Über Dichter und Dichtung, Köln 1953) (Nr. 496)
409 Schoenfeld, Hans: Preise für Kleist-Briefe und -Drucke. In: Deutsche Tageszeitung, Berlin, 15. 11. 1911 (Nr. 587)
410 Schoeps, Hans Joachim (Hrsg.): Aus den Jahren preußischer Not und Erneuerung. Berlin 1963, S. 486, 488 f. (Nr. 17, 17a, 17b)
411 Scholz, Wilhelm v.: Festvortrag, gehalten am 16. Okt. 1927 in Frankfurt a. d. O. In: Jahrb. d. Kleist-Ges. 1927/28, S. 1–12 (Nr. 463a)
411a Scholz, Wilhelm v.: Hebbel und der Ruhm. In: Hebbel-Jahrbuch 1940, S. 29 f. (Nr. 301a)

412 Schütz, Wilhelm v.: Biographische Notizen über H. v. Kleist. In Faksimilenachbildung. Hrsg. von G. Minde-Pouet. Berlin 1936, S. 4 (Nr. 139a)
413 (Schütze, Stephan:) Prinz von Homburg. In: Journal f. Literatur, Kunst, Luxus u. Mode, Weimar 1823, Nr. 26 (Nr. 554c)
414 Schumann, Clara und Johannes Brahms: Briefe aus den Jahren 1853–1896. Hrsg. von B. Litzmann. Bd. 1, Leipzig 1927, S. 307, 178 f. (Nr. 190, 534)
415 Schwarze, Rudolf: (An die Redaktion.) In: Die Gegenwart, 28. 10. 1876 (Nr. 347)
415a Schweikert, Uwe: Jean Paul und Ludwig Tieck. In: Jahrbuch d. Jean-Paul-Ges. 8/1973, S. 47 (Nr. 160a)
416 Schwiefert, Fritz: Prinz Friedrich von Homburg. In: Die Schaubühne, 10. Jg., 1914, 2. Bd, S. 178–82 (Nr. 589)
417 Segebrecht, Wulf: Ludwig Tieck an Eduard v. Bülow. In: Jahrb. d. Fr. Dt. Hochstifts 1966, S. 408 f. 410, 412, 413 (Nr. 179a)
418 Ein Briefwechsel zwischen Anna Seghers und Georg Lukács. In: G. Lukács, Essays über Realismus, Berlin 1948, S. 171–215 (auch in: Probleme des Realismus, Berlin 1955) (Nr. 490b)
419 Sembdner, Helmut: Fouqués unbekanntes Wirken für H. v. Kleist. In: Jahrbuch d. Dt. Schillerges. 1958, S. 111 f., 102–106, 97–102 (ISK 1984, S. 206–226). (Nr. 163, 261a, 653)
420 Sembdner, Helmut: H. v. Kleist im Urteil der Brüder Grimm. In: Jahrb. d. Dt. Schillerges. 1965, S. 420–46 (ISK 1984, S. 227–250). (Nr. 46, 652b)
420a Sembdner, Helmut: Wilhelm Grimms Kleist-Rezensionen. Zu Sibylle Obenaus' Methodenproblem. In: Jahrb. d. Dt. Schillerges. 1982, S. 31–39 (ISK 1984, S. 303–311). (Nr. 652a)
421 Sembdner, Helmut: Kleist-Bibliographie 1803–1862. H. v. Kleists Schriften in frühen Drucken u. Erstveröffentlichungen. Stuttgart 1966, S. 5 (Nr. 253a)
421a Sembdner, Helmut: Der Kleist-Preis. Eine Dokumentation. Berlin 1968, S. 31, 102 (Nr. 416, 417, 418)
421b Sembdner, Helmut: Schütz-Lacrimas. Mit unbekannten Briefen und Kleist-Rezensionen. Berlin 1974, S. 223 f., 227 f., 223–268 (Nr. 162a, 162b, 550a)
421c Sembdner, Helmut: Schauspieler interpretieren Kleists »Prinz von Homburg«. In: Sammeln und Sichten. Festschrift für Oscar Fambach. Bonn 1982, S. 246–262 (Nr. 566)
422 Servaes, Franz: H. v. Kleist. Leipzig, Berlin, Wien 1902, S. 158, 159 f. (Nr. 222a, 388)
423 Servaes, Franz: Das Schicksal H. v. Kleists. In: Der Merker, 2. Jg., Wien 1911, S. 1134 (Nr. 394)
425 Solger, Karl Wilhelm Ferdinand: Nachgelassene Schriften und Briefwechsel. Hrsg. von L. Tieck u. Fr. v. Raumer. Bd. 1, Leipzig 1826, S. 544 (Nr. 262)

426 Solger, Karl Wilhelm Ferdinand: Vorlesungen über Ästhetik. Hrsg. von F. K. W. L. Heyse. Leipzig 1829, S. 289 (Nr. 664)
427 (Speidel, Ludwig) (Rez.:) Der zerbrochene Krug. (und:) Käthchen von Heilbronn. In: Neue Freie Presse, Wien, 15. 2. 1876 u. 13. 10. 1876 (Nr. 343, 538)
428 Springer, Anton: Friedrich Christoph Dahlmann. Bd. 1, Leipzig 1870, S. 42 f. (Nr. 80); Bd. 2, S. 406 (Nr. 84)
429 Stadler, Ernst: Penthesilea. In: Dichtungen, hrsg. von K. L. Schneider, Bd. 2, Hamburg o. J., S. 102–13 (Nr. 619)
430 Stägemann, Elisabeth v.: Erinnerungen für edle Frauen. (Hrsg. von W. Dorow.) Bd. 2, Leipzig 1846, S. 238 f. (Nr. 49)
431 Stael-Holstein, Anna Germaine Baronin: Betrachtungen über den Selbstmord. Stralsund 1813, S. 10*, 70–77 (Nr. 37)
432 Steffen, Albert: Kleist und die Gründe seiner Tragödie. In: Dramaturgische Beiträge zu den schönen Wissenschaften. Dornach/Schweiz 1935, S. 129–54 (Nr. 474)
433 Steig, Reinhold: Achim v. Arnim und Clemens Brentano. Stuttgart 1894, S. 295, 297, 302, 344 (Nr. 73b, 75, 76)
434 Steig, Reinhold: H. v. Kleists Berliner Kämpfe. Berlin 1901, S. 5* (Nr. 219)
435 Steig, Reinhold: Neue Kunde zu H. v. Kleist. Berlin 1902, S. 124–28 (Nr. 130a, b, 152a, b, c, 156, 271); S. 103–105 (Nr. *19a)
436 Steig, Reinhold: Achim v. Arnim und Jacob und Wilhelm Grimm. Stuttgart u. Berlin 1904, S. 172, 173 f., 544, 540, 470, 193 f. (Nr. 72a, 72b, 77, 98, 543, 651)
437 Steiner, Rudolf: Die Evolution vom Gesichtspunkte des Wahrhaftigen. Fünf Vorträge vom 31. Okt. bis 5. Dez. 1911. Dornach/Schweiz 1958, S. 77 (Nr. 409)
438 Sternheim, Carl: Tasso oder Kunst des Juste Milieu. Berlin 1921, S. 26 f., 31 (Nr. 591a)
439 Stöcker, Helene: Die Liebe der Persönlichkeit (1904). In: Die Liebe und die Frauen, Minden 1906, S. 158 f. (Nr. 617)
439a Storm, Theodor – Erich Schmidt. Briefwechsel, hrsg. von K. E. Lange, Bd. 2, Berlin 1976 (Nr. 213, 353a, 366a)
440 Strauß, David Friedrich: Ausgewählte Briefe. Hrsg. von Ed. Zeller. Bonn 1895, S. 128 (Nr. 572)
441 Strich, Fritz: Deutsche Klassik und Romantik oder Vollendung und Unendlichkeit. München 1922, S. 233 (Nr. 446)
442 Taillandier, Saint-René: Henri de Kleist – sa vie et ses œuvres. In: Revue des deux mondes, T. 21, Paris, Juin 1859, S. 604–40 (Nr. 330, 674)
443 Taine, Hippolyte: Sa vie et sa correspondance. Paris 1904 f., T. 2, S. 367; T. 3, S. 249 (Nr. 340)
443a Thoma, Ludwig: Ein Leben in Briefen (1875–1921). München 1963, S. 240 (Nr. 410d)
444 Tieck, Ludwig: Dramaturgische Blätter. Breslau 1825/26. Bd. 1, S. 22

(Nr. 151); Bd. 1, S. 13, 22, 43, 112, 124; Bd. 2, S. 238 f. (Nr. 273a); Bd. 1, S. 112–18 (Nr. 519a); Bd. 1, S. 116 f. (Nr. 661b)

445 Tieck, Ludwig: Kritische Schriften, Leipzig 1848, Bd. 1, S. 12 f. (Nr. 128); Bd. 2, S. 216 f. (Nr. 273b)

445a Aus Tiecks Novellenzeit. Briefwechsel zwischen L. Tieck und F. A. Brockhaus. Hrsg. von H. Lüdeke. Leipzig 1928, S. 125 (Nr. 174a)

446 Tieck and Solger. The complete Correspondence. Ed. by Percy Matenko. New York and Berlin 1933 (Nr. 131a, b, 133a, b, 136a, b, 137a, b, 142, 143a, b, c, 146, 147, 150, 263a, b, 542)

447 Letters of Ludwig Tieck. Hitherto unpublished. Ed. by E. H. Zeydel, P. Matenko, R. H. Fife. New York, London 1937 (Nr. 141, 145, 153, 172a)

447a Letters to and from Ludwig Tieck. Ed. by P. Matenko, E. H. Zeydel, B. Masche. Chapel Hill 1967, S. 61 (Nr. 166a)

448 Briefe an Ludwig Tieck. Hrsg. von Karl v. Holtei. Breslau 1864. Bd. l, S. 105 f., 271–74, 157 (Nr. 140, 148a, 161a);Bd. 2, S. 173 f., 174–76, 174, 299–306, 275, 6, 177 f. 172 f. (Nr. 93, 134, 138, 157, 158, 170b, 171, 174d); Bd. 3, S. 38, 149–52, 151 f., 95, 153 f.–157, 154 f. (Nr. 159, 269a, 519b, 544a, 554a, 660); Bd. 4, S. 289, 100 f., 99 f., 147 (Nr. 166a, 518, 546, 661a)

449 Treitschke, Heinrich v.: Historische und Politische Aufsätze. Bd. 4, Leipzig 1897, S. 523–25, 561, 569 f. (Nr. 193, 194, 195)

450 (Treitschke, Heinrich v.:) H. v. Kleist. In: Preuß. Jahrbücher, hrsg. von R. Haym, Bd. 2, Berlin 1858, S. 599–623 (verändert in: Histor. u. Polit. Aufsätze, N. F., Leipzig 1870) (Nr. 324, 535)

451 Treitschke, H. v.: Briefe. Hrsg. von M. Cornicelius. Leipzig 1914–20. Bd. 1, S. 421 f., 458 f. (Nr. 322, 634); Bd. 2, S. 205, 258, 18 (Nr. 196, 202b, 325); Bd. 3, S. 251 (Nr. 326)

452 (Trepte, Kurt:) H. v. Kleist und Hans Otto. In: Das Wort, 1. Jg., H. 5, Moskau 1936, S. 83 f. (Nr. 488)

453 Tucholsky, Kurt: Ausgewählte Briefe 1913–1935. Hamburg 1962, S. 277, 501 (Nr. 487a, b)

455 Üchtritz, Maria v.: Erinnerungen an Friedrich v. Üchtritz und seine Zeit. Leipzig 1884, S. 341, 343 f. (Nr. 198a, 198b)

456 Uhlands Briefwechsel. Hrsg. von J. Hartmann. Stuttgart u. Berlin 1911 f., Bd. 1, S. 280, 305 f.; Bd. 2, S. 62 (Nr. 53)

457 Unruh, Fritz v.: Vor der Entscheidung. Ein Gedicht. Berlin 1919, S. 99–106 (Nr. 433a)

458 Varnhagen v. Ense, K. A.: Zur Geschichtsschreibung und Literatur. Hamburg 1833, S. 533 (Nr. 650)

459 Varnhagen v. Ense, K. A.: Tagebücher. Leipzig u. Hamburg 1861/70. Bd. 2, S. 373 (Nr. 54a); Bd. 5, S. 118 (Nr. 186); Bd. 9, S. 134 (Nr. 316b)

459a Varnhagen v. Ense, K. A.: Biographische Portraits. Leipzig 1871, S. 264 f. (Nr. 52c)

460 Briefwechsel zwischen Varnhagen und Rahel. Bd. 2, Leipzig 1874, S. 183, 192, 257 f. (Nr. 52a, 52b, 52c)
461 Varrentrapp, Conrad: Zur Erinnerung an Friedrich Christoph Dahlmann. In: Preuß. Jahrbücher, Bd. 55, 1885, S. 494 (Nr. 83)
462 Viertel, Berthold: Kleist der Überlebende. In: Der Merker, 2. Jg., H. 28, Wien 1911, S. 1151 (Nr. 396)
464 Vilmar, A. F. C.: Vorlesungen über die Geschichte der deutschen Nationalliteratur. 2. Aufl., Marburg 1847, S. 659 (Nr. 292)
465 Vischer, Friedrich Theodor: Ästhetik oder Wissenschaft vom Schönen. 2. Aufl., München 1922/23. Bd. 6, S. 327 f.; Bd. 1, S. 344; Bd. 6, S. 194; Bd. 1, S. 413 (Nr. 310b)
466 Wagner, Adolf: Über Mystizismus und Schwärmerei. In: Die Musen, 2. Quartal, Berlin 1812, S. 31 f. (Nr. 29)
466a Wagner, Cosima: Die Tagebücher. Hrsg. von M. Gregor-Dellin u. D. Mack. München/Zürich 1976/77, Bd. 1, S. 198 f., Bd. 2, S. 396, 571, 694 (Nr. 536a); Bd. 2, S. 461, 547 (Nr. 678a), 852 (Nr. 351a)
467 Wagner, Cosima und Houston Stewart Chamberlain im Briefwechsel 1888–1908. Hrsg. von P. Pretzsch. Leipzig 1934, S. 374, 408–11, 412 (Nr. 375a, 375b, 375c)
468 Wagner, Richard: Über Schauspieler und Sänger. Leipzig 1872, S. 35 f. (Nr. 573b)
469 Wagner, Richard: Briefe an Hans v. Bülow. Jena 1916, S. 229 (Nr. 573a)
469a Wald, Oskar: An Geisterhand ein Ausflug ins frühere Erdenleben. Wahrheitsgetreue Berichte über okkulte Erlebnisse. Pfullingen 1926, S. 23–25 (Nr. 243a)
470 (Walden, Herwarth, d. i. Georg Levin:) Der Zeit-Geist-Kleist. In: Der Sturm, 2. Jg., 2. Halbj., Berlin 1919, Nr. 89 (Nr. 399b)
471 Walden, Herwarth: Kunst als Spiel und Stil. In: Der Sturm, 3. Jg., Berlin 1912, Nr. 113/14, S. 72 (Nr. 620c)
472 Walser, Robert: Was braucht es zu einem Kleist-Darsteller? In: Die Schaubühne, Berlin, 14.3.1907 (Nr. 390)
473 Warncke, Paul: Der neue Kleist. In: Fridericus, Berlin, 22. 10. 1927 (Nr. 463b)
474 Wassermann, Jakob: H. v. Kleist. In: Neue Freie Presse, Wien, 21. 11. 1911 (Nr. 227, 406)
474a (Weber, Wilhelm Ernst:) Kleine Schwärmer über die neueste deutsche Literatur. Eine Xeniengabe für 1827. Frankfurt a. M. 1826, S. 28 f. (Nr. 272a)
475 Wedekind, Frank: H. v. Kleist. Rede, gehalten bei der Kleist-Feier des Münchner Schauspielhauses am 20. Nov. 1911. In: Münchener Neueste Nachrichten, 22. 11. 1911 (auch in: Der Merker, 2. Jg., H. 28, Wien 1911, S. 1130–33, u. Gesammelte Werke, Bd. 9, S. 364 f.) (Nr. 229, 410b)
476 Wedekind, Frank: Gesammelte Briefe. Hrsg. von Fritz Strich. Bd. 2, München 1924, S. 258 (Nr. 410a)

477 Weerth, Georg: Sämtliche Werke. Bd. 5, Berlin 1957, S. 410 (Nr. 317b)
478 Weichselbaumer, Carl (Hrsg.): Orpheus, eine Zeitschrift in zwanglosen Heften. Heft 3, Nürnberg 1824, S. 154 (Nr. 168)
479 Weising, Hellmut: H. v. Kleist im Urteil der Nachwelt. Diss. (ms.), Rostock 1922
480 (Weiskopf, F. C.:) Exerzierreglement für gleichgeschaltete Gazetten. In: Das Wort, 1. Jg., H. 5, Moskau 1936, S. 76 (Nr. 489)
481 Weiskopf, F. C.: Unwahrscheinliche Wahrhaftigkeiten. In: Die Unbesiegbaren. New York (1945), S. 36 (Nr. 493)
482 Weiß, Ernst: Kleist. In: Berliner Börsen-Kurier, 16.10.1927 (auch in: Das Unverlierbare, Berlin 1928) (Nr. 460)
483 Weiß, Konrad: Das preußische Herz. Zum Grabe H. v. Kleists. In: Münchener Neueste Nachrichten, 23. 2. 1936 (auch in: Deutschlands Morgenspiegel, Bd. 2, 1950, S. 21) (Nr. 476)
484 Weißenfels, Richard: Die neue Kleist-Ausgabe. In: Das literarische Echo, 8. Jg., 1. 4. 1906 (Nr. 223)
485 Weisser, Friedrich: Sämtliche prosaische Werke, Stuttgart 1819. Bd. 4, S. 51 f., 61–63 (Nr. 26b, 513); Bd. 6, S. 349–54 (Nr. 30b)
486 (Weisser, Friedrich:) Öffentliche Seligsprechung und Vergötterung des Mords und Selbstmords in Deutschland. (und:) Über die Appellation an die Ankläger und Richter H. v. Kleists im zweiten Heft der Salina. In: Morgenblatt, 27.12.1811 u. 24./25. 2. 1812 (verändert auch in: Sämtl. prosaische Werke, Bd. 4, 1819) (Nr. 24, 26a)
487 Weisstein, Gotthilf: Kleine Inedita von H. v. Kleist. In: National-Zeitung, Berlin 14. 4. 1904 (Nr. 222b)
488 Wenzel, O.: Ein Beitrag zur Lebensgeschichte H. v. Kleists. In: Sonntagsbeil. z. Voss. Zeitung, 12. u. 19. 9. 1880 (Nr. 206)
489 Wie stehst du zu Kleist? (Beiträge von C. H. Becker, Th. Mann, H. Bahr, F. Castelle, Dr. Kinne, L. Jeßner, Pfitzner, Auernheimer, A. Zweig, R. F. Arnold, F. Gregori, H. Roselieb, H. Wildermann, W. O. Stahl.) In: Oder-Zeitung, Sonderbeil., Frankfurt a. d. O., 18. 10. 1927 (Nr. 467)
490 Wienbarg, Ludolf: Die deutsche Bühne und H. v. Kleist. In: Dt. Literaturblatt der Börsen-Halle, Hamburg, 26. 3. 1842 (Nr. 293b)
491 Wiese, Benno v.: Die deutsche Tragödie von Lessing bis Hebbel. Bd. 2, Hamburg 1948, S. 29 f. (Nr. 498)
492 Wilbrandt, Adolf: H. v. Kleist. Nördlingen 1863, S. 412, 5*–7* f., 262 (Nr. 112, 200, 608)
493 Wilbrandt, Adolf: Aus der Werdezeit. Stuttgart u. Berlin 1907, S. 117 f., 121 f. (Nr. 199)
494 Wilde, Jean T.: H. v. Kleist's Suicide. In: The Germanic Review. Bd. 26, Columbia 1951, S. 192–95 (Nr. 56a, 118)
495 Wildenbruch, Ernst v.: Zum 10. Oktober 1876. In: Die Gegenwart, 7. 10. 1876 (Nr. 346)
496 Wildenbruch, Ernst v.: Lukrezia. Roman. Berlin 1907, S. 61f.–87, 38–58 (Nr. 363, 618)

497 Witkop, Philipp: Heinrich v. Kleist. Leipzig 1922, S. 20 (Nr. 447)
498 Witkowski, Georg (Rez.): H. Meyer-Benfey, Das Drama H. v. Kleists. In: Beiblatt d. Zeitschr. f. Bücherfreunde, 3. Jg., 1911, S. 149 (Nr. 236)
499 Wolf, Friedrich: Kunst ist Waffe! In: Aufsätze über Theater. Berlin 1957, S. 155–57 (Nr. 687)
500 Wolf, Hugo: Briefe an Oskar Grohe. Hrsg. von H. Werner. Berlin 1905 (Nr. 613b, 638)
501 Wolfenstein, Alfred: Kleist-Erlebnis. In: Die Scene, Okt. 1927, S. 295 (Nr. 462a)
502 Wolzogen, Ernst v.: Wie wirken unsere Werke? In: Berliner Tageblatt, 14. 4., 7. 6., 9. 7. 1912; (dazu:) Wilhelm Herzog, ebenda 2. 7. 1912 (Nr. 413, 414a, b)
503 Wolzogen, Hans v.: Kleists »Prinz Friedrich von Homburg« In: Neue Monatshefte f. Dichtkunst u. Kritik, Bd. 2, 1875, S. 65–73, 145–153 (auch in: H. v. Wolzogen, Von deutscher Kunst, Berlin 1906) (Nr. 574)
504 Wolzogen, Hans v.: H. v. Kleist. Ein Gedenkblatt. In: Bayreuther Blätter, 4. Jg., 1881, S. 321–337 (Nr. 351)
505 Zech, Paul: An H. v. Kleist (Gedicht). In: General-Anzeiger für Elberfeld-Barmen, 21. 11. 1911 (Nr. 401)
506 Der Zeitgeist, Beiblatt zum Berliner Tageblatt, 20. 11. 1911 (Gedenkblatt mit Beiträgen von Fürst Bülow, P. Lindau, F. Mauthner, O. Brahm, L. Fulda, H. Sudermann, H. Eulenberg, M. Dreyer, F. Dernburg, W. v. Scholz, W. Schmidtbonn, O. Erler, J. Minor, R. M. Meyer, H. Kyser.) (Nr. 238, 399a)
507 Zeydel, Edwin H.: Der Maler Ferdinand Hartmann. In: Jahrb. der Kleist-Ges. 1937, S. 96 f. (Nr. 132, 135)
508 Zigelski, Hans: H. v. Kleist im Spiegel der Theaterkritik des 19. Jahrhunderts bis zu den Aufführungen der Meininger. Diss. Erlangen 1932. Berlin 1934
509 Zimmermann, Fr. G. (Rez.): Der zerbrochene Krug. In: Dramaturgische Blätter für Hamburg. Bd. 1, 1821, Nr. 7/8, S. 49–62 (Nr. 265a)
510 Zimmermann, F. G. (Rez.): Prinz Friedrich von Homburg. In: Dramaturg. Blätter f. Hamburg. Bd. 3, 1822, Nr. 21–25, S. 161–200 (Nr. 266b, 549)
511 Zolling, Theophil: Neues über H. v. Kleist. In: Die Gegenwart, 12. 9. 1885 (Nr. 216)
512 Zolling, Theophil: In eigener Sache. In: Die Gegenwart, 31. 10. 1885 (Nr. 217b)
514 Zweig, Arnold: Versuch über Kleist. In: Lessing, Kleist, Büchner. Berlin 1925, S. 127 f., 106 f., 120 (Nr. 452, 591, 625)
515 Zweig, Arnold: Nochmals der Novellist (1946). In: Essays, Bd. 1, Berlin 1959, S. 144–51 (Nr. 688)
515a Zweig, Arnold: An die Intendanz. Programmheft der VIII. Dt. Festspiele 1961 im Harzer Bergtheater zu Thale, S. 10 (Nr. 540a)

516 Zweig, Stefan: Gundolfs »Kleist«. In: Frankfurter Zeitung, 2. 2. 1923 (Nr. 444b)
517 Zweig, Stefan: H. v. Kleist. In: Der Kampf mit dem Dämon. Leipzig 1925, S. 228 f. (Nr. 453)

*Zeitungen und Zeitschriften* (anonyme Artikel)

521 The *Athenaeum*, Journal of Literature, Science and Fine Arts. London, 30. 11. 1844, S. 1088–90 (Nr. 670); 1. 9. 1849, S. 881 f. (Nr. 307)
522 Deutsche *Bühnen-Genossenschaft*, 24. Jg., Nr. 15, 12. 4. 1895, S. 118 (Nr. 253b)
522a Deutsche *Bühnenkorrespondenz* 1935 (Nr. 484a)
523 Berliner *Conversations-Blatt* für Poesie, Literatur und Kritik. Red. von Fr. Förster u. W. Häring, 2. Jg., 1828 (Nr. 283b, 528b, 557, 562b)
524 Literarisches *Conversations-Blatt*. Leipzig 1821, 1821/22, 1824, 1825 (Nr. 162a, 550a, 522, 169)
525 Staats- und Gelehrte Zeitung des Hamburgischen unpartheiischen *Correspondenten*, 1811 (Nr. *5a, 22a), 1829 (Nr. 40b)
526 Das literarische *Echo*. Berlin 1909, 1911 (Nr. 225b, 415)
526a *Europa*. Chronik der gebildeten Welt. Hrsg. von F. A. Kühne. Leipzig 1848 (Nr. 560a)
527 Der *Freimüthige* oder Berlinisches Unterhaltungsblatt für gebildete, unbefangene Leser. Berlin 1811 (Nr. 1)
528 *Gazette* de France. Paris 1811 (Nr. 22a)
529 Le *Globe*. Paris 1828, S. 667–701 (Nr. 283a, 562a)
530 *Journal* de l'Empire. Paris 1811 (Nr. 21, 22a)
531 *Journal* des Luxus und der Moden. Hrsg. von Carl Bertuch. Weimar 1812 (Nr. 647)
532 Neues Wiener *Journal*. 1911 (Nr. 411)
533 Allgemeine *Literatur-Zeitung*. Halle u. Leipzig 1812 (Nr. 652b), 1814, Nr. 142 (Nr. 654), 1822, Nr. 27 (Nr. 162c)
534 Jenaische Allgemeine *Literatur-Zeitung* 1812 (Nr. 249)
535 Literarischer *Merkur* oder wöchentliches Unterhaltungsblatt für alle Stände. Hrsg. von Ferdinand Philippi. Dresden 1820 (Nr. 516)
536 Süddeutsche *Miszellen* für Leben, Literatur und Kunst. Hrsg. von J. P. Rehfues. 2. Jg., Karlsruhe 1812 (Nr. 20b)
537 *Miszellen* für die Neueste Weltkunde. Hrsg. von H. Zschokke. 5. Jg., Aarau 1811 (Nr. 19b)
538 Allgemeine *Moden-Zeitung*. Hrsg. von J. A. Bergk. Leipzig 1811 (Nr. 3, 8b)
539 Le *Moniteur* Universel. Paris 1811 (Nr. 22a)
540 *Morgenblatt* für gebildete Stände. Jg. 1811/12 (Nr. 6, 7. 24, 26a); 1816 (Nr. 511); 1820 (Nr. 515b); 1822 (Nr. 267b, 267c, 548); 1823 (Nr. 554b); 1824 (Nr. 269b, 521, 523); 1827 (Nr. 665b); 1859 (Nr. 45, 655)
541 Gemeinnützige Schweizerische *Nachrichten*. Hrsg. von A. Höpfner. Bern 1811 (Nr. 20a)

542   *National-Zeitung.* Berlin 1905 (Nr. 585a)
543   Freie Deutsche *Presse*, Berlin 1905 (Nr. 585b)
544   The Foreign Quarterly Review. London 1828, Vol. 2, No. 3 u. 4, S. 671–96 (Nr. 284, 561)
544a  *Revue* encyclopédique, Paris 1824, S. 140 (Nr. 162d)
545   Tägliche *Rundschau.* Berlin 1910 (Nr. 225c)
546   Allgemeine *Theaterzeitung.* Wien 1823 (Nr. 268)
547   The London *Times* 1811 (Nr. 22a)
547a  The *Times*, London 1909 (Nr. 539a)
547b  The *Times*, Literary Supplement, London 1953 (deutsch in »Englische Rundschau«, 4. 9. 1953). (Nr. 503)
548   Allgemeine *Zeitung.* Augsburg 1811 (Nr. *4a, 5)
549   Deutsche *Zeitung.* Wien 1876 (Nr. 345)
550   Frankfurter *Zeitung.* 1921 (Nr. 439)
551   Die Neue *Zeitung.* Berlin 1951 (Nr. 599)
552   Schlesische *Zeitung.* Breslau 1907 (Nr. 586b)
553   (Spenersche *Zeitung.*) Berlinische Nachrichten von Staats- und gelehrten Sachen. 1813 (Nr. 253a)
554   *Zeitung* für die elegante Welt. Hrsg. von A. Mahlmann. Leipzig 1811/12 (Nr. 2a, 2b, 4, 8); 1812 (Nr. 653); 1820 (Nr. *40c); 1822 (Nr. 548a)

*Auktionskataloge*

561   Galerie Gerda Bassenge, Berlin 1965, Nr. 3419 (Nr. 214)
562   C. G. Boerner, Katalog 87, Leipzig 1907, Nr. 233 (Nr. 14)
563   K. E. Henrici, Katalog XV, Berlin 1913, Nr. 308 (Nr. 38a)
564   K. E. Henrici, Katalog 1121, Berlin 1926 (Nr. 79)
565   K. E. Henrici, Katalog 155, Berlin 1929, Nr. 238 (Nr. 78)
566   Friedrich Meyer, Katalog 8, Leipzig 1929, Nr. 153 (Nr. 104a)
567   David Salomon, Katalog 55, Berlin [1931], Nr. 11468c (Nr. 148b)
569   J. A. Stargardt, Katalog 255, Berlin 1926, Nr. 219 (Nr. 174aa)
570   J. A. Stargardt, Katalog 537, Marburg 1958, Nr. 284 (Nr. 661a)
571   J. A. Stargardt, Katalog 574, Marburg 1965, Nr. 538 (Nr. 358)
572   J. A. Stargardt, Katalog 576, Marburg 1966, Nr. 195 (Nr. 369b)

*Archive und Bibliotheken*

573   Berlin: Nachlaß Georg Minde-Pouet in der Amerika-Gedenkbibliothek (Nr. 42, 109, 139b, 171)
573a  Berlin: Staatsbibliothek Preuß. Kulturbesitz (Nr. 66b)
574   Darmstadt: Fischbacher Archiv im Hessischen Staatsarchiv (Nr. 92, 97)
574a  Düsseldorf: Goethe-Museum (Nr. 163a)
575   Frankfurt (Oder): Kleist-Gedenkstätte (Nr. 113)
576   Marbach: Schiller-Nationalmuseum (Nr. 9, 71, 175)
577   Merseburg: Deutsches Zentralarchiv (Nr. 91)
578   Stuttgart: Privatbesitz (Nr. 94)

## Nachtrag (1995)

(Die nicht mit Sternchen versehenen Nummern weisen auf Ergänzungen oder Verbesserungen in den bereits vorhandenen Texten.)

579  Biedermann, Flodoard Frhr. v.: Heinrich von Kleists Gespräche. Nachrichten und Überlieferungen aus seinem Umgang. Zum ersten Male gesammelt u. hrsg. Leipzig 1912. Vorwort S. 5–8 (Nr. *241d)

579a Cziffra, Geza v.: Der heilige Trinker. Erinnerungen an Joseph Roth. Bergisch-Gladbach 1983, S. 5 (Nr. *487b)

579b Gadamer, Hans-Georg: Der Gott des innersten Gefühls. Die neue Rundschau, 1961, S. 340/49 (auch in Ges. Werke, Bd. 9, 1993, S. 162–170). (Nr. *645b)

580  Gerlach-Bernau, Kurt: Drama und Nation. Breslau 1934, S. 14, 87 (Nr. *484b)

580a Goldammer, Peter: Peter Cornelius über Heinrich von Kleist. In: Beiträge zur Kleistforschung 1994, S. 115–120 (Nr. *337a)

581  Härtl, Heinz: Briefe Arnims an Brentano aus dem Arnim-Nachlaß des Goethe- und Schiller-Archivs. In: Neue Tendenzen der Arnim-Forschung. Hrsg. von Roswitha Burwick und Bernd Fischer. Bern u.a. 1990, S. 171, 133 f. (Nr. *71aa, 73a)

581a Harten, Ulrike: Die Bühnenbilder Schinkels 1978–1834. Diss. Kiel 1974, S. 306 (Nr. *70b)

581b Mähly, Jakob: Wesen und Geschichte des Lustspiels. Vorlesungen. Leipzig 1862, S. 141 f. (Nr. *337b)

581c Mann, Thomas: Doktor Faustus. Das Leben des deutschen Tonsetzers Adrian Leverkühn, erzählt von einem Freunde. Stockholm 1947, S. 474 (Nr. *689b)

581d Pasternak, Boris: Prosa und Essays. Berlin u. Weimar 1991, S. 583–592, deutsch von Margit Bräuer (Nr. *474a)

581e Pasternak, Boris: Über mich selbst. Versuch einer Autobiographie. Deutsch von Reinhold v. Walter. Frankfurt a. M. 1959, S. 66 (Nr. *474b)

581f Reimer, Doris: Georg Andreas Reimer als Verleger von Kleists Werken. In: Brandenburger Kleist-Blätter 8/1995, S. 83 (Nr. *133c)

582  Seghers, Anna: Über Kunstwerk und Wirklichkeit, I. Hrsg. von Sigrid Bock. In: Deutsche Bibliothek, Bd. 3. Berlin 1974. S. 63–66 (Nr. *490)

582a Sembdner, Helmut: Noch einmal zur Manuskript-Lage des »Prinz von Homburg«. In: Euphorion 61/1967, S. 163–169 (ISK, S. 198, 199, 201, 199 f., 198 f.). (Nr. 92, 94, 129, 176, 559)

582b Sembdner, Helmut: Kleists Kriegslyrik in unbekannten Fassungen. In: In Sachen Kleist. Beiträge zur Kleistforschung (ISK), München 1974, S. 88–98 (Nr. 253a)

582c Staengle, Peter, in: Brandenburger Kleist-Blätter 6/1993, S. 42 (Nr. 167); 7/1994, S. 63–79, 105 f. (Nr. 39, 87, 165)

582d Steiner, Rudolf: Deutsches Theater: Das Käthchen von Heilbronn. In: Das Magazin für Litteratur. Berlin, 4. Dez. 1897 (Nr. *538a)
582e Szondi, Peter: Amphitryon. Kleists Lustspiel nach Molière. Euphorion 55/1961, S. 249–259 (auch in P. S.: Satz und Gegensatz, Frankf. a. M. 1964) (Nr. *645a)
583 Wachler, Albrecht (Hrsg.): Franz Passows Leben und Briefe. Breslau 1839, S. 171 f. (Nr. *258a)
584 Weiss, Hermann F.: Funde und Studien zu Heinrich von Kleist. Tübingen 1984 (Nr. *4b, *8a, *8b, *20c, 23, *70a, *174, *253c, *601)
585 Weiss, Hermann F.: Unbekannte Briefe von und an Achim von Arnim aus der Sammlung Varnhagen und anderen Beständen. Berlin 1986, S. 75 (Nr. 79)
586 Weiss, Hermann F.: Neuentdeckte Phöbus-Spuren. In: Zeitschr. f. Dt. Philologie 108/1989, S. 172, 173 (Nr. *10a, *10b, *70b)
587 Weiss, Hermann F.: Georg Andreas Reimers »Großes Hauptbuch« als Quelle für das Literarische Leben. In: Archiv für Geschichte des Buchwesens 41/1994, S. 161–269 (Nr. *154a, *170a)
588 Weiss, Hermann F.: Heinrich von Kleists »Penthesilea« als Pantomime der Henriette Hendel-Schütz in den Jahren 1811 und 1814. In: Wirkendes Wort 2/1994, S. 207–220 (Nr. *601a)
589 Weiss, Hermann F.: Neuentdeckte zeitgenössische Reaktionen auf Heinrich von Kleists Selbstmord. In: Jahrb. Preuß. Kulturbesitz 33/1993, S. 379–406 (*2d, *4a, *4e, *5a, *5b, *5c, *7a, *7b, *11a, *11b, *19, *19c, *23a, *23b ,*23c)
590 Weiss, Hermann F.: Neuentdeckte Zeugnisse zu Heinrich von Kleists Dresdener Jahren aus den Nachlässen Ernst und Heinrich Blümners. Aus: Euphorion 89/1995, S. 17 (Nr. *15)
590a Wulf, Joseph: Literatur und Dichtung im Dritten Reich. Gütersloh 1965, S. 397 (Nr. *485a)
591 Auktionskatalog J. A. Stargardt 634, Marburg 1985, Nr. 305 (Nr. *170)
592 Berlin: Nachlaß Georg Minde-Pouet, Amerika-Gedenk-Bibliothek (Nr. *222c, *222d)
593 Berlin: Staatsbibliothek Preuß. Kulturbesitz: Autogr. I/2196–1 (Nr. *159b)
593a Freundschaftliche Mitteilungen (Nr. *2, *2c, *4c, *4d, *7c, *272c)

*Zeitgenössische Zeitungen und Zeitschriften* (anonyme Artikel)
594 Gemeinnützliche *Blätter* für das Großherzogthum Frankfurt (Nr. *5b, *23a, *23c)
595 Der *Erzähler*, St. Gallen (Nr. *4e)
596 Leipziger *Fama* oder Jahrbuch der merkwürdigsten Weltbegebenheiten, Leipzig (Nr. *2, *2c)
597 *Gesellschaftsblatt* für gebildete Stände, München (Nr. *20c)
598 Allgemeiner *Kameral*- Polizei- Ökonomie- Forst- Technologie- und Handels-*Korrespondent*, Erlangen (Nr. *23b)

## QUELLENNACHWEIS (NACHTRAG 1995)

599 Leipziger *Literatur-Zeitung* (Nr. *8a, *652a)
600 Fränkischer *Merkur*, Bamberg (Nr. 23)
601 *Provinzial-Zeitung*, Elberfeld (Nr. *7a)
602 *Thalia*, Wien (Nr. *7c)
603 Der Preußische *Vaterlandsfreund*, Berlin (Nr. *19a)
604 *Zeitung* für Literatur und Kunst, Riga (Nr. *19)
605 Münchner Politische *Zeitung* (Nr. *4b)
606 Preßburger *Zeitung* (Nr. *5c)
607 Regensburger politische *Zeitung* (Nr. *19b)
608 Zürcher *Zeitung* (Nr. *4c, *4d)
609 Der *Zuschauer*, eine politisch-literarische Zeitschrift (hrsg. von Garlieb Helwig Merkel), Riga (Nr. *2d, *7b)

# REGISTER

## Personen

(Aufgeführt werden die *Nummern* der Dokumente, wobei die nach 1984 aufgenommenen Stücke mit einem Sternchen versehen sind. *Kursiv*-Zahlen bedeuten, daß die Dokumente Äußerungen des betreffenden Autors enthalten. Das Register erfaßt auch namentlich nicht genannte Personen, auf die im Text Bezug genommen wird.)

Abeken, Bernhard Rudolf. 551, 552.
Aischylos. 302b, 350, 505, 607, 667.
Albanus, C. Eduard. *171*.
Albert, Staatssekr. 441.
Alewyn, Richard. *245b*.
Alexis(-Häring), Willibald. *45, 169, 283b, 316a, b, 522, 528b, 557, 562b, 655.*
Altenberg, Peter. 392a.
Altenstein. Karl Frhr. von Stein zum. 251.
Alverdes, Paul. *459*.
Andler, Charles. *437*.
Andreas-Salomé, Lou. *471a*.
Anschütz, Heinrich. 533a. Seine Frau. 533a.
Ansorge, Conrad. 441.
Apel, Joh. Aug. 654.
Apollinaire, Guillaume. 422a.
Aristophanes. 265a, 267c, 291, 362.
Atistoteles. 497.
Arndt, Ernst Moritz. 84, *523c.
Arnim, Achim v. 71a, b, 72a–79, 98, 251, 259a, 293b, 333b, d, 543, 650, 651, 665a.
Arnim, Bettina v. 71a, b, 77a, 424.
Arnim, Carl v. 77.
Arnold, Robert F. *467*.
Ascher, Saul. *19b*, 24, 26b, 74, 221.
Auerbach, Berthold. 111a, b, *577*.

Auernheimer, Raoul. *467*.
Ayrault, Roger. *473*.

Bab, Julius. *241a, 241c*, 379, 419, 441, 640b.
Bach, Joh. Seb. 357.
Bachmair, H. F. S. *393a*.
Bachmann, Ingeborg. 600.
Bachmann, Frau Ottomar. 441.
Baer, Anton. *175*.
Bahr, Hermann. 228a, b, *385, 405, 433b, 434, 455b, 467, 468, 580d, 613a, 641.*
Bailleu, Paul. 441.
Balzac, Honoré de. *490.
Bamberg, Felix. 295, 302a, *302b*, 302c, *352, 564*.
Bang, Pfarrer. 271, 652c.
Barnay, Ludwig. 585a.
Bassewitz, Adelaide. 17.
Baudelaire, Charles. 392a.
Baudissin, Wolf Graf v. *635*.
Bauer, Erna. *422b*.
Bauer, Felice. 420b.
Bauer, Karoline. *544b*.
Bauernfeld, Ed. v. 298, *349, 667*.
Becher, Joh. R. *393a*, b, c, *428, 491*.
Beck, C. H. 231, 455c.
Beckedorff, Ludolph. 118.
Becker, Carl Heinrich. 441.

Beer, Ludwig. 441.
Beethoven, L. van. 357, 461, 536a.
Beguelin. 54c.
Below, Ludwig v. 89.
Benn, Gottfried. *628a–c, 645*.
Benz, Richard. *461*.
Berend, Eduard. *244b*.
Berg, Caroline Friederike v., geb. v. Häseler. 91, 119.
Berg, Leo. *680*.
Berliner, Dr. 441.
Bertram, Ernst. *450*.
Bertuch, Friedr. Justin. 10, *10a, *10b.
Besser, Wilhelm. 307.
Beyer, v. 108a.
Bidou, Henry. 472.
Biedermann, Flod. Frhr. v. 241c, *241d*.
Billinger, Richard. 419.
Birch-Pfeiffer, Charlotte. 111a, b.
Bismarck, Otto v. *360*, 387, 450, 464b, 468, 475, 583.
Björnson, Björnstjerne. *331*, 379a.
Blankenagel, John C. *248*.
Blöcker, Günter. *508a*, 508b.
Blümner, Ernst. *15*.
Blumenthal, Oskar. *205*.
Boccaccio. 282, 652a.
Boccage, P. M. 529a.
Bode, Dietrich. *631*.
Boeckh, Philipp Aug. 54c.
Börne, Ludwig. *514*, 531.
Böttiger, Karl Aug. *10a, 11, *70b, *265b, 515a, 550a.
Bollert, Gerhard. 441.
Bonafous, Raymond. *380*.
Bong, Verlagshaus. *222d*.
Borchardt, Rudolf. *458*.
Brahm, Otto. *178a*, *207–214*, 216–217b, 222a, 226–228b, 230, 232, 366a, 372a, *399a*, b, 403, 411, 415, 455c, 467, 679.
Brahms, Johannes. *190*, *534*.
Braig, Friedrich. *454*, 455a–d.
Brandes, Georg. *339*, 340.

Brant, Sebastian. 298.
Braun, Felix. *395*.
Brecht, Bert. 419, *501*, 501a, *595*, 600, *687a*.
Brecht, Walther. 441.
Brehm, Bruno. *481*.
Brentano, Clemens. 52b, 62a, *71aa, *73a–76*, 78, *140*, 259a, 293b.
Brinckmann, C. G. v. *26a*.
Britting, Georg. *631*.
Brockes, Ludwig v. 184, 185, 246.
Brockhaus, F. A. 174a, 260, 673a, b.
Brod, Max. 420a, *421b*, 422, 457, 508b.
Brontë, Emilie. 494a.
Brückmann, Cläre. 622a.
Brühl, Karl Friedrich Graf v. *70a, *70b, 77.
Brun, Friederike. 16a.
Brust, Alfred. *462b*.
Buchholz, Friedrich. *9*.
Büchner, Georg. 298, 392, 392a, 439, 460, 464a, 465, 467, *490, 501, 505, 687.
Bülow, Bernhard Fürst v. *399a*, b, 585a, 586a.
Bülow, Eduard v. 113, *114*, 116, 125, 126, *139b*, 172a, 175, 179, *179a*, *180–187*, 193, 200, *305*, 306a–307, 317a, b, 403, 459a.
Bülow, Hans v. 573a.
Bülow, Heinrich v. 54a.
Bürger, Gottfr. Aug. 321, *490.
Bürklin, Albert. 441.
Bulthaupt, Heinr. 578, 580a.
Buol-Mühlingen, Joseph Baron v. *174.
Burckhard, Max. *580a–d*.
Burckhardt, Carl Jacob. *684*.
Burte, Hermann. 419, 441.
Byron, Lord. 78, 242a, 309, 356.

Calderon. 302b, 313, 544c, 552, 597.
Campan, Henri. *52c*.
Campe, Julius. 317a–318.
Carlyle, Thomas. *281*, 503.

Carus, Carl Gustav. *602*. Tochter Eugenia. *602*.
Cassirer, Ernst. *436*, 441.
Cassou, Jean. *483*.
Cervantes. 39, 122a, 282, 406.
Chamberlain, H. S. *375a*, b, c.
Chamisso, A. v. *36a, b*, 54a, *526b*.
Cherbuliez, Adrienne. 109, 285, 669.
Cherbuliez, Joel. 109, *285*, 340, *669*.
Chezy, Helmina v. 69, 259b, *550a*.
Chodowiecka (Witwe des Kupferstechers). 14.
Chorley, John. *307*.
Christiani, R. 662.
Clauren, Heinrich (d. i. C. G. S. Heun). 298, 522.
Cocteau, Jean. 494a, *502*.
Cohn, Alex. Meyer. 178, 222b.
Collin, Matthäus v. *161a, b*, *550*.
Conrad, Michael Georg. *398*.
Constant, Benjamin. 34.
Cooper, James F. *295*.
Corneille. 564, 597.
Cornelius, Peter. *337a*.
Costenoble, C. L. *528c*.
Cotta, Joh. Friedr. 9, 71, 74, 119, 251.
Croce, Benedetto. *438*, 438a.
Cuno, Wilhelm. 441.
Curtius, Ernst Robert. 508b.

Dacqué, Edgar. *630*.
Däubler, Theodor. 441.
Dahlmann, Friedr. Christoph. 80, *81*, 82, 83, *84*, 335, 481. Sein Sohn. 83.
Dames, George Friedr. 106.
Defoe, Daniel. 381.
Dehmel, Richard. *368a*, *379*, 417, 419, *432b*.
Depping, Georg Bernhard. *275*.
Dernburg, Friedrich. *399a*, b.
Devrient, Ludwig. 324.
Dickens, Charles (Boz). 191a, 684.
Dietz, Walthari. *598*.
Dilthey, Wilhelm. *333a–d*. Seine Eltern. 333c.

Dingelstedt, Franz. *348*.
Dippold, Hans Karl. 55b.
Docen, B. J. *511*.
Döblin, Alfred. *623a, b*.
Döring, Theodor. 342, 363.
Dollfus, Ch. *675*.
Dostojewski. 420b, 443.
Dreyer, Max. *399a*, b.
Droysen, Joh. Gustav. 362.
Düntzer, Heinrich. 226.
Düsel, Friedrich. 441.
Dulk, Albert. *336, 569a, b*.
Dumas, Alexandre. 529a, *b*.
Dumont, Luise. 441.

Ebeling, Max. 441.
Eberhard, Aug. Gottlob. 25, 26a, 27, 55b, 58, 61, 68b, 69.
Eberhardi, Friederike. *8b, *39a. Georg. *8b, *39a.
Eckermann, Joh. Peter. 278a.
Eckstein, Ferdinand Baron d'. *282*.
Egelhaaf, Gottlob. 208, 209.
Eger, Friedrich Frhr. v. 32.
Ehrenberg, Christoph Adalb. *104a*, b, 105b.
Eichendorff, Joseph Frhr. v. *32, 56b, 308*, 408, 442.
Einsiedel, Alex. v. *15*.
Eisner, Kurt. *404*.
Eliot, George. *54b*.
Eloesser, Arthur. 232, *387, 407*, 419, 441.
Elster, Ernst. 441.
Elster, Hanns Martin. 419.
Emminghaus, Gustav. 86.
Engel, Fritz. 399b, 410a, 416, 419, 441, *586a*.
Engelke, Gerrit. 417.
Erdmannsdörffer, Bernh. *176*.
Erhard, Joh. Benj. 184.
Erler, Otto. 399b.
Ernst, Paul. *435, 590, 627*.
Eßlair, Ferd. *40*.
Eulenberg, Herbert. 379, *399a*, b, *400*, 453a.

Eulenburg, Philipp Graf zu. 576a.
Euripides. 501, 607, 608, 636.
Eysoldt, Gertrud. 620b.

Falk, Joh. Daniel. 4, 24, 29, *68c.
Fazy, Edmond. 381.
Fehrenbach, Constantin. 441.
Feiling, C. A. 670.
Fernow, Karl Ludw. 95a, 96.
Feuchtersleben, Ernst Frhr. v. 43, 304a, b.
Feuchtwanger, Lion. 487.
Fichte, Joh. Gottlieb. 404, 454.
Fiedler, Conrad. 372a, b.
Finckenstein, Henriette Gräfin v. 164a, 167, 544a.
Fiocati, Kaufmann. 40b.
Fischart, Johann. 298.
Fischer, Hans. 243a.
Fischer, Ottokar. 237, 455c.
Flaubert, Gustave. 420b, 462a.
Fleischel, Egon. 441.
Fleisser, Marieluise. 685.
Florian, J. P. Claris de. 340.
Förster, Friedrich. 54c, 140.
Foglar, Adolf. 568a.
Fontane, Theodor. 209, 210, 359, 468, 537a, b, 575–576b, 678.
Fouqué, Caroline de la Motte-. 55b, 56a, b, 59b, 63, 118, 119, 263a, 424, 653, 654.
Fouqué, Friedr. de la Motte-. 38b, 54a, 55a–71, *70a, *70b, 119–123, 163, 163a, 252, 255b, *258a, 259a, 260, 261a, b, 263a, 281, 424, 482, 511, 520, 525, 526c, 541, 549, 559, 633, 654.
François, Louise v. 371.
Frank, Leonh. 392, 419, 433b.
Frapan, Ilse. 310a.
Freud, Sigmund. 453a.
Frey, Adolf. 215.
Freytag, Gustav. 191a, 370, 570.
Fricke, Gerhard. 470.
Friederike Luise Wilhelmine, Erbprinzessin von Oranien, 367.

Friedländer, Georg. 359.
Friedmann, Sigismondo. 361, 379a.
Friedrich, Caspar David. 29.
Friedrich II. von Preußen. 585b.
Friedrich Leopold, Prinz von Preußen. 386, 576a.
Friedrich Wilhelm III. 38b–40, 59a, 91, 180, 183, 286b, 366, 367, 426, 450, 467, 554d (Anm.), 588.
Friedrich Wilhelm IV. 186, 560a.
Friedrich Wilhelm, Prinz von Hessen. 89.
Friedrichs, Hermann. 365.
Fries, Albert. 362.
Frisch, Walter. 441.
Frommann, Johanna. 272.
Froriep, Ludwig Friedrich. *10b.
Fulda, Ludwig. 399a, b.

Gadamer, Hans Georg. *645b.
Gans, Eduard. 665b.
Gaudig, Hugo. 441.
Gaudy, Franz v. 54a, 189.
Gehe, Eduard. *272b, 273a.
Geibel, Emanuel. 306b.
Gentz, Friedrich v. *174e, 254.
George, Stefan. 392a, 445a, 462a, 624.
Gerlach, Wilhelm v. 16b, 17a, 17b.
Gerlach-Bernau, Kurt. *484b.
Gervinus, G. G. 81, 291.
Geßner, Charlotte, geb. Wieland. 85b, c.
Geßner, Heinrich. 243.
Gide, André. 629, 681.
Giehse, Therese. 501a.
Giers. 534.
Gillies, Robert Pearse. 284, 561.
Gilow, Hermann. 441.
Giraudoux, Jean. 472.
Gleich, Friedrich. 37.
Gneisenau, Neithardt v. 16, 91, 426, 588. Seine Frau. 16.
Goebbels, Joseph. 489.
Göhre, Paul. 441.
Goethe. 4, 11, 11a, 11b, 13, 17a, *19,

39, 40a, 43, 63 (Lilis Park), 72a, 78, 110, 111a, 130a, 188, 191a, 203, 217a, 222a, 256, 265a, 272, 273b, 274, 278a–c, 279, 284, 290, 293b, 295, 297, 301a, 302b, 304a, b, 311, 313–315, 318a, 328, 331–333a, d, *337a, 339, 343, 350, 353, 357, 358, 370, 375b, 376, 379, 382, 385, 394, 397–399a, 434, 435, 435a, 442a, 444a, 446, 447, 453, 467, 469, *474a, 475, 481, 490a, b, 500a, 501, 504, 528a, b, 551, 552, 555, 577, 611, 616, 620c, 622b, 623a, b, 626, 628b, 629, 631, 639, 640b, 652c, 667b, 676, 682.

Goetz, Wolfgang. *178a, 246, 465.*

Gogol. 356.

Goldoni, Carlo. 297

Gorki, Maxim. *474b, *490.

Gosche, Richard. 198b.

Gottschall, Rudolph. *315, 376, 606.*

Grabbe, Chr. D. 293b, 295, 298, 311, 318–319c, 381, 392, 392a, 399a, 410c, 453, *530a, b.*

Gräffer, Franz. 174aa.

Grathoff, Dirk. 269a (Anm).

Gregori, Ferd. *397, 441, 459a, 467.*

Grillparzer. 297, 301, 318a, 420b, 528a, b, 551, 561. *568a, b, 603a, 656, 680.*

Grimm, Ferd. *130a, b, 152a–c, 156.*

Grimm, Herman. *220b, 226, 382, 575.*

Grimm, Jacob. 46, 72a, 98, *130a–c, 152a–c, 156, 651.*

Grimm, Wilhelm. 28, 46, 72a, 72b, 77, 130a, *152a–c, 156, 271, 543, 652a–c.*

Grisebach, Eduard. 367.

Groeper, Richard. 441.

Grohe, Oskar. 613b, 614b, 638.

Groth, Klaus. *84.*

Grube, Max. *584.*

Gubitz, Friedr. Wilh. *6, 7, 66a, b.*

Günderode, Caroline v. 72a, *490.

Günther, Joh. Christian. 321, 392.

Gundolf, Friedrich. *391, 444a–445b, 450, 453a, 622a, b.*

Gurk, Paul. 419.

Gutmann, C. 368b.

Gutzkow, Karl. 297, *350.*

Haas, Willy. *508b.*

Haase, Friedrich. 585a.

Häbler, Gotthelf. *335, 536, 607, 636.*

Haenisch, Konrad. 441.

Haessel, Hermann. 370.

Hafftitz, Peter. 657, 660.

Haftmann, Werner. 497.

Hagen, Friedr. Heinr. von der. *148a, b, 278a.*

Haller, Albrecht v. 24.

Halm, Friedrich. 295, 353.

Hanser, Carl. 503.

Hardegg, Hermann. 668.

Harden, Maximilian. *616.*

Hardenberg, K. A. Fürst v. 72a, 78, 206, 267.

Hardt, Ernst. 620c.

Harel, Theaterdirektor. 529a.

Harl, Johann Paul. *92b.*

Harnack, Adolf v. 441.

Hart, Julius. *239, 402.*

Hartau, Ludwig. 441.

Hartlieb, Wladimir v. *471.*

Hartmann, Ferdinand. 113b, 132, 133a, 135.

Hartmann, Franz v. *667.*

Hartmann, Paul. 441.

Haselberg, Gustava v. 325.

Hasenclever, Walter. 419, 441, 487a.

Hasse, K. E. *544c.*

Hauff, Hermann. 175.

Hauff, Wilhelm. 670.

Haupt, Gunther. *485.*

Hauptmann, Gerhart. 230, 389, *426, 441, 473, 501, 540.*

Haym, Rudolf. *202a, b, 323.*

Haza, Johanna v. 56a, 124, *134.*

Hebbel, Friedrich. *173, 203, 236, 293a, 294–302a, 302c, 303b, 304b, 306a, b, 310a, 319b, c, *337a, 350,*

353, 379, 379a, 389, 397, 410c, 430, 438, 448, 453, 460, 473, *532*, *563*, *565*, *568b*, 583a, 588, 605, 641, *666*, 680.
Hebel, Joh. Peter. 487a.
Hegel. 279, 280, 490b, 527.
Heiberg, Johan Ludvig. *561a*.
Heimann, Moritz. *583*, 583a, 591.
Heine, Albert. 441.
Heine, Heinrich. 314, *317a–321*, 379a, 394, \*474a, *529a*, b, *553*, *555*, 564, 600, *662*, 667.
Heiseler, Bernt v. 479.
Hell, Theodor (d. i. K. G. Th. Winkler). *515b*, *528a*, b.
Hempel, Gustav. 217a.
Hendel-Schütz, Henriette. 14, \*601, \*601a.
Henze, Hans Werner. 600.
Henzen, Wilhelm. 459a.
Herder, Joh. Gottfr. 72a, \*272b, 382.
Herrmann, Max. 441.
Hertel, Johann Jacob. *40a*.
Herwig, Karl Gustav. *243*a.
Herzog, Wilhelm. 229–234, 411, *414a*, b, 455c, *464a*, b, 471a.
Hesse, Hermann. *683*.
Hesse & Becker. 242.
Hessen, Prinz von, siehe Friedr. Wilhelm.
Hettner, Herrn. 82, 311, *312*, 341.
Heuschele, Otto. *480*.
Heuß, Theodor. *369a*.
Heym, Georg. *392*, *392a*.
Heyse, Paul. 213, *576a*, *676*.
Hildebrand, Adolf. *372a*.
Hiller, Kurt. *416*.
Hilpert, Heinz. *596*.
Hilscher, P. G. 157.
Hitler, Adolf. 483, \*484b.
Hitzig, Jul. Ed. 18, 36a, b, *55a*, b, c, *59a*, b, 60, *66a*, *b*, 69, *119*, 121, *122a–123*, 253a, *541*, 648.
Hochberg, Bolko Graf v. 584.
Hoddis, Jakob van. 392.
Hölderlin, Friedr. 310a, 321, 355, 376, 379a, 381, 392, 444a, b, 446, 451, 464a, 467, 474a, \*490, 490b, 501, 623b, 629.
Höpfner, Albert. *20a*, b.
Hoffmann, E. T. A. *18*, 280, 414a, *648*, *657*, *666*, *670*.
Hofmannsthal, Hugo v. 389, 415, 441, *443*, 473, 620c, 684.
Hohenhausen, Elise v. *267a, b*, *548*.
Hohenlohe, Fürstin Marie v. 295.
Holbein, Franz v. \*70b, 77, 265a, 284, 348, 511, 515b, 516, 519a, 522, 523, 530b, 533b, c.
Hollaender, Felix. *620a*.
Holtei, Karl v. 111a, *111b*, *174d*, 286a, b, *526a*, *528a*, b, 546, *558*.
Holtei, Luise v. 521–526c.
Holtorf, Alma. 368b.
Holz, Arno. *442a*.
Homer. *261a*, 288, 406, *555*, 564.
Hormayr, Jos. Frhr. v. *170b*.
Horn, Franz. *31*, *57*, *264*, *509*, *658*.
Hotho, Heinrich Gustav. *276*, *277–280*, *556*, *557a*, *663*.
Houben, H. H. *221*.
Houwald, Ernst Christoph v. 284, 528a, b, 551, 553, 561.
Huber, Ludwig Ferdinand. 24, 144a, b.
Huber, Therese. 547.
Huch, Ricarda. *378*, 441.
Hülsen, Botho v. 609.
Hülsen, Georg v. 585a.
Hülsen, Hans v. *393c*.
Hufeland, Chr, W. 100.
Huss, Johannes. 57.

Ibel, Rudolf. *486*.
Ibsen, Henrik. 230, 379a, 389, 397, 405, 438, 473, 590, 640b.
Iffland, Aug. Wilh. 40, 78, 316a, 459a, 521.
Ihering, Herbert. *232*, 419.
Ihering, Rud. v. *677*.
Immermann, Karl Lebrecht. 278a, c,

298, 318–319a, 530a, *551*, 552, 555, 670.
Ionesco, Eugène. *505*, 508b.

Jacob, Heinr. Ed. *233*, 419.
Jacobs, Monty. 178, 419.
Jacobsohn, Siegfried. 487b.
Jaffé, Alfred (d. i. Alfred Petrus). *245a*, b.
Jahn, Friedr. Ludw. 426.
Jahnn, Hans Henny. *418*, 419, *431*.
Janinski, Eduard. 295.
Janouch, Gustav. *422a*.
Jariges, Carl v. *163a*.
Jean Paul. 160a, b, *258*.
Jeener, J.-B. *599*.
Jessner, Leopold. 419, *467*, *594*.
Jesus Christus. 62b, 64, 357, 410b, 455a, 471, 629.
John, Joh. Aug. Friedr. 256.
Johst, Hanns. 488.
Joukowski (Shukowskij), Wassilij Andrejewitsch. 94.
Jünger, Ernst, *494a*, *b*.
Jung, Georg. 631.
Jungnickel, Max. *429*.
Jung-Stilling, J. H. *64*.

Kafka, Franz. *241b*, *420–422a*, 503, 508b.
Kainz, Josef. 580a, 593.
Kaiser, Georg. *439*, *465*.
Kalbeck, Max. *579*.
Kant. 109, 355, 381, 436, 455b, c, 475, 497, 500c, 583.
Kayßler, Friedrich. 441, *593*.
Keats, John. 392a.
Keber, Carl Adolf. 14, 16a, *38a*, 39.
Keller, Gottfried. *358*.
Kellermann, Bernhard. 419.
Kerr, Alfred. 430, *539*, *592*, *624*, *642a*, *b*.
Kesser, Hermann. *686*.
Kienzl, Florian. *419*.
Kind, Friedrich. 256, *525*.
Kippenberg, Anton. 424, 441.

Klabund (d. i. Alfred Henschke). *442*.
Kleist, Auguste v. 347.
Kleist, E. Graf v. 441.
Kleist, Ewald Frhr. v. 441.
Kleist, Ewald v. *4b, *4c, 25, 55b, 162d, 163, 169, 282, 353a.
Kleist, Franz v. 16, 55b, 163.
Kleist, Franz Kasimir v. 39.
Kleist, Friederike v. 102a.
Kleist, Georg Frhr. v. 441.
Kleist, Hans Jürgen v. *464b*.
Kleist, Joach. Friedr. v. 347.
Kleist, Leopold v. 17b, 99, 100, 107, 108b.
Kleist, Marie v. 47, 76, *88–98*, 102b, 119, 121, 122a, 137b, *138*, 139b, 140, 155, 174d, 261a, 377. Sohn Adolf. 88, 90, 95. Tochter Lulu. 97, 98.
Kleist, Paul v. 441.
Kleist, Ulrike v. 92, 103, 104a, 106–117, 193, 195, 224a–225b, 366, 467.
Klimsch, Fritz. 441.
Klopstock, Friedr. Gottl. 24, 39, 261a, 316a, 341, 357, 381, *484b.
Koberstein, August. 117, 193, 195, 224b, 403.
Koch, Reichsminister. 441.
Koch, Max. *384*.
Köhler, Franz. 441.
Köhler, Reinhold. 191b, *192*.
König, Eberhard. 620c.
Köpke, Rudolf. 127a, b, *174b*, c, 176, 195, *197–198b*, 403.
Körner, Christian Gottfr. *12–14*.
Körner, Emma. 15.
Körner, Theodor. 12, *13*, 14, 111a, b, *258a, 269a, 273a, 294, 295, 399a, 522, 563, 565, 666, 682.
Körte, Wilhelm. 162d.
Kokoschka, Oskar. *644*.
Kommerell, Max. *478*.
Kotzebue, August v. 256, 280, 459a, 522, 528a, b.

Krafft-Ebing, R. v. *615*.
Kralowsky, Buchhdl. 122a.
Kraus, Karl. *228b*.
Krause, Chr. Siegmund. *160b*.
Kretschmann, Otto. 441.
Kreuder, Ernst. *689*.
Kreysig, George Christoph. 660.
Krieger, Buchhändler. 157.
Krohn, Hildegard. 392a.
Krug, Wilhelm Traugott. *44*. Seine Frau Wilhelmine, siehe v. Zenge.
Kühne, Gustav. *303a*, b, *671*.
Kühnemann, Eugen. 441.
Kürschner, Joseph. 216, 217a.
Küstner, K. Th. 295.
Kuh, Emil. *174c*, *191a*, b, 301, *332*.
Kuhn, Friedr. August. 256.
Kunze, Julie. 15.
Kupfer, Mad. 253b.
Kurz, Heinrich. 459a.
Kurz, Hermann. *676*.
Kutscher, Arthur. 379.
Kyser, Hans. *399a*, b.

Lachmann, Hedwig. 640b.
Laeiß, A. B. 295.
Lafontaine, August. 26a, 73a, 90, 91.
Landauer, Gustav. *640b*.
Langbein, Aug. Friedr. Ernst. 256.
La Roche, Karl. 297.
L'Arronge, Adolph. 585a, 586a.
Lasker-Schüler, Else. 419.
Laube, H. *289*, *342*, *533a–c*, 568b.
Lautréamont, Comte de. 494a.
Lawrence, Thomas. 284.
Lecoq, Karl v. 91.
Lee, Nathaniel. 282.
Lehmann, Wilhelm. *583a*.
Lenau, Nikolaus. 321, 376, 392.
Lensing, Elise. 295, 301a.
Lenz, Jak. Mich. Reinh. 392, *490.
Leopardi, Giacomo Graf. 356.
Lernet-Holenia, Alex. 419, *465*.
Lessing, G. E. 24, 188, 291, 299, 300b, 314, 328, 333a, 353, 354, 382, 383, 399a, 444a, 447, 495, 528a, b, 533a, 589, 680.
Lewald, Theodor. 441.
Liebermann, Max. 441.
Liebich, Theaterdirektor. 73a.
Lienhard, Friedrich. *398*.
Liliencron, Detlev v. *364–369b*, *611*.
Lindau, Paul. 204, 205, 366, *399a*, b, 411, 585a.
Lippe, Alex. Graf zur. 184, 185.
Lissauer, Ernst. *425*, 442.
Litten, Heinz. 644.
Litterscheid, Richard. *613c*.
Lloyd, Francis. *341*, 450.
Loeben, Otto Heinr. Graf v. 62b, 70, 158, *259a*, *b*.
Löns, Hermann. *373*.
Loerke, Oskar. 419.
Loeschbrand, Wilhelmine v., geb. v. Kleist. 107.
Lorm, Hieronymus (d. i. Heinr. Landesmann). *191b*, *201*, *337*.
Lossow, Mathilde v. 441.
Lublinski, Samuel. 389.
Luck, Friedrich v. *42*.
Ludwig, Otto. *327*, *328*, 353, 389.
Lüttichau, Ida v. 602.
Lützow, Rudolf v. *474.
Lugowski, Clemens. 477.
Luise, Königin von Preußen. 586a, 678.
Lukács, Georg. *490a*, *b*.
Luther, Martin. 465, 516, 651, 652a, 660, 670, 680, 687a.
Lykurg. 463b.

Maass, Joachim. 506.
Macchiavell. 434.
Mähly, Jakob. *337b.
Mahlmann, August. *11a.
Mahn, Paul. 441.
Maier, Dr. 441.
Malsburg, Ernst v. d. *157*.
Maltitz, Gotthilf Aug. v. *665a*, b, 673a.
Mamroth, Fedor. *384*.
Mandl, Moritz. *174c*, *338*, 345.

Mann, Heinrich. 419, *467*, 682.
Mann, Thomas. *231*, *435a*, 465, *466*, *467*, *500a–d*, *643a*, b, *682*, *689b, 690.
Manz, Gustav. 441.
Maraun, Frank (d. i. Erwin Goelz). 628c.
Marcel, Gabriel. *597*.
Marées, Hans v. 372a, b.
Marlowe, Christopher. 392.
Marmier, Xavier. *604*.
Marmontel, Jean François. 73a.
Martini, Christian Ernst. 171, 420.
Martini, Fritz. *499*.
Marwitz, Alex. von der 51, 649.
Massenbach, Frhr. v. *95b*.
Matkowsky, Adalbert. *582*, 584.
Maupassant, Guy de. 381.
Maurer, Buchhdl. 140.
Maurois, André. *504*.
Mauthner, Fritz. *399a*, b, 415, *639*.
Max, Joseph. 148a.
Maync, Harry. 441, *445a*, b.
Mayreder, Rosa. 638.
Mehring, Franz. *211*, *234*, *383*, *403*, *490a*, *588*.
Meier, Friedrich. *17a*, b.
Meisl, Karl. 528c.
Meißner, Alfred. *321*.
Melchinger, Siegfried. *500c*.
Melville, Herman. 684.
Mendelssohn, Franz v. 441.
Mennecke, Küster. 347.
Mensi, Alfred Frhr. v. *410c*.
Menzel, Gerhard. 419.
Menzel, Wolfgang. *288*, 313.
Mérimée, Prosper. 339, 381.
Merkel, Friedrich. 662.
Merkel, Garlieb. *19.
Metternich, Clemens Fürst v. 254.
Meunier. 243.
Meyer, Conr. Ferd. *214*, *215*, *370*, 371.
Meyer, Karl Friedrich. 272.
Meyer, Oscar. 441.
Meyer, Richard M. *399a*, b.

Meyer-Benfey, Heinrich. *235*, *237*, 441, *455c*.
Meyer Cohn, siehe Cohn, Alex. Meyer.
Miltitz, Carl v. 70.
Minckwitz, Johannes. *334*.
Minde-Pouet, Georg. *177*, 222b–223, *222c, *222d, *224a–225c, 246–248, 369b, *412*, 441, 484a.
Minor, Jakob. *238*, 399b.
Moeller van den Bruck, A. *621*.
Mörike, Eduard. 333b, *668*.
Mörner, Oberst v. *575*.
Molière. 259a, 264, 291, 501, 632–636, 640a–644.
Molo, Walter v. *482*.
Mombert, Alfred. 368a.
Moritz, Karl Philipp. *601.
Morris, Max. 218.
Mosen, Julius. *313*.
Mosenthal, Salomon Hermann. 609.
Moser, M. 662.
Mozart, Wolfg. Amadeus. 357.
Müchler, Karl. *19a.
Müller, Adam. *2, 2a, 9, *23*, *50*, 54c, 56a–c, 63, 71b, 73a, 78, 118, 123–125, 134, 184, 185, 194, *250*, *255a*, 259a, 265a, 316b, 333a, 376, *601a*.
Müller, Friedrich v. (Kanzler). *278b, c*.
Müller, Friedrich (»Maler«). 174a, 174aa, 259a.
Müller, K. L. Methusalem. *548a*.
Müller, Karl Otfried. *159*.
Müller, Sophie, geb. v. Haza. 56a, 63, 102a, 134.
Müllner, Adolf. 267a, 267c, 284, 293b, 528a, b, *548*, 551, 561.
Mundt, Theodor. *290*.
Musäus, Johann Karl Aug. *670*.
Muschg, Walter. *448*, *451*, *453a*, *455d*.
Musset, Alfred de. 356.
Muth, Karl. 408.

Nadherny v. Borotin, Sidonie. 424.
Nadler, Joseph. 455b, *469*, *475*.

Napoleon I. 42, 219, 335, 404, 426, 442, 462a, 465, 467, 489, 490b, 494b, 678.
Napoleon III. 387.
Nefftzer, A. *675.*
Neumann, Alfred. 419, *465.*
Neumann, Wilhelm. 62b, 68b.
Newton, William. 341.
Nicolai, Christoph Friedr. 191a, b, 655.
Nietzsche, Friedr. *189, 355–357,* 392, 398, 437, 448, 465, 486, *612a, b,* 619, 629.
Nissen, Hermann. 580b.
Noth, Günther. 441.
Novalis. 43, 174aa, 263b, 279, 320, 381, 434.

Oehlenschläger, Adam. *263c,* 318a.
Öttinger, Ed. Maria. 111a, *243.*
Olfers, I. v. 277.
Oserov, Wladislav Alexandrowitsch. *70a.
Otto, Hans. 488.
Otway, Thomas. 282.
Oxenford, John. 670.

Palleske, Emil. *82, 311.*
Pannwitz, Wilhelm v. *104b, 105b–107.* Seine Frau Auguste geb. von Kleist. 102a, 106, 108b. Tochter Auguste. *109.* Sohn Carl. 171. Tochter Friederike, verh. v. Schönfeldt. 116, 117.
Panzer, Friedrich. 441.
Passow, Franz. *253c, *258a.
Pasternak, Boris. *474a, *474b.
Peguilhen, Ernst Friedr. 2b, *2c, 6, 7, *7a, *8a, 10, *15, 16, 19, 22a, *23a, 24–26a, 38a, b, 39, 42, 52c, 54c, 55a, 59a, 60, 72b, 74, 85a, 89, 99, 101, 102a, *102b,* 104a, 105a, 119, 180, 183, 184, 204. Seine Frau. 102a.
Pernice, Ludwig. 441.
Petersen, Clemens. 331.

Petersen, Julius. *440,* 441.
Petsch, Robert. *240,* 441.
Pfeilschifter, Joh. Baptist. *149.*
Pfitzner, Hans. 441, *467.*
Pfuel, Ernst v. 14, 56a, 62a, 63, *70a, 73a, 76, 84, 110, 118, 137b, 181, 183, 184, 187, 199, 224b–225b, 246, *253a,* 261a.
Pfuel, Friedrich v. 246.
Pfuel, v., Rittergutsbes. 225.
Philipe, Gérard. 597, 598, 600.
Philippi, Ferd. *516.*
Piatolli (Witwe des Marquis P.). 14.
Pichler, Caroline. *56c, 547.*
Pinelli, Ada, geb. v. Treskow. *110.*
Platen, August v. *270.*
Platon. 443, 532.
Plautus. 632, 636.
Plötz, J. v. 297.
Plutarch. 111b.
Poe, Edgar Allan. 356, 381, 443, 494a.
Polgar, Alfred. *626.*
Posadowsky-Wehner, Arthur Graf v. 441.
Preetorius, Emil. *500b.*
Prellwitz, Gertrud, 441.
Prévost, Abbé. 71h
Prokesch-Osten, A. v. *174e.
Puttkamer, Heinrich v. 119.
Pyrker, Joh. Baptist. 324.

Quarck, Max. 383.
Quinet, Edgar. 302b.

Raabe, Peter. 441.
Rachel, Elisa. 605.
Radziwill, Anton Heinr. Fürst v. 38b, 482. Gattin Prinzessin Luise von Preußen. 97. Tochter Elisa. 97.
Rahel, geb. Levin, verh. Varnhagen. *51–52d,* 159a, 183, 184, 554d, 603a, *649, 660a, 661a.*
Rahmer, Sigismund. *124,* *222c, 224a, *224b, c,* 225a–c, 226.

Rapp, Ernst. 572.
Rapp, Moritz. 287.
Rathenau, Walther. 441.
Raumer, Dorothee v. 17.
Raumer, Friedrich v. 194, 197, 660.
Raupach, Ernst. 284, 528a, b, 551, 561.
Recke, Elisa v. d. 158, 544a.
Reclam, Philipp. *222d, 459a, 686.
Reichardt, Joh. Friedr. 49, 79.
Reimer, Georg. 129, 130a, *133c, 141, 143c, 145, 148b, 153, 154, *154a, 169, 170, 172a, 177, 323, 661a, 690.
Reimer, Hans. 441.
Reinbeck, Georg. 512.
Reinhard, Franz Volkmar. 11.
Reinhardt, Max. 411, 415.
Reinhold, Carl. 293a, b.
Reinmann, Hans. 441.
Reisiger, Hans. 432a, b.
Rellstab, Joh. Carl Friedr. 10.
Rellstab, Ludwig. 560.
Rembrandt. 302b, 666.
Remy, Offizier. 22b, 39.
Retzer, Zensor. 646.
Reuter, Fritz. 537b.
Reventlow, Agnes Gräfin v. 366a.
Richert, Hans. 441.
Richter, Werner. 441.
Richthofen, Hartmann Frhr. v. 441.
Rilke, Rainer Maria. 374, 392a, 423, 424, 471a.
Rimbaud, Jean Arthur. 392, 392a.
Ritter, Joh. Wilhelm. 29.
Robert, Ludwig. 159a, *159b, 269a, b, 519b, 521, 523, 554a–d, 557a, 603a, 660, 660a, 661a.
Rochlitz, Johann Friedr. *11a, *11b.
Rodenberg, Julius. 212.
Röbbeling, Friedrich. 448.
Röbbeling, Hermann. 441.
Rössler, Carl. 410d.
Roethe, Gustav. 441, 581.
Rötscher, H. Th. 306b.
Roetteken, Hubert. 441, 615.

Rosegger, Peter. 218.
Roselieb, Hans. 467.
Rosenplüt, Hans. 243a.
Rostorf (d. i. Karl Gottl. Andr. v. Hardenberg). 259a.
Roth, Joseph. 487b.
Rotrou, Jean de. 243.
Rousseau, Charlotte. 295.
Rousseau, Emil. 295.
Rousseau, Jean Jacques. 237, 387, 616.
Rousseau, Johann Baptist. *272c.
Rowohlt, Ernst. 241a, b.
Rückert, Friedrich. 263b.
Rühle v. Lilienstern, Otto Aug. 131b, 133a–134, 136a, b, 137b, 180, 181, 183–185, 187, 305, 456, 475. Seine Frau. 187.
Ruettenauer, Benno. 640a, b.

Sachs, Hans. 645.
Sade, Marquis de. 508b, 615.
Sadger, Isidore. 377.
Saegemund, Georg. 62b.
Sainte-Beuve, Charles Aug. 643b.
Sallet, Friedrich v. 54a.
Salten, Felix. 468.
Samain, Albert. 392a.
Sander, Sophie. 73a, 184.
Saphir, Moritz Gottlieb. 531, 531a.
Sauer, August. 441.
Savigny, Friedr. Karl v. 52b, *71aa, 71a, b, 72a, 73a.
Schaeffer, Albrecht. 456, 492.
Scharnhorst, Gerh. Joh. David. v. 426.
Schaukal, Richard. 398, 427, 441.
Scheffler, Karl. 495.
Scheffner, Johann George. 41.
Schelling, F. W. J. v. 270, 636. Seine Frau Pauline, geb. Götter. 270.
Scherer, Wilhelm. 216, 226, 354, 467.
Schering, Emil. 244a, b.
Schiller, Friedr. 4, 25, 110, 130a, 188, 191a, 214, 269a, *272b, 274, 284,

293a, b, 295, 311, 313, 314, 322, 328, 332, 333a, d, 334, 336, *337a, 343, 349, 353, 354, 357, 371, 375b, 376, 379, 382, 385, 390, 394, 397, 399a, 405, 444a, 447, *474a, 501, 528a–529a, 536a, 540, 548, 568b, 569b, 573b, 577, *601, 622b, 624, 670, 678.
Schinkel, Karl Friedrich. *70b.
Schirmer, Mad. 515b.
Schlegel, Aug. Wilh. 33, 35, 318a, 391, 540a.
Schlegel, Friedr. 23, 32, 33, 35, 39, 318a.
Schleiermacher, Friedr. 649.
Schlenther, Paul. 217a, b, 230.
Schlösser, Rainer. 484.
Schlosser, Friedrich. 72a.
Schlotheim, Hartmann v. 91, 456.
Schmidt, Erich. *174, 208, 211, 213, 217a, 220a, 222a–223, *222c, *222d, 225a–c, 226, 232, 246, 353, 353a, 403, 585a, 620a. Seine Witwe. 441.
Schmidt, Expeditus. 455a.
Schmidt, Friedr. Ludw. 342.
Schmidt, Julian. 46, 188, 191a–192, 198b, 201, 217a, 299, 300b, 309, 314, 329, 331, 332, 333c, 344, 371, 567, 571, 605, 610, 612a, 637, 672, 673b. Seine Frau. 333c.
Schmidtbonn, Wilhelm. 399a, b.
Schmied, Rud. Joh. 465.
Schneider, Hermann. 441.
Schneider, Reinhold. 496.
Schneider, Wilhelm. 55b.
Schnitzler, Arthur, 415.
Schnitzler, J. H. 162d.
Schober, Franz v. 667a, b.
Schoenburg-Waldenburg, Fürst Günther v. 441.
Schoenfeld, Hans. 587.
Schönfeldt, Ernst v. 103.
Schönfeldt, Hauptmann v. 225c.
Schöttgen, Christian. 660.
Scholz, Ad. Heinr. Wilh. v. 463b.

Scholz, Luise. 333b.
Scholz, Wilhelm v. 301a, 399a, b, 419, 463a, b, 464b.
Schopenhauer, Arthur. 355, 487a.
Schoppe, Amalie. 548a.
Schreyvogel, Jos. 547.
Schröder, Friedr. Ludw. 512.
Schubert, Franz. 536a, 667a.
Schütz, Eduard. 566.
Schütz, Friedrich Karl Julius. *601, *601a.
Schütz, Henriette s. Hendel-Schütz.
Schütz, Wilhelm v. 76, 136b, 137b–139b, 141, 162a, b, 259a, 261a, 550a.
Schütze, Stephan. 163a, 256, 554c.
Schulz, Friedr. 48, 50, 286a, 524.
Schumann, Clara. 190, 534.
Schumann, Robert. 295.
Schur, Ernst. 398.
Schwartzkopf, Geh. Reg. Rat. 441.
Schwarze, Rudolf. 347.
Schwiefert, Fritz. 589.
Schwind, Moritz v. 667a, 667b.
Scott, Walter. 143c, 295, 341.
Seghers, Anna. *490, 490b.
Sembdner, Helmut. 247, 503.
Serre, Friederike. 179a.
Servaes, Franz. 222a, 388, 394, 441.
Shakespeare. 25, 27, 111b, 130a, 258, 259a, 264, 265a, 268, 280, 288, 291, 293a, 295, 297, 298, 302b, 310a, 311, 313, 319b, 328, 331–333a, 338, 340, 349, 350, 353, 354, 357, 367, 375b, 389, 391, 505, 511, 514, 528a, b, *539, 540a, 544c, 548, 551, 552, 561a, 564, 566, 569a, 573b, 577, 591, 597, 599, *601, 629, 645, 671, 677.
Shaw, Bernard. 460.
Siems, Friedrich. 645.
Simson, Eduard v. 175.
Sobel, Redakteur. 347.
Solger, Karl Wilh. Ferd. 131a, b, 133a, b, 136a–137b, 142–147, 148a,

*150*, 151, 155, 156, 158, 262, *263a*,
*b*, *c*, 279, *542*, *664*. Seine Frau
Henriette. 87, 164b, 165, 166, 167,
262.
Sologub, Fedor. *474a.
Sophokles. 350, 505, 552, 627.
Sorge, Reinhard Johannes. 419
Speidel, Ludwig. *343, 538*.
Spemann, W. 217a.
Sperr, Monika. *501a*.
Spieker, Christian Wilh. *113, 116*.
Spitteler, Carl. 370.
Spontini, Gasparo. 603a.
Sprengel, Joh. Georg. 441.
Springer, Anton. *80*.
Stadler, Ernst. *619*.
Staegemann, Friedr. Aug. v. 47, 48, 50, 277. Seine Frau Elisabeth. 47, 49, 50.
Staël, Mad. de. *34–37*, 259a, b.
Stargardt, J. A. 178.
Steffen, Albert. *474*.
Steig, Reinhold. *219*, 220a–221, 223, 226, 246. Seine Witwe. 441.
Stein, Karl Frhr. vom. 426, 450, 588.
Steinbock, Fritz. 441.
Steiner, Rudolf. *409*, *538*.
Stendhal. *490, 503.
Stern, Adolph. 203, 295.
Sterne, Laurence. 189.
Sternemann, Kreisphysikus. 9.
Sternfeld, Richard. *614*.
Sternheim, Carl. *591a*.
Stimming, Joh. Friedr. 2a, b, 23, 55a.
Stöcker, Helene. *617*.
Stojentin, Philipp v. 108b. Seine Frau Friederike geb. v. Kleist. 108b.
Storm, Theodor. *213, 353a*, 358, *366a*.
Strauß, David Friedr. *572*, 668.
Strecker, Karl. *222c.
Strich, Fritz. 419, *446*.
Strindberg, August. 622b.
Sudermann, Hermann. *399a*, b.
Südekum, Albert. 441.

Sybel, Heinrich v. 199.
Szondi, Peter. *645a.

Taillandier, Saint-René. *330, 674*.
Taine, Hippolyte. *340*.
Talleyrand, Charles Herzog v. 489.
Tasso, Torquato. 310a, 458.
Tell, Wilhelm. 426.
Theremin, Franz. 54c, 73a, 184. Seine Kinder. 184.
Thema, Ludwig. *410d*.
Thomas von Aquin. 497.
Thorbecke, J. R. *518, 546*.
Thümmel, Moritz Aug. v. 324.
Thukydides. 624.
Thurn u. Taxis, Marie v. 424.
Thurn-Valsassina, Georg Graf v. 547.
Tieck, Friedrich. 153, *170.
Tieck, Ludwig. 39, *41a*, 76, 78, 79, 87, 93, 110, *126–172b*, *133c, *154a, *159b, *165, *170, 174, *174a*, b, d, *179, 179a*, 182, 186, 191b–193, 200, 210, 217a, 236, 239, 244a, 262–263b, 265b, *266a*, b, 267c, 269a, 271, *272c, *273a, b*, 274–276, 282–285, 290, 293c, 295, 298, 307, 311, 318a, 324, 331, *337a, 339, 366, 381, 403, 508b, *517–519b*, 523, 531, *533c*, 536, 540a, 542–550, 550a, 554a, b, d, *556, 557, 557a*, 560, 561, 565, 567, 568b, 603, 606, *632, 659–661b*, 666, 678.
Tiedge, Christoph Aug. 158.
Tolstoi, Leo N. 684.
Trautmann, Paul. 441.
Treitschke, Heinrich v. *193–196, 202a, b*, 236, *322–326*, 403, 476, 496, *535, 634*. Seine Frau. 326. Seine Schwester Johanna. 196. Sein Vater. 196, 322, 634.
Trepte, Kurt. *488*.
Truchsess, Christian. *11a, *11b.
Tucholsky, Kurt. *487a, b*. Seine Frau Mary. 487b.
Tuckermann, General. 84.

Üchtritz, Friedrich v. *198a*, b, 295, 319c.
Uhland. Ludw. 53, 293a, 298.
Unger, Rudolf. 441.
Unruh, Fritz v. *433a*, b, 624.

Valmarana, Gräfin Pia de. 424.
Varnhagen v. Ense, Karl Aug. 42, *52a–54c*, *62a*, b, 67, 116, *166b*, *183–186*, *316b*, 649, 650, 661a. Seine Frau Rahel, siehe Rahel.
Varrentrapp, C. *83*.
Velde, Karl Franz van der. 670.
Venningen, Frhr. v. 40.
Viertel, Berthold. *396*.
Vietta, Egon (d. i. Egon Fritz). *503*.
Vilar, Jean. 597, 598, 600.
Vilmar, A. F. C. 292.
Virgil. 458, 564.
Vischer, Friedr. Theod. 214a, *310a, b*.
Vogel, Adolphine Henriette, geb. Keber. 1–42 passim, 50, 51, 54b–55a, 58–61, 63, 64, 71–74, 85a, 89–91, 95a, 102b, 120, 180, 183, 184, 204, 260, 335, 494b, 503, 616. Ihre Tochter Pauline. \*2c, 6, 14, 16, 16a, 38a, 39, 184, 187.
Vogel, Louis. 2a–6, \*7a, \*8b, 9, 10, \*10b, 12, 14, 16, 16a, 17b, 19, \*20c, 22a–24, \*23a, 39, \*40c, 71a, \*71aa, 89, 120, 184, 616.
Vogt, Gustav. 370.
Voigt, Christian Gottlob v. *11*.
Voigt, Johanna Victoria v. \*258a.
Vollert, Ernst. 441.
Vollmoeller, Karl Gustav. 389.
Voltaire. 42, 682.
Voß, Johann Heinr. 267c.
Voß, Julius v. 553.
Vossler, Karl. *438a*.
Vulpius, Christian August. 20a (Rinaldini).

Wagner, Adolf. 29, *30a*, 65, *68a*, b, \*68c, 260, 510.

Wagner, Cosima. *351a*, *375a*, c, *536a*, 573a, *678a*. Ihre Tochter Eva. 375b.
Wagner, Josef. 568b.
Wagner, Richard. 351, 351a, 357, 375b, c, 389, 398, *536a*, *573a*, b, 612b, 626, *678a*, 686.
Wald, Oskar. *243a*.
Walden, Herwarth (d. i. Georg Levin). *399b*, *620c*.
Walser, Robert. *390*, 451.
Warncke, Paul. *463b*.
Wartenegg, W. v. 568b.
Wassermann, Jakob. 227, *406*.
Weber, Wilhelm Ernst. *272a*.
Wedekind, Frank. 229, *410a–d*, 460, 473, 622b.
Wedekind, Georg Christian Gottlob. 85a.
Weerth, Georg. *317b*.
Weichselbaumer, C. *168*.
Weiher, Juliane, geb. v. Kleist. *101*, 108b.
Weill, A. 529b.
Weingartner, Felix. 613b.
Weiskopf, F. C. *489, 493*.
Weiß, Ernst. 460.
Weiss, Hermann F. \*174.
Weiß, Konrad. *476*.
Weißenfels, Richard. 223, 441.
Weisser, Friedrich. *24–31, 61–67,* 68b, 69, 71, 74, 119, 221, \*258a, 513.
Weisstein, Gotthilf. *222b*.
Weltsch, Felix. 422.
Wendorff, Dr. 441.
Wendt, Amadeus. *166a*, b, 167.
Wenzel, O. 206.
Werdeck, Christoph Wilh. v. *105a*, b. Seine Frau Adolfine, geb. v. Klitzing. *102a*, b.
Werner, Zacharias. 293b, 298, 339, 438, 490b.
Wiecke, Paul. 441.
Wieland, Christoph Martin. 24, *85a*, b, c, 168, \*272b, 357, 540a. Seine Tochter Luise. *85c, 86*.

Wienbarg, Ludolf. 293a, *293b*.
Wiese, Benno v. *498*.
Wigand, Paul. 130c.
Wilbrandt, Adolf. *112*, 198b–203, 206, 216, 217a, 362, 366, 403, *608*.
Wildenbruch, Ernst v. *346*, 347, 358–362, *363*, 584, *618*.
Wildermann, Hans. *467*.
Wilhelm, Prinz von Preußen. 92.
Wilhelm, Prinzessin, d. i. Marianne, geb. Prinzessin von Homburg. 92, 97, 119, 122b, 127a, b, 129, 211, 533, 554b, 560.
Wilhelm I. von Preußen. 463b, 577, 609.
Wilhelm II. von Preußen. 400, *584–587*. Gattin Auguste Viktoria. 585a. Tochter Viktoria Luise. 585a.
Wilhelmi, Eugen. 441.
Wilken, Friedrich. 72b.
Willamowitz-Moellendorff, Ulrich v. 441.
Wille, François. 370.
William & Norgate. 307.
Wippel, Prof. 655.
Wissmann, L. *48*.
Witkop, Philipp. *447*.
Witkowski, Georg. *236*.
Wittmann, Hugo. 459a.
Wolf, Friedrich. *687*.
Wolf, Hugo. *613a–614*, *638*.
Wolfenstein, Alfred. *462a*.
Wolff, Eugen. 441.
Wolff, Hans M. 500a.
Wolff, Kurt. 441.
Wolkenstein, W. (Vol'kenštejn, Vladimir). *474a.
Wolzogen, Ernst v. *413–414b*.
Wolzogen, Hans v. *351*, 351a, *574*.

York v. Wartenburg, J. D. 450.

Zabel, Eugen. *585a*.
Zech, Paul. *401*, 419.
Zeiß, Karl. 441.
Zenge, Familie v. 131b, 164a, b.
Zenge, Luise v. *164a, b*, 165, 167, 187, 335.
Zenge, Wilhelmine v., verh. Krug. 44, 87, 131b, 164b, *165*, 166a, *167*, 178, 187, 193, 218, 443, 467.
Ziegel, Erich. 419.
Ziegler, Clara. *609*.
Ziegler, Karl. 295, 319c.
Zimmermann, Friedr. Gottlieb. *265a*, b, *266b*, *549*, *662*.
Zobeltitz, Fedor v. 441.
Zolling, Theophil. *100*, *103*, *111a*, *117*, 178a, *216–217b*, 222a, b, 365, 366, 369a.
Zschokke, Heinrich. 20a (Abällino), 310b.
Zuckmayer, Carl. 419, *465*.
Zweig, Arnold. *452*, *467*, *540a*, *591*, *625*, *688*.
Zweig, Stefan. 178a, *444b*, *453*, 453a, 455c.

# KLEISTS WERKE

*Dramen.*

Amphitryon. 39, *154a, 231, 259a, 264, 265a, 276, 289, 291, 424, 454, 459a, 466, 467, 500a–502, 632–645.

Guiskard. 127b, 134, 159, 168, 259a, 261a, 262, 265a, 311, 336, 411, 424, 432a, 458, 459a, 465, 471a, *474a, *484b, 500d, 501.

Hermannsschlacht. 76, 83, 110, 129, 130a, 131b–133a, 141, 142, 143b, 149, 152b, 153, 159a, 160b, 162d, 195, 213, 253b, 263a, 269a, 272, 276, 287, 293a, 294, 309, 311, 316a, b, 346, 348, 350, 363, 366, 366a, 375a, b, 381, 387, 390, 398, 399a, 400, 404, 413, 426, 429, 434, 442, 450, 484, 487, 500a, 508b, 530a, 536a, 545, 621.

Homburg. 58, 60, 62b, 77a, 83, 102b, 119, 126–130, 141–143b, 151–153, 159a, 160b, 162d, 163a, 172a, b, 176, 211, 243a, 263a, c, 265b, 266b, 269b, 272–273a, 275, 276, 279, 280, 284, 288, 289, 292–295, 298, 302b, c, 309, 310b, 312, 315, 324, 330, 332–333b, *337a, 340–342, 346, 348, 351, 357, 360, 363, 366–367, 370, 375b, c, 378–382, 384, 396–399a, 404, 412, 413, 424, 430, 432a, 442, 446, 450, 453, 463b, 464b, 467, 473, 474, *474a, 484, 486, 488, 495, 501–504, 521, 541–600, 613b, c, 621.

Käthchen. 4, *8a, 10, 24–27, 29, 39, *70a, *70b, 78, 110, 130a, 134, 149, *159b, 172b, *242a, 243a, 252, 256, *258a, 259a, 261a, 263a, 265a, b, 266b, 269a, b, 272, *272b, 273a, b, 276, 279, 280, 284, 287–289, 292, 293a, b, 295, 298, 309, 316a, 324, 330, 340, 342, 345–349, 357, 360, 363, 366, 369a, 375b, 378, 381, 382, 390, 396–399a, 409, 413, 424, 432a, b, 442, 459a, 467, 473, 484, 494a, 500a, 508b, 509–540a, *538a, 546, 557, 558, 565, 568a, 577, 581.

Krug. 10, 11, 61, 72a, 78, 172a, b, 178a, 252, *258a, 259a, 261a, b, 264–265b, 269b, 276, 289, 295, 297, 302b, 310b, 330, 331, *337a, *337b, 342, 348, 353a, 360, 363, 366, 367, 397, 399a, 413, 438a, 442, 459a, 465, *474a, *474b, 484, 490b, 501a, 521, 589, 653.

Penthesilea. 9, 39, 75, 134, *174, 174b, *174c, 213, 214a, 263a, 264, 269a, 276, 289, 291, 309, 330, 332, 348, 349, 358, 363, 366, 366a, 375b, 390, 392, 396–398, 410b, 410d, 411, 413, 430, 432a, 442, 459a, 467, 473, 500a, d, 502, 508b, 517, *601, *601a, 602–631.

Schroffenstein. 122a, b, 130a, 131b, 133a, 264–266b, 273a, 276, 284, 289, 291, 295, 309, 328, 332, 348, 349, 381, *474a, 501, 536.

*Erzählungen.*

39, 49, 52b, 62a, 72a, b, 73a, 77, 129, *154a, 158, 172b, 223, 252, *258a, 261a, 263a, 271, 290, 295, 302b, 304a, 310b, 323, 329, 330, 331, 333b, 353, 357, 402, 422a, 424, 466, 467, 500b, 506, 507, 646–690.

Bettelweib. *258a, 261a, 276, 284, 647, 652a, 656–658, 678.

Cäcilie. *258a, 261a, 276, 647, 652a–c, 653, 678, 678a.

Erdbeben. 134, *258a, 261a, 284a, 646, 653, 678a, 684, 688.

Findling. 246, *258a, 497, 647, 652a, 667, 671.

Kohlhaas. 109, 134, 158, *258a, 261a, 265a, 272, 276, 284, 289, 295, 304a, 309, 311, 332, 333b, *337a, 340, 341, 370, 381, 383, 406, 413, 420b, 438a, 464a, b, 465, 467, 474, 483, 487, 500a, 500d, 536, 610, 649, 652a–c, 653, 655, 657–660a, 662, 664, 666, 669, 670, 672a–678, 681–683, 686, 687, 687a.

Marquise. *258a, 276, 333b, 340, 424, 467, 497, 663, 667, 675, 678, 681, 689.

Verlobung. 72a, 111a, b, *258a, 273a, 276, 287, 311, 332, *337a, 647, 653, 667, 668, 676, 678, 682, 688.

Zweikampf. *258a, 276, 497, 647, 667.

*Gedichte.*
127b, 131a, 133a, 146, 166a, 195, 216, 223, 257, 290, 429.

An die Kamille. 134.
An den König. 134.
Germania-Ode. 253a, b, *253c, 265a, 399a, 404, 442, 508b.
Kriegslied. 146, 253a, *253c, 254.
Das letzte Lied. 255a, b, 381.

*Albumblätter.* 134, 184.

*Prosaschriften.*
133a, *174, 174b, 195–198, 216, 223, 247, 424.

Über die Abreise des Königs von Sachsen. *174.
Katechismus der Deutschen. 175, 195.
Lehrbuch d. franz. Journalistik. 489.
Satirische Briefe. 195.
Was gilt es in diesem Kriege? 435a.
Anekdoten. 195, 241a, b, 381, 422, 422a, 492–494a, 495, 508b.
Gebet des Zoroaster. 437.
Brief eines Malers. 367.
Marionettentheater. 381, 424, 443, 459a, 494a, 648, *689b.
Berliner Abendblätter. 9, 10, 39, 141, 185, 195, 219, 241a, 247, 648, 653.
Phöbus. 72a, 129, 132, 195, 259a, 265a, 611.

*Briefe.*
59a, 91, 95a, 113, 116, 117, 155, 165, 167, 171, 174a–c, *174e, 177–184, 187, 193–195, 205, 216, 218, 222a–225b, 377, 399a, 420, 423, 443, 468, 475, 480, 487b, 551.

Gespräche. 241c, 241d.

*Unbekanntes und Fragwürdiges*
Ariadne auf Naxos. 167.
Fragmente. 134.
Geschichte meiner Seele. 134, 155, 183, 223, 454.
Militärische Aufsätze. 91.
Roman. 130a, 244a, b, 448.
Schlacht von Sempach. 370.
Sprüche f. Wilhelmine 166a, b.
Vittoria Accorombona. 244a, b.
Zerstörung Jerusalems. 198b.
Fälschungen. 243, 245a, b.

## Das Kleist-Archiv
## in der Stadtbücherei Heilbronn

Im Jahre 1991 hat die Stadt Heilbronn das
Arbeitsarchiv von Prof. Helmut Sembdner
in weiten Teilen übernommen und führt es
fort unter dem Namen:

›Kleist-Archiv Sembdner
der Stadt Heilbronn‹

Mit dieser Übergabe hat Helmut Sembdner die
Möglichkeit geschaffen, daß seine reichhaltigen
Materialien der Forschung zugänglich sind
und die Kleistforschung in seinem Sinne
weitergeführt werden kann.
Einen ersten Überblick über die Bestände
gibt ein gedruckter Katalog:
Kleist-Archiv Sembdner, Bestandsverzeichnis.
Bearbeitet von Brigitte Schillbach. 1994
Weitere Auskünfte über die Arbeitsmöglichkeiten
im Archiv und über dessen Publikationen
erteilt die Stadtbücherei Heilbronn,
Kleist-Archiv Sembdner.

Die Kleist-Forschungen Helmut Sembdners
in Leinen gebunden bei Hanser
als Taschenbuch bei dtv

Heinrich von Kleist
Sämtliche Werke und Briefe in zwei Bänden
Herausgegeben von Helmut Sembdner
9. Auflage 1993. Zwei Dünndruckbände
zusammen 2088 Seiten
Hanser Klassiker und dtv 5925

Band I: GEDICHTE · DRAMEN · VARIANTEN · ANHANG:
Anmerkungen · Register der Gedichte

Band II: ERZÄHLUNGEN UND ANEKDOTEN
KLEINE SCHRIFTEN · BRIEFE · ANHANG: Anmerkungen
Lebenstafel · Nachträge zu Kleinen Schriften und Briefen
Nachwort · Zur vorliegenden Ausgabe · Personenregister

Helmut Sembdner (Hrsg.):
Heinrich von Kleists Lebensspuren
Neuausgabe 1996. 544 Seiten. Hanser und dtv 2391

Helmut Sembdner (Hrsg.):
Heinrich von Kleists Nachruhm
Neuausgabe 1996/97. 664 Seiten, Hanser und dtv 2414

Helmut Sembdner:
In Sachen Kleist · Beiträge zur Forschung
Dritte, vermehrte Auflage 1994. 410 Seiten, Hanser

Carl Hanser Verlag München Wien
Deutscher Taschenbuch Verlag München